国家社科基金
后期资助项目
GUOJIA SHEKE JIJIN HOUQI ZIZHU XIANGMU

健康保险行为异象与合约激励机制研究

Behavioral Anomalies in Health Insurance and the Mechanism of Contractual Incentive

吴传俭　著

中国财经出版传媒集团

经济科学出版社
Economic Science Press

国家社科基金后期资助项目
出版说明

后期资助项目是国家社科基金设立的一类重要项目，旨在鼓励广大社科研究者潜心治学，支持基础研究多出优秀成果。它是经过严格评审，从接近完成的科研成果中遴选立项的。为扩大后期资助项目的影响，更好地推动学术发展，促进成果转化，全国哲学社会科学规划办公室按照"统一设计、统一标识、统一版式、形成系列"的总体要求，组织出版国家社科基金后期资助项目成果。

全国哲学社会科学规划办公室

前　言

　　健康保险是保障国民健康的重要手段，但由于保险业是一个很容易被误解的产业（Kunreuther et al.，2013），加上保险动机的多样化，导致包括健康保险在内的各种保险业普遍面临偏离理性规范标准的行为异象问题。不仅理论界的学者们对保险的性质和功能定位存在较大的意见分歧，而且作为保险基础理论的期望效用理论，从其诞生开始就面临来自 Allais 悖论（1953）、Ellsberg 悖论（1961）和 Mossin 第一悖论与第二悖论（1968）等理论与实践上的挑战。人们现实生活中的保险行为选择，由于投保目的和动机的多元化等原因，不仅存在诸如需求不足、全额保险和超额投保等不符合期望效用理论最优购买标准的所谓"行为异象"问题，不同类型主体对保险的功能定位和期望回报也不尽相同。为了科学地解释和修正不确定环境下的行为异象，更多的学者开始致力于改进期望效用理论的解释能力不足缺陷。也正是在这个改进过程中，风险理论由期望效用理论阶段发展到以 Kahneman 和 Tversky 的前景理论（1979，1992）为代表的第三代风险理论阶段。相对于期望效用理论，前景理论的最大优势主要是能够从价值函数、概率决策赋权、参考点、框架效应和损失厌恶等角度，对人们不确定状态下的行为决策做出更合理的解释，因而备受保险理论学界的关注，已被广泛引入到包括健康保险在内的保险行为异象问题的研究，其中最具有代表性的经典著作就是 Kunreuther 等（2013）的 *Insurance Behavioral Economics: Improving Decisions in the Misunderstood Industry*。

　　相对于财产风险清晰的财富损失边界，健康风险对个体造成的财富损失和健康损害并非是独立的、边界清晰的确定性直接财富损失。健康损害往往具有从不显著的经济损失，跳跃扩散为灾难性财富损失、家庭发展性消费抑制、严重健康损害和家庭劳动力占用，进而导致家庭与社会面临因病致贫或掉入贫困陷阱的风险。寿险经济学先驱 S. S. Huebner 的生命价值学说认为，健康风险带来的损失不仅仅是被保险人的既有财富，还包括难以准确货币化的生命价值，这是一个不同于"人生价值"概念的经济价值。因而相对于财产保险，对生命价值具有保障作用的健康保险，也没有明确的经济损失补偿边界。健康保险的损失补偿不仅体现在医疗费用支出的财务索偿权，也包括获得必要的高质量医疗服务以治愈疾病的健康保障权。随着健康保险筹资渠道的日趋社会化，原来由个体或家庭承担保费的单一私人筹资健康保险，已经转变为由政府、雇主与雇员及其家庭共同分担保费的多元化筹资保险模式。健康保险的利益关系也不再局限于保险人与被保险人之间的损失补偿关系，而是与多个投保主体之间的复杂利益诉求。由于不同投保主体对健康保险的功能认知和投保目的不尽相同，造成健康保险领域的"行为异象"问题更加突出，进而导致更为严重的最优购买偏离问题。在健康保险由私人承担保费向社会共同分担保费的演变过程中，明确不同类型投保人的投保动机，以及他们从投保行为中所期望获得的回报，科学解释和修正不理性的保险行为异象，对推动健康保险可持续发展，构建和健全全民健康保险体系，甚至对医疗服务管制和健康风险治理都是非常必要的。

很难想象，充满了非理性投保动机的健康保险能够真正发挥保障和提高人们健康水平的作用！因此，必然需要基于健康保险的基本功能以及政府加快发展健康保险的最终目的，有效甄别不同投保人的投保动机和行为异象，通过建立有效的合约激励机制，使投保人能够更为理性地正确选择健康保险，以减少非理性的或者具有保险套利动机的保险行为。在通过合约激励对健康保险帕累托改进的过程中，使社会所有成员都能够公平获得适度的健康保险保障，满足转嫁健康风险损失和获得必要的高质量医疗服务需求，切实保障和提高社会成员的健康水平，进而推动社会经济的可持续发展。

然而，想要对人们的投保动机进行科学的区分也并非易事。在健康保险筹资的社会化过程中，越来越多的非经济损失补偿动机掺杂于人们的投保动机之中，而作为转嫁或分担医疗费用的经济损失风险保障功能，只是众多投保动机中的一个最基本功能。正如健康本身就像是一把矛盾的"双刃剑"一样，当拥有它时不仅能够创造和拥有最大的人生财富，而且还能够充分享受健康带来的人生快乐；而失去它，不仅会导致所累积的财富和生存质量遭受损失，还会掉入经济贫困陷阱，甚至失去宝贵的生命。因而人们往往会在健康遭受损害时竭尽全力地去修复它，哪怕花光所有的积蓄、背负沉重的债务；而在拥有健康时，又似乎并不愿意拿出收入中的很小的部分去购买一份保障健康、免于因病陷入经济灾难的健康保险，甚至还存在吸烟和酗酒等损害健康的不良生活行为。也正因如此，总有一部分人对待健康保险的态度是矛盾和纠结的，在确定的保费支出和不确定的损失补偿之间，难以形成理性认知和正确选择。而对于那些过度关注健康或担忧健康风险的人，在采取各种健康保健措施的同时，还会购买大量的健康保险，甚至接近或超过了全额保险的水平，即使面临很大的资金上的压力。究竟是什么原因造成了人们这些难以用传统经济学理论和模型解释的行为？Kunreuther 等（2013）认为从个体角度至少包括了投资、遵循法律和政府的要求、免于遗憾或后悔，以及社会规范和认知等。但是 Kunreuther 等学者并没有给出政府、雇主和家庭投保健康保险的动机所在，显然他们比个体的投保目的更加复杂！

从保险理论上，健康保险作为保障健康的一种特殊集体筹资机制，无论是为了转嫁健康风险的经济损失，还是为了提高优质医疗服务的支付能力，都是一种必要的有效转嫁风险损失的手段。然而，并不是每个人都能够如此理性地对待健康保险的功能，即使能够理性地对待健康保险的功能，受到投保动机和个体决策能力的限制，也很难从保险人那里选择合适的健康保险服务。在健康保险理论上，Arrow（1963）基于期望效用理论函数模型构建的医疗保险转嫁财富损失的基本理论范式，依然是当前健康保险的主流观点和标准研究范式。然而，正如 Kunreuther 等（2013）的观点那样，现实中的人们对健康保险的投保行为，并不是简单地为了转嫁健康风险造成的经济损失以保障财富的稳定性。因为无论是从生命价值学说还是货币需求理论的角度，健康保险在转嫁健康风险经济损失的同时，总是伴随着一些影响其他人利益的正外部性。它不仅使社会获得了更加健康的劳动力推动社会经济的可持续发展，也能够改善企业的生产效率、维护家庭财富稳定和实现进一步优化配置，以及使亲情免于因为支付不起医疗费用而受到伤害，等等。也正是由于健康保障的这些额外的外部性效应，投保人从被保险人的损失补偿和健康保障中，一定能够获得自己想要的投保回报，而不仅仅是受益人自己得到损失补偿。健康保险的诸多外部性收益，或许就是诸多不同类型的主体愿意为被保险人投保健康保险的原因。

在健康保险领域最值得关注的理论，除了具有研究范式框架作用的前景理论以外，生命价值学说和全民健康覆盖理念也是两个非常关键的重要理论。虽然前景理论通过构建不同于期望效用函数的价值方程，用参考点的概念重新定义了损失和收益的含义，并通过对风险概率主观决策赋权，建立了分析人们在不确定风险状态下的实证分析范式。但对健康保险的行为异象依然存在难以解释的部分。而由于生命价值学说采用资本化价值的概念，用人的经济生命价值重新定义了财富的结构和影响因素，扩展了健康保险的功能和作用，因而能够对健康保险的投保动机进行更加全面的诠释。特别是建立在生命价值学说基础上的健康保险杠杆理论，使健康保险的基本功能从风险转嫁，扩展到提高医疗服务支付能力的手段，这与世界卫生组织提出的全民健康覆盖理念具有内涵上的相通性。全民健康覆盖已经在 2012 年成为联合国的一项决议，要求各成员国为其国民提供必要的高质量医疗服务，并且不会因为医疗费用支付而陷入经济困境。作为联合国重要的安理会成员国和世卫组织成员国，中国政府已经对履行全民健康覆盖责任做出了庄严的承诺。如何以健康保险为核心实现全民健康覆盖，是今后一段时期党和政府的一项重要国民健康保障任务。

在健康保险功能演进的过程中，国务院 2014 年 8 月颁布的被称为"新国十条"的《国务院关于加快发展现代保险服务业的若干意见》，将现代保险服务业作为"文明程度的重要标志"，并将保险功能升华到"服务国家社会治理体系和治理能力现代化"的高度，同时将健康保险作为社会保障体系的重要支柱。为什么在国家层面上，能够将保险作为社会文明水平、经济发达程度、社会治理能力的重要标志？健康保险如何能够在健康风险治理方面，更好地服务于国家社会治理能力现代化？这显然希望人们对包括健康保险在内的现代保险服务，能够做出更加正确而理性的功能定位，摒弃道德风险、保险欺诈和保险套利等不良的投保动机，充分发挥健康保险在风险治理中的作用，全力降低健康风险造成的财富损失、合理消费的抑制和健康损害严重程度等。通过不断提高健康保险的保障效率，确保每个国民在其经济支付能力范围内获得必要的高质量医疗服务。

除了非理性的投保动机和行为异象对健康保险的可持续发展影响以外，中国当前与今后较长一个时期，还将面临严峻的人口老龄化问题。未富先老、人口年龄动态结构以"波浪＋厚尾"的形态向老龄化演变，是中国人口老龄化的显著特征。面对短期内难以扭转的人口老龄化结构，提高每个劳动力的可支配收入水平，使劳动者所创造的价值财富能够抚赡养更多的非劳动年龄人口，无疑成为未来应对人口老龄化问题的重要措施。作为影响财富创造能力的健康，如何通过健康保险得到有效的保障和促进，是加快健康保险发展和完善制度设计极为迫切的问题。在人口老龄化背景下，重新审视健康保险的保障作用无疑是完善健康保险制度首要考虑的问题，也对实现社会经济的可持续发展具有决定性的影响作用。

基于以上的认知，我们从健康保险的功能定位演变过程为研究的切入点，在全面分析现代社会健康保险多元化投保主体的多元化投保动机基础上，充分借鉴吸收期望效用理论、健康投资理论、医疗服务杠杆理论和前景理论为代表的第三代风险理论等相关的理论成果，通过系统比较经典经济学理论与行为经济学理论的差异性，对健康保险行为异象的含义进行深入解剖，较为科学地阐述了健康保险行为异象的形成机制，明确行为异象是由于理论的有限假设对行为解释能力不足造成的。然后，分别从构建全民健康保险体系、实现全民健康覆盖和服务国家社会治理能力现代化角度，分析了健康保险规范性的行为标准或者目标要求，针对人们的实际行为与规范性要求的差异，提出了一系列实现规范性要求或目标的合约激励机制，以及由政府主导或强制的管制设计，有选择地使那些事实上而不是仅仅违背经典经济学有限假设下的各种行为异象得到理性纠正。通过有效的合约激励机制，使健康保险的相关利益主体都能够在多元化效用函数结构下，普遍得到健康保险保障效用的帕累托改进。那些尽管从决策过程或者决策形式并不满足经典经济学理性的健康保险行为，只要满足社会福利帕累托最优或改进的条件，同样也属于健康保险合约所激励的范畴。

在对健康保险投保动机、行为异象与合约激励机制的理论与数理模型分析的基础上，我们还充分利用统计年鉴数据、各类社会调查大型数据与专项组织的调研资料，并通过文献数据资料挖掘，尽可能对能够实证的理论模型展开实证分析，在验证理论观点与数理模型的同时，不断优化和调整健康保险的合约激励机制。最后基于各种数据支持，通过系统而全面的仿真分析，从理论与实证角度论证了健康保险生命价值保障与可持续发展的内在关系，针对人口老龄化背景下健康保险与经济社会面临的挑战，从生命价值保障与避免全生命周期贫困的视角，提出生命价值保障、健康保险和社会社会经济实现可持续联动发展的对策建议，特别强调了在生命价值保障框架下，如何通过健康保险与医疗储蓄、普惠金融支持下的医疗借债和全民健康风险治理体系建设等的联动机制，以及健康保险吉芬商品属性下的公共健康保险政策的优化措施，以期健康保险的财富保障与生命价值保障得到最优实现，进而切实能够不断提高国民健康的保障效力与保障效果。

总之，作为一种规范性健康保险理论范式，传统的经典健康保险最优购买决策模型，未必与人们真实的健康保险投保动机和行为选择相一致。建立在第三代风险理论基础上的现代保险理论，对人们的保险动机和行为异象进行了深刻的揭示，将对修正所谓的行为异象使人们的决策更加贴近最优购买理论范式，提供了科学的理论方法与激励对策。因而，要充分发挥健康保险转嫁风险损失和生命价值保障等功能，就必然需要在完善最优购买理论范式的前提下，借助行为经济学等行为激励手段，不断优化全民健康保险体系，有效防范健康风险带来的各种负面影响，实现健康保险与社会经济的可持续发展。

作者

2016 年 11 月于南京审计大学

目　　录

第1章 健康保险功能定位与保险行为理论

生活中总是充满着诸多的不确定性，而为了应对不确定性所带来的各种不利影响，人们有必要拿出一部分可支配收入作为风险损失应急储备资金，进而使生产和生活更趋于稳定。法国保险经济学家利昂·瓦尔拉斯（Léon Walras，1874）将保险看作是消除经济活动中固有的不确定性的一种手段，从而使经济活动实现在风险决策环境下的一般均衡。这不仅适合于个体微观行为，也可用于企业决策和国家战略决策。基于阿罗（K. J. Arrow，1963）的医疗保险理论范式，在传统的期望效用理论框架下，人们将健康保险作为转嫁健康风险的一种手段，通过健康保险消除应对健康风险支出的不确定性。然而，人们购买健康保险仅仅是为了转嫁健康风险的经济损失吗？

从现实中人们购买健康保险的动机和保险行为理论看，人们的投保动机显然不仅仅是为了转嫁风险造成的经济损失，这是因为健康风险对人们的影响，不仅仅是经济损失，它还可能会损害身体健康造成无法修复的暂时残疾、永久残疾，甚至失去生命。患有重病的劳动者，也被迫暂时或永远离开工作岗位，在失去工资收入的同时，往往还会因此导致其家庭陷入经济窘境。而且相对于财产保险，健康风险造成的损失额度相差较大，并不能像物质财产那样具有明确的风险资产边界，既可以是个体财富中很小的一部分，也可能是家庭的全部财富，甚至会消耗掉他未来绝大部分预期收入，进而使其陷入严重而长久的经济困境。显然，健康保险与财产保险中风险资产的有限影响范围是完全不同的。因而，人们投保健康保险绝对不仅仅是为了转嫁健康风险，必然还存在其他各种各样的需求动机。

要理清人们的健康保险投保动机，就首先要明确健康保险的功能定位，健康保险的功能定位是投保行为动机产生的基础，不同的健康保险功能对应着不同的健康保险投保动机。在保险费用多方分担机制下，不同的健康保险投保主体，面对着不同的投保动机。但有一点是非常明确的，就是通过充分利用健康保险的某种特殊的功能，实现对财富和健康的双重充分保障。因此，理清健康保险的功能定位及其演变历程是分析健康保险投保动机的重要基础和前提，而与健康保险投保行为相关的理论，则从理论上对健康保险的功能定位和投保动机进行系统的规范分析，也是健康保险投保动机问题研究的主要理论依据。

1.0 引言：人们为什么会投保健康保险

为了回答人们为什么投保健康保险的问题，我们可以先假设两个患有相同疾病的个体：拥有大量财富的富人和少量财富的穷人，并且还假定在医疗条件相同的情况下，他们所需要支付的医疗费用也是相同的。对于富人来说，用其拥有的财富来承担这笔医疗费用是完全没有问题的，因而他通过消耗自己的部分财富，通过向医疗机构购买所需要的医疗服务而重新获得健康。而穷人则因为拥有的财富很少，不能够支付与富人数量相当的医疗费用，但他仍然具有通过救治恢复健康的生命保障渴求。于是穷人将面临两个无奈的选择，要么花光所有可能的积蓄，并向亲朋好友借债购买医疗服务，以使健康最终得以恢复；或者放弃常规治疗，依赖自身的免疫系统和简单的治疗方法，并因此丧失部分或全部劳动能力，而其后果则是累积的少量财富也将被基本的生存需要和医疗费用支出所消耗掉，进而依赖他人或社会的收入救助。因此，对于穷人来讲，在没有健康保险的情况下，无论是治疗还是不治疗疾病，最终的结果都会陷入经济上一贫如洗的境况，而富人只是减少了部分财富。

这是一个很极端的假设，对于大多数人来说，疾病救治未必能够消耗掉其所有的财富。但对不同财富水平的人来说，患病后购买医疗服务的支付压力是不同的。在没有健康保险之前，人们获得医疗服务的方式，主要是通过自费的方式向医疗服务提供者购买，其购买数量主要与疾病的严重程度和收入水平有关；当严重程度与收入水平不对等时，就会存在实际需求与购买力的缺口问题。财富水平或收入水平越高需求缺口越小，甚至不仅不存在需求缺口，还存在对医疗服务过度利用问题。在人们的健康生命质量渴求与刚性保障压力下，收入对医疗服务购买的约束往往会突破全部财富的约束底线，进而导致因病致贫现象的发生。

当然，疾病所造成的经济贫困，并不仅仅是因为支付了大量的医疗服务费用，还包括疾病所造成的健康损害对未来收入能力的影响，因病致残导致的收入能力下降或未来财富的损失，则是导致贫困的另一个原因。虽然穷人无论是治疗还是不治疗疾病，都陷入了经济困境，但两种选择所面临的问题可能会走向完全不同的方向。对于恢复健康的个体，他可以继续通过劳动或其他合法方式创造财富，不仅能够弥补已有的医疗花费，还能够继续实现财富的积累；而放弃治疗造成的劳动能力的丧失，则意味着余生不能再有效创造新的财富，进而陷入经济贫困，这就是因病致贫中的贫困陷阱问题。显然，对于相同情况的穷人，治疗总比不治疗更有希望，除非该个体潜在创造财富的能力不足。例如贫困的老年人口通常是放弃大额医疗费用治疗的高发群体，甚至也是因病自杀的高危群体。

那么，有没有使那些低收入者既免于经济贫困，又能够获得所需要的医疗服务呢？当然有，而且不止一种办法。首先，就是由国家向所有国民免费提供医疗服务。任何国民无论财富水平如何，都可以从政府那里获得免费的医疗服务来修复健康。但是，免费医疗的背后是政府承担所有的医疗费用，而政府又不是直接的经济生产单位，其财富主要是通过向国民征收税费的方式获得的，而且免费医疗还会造成严重的医疗资源浪费，降低资源保障效率，最终使政府难以承担起庞大的医疗费用开支。在富人拥有更高购买能力的情况下，低收入者依然难以获得所需要数量和质量的医疗服务。其次，是个体将已经获得的既有财富进行充分的医疗储备，以应对未来健康风险不确定造成的损失。但是过度的医疗储蓄将会影响人们的当期消费，甚至是必要的教育与技能培训等发展性消费，导致未来或代际之间的收入能力降低。而且人们在立即消费享乐的影响下，也难以进行充分的医疗储备。最后，当人们未来的潜在财富较大时，人们也可以通过医疗借债对未来财富进行透支，并用得以修复后的健康身体弥补借债支出，进而保障未来收入的可持续性。但是，在借债的抵押条件下，那些累积财富水平较低但潜在收入能力较大的个体，因为缺乏充足的抵押资产而难以筹集到充分的借款，影响到医疗救治的及时性和充分性。总之，人们通过跨期配置健康资源总是存在错配问题而影响医疗的有效性等。

为了有效筹集医疗服务费用，并寻找一个合理控制医疗服务利用的办法。政府最终选择了由多方分担医疗费用的健康保险，由原来官办的医疗救助或免费医疗，逐渐发展成为现代意义上的由政府、用人单位、家庭和个体共同分担医疗费用的健康保险制度。在健康保险的模式下，无论是低收入者还是高收入者，他们在健康的时候，通过拿出一部分可支配收入购买健康保险，在患病以后就可以利用健康保险基金购买所需要的医疗服务。这样，通过健康保险实现了健康风险损失在各类收入水平人员之间的分摊。随着经济社会发展和社会文明进步，单一主体投保单一健康保险产品的时代逐渐逝去，多主体共同投保和多层次健康保险体系的时代已经到来。将健康保险作为多元主体共担医疗费用的筹资方式，已成为各国健康保险制度的基本特征。

但是，健康保险对于所有的个体，都是转嫁经济损失、获得医疗服务的最佳选择吗？尽管每个人在其生命周期中难免受到疾病风险的困扰，但健康保险并不是摆脱疾病风险困扰的唯一手段。一般来讲，人们对风险的管理手段包括避免风险发生、自留风险损失、预防和抑制损失的扩大，最后才是与保险有关的转嫁。健康保险的购买水平更多地取决于个体的风险承受能力和非保险方式的承担规模，也就是在众多的转嫁手段中，购买保险只是转嫁风险损失的一个选项。那么人们为什么会最终选择健康保险作为应对疾病风险损失的手段呢？显然要从保险的功能入手，即保险优于其他风险管理手段的功能，并且与人们的动机恰好吻合，这样投保健康保险才是可行的行为选择。由于保险功能的多样性和规避疾病风险动机多元化，它们之间的映射和匹配关系不同，也自然会有不同的期望价值。

自从 1738 年 Daniel Bernoulli 用期望效用的概念解答了人们投保保险的动机、奠定了保险的基本理论以后，保险行为和目的有了理论上的解释依据与评价标准。而基于 1947 年 Von Neumann 和 Morgenstern 构建的期望效用函数模型，逐渐发展成为现代保险的基本理论模型。1963 年 Arrow 关于医疗保险帕累托最优购买论文的发表，提出了后人研究健康保险最优购买的理论范式。但是，期望效用理论至今依然面临诸如阿莱悖论、莫森悖论等很多质疑，人们在现实中的健康保险行为选择，总是存在偏离于标准经济学模型假设的现象，导致期望效用理论难以对人们的部分保险行为选择做出科学的解释。即使到 1979 年 Daniel Kahneman 和 Amos Tversky 提出的标志着第三代风险理论形成的前景理论，以及 1992 年的累积前景理论，也依然难以对人们的保险行为，尤其是健康保险行为，做出系统的科学解释。横亘在人们面前的保险动机和行为异象问题，既是理论界几代学者们探讨的理论学术问题，也是健康保险的政策制定者和制度设计者需要探讨的实务问题。

在人们的健康保险选择行为动机依然迷雾重重的情况下，世界卫生组织提出了全民健康覆盖的理念，政府必须创造条件使所有国民能够尽可能地保持健康。这些条件包括确保获得及时、可接受、负担得起和质量适当的卫生服务、健康和安全的工作条件、适足的住房和有营养的食物。全民健康覆盖的政府责任，在于确保所有的国民获得必要的高质量医疗服务，并且不会因为医疗费用支付而陷入经济困难。健康权不仅是指身体健康的权利，早在 1948 年，世界卫生组织就在其生效的《世界卫生组织宪章》中将健康界定为"不仅仅是没有疾病或虚弱，而是身体上、精神上和社会适应上的完好状态"。维护每个国民获得较高的健康水平，显然不是政府所能够完全承担的，必然需要多方的共同参与，这就需要一个健全的全民健康保险和与之密切关联的保障体系。

1.1　健康保险功能定位的发展演进历程

保险的性质决定保险的功能，保险的功能说明或表现保险的性质①，对保险的功能认知和购买需求产生了投保动机。传统意义上的保险功能，有单一功能论下的经济补偿功能和基本功能论下的分散危险和经济补偿功能，而储蓄和监督危险的功能是基本功能的派生功能。但是，人们的保险消费行为中对健康保险的功能定位与投保动机关系密切，并且这种功能定位是随着社会经济发展和保险覆盖范围而不断发生变化。作为保障健康的特殊保险产品，人们的健康保险投保行为，从买卖保险合同的角度，表面上是保险合同当事人，即投保人与保险人之间的法律或合同关系。但由于健康保险所具有的转嫁健康风险损失功能，以及在风险事件发生以后，获得经济补偿或者提供医疗服务资金补贴的理赔过程，在不同的利益主体看来，可以产生不同的作用。因而也被衍生出很多不同层面、不同角度的功能。人们在功能选择过程中形成了多元化的功能定位，并且随着经济社会发展和健康风险的影响，健康保险的功能定位也不断发生演变。当健康保险的功能被国家、社会和雇主进行重新定位和演绎以后，健康保险也就从个体的自愿微观功能，转变为政府参与的宏观功能，并对社会经济的发展产生很大的影响，投保健康保险也就转变为一种社会集体参与的行为。

保险功能定位，还需要首先回答一个基本的哲学问题，就是投保健康保险反映的到底是"人性之恶"，还是"人性之善"的核心关键问题。如果用"人性本恶"的观点作为问题答案，则可以用风险损失转嫁说，即以较小的保险费用代价，将风险损失转嫁给保险人或他人；如果用"人性本善"的观点作为答案，则是风险损失分担说，也就是大家通过缴纳保险费用为自己和他人的风险损失进行分担。当前主流保险经济学理论一般采用

①　魏华林，林宝清. 保险学 [M]. 北京：高等教育出版社，2011：26.

风险损失转嫁说的观点，从理论上分析和研究保险中的现实问题，其逻辑起点是人性本恶的理性的、自私的经济人假设。风险转嫁说尽管能够科学地回答保险领域存在的大部分问题，如道德风险和逆向选择问题，但却难以更好地理解保险在转嫁损失风险之外的更多作用，对合作医疗、帮困济贫和经济促进等很多民众之间自发互助行为及其衍生功能都难以做出合理的解释。我们将通过对健康保险从萌芽初期的医疗互助，再到作为国家社会治理手段等功能进行系统的梳理，解答健康保险体现的是"人性之恶"还是"人性之善"的问题，不仅是为健康保险多元化投保动机的形成寻找基本的依据，也是解答健康保险行为异象的形成机制，以及构建更加科学有效的保险合约激励机制密切相关的重要内容。

1.1.1 早期医疗互助损失分担思想与官办医疗救助

1. 早期医疗互助损失分担思想

在食物和医疗资源十分匮乏的蛮荒时代，人们为了生存而不得不将老弱病残者遗弃，任其饿死、病死，或被野兽所食。而随着人类文明氏族社会的初步形成，医疗技术也得到初步发展，扶弱济贫与医疗互助行为开始出现。但早期的疾病治疗主要是个体或家庭的微观行为，疾病治疗和风险防范也只局限在家庭内部。在非经济条件下，人们对疾病风险的防范与疾病的救治是以防治的效果最佳为唯一目的的。显然，如果不存在医疗费用的经济约束、治疗时效性和统治阶级垄断等问题的情况下，人们总是能够寻找到救治效果最佳的医学技术。而且在就医过程中，既不存在过度治疗或者诱导需求，也不存在获利动机。在人类早期社会中，人们在与疾病的斗争中逐渐形成的医学知识和创造的医疗技术，主要是为了更好地恢复健康，治疗水平或医疗技术的可得性是当时制约健康修复水平的主要因素，往往与个人的经济条件无关。直到进入到私有制社会以后，经济资源被少数人掌握，很多医学技术被特权者垄断。社会底层群体不仅缺乏经济支撑，而且也难以利用到"高水平"的医学技术。

但是，由于疾病风险影响的逐步社会化，疾病治疗也开始成为具有相同社会特征的民众之间的互助行为，产生了基于医疗费用互助互帮的朴素的损失分担思想。欧洲是现代社会医疗保险和商业健康保险的发源地，中世纪晚期的欧洲，在法国和德国等国家的手工业者自发成立了各种行会组织，行会会员定期缴纳会费，行会组织帮助患病的会员渡过经济难关。其中最为典型的是法国的行会，也是法国当代医疗保险制度过于"碎片化"问题的根源。随着 17 世纪末和 18 世纪初，各国的资本主义开始进入工场手工业阶段，产业工人集中在一起共同生产的环境也开始恶劣，不仅劳动强度大、工资收入非常微薄，而且工伤事故和疾病也经常发生，于是劳动者们开始自发组织了"预防互助会"和"共同救济会"等集体互助组织，以应对"生老病死"所带来的经济问题。随着这些互助组织的规模日益强大，互助组织的功能也越来越强，有些互助组织开始与医生定期签订合同，并逐渐发展到后来自己组建医疗机构。这些早期自发性的行业互助组织的医疗救助行为，为当代社会医疗保险制度的产生奠定了组织基础。

然而，在医疗技术和生产力低下的社会发展阶段，即使没有经济资源的约束，也难以保证得到治愈疾病需要的医疗条件。在生产力水平比较低的情况下，人们积累的社会财富也难以有效应对疾病风险损失的不确定性。而且基于人类伦理和生命渴求的动机，即使花掉所有的个人财富依然不可能解决疾病风险所造成的不可逆的健康损害。这不再是因病致贫的问题，而是涉及医疗技术水平的制约性问题。但统治者或权势阶层并不认为这是客观的医学条件所限，在其拥有足够多的财富的情况下，往往将疾病无法治愈结果的责任，强行加给了医生的医术水平。一旦这种思想成为统治阶级的思想，悲剧也就难以避免。在古代奴隶社会和封建专制社会，一些王公大臣和最高统治者，因为医生不能治好自己的疾病而怪罪于医生的案例也不少见。扁鹊和华佗这两个中国古代最著名的医生，也难逃那个时代的悲剧，最后均以"庸医"被处死。直到当今社会，在消除了阶级的权势阶层以后，人们依然很难接受诸如死亡、严重残疾等不好的非期望治疗结果，因而引发了严重的医患冲突或医患矛盾。

再次转回到古代的医疗互助行为。由于筹集医疗互助资金的个体，具有血缘、地缘和共同利益，人们并没有将此时筹措的基金作为风险转嫁资金，而是通过损失分担思想为人们分担医疗救治的费用。他们也很少将医疗救治的不良后果强加给医生，反而认为不好的结果是神灵的惩罚而不是医疗技术水平。因而，早期的医疗互助功能最能体现当代健康保险学说中的损失分担说，所以将健康保险定位于风险分担说是有其历史根源的。古代医疗互助行为中所体现出来的损失分担朴素思想，体现了他们筹资目的和医疗费用补偿等经济问题。而在逻辑上都是非常简单的，那就是帮助因病致贫的人渡过经济难关，使他们最大程度地治愈疾病和恢复健康，以尽力使其免于因病致残或病死。

2. 早期的官办医疗救助

虽然在早期的人类社会中，存在很多民间互助组织和机构，但是参与这些互助组织的人员毕竟是处于社会底层的贫困阶层，他们所能够筹集的经济资源也是非常微弱的。尽管疾病造成的是社会成员的个体经济损失，但由于这些个体的现象普遍存在，因而疾病造成的社会不稳定问题也随着社会贫困人口的增长而相对严重。这对统治阶层来说，带来了影响社会稳定和经济发展的很多不安定因素。为了避免自己的阶级统治受到威胁，在一定程度上安抚民心，并体现统治阶级的"宅心仁厚"，早期相对开明的统治者也采取了一些与医疗救助有关的官办济贫措施。人们普遍认为，世界上迄今为止最早的发现是古埃及《汉谟拉比法典》，其中就有体现早期的保险（救助）制度的法条，但这些内容主要是针对因病亡故的救助内容。法典规定由整个商队成员共同承担海运贸易损失的条款中，就涉及了因为各种原因（没有排除因病死亡）不幸身亡的外出销售人员，雇佣这些人员的商人必须免除其所欠的债务。《汉谟拉比法典》中这种免除因故死亡人员债务的思想，一直成为之后海上贸易中涉及不幸身亡者免除债务的主流思想，也是早期健康保险保费和损失补偿的萌芽。

而在中国，尽管早在公元前3000年中国的商人中，就已经有了用多个篮子分装鸡蛋的减少风险损失的思想，并且在古代商船贸易中，也有避免商船运输损毁造成大量财富损失的风险损失分散思想，但这往往与医疗救助的内容没有较大的关联关系。作为官办的医疗救助思想，主要体现在公元前2500年的记录孔子及其弟子问答孔子的《礼记·礼运》中，它所描述的中国古人"大同时代"的思想中，蕴含着古人丰富的传统保险朴素思想，提出"鳏寡孤独废疾者皆有所养"的扶助思想和医疗保障思想。

到了公元6世纪的罗马城邦社会时代以后，随着社会民主思想的日益丰富与发展，统治者开始用社会捐款和城邦财政公款等途径，以购买谷物方式接济因为各种原因丧失劳动能力的人员，帮助因为参加战争而阵亡将士的遗属。这种社会与官方协同救助的行为，无论是在中国古代，还是在国外大部分国家，在大型战争和疾病"瘟疫"爆发以后，开始更多地表现为统治者的施救和济贫的行为，这种情形一直维持到代表近代资本主义济贫法律的出现。英国早期的《1601年济贫法》和《1834年新济贫法案》改变了直接的救助行为，而是主要通过建立"贫民习艺所"、"收容院"等机构，解决当时社会普遍存在的失业、贫困和无家可归等问题。这些法律规范内的法定济贫措施，不仅具体规定了济贫的对象、内容和具体的措施，还提出对疾病弱者的诊治、康复和生活照顾等，成为英国早期社会医疗福利思想的萌芽。探寻当代社会医疗保险和救助制度问题的研究，都避免不了从这两个济贫法案的影响和作用角度展开。

随着官方对贫穷者救助行为的发展，以及医疗互助规模的增加，人们发现在单向的官方医疗救助行为中，作为施救助者的个体也同样存在与被救助者相同的疾病致贫风险。于是推动了社会更多的成员萌生了医疗保险的朴素思想，并推动商业保险的独立存在与发展，但这已经与统治阶层的官方救助行为是具有很大的区别。随着官方济贫法案的附加政治条件的增加，促生了不设置任何回报性附加条件和完全出于个人自愿与慈善动机的民间互助组织的产生，参与互助的条件主要是以贫困作为基本前提，由此形成的传统风险损失分担思想。这对当代风险损失分担学说具有深远的影响，并在人们的医疗互助和损失共担的行为中，出现了以专门从事保险业务的独立机构，即保险公司。因此，从这层意义上来说，健康保险不是风险转嫁思想，而是人们早期朴素的损失分担思想，在现代保险业务中的商业化的体现。正是由于保险的商业化使人们开始用自私的风险转嫁的观点，来分析人们投保健康保险的动机，并将保险人与被保险人的利益开始对立起来。

从商业健康保险发展情况看，真正现代意义上的人身保险，是以英国天文学家哈雷在1693年制成世界上第一张寿命表为标志。健康保险也就随着人身保险业务的扩展，以附加保单的形式在英国开始出现。首张独立于人身保险的商业健康险保单，则是150年以后的1848年由英国伦敦铁路旅客保险公司签发的，首张健康保险的个险保单是19世纪中叶在美国签发的包括补偿医疗费用在内的保单。首张健康团体保单一直延迟到1910年，才开始在美国签发。最早的私营健康保险组织于1929年在美国出现，即蓝十字（blue cross）和蓝盾（blue shield）两家健康保险专业机构。随着1973年的美国颁布《健康维持组织法案》，诸如健康维持组织（HMOs）、优先服务提供者组织（PPOs）等商业健康保险也得到了较快的发展。而中国商业健康保险业务，则是在20世纪90年代开始的，是随着商业保险业务的恢复发展而发展起来的。

1.1.2 健康保险的风险转嫁功能

1. 保险的风险转嫁功能学说

在民间互助行为的基础上，逐渐出现了以专门经营保险业务的机构，这就是保险人或保险公司。保险公司的出现将保险学说推进到风险转嫁学说时期，并对当前的保险理论产生了深远的影响。最早提出风险转嫁学说的学者是美国的 A. H. Willett（1901）①，他认为保险是在风险客观存在和不确定并被人们厌恶的情况下，应对不确定损失而激励资金的一种社会制度安排，依赖于把多数人的个体危险转嫁给他人或团体来进行。而 B. Krosta 则从保险人承保风险的角度，阐述了转嫁风险能够被承保的原因，即被保险人转嫁给保险人的仅仅是损失发生的可能性，保险人通过汇集同质的大量危险，进而将风险进行分摊。由此可见，所谓的健康风险转嫁功能，是指投保人或被保险人将自己的风险转嫁给承办保险业务的保险人，是签订保险合同双方之间的转嫁关系。而且转嫁的只是可能的风险损失，而不是确定的一个损失。而保险人并不真正的承接转嫁的风险损失，他通过将损失在投保人之间的均摊，将风险再次转嫁给具有同质风险的投保人。因而，从本质上讲，保险的风险转嫁功能与德国的 A. Wagner 损失分担说的观点是相近的②。相对于风险分担学说认为的被保险人之间共同分担其中部分个体损失的观点不同，风险转嫁学说强调被保险人的风险转嫁给承接专门经营保险业务的保险人。而保险人利用风险管理手段，从投保人缴纳的保费中获得风险收益。

由于早期的保险公司主要经营财产保险，尤其是以海上保险业务为主体。在之后的相当长时间内，保险业务范围被限制在财产保险范围之内。业务的指导理论或行为规范，是以保险判例或法律为依据。因而财产保险也是保险理论的形成基础，导致健康保险等人身保险相关理论基本沿袭财产险理论，存在很多与人身保险行为相背离的缺陷。与财产风险可以全部转嫁不同，健康保险通常只能转嫁部分经济损失，并不包括健康风险所带来的健康伤害。

2. 健康保险风险转嫁功能定位的负面问题

保险业务也确实是以经济损失转嫁的形态存在的。从经济形态上，健康保险不仅存在健康风险导致的经济损失，还存在医疗服务可及性和长期护理服务需求等经济支出，以及健康风险带来的身体残疾和死亡等风险。从健康保险的体系结构和产品类型，能反映出健康风险类别和通过健康保险所能转嫁的风险。在"新国十条"中，多样化的健康保险服务不仅包括各类医疗、疾病保险和失能收入损失保险等健康保险产品，以及商业性长期护理保险，还包括疾病预防、健康维护、慢性病管理等健康管理服务。

---

① A. H. Willett. The Economic Theory of Risk and Insurance [M]. New York：Columbia University Press，1901.

② 以上信息根据魏华林主编的《保险学（第三版）》（北京：高等教育出版社，2011）教材整理。

而且无论是在健康还是在患病状态下，都存在维护和提高健康水平的支出，涉及特需医疗、药品、医疗器械和检查检验服务。在中医药领域，还有养生保健、治未病等服务需求。在疾病治疗的后期还要护理、康复、照料和心智障碍者护理等。通过风险转嫁使投保人的资产实现了在风险状态下的一般均衡。

因而，人们在风险转嫁的理念下，更倾向于将全部风险进行转嫁。并且在风险转嫁以后，认为风险的责任已经通过保险费用转嫁给保险人，甚至是其他投保人。这尽管在经济均衡分析上是有利的，但对于具体的业务承保来说是非常不利的。相对于风险共担的思想和保险功能定位，风险转嫁学说及功能定位，对保险人和整个健康保险事业来说是不利的。而从现实的巨灾风险发生以后的责任处理来看，责任保险的真正责任依然留在投保人那里，而不是完全转嫁给了保险人。因为被追究责任的依然是投保人或被保险人，保险人只负责了经济补偿的责任。因此，这种风险损失转嫁并不是真正意义上的转嫁。

对于健康保险，尽管从经济上能够缓解投保人的经济损失，但是，如果为了追求转嫁功能，那就会造成对健康风险转嫁的两种极端走向。要么寻求全额健康保险，以彻底将健康风险转嫁出去，事实上这是不存在的，因为疾病风险的损失是没有上限的。即使是生命最终缺乏医学上的治疗意义，但依然会"孤注一掷"式的抢救，最为典型的是具有较长治疗周期的疾病，如尿毒症已经成为部分地区（如苏北）居民陷入经济困境的主要疾病。但是，人们从来没有由于经济原因而完全放弃治愈的希望。也正是由于人们在面对疾病的时候，不再像蛮荒社会那样任意放弃治疗，因而也就产生因病致贫或返贫，甚至是背负沉重债务等问题。

尽管从医学伦理学角度切实需要救治，但这不是健康保险的业务范畴，或者是保障范畴。商业健康保险作为商业交易行为，只负责合同约定内的医疗费用额度；作为社会成员共同筹资的社会医疗保险，也只负责制度约定范围内的支出项目和疾病种类，甚至有一个报销上限，如果不对此设定最高支付上限，那么健康保险基金最终会陷入枯竭。但是，无论是商业健康保险还是社会医疗保险，都在努力通过提高保险水平和缴费额度，以不断提高人们应对疾病风险损失的保障能力。这些行为事实上已经造成较大的财政和经济负担，而商业健康保险的大病保险也不没有达到理想的补充保障目标。

在风险转嫁的思维下，另外一个极端现象就是健康保险的需求严重不足问题。这是因为，既然健康保险只能解决部分疾病风险损失，而消费者还依然需要面对新的不确定性费用支付，特别是在健康风险损失费用波动较大的情况下，与其一样的风险准备，那就干脆将疾病风险全部自留，这反映的是健康保险的保障能力不足问题，即转嫁健康风险担忧的目的并没有达到。事实上，当存在一定的起付线约束时，这个思想对疾病风险较低的群体也是非常明显的，它可以基于期望效用函数模型做出简单的证明：风险概率越低，健康保险自负比例越大，健康保险的风险转嫁的作用也就越小。因而，从这个角度，风险转嫁程度也是影响健康保险逆向选择的一个原因。如果只用损失分担思想或者健康投资的理念，或许能够在一定程度上减少或缓解健康保险的这种不利形势。

1.1.3　健康保险的社会稳定器与经济推进器功能

健康保险的社会稳定器与经济推进器的功能，是围绕着社会成员的健康状况为中心的相辅相成的功能，是从政府宏观角度的功能认识，其目的在于用经济补偿代价，将健康风险可能造成的社会不稳定危险转嫁给保险人。如果社会成员因为疾病得不到及时有效地治疗，不仅会导致患者家庭陷入经济灾难，而且还会引发一系列的社会问题。相反，如果疾病得到及时治疗，人们的健康水平得以改善，那么从政府层面就可以获得社会经济生产所需要的健康劳动力，推动社会经济的发展和提高劳动生产效率。

1. 健康保险的社会稳定器功能

贫困是导致社会不稳定的关键因素，而疾病则是导致贫困的一个重要原因。疾病不仅会消耗掉个体的既有财富，还会导致因病丧失劳动能力。疾病不仅会导致经济致贫问题，而且还具有传染性和地区流行性。疾病对社会经济的发展具有极强的破坏性，当社会的经济基础受到破坏，依赖于经济的上层建筑也必将动摇。历史上的很多社会动乱，就是因为大型瘟疫和传染病。随着资本主义大工业生产方式的出现，疾病的聚集效应更加明显，集体性贫困更加突出。

健康保险的社会稳定器功能，就是利用健康保险将社会成员因疾病风险引起的、对大额医疗费用的不确定支付，通过缴纳相对稳定的、额度较小的保险费进行转嫁，进而摆脱疾病风险可能造成的经济灾难。也就是说，健康保险通过较小额度的保险费支付，平抑了健康风险给社会成员可能带来的灾难性影响，进而能够使社会成员保持财务的稳定性，财务的稳定性必然有助于社会的稳定。

洛桑学派的利昂·瓦尔拉斯（Léon Walras，1874）在认识到风险和保险在经济决策中的重要性，并利用保险能够平抑不确定支付的功能，把保险作为消除经济活动中的不确定性手段，从而提出了不考虑风险波动的一般均衡，即瓦尔拉斯均衡。健康保险的社会稳定器功能，首先，是能够将疾病造成的损失风险转嫁出去，进而可以最大程度地避免因为医疗救治费用而陷入经济贫困。其次，健康保险有助于改善医疗服务的可及性，因而有助于更好地恢复健康，免于因病致残问题。

从健康保险角度，实现社会稳定的代价，就是缴纳一定数额的保险费用，并通过保险费将风险损失依靠整个社会减轻损失。从这个层面，显然对保险费的支付必须是个人能够支付的并且是自愿支付的，这两个条件必须是相对满足的。如果缺乏保险费支付能力，必然会造成新的不稳定性，而坚持自愿的原则则是尊重投保人的偏好选择，否则也会造成严重的民意反弹，也会导致社会新的不稳定性。但是，坚持支付能力和自愿的原则并不排斥强制性的社会保险制度，因为在多方保费分担机制下，不仅投保人只承担了部分保险费用，并且在缺乏保险费支付能力的情况下，还可以从政府得到一笔额外的救助补贴。因而，强制性社会保险能够存在的首要条件，就是从保险保费的层面上，投保人或被保险人已经得到了直接的经济福利促进，而不仅仅是投保健康保险所带来的福利促进，这是健康保险的制度设计和效用识别的问题了。

也正是由于德国俾斯麦政府在阶级矛盾异常尖锐的情况下认识到了社会医疗保险的特殊功能，才在1882年强制立法通过了世界上第一部社会医疗保险法案《工人疾病保险法》，并且要求雇员与雇主共同分担保险费。现代健康保险制度是出于政府主导的社会医疗保险，而不是商业健康保险，由此可见健康保险对社会稳定的重要作用。政府在获得社会稳定的同时，也在基金支付和医疗服务保障等方面，给予了较多的财政和政策支持。特别是在2008年世界经济危机和欧债危机中，德国默克尔政府对保险基金给予了较大的财政资金支持，以减轻企业的保费缴纳负担。

在资本主义社会制度早期，统治阶级更加看重的是社会保险的社会稳定功能。因为在这个时期，劳动力资源供给较为充足，资产阶级可以通过延长劳动时间、加强劳动强度等剥削手段，榨取工人阶级的更多剩余价值。而这种榨取剩余价值的劳动剥削，不仅引起工人的强烈反抗，也对工人的健康造成了极大的损害。所以德国俾斯麦政府社会医疗保险法案的颁布，先从工人的健康保险入手，是其时代背景决定的。

综合世界主要西方国家社会医疗保险制度或公共健康计划的颁布，大多与社会稳定的需要密切相关。即使在经济发达的美国，在1935年推出《社会保障法案》时依然没有将健康保险纳入法案条款中，这是因为当时的美国总统罗斯福（Franklin D. Roosevelt）受凯恩斯（Keynes，1930）货币契约与有效需求等理论的影响较大，期望通过社会保障调节经济周期。即便是以后推出医疗保险法案也是针对老年群体的，因为老年群体退出劳动年龄后的经济收入减少，更容易引发社会问题。英国从1601年《济贫法》到1948年建立包含医疗服务在内的国家福利，也与社会稳定功能密切相关。1948年7月4日，工党出身的首相艾德礼（Richard Attlee）宣布国民保险法、工业伤害法、国民补助法、国家医疗服务法生效，每个公民都享受社会保障，英国福利国家建立的同时，也标志着济贫法正式退出英国的历史舞台。

即使在社会主义国家，通过计划经济手段，政府可以调节经济周期对社会和经济的影响，但健康保险对社会稳定和经济发展依然具有重要的作用。于是，健康保险等应对风险的保障手段从社会各种应对健康风险的政策法规中独立出来，成为为社会主义制度国家进行风险管理的有效手段。马克思在六项扣除理论中肯定了保险的重要性，并指出保险是资本主义制度消亡以后唯一应该保留下来的内容，只要存在风险，保险就有其存在的必要性和重要性。

2. 健康保险的经济推进器功能

对于经济推进器的功能，从大保险的角度是很容易解释的。而从健康保险角度，显然与健康保险对劳动力的健康保护有密切关系。健康保险能够提高劳动力健康素质，进而推动国民经济的增加。在步入20世纪以后，特别是Huebner（1927）提出的生命价值学说以及建立在生命价值学说基础上发展起来的人力资本理论，人们开始认识到对健康的投入也是一种生产力产出。不仅资本家能够获得具有更高生产效率的劳动力，而且工人阶级也认识到投保健康保险，对个人健康维护和家庭经济也具有重要的影响。因此，由雇主和雇员共同分担保险费用的健康保险在很多国家开始兴起。健康保险的经济推进器功能，才得到广泛的认同和提升，健康保险逐渐成为政府和企业提高劳动生产效率的重要手段。

人力资本在生产函数模型中是国民经济发展的核心要素，劳动力的数量和质量决定了劳动产出的数量和产出效率。而人是容易遭受疾病风险冲击的，作为生产函数的重要因素，对国民经济的不确定性也会产生影响。首先，健康保险的基本功能是筹集医疗服务资金，劳动力通过健康保险，提高了医疗服务的可及性和利用水平，这将能够在最大程度上使劳动力免于疾病对健康的损害，能够提高劳动者的生产效率；其次，是劳动者的健康水平影响到劳动者的实际正常就业的年龄，健康促进期望寿命的增加，不仅仅是劳动年龄的增加，更是使那些按照特定标准退出"劳动年龄"的人员减少而增加劳动力供给，也就是整个社会劳动力资源数量增加了，必然能够显著提高宏观经济的总产出规模。所以，健康保险在劳动力层面，具有生产效率和总量规模两个宏观经济推进作用。

在不确定性下的国民经济生产，显然也不是一个确定的要素投入与固定产出之间的生产函数，而是一种具有随机波动的不确定性关系。Borch（1962）曾开玩笑地指出[①]：加入门格尔自然地使用他所习惯的数学语言，他可能会建议生产函数 $y = f(x_1, x_2, \cdots, x_n)$ 应当采用随机关系来替代，例如用下述条件概率分布来描述：

$$Pr(Y) = f(y \mid x_1, x_2, \cdots, x_n)$$

大约 70 年后，门格尔这种简单的生产不确定性观点，才被用数学的语言形式表述出来，这是由另一位奥地利学者格哈德·廷特纳（1941）完成的。在有风险损失的情况下，传统的 C－D 生产函数中的劳动力要素、资本要素和科技进步贡献率，都应该在要素系数中增加一个效率风险损失系数，以更充分全面地反映各类要素的真实贡献率。反过来，我们也可以构建一个包含保险损失要素的生产函数，通过计算保险的产出贡献率来提炼出各生产要素的实际贡献率，在有生产风险保障的保险要素时，原来不确定下的预期或理想生产函数，将转变为确定性状态下各要素的生产能力。该确定性生产函数可以表示为：

$$Y = AL^\alpha K^\beta I^\gamma$$

当 $\alpha + \beta + \gamma = 1$ 时，就可以获得在风险状态下，各类要素的真实贡献率，即：

$$\alpha + \beta = 1 - \gamma$$

从而根据有风险影响时的 α 和 β 值，推算出真实的科技进步贡献率，这样的科技进步贡献率是包含风险保障技术能力的更为全面的技术推动。另外，从商业健康保险角度，健康保险产业不仅能够提供大量的劳动岗位，而且还能够对经济总量和增量做出贡献。保险行业是一个劳动密度和技术都比较集中的服务行业，不仅能够提供大量的就业岗位，而且也在国民经济发展中具有一般产业所具有的特征和作用。

尽管中国社会医疗保险制度的建立，主要是基于国有企业改革和公费医疗与集体劳保医疗改革的需要，不同于西方国家迫于无产阶级斗争而被动实施的社会稳定动机，但同时也是为了能够在社会主义市场经济体制

---

① 王国军. 高级保险经济学 [M]. 北京：对外经济贸易大学出版社，2014.

下，为就业职工和下岗工人提供更充分的医疗保障。而城乡居民医疗保险制度，起初的动因与社会稳定功能关联性也比较密切，农村居民因病致贫或因病返贫也对社会稳定造成一定的负面影响。即使在政府利用各种优惠政策激励商业健康保险发展的推动过程中，在相关的政策法规中也将健康保险作为社会"稳定器"和经济"推进器"功能，用以保障社会稳定运行和提升社会安全感，使健康保障在更高的水平上维持和保障国民健康。健康保险作为应对疾病风险损失和改善医疗服务支付能力的手段，不仅能够最大程度地免除健康风险对人的身体的损害，还可以更好地免除对智力造成的伤害，因为疾病致残往往表现为身体残疾或智力残疾，而无论是身体残疾还是智力残疾，都会对劳动力资源造成巨大的破坏，损害社会经济发展的可持续性。邓小平在 1983 年 7 月提出科学技术是第一生产力的重要观点，而人的智力则是承载和发展科学技术的重要物质载体。

1.1.4　健康保险的工作锁定与激励功能

管理心理学家赫茨伯格（Frederick Herzberg，1959）的双因素理论，将工作动机的影响因素分为保健因素和激励因素，其中基本工资和工作环境只是保健因素的一部分。它们不能对员工的工作积极性产生激励作用。在双因素理论下，健康保险的投入不仅能保障劳动者的身体与智力健康，还要通过健康促进使其在劳动力和智力上具有更大的生产效率，这就是工作锁定与激励作用的逻辑基础。

1. 健康保险的工作锁定功能

按照标准经济学的观点，人是自私理性的，因而追求经济利益的最大化。由于健康保险能够有效地规避疾病风险带来的经济损失，他相当于获得了与健康保险期望效用等价值的健康保险费用。而且当前的健康保险费用，主要是由雇主和雇员共同分担的，这相当于被保险人从雇主那里获得了相当于一半保险费用的福利。在不考虑其他非经济因素的情况下，只有当新创造的就业岗位收入能够提供大于保险福利和转变工作岗位的成本，职工才会进行新的就业选择，否则，雇员从经济角度上一般不会离开原来的就业岗位。

保险的工作锁定（job lock）功能，又称为保险锁定效应（effect of job lock），是指保险对就业单位变动具有一定的抑制作用。基于劳动力经济利益最大化的理性追求，他们往往不愿离开提供保险的当前就业岗位。健康保险的工作锁定功能，在一定程度上说明，用人单位给职员投保健康保险的最终目的不是为了改善职工的医疗福利，而是通过提供具有相对竞争力的健康保险福利使劳动者就业岗位相对稳定，进而减少了用人单位高技能劳动力流失和雇佣与培养新劳动力的用工成本。

健康保险的工作锁定效应，在不同的保险模式下具体的表现也不同，但主要的原因在于更换工作后在健康保险方面的福利损失。对于用人单位来讲，如果用人单位提供了相对其他单位更高的健康保险福利，则对职员形成了经济吸引力，并由此降低了职员的流动动机；对缺乏转移接续机制的社会医疗保险模式，改变工作单位还意味着部分医疗福利待遇的损失。而雇主之所以愿意提供健康保险以避免雇员的流动，与雇员流动带来的生产成本密切相关。雇员的岗位关键程度和替换难度，与获得健康保险的福利密切相关。

2. 健康保险的工作激励功能

当健康保险作为工资福利的重要组成部分时，健康保险也就具有了与工资相类似的功能，特别是根据赫兹伯格的双因素理论，雇主将健康保险作为锁定雇员工作并具有激励作用的重要手段。因而，健康保险已经成为雇主增强雇员归属感和激励工作效率的工具。

从没有立法强制的美国商业健康保险模式中，我们就可以较为深入地理解健康保险的工作激励功能。如果雇主为员工购买健康保险，只是为了工作锁定效应的话，显然不利于公司人力资源的优化问题，因为在工作锁定效应下，健康保险要以团体保险的方式，为雇员提供高于其他单位的保险，否则在大部分雇主都提供健康保险的情况下，显然对青壮年雇主缺乏工作锁定作用，只会留下那些老弱病残到市场上买不到健康保险的人员。因而，在自愿原则下的健康保险，在具备基本的工作锁定功能的情况下，还应该具有工作激励作用。这种激励，来自消除不满意基础上的工作激励。赫兹伯格认为，消除不满意本身既是保健行为，也是一种激励行为。这种激励的动机来自雇员对单位的归属感，团体健康保险能够使被保险人形成团队集体意识以及地位上的平等感知，这些都有助于形成内在的工作激励功能。

1.1.5 健康保险服务于国家社会治理能力现代化功能

将现代保险服务业上升为国家社会治理功能的代表性文件，是2014年8月10日国务院颁布的被称为"新国十条"的《关于加快发展现代保险服务业的若干意见》。在指导意见中，将保险业作为社会文明水平、经济发达程度和社会治理能力的重要标志。要求保险业要"立足于服务国家治理体系和治理能力现代化"。根据"新国十条"，国务院办公厅在2014

年 11 月 17 日颁布了《关于加快发展商业健康保险的若干意见》，对加快商业健康保险提出了具体的要求，也进一步强调了现阶段加快健康保险发展的重要意义和实施办法。

1. 健康保险的风险管理功能

保险通过对投保人或被保险人的风险损失转嫁，实现了财富资金的稳定性。进而可以用一般均衡等式，对未来财富做出稳定的规划。尽管如此，面对风险造成的巨大经济损失和社会的不稳定，作为国家和社会管理者并不希望损失发生，而是希望承担经济补偿基本功能的同时，借助保险公司的风险管理技术优势，更好地控制风险并参与国家和社会治理体系。

狭义上的风险管理只是为了将损失风险转嫁给别人，使微观个体的利益免受风险的经济损失，但却难以减轻对社会稳定的影响。特别是对身体和健康造成损害的巨大风险，政府更是希望能够通过风险管理将其进行抑制和控制，甚至消灭在萌芽状态。从而使风险既不会造成明显的经济损失，也不会导致严重的社会不稳定，更有效地保障国民的生命财产免受风险破坏。因而，狭义上的风险管理只是一种经济行为。如果将经济行为向外扩展，就是社会风险的管控行为，而不是风险在投保人与保险人之间进行简单的转嫁。

2. 健康保险的国家社会治理功能

现代保险业服务于国家社会治理体系和治理能力现代化，是对保险功能的最新认知和定位。"新国十条"提出的服务于国家社会治理体系和治理能力现代化的功能认知，是具有战略性的质的升华。基于保险业服务于国家社会治理功能，健康保险的功能将承担疾病风险的治理功能，服务于国家社会稳定和促进国民健康的职能。而且这也是未来社会其他保险功能被弱化以后，得到不断强化的功能。即使保险最终因为风险的控制能力增强而消失，健康保险的风险治理功能也将是最后消失的。

健康保险通过完善经济补偿机制、加强风险管理核心功能和优化保险基金配置，来服务与国家社会治理，但并不等同于保险公司基于利润最大化的风险管理功能。服务于国家社会治理需要企业加强风险管理的功能，但同时也需要国家、企业和个人等共同投保人的联合参与，如果没有这些共保主体的参与，风险管理功能也仅被局限于企业利润最大的追求，尽管这种治理动机能够产生外部性，但也是零散的甚至会因为被非理性利用而削弱。

而保险服务业要具备服务于国家社会治理体系和治理能力现代化的功能，保险的基本要求就是保障全面、功能完善、安全稳健、诚信规范，具有较强服务能力、创新能力和国际竞争力，与经济社会发展需求相适应的现代化保险服务业。这种服务业才能够成为政府、企业、居民风险管理和财富管理的基本手段，成为提高保障水平和保障质量的重要渠道，成为政府改进公共服务、加强社会管理的有效工具。

商业健康保险在民生方面，要构筑保险民生保障网，把商业保险建成社会保障体系的重要支柱。保险公司要大力开发与基本医疗保险相衔接的各类医疗、疾病保险和失能收入损失保险等产品，提供与商业健康保险相结合的疾病预防、健康维护、慢性病管理等健康管理服务。显然，从"新国十条"来看，国家将保险作为国家社会治理的重要手段，经济补偿只是其补充社会医疗保险的基础功能，健康管理服务才是国家最为看重的。

从提高国民素质、降低医疗费用过快增长压力方面，经济补偿最终只是将健康风险的存量，在社会成员之间进行分散，而不能从根本上控制和减少疾病风险造成的经济损失和社会稳定的潜在威胁。甚至更加严重的是，健康保险因子还会在一定程度上放大被保险人对医疗服务的利用程度，这往往只会增加社会总医疗费用的支出和医疗资源利用的紧张程度。如果健康保险风险管理的核心功能得不到有效的控制，必然会导致医疗服务利用和健康保险之间的恶性循环。即健康保险业越发达，医疗服务资源利用率越高。随着需求加大而引发医疗服务市场向卖方转移，进而导致服务价格不断提高，结局就是看病会越来越贵，这显然并不是政府所希望的。所以，健康保险能够服务于国家社会治理能力现代化，必须强化其健康风险管理核心功能，这是政府加快商业健康保险的根本目的。

保险业服务于国家社会治理功能是多种功能的综合体现。一是保险业的传统经济补偿功能，也就是一般的风险转嫁和损失补偿功能，主要是体现在对经济损失的补偿领域；二是保险的风险管理核心功能，这一功能尽管在传统的保险经济学研究中都有所体现，但认知程度偏低；三是保险的金融支持功能，这个功能不再是传统的投资功能，而是与政府的国家投资与产业发展等战略规划相融合，积极参与国家大型建设的投资；四是为政府提供直接的公共保险服务，参与政府的公共服务购买活动，成为政府实现国家和社会风险治理现代化的合作伙伴（partnership）。

1.1.6 从健康保障向多元化综合功能的延伸

随着健康风险对社会经济各个方面影响的延伸，人们也希望健康保险承载更多的功能，这些功能不仅包括经济损失补偿和国家社会治理，还包括情感的寄托和心理的宁静。任何一个健康风险厌恶的个体，如果他要时刻提防未来的健康风险损害，不仅需要通过医疗储蓄等方式进行有充分的经济准备，而且还可能产生严重的心理焦虑，因为对未来的健康风险可能带来的严重健康损害和财富损失而忧心忡忡，当有适合的健康保险作为保障时，必然会购买保险以消除心理紧张情绪。因此，健康保险已经不再简单的是经济补偿问题，还被倾注了大量的情感因素，由于情感因素的复杂性，也必然使健康保险功能呈现多元化的演变趋势。

随着全民健康覆盖的实现，健康保险功能也得到更广范围的延伸，其中收入保障功能也与养老保险的功能一样逐渐受到人们的重视，特别是在有政府财政和单位分担保险费用的机制下，健康保险的二次收入转移效应日益明显，成为隐性的收入和潜在福利，这是区别于纯商业保险的特殊之处。另外，由于大部分由政府主导的公共健康保险计划，实行保险费的税前扣除办法，这部分资金的免税也具有一定的收入转移作用。保险水平越高、缴费规模越大，对保险费用税收免除、饶让或延迟缴纳所带来的收入效应也就越明显。除了政府财政和单位福利以外，John Nyman（1999）认为，相对于传统的保险理论，人们应该把保险补偿看作是从健康者到患者之间的资金转移，并且这种资金转移可以增加额外的医疗消费和潜在的经济福利。特别是因治疗严重疾病而花费昂贵医疗费用的被保险人，健康保险带来的收入福利效应更为直接和明显。Nyman认为，在全额保险时健康保险可以使健康消费者能够通过保险，将医疗服务价格降为接近于0的水平，尽管对于购买保险的人来说，这些医疗服务的价格降低了，但是只有那些生病的人才会对价格降低产生反映。因为只有以生病后发生医疗费用为补偿条件，医疗服务价格的下降才会使健康保险作为特殊收入，从健康者转移到患者中的工具，这也能是健康保险领域存在较为严重的道德风险问题的原因，因为那些没有患病的群体往往将保费心理编码为损失后，通过道德风险行为补偿"心理损失"。

保险所造成的医疗服务价格的下降，使保险成为收入转移到患病消费者的工具。显然，对于那些不对医疗服务利用限制的健康保险，更容易激励被保险人对医疗服务的利用。但这对患有大病的人员，特别是那些难以治愈的、年龄比较大的患者，他们未必有加大医疗服务利用的动机，尽管此时健康保险的赔付能够提高其医疗服务的购买能力，或者是医疗费用的支付能力。此时，治疗后的生存质量和生存时间将会决定其医疗服务的购买决策，进而将定额健康保险理赔（大病保险以额定保额的方式提供补偿）作为自身生命价值的弥补，并以遗产的方式转移给下一代子女。此时的健康保险已经部分具有了寿险的遗产转移功能，与Huebner（1927）生命价值学说中的资本化价值功能更为贴近。

另外，对于此类具有射幸性的、有选择的大病健康保险，被保险人未必能够一定最终利用得到损失补偿，保费与损失之间补偿是一种确定性支出与或然性补偿之间的关系。但由于对大病所带来的灾难性后果的担忧，也会激励人们去购买保险以消除大病可能带来的治疗与身故的灾难性后果，以及这种后果的负面辐射效应。此时的健康保险已经演变成为一种规避财富风险损失的安全保障功能，也就是社会保障所用的词语"Security"。而且，由于应对疾病风险的自留方式，可能需要占用大量的既有财富进行大额的医疗储蓄，这对于应对不确定疾病风险的特殊保障基金，往往会抑制当前或者未来的消费需求。而通过健康保险则能够以各期更小比例的收入占用，以便于拿出更多的累积财富收入用于满足当期多元化消费需求，其中诸如教育或技能培训等发展性消费，将会使生命价值的总效用得到显著提高。如果仅仅依赖既有财富存储风险资金，带来的只是最小化的货币效用，显然对于全生命周期财富配置是极为不经济的。因为，通过对累积财富的当期消费或远期投资，可以带来更多的价值效用，或者通过发展性消费产生的消费者剩余，例如教育或技能投资带来的就业能力的改善等。因而，从货币需求的角度，尽管应对意外健康风险损失是产生货币储备需求的动因之一，但人们未必是以资金直接储备的方式进行应对，而是占用资金更少的健康保险。因为，通过健康保险，既可以使货币需求额度更少，也能够实现可支配货币的最优配置。

在中国人浓郁的家国情怀下，家庭成员往往并不会以效益或成本等经济标准去评价医疗服务利用决策。在更多的情况下，即使明知达不到理想的救治结果，但依然会尽最大可能对病人进行治疗。这既与伦理道德和损失厌恶有关，同时也是家国情怀的一种体现。也正是基于这种考虑，人们将投保健康保险作为保障家人健康的一种情感寄托。但同时，我们也应该注意到，由于中国人所特有的社会习俗和道德观念，有时人们又不愿意投保基于特定险种的大病保险。似乎人们还会因"一语成谶"而将保险恶魔化，从而更愿意选择常规医疗保险。这种文化习俗观念，也可能会影响到人们对健康保险功能的正确认知和投保选择行为。

另外，随着与健康保险相关的新型金融产品的出现，健康保险以万能险或分红险等新型保险产品形式的投资型设计，也增加了其家庭理财功能与风险转嫁功能的有效统一。为了充分发挥新型健康保险的理财投资与健康保障等综合功能，2016年3月，中国个人税收优惠型健康保险产品开始在部分地区试点，采取以附带有个人医疗储蓄账户的万能险的方式运营，而且保险公司不得对被保险人进行既往病史筛选拒保。保费的收益结余部分纳入个人账户管理，用于在年老时以优惠的价格购买其他商业健康保险。这种既有税收优惠又有投资收益和长期保障的健康保险，相信投保人看中的功能也会更加多样化，投保动机也不会仅仅以转嫁健康保险为目的。

1.2　健康保险投保行为相关理论研究进展

在人们之间应对风险互助行为基础上发展起来的保险业，要先于保险理论的发展，因而在保险理论的发展过程中，更多的内容是关注和解释保险存在的原因、人们购买保险的决策行为，以及如何实现保险的帕累托最优。作为保险理论基础是风险理论，先后经历了价值理论、期望效用理论和前景理论三个阶段。由于价值理论无法对保险最优决策提供理论指导，因而保险的主流理论是期望效用理论，依然是当前保险经济学的重要基础理论。而前景理论虽然得到一定程度的发展，但是在健康保险领域应用的也比较少。在风险理论发展的主线上，为了更好地对人们的保险行为进行解释，还伴随着一些关键理论的产生和发展。

由于健康保险行为是一个多动机的复杂行为选择的结果，必须综合利用相关学科领域的成果并加以融会贯通。但是，任何理论不仅受限于理论产生的领域，还受到其基本假设的限制，因而具有其特定的应用前提和范围。在用这些理论解释健康保险的功能、行为动机和构建保险合约激励机制时，必须进一步地修正与完善。在保险行为理论的发展历程中，购买保险的投资说是赌博的衍生（Bernoulli，1738）、健康投资学说是生产函数的衍生（Grossman，1972，2000）、生命价值学说是保障财富理论的衍生（Huebner，1927）、健康保险杠杆理论是保险目的功能延伸（Folland et al.，2010）、期望效用理论是为了社会福利最大化的帕累托最优（Arrow，1963），而风险偏好则是保险转嫁风险损失基本功能的衍生（Borch，1968）。因而，健康保险在由直接的期望投资收益演化到期望财富效用，最后延伸到作为医疗服务的杠杆等功能，显然无法用某一单一理论进行全面的合理解释。为此，我们对不确定下的选择理论、健康投资理论、期望效用理论和前景理论等与投保相关的理论进行梳理，以期望对健康保险的投保动机和行为异象的形成机制进行合理的理论解释，并为构建健康保险合约激励机制提供指导理论、学术观点和评价模型等。

1.2.1 保险的风险投资学说与健康投资理论

1. 保险的风险投资学说

购买保险的投资学说，主要是起源于赌博行为的一种风险性投资。Daniel Bernoulli（1738）从人们赌博动机中，提出了购买彩票和投保保险具有类似的博取机会性回报的效用观点，阐述了保险能够存在的原因，成为保险的风险投资学说的理论起点。Bernoulli 认为，从赌博的动机来看，既然人们愿意将钱投到彩票上去，那么为什么不可以投保保险？也就是将购买彩票的赌一把的思想，转移到购买保险所谓的赌一把。Bernoulli 为人们如何将资金用于投保保险提供了初步的计算办法。保险人为了提供保险保障不仅需要对风险损失的预期值进行估算，还必须为投保准备相当于资本金或准备金的保险费用；而对于被保险人，如果保险单所需要的保费比他预期的期望损失值高，那么投保人就不会购买保险。Bernoulli 的分析和结论对保险理论的形成具有深远的影响，甚至成为 150 年后经济学家马歇尔《经济学原理》中所关注的重要内容之一[①]。

而近代史上最早将保险纳入经济学范畴的经济学家亚当·斯密（Adam Smith，1776）在《国富论》中，依然以赌一把的思想来分析人们投保保险的动机。亚当·斯密认为，保险承保的往往是能使个体陷入灭顶之灾的经济损失，投保人可以通过保险将风险分散到大量的投保人身上，进而可以依赖社会来减轻经济损失。其基本的条件是保险人必须拥有雄厚的资本。亚当·斯密的观点，从保险人角度讨论了保险的投资性观点，即保险人尽管不能通过保险像彩票那样赚大钱，但依然可以通过投资保险而获得期望的利润水平。亚当·斯密还认为，那些具有风险厌恶的被保险人，并不是毫无选择的讨厌风险，相反，更乐意在保险上面赌一把，即购买保险。

因此，Bernoulli（1738）和亚当·斯密（1776）的观点，尽管在保险的投保动机上都考虑了风险损失的规避观点，但又同时认为人们购买保险本身也是一种风险性投资的风险偏好行为，而不是风险厌恶下的投资选择，这与后来 Arrow（1963）等期望效用理论下的观点不一致。从而我们似乎又可以做出以下的推断，即保险在保险费用和风险损失之间作为一种转嫁风险损失的工具，但由于风险具有发生的不确定特征，使人们购买保险的行为又转变成为一种赌博性风险投资。也就是在早期的保险投保动机

---

① 王国军. 高级保险经济学 ［M］. 北京：对外经济贸易大学出版社，2014.

中，人们看重的是保险费用与风险损失事件是否发生之间的博弈均衡，而不是期望效用与保险费用效用值之间的均衡。而现代的投保行为动机，已经不再是简单地用保费博弈损失的经济补偿，还包括经济损失补偿延伸出来的各种社会与情感功能。因而用传统的保险理论，难以对当代人们的保险行为做出全面的解释。

Bernoulli 的风险投资观点与 Kunreuther 等（2013）的投资观点也是基本一致的。当然这种投资行为（investment）与保险公司等机构性投资不同，前者是用一种确定的资金支出，博弈的标的物为被保险人经济损失风险事件的发生，也就是投资回报是当实际损失发生后获得经济收偿；而后者是利用资本性质的非风险财富获得经济收益，是为了从风险的承保业务中获得特定的资本报偿，并且该报偿大于等于其他的资本投资渠道。而且在大部分情况下，被保险人从保险人那里获得的损失补偿不能完全抵消其风险损失，即使是全额保险也会产生具有沉没成本性质的保险费支出。

健康保险投保行为不仅具有保险的一般特征，而且还具有自身的一些特殊性。因为投保人或被保险人个体往往对健康风险掌握更多的信息，它比普通的财产保险的信息不对称问题更为严重。尽管保险的投机性行为，在行为分析时容易将保险与投资联系起来，但两者依然有很多不同之处，这是保险作为规避风险损失的投资观点逐渐被忽视的重要原因。

当前关于投资的概念：一是有直接投资回报的消费型投资，例如投资教育或者投资某种健康品的消费。对于教育投资能够获得上学的机会并从中获得知识、提高技能，健康保健品消费能够增强肌体免疫力等。因而这种消费是短期的直接面对面的消费，消费支出不能退还，除非是销售商欺诈性的销售，或者不影响其他人继续消费的商品。二是以资金保值增值和附加额外收益的金融性投资，如投资金条、住房等保值增值商品，同时兼备消费与直接获得投资回报性消费。对于健康保险产品，则是通过支付保险费用转嫁损失风险，而保险理赔只是为了弥补风险造成的损失而不能获得超额回报。与一般保险投资观点不尽相同的是，健康保险投资不仅仅是为了获得经济补偿，而是最终的健康保障。经济补偿通常只是为了更好地满足医疗服务需求，除了具有失能保障功能的健康保险外。因而健康保险是有中间购买必要的高质量医疗服务杠杆的特殊保险，不同于财产保险或人寿保险等属于风险损失对等经济补偿，后者往往不包含复杂的动机，也不存在第三方目的。

2. 健康生产的投资理论

经济学从整体宏观角度和个体微观角度看待健康问题。在宏观方面，健康在社会经济发展中所扮演的角色是劳动力与资本，是社会经济体系中最主要的生产要素。邓小平提出的科学技术是第一生产力，强调了科学技术对社会生产的重要作用。而科学技术的承载与发展，显然需要健康的劳动力和必要的资本支出。因此，一个国家整体的生产函数中，必然需要加入劳动力健康要素。在简单的道格拉斯（C－D）生产函数 Q = F(L，K)中，劳动力作为首要的生产要素。在微观个体方面，健康在社会经济领域所扮演的角色是 Grossman（1972）利用 Becket（1965）所提出的人力资本概念，将健康视为能提高消费者满足程度的耐久资本财富。健康资本能增加消费者满足程度的原因，是因为它能够生产"健康时间"。

1993 年的诺贝尔经济学奖得主 Gary Becket，主要的贡献是将厂商生产函数的观念应用到家庭的消费活动上。Becket 在 1965 年提出家庭生产函数，将消费者从市场购买各种物品并结合自己的"时间"生产可获得消费品的行为，称为家庭消费品生产。美国纽约大学教授 Michael Grossman 从 20 世纪 70 年代至今，在努力地推进人力资本模型在健康方面的应用。他的研究已经成为比较完善的医疗需求理论（1972，2000）。Grossman 认为，包括寻求医疗服务等大多数影响健康的行为，其价值在于对健康的作用而不是行为本身。而影响健康的卫生服务利用及其他行为的需求产生均来源于对健康的需求。Grossman（1972）所构建的家庭健康经济学模型，主要是基于以下几个观点：人们重视并努力获得良好的健康状态；不同行为的选择结果会影响健康；行为选择是在个人、经济、社会、文化和政策等综合作用下形成的（程晓明等，2012）。

Grossman 将 Becket（1965）继承于 Huebner（1927）生命价值学说的人力资本观念应用到健康领域，并将健康视为能够提高消费满足程度的耐用消耗投资商品。健康资本增加消费者效用的原因在于能够生产出健康的时间，但它与其他资本一样也存在折旧问题。Grossman 据此认为，消费者可以通过生产健康的方式补偿健康资本的消耗和折旧。健康生产的关键要素是医疗保健服务、健康生活方式、良好的环境与教育等。基于以上理念所提出的 Grossman 健康生产函数，就是消费者通过从市场上购买所需要的各种医疗保健服务，结合自己的可支配时间实现生产健康。Grossman 健康生产函数的一般形式为：

$$H = f(M，LS，E，S)$$

其中，H 代表消费者的健康，M 代表医疗服务，LS 代表消费者选择的生活方式，E 代表教育和环境，S 代表社会经济因素等。在健康生产函数的概念下，要达到同样的健康产出水平，可以通过不同健康生产要素之间的替代，降低生产健康的成本支出。从生产要素的分类 $H = f(M, LS)$ 中可以看出，改变生活方式，特别是损害健康的酗酒和吸烟等行为的戒除，可以代替医疗保健服务的利用，能够达到同样的健康产出水平。

从生产要素的再分类模型 $H = f(M_1, M_2, \cdots)$ 看，不同类型的医疗服务之间具有相互替代性。特别是预防保健支出与临床治疗费用通常具有更高的相互替代率，单位预防保健支出通常是临床治疗费用的数倍，乃至数十倍、数百倍的替代作用（Thewlis and Peters，1939；曾光，2016）。如果对健康生产要素进行再次细分，例如细分到药品需求层面，即 $H = f(D_1, D_2, \cdots)$，细分要素之间同样具有相互替代效应。那些只需要药品治疗的方案中，不同疗效和价格药品的投入也具有相同健康产出水平的替代性，如专利药品和仿制药品，前者尽管疗效相对较好，但价格也是后者的数十倍或数百倍。

在众多的健康生产要素中，医疗保健服务是最重要的关键要素，并且必须是个体收入水平上能够得到的医疗保健服务。此外，与 Huebner（1927）生命价值学说的观点相似，Grossman 的健康生产函数同样也将生活方式、教育和健康等要素，作为生产健康的必要投入要素。因此，可以借助经典经济学的生产函数模型，将健康生产函数表示为一般的函数模型形式。健康生产函数的政策意义在于，在 Grossman 健康生产函数理念下，消费者购买医疗服务的目的并不在于医疗服务购买行为本身，而是通过购买医疗服务获得满意的更高水平的健康，医疗服务只是消费者用于生产健康的必要的投入要素。这与世界卫生组织（2013）提出的全民健康覆盖理念和 Folland 等（2010）的医疗服务杠杆作用的观点是一致的。因此健康生产函数将医疗保健服务的需求看成是消费者对健康生产需求的引申需求，或者是衍生需求。也就是说，获得医疗服务只是实现生产健康的一种必要手段，而获得身体健康才是最终的目标。针对 Grossman 健康生产函数的要素结构，政府可以通过改变各种生产要素的相对价格，鼓励或激励消费者选择成本最低的生产函数要素组合，在提高健康生产效率的同时，避免医疗服务过度消费造成健康生产效率不足，甚至造成有限的稀缺医疗服务资源浪费。

同时，Grossman 还基于投资学的基本理论，借用资产折旧的概念，将个人健康所隐含的经济价值，看作是随着年龄增长而不断折旧的特殊资本存量。而资本存量又可以分为初始存量和获得性存量。影响初始价值存量的智力要素一部分是个体先天性的，其他部分则来自后天的教育与培训等。显然，Grossman 的健康投资理论对 Huebner（1927）的财富结构和资本化价值影响因素的观点是完全一致的。而 Grossman 健康生产理论同时指出，生命价值折旧并不与年龄具有直线相关关系，至少在达到特定程度的折旧年龄以后，年龄的再增加意味着健康资本折旧率会呈现非线性的加速特点，使消费者也必须以非线性的方式，不断增加边际单位投资来补充健康资本存量的不足。因此，消费者对医疗服务的需求总量，也会随着健康资本折旧率（年龄）的提高而加速度式的增加。然而，让人质疑的是 Grossman 并没有确定停止折旧的时间界点或者判断标准，似乎使用的是以死亡为终止节点。而从 Huebner（1927）生命价值学说角度，生命价值消失的标准则是资本化价值小于等于 0，时间界点是强制退休，或者因病导致身体的完全残疾。前者属于"经济死亡"，而后者则是"生存死亡"。虽然两者的术语不同，但经济实质都是一样的，即个体不但不再创造生命价值，反而需要消耗其已经积累的财富价值，甚至是来自家庭和社会的其他成员创造的价值。因此，从经济利益角度，这两种经济"死亡"远比基于期望寿命的"提前死亡"更为可怕，它们将会使家庭与社会负担加重。Huebner 提出的强制退休与"经济死亡"关系，也许是养老保险"长寿风险"理念的根源所在。

Grossman 称为健康的人力资本价值所反映的理念，是人身体的健康就像其他商业资本一样有助于提高社会生产力。健康的价值是其内在经济价值与人力资本价值的总和，因而健康资本是人力资本的重要组成部分，也是人类社会生产力水平的具体体现。Grossman 的人力资本价值理论与 Huebner 的生命价值学说是一脉相承的，关键的区别点在于 Grossman 并没有向 Huebner 那样，将个体的人力资本价值的总和扣除掉个人消费的部分，该口径能够与生产函数的人力资本要素口径保持较好的一致性。而 Huebner（1927）的资本化价值，则需要在人力资本价值的基础上，扣除用于个人消费的部分，侧重于个体对家庭生产的价值，因而能够成为寿险精算和给付型大病医疗保险的基础理论。

Grossman 同时认为，人们促进健康生产的需求主要取决于他们相对于其他目的所赋予健康的经济价值，也就是健康的相对经济价值。而健康相对价值中的一部分，是由那些影响人们健康活动能力的相关因素所决定的；另外的其他部分因素则是由人们对医疗服务的科学态度和对社会的态度所决定的。人们对与他有关的所有事物的价值，与健康隐含的价值一样，都会进行系统的价值比较与判断，因为他们需要在有限的资源中，寻求用于改善和促进健康的资金和时间等资源。在资金和时间资源有限的情况下，他们必须以放弃其他部分目标作为代价，以最有效地实现健康生产的目标，因而会在健康生产与其他目标之间产生冲突。从马斯洛需求层次理论（1943）来看，这种目标冲突是在相同层级上的冲突，而不是层次之间目标的冲突。层次之间的目标是建立在资源的总水平，而不是资源配置之间的冲突，层级内部的目标最容易产生冲突，因为这没有明确的目标之间的优先顺序。

但从目标之间的协同性或者互动性角度，健康目标的实现对追求其他目标具有正向的促进作用。因而，对健康的生产会对其他行为产生额外的溢出效应，即外部性。所以说从整体福利促进上，应该充分考虑健康生产目标并充分利用其外部性，最有效地实现资源约束范围内的其他目标。而从时间价值上看，效用函数也能够反映出目前消费与未来投资之间的交换关系。例如，预防保健服务的利用主要取决于人们对未来健康价值的判断，健康生产效用往往对未来效用的满足具有更加积极的促进作用。

因此，卫生经济学家们都普遍认为人们对利用医疗服务所进行的健康生产需求，实际上都是健康生产的一种特殊派生需求（Feldstein，1979）。Grossman（1972）的健康投资理论认为，消费者对于健康的派生需求主要由两个方面的原因引发的：一是消费者将健康作为一种特殊的消费品，健康身体可以使消费者获得良好的感觉，是一种直接的医疗服务消费行为就能够获得的体验效用，这与当前行为经济学理论的观点是较为一致的；二是消费者又将健康当作一种特殊未来回报的投资品，用来保障并更好地完成其他的生产活动，即健康投资是完成其他生产活动的最基本的必要前提，其他生产活动得到的货币价值就是所谓的健康投资经济回报。把优质医疗服务作为健康消费的派生需求，主要的原因包括两个方面：一方面，人们通过消费医疗服务产品和获得高质量的医疗卫生服务，能够抵消由于年龄的增加所导致的健康存量的加速贬值问题，延缓年龄因素导致的价值折旧，以使未来的潜在生命价值得到保障和合理地改善；另一方面，那些正在就业的人员会认为购买健康保险所增加的医疗保健支出，实际上是对健康增量的物质资本投入，能够通过改善生存健康质量以提高生产劳动的效率，并从薪酬中会获得更大规模的人力资本投入回报，即劳动报酬和绩效奖励等收入水平的提高，以及获得这些劳动报酬与奖励的持续时间的持久性增加。

Grossman 的健康生产函数理论还认为，由健康生产需求所派生出的医疗服务需求，一般来说取决于三个方面的因素：一是与社会经济资源可及性相关的诸如疾病发生率、文化教育、人口数量和婚姻状况等社会因素。二是与家庭经济收入水平与消费价格等密切相关的经济因素，如果医疗保健需求能够转变为实际的家庭消费支出，个体家庭可能会受到可以利用经济资源限制，家庭收入、医疗服务与价格、时间占用的机会成本，必然会影响人们对医疗服务的利用程度和需求的满足。除此以外，还存在由医疗服务提供者创造需求的诱导性需求问题，造成医疗服务资源的非理性消费等刺激医疗费用过快上涨的问题。

此后，Phelps（1987）在 Grossman 模型的基础上，建立了不确定条件下的医疗保健需求函数与医疗保险需求函数。Newhouse（2001）在 Grossman 纯粹投资模型中引入共保率要素，RAND 实验研究小组则采用经验数据估算了健康保险对医疗保险的效用。尤其重要的是，Grossman 和 Joyce（1974）拓展了家庭内部时间分配对家庭成员健康影响的分析，发现妻子的时间是丈夫健康生产函数的一项重要投入。另外，Grossman 在对儿科保健需求的研究中也强调了时间价值、质量调整价格和收入效应等，并且应用两阶段最小二乘法（TSLS）对价格与医疗服务的数量进行了新的估算。

对 Grossman 健康生产模型进行拓展的主要贡献，是 Bolin 等（2000）将家庭内部博弈机制及博弈结果的影响引入到家庭健康生产函数问题研究。Bolin 等的研究结论为：不同家庭的内部专业分工方式，会导致不同的家庭健康状况，那些离婚家庭的孩子的健康也会受到结果不确定的影响。其他诸如 Gruber（1996）对健康生产成本效益分析方法的拓展，也提高了健康经济学对主流经济学的理论贡献价值。而健康生产函数的外延性为健康保险投资收益的多元化，提供了重要的理论与实践证据。

1.2.2　生命价值学说与健康保险杠杆理论

生命价值学说将人的生命价值看作是可以资本化的潜在财富，与健康状态具有密切的关系，人们投保健康保险既是为了保障现有的财富免受健康风险侵害，也是为了更好地实现未来潜在的资本化价值财富。而健康保险的杠杆理论则认为，基于个体当前的收入和财富水平难以购买必要的高质量医疗服务时，通过健康保险基金的医疗费用补偿改善对医疗服务的支付能力。因为，相对于大额的医疗服务费用，健康保险保费额度是相对较小的。生命价值学说和健康保险杠杆理论所强调的医疗服务支付能力的改善，都弱化了健康风险概率对保险决策的影响。也就是期望效用函数模型中的第二项损失补偿部分，最终目的是通过医疗服务的有效获取，将身体保持在健康的水平上以改善未来创造经济价值的能力。

1.　生命价值学说的主要内容与核心思想

生命价值学说是美国寿险经济学家 Solomon Stephen Huebner 在 1924

年提出的，并在其 1927 年出版的《寿险经济学》（*Life Insurance Economics*）中进行了翔实的阐述。在 1924 年洛杉矶全美人寿保险承保商年会上，Huebner 公开宣读了人类生命价值的概念，在保险学界得到人们广泛的认同和接受。但是在《寿险经济学》一书中，Huebner 并没有对生命价值的测度进行系统严谨的理论论证，也没有构建数量估算模型，而是将这个命题留给了后面的学者。而后来的学者也满足了 Huebner 的愿望，他们利用条件价值法分别从支付意愿和接受意愿角度对人们的生命价值进行了估计（Viscusi，2002，2015），但实证数据也证实统计生命价值（value of a statistical life，VSL）的波动区间过大问题。Huebner 将当时的研究重点放在了人类的财富结构和生命价值的来源与重要性方面，通过阐述资本化价值的重要性强调了寿险和健康保险的联合作用。通过对资本化价值的主要影响因素分析，用价值创造的途径和影响要素推断不同类型劳动者（包括就业前的未成年人）的生命价值。

Huebner（1927）认为，健康保险是与人类生命经济价值、组织和管理密切关联的，他将生命价值界定为："源于人们经济劳动力的收入能力的资本化价值，也就是我们的性格和健康状况、教育程度、培训以及阅历、个性、勤奋、创造力以及实现理想的驱动力"①。相比较已经得到的财产性物质价值，生命价值在全生命周期范围内更加重要。这是因为其他所有财富价值从根源上都起源于生命价值，而不是物质价值的结果。如果没有生命价值的存在作为前提，任何物质财产价值也根本不可能存在。然而，现实中的人们生命价值估值，总是与物质财富的大小密切相关的，违背了 Huebner（1927）的生命价值观念。尤其重要的是，因为每个个体不可能独立存在，因而该个体生命的经济价值必须体现在与其他个体生命价值的相关关系之中。任何个体生命价值的真正意义，在于（应该）为别人的利益而活着，包括家庭和社会。因而在任何时刻的生命延续都应该有利于他人、家庭后代、商业团体或教育慈善机构，否则个体的价值就无法真正得到体现，健康保险的必要性和现实意义也就体现在这方面。保障个体健康未必完全是为了自己，因为拥有健康的身体对家庭和社会意义更大。所以在大多数情况下，能够赚取收入的个体都应该为了一些特殊目的购买寿险与健康保险，例如当身故或需要医疗费用时，不至于因为自己而使家庭遭受更大的经济灾难。因而，相对于传统经济学理性人和自私人性的假设，Huebner（1927）的生命价值学说始终围绕着个体生命价值对家庭和

---

① ［美］S. S. Huebner. 孟朝霞等译. 人寿保险经济学［M］. 北京：中国金融出版社，1997.

社会的重要意义，强调健康保险的重要性。脱离了家庭和社会的个体价值不仅得不到体现，甚至对于寿险和大病健康保险的购买也不会有太大的社会意义，尤其是以死亡赔偿或遗产动机的寿险，不会对个体自身福利带来任何经济回报。

正如财产可能因为遭受各种不确定风险而受到损坏，或者因为本人疏忽而负有法律责任带来的经济损失一样，人的生命的货币价值也会因为死亡、患病以及其他意外事件发生而遭受损失或者被破坏。人寿保险广义上的任务，就是在被保险人的生命偶然遭到经济破坏时，去保护因为现行收入能力的完全永久性丧失而造成的损失。Huebner（1927）从经济学角度，将死亡分为三种，即生理死亡、"生存死亡"和"经济死亡"。完全永久性伤残意义上的"生存死亡"，尽管有别于生理死亡，但生命作为后代或商业团体所依赖的劳动力将永远消失。而完全或不分残疾的生命作为医药或者其他特别护理的重要消耗者，也将是长期性的，并可能耗尽有限积累的家庭经济资源。显然，从经济消耗视角的"生存死亡"，是所有"死亡"形式中负面影响最大的一种。由于个体生命价值面临的风险如此严重，因而从免于家庭经济利益风险角度必须得到保护。而从寿险经济学角度，永久性完全残疾相关的保险，应该被视为是生命残疾年金的特殊形式。而这种因病致残的经济影响，也可能因为处于 60 岁或 65 岁以后的退休年龄而被政府等机构忽视了。

Huebner（1927）还从人生事业优先发展角度，分析了健康保险与寿险的关系及其协同保障生命价值的重要性。Huebner 认为，个体应该具有家庭和职业这两个"商业企业"，其中又以家庭最为重要。职业主要是为家庭利益服务的，就业的目的是为了获得最大的家庭经济利益。健康保险与人寿保险在保障家庭利益上具有相近的功能，健康保险侧重于生命损害的保障范畴，它与人寿保险一样都以个体现行收入能力损失的防护作为目的的保险，并且与后来加入家庭的子孙后代和步入社会以后就业的商业团体互相联系。功能的区别在于，健康保险并不能保证疾病或意外事故不发生，基本目的应该是疾病或者意外事故发生时能够保证现行收入的可利用性，并且满足被保险人恢复健康时的成本支出，包括住院医疗、手术服务、药品消费和健康保护服务，等等。而在生命价值保障功能方面，人寿保险和健康保险的基本任务是非常相近的，两者都属于保障生命价值的保险范畴。而对于暂时性的因病致残，健康保险可以被视作防止家庭商业经营中断的保险。如果是永久性残疾，则属于防范"生存死亡"风险的人寿保险范畴。

因此，健康保险与寿险是保障边界犬牙交错的，健康保险首先是人寿保险系统的核心部分。从生命价值角度，作为完整的家庭健康风险保障系统，两者是密不可分的。家庭主要面临因健康而导致的两大问题：一是疾病风险导致的较长时期的阶段性的工资或薪金中断；二是因为早亡或全部永久性残疾，导致的个体未来所有收入的全部永久性丧失。因此，将健康保险作为人寿保险的重要组成部分，主要是能够短期提供与寿险相似的经济保障，而这种经济保障既包括失能收入保险，也包括大病给付。健康保险同时也能够对既有的人寿保险，提供补充性的保障，这主要体现在健康保险可以在很大程度上，协助阻止既有人寿保险合同的失效（即退保），它是一种随机的生存期间可见的价值保障手段，不像寿险那样是身故以后的赔偿。当然，健康保险不能替代寿险的功能，一方面它与保障人寿保险的现金价值不同，健康保险一般不会因为疾病风险事件的发生而损耗，诸如严重疾病、意外事故的医疗费用等方面的损耗，也不会因为个体投保了人寿保险就要缴纳更高的保费。因此，它能够帮助维持人寿保险单中的储蓄账户，并通过健康保障使储蓄账户不断增值。从获得医疗服务可及性角度，健康保险还能够保障用于临终或大病医疗支出，保险公司一般也愿意为先期的医疗服务消费提供预期给付。由此可见，从保险的需求角度，当寿险承保人为消费者提供保险服务时，同时提供一份健康保险也是同等重要的。

　　在生命价值评估方面，Huebner 并没有进行建模，而是使用了不同类型就业人员的财富要素构成的分析方法，给出了计算生命价值时的统计口径。他认为人类生命价值，无论是从寿险角度，还是从健康保险的角度，应该考虑使用货币价值进行计量，也就是被保险人赡养家属的收入的资本化（可以按当前利率对未来进行折现计算）。换言之，人的资本化价值总额不包括他自己花费掉的那部分收入，以及向国家缴纳的税收等，即资本价值只是家属实际花费的那部分收入，家庭的消费是资本化价值概念的逻辑起点。通过使用资本化价值的概念，保险不仅能够弥补提前死亡的损失，而且也可以补偿因强制退休而造成的收入损失。从财产的根源上，生命价值是所有有形财产及其效用的缔造者，而且生命价值是因，财产价值是果，如果没有生命价值，那么财产价值也将不复存在。生命价值的意义不仅可以使现有的财产价值增值，就连国民经济收入中的租金、利息和企业的利润，也是因为财产所有者的经营有方而加倍。不同所有人的同样财产的盈利程度不同，取决于个体妥善理财计划的能力。有能力的人会使其财产迅速加倍增加，反之，则会导致巨额财富的衰败。

在生命价值的评估内容上，Huebner 将其分为三个主要部分，即个人奉献给家庭的平均收入、为家庭进行工作的年限（或者某薪金的持续时间累加）、利率水平（复利水平），生命价值本质上是三者一个简单的换算关系。但是由于还要考虑危险性因素，生命价值需要在不确定性的环境下，计算其期望寿命价值，因而使生命价值的估计非常复杂。其他影响因素还包括：遗产动机、基于收入与消费的定期调整机制等，遗产动机强的个体消费水平较低，代际之间的消费意愿比较强。Huebner 在 1927 年就预测出 20 年后，将有专业人员，像测算财产价值一样估算人的生命价值，事实也确实如此。基于支付意愿和接受意愿的条件价值法被后人广泛用于生命价值的评估。

　　在家庭关系方面，由于 Huebner 非常看重个体对家庭的贡献，因而从经济角度将家庭看作是一个人首位的和最重要的"事业"。家庭之所以被 Huebner 看作是"经济组织"，这是因为它是国家的基石和最基本的经济（生产）单位，因而也应该像其他经济组织一样，进行科学的组织、管理和清算。家庭的早期是由一个男人和女人构成的经济伙伴组织，不时还会有孩子加入到这个经济组织。如果家庭的经济支柱成员，没有能够认识到本人对家庭成员的经济保障责任，那么就应该通过必要的途径强化这种意识，例如购买保险。支柱成员的工作虽然很重要，但在整个人生事业中依然只是他的第二职业，是为作为第一职业的家庭的利益服务的。在任何时期，对于一个好的家庭来说，职业永远是第二位的。尽管有时为了家庭的利益，维持、发展和提高其职业素能也至关重要。通过大量的保险实例可以发现，它主要是以保障家庭利益为目的的，因而很多商业保险与家庭也是紧密相连的。生命价值是联系两代人的最基本的经济纽带，在这方面，它比转瞬即逝的财产作用更加明显、更加持久。因而人寿保险和健康保险等人身保险的出现，不仅解决了代际之间的很多重要问题，如孩子的高等教育、孩子对老年父母的赡养，也能够为突发事件积攒（剩余）必要的储备资金。

　　Huebner 认为，生命价值的计算应该按照现行利率估算，核心指标是体现赡养家属收入的资本化价值。家庭妇女的生命价值也应该得到重视，尽管她们从事的家庭劳务无法用确切的工资标准进行衡量。年轻人的生命价值主要包括用于年轻人的教育投资、父母及教育机构人员的劳动。如果年轻人死亡，这些投资和劳动就得不到回报。利息、租金、公司税后利润、个体企业主收入等的存在也增加了总体生命价值，如果上述投资性活动收入实现，则生命价值可增值其中一半。再加上遗产、信用等项目，生命价值还应该得到显著的增加。

2. 其他学者关于生命价值学说的观点

美国经济学家米尔顿·弗里德曼（Milton Friedman）是现代货币需求数量理论的代表人物，他在 1956 年发表的著作《货币数量学说——新解说》中，关于财富总额与结构，以及货币需求影响因素的观点，进一步丰富和发展了生命价值学说关于财富的结构理论。Friedman 将资产需求理论应用到货币需求分析时，首先对财富总额和构成进行了阐述。他认为，财富总额是很难直接计算的，并且是影响货币需求的重要因素，个人持有的货币量不会超过其总财富值。为了能够量化财富总额，他提出用恒久性收入的概念代替财富总值。所谓的恒久性收入就是个体未来年份中获得的平均收入，其特点是比较稳定，不同于带有偶然性和临时性的当期收入。Friedman 认为，由于当期收入的不稳定问题，对货币需求影响更大的是恒久性收入，也就是说，人们是依据本人的恒久性收入做出相应支出安排，从而产生对货币的相应需求。Friedman 用持有性收入来表示个体未来的潜在财富，这比 Huebner（1927）的资本化价值概念更能体现出个体的实际财富获得能力和水平，也有助于对个体收入与消费的内在关系进行深入分析。但缺陷是没有有效地评估对家庭的经济价值。所以，从资本化价值层面上的生命价值，用家庭成员投保行为衡量个体对家庭的保护，而用恒久性收入衡量对自我投保行为更具科学性。

与 Huebner（1927）的生命价值学说的观点比较相似，Friedman 将个体的财富结构，分为人力财富和非人力财富（Huebner 是工资、绩效和花边收入，两者在范围上是一致的）。人力财富是指个体在将来获得收入的能力，如果用期望寿命来界定未来时间的长度，就与 Huebner 的生命价值口径是一致的，同样 Friedman 的未来财富也会因为疾病风险而被打断；非人力财富是指物质性财富，即各种财产性财富。两种财富的最大区别在于人力财富是不容易变现的，如果人力财富在总财富中所占比例较大，处于谨慎动机的货币需求也就越大。但由于人力财富不易计算，Friedman 使用非人力财富占总财富的比率作为影响货币需求的因素。显然，该比率与货币需求呈负相关关系。

Friedman 认为货币需求对利率并不敏感，是由于利率的变动往往是与货币的预期报酬率同向变化的，其影响因与期望报酬的相关性而抵消。而货币需求的主要影响因素是恒久性收入，并且恒久性收入比较稳定，不像利率那样经常上下波动。所以，他认为货币需求及其函数都是相对稳定的。根据 Friedman 的观点，也可以用生命价值的学说观点推导出来：评价人们对包括健康保险在内的保险也是相对稳定的。因为人们获取保险的目的与获取货币是相同的，都是保证财富的预期效用（收益）最大化。如果货币需求与保险相结合，不仅能够实现财富的增长，而且还可以稳定和保障增加的财富。由此，我们可以在 Friedman 的货币需求函数基础上，导出对保险需求和健康保险需求：

$$\frac{M_d}{P} = f\left(Y_P, \quad w, \quad r_m, \quad r_b, \quad r_e, \quad \frac{1}{P} \cdot \frac{dP}{dt}, \quad \mu \right)$$

Y_p 为恒久性收入，w 为非人力财富占总财富的比率，r_m 为货币收益率，r_b 为规定收益证券（债券）的收益率，r_e 为不确定收益证券（股票）的收益率，$(1/P)(dP/dt)$ 为固定价格水平的预期变动率，μ 为其他随机因素。在这些因素中，Y_p 和 r_m 与货币需求正相关，其他为负相关关系。

我们可以按照凯恩斯的货币需求理论，将货币的需求分解出来应对风险的部分，进而可以测度生命价值规模与健康保险需求之间的关系。凯恩斯 1936 年出版的《就业、利息和货币通论》，系统提出了流动性偏好理论（keynes' liquidity preference theory）的货币需求理论。将货币的需求动机分为交易动机、预防动机和投机动机。这三个动机分别反映了消费动机、应对失业和疾病等意外事故与意料之外有利的购买机会、市场利率有关的投机机会等。

3. 健康保险的医疗服务购买杠杆理论

健康保险杠杆理论认为，人们投保健康保险的目的，在于能够通过健康保险实现用 1 美元购买 100 美元甚至更多的医疗服务的作用，进而使原来 1 美元不能实现的功能借助杠杆得以实现（Folland et al. , 2010）。人们可以通过健康保险杠杆提高医疗服务的支付能力，用更多数量和更高质量的医疗服务来改善保障健康的能力，见图 1 - 1。

从期望效用理论和函数模型角度，健康保险的杠杆作用就是关注健康保险期望效用函数模型的第二项部分，或者说是对第一项部分的忽视。Folland 等认为，在健康风险发生以后，通过函数模型第一项中保费缴纳和第二项的风险损失补偿，进而使投保人能够具有充足的资金购买到所需要的高质量医疗服务。因而，健康保险杠杆理论是将保险费用与补偿做出的直接比较，而不是基于期望效用的角度，也就是将分析范围确定在患病的框架效应下。当然，患病也是每个投保人所最担心的、最基本的动机。健康保险杠杆理论是非常简单的，尽管从期望效用函数模型的角度，具有或然性的保险金额未必是最经济的。

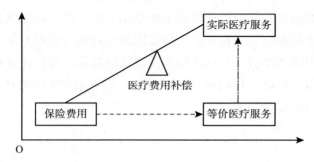

图 1 - 1   健康保险作为医疗服务支付能力的杠杆作用机制

健康保险杠杆效应通常背离期望效用理论的最优购买标准。假定面对一个不确定的健康风险损失，投保人拥有 10120 元的财富，并且需要支付120 元的保险费用。如果该健康风险的发生概率为 0.01，在被保险人患病以后，保险人将赔付 10000 元的医疗费用，而实际的医疗费用支出是20000 元。也就是说，对于未来的 20000 元健康风险损失，投保人以现在的财富水平是不能支付这部分费用的，但是借助医疗保险赔付资金，他具备了支付高于财富水平的医疗费用。他的代价是以 0.99 的概率，永久失去 120 元的既有财富。排除框架效应的影响，对未来健康风险比较担忧，并且希望获得高质量医疗服务的人，将会选择健康保险。而注重财富最优的人可能不会选择健康保险，这是因为缴纳 120 元的保险费用是不经济的。按照期望效用函数，投保健康保险后的期望效用是 u(10, 100)，而不参加保险的财富效用值是 u(10, 120)，如果该投保人财富效用偏好符合期望效用假设，医疗服务杠杆下的健康保险选择未必是最优的选择。而在被保险人患病后，健康保险确实能够起到改善支付的杠杆作用。

所以说，一旦健康保险杠杆化，将会不断拉动医疗费用的过快上涨，这是健康保险对医疗服务利用影响程度评价指标"保险因子"的理论依据和根源所在。由此可见，健康保险的杠杆作用实际上是承担了收入替代效应，通过较小的健康保险费获得了更大收入下的医疗服务支付能力。也正是由于健康保险这种杠杆作用，使投保人可以在较低的保费和自负部分费用上，得到更多数量或质量的医疗服务。因而，相对于显性财富不足和资本化价值能力不强的低收入者来讲，健康保险是其唯一能够通过自身财富购买高额医疗服务的手段。而随着被保险人年龄的增长，生命价值也开始折旧，加上健康保险保费的逐渐增加，所能够购买高质量医疗服务的投入与生命价值保障的比值越来越小，健康保险的医疗服务杠杆功能开始逐渐弱化，导致那些高风险的低收入老年人群缺乏健康保险购买能力，见图 1 - 2。

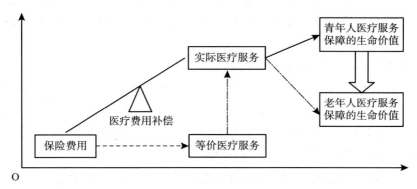

图 1 - 2　健康保险作为医疗服务支付能力的杠杆作用机制

　　当健康保险费用、医疗服务费用和生命价值级差减小到一定程度以后，通过健康保险购买医疗服务的作用明显降低，老年人通过健康保险保障生命价值的经济价值非常小。此时，生命价值的杠杆效应，逐渐被生命意义和健康的其他价值所取代，老年人的健康保险投保动机开始发生转变。也正是受到生命价值的影响，低收入老年人群体的就诊意愿和医疗费用支付水平将会明显降低。但是，当存在代际之间的财富转移时，健康保险的医疗服务杠杆效应将被减弱，个体的医疗服务利用和健康保险投入，将受到代际转移财富能力的影响。图 1 - 3 反映了在非代际财富转移下的个体医疗服务利用杠杆效应的年龄变化趋势。显然，尽管在年老时个体的医疗费用补偿额度也在增加，但是由于需要支付更多的保险费用，才能够获得必要的医疗服务，而生命价值的折旧已经使健康保险对医疗服务的杠

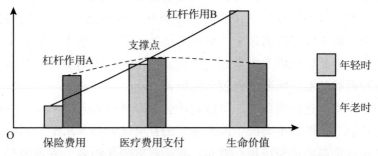

图 1 - 3　健康保险作为医疗服务支付能力的杠杆作用机制

杆效应明显削弱。年龄越大、折旧水平越高，从市场上购买健康保险提高医疗服务支付能力的意愿也越低。老年群体的医疗服务需求和支付能力，取决于历史保费的累积水平和子代群体的支付能力与意愿，那些收入水平高的家庭，代际之间的医疗费用支付规模也比较高。

4. 健康保险对生命价值保障的扶贫理论

从生命价值学说的角度，生命价值是个体未来潜在的财富，需要用当前的收入对其进行估计。但从另外一个角度，潜在的财富毕竟不是真正实际得到的财富，要实现潜在的财富，健康是基本的前提条件。所以，人们会从潜在财富与健康的比较中确定健康保险的投入规模，生命价值大的人，将会投入更多的财富购买健康保险以保持较高的健康水平。而较低资本化价值的人，特别是濒临期望寿命最高年龄的人不会选择太多的健康投入。除非他已经实现了较大的财富价值，无论是通过工资、奖励，还是偶然所得。所以说，健康保险的投入规模与年龄有关，同时也与个体的资本化价值能力有关。

另外，资本化价值的实现是通过各种形式的劳动收入实现，这与社会保障转移收入等非直接的资本化价值的获得是不同的。因而，人们并不会给自己确定一个固定的资本化价值终止时间节点，例如退休。退休是基于国家的劳动政策与法律，而不是自己真实的收入或资本化价值终止，那些具有较强继续劳动能力的个体，依然会创造新的财富并为家庭提供资本化价值。而社会保障体系的日趋完善，可能会抑制实现更多资本化价值的动机。通过社会保障转移收入，来代表潜在的资本化价值是不准确的。社会保障实际上是历史上已经实现的资本化价值的延迟，或者说是强制将个人消费在生命周期上进行调整的一种机制。本质上是"伪资本化价值"，而应该看作是个人消费的一部分，只不过在微观个体层面，一部分个体的消费较多，而另外一部分消费较少。所以说社会保障是不同于社会福利的，因为社会保障主要是以满足个体退出劳动年龄以后的基本生活支出，因而在理论上不再是转化成为供家庭其他成员使用的个人消费品，只不过有的人具有较强的储蓄动机而进行较多的储蓄。

因而从资本化价值角度，可以对社会保障转移收入的本质，进行更加深刻的认识。据此，也有助于确定未来的社会保障基本水平，同时也是社会保障税收政策的理论依据。有时，我们将养老保险金，或者说是退休金作为支持家庭的经济基础，这种观念是错误的，至少存在理解上的误区。在我们用退休金接近工资，甚至高于在职人员工资的水平，作为退休金的标准时，实际上已经损害了在职人员的工资福利，是对在职人员资本化价值的非公平性侵蚀。只是看起来，好像是政府在给退休人员发退休金，但实际上是以间接税收的方式，占用了在职人员的资本化价值，也就是退休人员退休金（不是养老金）是在职人员资本化价值的转移。所以说，从资本化价值的角度，不仅能够对健康保险有了更清晰的认识，而且也是社会保障研究的重要基础。

生命价值学说蕴含着另外一个深层次的含义，就是蕴含在医疗费用补偿和资本化价值能力保障的健康扶贫思想。根据 Huebner（1927）的资本化价值能力思想和影响因素，健康作为资本化价值能力的重要影响因素，健康是资本化价值或生命价值的一个重要生产要素。如果没有健康，那么疾病与贫困之间必将成为一种恶性循环。这是因为贫困使个体缺乏对健康资源或医疗服务的利用能力，因而个体必然缺乏有效率的生产产出，而这种低效率的生产产出，使其从雇主或者自身的劳动中，获得的收入水平明显偏低，进而又进一步影响其健康资源的可及性。因而，世界卫生组织早在 1948 年就已经意识到，健康状态不佳与教育机会贫乏，同是导致贫困问题的重要的因素，也是能力贫困的主要风险来源。而消除健康风险破坏资本化价值能力，就需要建立一种提高贫困人员对医疗服务等健康资源的使用效率和支付能力。在众多的支付机制中，健康保险可以以对贫困人员最低的资源占用或消耗，显著改善对医疗服务资源的利用能力。

由于健康保险能够改善低收入者的医疗服务利用能力，那么就可以通过高质量的医疗服务，使其资本化价值能力遭受的损失最小、获得收入的水平得到提高。相反，较低的收入水平导致较低的医疗服务利用，而医疗服务利用可及性不足，造成健康状况不良，并且受到损害的健康得不到有效的修复。这就是健康扶贫的基本思想的理论依据，也是健康保险能够改善资本化价值能力的价值所在。通过图 1-4 可以对健康扶贫思想和健康促进价值进行直观分析。在贫困线以下，个体的贫困是由于资本化价值能力不足。随着健康保险水平的提高，个体获得了改善健康更多的医疗服务资源，并且也能够通过健康保险将其既有财富进行优化配置。如可以增加教育、技能和就业能力等方面的人力资本投资，进而能够多维度提高资本化价值能力，不断提高资本化价值（可支配收入）水平。

用生命价值学说的相关理论来解释和探索人们的健康保险投保动机和行为选择，在于该理论不仅将财富区分为既有财富和潜在财富，以及健康保险对财富结构产生的影响。更为重要的是，该理论从资本化价值与资本化价值实现能力影响因素角度，论证了健康保险的重要作用。它同时也从价值创造能力上，论证了因病致贫的能力贫困问题，以及投保健康保险的

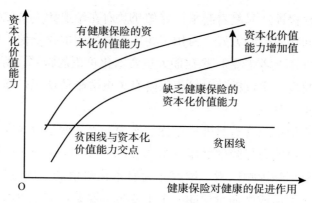

图 1 - 4　健康保险的资本化价值能力保障扶贫思想

最终目的，它超越了健康生产函数的功能认知和定位，将健康作为提高资本化价值的必要前提。而健康保险的杠杆理论则从健康保险如何实现健康保障角度，阐述了健康保险的功能。面对生命价值保障问题，对于医疗服务领域最关注的是昂贵的医学新技术的使用问题，正如 Folland等（2010）指出的那样，血管重建技术使寿命每增加一年的成本是33000 美元，这是值得吗？但结论恰恰多数人认为是值得的。即使在医疗服务选择上，经济学家 Goldman（2000）多次提出令人争议的话题，就是如果你可以对以 20 世纪 60 年代的价格（实际价格）购买 60 年代的药品，与以现在的价格购买现在的药品进行选择，你会选择哪一个？那些选择了后者的人，意味着他对技术革新的认可和对高质量医疗服务买单的意愿。

　　由此，我们可以得到健康保险扶贫思想的另外一种表现形式，即被保险人通过获得高端的、看似不应该纳入健康保险覆盖范围的高端医疗技术。假定在当前的公共健康保险政策下，一个价值 20 万元的医疗技术不属于保险基金补偿范围，那么个体必然面临两个选择，要么放弃高端医疗服务利用，陷入因病不能劳动的困境并且是对所有职业的完全残疾，要么尽所有可能筹集 20 万元自费治疗。进一步假定个体在未来保持健康时能够创造 100 万元的潜在财富，并且是其家庭正常生活的财富来源。在第一种选择下，个体的净财富损失为 100 万元，而后者则仅是损失 20 万元，而 20 万元的治疗收益为 80 万元，显然后者是符合经济效益最大化原则和标准的。而且问题也远不止于此，当个体损失掉 100 万元或 80 万元潜在财富后，患者的整个家庭将因此陷入贫困，作为政府此时需要筹集至少 80万元的社会救助资金，来维持其家庭的基本生活。显然，这对于政府来讲是不划算的。如果有用于医疗费用补偿的 20 万元健康保险，那么将会扭转政府的事后社会救助支出。而事实上，年度补偿额为 20 万元的大病医疗保险保费，从纯保费角度不会超过千元，因而健康保险蕴含着一个巨额扶贫功能与健康投资回报的投资产品。为此，政府应该慎重考虑医疗保险基金、保险覆盖范围和基金封顶线的制度设计问题，与其事后通过社会救助或医疗救助弥补潜在的财富损失，显然不如在健康保险的补偿政策上，采取更加有效的医疗费用补偿机制。

在健康保险杠杆理论中，应该分别计算健康保险的边际财富效用、医疗服务利用时的边际效用，或者说是预算约束曲线，并分析两个预算约束线的函数关系，进而模型化评价健康保险的杠杆理论，即使对富人也是如此。面对巨大的统计生命价值，有时医疗费用的支出是显得多么微不足道。因而，人们在面对生命选择和医疗费用支付时的医疗花费是不设封顶线的，因为当前最奢侈的医疗花费，可能都远远低于生命的统计价值，而且这还没有包括抢救生命的伦理道德和社会意义。因而即使面对特定医疗技术水平下，渺茫的生存希望甚至是较短的生存预期，人们通常会在所有可能的筹资能力范围内挽留患者的生命。再者，人们对生命意义的评价在一定程度上是生与死的判断，而不是仅仅停留在生存质量上。并且，医学技术的快速发展，也给人们一个更高的生存质量与生存时间上的预期，认为只要活着就有治愈的机会，而且这种希望因为主观赋权而被放大。而不确定的生存希望，又无疑给生命价值的评估带来了很多不确定的因素。即使是从健康投入的边际产出角度，当前的健康保险投入产出也是惊人的。当前的文献成果显示（Folland et al.，2010），利用健康费用投入所产生的巨大生命价值边际增加值，单位健康资金投入的生命价值产出在美国也已经超过 60 亿美元。

健康保险无疑为那些中低收入阶层获得必要的高质量医疗服务，提供了一种有力的保障手段。在风险损失补偿原则下，任何投保人都不应通过健康保险获得超额的直接经济收益，他们利用健康保险的经济补偿功能，得到必要的医疗、医药和相关健康服务。所以，从生命价值学说角度，健康保险是寿险的重要组成部分，而寿险则是弥补医疗技术水平缺憾下生命价值的损失，生命价值是寿险和健康保险的共同精算基础。健康保险不只是为了维护既有的累积财富，更是为了保障未来的以资本化价值蕴含的潜在财富。

即使那些在现有财富水平下能够完成医疗费用支付的个体，从经济性上也没有必要将过多的财富加以储备以自我应对医疗费用支出。因为从

Huebner（1927）的资本化价值能力影响因素角度，个体还需要有充分的资本化价值能力改善投资。Huebner 认为，影响资本化价值能力的因素不只包括健康，通过支付较少的保费支付实现疾病风险损失防范后，剩余的财富可以用来投资于资本化价值能力的改进，如教育、技能培训和必要的迁移支出等。财富的资本化价值改善功能，不仅仅停留在个人、家庭层面，对整个国家和社会也同样适用，这也为国家给穷人购买健康保险提供了理论支持（Preker，2006）。受制于健康保险费用预算情况，经济水平和财政能力较低的国家，可能并不愿意高估人的生命价值。因为人的生命价值越高，进行生命价值保障的健康保险与医疗服务支出越大。尽管从成本—效益或成本—效果角度，以生命价值保障为目的的医疗服务支出和风险治理，比财富保障更有价值。

由于生命价值估计值越高，健康保险和医疗费用的支出越大，财政资金的压力也越大。从社会医疗保险或有政府参与的商业健康保险，政府和分担其保险费用的主体，自然也不希望较高的生命价值估值。因为这不仅增加保险费用支出，而且可能还会造成医疗服务市场竞争，这些高水平生命价值的群体，将会选择更多、更高水平的服务，必然会造成资源配置竞争和医疗服务资源浪费。而对于私人健康保险，政策的制定者或制度的设计者一般保持欢迎态度，因为商业健康保险并不会导致政策成本和补贴增加。所以，作为杠杆作用的健康保险，在公共健康计划中通常对生命价值是低估或被严重低估，如基本医疗保险制度中的低水平设计。即使对于私人商业健康保险，医疗服务费用补偿型的保险也不愿高估被保险人的生命价值，因为针对高额的生命价值估值，大部分人的医疗费用相对偏小。如果估值过高，则对应着更高的理赔金额，也因为保险费用过高而失去市场竞争优势。将健康保险保持在一个适度的较低水平上，能够在大数法则上更加公平地覆盖最大范围的人群。

与此同时，健康保险的医疗服务利用杠杆理论，也可能因为关注保险费用与医疗服务利用的杠杆作用，进而违背风险损失厌恶的基本前提。在医疗服务杠杆作用下，由于投保人主要的关注内容是保险费用与损失赔偿的撬动作用，即获得 Pur =（A – Pr）的额外医疗服务支付能力，Pur 为医疗服务支付能力的改善程度，A 为保险金额，Pr 为支出的保险费用。在这种理念下，即使在风险偏好的情形下，通过具有强制性的社会医疗保险，被保险人或消费者也可以获得一个额外的期望效用，如图 1 – 5 所示。

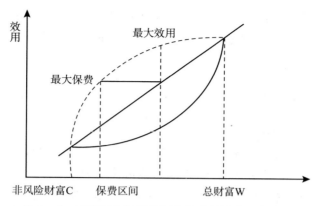

图 1-5　医疗服务杠杆作用下保费的最大支付意愿

　　理论上，只要保费 Pr 位于财富区间 ［C，W］ 以内，关注健康保险对医疗服务支付能力杠杆作用的投保人，将倾向选择健康保险以获得损失为 A 的补偿，尽管合理的健康保险费用区间只是处于 ［C，W］ 内的很小的一个部分。但实际上，受到健康风险概率的影响，在没有受到情绪的严重影响情况下，特别是对风险偏好的那些个体，这种杠杆作用必须充分到具有足够吸引力，他们才会通过健康保险满足医疗服务需求。保险规模实际取决于投保人期望的医疗服务质量的支出与现有财富的水平，以及风险承受力的大小。因为作为一些特殊的医疗服务，特别是涉及生与死的选择，或者影响生存质量较大的医疗技术，例如白血病的透析花费与骨髓移植花费之间的差额，及其与投保人的既有财富水平的差距，才会具有正向激励作用。如果个人的财富通过健康保险的补偿，恰好等于或超过骨髓移植的花费，那么投保人可能会选择健康保险，以便于在疾病发生时能够支付得起治疗疾病的费用，这种情况在商业保险的重大疾病保险中的可能性较大。

　　但人们的生命价值是不以人的意志为转移存在的，并且确实影响着人们的健康保险行为和就医行为。针对这部分需求，政府所能做得就是构建一个保险水平和服务项目具有互补性的多层次健康保险体系，用来满足不同生命价值群体和医疗服务利用需求的群体的健康保险需求。尽管如此，健康保险需求层次的满足并不意味着将医疗服务市场完全放开，仍然需要对医疗服务利用进行一定的管制。这既是为了公平，也是为了避免医疗服务市场的市场失灵问题，尤其是健康保险水平的提高可能造成的医疗服务市场的需方竞争问题。而高收入群体作为需方对优质医疗服务竞争造成的大医院人满为患问题，也是使大医院的医疗服务费用和价格普遍偏高等卖方市场形成的主要原因之一。如果医院的医疗服务价格又受到严格限制，医疗服务价格提高不具备筛选与控制病人数量的作用时，将导致所谓的看病难问题。

1.2.3 期望效用理论与风险偏好理论

1. 期望效用理论

期望效用理论，以及建立在期望效用理论基础上的函数模型，是经典经济学和保险经济学研究消费者行为的最重要基础理论。1738 年 Daniel Bernoulli 用期望效用的概念回答了保险能够存在的原因以后，人们就开始用期望效用的观点来探讨保险存在的理论基础，1947 年 Von Neumann 和 Morgenstern 用期望效用函数，解答了"圣彼得堡悖论"以后，期望效用理论取代了期望值理论，而成为保险经济学的主流理论，并且也是寻求最优保单、最优保费和帕累托最优的分析工具。期望效用理论用基数效用值代替了财富的货币价值，并且对效用偏好进行了严格的假设，并以公理的形式，规定了选择偏好之间的条件。而这些严格的假设条件，也同时受到了多方面的质疑，在回答这些质疑的过程中，最终将期望效用理论演变到前景理论阶段，这正如同质疑期望值理论而发展为期望效用理论一样。

效用函数的概念来自传统的标准经济学模型，它假设效用 u 为由集合 X 到实数集 R 中的实值函数，符号＞为定义在 X 上的一个偏好关系。对于任意的两个集合 x，y，如果 x，y∈X，并且 x＞y，则将关系 u(x)＞u(y) 称作 u 是 X 上的关于偏好关系＞的一个效用函数。更进一步，如果以上条件成立，即当 x，y∈X 时，存在 u(x)＞u(y)⟺x＞y，则称 u 为 X 上关于偏好关系＞的一个完全效用函数。完全效用函数 u 存在的前提条件是＞必须是一个弱序，而当 u 为完全效用函数时，则有 x～y⟺u(x)=u(y)。这样，通过完全效用函数，就可以实现从集合 X 和实数集 R 之间的相互对应，即通过效用函数关系推导出实数关系，并且也能够使用效用函数值的识别，即 X 关于等价关系～的等价类。

由此可见，效用函数是建立在确定的集合上，即不含概率因子的效用与实数集之间的等价关系。而期望效用函数，则是在有概率因子时的不确定条件下，分析人们如何获得一个综合可能性和不可能性的数学期望效用值。期望效用函数首先需要通过界定一个非空集合 X 上所有的简单概率分布集合，即有限线性概率关系，而集合 X 中的元素可以是两个以上具有多维不确定结果的博弈策略和行动方案，也可以是具有风险性决策方案的结果，等等。期望效用函数是为了在不确定的环境下，获得一个最大的期望效用值。

期望效用函数的构建，首先是假设概率 α 是 X 上的一个概率分布，并且 α 只在至多有限个元素 x 上满足 α(x)>0，则称 α 为 X 上的一个简单概率分布。如果函数 u 为空间 Ω 上关于偏好关系 > 的效用函数，则对于任意两个概率分布 α，β∈Ω，对于健康保险来说，这可以表示为保费支出后的财富和损失赔偿后的财富，则有 α>β⇒u(α)>u(β)。如果函数 u 为空间 Ω 上关于偏好关系 > 的完全效用函数，则对于任意概率分布 α，β∈Ω，则可以推断出 α>β⇔u(α)>u(β)。这个推断关系与效用函数的界定是一致的，主要的区别是这里针对的是概率变量和效用值，而效用函数定义只使用价值变量。根据概率与效用之间的推断关系，假设函数 u 为空间 Ω 上关于偏好关系 > 的效用函数，或者完全效用函数，如果对于任意两个概率分布 α，β∈Ω，对于 p∈[0，1] 有：

$$u[p\alpha + (1-p)\beta] = pu(\alpha) + (1-p)u(\beta)$$

则称 u 为期望效用函数或完全期望效用函数，也称为线性效用函数，期望效用理论一般都假定效用函数是线性的。现代保险经济学普遍将 Von Neumann 和 Morgenstern 在 1947 年提出的 VNM 期望效用函数模型，作为分析健康保险市场供需行为和寻求保险帕累托最优的重要工具。VNM 理论模型将风险决策的概率值扩展到多个取值，假设随机变量 X 以特定的概率 p_i 对应地取值 x_i，$i=1$，2，…，n，决策者在确定得到 x_i 时的效用值为 U(x_i)，那么，随机变量给决策者带来的全部效用为：

$$U(X) = E = p_1 U(x_1) + p_2 U(x_2) + \cdots + p_n U(x_n)$$

其中，E 表示关于随机变量 X 的期望效用，U(X) 也因此被称为期望效用函数。VNM 期望效用函数，成为当代保险经济学理论、方法和均衡分析的一个重要基础方法，它的价值在于不仅考虑到了风险概率和风险造成的经济损失，还考虑到了人们进行风险决策时的风险偏好和态度。期望效用函数和风险态度，成为包括健康保险在内，判断健康保险需求和供给的最基本工具。也正是由于期望效用理论的形成和发展，使保险市场上出现了多元的保险需求和供给，并为行为选择的帕累托最优决策提供了有效的手段，可以说，没有效用和期望效用理论与分析工具，就没有真正的帕累托最优实现的衡量标准。

尽管期望效用理论取代了期望值理论成为第二代风险管理理论，但是其过于严格的假设条件，以及以公理的形式界定的风险偏好关系和转嫁风险损失的映射关系，也使其解释保险行为时缺乏科学的解释能力。也正是基于期望效用理论的这些行为解释缺陷，造成了保险的"行为异象"概念，即理论推理和现实行为不一致问题。期望效用理论公理首先是从一个简单抽签假设开始的。首先用符号 $L(\alpha, P, \beta)$ 表示一个简单的随机概率抽签，其中 α 和 β 分别表示一个抽签概率事件的两种可能结果，p 和 $1-p$ 分别表示结果 α 和 β 的发生概率。其中符号 > 表示偏好于，符合 ~ 表示无差异于，符号 ≥ 表示偏好或无差异于。根据简单抽签的定义，以及为了使用期望效用函数进行推理论证，期望效用理论函数给出了期望效用的 7 个公理，即存在性、传递性、可比性、偏好和存在不确定的可度量性、可替代性和等价性，在健康保险最优保单和帕累托最优分析时，以上公理应该同时满足，否则将无法根据期望效用函数进行数理推导。

存在性是相对偏好的客观存在，也是推理的基本条件。对任意结果 α 和 β，存在 $\alpha \sim \beta$，或 $\alpha > \beta$，或 $\alpha < \beta$；传递性就是对任意抽签 L_1，L_2 和 L_3，有当 $L_1 \sim L_2$，$L_1 \sim L_3$ 时，$L_1 \sim L_3$，或者 $L_1 > L_2$ 和 $L_2 > L_3$ 时，$L_1 > L_3$；可比性是指简单抽签的可比性，即在 $\alpha > \beta$ 的条件下，如果 $P_1 > P_2$，则 $L_1(\alpha, P_1, \beta) > L_2(\alpha, P_2, \beta)$，如果 $P_1 = P_2$，则 $L_1(\alpha, P_1, \beta) \sim L_2(\alpha, P_2, \beta)$；偏好的可度量性是指对任意可能的结果或事件 A，当函数关系 $\pi(A)$ 成立，并且 $0 \le \pi(A) \le 1$，使得 $A \sim L(A^*, \pi(A), A^0)$，其中 A^* 和 A^0 满足对于任意结果 B，都有 $A^* \ge B$ 和 $B \ge A^0$；判断上存在不确定性的可度量性（或者说是主观概率的存在性），是指对于任意一个可能影响最后决策结果的可能事件 E，存在一个概率性的数值 $P(E)$，其中 $0 \le P(E) \le 1$，使得当 E 发生时 $L(A^*, P(E), A^0) \sim A^*$，如果可能事件 E 不发生，那么则有 $L(A^*, P(E), A^0) \sim A^0$；可替代性是指如果被保险人（或投保人），将决策问题中的一个原来不确定结果，能够用另外一个他认为与之无差异的结果所替代，则修改后的决策问题与原来决策问题无差异，表现为不同风险处理方式之间的替代关系；关于条件偏好与无条件偏好的等价性，则是假设 L_1 和 L_2 为已知事件 E 发生条件下的抽签，那么不论事件 E 是否真实发生，在得知 E 是否发生之前，消费者对 L_1 和 L_2 的偏好关系是保持不变的。

根据期望效用的以上公理，可以假定消费者在保险行为决策的过程中，必须遵循最大期望值原则，即选择期望收益（或效用）最大的方案作为自己的最优方案。与经典经济学研究消费者如何在实物产品或服务之间进行比较不同，保险经济学研究消费者如何在不确定风险下的选择问题。在主观概率赋权方面，如果个体行为的主观概率满足客观概率的所有约束条件，则主观概率就一定会满足贝叶斯定理（Kahneman and Tversky，1979）。贝叶斯定理能够解释一个理性的人是如何根据新的事件，对原有的概率估计（无论是主观还是客观）进行修正的，因而成为很多理性学习模型的理论基础（Wilkinson and Klaes，2012）。

在进行保险理论的保费分析时，需要将期望效用函数模型和 Jensen 不等式结合起来，分析保险的定价区间。根据期望效用理论，实践中很难确定一个准确的保险价格点，而是保险当事人之间进行博弈的价格区间。在这个价格区间内，保险人与投保人或被保险人通过不断的价格博弈，以取得双方满意的可接受价格。博弈区间的大小和最终投保价格，取决于双方的信息对称程度和供需均衡程度。保险产品定价机制基本原理是依据期望效用理论和 Jensen 不等式，即通过保险实现的确定财富效用大于不确定下的期望财富效用：

$$E[u(X)] \leqslant u[E(X)]$$

消费者愿意购买保险产品必须满足确定性效用大于期望效用，即通过保险费用的投入，能够确保确定的财富效用大于（至少等于）未来承保风险损失补偿后的期望财富水平效用：

$$u_c(\omega_c - H) \geqslant E[u_c(\omega_c - X)]$$

其中，ω_c 为消费者的确定财富水平，H 为消费者缴纳的保险费用，X 为风险损失的随机变量，其中消费者愿意支付的最大保费额度，为：

$$u_c(\omega_c - H) = E[u_c(\omega_c - X)]$$

即图 1-6 中的 C 点。根据 Jensen 不等式，理论上消费者必须缴纳的最低保费为 $\omega_c - \omega_{c2}$，而在确定财富效用大于相等保险效用的约束下，消费者愿意缴纳保费的最大值是 $\omega_c - \omega_{c1}$，但是，消费者此时没有任何消费

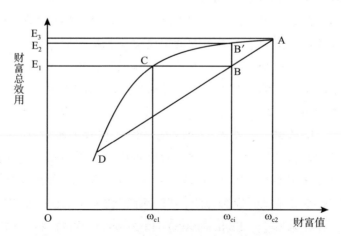

图 1-6　消费者保险费用与财富效用值的关系

者剩余，他们希望在 $\omega_{c1} \sim \omega_{c2}$ 之间，寻求一个新的点 ω_{ci}，通过支付 $\omega_c - \omega_{ci}$ 的保费，获得 $\omega_{ci} - \omega_{c1}$ 的消费者剩余。当保险的效用函数一定的情况下，消费者通过评估自身的风险概率和风险损失，对消费者剩余做出主观判断，他们会寻求以尽可能少的保险费用，获得较高风险概率或风险损失的保险产品，以此获得最大的消费者剩余。

而对于保险人来讲，则是期望通过承保健康风险，能够使未来的财富水平效用大于现有的财富效用，即：

$$E[u_I(\omega_I + G - X)] \geq u_I(\omega_I)$$

其中，ω_I 为保险人的期初资产，G 为收取的保费，X 为承保风险的随机损失变量。

在最大期望效用原理下，消费者和保险人都会形成一个可以接受的保险保费区间。假定消费者和保险人都是风险规避的，此时其效用函数均满足 $u' > 0$，$u'' < 0$，并满足 Jensen 不等式的基本条件。保险交易成立的基本条件，是消费者支付的最高保费 H^* 必须大于或等于保险人能够接受的最低保费 G^*，并同时大于纯保费 $E(X)$，即：

$$H^* \geq G^* > E(X)$$

称大于纯保费的区域 $[G^*, H^*]$ 为可行价格区域，消费者和保险人在该区间内进行价格博弈，消费者期望实际缴纳的保费更加贴近于 G^*，而保险人则期望收取的保费更加贴近于 H^*，区间 $H^* - P$ 就是消费者所获取的消费者剩余。

2. 风险偏好与健康保险需求

保险的需求，取决于消费者对风险的态度、货币损失的效用和风险规避程度，以及在以上因素约束下的特定风险与风险损失。前三个因素主要是从消费者的心理认知角度，对风险与风险损失做出的主观感知，后两个因素是基于风险损失的客观情况。对健康保险需求的测定，首先要对其风险规避的类型做出判断，判断的主要依据是绝对风险规避程度和相对风险规避程度。一般来讲，消费者的风险规避程度与效用函数 $u(\cdot)$ 的曲线斜率有关，曲线斜率越大，风险规避程度越小。由于效用具有边际递减特征，为了使曲线斜率与风险规避度同向，可以简单地用效用函数的二阶导数 $u''(\cdot)$ 来表示风险的规避程度，当二阶导数大于 0 时，具有正的风险规避态度。在此基础上，Pratt（1965）和 Arrow（1964）将一阶导数和二阶导数相结合，建立了应用更为广泛的风险偏好衡量方法，即 Arrow - Pratt 风险度量方法，他们构建的风险规避程度的一般衡量函数为 $r(\cdot)$：

$$r(\,\cdot\,) = -\frac{u''(\,\cdot\,)}{u'(\,\cdot\,)}$$

即效用的一阶导数与二阶导数的商的负值，这是一个度量风险绝对偏好的函数。增加一个负号，是为了使风险规避程度与 $r(\,\cdot\,)$ 值之间是正相关关系，风险厌恶程度也就越强。为了对函数进行具体化，起初 Arrow（1965）和 Pratt（1964）基于财富 ω 的效用函数，建立的评估财富风险规避程度的函数是：

$$r(\omega) = -\frac{u''(\omega)}{u'(\omega)}$$

Arrow 和 Pratt 建立的风险规避程度测量方法是一种较为简单，但应用较为广泛的财富风险评估方法。而 William Vickrey（1961）采用的是根据消费者的收入 y 作为变量，因为收入是消费支出的财富来源，他建立了风险规避承担的函数 ρ：

$$\rho = -\frac{u''(y)}{u'(y)}$$

而 James Cox 和 Vjollca Sadiray 等（1973）则采用了财富和收入作为协同变量，共同考虑了风险财富与收入对风险的共同影响，建立的风险规避程度函数 ρ：

$$\rho = -\frac{u''(\omega, \ y)}{u'(\omega, \ y)}$$

这是一个更适合健康保险的风险规避程度测度函数，因为相对于风险财富包含既有财富和生命价值，而保费则出自既有财富，即收入水平。因而，我们在分析健康保险的风险偏好时，将基于个体的收入水平，即对保险的预算约束，构建基于需求层次上的风险偏好函数。根据财富或收入水平和风险规避类型，就可以对消费者的保险需求做出判断，以分析其是倾向于全额保险还是部分保险。严格风险规避者倾向于全额保险，但保险公司更希望通过部分保险，对其风险转嫁动机进行控制，以避免消费者诸如逆向选择和道德风险等行为对损失的实际影响。这就导致了供需双方在信息不对称下的选择失效问题，造成保险市场最终转化为一个"柠檬市场"。

在绝对风险规避程度函数基础上，Arrow（1965）和 Pratt（1964）还构建了相对风险规避函数，即在财富水平为 ω 和收入水平为 y 的情况下，愿意持有风险资产的比重，作为衡量相对风险规避程度 $\rho(\omega)$ 的度量要素：

$$\rho(\omega) = -\frac{u''(\omega)\omega}{u'(y)}$$

这个公式中的 ω 可以看作风险财富与可支配总收入，根据绝对风险规避程度和相对风险规避程度，可以根据财富水平和可支配收入，对消费者的保险效用函数做出判断。常见的绝对风险规避度和相对风险规避度的效用函数形式见表 1-1[①]。

表 1-1 不同类型风险规避度下的常见效用函数

风险规避类型	绝对风险规避度函数		相对风险规避度函数	
	性质	常见效用函数	性质	常见效用函数
风险规避递增	财富越多，愿意持有的风险资产越少	$\mu(\omega)=\omega^{-\omega^2}$ $r(\omega)=\omega(1+2\ln\omega)-\dfrac{1}{\omega}$	财富越多，愿意持有的风险资产比例越少	$\mu(\omega)=\omega^{-c\omega^2}$ $\rho(\omega)=\omega^2(1+2\ln\omega)-1$
风险规避不变	愿意持有风险资产与财富变化无关	$\mu(\omega)=-e^{-c\omega^2}$ $r(\omega)=c^2$	愿意持有风险资产比例与财富变化无关	$\mu(\omega)=\ln(\omega)$ $\rho(\omega)=1$
风险规避递减	财富越多，愿意持有风险资产越多	$\mu(\omega)=\ln(\omega)$ $r(\omega)=\dfrac{1}{\omega}$	财富越多，愿意持有风险资产比例越多	$\mu(\omega)=-e^{\frac{2}{\sqrt{\omega}}}$ $\rho(\omega)=\dfrac{3}{2}+\dfrac{1}{\sqrt{\omega}}$

从投保健康保险的基本前提来看，只有风险厌恶的个体才会购买健康保险，而其判断标准是在特定的效用函数和风险期望值下，投保健康保险获得效用值大于不投保健康保险的期望值。但是，从消费者需求的角度，人们对保险的需求未必全部满足这个基本的条件。对于普通的财产保险或者人寿保险，保险人与投保人或受益人之间的关系，仅限于保费缴纳和损失的直接经济补偿，而健康保险不仅有经济补偿关系，被保险人看重的是经济补偿所能购买的医疗服务的数量和质量。只有数量的医疗服务未必能够激励他们购买保险，而只有质量的健康保险又是几乎不存在的，因为高质量的医疗服务费用意味着没有经济损失上限。而现实中的健康保险，无论是给付型的大病定额医疗保险，还是社会医疗保险，都有上限的规定，因而是在一定数量覆盖下的质量控制。

健康保险的这种特征，使得那些绝对风险规避力度很高的个体通常会忽视疾病风险的发生概率，而追求大额的健康保险产品。保费与医疗服务

---

① 魏华林，朱铭来，田玲. 保险经济学 [M]. 北京：高等教育出版社，2011：50-51.

费用的杠杆效应越明显，该问题也就越突出。因而，即使对于相同风险偏好的人，对医疗服务质量的关注程度不同，健康保险的效用函数曲线也不相同，在风险规避度的效用函数选择上存在较为明显的差异。但在大多情况下，人们的风险函数是相对稳定的，Pratt（1964）、Keeny 和 Raiffa（1976）等人的实证分析说明，当具有不变绝对风险规避度的效用函数的形式，效用函数表现为：

$$u(x) = \alpha - e^{-\beta x}, \ \beta > 0$$

而当具有递增绝对风险规避度时，效用函数的效用表达形式则为：

$$u(x) = -(\alpha - x)^{\beta}, \ x \leq \alpha, \ \beta > 0$$

其中，$u(x) = x - \alpha x^2 (\alpha \geq 0, \ x \leq 0.5\alpha^{-1})$ 是该效用函数的特例。尽管具有递减绝对风险规避度的效用函数的形式有很多种，但在实际的保险偏好问题分析时，针对个体健康保险选择分析时，风险规避度效用函数并没有实际的意义。它只是为了分析是否会选择健康保险，以及如何实现健康保险的效用值最大问题，即满足期望效用最大化原则。但在不同个体之间进行保险行为比较时，效用函数形式的影响又是非常明显的，这也对医疗服务杠杆效应的影响比较大。因而对医疗服务利用的合理性分析，有助于发现医疗费用增长过快的原因。

1.2.4 前景理论及第三代风险理论相关学说

1. 前景理论的理论要点与主要结论

前景理论是继期望效用理论基础上发展起来的第三代风险理论，最初是 Daniel Kahneman 和 Amos Tversky 在 1979 年发表的论文 *Prospect Theory*：*An Analysis of Decision Making Risk* 中提出的，并在 1992 年发表的论文 *Advances in Prospect Theory*：*Cumulative Representation of Uncertainty* 中拓展为 K - T 累积前景理论。前景理论认为，人是有限理性和有限意志力的，因而对前景选择也往往是非理性的。Kahneman 和 Tversky 用收益与"损失"分段价值函数和相应的概率加权公式替代了期望效用函数模型，并量化了模型参数。前景理论诞生后不久，就被引入到同样是风险决策的保险决策领域。前景理论的产生和发展，为打破了传统经济学模型过于严格的假设前提分析保险决策行为，提供了更加贴近实际行为的解释理论，对改善保险购买决策提供了合约激励路径。尽管当前在健康保险领域的应用还不够广泛，但已经引起国内外包括社会医疗保险在内的健康保险学者的重视（王国军，2014）。相对于期望效用理论，前景理论不仅继承了最大化期望效用决策偏好的假设，而且认同人们有限理性和有限意志力的人性弱点，使人们不再像传统经济学理论所假设的那样在任何情况下都能非常理性地做出最科学的决策，并将决策始终坚持下去。从目前的发展前沿看，前景理论的核心内容主要体现在三个方面，一是对客观概率的主观决策赋权，包括对风险概率和损失概率的加权，使人们决策时利用的概率分布偏离于客观分布；二是对损失与收益效用的价值判断不再是对称的等量关系，针对同样的收益和损失，人们对损失的反映更加强烈，具有更大的边际敏感度，即损失厌恶效应；三是加入了参考点作为决策的基准，它不仅使收益与损失发生逆转，即收益也可能被编辑为"损失"，而损失也可能被编辑为"收益"，取决于真正的收益或损失是相对参考点增加了或者减少了。基于参考点、风险概率编辑、损失厌恶和框架效应基本假设，前景理论得出了一些个不同于传统期望效用理论的经典结论，并将这些结论用于对不确定性下的行为解释，对健康保险行为解释具有重要的指导与借鉴价值。

第一，决策参考点的选取与对应的框架效应，共同决定人们对风险的真实态度，而不再是期望效用理论假设的那样损失与收益是传统数学意义上负值或正值，而是相对于参考点的更小值与更大值，即使数值为正值，但因为小于参考点而被编辑为损失，正如健康保险的理赔额度或保费缴纳额度一样，对正常的理赔往往被编辑为正值，而面对更多的理赔期望值时，反而将小于该数值部分编辑为损失。在将保险费用与实际理赔进行共同心理编辑时，人们更容易将保费编辑为损失而不是健康风险转嫁投资，而将没有满足期望理赔部分的差额也编辑为损失，进而不再符合传统的期望效用理论和 VNM 模型假设。也正是由于决策者的行为选择判断不是依据传统的绝对期效用值进行理论决策，即背离实际数值对收益和损失进行判断，因而损失与收益在决策时是相对于参考点的一个动态函数值。为此，前景理论认为，在参考点上人们往往更加重视结果与预期的差距，而不仅仅是结果本身。收益或损失将随着参考点的确定而变动，并使数值符号反向质变，参考点成为影响决策的至关重要因素。参考点的这种相对性质，使实际损失或收益从数值大小和符号上，完全背离了传统经典经济学的决策理念。在健康保险需求与其他相关的需求产生竞争或冲突时，强制购买健康保险不仅不能产生正的心理效用，例如相对于更为强烈的教育计划，它甚至会变化为一种负效用，这是一种相对的诊断效用，而不是真实的绝对效用。

第二，损失规避或损失厌恶效应，往往会对不确定性下的保险购买决策带来非理性的影响。Kahneman 和 Tversky（1979，1992）通过一系列的实证性实验设计与分析结果，指出决策者在按照参考点进行行为选择时做出的特殊心理核算。实验结果表明，在大多数不确定决策情况下，决策者对预期损失的主观估值，会比预期收益高出 2 倍左右，也就是绝对值相等的收益与损失，损失效用边际的敏感度是收益的 2 倍。这是由于在不确定的情况下，决策者的方案偏好是由财富的增量而不是总量所决定的，决策者对于损失的敏感度要远远高于收益。Kahneman 和 Tversky（1979，1992）将这种现象界定为损失规避，或者称为损失厌恶。在健康保险领域，损失厌恶效应也是可以能够被经常观察到的，面对不确定性的损失，有时人们不愿意用确定的健康保险保费来进行换取，尽管相对于保费投入，保险理赔或医疗费用补偿额度更大。而相对于保费的损失厌恶，当被保险人真正遭受健康损害以后，特别是因严重疾病而面临生与死的选择时，又同样会受到损失厌恶效应影响，被保险人将可能不计成本地进行治疗，因过度治疗而引发经济贫困，或者健康保险基金的过度利用。期望效用理论下的 Arrow（1963）健康保险最优购买理论范式，则将损失厌恶下保费投入不足和过度医疗分别归因为逆向选择与道德风险，甚至是保险欺诈。显然，期望效用理论的解释是不够准确的。这也是多年来人们从逆向选择、道德风险和保险欺诈角度，对行为异象缺乏科学解释能力和应对策略失效的主要原因。理清损失厌恶效应对人们投保行为和患病后就医行为背后的影响，有助于更好地对保险行为进行有效激励、对过度医疗加以科学合理的控制。

第三，风险概率的主观心理编辑和加权，使人们的不确定决策行为呈现逆贝叶斯法则的特点。Kahneman 和 Tversky（1992）指出，当决策者面临不确定性概率决策时，在行为选择上，往往会表现出不同于经典贝叶斯法则的逆贝叶斯法则选择。经典的贝叶斯决策，假设人们在不确定下能够按照客观概率分布进行理性决策。但前景理论的实证结果表明，现实中的决策者通常会把小概率事件的影响力加以夸大，进而表现出对小概率风险损失的过度担忧。甚至在风险信息极为不对称时，还会把某种小概率分布当作事件的总体概率（Frank，2007；Kunreuther et al.，2013）。这导致健康保险最基本的大数法则此时不再适用。将小概率事件的主观夸大现象，在健康保险行为或疾病治疗等领域较为常见。Kahneman（2011）的一个关于健康保险购买倾向的案例表明，在 100 个接受测试的人群中，当文化程度较高的个体往往更加倾向于购买健康保险时，依据此实验进行决策的信息利用者，很容易做出一个偏倚客观概率分布的结论。即文化程度越高的个体会更倾向于投保健康保险，从而隐含文化程度与健康保险购买行为具有正向相关关系。这显然是一种逆贝叶斯法则的心理认知，它反映的现象，就是人们很容易用一次性的小概率抽样事件作为普遍性现象而用于不确定决策，进而导致抽样扩展错误，即抽样推论总体的推论悖谬。

另外，框架效应不仅影响人们的损失厌恶选择，也会对健康保险行为选择产生逆转。当健康保险决策是放置于概率视角时，人们会关注因为较低的补偿机会而放弃购买健康保险；而将其放置于数万倍的损失补偿额度时，人们会因为关注保费与保额之间的巨大差额而过度购买保险。不同的保险宣传方式也会左右人们对健康保险购买行为的决策，而不是将概率与损失补偿综合进行考虑，这与期望效用理论下的期望效用值最大的决策标准产生背离。再加上保险决策者普遍缺乏科学决策技术的知识和能力，并受到决策疲劳的影响，人们利用更加简单的情景进行情绪化的不确定决策（Loomes and Sugden，1986；Baumeister，2001）。

前景理论的 K - T 实证模型是 Kahneman 和 Tversky 分别在 1979 年和 1992 年建立的。前者提出了前景理论的初步理论和价值函数，后者则进一步被完善为累积前景理论，而在行为经济学上一般不被区分的统称为前景理论。K - T 实证范式的模型框架结构是基于简单的情景抽签（x，p；y，q）设计的，要求被抽样或被选择的前景最多只能有两个非 0 的抽签结果。在满足 $p+q \leq 1$ 时，分别基于概率 p 获得 x、概率 q 获得 y，同时在概率 $1-p-q$ 的情况下得不到任何回报。在此不确定性概率框架下，如果被抽样前景的所有结果都是正的，那么这个前景就是严格正的，它满足 x，y > 0 且 $p+q=1$ 的条件。相反，如果被抽样前景的结果都是负值，那么它就是严格为负；如果被抽样前景既非严格正，也不是严格负，那么该前景就是一个常规前景。在 K - T 实证范式的模型框架中，v 和 x 被组合用于确定一个常规前景的总价值。

当（x，p；y，q）是一个非严格为正或为负的常规前景时，常规前景满足 $p+q<1$，并且要么 $x \geq 0 \geq y$，要么 $x \leq 0 \leq y$。将其按照概率与期望价值进行赋权，期望值为：

$$V(x, p; y, q) = \pi(p)v(x) + \pi(q)v(y)$$

这里要求 $v(0)=0$，$\pi(0)=0$，并且 $\pi(1)=1$。与经典期望效用理论一样，V 是定义在前景理论之上的效用函数或价值函数。但此时 v 是定义在相对应的两个前景结果之上的，即通过尺度叠加所确定的前景：

$$V(x, 1, 0) = V(x) = v(x)$$

受到损失厌恶框架效应的影响，严格为正与严格为负前景的评估，所遵循的价值赋值规则是不同的。前景理论 K - T 范式的损失与收益具有不同的价值函数形式，这与期望效用理论损失与收益使用同一决策函数不同。而且在决策的过程中，期望效用理论是作为一个单一过程进行决策，而前景理论则增加了心理编辑阶段。在心理编辑阶段，纳入决策的前景被分割成0风险组和非0风险组两个部分。风险为0的部分被剔除概率因素，而成为确定收益或者支出的最小收益或损失，而非0部分才是传统风险决策模型下的附加性期望收益或损失。这些前景在严格为正或严格为负的假设条件得到充分的满足时，就可以利用K-T价值方程得到不确定决策的期望价值：

$$V(x, p; y, q) = v(y) + \pi(p)[v(x) - v(y)]$$

由此可见，任何严格正或负的前景的期望价值，都可以表示为无风险价值加上"结果间的差值乘以与更大结果相关联的权重"。K-T价值函数不仅使人们将复杂决策简单化，而且也更加容易受较大概率事件的影响。Kahneman 和 Tversky（1979）认为，人们针对健康风险等未知事件的概率估计通常表现得很无知，导致对罕见的小概率事件更容易高估风险的发生概率。而对较高概率的风险事件又容易造成偏低的概率加权，即针对客观概率，主观决策赋权通常会被简化为只用一个概率表示的函数。1992 年 Kahneman 和 Tversky 在 1979 年前景理论基础上，给出了新的概率决策赋权权重函数，其基本的表达方式为：

$$W(p) = \frac{p^{\gamma}}{[p^{\gamma} + (1-p)^{\gamma}]^{\frac{1}{\gamma}}}$$

W(p) 表示决策权重，γ 为决定函数曲率的参数，单一曲线参数不仅保持了曲线及函数的简约，也对经验数据非常适合。在高概率时，存在对收益的风险损失厌恶和对损失的风险追逐；在低概率时，则是对收益的风险追逐和对损失的风险厌恶，由此将客观中性的概率曲线，加权为一个反"S"型的曲线，如图 1 - 7 所示。

如果一个保险产品的承保风险是客观中性的，尽管消费者在较低的概率区间所获得的套利实际上是不存在的，但他们却因为概率编辑而获得更大的消费者剩余；而在高风险概率区间，消费者因为将客观概率编辑为更小概率区间，也不能正确认识自身面临的客观风险，进而放弃购买保险而以自保方式承担较大的风险损失，导致保额不足。尽管前景理论在提出以后也备受争议，但相对于经典经济学过于苛刻的假设条件而难以解释保险异象的缺陷，前景理论能够从心理编辑角度，对逆向选择、道德风险和保险欺诈等保险行为、难以在保险市场选择合适的保险产品而出现的保险需求不足和过度持有问题，以及不同层级之间医疗保险关系的重叠交叉问题，可以做出较为科学的解释，已经在保险领域得到了较为广泛应用。

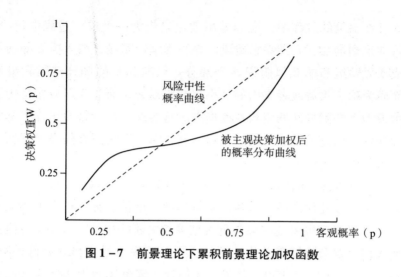

图 1 - 7　前景理论下累积前景理论加权函数

2. 行为经济学理论前沿及其在保险领域中的应用

基于前景理论 K - T 实证范式而发展起来的行为经济学，已经形成相对完善的行为解释理论框架体系，其中对健康保险行为具有解释作用，主要包括过度自信、易获得性偏差、"羊群效应"和模糊规避等在金融行为经济学领域得到广泛验证的理论或观点。其中过度自信是与前景理论的预设条件有关，在行为经济学理论框架下，决策者往往忽略理性与非理性现象的同时存在，导致决策者不再怀疑自我的非理性动机和决策结果，并过度强调自我的专业知识和决策信息，将其作为专有的决策优势。这就会导致决策者过于相信自我判断能力，进而导致对结果的关注，只看重成功的一面而忽视失败的风险。在健康保险的决策领域，购买保险的被保险人会自信地认为，自己最清楚自己的健康状况，以及掌握的决策信息和决策技术，进而选择不符合期望效用理论下最优购买行为，造成严重的逆向选择和道德风险问题，进而引发保险的过度购买和保险额度偏低等问题。而且受到过度自信心理的影响，决策者的决策行为很难改变，即使事实证明他的决策是错误的，依然还会有选择地对自我的行为进行辩护，直到最终医疗费用得不到实际的最有效补偿。

易获得性偏差与 Kahneman（2011）的抽样信息总体推论谬误有关，也就是人们往往通过易获得的小样本事件发生概率，推断难以获得的总体样本信息。在风险概率方面，如果小样本事件概率信息很容易得到，那么决策者将会认为类似事件发生的概率非常高，甚至是会经常发生；与此相反，如果小样本信息非常不容易得到，决策者则将其心理编辑为发生概率很低的事件，Kahneman（2011）将其称为易获得性偏差。信息易获得性偏差，对健康保险行为的影响是非常普遍的。Kunreuther 等（2013）从保险的易被误解性角度，分析了当被保险人身边的亲人遭受疾病风险损害后，很容易将自我风险概率放大，进而过度投保健康保险并导致严重的家庭财务负担。与此相反，Banerjee 和 Duflo（2011）的实证分析表明，当贫困者面临较高的因病致贫风险时，而且周边的群体没有健康保险补偿时，将缺乏通过健康保险转嫁医疗费用的动机。

羊群效应是行为金融学领域使用较为广泛的一种行为解释理论，它同样存在于健康保险领域。羊群效应是一种典型的信息缺乏时的小样本信息推断总体的谬误现象，但是在现实生活中人们总是乐此不疲。Kunreuther 等（2013）在分析人们购买健康保险的动机时将遵从社会规范或社会认知作为其中的一个主要目的。在羊群效应下，人们对健康保险的购买行为，往往不是基于自身的保险需求而有选择地优化健康保险行为，而是依照与自身相同或类似群体的购买决策而进行决策，尽管这能够避免决策疲劳而选择保险产品，但是往往不再符合最优购买的期望效用理论标准。与此相类似，人们面对复杂决策时总是倾向于模糊规避，即表现为对不确定风险时决策的厌恶，或者决策延迟。当决策者既没有可参照的群体信息，或者无法获得足够的决策自信时，决策者会选择规避决策，以待于有清晰的信息和参照样本时再进行决策。在健康保险领域，人们通常并不愿意积极购买新推出的保险产品，而是要等待一段时间，以便于根据其他群体的保险行为及其保障效果情况再进行决策。模糊规避行为往往会导致健康保险政策的实施初期很难被人们广泛地接受，而是要相对滞后一段时间。

1.2.5　外部性与跨期决策时间偏好不一致理论

1. 外部性理论与健康保险外部性表现

外部性（externality）是指一个经济行为主体的经济学活动，对另外一个主体的福利所产生的效用，而这种效应并没有通过市场的交易行为反映出来。外部性问题是英国的剑桥学派奠基人 A. Marshall 在其 1890 年出版的著作《经济学原理》中，首次提出来的一个相对于内部经济的概念。后来经过 A. C. Pigou（1920）、F. H. Knight（1924）和 R. H. Coase（1960）、J. E. Meade（1962）等学者的完善和发展，成为解释市场失灵和政府失灵等问题的基础理论。也是公共产品政府供给行为的理论依据，对解决公共物品的有效供给问题具有很大的帮助。从外部性对社会福利的影响结果看，可以分为正外部性和负外部性。负外部性就是一方的行为使另外一方的福利减少或者支付增加，在经济领域最典型的就是环境污染。而在健康保险领域，就是当个体患有传染性或流行性疾病感冒时，因为省钱没有进行及时治疗，而导致其他人感冒。那些投保了健康保险的人，在医疗费用补偿机制下更容易就诊治疗，而没有健康保险而自费的个体相对较低。正外部性是一个行为主体的行动使另一方受益，表现为福利的增加或者经济收入增加，或者支出的减少。正外部性在健康保险领域，特别是公共卫生领域也是广泛存在的，其中最为典型的就是预防接种带来的显著外部性。

无论是正外部性和负外部性，以及生产领域和消费领域的外部性问题，都面临一个共性问题，就是行为实施者的成本与收益是不对等的，也是经济无效率的根本原因。外部性造成的最大影响就是资源配置无效，最终无法实现帕累托最优。也就是说，帕累托最优所要求的边际个人效用与边际社会效用相等的基本条件得不到满足，不仅两者成本不一致，而且边际效用也不一致。也正是由于外部性导致服务或商品的价格体系不受市场机制的调控，因而市场无法通过供需调节机制实现均衡。由于外部性影响的是社会福利，因而负责社会效用最大化的政府，必须通过有效的外部性管制才能够平衡成本与效用的不对等问题。

由于健康保险是应对健康风险损失的保险，即通过转嫁健康风险经济损失，使投保人或被保险人因病遭受到的损失获得经济补偿。因而，健康保险本身没有明显的外部性，其外部性主要来自承保的健康风险或者是疾病风险。因为疾病风险具有较强的负外部性，而治疗疾病又具有较强的正外部性。因而，对于健康保险的外部性，主要体现在健康风险的治理层面。据此，健康保险外部性含义可以划分为疾病风险本身和健康保险风险治理两个方面。疾病风险的外部性，也具有两层含义：疾病传染性和损失外延性。而对疾病风险的治理，则面临两难的选择，当短期内保险费用一定时，可以提高保险人的利润或者实施更有竞争力的保险费率。而从长远看，公共健康投入和风险治理会压缩健康保险需求，进而造成保险总量的减少。另外，还需要新的精算平衡，并可能需要保险人新的保险产品精算定价投入。

2. 跨期决策的时间偏好不一致理论

与外部性相类似，健康保险领域中的跨期决策时间偏好不一致，也主要是针对健康风险治理的。以 Borch（1962）为代表的奥地利学派关于保险的时间与不确定性的观点，主要还是被局限在寿险中人的生命价值的计算。由于时间偏好问题，人们通常过度看重当期的消费效用，并且对现在当期效用过度看重，是基于对未来具有更大不确定性的忧虑。为了弥补未来不确定性的忧虑，必须通过合理的利率或贴现因子对未来的效用进行校正，在金融贷款行为中，不同贷款时间利率的不同与不确定性有关。保险是同时处理时间与不确定对称的平衡方法，但同时也与人们对时间的偏好有关并受其影响。由于个体在不同的时期面临的财富水平、健康风险大小不同，加上其他消费需求等原因的影响，在不同承保周期内的健康保险效用也不一致。因而在投保一个跨期健康保险时，通常投保人选择健康保险的期望效用也不一致。所以，跨期决策偏好一般是以效用作为评价依据的，主要是对贴现效用因子而言的。从影响跨期偏好的原因来看，一是对未来期望效用判断的多变性，二是受到短期诱惑。跨期选择就是对不同时期效用水平进行不断权衡的决策行为过程。

健康保险是一个典型的以年度为周期的连续性跨期决策行为。由于健康保险采用的期望效用理论中未来期望效用的贴现，是影响健康保险跨期决策的重要变量，因而跨期决策时间偏好不一致，主要是针对投保人的，即针对相同的期望效用，由于时间变量的引入造成的贴现值差异过于明显。而在传统的期望效用理论下的标准经济学模型中，期望效用具有连续一致的贴现因子。而时间偏好不一致，主要在于贴现因子不同。贴现效用是 Samuelson 在 1937 年的一篇短文《略论对效用的计量》（*A Note on Measurement of Utility*）中最先提出的。尽管 Samuelsen 将费雪（Fisher，1930）的无差异曲线分析，从两阶段比较扩展到多阶段比较，但他所构建的贴现效用模型，使用的是单一参数代表所有与时间偏好有关的心理因素。对于行为学家来说，Samuelson 的贴现效用模型能够得到广泛应用是令人费解的。不仅 Samuelsen 本人对模型的规范性和描述性持有明显的保留态度，而且经过几十年的实践也已经被证实存在大量背离该模型的异象。贴现率逐期不变的假设，很难在现实中的跨期决策中成立，跨期决策的时间周期越长，贴现率也就更加不稳定。

导致期待效用与理想的期望效用存在偏差，进而出现退保等负强化行为，也造成未来效用贴现受到影响。而且由于投保者往往是直接比较保险费用与结果，并且在保险营销中也更加强调结果。一旦结果并没有发生，可能会影响到消费者的续保动机。所以，健康保险跨期决策中的贴现效用因子，至少是同时含有时间和不确定性两个因素。

作为以长期投保的基本医疗保险，人们很难用一个不变的贴现率考虑对未来效用的贴现。人们往往会受到一个新的前景的干扰，而且这个前景所带来的期望效用，可能会大于远期决策中的效用。所以，健康保险跨期决策的影响因素，不仅要考虑健康保险期望效用中的贴现因子的问题，还要加入新的前景理论与主观赋权决策等新的理论要素。这是因为，当新的前景出现时将会导致投保人做出新的决策，或者对既定方案的选项进行重新评估，而该新决策过程将会影响到当期保险费用的效用值。例如，在健康保险的消费中，当一个更具诱惑力的有利可图机会出现时，他们可能会将资金转移到新的领域，并转变健康风险的转嫁手段，如风险自留，或者通过投资获得更大收入，等等。

所以，健康保险跨期时间偏好不一致是真实存在的，并且也会影响到贴现因子的问题，但并不一定完全是远期贴现因子较大。如果近期的诱惑所产生的效用值远大于远期的效用值时，那么近期因子也将可能会被非理性放大。也就是在折现序列中，存在一个更大效用的、对健康保险费产生冲突的选择或重大事件。例如意外伤害或者子女学费开支压力等，都会影响到跨期时间偏好不一致问题。在整个跨期决策中，人们总是会面临导致人们进行重新选择的前景，而这个前景将会产生新的效用或者增加超额效用。如果这个前景经过投保人的决策权衡后认为是值得的，那么他将会将资金用于该前景，甚至会将健康保险的资金撤离到这个前景中。是否需要撤离健康保险资金或改变消费安排，取决于新前景的资金需求额度，以及撤出健康保险资金的成本或时效性。

另外，人们的收入水平往往也会影响到人们的消费结构。在较低的收入水平上，在其他可承担的消费满足后才会选择健康保险，虽然并不违背马斯洛的需求层次理论，但随着收入水平的增加，此时可能会产生新的消费需求，如购房或买车。此时，如果健康保险与新的消费需求是等效用的，那么投保人将会重新评估健康保险的必要性。在收入水平较低的情况下，尽管有较低层次的消费需求，但也会由于资金限制导致部分资金结余的暂时存在。而这部分结余，如果用于储蓄或者其他方式都不能带来大于健康保险的效用，那么在资金安排中将会利用一部分资金投保健康保险。随着较低需求中资金积累的满足，恰好需要挤占健康保险基金时，健康保险将会被中止。所以，在消费需求存在不确定的情况下，收入水平对消费结构的改变，也将会影响到健康保险的投保动机。

总之，影响人们跨期决策偏好的核心问题至少包括两个方面：一是一般的时间偏好模型，或者是标准经济学模型的贴现效用因子是变动的；二是在投保周期中总是会出现新的前景来干扰健康保险投保人的投保行为。对健康保险来讲，时间偏好不一致主要是期望收益与资金现值的差异。另外，在健康保险领域还存在一个特殊的原因，就是疾病风险与年龄具有很强的相关性，按照纵向精算公平原则，不同时期的健康保险也应该承担不同的保险费用。但公共健康保险计划往往没有考虑年龄因素，主要考虑了社会平均工资比，这是值得商榷的一种制度安排。美国的商业健康保险模式对此进行了较好的修正，但面临的问题则是制度可操作性与公平性的兼顾问题。可操作性能够反映出效率问题，但往往也会损失筹资公平，以及风险规避意识。

1.2.6 医学的社会学本质说与全民健康覆盖理念

医学技术属于自然学科的范畴，但医学事业的本质却属于社会学的范畴。将医学的本质看作是社会学的观点，主要是基于疾病的外部性，或者说医学救治的外部性问题，以及疾病产生的社会学根源等问题的。从微观角度，医学就是"健康所系、性命相托"。但是对个体健康和生命的救治问题，涉及社会很多的社会问题，例如贫困和社会生产力等问题。而疾病造成社会问题的根源则在于经济资源对患者医疗服务获得的限制，如果病人具有必要的高质量医疗服务的充分支付能力，就能够使其免于因为遭受严重疾病伤害而陷入经济困境。这也是全民健康覆盖理念的核心思想。作为提高医疗服务支付能力的健康保险，购买动机和政府对医疗服务的管制，也是为了保证国民在有限经济资源下获得必要的高质量医疗服务。

1. 全民健康覆盖理念的提出与医学社会本质说的内在关系

全民健康覆盖是为了确保所有国民获得促进健康、预防疾病、提供治疗和康复的服务，并且该服务必须是高质量的和必要的，而且也不会因医疗服务付费而陷入经济困难。全民健康覆盖理念源于世界卫生组织发布的题为"卫生系统筹资：实现全民覆盖的道路"的2010年世界卫生报告，之后包括2012年1月《全民健康覆盖曼谷声明》、2012年4月《全民健康覆盖墨西哥城政治宣言》和2012年7月《卫生部门的资金效益、可持续性和问责制问题突尼斯宣言》，不断强化和宣传了全面健康覆盖的理念。2012年12月12日召开的联合国大会上，经成员国一致通过成为联合国决议，敦促各国政府努力向所有国民提供负担得起的高质量卫生保健服务。全民健康覆盖强调健康在实现国际发展目标中的重要作用，是国际发展的必不可少的条件之一。要求各国家、各民间社会和国际组织将全民保健纳入国际发展议程，向全民提供负担得起的高质量卫生保健服务，既是对人人享有初级卫生保健目标的提升，也彰显了未来各国实现全民保健的基本要求。全民健康覆盖成为联合国决议的主要目的，在于呼吁各成员国多管齐下处理好健康问题相关的社会、环境和经济决定因素，以减少医疗保健领域中的不公平现象，促进社会经济的可持续发展。2013年2月在瑞士的日内瓦世界卫生组织总部，世界卫生组织和世界银行联合召开了全民健康覆盖部长级会议，提出"所有的人都获得所需要的、高质量的卫生服务，而不必担心陷入经济困难"。

在全民健康覆盖理念下，各行为主体投保健康保险的目的是为了确保每个国民获得必要的高质量医疗服务，并且不会因为医疗费用支付而陷入经济困境。显然，全民健康覆盖理念，将健康保险作为一项医疗费用的筹集手段，与医疗服务建立了直接的关联关系。作为经济补偿功能的健康保险，只是为了避免因病陷入经济贫困的一种支付杠杆，而全民健康覆盖理念则将确保每个国民免受因病致贫的责任明确到政府身上。政府为了更好地履行全民健康覆盖的责任，在积极采取相关措施的同时，应该借助健康保险这一重要的筹资手段，提高人们的医疗费用的支付能力。之所以世界卫生组织将全民健康覆盖归于政府，与西方国家对医学本质的认知具有很大的关系，西方的社会医学先驱 Johann Peter Frank（1790）认为，医学的本质是社会科学，保护健康的最终责任主体是政府。政府通过给国民投保健康保险，不仅能够获得健康的劳动力资源、提高国民的健康素质，而且也能够有效地维护社会稳定。Frank 在《全国医学监督体制》中提出了用医学监督计划使政府采取措施来保护个人和公众健康的主张。这种观点是认识到健康、疾病和社会因素有关的一个里程碑。Frank 的思想和著作对社会医学产生了深远影响，从德国流传到苏联、意大利、法国、美国和英国等国家，他和一些进步医学家提出的国家和社会应对人民健康负责的观点，在当时具有重要的启蒙作用。

早期资本主义的快速发展和人口城市化急剧加快的进程，造成了当时资本主义社会的很多医学相关问题，包括传染性疾病流行、恶化的环境卫生、饮食安全、劳动者的职业病和妇幼卫生等诸多问题。此时仅仅依靠医疗机构或医生的微观努力，已经难以取得明显成效，必须动用国家与社会参与的集体手段才有可能得到根本性控制或有效解决。控制的措施也必须从患者的诊治行为转向社会的集体防治，以及从单一的医疗卫生或临床治疗等技术控制转向社会集体控制，深化医疗卫生体制改革及其相关的社会健康管制条例，制定和颁布控制传染性疾病流行和劳动职业防护的卫生法律等。1847 年，英国的利物浦市开始设立了世界上的第一个职业卫生官，而 Simon（1816~1904）作为伦敦市的卫生官是于 1848 年被伦敦市政委员会任命的，由他专职负责研究伦敦的食品卫生、家庭住宅和工厂卫生等被认为与英国工人健康密切相关的问题。Simon 在《论伦敦的卫生状况》调查报告中，建议成立专门政府健康促进机构，并将防治疾病工作列为国家的基本责任，要求医生也必须对国民健康担负责任。至此，国家健康责任理念开始形成。同一时期，Engels（1820～1895）在《英国工人阶级状况》中指出，英国工业革命与经济发展是建立在工人健康遭受损害的代价基础上的，雇主或工厂主必须通过工伤保险和职业保护等方式，对造成的工人健康损害负责。英国这两位卫生学先驱的思想，成为后来健康保险和工伤保险的保费由国家和雇主共同分担的理论基础。因而，世界卫生组织提出的全民健康覆盖理念，将国家作为责任人既是对传统观念的继承，也是在健康保险背景下全民健康覆盖含义的扩展。在实现全民健康覆盖的路径上，世界卫生组织提出以健康保险为核心，通过提高健康保险的保障宽度、深度和高度三个维度实现全民健康覆盖。全民健康覆盖的基本理念同时也是健康权含义的高度概括，通过健康权的构成要素可以分析出全民健康覆盖的基本含义。

健康权包括医疗服务的便利性、获得的条件、接受的条件和服务质量四个关键要素。对便利性的要求是要有数量足够多的、行之有效的公共卫生和卫生保健设施、商品和服务，以及卫生规划等；获得条件包括面向所有国民的基本卫生服务设施和商品，它由四个彼此相互重叠的要求构成，即消除歧视、客观的实际获得路径、经济上可支付和有效的医疗服务信息获取条件等；在接受条件上则要求所有的医疗卫生设施、医疗器械和医护服务等各种相关服务，都必须符合医生职业道德和文化差异性要求，关注对性别和生活周期需要的敏感性；最后是要求医疗卫生设施、商品和服务也必须兼顾技术含量与质量水平，能够有效满足经济与技术约束下的必要性要求。联合国将健康权与各项人权的要求放置于同样的高度，即各缔约国必须承担"尊重"、"保护"和"实现"基本保障义务，不得干预享有健康权或不可伤害权，确保第三方（非国家行为者）不得侵害享有健康权并受到适度管制。其中"实现"的要求是指采取诸如适当的立法、政策或预算等积极措施实现健康权。由此可见，健康权在保证权利的最低水平上，要求每个国民获得基本初级卫生保健、最基本和有营养的食物、卫生条件、安全的饮用水、基本药物。国家的其他核心义务还包括采取和实施国家公共健康战略与行动计划，以解决国民普遍关注的公共健康问题。在实施过程中，要在通过各方的积极参与和公开透明的基础上，对健康保障计划进行定期审查，以使得既定指标和标准能够得到随时的监测并取得有效的进展，特别是要关注各种经济脆弱或者处于社会边缘群体的健康权保障。

全民健康覆盖理念的现实意义在于，它为医疗服务的公平性利用提供了更有针对性的评价标准，使优质医疗服务资源的公平性评价有了最基本的依据。当前各国针对持续增长的医疗服务费用，采取的措施主要是限制医疗服务资源的利用，包括基本诊疗目录制度、限制或禁止医疗服务资源供给、降低健康保险基金补偿标准、医疗服务利用排队等待制度等。显然，当前各国对医疗服务利用的控制和管制，都在试图寻求一个相对客观的尺度努力消除国民差别障碍。但事实上，医疗服务的利用在符合常规性医疗技术的同时，不同的个体之间疾病特征或治疗需求的差异比较大，这必然会导致科学合理的医疗服务方案更为复杂，医务人员对尺度的把握和实施难度都较大。在世界范围内得到一定认可的疾病分类制度（DRGs），也正是由于繁冗的标准和细节导致实施难度较大而没有得到广泛的使用，并且DRGs方法也缺乏动态调整机制，很难与医学新技术和新药物同步协调实施。相反，很多政府决策机构则实行单一的医疗管制制度设计，甚至很容易产生将困难转嫁给医务工作者的倾向。尽管根据全民健康覆盖理念，医生对病人的治疗方案的决策权完全可以下放给基层医务人员，对政府的要求是政府制定标准并负责对治疗方案和效果进行跟踪评价，然而那些缺乏充分的资金保障的治疗方案决策权，通常很难得到实施而寻求经济条件制约下的次优方案。当然，在此类评价技术方法上是相对成熟的，例如可以采用英国的医疗服务绩效评价技术VFM（value for money），进而将政府从复杂的烦琐的业务监管中解放出来，更好地做好监管工作。

显然在全民健康覆盖理念下，健康保险应该承担更大的责任，例如提供高质量的必要医疗服务、控制医疗费用支出、提高医疗服务效率等，其中健康保险的主要功能应该定位于筹集获得高质量医疗服务的资金。全民健康覆盖理念提供了更加公平的医疗服务公平利用理念，这种公平就是每个人获得自己所需要的高质量必要医疗服务，而不是数量上同等的医疗服务。因为不同的个体疾病状况和体质不同，其对医疗服务的需求也不尽相同，而且患者就诊的主要目的并不在于医疗服务数量的多寡，而是疾病的治愈程度或健康恢复程度，而这通常与医疗服务利用数量和医疗花费并不是绝对的关系。那些选择了错误的医院、医生或治疗方案的患者，医疗费用支出往往难以与治疗效果具有等同的关系。因而，在全民健康覆盖理念下，政府保证每个国民获得必要的高质量医疗服务的路径，主要表现在三个方面：一是实现全民健康保险的广泛覆盖，这是最基本的有效保证手段，政府可以通过直接或间接投保健康保险的方式，将所有国民纳入健康保险覆盖范围，事实上也证明这是最公平和最有效的手段之一；二是从公共健康服务全面覆盖的角度，实现公共健康服务的均等化全民覆盖；三是适度提高健康保险的保障水平，通过有效分类分层保障以改善健康保险基金的保障效力。

2. 全民健康覆盖理念与健康保险支付能力之间的内在关联性

世界卫生组织认为的全民健康覆盖目标，就是确保所有人都获得其所需要的医疗卫生服务，而且在医疗服务付费时又不必经历严重的或持久的财务困难，这与医疗保险保费与医疗费用支付的承受力基本一致。作为重要的保障医疗卫生服务需求和避免因病致贫的手段，健康保险应该在实现全民健康覆盖中发挥有效的核心作用。作为承担基本医疗服务筹资与支付功能的公共健康保险，也必须对医疗服务需求和支付能力进行合理的平衡，在解决全民基本医疗服务需求的前提下，通过多方共同筹资和费用分担，避免所有国民因病陷入严重的经济困境或持久性的贫困陷阱。在这方面，全面健康覆盖理念与社会医疗保险的基本功能和目标，在基本医疗卫生服务的有效供给等方面是完全一致的。

在健康保险与全民健康覆盖之间的关系上，世界卫生组织认为一个地区或国家乃至一个社区要实现全民健康覆盖目标，各国政府必须做好四项最基本的具有义务性的工作[①]：一是必须尽快建立起一个有力、高效和良好运转的医疗卫生服务体系或运转系统，能够通过提供包括艾滋病毒、结核病、疟疾、非传染性疾病、孕产妇和儿童健康等在内的以人为本的综合保健服务，使各种重点医疗卫生服务的需求得到最经济与合理的满足。并提供国民疾病治疗与预防保健所需要的各种医疗服务信息，鼓励所有国民采取健康促进和预防疾病等措施，以便于能够更早、更及时地发现国民健康存在的各种隐患问题或风险，确保各种经济条件下的国民都有能力进行疾病治疗和并康复。二是确保国民对医疗卫生服务费用的可支付能力，或者对必要的高质量医疗服务的可及性。通过建立医疗卫生服务费用资金的合理筹集制度，避免任何国民在医疗卫生服务利用时，因为大额的医疗费用支付而陷入经济贫困或财务困难。三是为全体社会成员提供基本药物和诊疗技术支持，并在软硬件建设上得到合理改善，以便于能够科学地做出诊断并实施有效的医疗救治。四是大量培养接受过良好的医疗卫生专业技能培训的医务工作者，而且这些医务工作者愿意到各类医疗机构从事医疗卫生工作，而不仅仅选择那些条件优越的部门。同时，确保他们具有最佳证据医学所要求的、为患者提供高质量医疗卫生服务的充分能力。

实现全民覆盖的这四项政府基本工作，也是健康保险基金筹集和支付

---

① 参考 http://www.who.int/features/qa/universal_health_coverage/zh/。

补偿中的重要内容。而全民健康覆盖所强调的非传染性疾病的保障，也应该是社会医疗保险协同公共卫生部门，在健康风险治理方面所要保障的范围。疾病与治疗信息的有效充分供给和健康促进措施，则对避免逆向选择和过度医疗、降低疾病风险和提高医疗保险效率都具有重要的作用。可负担的医疗卫生服务与支付能力相适应的医疗保险是相辅相成的，而适度水平的医疗保险筹资水平对改善医疗服务负担能力，提供了充分有力的保险基金支持。基本医药目录和高素质的医疗卫生人才队伍，不仅是降低健康保险基金支付压力、提供质优价廉安全有效医疗服务的重要前提条件，也是改进医疗服务质量与城乡均等化程度的最基本要求。

除了直接的高质量医疗服务条件以外，世界卫生组织（2013）还认为，实现全民健康覆盖还要确保所有相关的所有部门，对保障国民健康都能够发挥各自的关键作用，甚至包括交通、教育和城市规划部门，因为它们是提供便捷医疗服务的重要机构。在我国社会医疗保险领域中影响医疗服务利用公平性问题的一个重要因素，就是那些居住在远离城市或乡镇等交通不便利人口的医疗服务可及性问题。通过改善交通条件，可以有效改善边远地区居民对优质医疗服务资源利用的可及程度。作为提供优质医疗服务的先决条件，医学教育更是做好各项医疗卫生服务工作的基础，只有通过加大医疗卫生专业人才的培养力度，才能够有效改善农村等落后地区的专业人才供给数量和质量。

对于城市与乡村地区的医疗资源空间配置不均衡问题，首先是城市医疗卫生建设的科学规划，也有助于更合理地完善优质医疗资源的空间配置。与全民健康覆盖所要求的责任一样，健康保险的资金筹集与使用效果，都会对国民健康产生直接的影响。围绕着合理的城市规划，同时要建立以城市为重心的分级诊疗规划，使那些地处偏远的农村居民也能够像城市居民那样获得必要的高质量医疗服务，并且不会因为资源配置而影响可及性。与医疗卫生资源的合理规划保障和促进国民健康作用相一致，国民在获得有效的医疗卫生服务以后，能够促使他们更好地进行生产劳动，从而能够积极为家庭、社区和城乡发展做出更大的贡献。医疗资源的合理优化甚至还是确保儿童能够到学校上学的重要因素，贫困是导致儿童失学的重要原因。即使当全民健康保险基本实现以后，由于基本医疗保险较低的补偿范围和报销比例，尚未完全具备消除家庭因病致贫的能力，因而也不能彻底解决因病致贫家庭儿童教育和就业技能的培养问题。只有全民健康覆盖与适度水平的健康保险一起，通过协同解决好患病家庭的医疗费用支付能力问题，才能彻底扭转家庭子女教育与代际间的贫困问题。而这些也正是中国农村因病致贫的主要原因和制约瓶颈问题。

　　因此，通过健康保险实现全民健康覆盖目标，是当代经济社会可持续发展和解决因病致贫人口问题的关键组成部分，也是减少社会优质医疗服务资源的不公平问题的关键要素之一。大力发展和改善基本医疗保险与构建多层次全面健康保险体系，进而实现全民健康覆盖，是各国政府致力于改善其公民福祉的重要标志与主要职责所在。同样也是促进社会公平的基本要求，确保在不同的社会群体内部不会出现因收入水平、性别、年龄、居住地、人口流动等原因出现各类不公平问题。获得必要的高质量医疗服务与不能因为医疗费用支付而致贫，是全民健康覆盖基本生命权保障和经济保障的最基本要求，也是政府推动全民健康保险的最基本责任。但全民健康保险并不意味着全民健康覆盖目标的实现，健康保险只是其中的一项基本手段而不是最终目的。所以，推动以健康保险为核心的全民健康覆盖目标的实现，以及在更高水平上保障与提高国民健康水平，实现社会经济可持续发展才是政府的最终责任。

1.3　国内外研究现状与研究设计

1.3.1　国内外研究现状

1. 风险理论与健康保险理论的研究进展

　　风险理论先后经历了期望值理论、期望效用理论和前景理论三个阶段（王国军，2014）。在 Bernouli（1738）用期望效用回答了"圣彼得堡悖论"以后，期望效用理论逐渐成为主流风险理论。保险的期望效用理论范式主要是根据 Von Neumann 和 Morgenstern 在 1944 年提出的 VNM 期望效用函数模型，研究如何通过保险实现确定财富效用最大。Arrow 1963 年发表在 *American Economics Review* 杂志上的论文 *Uncertainty and the Welfare Economics of Medical Care*，成为研究当存在道德风险、逆向选择和交易成本时医疗保险帕累托最优保单的经典范式。Borch 在 1962 年发表于 *Ecnometrica* 杂志上的论文 *Equilibrium in a Reinsurance Market*，认为社会风险不能转嫁的部分只能由个体进行分担，而风险的分担份额则取决于个体风险承受能力，解答了保险市场均衡价格和风险分担的帕累托最优实现问题。Arrow 和 Borch 这两篇经典文献，不仅成为商业保险经典理论范式，也是政府公共健康保险计划的重要基础理论。但 VNM 期望效用函数模型也因为严格理性人假设等问题，受到了阿莱悖论（Allais，1953）、艾尔斯伯格悖论（Ellsberg，1961）和莫森悖论（Mossin，1968）等的质疑。因而建立在 VNM 期望效用理论基础上的 Arrow 理论范式，不仅难以科学解释人们的一些健康保险实际购买行为（Kunreuther et al.，2013），也无法回答保险公司保费会出现低于纯保费等现象（Pauly et al.，2002），留下很多亟待解决的"异象"行为问题。

围绕着如何科学解答这些"异象"行为，学者们开始修正期望理论的假设条件。Mossin 在回答自己提出的"莫森悖论"时，用非理性、损失担忧和高估损失概率的观点解释可能的原因。Chew 和 MacCrimmon（1979）提出的加权效应理论、Edwards（1962）和 Handa（1977）的主观概率加权模型，对决策行为的线性客观概率假设进行了修正。Bell（1985）和 Loomes 与 Sugden（1986）沮丧理论下的偏好函数、Gul（1991）和 Neilson（1992）的中介模型，以及 Chew 等人（1991）的二次效用理论，对效用独立性和偏好一致性进行了修正。其中 Quiggin（1982）根据预期效用理论构建的排序依赖模型，对前景理论的影响最大。

前景理论最初是 Kahneman 和 Tversky 在 1979 年发表的论文 *Prospect Theory: An Analysis of Decision Making Risk* 中提出的，并在 1992 年发表的论文 *Advances in Prospect Theory: Cumulative Representation of Uncertainty* 中拓展为 K - T 累积前景理论。前景理论认为，人是有限理性和有限意志力的，因而对前景选择也往往是非理性的。论文用收益与"损失"分段价值函数和相应的概率加权公式，替代了期望效用函数模型，并量化了模型参数。Pidgeon 等（1992）证实人们确实倾向于系统性地低估或高估疾病的死亡概率。前景理论经过 Prelec（1998）等学者的不断改进，理论范式日趋成熟。因其有占优的保险"异象"行为解释能力，前景理论被大量引用到健康保险领域。Kunreuther 等（2013）基于前景理论的观点，将健康保险目的归纳为防范风险的投资、履行法律或政府的要求、忧虑或免于遗憾、满足社会和或认知规范等，并据此诠释健康保险"行为异象"的形成原因。Attema 等（2013）的量化实证结果显示，人们对健康收益效用是线性的，损失概率权重小于客观值的一半，不仅损失效用曲线是凹的，生存效用曲线因为贴现也是凹的。

Arrow 和 Borch 理论范式不仅对需求行为缺乏解释能力，在解释健康保险供给与政策方面也存在缺陷。商业保险供给虽然是建立在"公平费率"上的，但一旦发生巨额赔付，保险公司承保意愿也会降低，Kunreuther 等（2013）列举了大病保险和巨灾保险的一些案例证实，保险公司也存在与消费者一致的小概率风险主观加权问题，并导致保险的供需失衡问题，很多保险需求无法得到有效满足，消费者只能在市场上寻求"次优"保险产品。同样，公共健康保险计划也取决于政府的保险偏好，民众只能被动缴纳保费、接受被管制的医疗服务和医疗费用补偿（Dranove，2003；Folland et al.，2010）。而更让 Arrow 理论范式难以科学解释的，是当保险公司提供优惠折扣和政府分担大量保费时，也很难调动投保人的积极性（Wilkinson and Klaes，2012；Kunreuther et al.，2013），在中国甚至已经影响到全民健康保险体系的建设进程（郑功成等，2011）。当前国内健康保险的主流研究范式仍然以 Arrow 的理论范式为主。在 Kahneman 获得2002 年度诺贝尔奖以后，前景理论开始引起中国学者的高度关注。高其法（2007）、申俊龙（2011）和陈全福（2014）等学者用于研究就医行为和重症临床决策，以及门诊预约（曹萍萍，2014）等问题。王国军教授（2014）指出不能用前景理论制定欺骗性的保险营销策略和保险政策，否则会损害公司和政府信用。

2. 生命价值学说及其在健康保险中的应用研究进展

尽管人们很早就关注生命的货币价值问题（William Petty，1665），但作为寿险经济学（健康保险）理论基础的，是 Huebner 在 1924 年提出的生命价值学说。Huebner 将生命价值保障作为寿险的核心功能，认为健康保险是寿险系统的核心，寿险是综合健康保险系统的重要组成部分。他将"提前死亡"、医疗费用与短期残疾、"生存死亡"、"经济死亡"看作生命价值损失的主要风险因素，系统论证了资本化价值等同于生命价值的原因、健康保险的保障路径和保障生命价值的家庭与社会意义。但 Huebner 只是将生命价值界定为个体收入扣除掉个人消费后的结余，没有给出评估生命价值的具体方法。正如 Huebner（1927）期望的那样，之后有很多的学者用支付意愿（Schelling，1968）和接受意愿（Rosen，1974）等条件价值法估算生命价值（value of a statistical life，VSL）（程启智，2011）。但 VSL 只是统计意义上的生命价值，受到统计口径和风险选择等因素的影响较大，评估结果相距甚远（Ippolito and Ippolito，1984；Whynes et al.，2005；Pavel et al.，2015）。

在健康保障领域，Bobinac 等（2010）测度了单位生存质量调整年（quality-adjusted life-year，QALY）的支付意愿，研究发现用视觉模拟量表的（visual analog scale，VAS）估算的单位 QALY 均值为 1.29 万欧元，而用 EuroQoL 量表测算的是 2.45 万欧元，并与收入具有很强的关联性，最大值为 7.54 万欧元，而最小仅为 5000 欧元。Becker 等（2007）则直接否认了生命价值的线性估算法，认为面对生与死的选择，生命价值不再是简单的边际变化问题。Dranove（2003）也从生命价值保障的医疗服务管制和配给角度，分析了健康保险面临的伦理学生命价值挑战质疑，以及医疗服务利用理性与成本效益问题。Murphy 和 Topel（2005）利用健康弹性和支付意愿法，评估了 1970～2000 年美国健康费用与生命价值的数量关系，测算出期望寿命延长增加的财富价值是 30 万亿美元。

Folland 等（2010）意识到生命价值评估会影响到医疗服务利用效率，认为健康保险是获得医疗服务的杠杆，通过购买保险提高医疗服务支付能力，以获得需要的医疗服务来保障健康。Garber（2000）认为在生命价值贴现方面，个体的贴现权重主观因素较大。生命价值量化难题和贴现差异，影响了生命价值学说在健康保险中的应用，特别是受到 Arrow 理论范式和 Borch 社会风险分担理论的影响，生命价值并没有向财富价值那样，进入健康保险保单设计和帕累托最优合同效用模型，而是用于评估人寿保险和意外伤害保险的保额大小。但作为保障和提高健康水平的主要手段，人们又不希望用死亡保险或失能收入保险消极地弥补生命价值的损失，更愿意通过健康保险获得"必要的高质量医疗服务"（Folland et al.，2010；WHO，2013），以保障生命的健康存在。在健康保险对医疗服务利用影响的研究中，由于没有考虑保障生命价值的影响，多以边际价格弹性（Feldstein，1973）和保险因子（程晓明，2012）来评价健康保险对医疗服务利用的放大效应，并归因于道德风险问题。但 Becker 等（2007）认为，当人们真正面对生与死的选择时，对生命价值的渴求将会使医疗服务的价格弹性不再敏感，这与 Kunreuther 等（2013）基于前景理论得出的观点是高度一致的。

既然对生命价值的担忧是人们购买健康保险的动因之一，那么在健康保险保单设计时，就应该充分考虑生命价值保障需求，否则将会导致保费与费用补偿缺口问题。Bobinac 等（2010）得出的收入水平与单位 QALY 支付意愿的强烈关联性，也暗示随着社会经济的发展，医疗费用控制难度也必然会增加。在考虑公平与效率的前提下，在对医疗服务利用进行管制的同时，更要通过构建与生命价值保障匹配的多层次健康保险体系，调节保险基金收支平衡，否则隐性债务将难以有效控制（宋世斌，2009；贾洪波，2009）。因为仅通过医疗服务限额管制，往往会损害生命价值保障需求（Dranove，2003），也就是基金补偿压力缓解了，但患者的资本化价值却难以得到有效保障。Dranove 甚至质疑医疗服务的配额制度："你的生命价值几何？""谁将生存？谁将死亡？谁来决定？"在人口老龄化的背景下，单个劳动力的资本化价值对家庭和社会的影响力日益凸显，他们不仅是其家庭经济的支柱，更是社会经济发展的稀缺资源。在人口老龄化的背景下重新审视 Huebner（1927）提出的生命价值学说，无疑能使我们的决策者更加关注健康保险的生命价值保障功能，在健康保险政策制定和医疗服务管制中，实现积极的健康保障和促进办法，而不是消极被动依赖失能收入和伤残保险，甚至是对于健康改善缺乏积极促进作用并产生刚性依赖的社会医疗救助。

3. 健康保险功能定位与健康风险治理问题的研究进展

医疗保险从政治安抚走向国家福利始于英国，以被称为《贝佛里奇报告》的 *Report On Social Insurance* 和《国民医疗服务法案》为标志。英国国家福利的理念，不仅融入了北欧福利国家的健康保险制度，也被社会医疗保险、储蓄型医疗保险和商业健康保险等模式所借鉴。战后成立的社会主义国家，借鉴了苏联的公费医疗制度。但随着西方资本主义国家步入经济滞涨、医疗费用增长过快和人口老龄化加重，各国财政开始不堪重负。在兼顾公平效率的基础上，西方国家相继展开了压缩医疗福利、提高保险效率的改革，旨在提高民众保费分担比例，以控制医疗费用、缓解财政压力（穆怀中，2014）。

改革还在于促使人们通过市场购买私人健康保险（Preker，2013），但随之而来的问题就是保险的选择效力（Frank，2007）和支付能力（Bradley and Taylor，2013）等问题。管理式健康保险（Robinson，2006）和重构保险费用分担机制，以及充分发挥市场竞争机制、减轻健康保险负担，成为健康保险改革的主要内容（魏华林等，2011）。在健康保险微观问题上，主要围绕着道德风险（Arrow，1963）、逆向选择（Akerlof，1970）和最优保单设计（Feldstein，1973）展开的，包括保险欺诈、医疗服务费用补偿和健康保险锁定效应等领域（Folland et al.，2010），也是国内健康保险研究最为集中的内容（卢祖洵，2012；程晓明，2012；秦雪征、刘国恩，2011）。

2008 年席卷全球的金融危机，再次考验着健康保险的承受能力，西方国家被迫掀起了新一轮的改革，但仍以调整保险费用的分担机制为主（Preker，2013）。卡梅伦政府主要是通过下放决策权和完善内部医疗市场、降低财政负担、减少政府官僚化微观干预（Storey，2011）；奥巴马政府拟通过提高富人税收来改善穷人保费支付能力和保险缺失问题（Jacobs，2011）；默克尔政府则建立了一个由政府财政支持的联邦政府基金，以降低中小企业的保费缴纳负担（Kupferchmidt，2011）；法国萨科奇政府通过提高医疗费用个人负担和增加保险税，降低政府财政负担（Turquet，2012）。

在改革中，考虑到政府所承担的民众健康责任，各国政府在共同分担保费的同时，还通过健康保险来改善医疗服务的公平与效率、控制医疗费用过快增长。但这些措施往往是健康损害为代价的，英国国民医疗体系（national health service，NHS）过长的住院等待时间，隐含着更高的死亡率，加拿大对新医疗技术和私人保健的限制，导致高质量医疗服务供给不足问题（Folland et al.，2010）。而世界卫生组织（2013）认为，共付医疗制度则普遍导致穷人难以获得必要的高质量医疗服务，难以摆脱因病致贫和贫困陷阱风险。随着健康观点和政府责任的转变，健康保险作为改善高质量医疗服务的杠杆作用，逐渐被广泛接受（Folland et al.，2010），Kunreuther 等（2013）将人们购买保险的目的归纳为四个方面，而不仅仅是为了损失补偿。世界卫生组织将健康保险的全民覆盖，作为全民健康覆盖的一种途径，在其 2013 年年度报告中，将健康保险定位为政府保证国民获得"必要的高质量卫生服务，并不必因支付而陷入经济困境"的手段。全民健康覆盖在 2012 年 12 月已经成为联合国的一项决议，成为各成员国必须履行的基本责任。

中国在 2014 年 8 月颁布的《国务院关于加快现代保险服务业发展的若干意见》，更是将保险的功能定位为社会治理能力的重要标志，健康风险治理将成为包括医疗保险在内健康保险的核心功能，也将健康保险的保障责任提升到新的高度。但健康风险治理作为一种跨期决策，容易受到外部性和"时间偏好不一致"等问题的困扰。人的有限理性（Kahneman and Taylor，1979）和有限意志力（Laibson，1997）、远见自我容易屈服于短视自我（Fudenberg，2006）等问题，往往会影响到健康风险治理的效果。Gruber（2002）发现公共保险水平的改善会导致公共健康保险依赖，医疗救助的改善还会导致低收入者退出公共健康保险。王国军（2014）认为保险公司具有治理风险的利润动机，但也面临投保人数减少的困境。

4. 国内外研究现状评述与研究问题的提出

根据国内外对相关问题的研究来看，尽管相对于期望效用理论，前景理论对健康保险"异象"行为具有占优的解释能力，但 Arrow 的医疗保险理论范式依然是与风险客观规律相一致的"公平费率"和实现帕累托最优的决策工具。前景理论主要用于制定使人们的保险行为更趋"理性"的合约激励机制。

生命价值学说从资本化价值角度界定生命的货币价值，虽然受到来自社会和医学伦理学的挑战，但它更具有家庭和社会现实意义。日益严重的人口老龄化问题，使劳动力的资本化价值保障更加迫切。而且如果"老龄"人口的资本化价值也能够得到有效的保障，必将对缓解人口老龄化问题起到积极的促进作用。但在保险基金筹集能力和医疗资源有限性的约束下，健康保险对生命价值的保障只能承担有限责任，使每个国民在有限资源约束下，获得必要的高质量医疗服务和最佳的生存质量，尽可能使人们免受因病致贫和贫困陷阱风险，健康保险资源的有限性难以承载生命伦理学之重负。既然人们购买健康保险的目的在于更好地保障和促进健康，那么在健康保险制度设计时，就必须充分考虑生命价值保障需求问题，并在医疗服务管制和补偿政策中，充分考虑资本化价值保障需求和重要意义。如果仅考虑健康保险基金与医疗费用补偿之间的平衡关系，可能会造成健康损害无法有效修复而引发"生存死亡"风险，甚至是"提前死亡"。这对人口老龄化背景下稀缺劳动力资源保障是极为不利的。健康保险制度设计和医疗费用补偿都应该保障每个国民获得"必要的高质量医疗服务"。

中国社会医疗保险制度，尤其是党的十八大以来关于健康保险的一系列重大改革部署，根本目的在于更好地保障和提高人们的健康水平。而要实现这一根本目的，就必须全面落实"改革医保支付方式，健全全民医保体系"、"优化资金配置，加强风险管理核心功能"等改革部署。我们将融合生命价值学说和前景理论等理论成果，修正期望效用理论范式，对健康保险的健康保障效力进行全面诊断，深入探讨如何充分发挥健康保险生命价值保障功能，以更好地保障和提高人们的健康水平。

1.3.2 研究思路与主要研究内容和框架设计

1. 研究的逻辑起点和思路设计

作为转嫁未来财富风险损失的保险，是一个最容易受到保险人与被保险人，甚至是政策的制定者所"误解"的产业，包括对保险的功能、风险概率、损失补偿等各个方面，导致人们在供给与需求上，产生很多非理性的保险行为异象，而健康保险则是行为异象最为集中的领域（Kunreuther et al.，2013）。因此，弄清楚健康保险行为异象是什么及其形成机制，它与投保的动机具有什么内在的联系，并通过明确如何通过有效的合约激励机制，以更好地控制或者消除行为异象，实现健康保险购买或投保满足帕累托最优要求，或者至少在一定程度上实现帕累托改进。这是我们展开健康保险行为异象研究的问题起点和逻辑思路。

从健康保险风险分析与定价的精算角度，健康保险的行为异象问题一般通常不会违背保险精算的基础，因为理性的保险精算是建立在客观的风险损失数据资料基础上的。但行为异象通常会影响保险精算结果的执行，因为人们在选择健康保险时，都会受到各种各样的动机和情绪的影响。因此，需要保险合约激励机制，通过奖惩机制和合约约定使人们的行为尽可能与保险精算基础一致。用前景理论等新的理论对人们健康保险行为异象的研究，并不是为了利用人们的决策能力不足而套利或"欺诈"，相反是为了使他们在健康保险决策时，能够更加理性地对健康保险功能进行正确定位，合理地选择健康保险转嫁风险损失和提高健康保障效果。为此，我们将行为异象的解释任务交给前景理论为代表的第三代风险理论，而将保险合约激励机制建立在期望效用函数模型基础之上，以使人们获得理性的、最大化的健康保险期望效用，减少或免除对健康风险的非理性担忧导致的行为异象。

尽管如此，不同的投保动机，总是会产生不同的保险体验效用，进而影响人们的保险行为选择。投保动机的满足，意味着健康保险效用的提高，或者健康保险福利改进，对决策函数具有一定的影响，而且效用的提高或福利的改进，并不是以新的资金进入为代价的，是一种"纯粹福利"的增加。因而寻求并满足各种合理的投保动机，对推动健康保险发展具有非常重要的现实意义。所以，在构建健康保险合约之前，必须首先理清健康保险的投保动机带来的影响。并且健康保险中保费只与实质性的财富保障有关，包括医疗服务的合理利用等问题。但保费的最终来源，是个体由生命价值转变而来且由资本化价值能力所创造的财富。当前健康保险在理论方面，缺乏价值函数的系统性研究。因而在推动健康保险的发展时，还需要理清健康保险投保动机中蕴含的财富结构，及其对健康福利的激励作用，进而更好地实现帕累托最优。因为帕累托最优是多方面的福利共同改进，而识别各种福利改进，是建立帕累托最优的基础。在利用经济类保障效用作为保险精算基础时，其他与心理效用有关的部分只能是合约激励部分，而不能作为保险价格制定内容，即保险产品的多样化。保险定价最终要基于保险精算的和金融的定价模型，否则保险公司将涉嫌欺诈，或套利，或违法，等等。

王国军教授在其著作《保险经济学》（2014）一书中尖锐地指出，在金融五大行业中，早期的保险业从业人员素质整体上比较低，对保险系统理论知识缺乏了解，保险公司和中介公司的部分管理者或决策者，甚至保险监管部门的有些政策决策者，一方面，忽略保险经济学、保险精算学、保险法学等广博而综合的理论知识体系，秉持"保险没有理论"的奇谈怪论而一致轻视保险理论；另一方面，则背离保险学的一些最基本的原则，坚持着一些感性、片面甚至错误的经营管理理念。对保险理论知识的缺陷，使保险业被引入到一个个的误区和陷阱之中，保险业的声誉也为此遭到不应有的破坏，甚至动摇保险业可持续健康发展的根基。在国际上也有著名的管理咨询公司，试图将普通商品营销的"二八规律"引入到保险营销领域，而庆幸的是这种战略最终被否定了。包括健康保险在内的保险业不仅不能嫌贫爱富，更不能对贫困群体实行价格歧视，或者"撇脂"保险的潜在需求者①。多层次的全民健康保险体系和以必要的高质量医疗服务可支付能力保障为目标的全民健康覆盖，是切实保障和提高国民健康水平的重要任务，也是一个需要经过长期努力才能最终实现的战略目标。特别是将获得必要的高质量医疗服务从个体医疗费用支付的经济约束中解放出来，不是一个短期内能够完成的系统工程。为此，我们的健康保险制度建设和保险合约激励机制，也必须将实现全民健康保险和全民健康覆盖作为重要的目标导向。

随着中国全民医疗保险体系的基本建立，以及商业健康保险的加快推进，人们对健康保险也有了更多的可选路径。这也同时使人们对健康保险具有越来越多的功能认知和投保动机，理清人们对健康保险的潜在需求和投保动机，对实现健康保险多元化的保障功能和切实改善国民健康水平，都具有深远的影响。国务院办公厅 2014 年 11 月颁布的《关于加快发展商业健康保险的若干意见》，为推进商业健康保险参与全民健康保险体系建设提出了具体的指导性意见和优惠激励政策。商业健康保险在充分把握发展机遇的同时，更要在健康风险治理的层面，更好地服务于国家社会治理体系和治理能力现代化。

按照健康保险的期望效用理论模型，健康风险治理的挤出效应和纳入效应，不仅能够降低风险的发生概率，而且还能够降低风险事件的损失，但是健康风险治理的外部性将会导致部分已经参加健康保险的投保人将退出健康保险，并且留住他们的办法，就是降低保险费用，进而造成保险公司的利润减少，对保险公司是不利的，因而保险公司缺乏风险治理的动机。

而挤出的这部分投保人，因为健康风险的降低，进而选择更低保险水平的政府公共健康保险计划。从社会整体福利上讲，这是社会福利促进，但不是帕累托改进，因为这种改进是以保险公司可能的利润（福利）降低

---

① 王国军. 保险经济学［M］. 北京：北京大学出版社，2014（第 2 版）：7.

为代价的。因而，通过健康风险治理实现的社会福利促进，会带来较大的外部性，而这种外部性的所谓福利损失，必然需要承担国民健康保障责任的政府给予补偿。但是从另外一个角度，健康风险治理造成的保险费用降低，在缺乏替代性的情况下，例如在美国商业健康保险模式下，反而能够增强保险公司的竞争力，从利润总额上实现福利促进。因而，健康风险治理产生的外部性，是否能够转化为保险公司的福利，取决于市场上的供需情况，以及政府与健康保险相关的财政与税收政策。

在健康保险保障生命价值的必要性和深远意义角度，社会阶级或阶层的分化，不仅与生产资料的掌握有关，还与个体创造价值的能力有关。对经济资源的掌握，往往是社会阶级与阶层的分化的政治制度层面的根本原因，这种分化必然导致不同个体之间的收入水平差距的拉大，于是一部分人可以利用更好的医疗资源，而另一部分人不能或较少利用医疗资源。经济条件限制了应对疾病风险的机会。加上疾病风险对收入能力的反作用，因病致贫再次导致阶层分化。于是，有了低收入阶层内部以互助或保险的方式，转嫁疾病风险的动机。而对于中等收入阶层，也同样面临疾病风险的巨大破坏力，也会导致其产生对疾病风险的担忧，因此产生了转嫁疾病风险的动机。对于高收入的富裕阶层，他们对疾病风险的转嫁，则是基于财富价值效用的稳定性和最大化为目的的。所以，低、中、高收入阶层，对于健康保险的初始动机是不同的。在进入现代社会以后，消费需求和财富结构多样化，人们为了更好地优化可支配收入的最有效利用，健康保险成为应对风险和优化资金配置的手段之一。特别是当代金融产品和投资工具的多样化，健康保险的期权合约思想也被引入到健康保险领域，利用健康保险保费的支付获取未来修复健康的医疗服务，或者作为购买所必要的高质量医疗服务的资金，成为健康保险新的投保动机。由此可见，人们对健康保险，或者以医疗互助形式存在的早期健康保险，投保的动机是不断演化的，它由摆脱因病致贫的动机，到规避因病致贫、购买医疗服务，再到财富效用最大化，最后是当代建立在金融衍生品的基础上的期权套利的动机。健康保险的这些功能，一般被国家或代表国家的政府所掌握，健康保险就能够从宏观层面成为政府稳定社会促进经济发展的手段，通过优化配置掌握的公共财政资源，分别在医疗救助、医疗服务管制和资源配置，以及健康保险体系方面满足不同层次和不同投保目的的健康保险需求。因此，正确地认知健康保险的功能，既要从历史发展的角度看待健康保险的功能演进，也要从横向角度对待不同阶层对健康保险功能的认知和需求。而要充分地利用健康保险的功能，就必须从潜在的需要入手，正确识别不同阶层、群体的健康保险投保动机，以满足他们多元化的健康保险需求。我们一直缺乏一个基于健康保险多元化投保动机的制度设计，传统的保险经济学理论，是以健康风险转嫁作为理论起点，并且以道德风险、逆向选择、保险欺诈和交易成本等以人性自私、追求自我利益最大化的负面指标来约束和监管投保人的行为。尽管在健康保险领域，投保行为动机理论也得到了一定的发展，但大部分没有作为保险合约和政策激励的决策依据，这不利于健康保险的可持续发展。

从理论上，健康保险的投保动机至少已经发展到了生命价值保障、医疗服务杠杆、前景理论等方面，甚至是期权期货理论，但在健康保险领域，引入的还不够深入。这是在加快健康保险业发展，进行全民健康保险体系建设和实现全民健康覆盖，亟待解决的问题。作为持有风险中性的保险公司，尚且对保险的认知和功能定位，都有如此大的偏见和误解，那么对于缺乏专业保险知识和精算技能的投保人，他们又如何选择健康保险，显然不是传统经济学期望效用理论标准模型所能够解决的。这必然需要综合更为广泛的理论观点，从更为广泛的理论与技术上，对人们的投保动机、行为进行更为理性和正确的评价。并通过有效的合约激励机制，更好地修正人们的保险行为异象，最终实现保险决策的帕累托最优。

在社会医疗保险领域，背离保险基本理论和原则的保险行为也比较多见。由于社会医疗保险由强制性的法律和政府权力作为后盾，政策的制定者和制度设计者，并没有过多地关注保险的基本理论，而是按照单一的感性认识强制民众参加，最终不仅造成较高的制度成本，也存在大量群体退保的现象。所以，尽管社会医疗保险具有强制性的特点，但要保持制度的可持续发展，依然需要科学的理论作为指导。我们试图在构建一个能够对健康保险投保动机和行为异象进行解释的理论框架基础上，对健康保险的非理性行为进行纠偏，以实现健康保险的福利促进，即建立有效的合约激励机制，以实现健康保险的各项功能，满足不同投保主体对健康保险的不同保障需求。也正是基于对以上问题的分析，我们设计了一个诸如图1-8的研究思路，以期在保障和提高国民健康水平的基础上，实现健康保险的可持续发展。

在整个研究框架结构中，我们以健康保险的功能定位演化和健康保险多元化主体的多元化投保动机识别为基础，通过对健康保险行为相关基础理论的梳理，首先，明确在传统的期望效用理论下，到底哪些行为可以被归纳为行为异象，以及在传统标准经济学模型下如何科学地评价这些行为异象的形成机制。然后，基于前景理论为代表的第三代风险理论，结合健

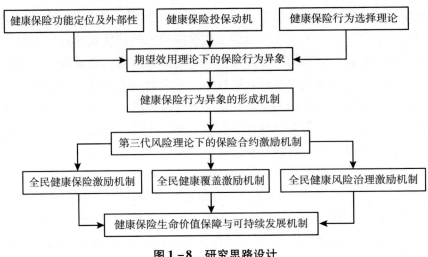

图 1−8　研究思路设计

康保险行为异象的形成机制，分别从全面健康保险体系构建、全民健康覆盖实现和全民健康风险治理等角度，构建一套较为系统的合约激励机制。最后，综合全民健康保险、全民健康覆盖和全民健康风险治理的功能，以生命价值保障为核心，兼顾既有财富保障，论证并系统仿真生命价值保障与健康保险可持续发展的关系，以及完善健康保险政策的途径与对策建议等。最终为构建更加有效的、可持续发展的全民健康保险体系，提供可供借鉴的依据。

2. 主要研究内容

主要分为八个章节，重点研究四个方面的问题，即人们购买健康保险的投保动机是什么？在不同的健康保险投保动机下，保险的行为异象是如何形成的？如何通过有效的保险合约激励机制使人们的行为决策更为理性，以实现健康保险保障和促进健康的最终目标？在新常态下如何通过有效的风险转嫁和生命价值保障，实现健康保险与社会经济的可持续发展？特别是在保险合约激励机制的研究中，针对我国健康保障亟待解决的全民健康保险体系、全民健康覆盖和国家社会治理体系构建以及老龄人口保障四个国民经济发展问题，论证了如何通过有效的合约激励机制，更好地实现既定的战略目标。

通过梳理健康保险功能演进历程和针对健康保险行为的前沿理论，为分析健康保险的投保动机，从功能认知和理论上，寻找依据和分析方法。重点分析了健康保险传统的医疗互助、风险转嫁、社会经济稳定器和经济推进器、工作锁定与激励等功能，并根据《加快推进现代保险服务业发展的指导意见》提出的保险业要"服务于国家社会治理体系和治理能力现代化"的功能定位，在健康保险行为的前沿理论分析部分，以期望效用理论和前景理论为研究行为异象的基本理论框架，分析了保险的风险投资学说与健康保险投资理论、外部性与跨期决策时间偏好不一致理论、生命价值学说以及医学的本质说和全民健康覆盖理念。

通过分析不同健康保险模式国家的投保主体结构，以及这些主体的投保动机形成的理论依据，在构建了投保动机与保障效果关联评价模型体系的基础上，通过调查收集数据，展开实证检验分析，以检验这些投保动机理论是否能通过实践检验，以及是如何影响人们健康保险行为的。具体来看，我们从当前健康保险（特别是政府公共健康保险计划）的投保主体，主要是国家或代表国家的各级政府，用人单位或者企业，对家庭未就业人员承担抚赡养责任或扶持责任的就业人员，以及投保人作为被保险人，分别从投保动机与功能定位匹配的角度，利用相关的理论及模型，从理论上分析了健康保险的投保动机，以及投保行为背后的利益诉求。根据投保人的投保动机和利益诉求，分别从政府、企业、家庭和个体四个层面，构建数量评价模型，分析不同主体的投保动机的实现程度，以及投保诉求利益的满足程度。分析健康保险期待保障效果在实际中达成的真实情况和水平。

分析了健康保险行为异象的表现与形成机制。将期望效用理论下的标准经济学模型作为诊断行为异象的基本工具，分别讨论了人们的行为，是如何偏离标准经济学假设的。首先是根据前景理论提出的心理编辑概念，在对行为异象的概念和内涵进行界定的基础上，分别从投保人对标准经济学模型、保险的金融定价模型与市场均衡的心理编辑角度，分析了行为异象的心理编辑过程和表现，并梳理了社会（基本）医疗保险领域存在的行为异象问题。在前景理论和生命价值学说等角度，分析了期望效用理论理性假设、保险决策效力、时间偏好、价格歧视与厌恶不均等、生命价值保障需求和多元化投保效用结构等角度，系统阐述了行为异象的形成机制。

针对健康保险行为异象的形成机制，论证了如何构建区别于传统期望效用理论的新型的保险合约激励机制，并在前景理论实证范式分析框架的基础上，分别从生命价值保障、医疗服务利用、奖惩约束和趋利性等投保动机下，构建了保险合约激励机制；然后针对跨期决策时间偏好不一致问题，构建了跨期决策动态均衡合约激励模型。在以上保险合约激励机制体系下，根据国家构建多层次全民健康保险体系的战略目标，论证分析了实现全民健康保险的路径和不同层次健康保险的功能定位，建立了实现全民健康保险的合约激励模型，讨论了商业健康保险与基本医疗保险的有效衔接问题，以及如何通过健康保险政策的优化，合理缓解健康保险吉芬商品属性造成的负面影响，以确保多层次健康保险体系的保障效力最优。

从改善健康保险对风险损失的补偿机制角度，论证了如何以生命价值保障最有效和对既有财富消耗最小为标准，构建了基于生存质量与绩效最优的 QALY－VFM 临床路径管理评价模型，利用 Logit 模型等数理模型构建了改善患者遵从度的保险合约激励机制，并且根据构建的激励机制模型，分别从健康保险的宽度、深度和高度三个维度，提出实现"确保所有社会成员获得必要的高质量医疗服务并且不会因为费用支付陷入经济困难"的全民健康覆盖实现路径。在全民健康覆盖实现的过程中，论证了如何通过有效的多元化健康保障组合，保障所有国民都能够获得必要的高质量医疗服务，并且不会导致严重的公平性问题。而且，针对医疗服务的非理性消费，我们还重点讨论了如何切实控制过快增长的医疗费用与非理性的医疗服务选择等问题。

健康风险治理是控制医疗费用过快增长、有效保障和提高健康水平的社会福利促进方法，但同时也面临外部性的困扰。该成果在明确健康风险有效治理路径的基础上，构建了激励被保险人和保险人实施健康风险治理的合约激励机制，论证了保险业服务于国家社会治理的合约激励机制。切实改善劳动者的资本化价值能力，是应对人口老龄化问题的关键，也是实现健康保险与社会经济可持续发展的基础。该成果在系统论述在新形势下未来健康保险可能面临的诸多挑战，分析了如何实现生命价值保障与健康保险良性互动关系，以及化解人口老龄化造成的长寿风险与改善生命价值保障的对策建议，论证了"长寿风险"的相对性，证明了通过科学合理地安排退休制度，不仅能够克服所谓的"长寿风险"，还能够在新的制度框架下实现国民经济与社会的可持续健康发展。

生命价值保障与健康保险的可持续发展，既是对前面研究内容的综合实证，也是从更深层次上，探讨健康保险与国民经济的互动性发展的问题，实证的结果也证明，那些理性的健康保险购买以及基于合理补偿的理性医疗服务利用，切实改善了投保人或被保险人对医疗服务的支付能力，进而也能够获得更好的保障生命价值的优质医疗服务。相对于既有的累积财富损失，那些具有巨大潜在财富价值的青年群体，更加需要健康保险对其健康权进行最有效的保障，而不是针对少量的已经实现累积的财富。对此，健康保险的理性购买既能够实现更多的价值创造，同时也能够避免累积财富的中断。

3. 主要的结论与观点

关于行为异象的内涵和形成，我们认为，行为异象实际上是理论以及建立在该理论上的模型假设过于严格，将很多不符合假设条件的个体排除在理论能够解释的范围之外，只能对符合假设条件的个体行为进行解释。要想对假设范围之外个体的行为进行科学解释，必须放宽假设条件，或者寻找能够覆盖他们的新的理论与模型。当前的健康保险理论是以期望效用理论为基础的，因此只能解释符合期望效用理论模型假设的保险行为，而现实中大部分人是不满足这个要求的。前景理论因放宽假设具有较强的解释能力，但在用于健康保险行为的解释时，由于没有考虑健康保险对生命价值保障的特殊功能，及其在个体总需求中的层次位置，对健康保险依然缺乏充分的行为异象解释能力。

社会医疗保险强制性和保费的多方分担机制，具有修复风险偏好不利影响的作用，能够使那些"风险偏好"的个体，获得大于不参保的更大效用。但是，社会医疗保险的这种风险偏好修正方式，往往会导致过重的财政负担和过大的企业分担压力，党的十八届三中全会也做出了适度降低社保费率的决定。在经济增速放缓的新常态下，加大教育引导和完善奖惩机制也是在保险缴费满足期望效用函数条件下的可行措施。单一的经济激励会影响社会医疗保险集体筹资的稳定性。我们通过理论与实证的综合分析，基于生命价值最大化和健康保险最优购买的角度，认为国民健康和生命价值的最有效保障，不能简单依赖健康保险单一的方式，在实现健康保险最优购买的基础上，对医疗服务的缺口部分，可以通过合理的医疗储蓄以及有普惠金融支持的医疗借债，弥补健康保险最优购买下的高质量必要医疗服务的需求缺口等问题。如果采取单一的健康保险方式保障生命价值，任何一个微小的医疗服务需求缺口，都可能会因为健康风险的跳跃扩散效应，而演化为灾难性健康风险损失，甚至导致全生命周期贫困或者家庭贫困陷阱。

医疗服务管制是提高健康保险保障效力和实现全民健康覆盖的必要手段。只有严格控制医疗费用的不合理支出，才能够有效改善健康保险对医疗资源过度利用的"激励"问题，真正避免健康保险的保费筹集与医疗费用过快增长的"竞跑"问题。缺乏合理的医疗服务管制，首先倒下的一定是健康保险，因而健全健康保险制度必须与医疗服务管制协同推进，改进临床路径管理和保险基金的医疗费用支付方式。

健康风险治理，无论是从个体健康促进的微观层面、企业稳定和提高生产效率的中观层面，还是从国家社会经济发展与国家社会治理体系等宏观层面，都是积极有效的必要措施。而要充分发挥健康保险的风险治理功能，政府就必须建立起对被保险人和保险人更加有效的激励机制，并对健康风险治理的外部性成本，进行合理的补偿。健康风险治理的正外部性，正是健康保险切实保障和提高人们健康水平的真正价值体现，也是全社会健康福利改进的最有效手段。

健康保险的核心功能是保障生命价值，资本化价值能力视角的生命价值是人生一切财富的来源，即通过资本化价值能力的保障最大程度地实现潜在的财富。但是，社会医疗保险和商业健康保险，为了控制医疗费用补偿压力，普遍对人们必要的高质量医疗服务进行了严格限制，不利于健康保险"保障和提高人们健康水平"最终目标的实现，甚至会造成所谓的家庭贫困陷阱。健康保险生命价值保障的政策启示是，退休制度实际上是将个体生命价值向财产价值转变过程的强制终止，在人口老龄化背景下，基于健康保险对健康保障取得的期望寿命延长的成果，要合理地同步安排退休延迟政策，适度延长生命价值向财富价值转变的时间，以实现社会总财富的帕累托改进。

4. 采用的主要研究方法

利用文献综述和文献复习方法，通过系统学习经典文献，把握和吸收该领域的前沿理论研究成果。指导该成果研究的主要理论工具是期望效用理论及其函数模型、前景理论及其价值方程、生命价值学说及其资本化价值公式，以及马克思的六项扣除理论作为健康保险的指导性理论；基于期望效用理论和函数模型，以健康保险的功能和投保动机为出发点、以健康保险行为对期望效用理论标准范式的偏离为行为异象判断标准，并且利用和完善了前景理论的 K - T 实证范式作为基准框架，对行为异象的形成机制进行了论证分析。

从健康保险对既有财富和潜在财富（生命价值）保障的视角，融合期望效用理论范式和前景理论实证范式，通过构建一系列健康保险合约激励机制，探寻实现全民健康保险、全民健康覆盖、服务国家社会治理等重大改革发展目标的路径与合约激励机制；基于人口老龄化等问题，在从生命价值保障效力视角，利用时间序列趋势分析和多元回归方程等因果关系分析方法，探寻和论证实现健康保险与社会经济可持续发展的改革对策。并利用生产函数与消费函数、外部性分析等方法，检验健康保险投入的保障效果，分析生命价值保障对社会经济发展的影响，研究人口老龄化、健康保险与国民经济联动发展联动机制。

替代性跨期选择和时间偏好不一致模型方面，主要是利用双曲线模型和双自我模型来分析长期健康保险或续保过程中，健康保险行为异象的形成和保险合约激励机制；基于保险的期权定价方法，从健康保险向投保人卖出看涨期权、向医疗服务机构买入看涨期权的角度，探寻改善保费筹集方法和控制医疗费用支付的对策措施。

利用审计所特有的识别、评价与纠正资源错配的方法与手段，从全生命周期贫困和健康风险跳跃扩散的特点，探讨了如何在应对健康资源错配导致贫困风险时，有效财政资金的再错配问题，阐明了政府审计合理纠正财政资金的机制和对策建议。

5. 取得的阶段性学术创新与学术价值

总体来看，该成果首先从保障生命价值的角度，研究健康保险的生命价值保障效力问题，与传统健康保险主要集中在医疗费用的损失补偿引起的经济贫困问题，在保障目标和问题把握深度上，实现了一定的创新。我们不仅考虑了因病致贫问题，更加关注疾病对资本化价值损害引发的"贫困陷阱"问题，以更好地保护和促进健康水平，实现家庭与社会经济的可持续发展，并系统提出改进生命价值保障效力的对策建议。其次，研究的理论成果能够丰富健康保险基础理论方法体系，通过将 K－T 实证范式与 Arrow 理论范式相结合，构建的健康保险生命价值保障基础理论框架和科学研究范式，以及有针对性地引入计量经济学模型、健康函数、保险定价模型和 Cox 模型等医学统计方法，丰富了医疗保险的方法体系。创建了具有临床路径管理指导意义的 QALY－VFM 量表和可操作的参照方案。最后，从服务国家社会治理能力现代化的高度，提出有效治理健康风险的对策措施。健康风险治理在医学价值和经济价值上，对保护与促进国民健康水平具有非常重要的现实意义，也是保险作为社会治理能力重要标志在医疗保险中的具体体现。我们从提升社会治理能力和促进健康水平角度，提出有效治理健康风险的激励机制与对策。

在学术创新方面，根据我们掌握的文献资料来看，本成果的主要学术创新在于：从生命价值保障的视角，系统地分析了生命价值保障在投保动机、行为异象形成和保险合约激励机制中的影响，构建了改进生命价值保障效力的合约激励机制和临床路径管理办法，并在人口老龄化背景下，分析了生命价值保障与社会经济可持续发展之间的良性互动机制；根据保险金融定价模型中期权定价方法，将健康保险看作是投保人和保险人两个看涨期权，研究了健康保险如何通过两个看涨期权的互动机制，在实现对投保人或被保险人有效合约激励的基础上，提出合理控制医疗费用的过快增长的对策建议；从保险行为异象修正和合约激励角度，构建了实现全民健康保险、全民健康覆盖和有效治理健康风险的合约激励机制。同时，基于生命价值保障的角度，仿真实证了生命价值与健康保险可持续发展的互动关系。

　　另外值得特别提及的创新，就是我们在 Mossin（1968）吉芬商品属性推论的基础上，系统论证了单纯保障既有财富的健康保险也具有吉芬商品属性，并且与财产保险吉芬商品属性导致投保人或被保险人的财富保障效率损失不同，健康保险的吉芬商品属性还会导致健康保险的可持续发展陷阱。在健康保险的吉芬商品属性负面效应的作用下，医疗服务将会存在滥用问题，进而导致医疗费用的非理性过快增长。进而，我们得出单纯财富保障的健康保险具有吉芬商品属性，以及健康保险因为自负费用限制而导致的穷人照顾富人的逆向照顾等原因，导致医疗费用的过快增长并存在沦为富人俱乐部的风险。这个理论创新，也从另一个途径回答了健康保险政策的优化方向，以及健康资源高效率配置的投向与投量问题。

　　在成果的学术价值方面，基于期望效用理论对健康保险行为解释能力不足的缺陷，引入以 Kahneman 和 Tversky（1979，1992）前景理论为核心的第三代风险理论，构建了融合 Arrow（1963）理论范式与 K－T 实证范式的健康保险理论框架，并与生命价值学说和需求层次理论相结合，建立了健康保险生命价值保障理论体系，有助于完善健康保险研究理论方法；将健康保险功能与投保动机相结合，论证了国家、用人单位、家庭和个人等各主体投保动机动因、投保动机实现程度（保障效果），在构建的生命价值理论体系指导下，阐明了行为异象的形成机制，构建了有针对性的、完整的保险合约激励理论模型体系，为改善人们的健康保险认知和行为提供了理论支撑；以科学地解释和激励健康保险行为、提高生命价值保障效力为主线，构建了实现全民健康保险和全民健康覆盖、服务国家社会治理体系等事关国计民生的合约激励机制，以及基于生命价值保障的健康保险可持续发展仿真分析，为更好地保障和提高国民健康水平，提供理论依据和对策建议。

第2章　健康保险投保主体及行为动机

从健康保险合同来看，健康保险是投保人与保险人之间作为当事人签订的。但是保险补偿或理赔的直接受益主体是被保险人，而不一定是投保人，除非投保人与被保险人是相同的一个人。在保险费用分担模式下的公共健康保险计划或社会医疗保险模式下，健康保险投保人从一个投保人扩大到由政府、雇主和个体，甚至包括家庭成员等多种不同性质的主体。那么这些投保人既然不是健康保险基金补偿的直接受益人，那么他们为什么会为被保险人投保健康保险呢？显然，投保人在健康保险的风险损失补偿中，一定存在其他的利益诉求。这种诉求或者来自责任，或者来自损失的分担，或者来自更加复杂的行为动机。如图2-1所示，在健康保险的整体过程中，一定存在由保险人或者被保险人对投保人的某种回报机制，而且这种回报机制隐含在保险人对被保险人补偿损失的行为本身，以及被保险人获得损失补偿后的结果。

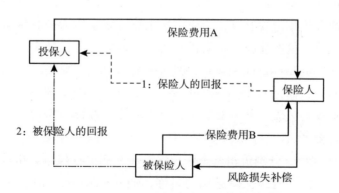

图2-1　费用补偿型健康保险投保人回报流程

从图2-1来看，投保人将自己承担的保险费用A缴给保险人，被保险人同时缴纳其分担的保费B，当被保险人发生疾病风险损失时，投保人从保险人那里获得经济补偿。但是，补偿资金并没有回到投保人那里。当然，在商业健康保险的大病医疗保险中，投保人可以指定自己为受益人获得保险人的损失理赔。但是在社会医疗保险和部分健康保险产品中，经济损失补偿是将被保险人作为潜在的受益人的，其医疗费用损失由保险基金补偿。

那么问题就是，投保人从被保险人的损失补偿中获得的回报是什么？不同的投保人在共同分担保险费用的时候，他们的动机是一样的吗？如果不一样，各自的动机存在什么区别，他们得到的回报如何满足，以及满足的效果如何？这些效果的满足是否会继续影响到他们的后续投保行为。这是本部分重点解决的问题。我们将从世界各国健康保险模式入手，讨论健康保险的主要投保人的构成，以及理论上的投保动机原因，并构建评价投保动机满足程度的投保效果评价机制。

2.1 健康保险投保主体构成与保费分担方式

2.1.1 世界主要国家健康保险模式与费用分担方式

1. 世界主要国家的健康保险模式

从健康保险费用的筹集来源和承办主体来看，世界范围的健康保险模式，可以划分为 5 种基本的模式。由于健康保险的名称和翻译不同，世界各国的健康保险的具体名称也不尽相同，尽管可以将政府主导的基本医疗保险称为社会医疗保险制度，而将市场主导的制度称为健康保险制度。但在具体名称上，依然能够用英语进行较为明显的区分，社会医疗保险模式为 social medical insurance system，例如德国和中国；国家医疗福利国家一般不用 welfare，而是 national health service，简称 NHS，典型的国家为北欧国家和英国及其英联邦部分成员国；公费医疗一般翻译为 national security，而新加坡的储蓄型医疗保险则使用 medisave（医疗储蓄）和 medishield（健保双全计划），分别负担基本医疗保险和大病医疗保险；市场或商业模式国家使用与商业健康保险通用的名称，即 health insurance，但在公共健康计划时，更多的是使用 health care 和 medical insurance。由此可见，真正意义上的免费医疗或者单一的商业健康保险模式，在大部分国家是不存在的，都是公共健康保险计划与商业健康保险的多层次保险体系。我们研究的健康保险，既包括政府主导的公共健康保险，也包括私人投保的商业健康保险，只是在区分投保主体时，区分商业健康保险与基本医疗保险。在政府承担国民健康责任的背景下，这两种模式中间，总是或多或少地存在政府的影子，或者以分担保费的方式，或者承担管理费用的方式，或者对保险公司利润进行税收优惠或补贴的方式，直接或间接参与健康保险投保行为。

具体来看，这些模式一是由政府承担全部费用并由国家直接提供医疗服务的国家保障模式，也称为公费医疗模式，这种模式仅在少量的国家存在；二是由国家以税收的方式承担大部分医疗保险费用、个人和用人单位以捐税（contributions）的方式均等分担少量医疗保险费用，医疗服务以国家供给方式提供的国家福利模式，主要分布在西欧和北欧等经济发达地区，其中以英国为代表，以瑞典等斯堪的纳维亚半岛四国为典型的福利国家为主；三是由用人单位和劳动者分担医疗保险费用，建立中央公积金进行家庭保障的储蓄型医疗保险模式，以新加坡最为典型，智利一般也纳入储蓄型的健康保险模式；四是国家仅通过法定健康保险负担退休后医疗保险责任、之前由商业健康保险承担的商业健康保险模式，其中典型的国家是美国。相对于仅在部分国家范围内实施的健康保险模式，当前世界上最大的健康保险模式是社会医疗保险模式，它起源于德国，也以德国为典型代表，为世界绝大多数国家和地区采用的健康保险模式。

尽管世界不同国家采取的主要健康保险模式存在一定的差异，但世界各国普遍存在国家主导的公共健康保险计划和市场主导的商业健康保险，以及作为重要补充的对贫困群体实行医疗救助的医疗保障服务。大部分国家尽管存在医疗救助制度，但主要是通过医疗费用补偿的方式提供保障，而不是免费医疗服务。由此可见，除少数国家保障模式的国家外，大部分国家的健康保险是由公共健康保险计划、商业健康保险和医疗救助构成的。在三个医疗保障层次中，均能够直接或间接地见到国家的影子。

2. 主要国家健康保险费用的分担方式

英国及其邦联国家和斯堪的纳维亚半岛上的北欧国家，是免费医疗保险最为集中的地区，一般被称为国家福利模式，也被称为免费医疗，但是与社会主义国家早期的免费医疗在本质上是不同的。国家福利模式虽然以税收作为主要的医疗保险经费的来源，但被保险人和企业也要缴纳一定规模的医疗保险费用。英国国家医疗服务制度建立于1948年的《国民保险法》，规定国家通过税收，对全国居民实行免费医疗保健服务。其费用主要来源于中央从税收中提取的公共财政资金，社会保险和地方公共卫生部门与个人所占的比例较小。私人商业健康保险一般以团体保险的方式投保，即雇主作为投保人，为雇员缴纳部分或全部健康保险费。具体来看，在职职工的医疗保险费用个人缴纳每人每月工资的 0.75%，雇主承担 0.6%，自雇人员或自由职业者和农民缴纳收入的 1.35%。英联邦国家中，与英国健康保险模式最为接近的是澳大利亚和加拿大。澳大利亚的公共健康保险也是国民健康保险制度，同时附加高水平的医疗福利和津贴等。但同时，澳大利亚也是商业健康保险发达的国家，健康保险不仅保障层次更高，而且也包含了生病后排队等待接受免费医疗期间费用的多重健康保险，2011 年覆盖了近 45% 以上的人口。尽管加拿大具有世界上一流的医疗服务设施和服务，但是加拿大政府采取了高端医疗服务的禁止政策，不允许在国内提供高端医疗服务，国民一般到邻近的美国购买所需要的高端服务。政府的公共健康保险包括所有主要的医疗服务，医疗费用由加拿大联邦政府和各省政府支出。

瑞典是北欧四国中国家福利模式的典型代表。瑞典的国家医疗福利，是在商业健康保险或者职工互助保险的基础上，通过政府立法强制注入国家财政资金以后发展起来的。1931 年瑞典规定健康保险互助团体必须接受国家资助，形成国家资助的社会保险制度。1946 年强制性健康保险法通过并在 1951 年开始实施。这样经过政府的强制在私人健康保险中注入财政资金，或者承办强制国民健康保险的方式，实现了私人健康保险向强制性健康保险的转变，但并不限制商业健康保险的发展。根据 1962 年颁布的国民保险法，健康保险的资金主要来源于个人缴费、雇主缴费和国家财政，缴费与福利津贴标准与收入水平相关联。瑞典的公共健康保险待遇，与英国相类似，采取家庭福利待遇，只要家庭成员中有在职人员参加健康保险，家人享受相应的待遇。

德国是现代社会医疗保险模式的典型代表国家，第一部健康保险立法就产生于德国的俾斯麦政府时期。德国的健康保险由法定的国家健康保险和商业健康保险两大系统并行构成，除军人以外的劳动者都必须参加法定健康保险，没有工作的家庭成员可以跟随有工作的家长一同享受健康保险待遇，如果同时工作则选待遇高的一方。健康保险费用主要由雇主和雇员平均分担，在法定月收入限额以下缴纳规定的比例，如 14.7%。超过收入限额的人员，可以在法定健康保险和商业健康保险之间自由选择，但是不能随意从法定健康保险中转出。对于长期护理保险，也与法定健康保险一同参加，由雇主与雇员分担规定限额工资以下部分的 1.70%。作为东亚地区实行社会医疗保险模式的发达国家，日本的健康保险制度由国民健康保险、政府掌管的健康保险和组合（工会）掌管的健康保险、疾病统筹保险和护理保险等部分构成。其中政府掌管的健康保险按照个人平均工资的

6.6% ~9.1% 之间可调整的标准缴纳保险费用，雇主和雇员共同分担。护理保险则按照距离退休年龄远近，划定不同的缴费标准。日本的国民健康保险属于典型的被保险人社会属性分类保险的制度。

美国属于典型的商业健康保险模式的国家，没有针对退休年龄之前的公共健康保险计划，主要是由私人组织提供的管理式健康保险。政府举办的健康保险，主要是针对 65 岁以上的退休老年人口的。老年医疗保险计划是为老年人和伤残者提供健康保障的社会保险计划，包括强制性住院的 A 部分和选择性补充医疗保险的 B 部分。其中 A 部分的资金来源于雇员和雇主各按 50% 分担的 1.45% 的工资税。

新加坡的健康保险，属于典型的储蓄型的保险模式。国民以中央公积金会员的身份参加健康保险，建立医疗储蓄账户。医疗储蓄账户公积金存款占总存款比例随着年龄的增长而逐渐增加，平均从 20% 左右到最终的 100% 左右。医疗储蓄账户的公积金存款可用于住院、选择性门诊和用于缴纳意外疾病保险费等。新加坡的医疗储蓄账户缴费，与德国的限额缴费模式比较接近，工资限额在 6000 新元，占公积金账户的 6% ~8.5% 不等，年龄越高所占的比例越大，因而雇主和雇员的保险费分担比例也不同，雇主分担工资限额的 3.5% ~13%，年龄较小时比例较大，随着年龄的增长而分阶段降低。与此相同，雇员分担 5% ~20% 不等。

2.1.2 不同模式下健康保险投保主体结构

从保险基金的性质看，实际上是基于健康风险问题而实行的集体筹资，而集体筹资必然会涉及整个社会群体的多个方面。从健康保险的发展历程来看，应对健康风险的主体由原来的个体及其家庭加入了政府医疗救助，然后出现了行业或行会内部的医疗互助行为。其中以法国最具代表性，这也成为当前法国保险体系严重的碎片化问题的根源。在民间互助行为的基础上，发展成为以疾病或意外死亡的商业保险，直到后来德国的社会医疗保险和保险品种比较全面的商业健康保险。当前参与健康保险集体筹资的主体，主要包括国家或代表国家的政府，以工业化生产方式存在的雇主与雇员，以农业化生产方式存在的农民与农场主，以家庭作为基本生产单位的家庭成员，以及具有社会福利促进功能的社会团体、行业组织、慈善机构和宗教团体等。

但从主要的参与健康保险的主体性质上，可以划分为国家及代表国家的政府、雇主（包括农场主、自雇人员）、雇员（含农民）、城乡无业人员（简称居民，包括未成年人和老人），以及社会捐助。更简化的主体分类，就是各级政府、工资收入的提供者、获得收入的工薪阶层。由此，构成了健康保险投保主体的基本框架图（见图2-2）。这些投保主体的共同特征，就是拥有自己可支配的收入，并利用可支配的收入为自己负有特定责任的人员投保健康保险，他们通常是责任对象健康保险费用的主要或唯一承担者。因而，构成投保健康保险投保主体的两个基本条件：一是有充分的可支配收入并以此作为投保健康保险的保费来源；二是具有特定的法律或社会责任的主体（包括社会慈善组织和宗教团体，尤其是慈善组织是以政府免税和政策支持为基础的）。基于以上两个基本的条件，我们可以看出，无论何种保险模式的国家，健康保险主体结构总是包含这些主体。不同之处主要是保险费用中包含的额度或比例不同，以及支付的方式不同，有的是直接分担，有的是间接分担。其中，对于国家保险模式的国家（包含国家福利的英国医疗服务体系），尽管医疗服务的提供者具有国家性质，但因为设置了服务费用分担，因而事实上是在医疗费用支付阶段分担了部分健康保险费用。

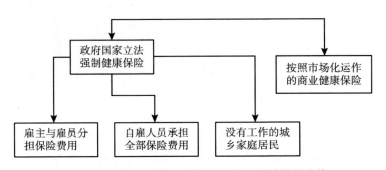

图2-2　健康保险体系及参加健康保险的投保主体

各种保险模式中，几乎不存在任何非责任主体的投保现象，健康保险不存在所谓的社会捐赠。社会福利机构主要是通过资金捐助或医疗费用支付的方式，在投保时或者最后阶段提供医疗服务费用。因而，健康保险的投保主体，从健康保险费用的直接分担的角度，可以划分为国家、雇主、雇员三类，其中雇员承担家庭未就业人员的健康保险费用。雇主虽然也会为自己投保健康保险，但此时的保险费用，与雇员的属性是一致的。虽然不同模式下的健康保险，都涉及国家和代表国家的政府、用人单位、劳动者及依赖劳动者收入生存的家庭成员。但在不同的健康保险模式下，不同的投保主体在健康保险费用的支付上，依然存在较大的差异。从经合组织关于健康保险的统计数据可知（见图2-3、图2-4），不同国家之间的健康保险费用的承担规模存在较大的差异，尽管部分国家采取的是相同的保险模式。

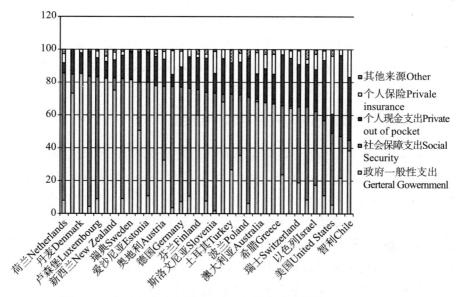

图 2 - 3　经合组织主要国家 2011 年健康费用的筹集类型及比例

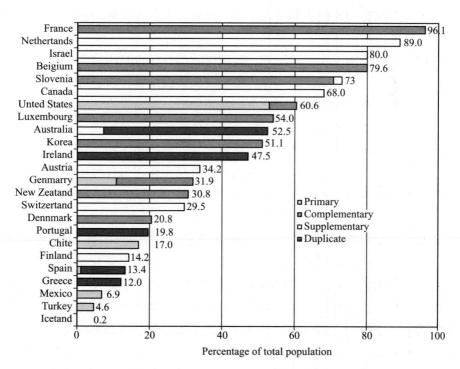

图 2 - 4　经合组织主要国家 2011 年各类私人健康保险的覆盖面

由此可见，当前世界上绝大部分国家，已经实行了由政府、企业和个体共同投保的健康保险，以及由基本医疗保险及其补充医疗保险、商业健康保险和多重保险等构成的多层次健康保险体系，几乎不存在由单一主体投保的健康保险模式。所谓的健康保险模式，主要是指一个国家主体的健康保险模式，即健康保险的主要资金来源。另外，即使已经建立较高水平的健康保险制度的国家，依然要求个人在部分费用上进行分担，以有效地减少道德风险等问题的影响，提高被保险人对医疗费用的节约意识。

2.1.3　健康保险改革趋势与投保主体结构演变

各国建立健康保险制度的理论基础和时代背景不同，因而在制度建立之初的健康保障的理念也不同。例如英国的国民医疗服务 NHS 受社会福利学思想影响比较大，而制度设计基础的《贝弗里奇报告》的形成时间又恰好处于反法西斯战争的最关键阶段，国家福利的提出有助于动员国民抗击法西斯侵略的积极性。德国的社会医疗保险思想受到综合保险理论的影响，并迫于国内阶级矛盾的无产阶级反抗压力，所以德国尽管实行的是社会医疗保险，但在基金经营上主要是采取市场化模式，由法定或私人保险承保。后来，随着社会保障或社会发展的第三条道路思想形成与发展，英国和德国在政府公共健康保险改革上，开始寻求多方主体分担的方式和建立医疗服务内部市场竞争机制。

即使商业健康保险模式国家，健康保险的投保也是由雇主和雇员共同分担保费，以团体健康保险的方式筹集和运营保险基金。这在很大程度上接近德国的社会医疗保险模式，只是在管理上，政府没有建立中央公积金用于应对基金风险和进行基金补贴。在整体上来看，各国在主体结构和分担数量上，通过多元化和多层次的保险体系，最终在医疗费用和保险费用的分担差距上具有收敛性，各国不同类型投保主体在责任分担上的差距进一步收窄。这主要是为了更好地兼顾健康保险与医疗服务两个方面的公平、效率，尤其是低收入群体的可及性问题。

从当前世界范围来看，社会医疗保险模式主要划分为四种基本的类型，即国家医疗保障模式、社会医疗保险模式、储蓄型医疗保险模式和商业健康保险模式。不同医疗保险模式的国家，在医疗保险基金的统筹管理方式差异较大，运行效率也存在较大的差异。但随着医疗费用的过快增长和财政收入支持能力的下降，世界主要国家都倾向于社会统筹与个人（或家庭）分担相结合的混合体制。只是在不同保险模式的国家，其医疗保险账户或者是在社会医疗保险内部强化个人的分担与部分累积，或者通过商业健康保险作为必要的补充,体现健康保险基金的私人性质。因而,世界主要国家尽管近年来对政府主导的国家健康保险计划进行了较大力度的改革,除转型期的东欧国家在对医疗保险制度进行调整外,大部分经济发达国家都没有从根本上改变自身的医疗保险制度。主要是从体制机制,尤其是基金筹集和补偿机制上进行了较大的调整。目的是加大了对商业健康保险的支持力度,制定和完善了鼓励商业健康保险发展的税收或财政政策。

1. 保险模式都逐渐转向成员分担的社会保险模式

尽管世界各国的社会医疗保险在模式划分上,可以从学术角度划分为多种类型(见图2-5)。但近年来世界主要国家的医疗保险改革,都普遍趋同于国家、用人单位和个体责任共同分担的社会医疗保险模式。这种转变一方面确保实现健康保险的全民覆盖,使那些经济状况不同的社会成员都能从健康保险体系中得到基本的医疗服务费用支持,如美国在实行商业健康保险模式下,奥巴马政府通过向社会筹集资金,支持穷人医疗保险覆盖计划;另一方面,通过健康保险费用在不同成员之间,尤其是政府部门和个人之间进行适度调整,以再平衡不同保险费用分担主体的风险承受能力,确保基本医疗保险在适度水平上的可持续发展,商业健康保险基金道德风险得到控制,寻求社会医疗保险的多元化和多层次性。最为典型的是法国、英国和德国近年来的医疗保险制度改革,不仅实行政府财政削减计划,而且还适度增加了个人对医疗救治费用的支付范围和额度,德国政府在经济危机时还建立了一个由政府财政支持的联邦保险,以减轻中小企业的保费支付经济负担。

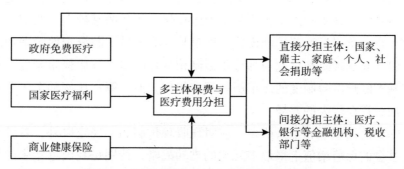

图2-5 健康保险费用分担主体的多元化趋势

为了减轻国家财政负担,以英国为代表的高福利国家还大力引进和发展社会慈善服务,通过部分健康保险服务的政府采购方式,将公共部门直接承担的服务向私人部门转移,以强化企业和个人的社会责任;另一方面，削减公共部门开支和管理费用，努力提高社会保障管理与运行效率，重视社会服务需求的管理，根据政府和相关利益主体的支付能力合理控制社会保障服务需求。从英国 2012 年国民健康服务体系改革法案和财政预算改革法案来看，已成为福利国家模式中社会化改革趋势最为明显的国家之一，国家福利体系中的社会医疗福利部分，开始真正转向现代意义上的多方筹资医疗保险模式。

2. 改革和提高健康保险基金的风险应对能力

自 20 世纪 70 年代以来，发达国家经济存在滞胀与发展共存的问题，经济危机尽管没有导致诸如 30 年代大萧条那么严重。但也对高福利各国的保险资金筹集、费用补偿和经营运作，带来越来越大的负面冲击。诸如英国福利国家传统的现收现付模式，往往难以有效应对人口老龄化、医疗费用过快增长，以及经济波动所带来的众多社会风险。因而各国普遍开始重视具有防范风险的储备型筹资模式，实现保障资金的部分或完全积累。一是加大个人（家庭）账户建设的同时改善社会统筹规模，典型代表是储蓄模式的新加坡。首先是按照个人工资比例而不是特定的额度缴纳保险费用，记入个人账户作为长期风险应对资金，同时通过社会大病统筹基金，应对个人（家庭）账户储蓄不足的负面问题。同时鼓励社会成员积极参加商业保险等各种补充保障，实行多途径应对老龄化和疾病风险等问题。二是政府逐渐改变财政预算的年度内部的收支平衡，建立社会储备资金并提高保值增值能力，尽可能实现社会统筹基金产生更多的结余，以应对老龄化和各种社会风险因素的影响。以智利为代表的国家已经在尽可能缩小传统现收现付制的规模，建立起诸如新加坡储蓄型的强制性完全积累的个人账户体系。三是东欧国家在改革国家医疗保障体系的基础上，改变单纯由政府和企业负担保险费用的模式，通过与社会成员一起分担保险费用的方式，建立起了现收现付制与部分积累制相结合的多元健康保险制度，这与我国基本医疗保险制度的改革历程基本相似，但在筹资比例和个人账户设置方面，存在较大的差异。

除了借助积累和个人账户，应对现收现付制的不稳定以外，各国还在保险基金的保值增值上采取多元化的推动战略，特别是我国近年来的改革力度最大。在加大政府财政资金直接支持的力度之外，还通过公共健康保险服务采购、税收支持政策和扩展延伸服务内容上，不断增加对商业健康保险的支持力度，充分发挥健康保险对基本医疗保险的补充作用，以构建更加完善的多层次健康保险体系。同时允许商业健康保险基金进行多元化的投资，包括参股医疗机构的建设和直接创办医疗机构，减少医疗费用增长过快带来的冲击。

3. 更加严格地控制保险基金补偿范围，提高被保险人费用分担责任意识

近年来西方国家普遍面临经济增长速度放缓的风险，特别是在持续的经济危机与欧洲债务危机面前，国家财政的增长规模有限，而政府债务赤字又要进行严格控制。在医疗福利刚性增长的压力下，医疗福利水平偏高的西欧国家，在小范围削减医疗福利水平的同时，开始更加严格地控制医疗保险基金的补偿费用范围，如法国将原来医疗保险基金负责补偿的交通费用，转为社会成员自己负担并调整了部分补偿项目。从英国 2012 年的社会福利改革法案和医改法案来看，医疗福利水平仅将部分老年人口的退休金标准调低，而且加大了对医疗福利和医疗救助标准的控制。通过引入竞争和病人参与决策，控制医疗服务费用支出规模，将医疗服务开始向医疗卫生费用较低的一线服务转移。同时调整了不负担保险费用筹集责任的退休年龄，并限制提前退休。在 2024 年计划实行男女按照 67 岁相同的退休年龄，以缓和医疗保险基金对医疗福利费用的压力，这在西方发达国家中已是退休最迟的国家。

4. 由被动的医疗服务需求满足转向主动的潜在需求满足

健康保险主要的功能是提高被保险人必要的高质量医疗服务的支付能力，缓解收入水平等经济因素对医疗服务需求的抑制问题，避免疾病得不到及时治疗可能引发的家庭贫困、劳动能力损害和社会不稳定等问题。在保障国民基本生活和健康需求的前提下，积极促进国民医疗福利水平的不断提高，完善疾病风险防范和健康促进等职能。在社会医疗保险发展的相当长的时间内，健康保险功能定位主要是为了解决基本医疗服务需求的经济补偿问题，对健康和福利促进的功能没有得到较好的体现。世界卫生组织在人人享受初级卫生保健的基础上，于 2008 年提出全民医疗保险覆盖的理念，并在 2012 年发展为全民健康覆盖的一项联合国决议，成为各国政府应该承担的保障国民健康的基本责任。

社会医疗保险自 1883 年在德国第一次立法建立以来，虽然在"二战"以后就逐渐发展成为由政府主动提供的医疗保障形式，但作为实现全民健康覆盖的重要手段的提出尚属首次。这必将对社会医疗保险的体制机制建设产生深远的影响。医疗保险政策也会从应对社会成员疾病风险，开始转向作为政府主导的全民健康覆盖和素质促进的积极手段，提供更加积极的以健康保险为中心的健康保障措施，已经成为当前英国、美国和中国等国家，完善全民健康覆盖的基本导向。在全民健康覆盖的理念影响下，社会医疗保险基金的筹集也必将会由原来的市场主导，或者政府风险兜底的基金筹集方式，转向以政府为主导、政府财政资金和鼓励措施多方并举的全员主动参与的方式改变。医疗保险的功能定位也不仅仅再是对疾病风险损失的被动事后弥补，而是承担健康风险治理等全民健康促进的全新功能（见图2-6）。

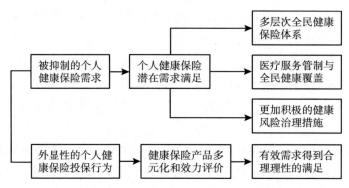

图2-6 从有效需求到潜在需求保障的积极健康保险政策

从图2-6的健康保险政策转变过程来看，个人健康保险需求既要满足显性的购买需求，也必须充分保障个人因为风险偏好和保费支付能力限制而导致的潜在需求，从而通过多层次的全民健康保险体系、有效的医疗服务管制与积极有效的健康风险治理，实现全民健康覆盖的基本要求。对显性的健康保险行为，通过保障效力的评估对非理性的投保动机进行识别和纠正，以确保国民的健康保险有效需求得到合理的满足。通过潜在需求的挖掘和显性需求的管控，实现全民健康覆盖的基本目标。

5. 商业健康功能定位演化

随着医疗费用的过快增长，医疗技术进步和就医条件的改善，以及人口老龄化和家庭小型化，由政府举办的基本医疗保险面临较大的保险基金的支付压力，部分国家已经开始出现基金赤字。在政府财政相对紧张的情况下，政府就积极鼓励商业健康保险参与基本医疗保险的建设，并制定了大量积极推进商业健康保险的优惠政策。当前世界上绝大部分国家，已经基本形成了以政府的公共健康保险计划为核心，以商业健康保险为重要补充的多层次健康保险体系，商业健康保险不再是一种单纯的依赖市场机制发展的产业，而是一种保障国民健康的具有极其重要作用的补充手段和重要的支撑力量。

中国在加快现代保险服务业发展的"新国十条"中，将保险业定位于文明程度的重要标志和风险治理的重要手段，并且要求保险业要立足于服务国家社会治理体系和治理能力现代化，将商业健康保险作为保障民生的重要支柱。商业健康保险在从纯粹的商业功能，向服务于国家社会治理和政府公共服务采购计划的同时，也得到了更多的政策支持和税收优惠。2015 年 8 月中国个税优惠型的健康保险产品开始试点，个人为自己购买健康保险，将得到来自税收和个人账户合理回报等支持。保险公司也将在社会责任担当上，承担起更多的社会功能，而不仅仅是健康风险损失的经济补偿或者风险损失转嫁功能。

2.2　健康保险投保行为动机：理论分析

健康保险的投保动机，是研究投保人在为被保险人投保健康保险的背后原因。因为投保人与被保险人分离的多主体分担模式下，被保险人往往只承担部分，或者不承担健康保险保费，但却能够在发生疾病风险损失以后直接得到来自保险公司的经济补偿。到底投保人与被保险人之间的回报关系是什么。这就回到本部分的开始问题，即不同投保主体从保险行为中得到了什么回报，使他们足以愿意为被保险人分担保险费用？在本部分，将根据健康保险不同投保主体的投保动机分析，理清各类投保人的投保动机所得到的回报，为深入分析健康保险行为异象构建保险合约激励机制做好理论上的准备。

2.2.1　健康保险投保动机形成和保险行为选择

1. 健康保险投保动机的形成

从心理学角度，动机是刺激或驱动个体从事各种活动的内部原因，是由个体的内在需要所引起的。在内部需要动机的驱动下，通过外部诱因使个体产生某种有目的的行为。从健康保险的角度，人们都有规避健康风险、保护健康的内在需要，而健康保险作为转嫁健康风险的主要手段，它能够满足部分个体的内在需要，因此健康保险的投保动机也就形成了。因此，健康保险的投保动机必然与健康保险的功能有内在的关系，但是在投保动机上，到底健康保险的哪项功能能够满足个体的动机，这就需要分析健康保险功能与个体的内在需要之间的关系。尽管这种关系不一定是直接的关系，或者是正确的功能定位，但也并不影响健康保险对于其内在需要的满足，这种满足不仅仅是经济上的，也可能是社会上的。而利用健康保险满足其内在需要，也不一定是经济效益最大化或者符合社会规范与伦理道德、法律等。通过图2-7可以看出，投保人与保险人之间的保险合同行为，指向的保障对象为被保险人，在这个投保过程中，投保人和被保险人都得到了相应的回报，除了经济回报外，还包括情感和责任回报等很多方面。

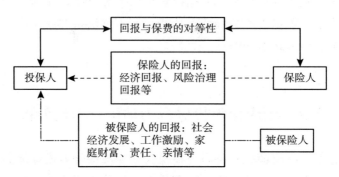

图2-7　投保人从健康保险中得到的回报

对健康保险不同功能的认知和定位，影响了健康保险的投保动机。Kunreuther 等（2013）将保险的行为动机分为四个方面，即投资、免除担忧或焦虑、社会规范认知和履行政府要求或者法律规范。其他的学者，还将健康保险的功能进行了扩展，至少健康保险的投保动机还应该包括以下几个方面：获得医疗服务的杠杆、风险治理、损失厌恶、资本化价值能力维护和工作锁定与工作激励等。从家庭或社会或政府的责任角度，投保人的健康保险投保动机，与责任的履行有关。因而从投保人角度，健康保险首先是一种责任保险，是投保人对其负有健康保障责任的个体，通过健康保险承担其健康保障责任，并转嫁被保障个体因为疾病治疗，或者健康保健的经济支出。如果没有健康保险，负有法定或社会规范所约定的责任主体，必须通过自有资金支付医疗服务费用，这将会对其既有财富带来较大的不利影响。因此，从投保人角度，健康保险是对投保人既有财富的保障。为了实现既有财富最大化，投保人将通过制定规章制度或从市场上，寻求最符合被保险人需求的健康保险产品实现健康风险的合理转嫁。

不仅如此，由于健康保险所特有的功能，投保人在转嫁健康风险损失的基础上，还希望健康保险能够产生经济或社会利益回报，这是被保险人拥有健康所带来的衍生作用，如健康的社会劳动力对国民经济的促进作用、企业员工的劳动生产率激励、家庭的可持续发展，等等。投保人为自己投保健康保险，除了以上基本的动机以外，还有更加复杂的投保动机和行为选择，表现为健康保险期望效用函数或价值函数的复杂性。

2. 健康保险行为选择

对潜在需要或者需求的满足所能够产生的效用，根据期望效用理论下的 Jensen 不等式，人们投保保险的主要动机在于通过保险获得超额期望效用。这是因为 Jensen 不等式确定的保险价格是一个区间值而不是一个固定价格。保险人与投保人之间在该价格区间上进行博弈以实现保险价格均衡，除非存在严格的买方市场或卖方市场，保险交易均不会按照最低价格或最高价格进行。因而，无论是保险的供给方还是需求方，都存在一个较为理想的超额效用空间。但是，不同健康保险投保动机下的效用函数是不同的。在 VNM 期望效用函数模型下，人们只得到一个基于财富安全和稳定性的效用函数，这只是健康保险行为的一个方面，并没有反映出所有的健康保险行为选择的动机。

显然，相对于保险转嫁风险损失的 VNM 效用函数，健康保险的效用函数是多维度的，在多元的健康保险投保动机下，VNM 的风险偏好条件和期望效用函数也应该是多元化的。如果将健康保险的投保动机简单定位为财富效应，既不完全符合人们的健康保险选择动机，也难以科学解释各种类型的健康保险行为。对于保险的需求方，在保险的期望效用一定的情况下，对更大超额效用的实现必定来源于承保风险的损失。由于保险的信息不对称，那些较高风险损失的投保人，期望以更低的保险费用购买承保更高风险的保险产品。这种行为选择往往是逆向选择研究的内容，与保险本身的功能没有直接的关系。从健康保险的功能角度，在没有逆向选择的情况下，人们投保健康保险的动机在于充分利用保险的各项基本功能，即对保险功能具有选择性，并且这种选择还会受到框架效应，或者由框架效应导致的晕轮效应的影响，使人们在某一时期或环境下过度关注健康保险的某种功能而忽视了其他重要功能，或者实现某种功能的条件，这未必使其对健康保险的选择是有效的。

而健康保险的基本功能是转嫁风险损失，这是从微观个体的角度看待保险的基本功能的。而对于承担管理社会功能的政府，未必希望健康风险在社会成员内部进行简单的分摊，更希望健康风险能够被控制甚至逐渐减少。而政府也正是这样分配其掌握的财政资金的，特别是在公共卫生对地方性疾病的治理和疾病预防、健康保健等方面进行的大量投入。由于政府财政资金的有限性，并且为了提高受益者的费用分担意识，政府以健康保险的形式实行集体筹资，这是健康保险的投保动机的宏观行为。

总体来看，健康保险投保单动机的产生和行为选择，其起源来源于个体内部的某种需要，由于需要产生动机，在寻求满足需要的各种手段的过程中，以动机满足后的效用最大化为评价标准，最终选择那些能够满足效用最大化的行为（见图2-8）。

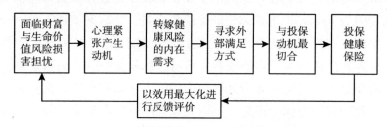

图2-8　健康保险投保动机与行为选择

由此可见，健康保险能够成为个体作为转嫁健康风险的手段，是一个渐进的选择过程，它起源于人们对疾病风险损失的担忧和焦虑。因而，人们在特定时期选择健康保险未必会在下一个时期依然选择健康保险，因为应对健康风险损失的手段有多种方式，并且在不同时期健康保险带来的效用也未必是最大的。

2.2.2　国家或代表国家行为的政府

在保险的诸多功能中，政府会看重保险的什么功能呢？显然首要的功能就是稳定社会秩序，也就是通过构建保险制度，使人们首先不会因为自然风险或意外事故遭受风险损失后使个体陷入生活困境。因而政府主导的社会保险的属性，依然是人身保险的范畴，而健康保险无疑是人身保险中最为重要的保险，也是风险概率最大的保险。德国俾斯麦政府将《疾病社会保险法》（1883）作为第一个社会保险选择，具有其需求的必然性。紧跟其后的依然是与健康有关的《工伤事故保险法》（1884），而《老年和残障社会保险法》则是5年以后的1889年。

国家对健康保险的需求，或者是为国民投保健康保险的动机，主要是为了国家统治阶层所代表的利益，所以说由政府组织的健康保障是基于国家统治的需要。而维护国家统治，首先是经济基础的稳定，也就是实现经济的稳定增长。其次是社会稳定。社会稳定是影响国家稳定的风险，其中健康保险能够部分地消除社会不稳定的风险，这不仅是在国家稳定社会的措施中，很早就有医疗救助和因病致贫的救助内容原因。这也是在社会矛盾极为激化的德国俾斯麦政府时期颁布《工人疾病保险法》的原因，因为这时候影响社会稳定的因素主要是工人阶级，而不是农民，也不是统治阶层的分裂。

而德国在战后实行覆盖全民的健康保险制度，则是受到国家福利思想的影响，特别是社会民主党执政期间，德国的社会医疗保险制度，得到了较为完善的发展，公平性得到进一步提高。国家福利思想和第三条道路思想，得到德国的社会民主党，特别是施罗德政府时期的高度认同。国家福利的思想和政府职能理论的发展，推动了政府对国民健康负责理念和法律规范体系的完善，所以，为国民健康负责的原因，是政府为国民投保健康保险最后形成的。尤其是"全民健康覆盖"理念的形成和成为联合国决议以后，政府将有责任为国民提供必要的高质量的医疗服务，并且保证他们不会因为获得这些服务而陷入经济困境。随着社会福利理论和相关经济理论的发展，政府认识到健康保险在国民消费中的重要意义，而刺激消费，也是推动国民经济发展的重要的动力，所以，国家也希望通过健康保险，消除国民因为对健康风险的担忧而实行大额储蓄，影响到货币市场的供需关系和投资需求，最后健康保险演化成为改善家庭消费结构、刺激经济发展的功能。

当前的社会保险制度，尤其是健康保险制度不再受具有刻意政治问题的干扰，人们更加看重保险的自然属性。那么从当前理论上，政府为什么会为民众投保健康保险呢？我们可以从经济学角度进行理性的分析。首先，政府希望通过健康保险筹集医疗服务经费，而不是由政府或个人单独承担，因为无论是政府，还是被保险人个体，都难以有效承担高额的医疗费用。所以说，政府构建健康保险的主要目的在于社会化筹集医疗服务费用。另一方面，政府又希望通过健康保险，增强个体的理性控制医疗费用的意识。如果单纯从筹集医疗服务费用的角度，政府完全可以采取国家保障模式或福利国家模式，通过普通税实现对医疗费用的筹集，但这种筹集模式往往不能提供高效率的医疗服务，造成医疗资源的浪费。

从政府角度，健康保险对劳动力市场的影响，不仅能够提供行业（产业）就业，而且能够通过提高医疗服务可及性，维护劳动力供给数量相对稳定，减少因病致残劳动力数量，降低因病伤残程度。另外，健康保险还能"额外"生产新的劳动力资源，使那些已经从年龄上退出劳动年龄的人口，因为健康的改善而重新加入到劳动力队伍。所以说，健康保险能够与医疗服务机构，协同生产劳动力。这对应对人口老龄化问题，是极为重要的。在实行人口计划生育政策的同时，必须通过健康保险，增强人们的健康体质，控制并增加劳动力供给能力。政府通过与企业的健康保险共同投保行为、保障国民健康和激励经济发展的政策方面，需要管控国家之间的企业成本对竞争力的影响问题。国家和企业通过保费互动激励，实现对健康保险支付能力的均衡，德国就是这样的。德国在 2008 年经济危机和欧债危机期间，建立了一个中央基金，使中小企业业主能够以更低的价格，为雇员提供健康保险。所以，在这方面，需要建立一个基于支付能力和国际竞争需要的调节基金，既可以应对基金风险，也可以调节企业的生产经营问题。

作为社会生产的重要生产要素，劳动力的健康素质，对社会经济的发展起到决定性的影响作用。为了分析健康保险对社会经济发展的影响，我们在生产函数中，加入一个含有健康风险的不确定要素，那么 C－D 生产函数，就可以表示为：

$$Y = AK^{\alpha}L^{\beta-\gamma} = f(Y \mid p = \pi)$$

在劳动力健康风险损失概率 $p = \pi$ 时，社会生产函数的期望值为：

$$E(Y) = (1-\pi)(AK^{\alpha}L^{\beta}) + \pi(AK^{\alpha}L^{\beta-\gamma})$$

其中 $\beta-\gamma$ 为健康风险对劳动力边际生产效率的损失。而通过健康保险，使劳动力通过医疗保健服务支付能力的提高，获得及时有效的医疗服务，进而健康得到有力的保障，减少因病离岗天数，提高在岗工作效率，使健康风险对损失的影响降为 $p = \pi^{*}$，边际损失降为 γ^{*}，那么社会生产期望值改善为：

$$E(Y) = (1-\pi^{*})(AK^{\alpha}L^{\beta}) + \pi^{*}(AK^{\alpha}L^{\beta-\gamma^{*}})$$

$\beta-\gamma+\gamma^{*}$ 为健康保险的劳动力边际改善效率。事实上，由于健康风险对社会财富的消耗，或者对个体财富的占用，在有医疗费用支付和健康风险准备金的情况下，社会可得到的资本投入，也难以达到理想的水平，其潜在的社会资本占用，没有健康保险时所有个体的风险准备资金。在有个人健康风险准备金占用和健康风险损失时的 C－D 生产函数期望值为：

$$E(Y) = (1-\pi)[A(K-M_s)^{\alpha}L^{\beta}] + \pi(AK^{\alpha}L^{\beta-\gamma})$$

其中 M_s 为个体或家庭在健康风险方面的准备资金，它不仅会影响社会生产资本的使用，而且还会因为无法进入正常的消费渠道，而影响国内经济的发展，这是消费函数与经济增长的函数关系。可以根据消费函数和格兰杰（Clive W. J. Granger）因果关系检验方程，构建收入增长与消费之间关系的检验方程，估算消费抑制对经济增长的影响。由于一般情况下，投保动机可以用消费函数与收入之间的因果关系作出判断，所以我们不在此建立模型。

因此从严格意义上来说，正如不确定理论的开创者 Borch（1962）所言，在有风险的情况下，生产函数是一个条件概率分布产出。真正投入要素中，我们并没有剔除健康风险对劳动力生产效率的影响，而是假定所有的劳动力都是健康的，显然与现实是存在偏差的，而使现实与理论更贴近，就需要切实保障和提高劳动力的健康素质，并剔除风险不确定性的影响，这是瓦尔拉斯一般均衡所讨论的问题了。

当然，政府通过大众法则筹集健康保险基金，另外的一个目的就是通过保险实现对收入的调节，使富人承担对穷人的更多责任。政府为什么会给穷人购买健康保险？富人与穷人购买健康保险的边际效用是不同的，同样的1美元健康保险费用，占穷人收入的比例，要高于富人。因而从效用边际递减的规律看，穷人与富人对健康保险的购买效用和动机是不同的，而穷人往往是一个国家中数量最庞大的群体，尤其是发展中国家。因而，从社会稳定的角度，政府应该为穷人购买健康保险，因为穷人也往往是社会不稳定的主要原因。

政府还希望通过健康保险，推动社会文明程度的进步。健康保险既是文明程度的标志，也能够推动社会文明程度的改善。一是建立起社会互助精神，而保险最能体现"人人为我，我为人人"的社会回报理念。或者"我为人人，人人为我"的"奉献在先，回报在后"的奉献社会动机。健康保险体现的损失分担思想，在被保险人之间实际上能够体现一种社会互助的理念，而保险套利行为恰好破坏了这种理念。这既需要保险教育，也需要制度制约。而政府合理的干预能够对市场的负面行为进行修正，进而能够更好地培养社会文明意识。二是控制或减少对国家、用人单位和家庭，甚至是社会关系的依赖。免费医疗和劳保医疗，使人们对国家和单位产生了严重的行为依赖，甚至影响到国家社会医疗保险制度的改革进程和全民健康保险的建设历程。有时必要的强制措施，也是改变人们行为依赖的有效措施。另外，由于缺乏健康保险，很多低收入群体在患病以后，不仅造成家庭"赤贫"，甚至还因为借钱筹集医疗费用而影响到邻里关系和亲戚关系，使得社会关系变得相对尴尬。三是更好地培养节约意识，提高医疗服务资源的有效利用。全民健康覆盖，目标在于使每个个体能够获得必要的高质量的医疗服务，并且不会因为支付而陷入经济困境。但什么是必要的高质量医疗服务，是一个弹性较强的标准，健康保险理赔制度和支付约束，可以逐渐明确该标准，进而逐渐对人们的医疗服务利用形成一个良好的导向作用。

国家提供健康保险的契约责任与法律责任。一是国家或代表国家的政府，为国民购买保险以应对遭受灾难性损失时得到一定的经济补偿或者服务，本身蕴含了一种社会契约关系。这种契约关系，既有人类社会共性的普遍性，例如当现代社会普遍建立起社会医疗保险制度以后，没有建立的国家将会效仿；二是政权阶层对人民的公开承诺，最为典型的是英国的健康保险制度的建立；三是制度相对优越性的制度竞争，例如在社会制度优越性较量中，社会主义制度国家早期的国家保障制度，在健康保险方面采取的是免费医疗或公费医疗制度，以显示对资本主义保险制度的优越。尽管现在的各国政府，在制度优越性竞争上，已经更为理性并能够按照保险制度的本身规律，建立起保费分担的社会保险制度，但在具体的建立动机上，依然存在一定的差异。英国是为了战时动员的需要，以及战后经济社会秩序的安排。并且在战后被部分英联邦国家和高福利国家所效仿。而美国的社会保障法虽然在开始时没有包括政府主导的公共健康保险制度，但也在20世纪60年代以后相继建立了老年基本医疗保险制度和联邦军人医疗保险制度。而继承了德国社会保险制度的国家，与俾斯麦政府时期突出的缓和阶级矛盾的动机存在很大的差异，社会稳定器和社会福利手段的功能已经成为主流。

国家或代表国家的政府，是当前健康保险投保的主要主体，特别是在公共健康保险计划领域，政府以社会医疗保险或公共卫生服务的方式，直接或间接向社会成员提供健康保障。因而，政府对健康保险的投保，具有其特殊性。一方面，投保健康保险服务不是为了自身的消费，而是为社会成员筹集必要的医疗服务所需要的经费；另一方面，政府在市场缺乏有效供给时，往往作为健康保险服务的直接供给主体，并且通过其代理人承办健康保险业务。

由此可见，国家为社会成员投保健康保险的动机是最复杂的，得到的回报也是多元化的，既有经济上的回报，更有社会稳定和政治上的回报。通过健康保险的推动和发展，不仅有助于实现社会经济的平稳可持续发展，而且也能够实现对健康风险的有效治理，履行保障国民健康的基本责任等。图2-9是关于费用补偿型的健康保险中国家作为投保人的回报流程。显然它要比个人和家庭具有更加复杂的回报关系，而不仅仅是为了转嫁被保险人的健康风险损失。所以，国家之所以成为健康保险的主导主体，与健康保险的功能定位、国家健康保障政策、法律、习俗和社会政治制度等具有密切的内在关系，其中影响最大的是社会政治制度和健康保障政策。对于社会主义制度国家，政府主导健康保险行为的理论基础是马克思的"六项扣除理论"，即社会总产品的分配理论，需要在将总产品成为个人可支配的消费品之前预留出应对风险的基金，并且通过超额生产的方式筹集风险基金。

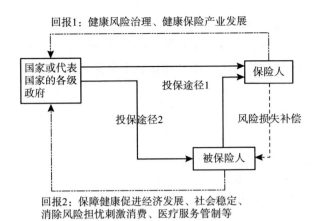

图 2 - 9　费用补偿型健康保险中国家作为投保人的回报

中国 2011 年 7 月实施的《中华人民共和国社会保险法》中指出，建立社会保险制度是保障公民共享发展成果，促进社会和谐稳定；保障公民在疾病情况下依法从国家和社会获得物质帮助的权利。社会保险法强调了国家有义务保障每个公民在遭受法律规定范围内风险侵害时，都有获得物质帮助的权利。"新国十条"则指出保险是现代经济的重要产业和风险管理的基本手段，是社会文明水平、经济发达程度、社会治理能力的重要标志。加快发展现代保险服务业，对完善现代金融体系、带动扩大社会就业、促进经济提质增效升级、创新社会治理方式、保障社会稳定运行、提升社会安全感、提高人民群众生活质量具有重要意义。要求保险业要立足于服务国家治理体系和治理能力现代化，把发展现代保险服务业放在经济社会工作整体布局中统筹考虑，以满足社会日益增长的多元化保险服务需求为出发点，以完善保险经济补偿机制、强化风险管理核心功能和提高保险资金配置效率为方向，使现代保险服务业成为完善金融体系的支柱力量、改善民生保障的有力支撑、创新社会管理的有效机制、促进经济提质增效升级的高效引擎和转变政府职能的重要抓手。

2.2.3　用人单位或具有雇佣关系的责任主体

用人单位给雇员或自己（企业运行中的一部分，而不是单纯的个人行为）投保健康保险，主要是雇员或自己所体现的企业财富，包括人力资本本身的财富，以及人力资本所代表的或蕴含的财富。因此，用人单位为雇员提供健康保险：一是财产价值的特殊保障形式；二是基于激发财富创造潜能，为企业创造利润；三是基于责任。对健康的投入，或者对医疗卫生资源的占用，人们一般习惯于用健康产出作为评价标准。而健康的产出不仅是健康本身，还对生产具有重要的影响。健康本身的内在价值主要取决于我们对生命所赋予的价值，尽管在很多情况下生命价值是难以准确衡量的，但人们还是自觉不自觉对生命赋予一定的经济价值。显然，用人单位并不关注个体的生命价值，而是蕴含在生命价值内部的资本化价值能力，即对生产的影响。在为用人单位生产商品的过程中，健康的价值不仅体现在因病缺工率的降低，还在于每位健康工人产量的提高，甚至还因为消费而作用于生产商的供需关系。

也正是由于员工的健康所产生的这些外部效应或者衍生功能，所以用人单位愿意为员工购买健康保险，以提高其医疗服务利用能力，进而改善健康水平和提高生产效率。尽管工作环境所造成的职业伤害和疾病，都没有纳入到健康保险的保障范畴，而是作为工伤纳入工伤保险的范畴，但对于常规性的与就业环境微弱相关的疾病，往往很难与健康保险有清晰的界限。而且工伤保险所保障的职业疾病，往往是达到较为严重的临床症状作为保障起点的。在没有形成严重的职业疾病伤害或处于亚健康状态时，一般会纳入健康保险的保障范畴。在这方面，健康保险具有用人单位健康保障的基本法律责任依据。在相当长的时间内，用人单位为雇员提供健康保险主要是基于国家健康保险法案的遵守。健康保险具有的工作锁定功能，则是伴随着健康保险的不均衡发展。研究者发现那些为职员提供了较高健康保险福利的单位，员工往往缺乏流动激励。

由于政府要求或法律规定，如果不投保健康保险，用人单位将面临一定的罚没支出，这一般不作为概率分析而是一个确定性支出。关键在于政府对法律的执行，以及在特殊情况下的政府激励，或者责任免除，或者财政补贴投入等各种政策。所以，用人单位的健康保险的投保动机也应该是逐级划分的。首先是自有投保市场行为，与纯粹的经济驱动有关；其次是强制性健康保险情景，用人单位投保行为受到政府的各种健康保险政策影响。因此，企业为单位提供健康保险是基于政府或法律要求、转嫁风险损失和工作激励等原因，也是雇员健康保险费用最重要的分担主体之一。企业的健康保险投保动机，既有来自政府的强制因素，也有企业自身的投资回报需求（见图 2 - 10）。

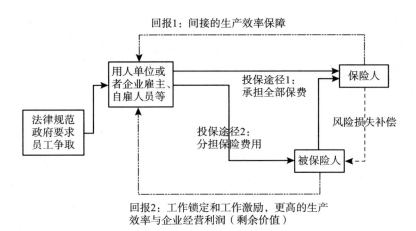

图 2 - 10　费用补偿型的健康保险中企业作为投保人的回报

1. 基于风险损失转嫁的动机

企业为员工购买健康保险的直接受益者为被保险人，但健康的员工也是企业进行高效率生产的基本条件，因而企业是健康保险的间接受益者。首先是企业与健康保险相关的风险资产。作为重要资本的劳动力在生产经营过程中遭受健康风险损害以后，企业的损失包括：优秀雇员因病离职导致的人力资源损失、非离职人员占据岗位的生产效率损失或设备效率损失，以及为员工提供的医疗补贴等。当健康风险造成长时间离岗或智能损害后，员工贡献给企业的潜在价值损失。Huebner（1927）对不同类型经济团体生命价值的经济意义分别进行了阐述。他认为普通工人为代表的工薪阶层的生命价值主要体现在工薪收入上；专职人员团体，由于从业者的生命价值几乎是行业资产的代名词，专业水平越高，越缺乏可替代性，经济资产损失越大；专职人员教育投入偏大，培训费用和培训周期较长，因而高技能专业人员的损失也就越大；以信誉为主要资产的行业，会因为掌握顾客资源的员工离职而导致客户资源的流失，有的甚至会高达50%以上；而履行长期合同的职业团体，则需要极高的技术、管理才能、信用与长时间稳定就职的员工。这些企业在大多数的情况下，专业技术员工的生命价值很明显高于所用设备的价值，因为人们通常以员工信誉作为企业信用担保人，如果该类员工流失或无法正常工作，将会导致企业的信用损失而引发巨额经济损失。

在农业生产经营方面的员工仅具有庞大的数量规模，而且土地产出更是与个人的生产技能密切有关，因而生命价值也必然会超过货币价值本身。那些投资无形资产和当前不宜销售既有资产的企业具有巨大的潜在资产，但盈利时间相对推迟。较长的大规模投资回报虽然前景辉煌，但未来收获价值的风险也很大，通常取决于投资人的判断力和管理才能，所以投资人的生命价值是投资的重心。如果投资人的健康得不到充分保证，那么企业的投资风险不仅规模不断增加，还会导致投资成本难以顺利回收，因此需要对处于投资决策核心的投资人提供生命和健康保障。制造加工与贸易等工业企业，虽然投资规模庞大并占据统治地位，但决策者的生命价值也依然会超过物质性的有形资产。企业资产的负债率越低，企业主的资产所占比例也就越大，所以保障企业主的健康并协同员工一起购买健康保险更为重要。一般企业的主要雇员或重要雇员在企业生产中具有关键性的作用，因而企业也要更加关注关键雇员的健康和生命价值。而政府的社会保险法律，要求企业为所有员工购买公共健康保险，而不能因为价值而进行取舍，否则将会面临政府的强制性惩罚。

尽管每个相关个体的生命价值庞大，但 Huebner（1927）也同时认为人的生命价值也是折旧的，折旧程度通常与年龄有关，并且一般没有稳定的折旧因子。其中主要的原因在于，健康保险和职业环境改善能够调整这些折旧参数，是购买健康保险的真正价值所在。Huebner 的生命价值折旧观点与 Grossman（1972）的健康投资理论是比较一致的。因此生命价值要尽可能地维持生产资本化价值的劳动能力，并预防健康风险损失和不断改善资本化价值能力。通过健康保险及有保险基金支持的定期健康检查，通常能够从健康水平上延长工作年限。许多在刚开始时很容易诊断出来的疾病风险，如果因没有不定期的健康体检而没有及时发现并进行有效治疗，将会危及健康和生命而导致因病致残后的"生存死亡"。因而企业应该协同健康保险，将承担职工健康修复资金的风险损失转嫁出去，并能够通过健康保险基金的经济补偿，使员工得到及时有效的医疗服务尽快修复健康，避免企业因为员工的健康损害所造成的工作效率损失。

2. 健康保险的工作锁定效应经济分析

劳动力市场的供需关系是影响健康保险投保的重要原因，在劳动力卖方市场上，劳动者选择提供较高健康保障待遇的单位。对此，政府需要管控国家之间的企业成本对竞争力的影响问题。国家和企业通过保费互动激励，实现对健康保险支付能力的均衡。德国在 2008 年经济危机和欧债危机期间，建立了一个由中央财政拨款的中央基金，使中小企业业主能够以更低的价格为雇员提供健康保险。所以，需要建立一个基于支付能力和国际竞争需要的调节基金，既可以应对基金风险，也可以调节企业的经营问题。在法定健康保险模式下，大多数雇员的健康保险，是通过雇佣关系获取的，并且健康保险通常不能在雇员之间转移，那么健康保险必然会从退休年龄和工作流动性上产生额外的作用。Gruber 和 Madrian（2002）认为，相对于正处于青壮年阶段的劳动人口（35～44 岁），那些中老年人口（55～64 岁）面临更多的困境，如报告不好的健康状况的可能性高达 4 倍，心脏病患者可能性高达 5 倍。下降的健康状况导致退休变得更具吸引力，同时也使雇主提供的保险更具吸引力，尤其是对那些大于 60 岁、低于 65 岁年龄段的人。按照美国的健康保障计划，在 65 岁这个年龄点，老年医疗保险计划会为大部分老年人提供保险，因此，个人面对一个延迟退休的动机，直到他们有资格在 65 岁获得老年医疗保险。研究者大多数将焦点放在老年医疗保险计划对退休行为的影响，Gruber 和 Madrian 总结了 16 个研究结果后，指出老年医疗保险计划的获得性提高了 30%～80% 的退休概率。同样，那些正处于退休年龄过渡期内的人员也不愿意退休。

在健康保险对流动性的影响方面，健康保险对工人的就业转变具有影响。雇员可能害怕失去先前存在的健康保险覆盖条件，因为在过去 6 个月到 2 年之内有过治疗或诊断出来有医学问题（疾病）的人员，将很难再购买到适度的健康保险。工人无法转换工作可能造成效率较低的工人仅仅因为健康保险问题而停留在原来的工作岗位，因为他们无法被更高生产效率的工人取代，将会导致经济产出效率下降；即使所有工人的生产能力是相同的，一些工人也可能因为不愿意失去健康保险而留在原来的岗位上，从而排斥了其他能够担任该职位的人；那些因为转换了工作而可能被取消保险，或者需要面对更高保险费用，或者必须放弃部分条款利益，这些保险排除了某些不符合其健康状况的保险，造成保险福利受损。Cooper 和 Monbeit（1993）以及 Madrian（1994）都分析了这个问题，Madrian 运用一个工作流动性的简单矩阵分析了工作锁定的影响。由于工作锁定是由变换工作时潜在的健康保险损失导致的，对于那些既通过雇佣关系又通过其他工作获得保险的人，应该不存在工作锁定问题。

其他众多研究数据都支持了 Madrian 的结果，Galdeano（2006）利用了 1996～2000 年的收入数据和参与计划调查数据（SIPP），表明雇主提供健康保险，对所有群组的就业流动性产生 31%～58% 的反向影响。因此，工作锁定效应是美国与雇佣相关联的保险体系带来的一个无意结果，或者是外部效应，它可以通过谨慎的保险行为带来的各种相应的变化加以说明。这些变化是先前存在疾病条款的取消和地方劳动力市场健康保险风险集中制的发展，可能会提高保险在不同雇主之间的连续性，工作锁定是联邦和州政府强制实施健康保险计划的后果。中国农民工群体健康保险的不健全，一方面是由于有新型农村合作医疗作为基本保障，另一方面就是给农民工投保和不投保，对企业的生产效率不产生影响，因为大部分的农民工缺乏高技能人才的特征。此时，则需要政府强制性地实行健康保险，并且要制定防止企业将保险费用向被保险人转嫁的动机。作为可转嫁的成本只能向企业产品转移，这对企业产业升级和创新驱动也是一个不错的动力和压力。工作锁定效应是以减少流动性为目的的，其主要表现是城镇之间，尤其是相同城镇内部，以及城镇反向流向农村的劳动力的减少。而后者对我国当前的新型城镇化建设，具有特别重要的现实意义。

3. 健康保险工作激励与生产效率改进的经济学分析

将健康保险作为工作激励的手段，是以企业的潜在利润水平作为评价标准的，与风险损失无关，主要与企业的机会成本有关。假定如果没有健康保险，生产的产出是多大？如何激励？也就是以多大的健康保险水平激励，才能够激发企业的经济福利增量？特别是在企业缺乏对生产上游的原材料成本和下游的产品销售市场缺乏自主定价能力时，通过劳动力提高生存效率，创造更高的价值，也就成为企业加大对企业员工激励进而提高经济效率的手段。也就是必须保证企业的单位劳动力利润贡献率是增加的，即在扣除健康保险成本的基础上，分析是否是利润增加了，以及相应的健康保险的成本代价是多大。

以雇佣劳动力为生产经营模式的用人单位或企业，其基本的生产要素可以用简单的 C – D 生产函数表示，即 $Y = AL^\alpha K^\beta$ 表示。在不考虑资本投入风险要素的情况下（这类保险属于企业财产类保险范畴，尽管从一定意义上，特别是 Huebner 生命价值学说角度，劳动力也是企业财产的一部分），企业的人力资本，不仅代表着直接的雇佣成本，而且还包括潜在的人才流失造成的成本，以及员工健康状况受到疾病风险损害的潜在财富损失。可以利用机会成本表示，在投保健康保险时的收益，以及未投保健康保险时的利润收益两类。这样，就可以比较在有健康保险时和没有健康保险时的收益差，与健康保险保费投入之间的期望效用，比较健康保险的价值贡献。

假定企业的投入生产的资本，并不受到风险损失的影响。那么在生产函数的要素中，决定投入产出的要素就是劳动力，而影响劳动力生产效率的因素，除了通过健康保险获得的工作激励以外，这个生产函数在没有健康保险时依然是不确定的，因为在生产周期中，数量众多的劳动力总会有一部分人因为患病离岗，这就导致产出具有不确定性，这种不确定性来自劳动力患病的概率和疾病对健康的伤害程度，此时企业的生产函数应该表示为不确定状态下的生产函数：

$$Y = AL^\alpha K^{\beta-\gamma}$$

$$\gamma = f(p, L_h)$$

其中 γ 为健康风险导致患病劳动力离岗或生产能力降低，导致的生产效率损失，它取决于个体风险概率 p 和身体的伤害程度 L_h，概率值和伤害程度越大，γ 值也就越大，企业的生产不稳定程度也就越高。在人的生命周期中，老年人往往比青壮年人群的风险概率和健康损失更为严重，因此高强度、劳动密集型的企业不愿意雇佣老年人，而诸如传达室、仓库保管等岗位，主要是那些年龄偏大的人。由此我们也可以部分地解释，为什么存在退休制度。在健康风险对劳动力的健康损害，导致企业在资本与劳动力的简单生产要素组合中，等产量线向左偏移。而通过健康保险实现对劳动力健康促进和激励，将使图 2 – 11 中的等产量线向右偏移，这是投入生产中的资本最愿意得到的回报。

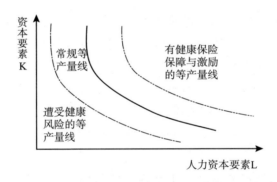

图 2 – 11　劳动力要素健康风险与等产量线的关系

与之对应的推论就是，如果劳动力的风险概率和健康损害程度得到良好的控制，达到了企业生产对劳动力健康素质的要求，就可以将"老年"人口，重新纳入劳动力序列，进而增加社会劳动力的供给。因此，健康保险对被保险人健康的保障和促进，所增加的期望寿命的延长造成的所谓"长寿风险"，实际上也是在保障更多劳动力的供给。然而我们受限于传统的退休制度设计，对延长退休制度总是顾虑重重。而英美等国家，已经在社会保障制度上将退休年龄延长到 65 岁（其中英国在 2024 年将延长至 67 岁）。退休年龄的延迟，对于老龄化比较严重的欧美国家，不仅能提供巨大的劳动力资源，也对国民生产总值增长和缓解养老保险基金压力均将发挥重要的作用。

而企业的微观生产函数，是国家宏观经济生产函数的微观单元。所以，国家为了实现宏观经济的增长，也需要企业强制给雇员提供健康保险，并通过企业激励和就业稳定，实现社会稳定治理和国民的健康促进。所以，在大部分国家，健康保险的保费是由雇主和雇员共同参与分担，并以雇主提供的健康保险为中心辐射到家庭健康保险，而我国健康保险制度是在基于不同群体的职业和社会属性进行分类的。在雇主健康保险缺失的情况下，以国家财政资金作为补贴，从不同层级上分担居民的健康保险费用。这样，在国家财政作为重要支持的情况下，导致部分居民的健康保险停留在居民保险的水平，即使有愿意提供健康保险的企业，出现了相同水平相同保障合约的重复保险，而不是西方国家同水平的补充性多重保险。也就是我国在健康保险层次上，出现了在层级上的缺失和相同层级不同部分的缺失。

2.2.4 家庭或具有抚赡养责任的主体

1. 家庭健康风险与健康保险需求

因病致贫和贫困陷阱角度，是家庭健康保险投保的基本动因。家庭既是社会构成的基本单元，也是参与经济活动的重要组成部分，家庭在参与社会活动和经济生产中具有明确的家庭分工。在正常的情况下，一个家庭的分工是处于劳动年龄的成员从事劳动生产，并从劳动力市场上获得维持家庭的经济收入，而被抚赡养人员则按照其年龄被安排学习和基本家庭劳务。如果劳动年龄人员因为各种疾病伤残等原因被迫退出劳动活动以后，家庭能够从其身上获得的收入将减少或被迫中断。因而有工伤保险或失业保险是保障其家庭收入的一个重要保障。否则，其不在劳动年龄的家庭成员将被迫从事低报酬的劳动，自然无法完成家庭预定的安排并陷入经济困境。因而，家庭也是分担健康风险的最小单元，在没有社会集体性的医疗费用筹集机制下，个体必须直接支付医疗服务费用。而对于没有收入来源的个体，必须通过家庭其他成员的收入进行支付。家庭分担疾病风险的主体事实上就是由家庭中具有抚赡养责任的、有相对稳定收入来源的个体承担。在家庭分担疾病风险的模式下，如果家庭规模较小，特别是当前人口老龄化背景下，具有稳定收入来源的家庭成员也较小，真正承担家庭疾病风险的主体偏少，基本上是由处于劳动年龄的成员来承担的。

劳动力偏少的小规模家庭，应对疾病风险的能力较弱，一旦出现较大的灾难性医疗费用支出，将会导致整个家庭陷入经济贫困。因此，那些家庭抚赡养压力较大、应对家庭疾病风险能力较小的劳动力，将会寻求健康保险将疾病风险转嫁出去。其转嫁的代价或成本，就是削减家庭在其他方面的消费。而对消费的削减，必须建立在健康保险带来的效用，要大于其他消费的效用，否则，家庭也不会投保健康保险。因此，尽管一些经济收入较低家庭（贫困家庭）面临较大的疾病风险，但仍然不会购买健康保险。从家庭转嫁疾病风险的层面，投保健康保险的最低要求，就是家庭可支配收入中健康保险有助于提高家庭的总效用，即健康保险的家庭边际效用是正的。与此相反，那些规模较大、抚赡养压力较小，并且收入水平较高的家庭，他们往往缺乏基于转嫁疾病风险的健康保险投保动机。

因为，由于家庭能够有效分担成员的疾病风险，而且如果投保健康保险则意味着转移一部分财富，与社会成员共同分担风险，这部分的财富是外溢的，其主要的原因是家庭分担风险，不会支付给承保机构管理费用和利润，也没有必要在更大范围内为其他个体分担风险，这从经济学角度上是有利的。也就是在有附加保费的情况下，他们不会为转嫁疾病风险而额外支付一笔财富。从这层含义上，家庭规模、总收入水平和抚赡养比，对家庭的健康保险投保动机具有显著性的影响。家庭更是健康保障的最重要单元结构。在整个家庭结构中，家庭的医疗费用支付，是依据家庭的收入来源进行安排的。为了减少和避免家庭成员因为疾病风险导致的医疗费用损失，对家庭经济带来较大的影响，劳动者将根据自己的经济收入水平，对家庭的疾病风险通过健康保险的方式转嫁出去，以稳定家庭财务的收支平衡，避免陷入经济困境。

我们假定一个家庭存在三代人口，并且每代人口都是 2 个以上，随着中国二胎政策和未来生育政策的放开，这样使假设能够更贴近中国未来家庭结构的实际。进一步假定家庭某劳动力在 $t+1$ 时刻面临概率为 p_{t+1}、损失为 L_{t+1} 的健康风险损失，在其资本化价值水平为 Fcv_t 的情况下，其劳动收入对家庭总财富 w_t 的贡献率为：

$$\lambda_t = \frac{Fcv_t}{w_t}$$

如果健康风险损失满足 $0 < L_{t+1} < Fcv_{t+1}$，那么个体的健康风险损失不会影响家庭已经累积财富，而是以其新增资本化价值弥补健康风险损失。如果 $L_{t+1} \geq Fcv_{t+1} > 0$，那么个体患病后将会动用家庭已经积累的财富，其占用额度为 $L_{t+1} - Fcv_{t+1}$，个体为家庭创造的财富价值将因遭受风险损失而消耗，并且需要家庭累积财富填补。

但是，如果其健康风险损失达到 $L_{t+1} \geq Fcv_{t+1} + w_t$，这将面临两个可能的后果：一是将耗尽家庭已经累积的财富 w_t，家庭将陷入因病致贫的境况；二是由于医疗花费已经耗尽家庭的累积财富，那么在现有的财富水平约束下，其健康得不到完全的修复，假定其资本化价值能力因为健康损害而遭受 D_t 程度的损失，那么其为家庭贡献的未来资本化价值将变为：

$$Fcv_{t+2} = Fcv_t \times (1 - D_t)$$

根据健康损害程度 D_t 的大小，我们又可以确定另外两种结果：一是 $0 < D_t < 1$，那么其还有剩余的资本化价值能力为家庭财富做出 Fcv_{t+2} 的贡献，实现家庭财富的再累积；二是 $D_t = 1$，这意味两种情况，或者是生命死亡，即个体不仅不再贡献资本化价值，而且也不再消耗家庭财富；或者是其资本化价值能力消失，但个体生命并没有死亡，即处于 Huebner（1927）定义的"生存死亡"状态，这是需要占用家庭劳动力来进行照顾，进而导致其资本化价值也减少。

将其一般化，我们根据个体健康损害程度不同，将资本化价值占用由一个函数确定，即对其他家庭成员劳动力的占用取决于个体残疾程度 D_t：

$$F_L = f(D_t)$$

这样，当家庭中的一个劳动力因为遭受健康损害以后，家庭的资本化价值总损失为：

$$Fcv_{t+2} = Fcv_{1,t+2}(1 - D_{t+2}) + Fcv_{2,t+2}[1 - f(D_{t+2})]$$

也就是说，一旦家庭中一个劳动力因为健康损害出现"生存死亡"问题，将会造成家庭未来财富的减少。如果还存在对医疗费用支付，那有可能耗费掉家庭的财富并使其难以再进行财富积累，即贫困陷阱。所以说，相对于健康风险的单纯财富损失，健康风险对生命价值的损害对家庭的影响更加严重。随着家庭劳动力的收入能力的明显减少，第一代老人无法得到来自第二代收入的赡养支持。并且正处于接受教育的第三代，也难以获得必要的教育投入资金，也会影响其未来就业机会和收入水平。在不考虑道德等一系列社会问题的情况下，单纯从经济角度看，一个"生存死亡"的个体对家庭财富和发展的破坏力，要远远大于因病死亡个体。因为，在一般的情况下，基于普通财富的贫困未必是代际传递的，而严重健康损害导致的残疾造成的影响一定是代际传递的，因为因病致残者未来的赡养责任还需要第三代个体承担，这样贫穷就演化为贫困陷阱。疾病"生存死亡"代际影响，可以由图 2-12 进行直观表示，健康风险损失在代际之间的跳跃扩散效应非常明显，凸显资本化价值保障的重要性。

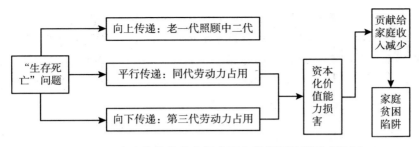

图 2-12　资本化价值能力损害下家庭贫困陷阱形成机制

由此可见，一个家庭对健康保险的需求和投保动机，与家庭规模、总收入水平、抚赡养比和社会保险的介入程度有关，由此可以进行数量模型分析评价。从家庭层面来讲，人们对健康保险的投保动机是相对比较复杂的，既要转嫁家庭当前的疾病风险，还要避免疾病风险对家庭资本化价值能力损害的代际伤害，以免家庭陷入代际贫困。因此，构建以家庭为单元的健康保险模式，在很多方面是优于碎片化的、以社会属性和阶层归属为单元的健康保险制度设计，这在西方国家得到了较好的证明。

2. 推动以家庭为健康保险投保单元的意义

在有政府财政补贴或其他机构分担保险费用的情况下，将会改变家庭分担疾病风险的经济成本，也就是如果参加政府组织的健康保险，他们事实上是增加了一个为自己家庭分担疾病风险的主体，并且这个主体分担了主要部分的保险费用（1/2~3/4 不等），显然，家庭成员分担保险费用的支出显著减少了。政府或其他主体分担的比例越大，给予的补贴越高，越容易对社会医疗保险产生依赖，而这种依赖甚至会对家庭内部分担疾病风险的投入产生挤出效应。这也就是为什么人们更愿意投保社会医疗保险，并在刚性需求下对政府的补贴提出更高要求的原因，而且造成了私人健康保险的减少。因为，这可以用一个简单的需求公式得到证明：假定一个家庭需要的全额保险规模为100，需要支付保险费用为1，社会医疗保险开始分担30%的费用，家庭承担剩余的70%。假定这70%的风险超过家庭的风险分担能力，它将通过健康保险转嫁出去，例如50%需要转嫁，而20%自留，如果社会医疗保险分担比例增加，假如极端的情况达到80%以上，甚至是获得必要的高质量医疗服务的免费医疗，那么也就使得整个家庭不再需要其他的补充性健康保险进行风险转嫁。

以家庭为单元的健康保险模式，还能够较好地防范健康保险的非理性购买行为，尤其是保险套利等动机。家庭的规模越大，风险损失的家庭内部平衡机制越强，因为保险"损失厌恶"的套利动机也相对较弱，有助于防范道德风险和逆向选择等问题。如果不是以家庭为单元进行保险，家庭成员之间保障水平差异，将会导致家庭内部寻求保险利益最大化，造成隐性的基金安全损害。冒名顶替在很长一段时间内是家庭成员之间的事情。除非这种制度设计，就允许家庭成员之间进行调节均衡，或者制度设计使家庭成员所得到的待遇是均等的，而碎片化则不能达到这个目标。

根据中国现行的相关法律，对家庭未成年子女和退出劳动（年龄）的成员，其他家庭成员具有抚赡养责任。如果从法律这个角度分析健康保险的投保动机，可以将保护家人的健康定性为法定责任，为了避免当家人因为患病陷入灾难性困境，需要购买医疗服务时的资金约束，以及由此造成的潜在法律问题和道德谴责，他将会选择健康保险，以规避以上的风险问题。但事实上，基于法律层面的抚赡养责任，如果是因为经济支付能力问题时，一般很难受到法律制裁，主要是家庭的经济问题。因为医疗费用支出对一个家庭的经济影响非常明显，为了避免被抚赡养者因病而使整个家庭因病陷入经济贫困，以更好地承担抚赡养责任，具有经济收入的劳动力成员，往往会通过购买保险方式为家庭成员提供健康保障。主要途径包括政府提供的以家庭为单位的城乡居民医疗保险、商业健康保险等。显然，为家庭未成年子女或老人投保健康保险，其主要的目的在于转嫁疾病经济损失风险，以确保家庭财富安全，减轻家庭成员在遭受健康风险损失之后的资本化价值需求压力。

投保人的资本化价值水平、累积财富水平，对家庭成员的就医选择和健康保险投保规模，具有决定性的影响作用。特别是当就医时所面临其他的间接费用支付时，作为具有决定权的家庭劳动力成员，往往也会做出不同的或者差异显著的选择，如救治的交通费用、陪护需求和劳动力占用等。如果健康保险能够对以上费用的支付具有一定的覆盖，将会影响到健康保险投保动机。所以，相对于城镇居民，农村居民由于较高的就医间接成本，其对健康保险的需求动机要低于城镇居民。

3. 家庭情感因素与风俗对健康保险理性投保的干扰作用

在家庭层面，疾病风险损失和健康保险的影响，绝不是简单的经济财富的效用，还有维持个体存在的精神情感产生的额外效用，两者累加才能够更加准确地反映家庭健康保险的投保动机。从家庭经济角度，疾病风险对家庭的影响，有时又会甚于家庭成员遭受意外的死亡压力。因为，家庭成员的意外死亡只是该成员对家庭的经济贡献消失，不会产生医疗费用负担，特别是对那些患有严重慢性病的家庭影响更大。但意外死亡与因病永久致残的另外一个区别，是家庭的情感因素，因为死亡将使人们没有了对该成员的精神寄托，而患病者能够在家庭的情感因素上是完整的。所以，人们面对生与死的选择时的精神痛苦，要远远大于因为医疗费用支付带来的经济痛苦。由此可以解释，为什么人们更愿意借助健康保险，以尽可能地挽救家庭成员的生命的原因。

中国人强烈的"家国情怀"，难以用法律、道德和经济学的标准进行评价。中国人强烈的家国情怀，往往会将对家人的保护看作是自己对家庭情感的寄托形式。在中华民族传统的道德伦理下，一个人如果患病，如果治疗将拖累家人，将倾向于放弃治疗；相反，如果家人患病，他将尽自己的所有能力为家人寻找最好的治疗方法。一旦家人因为经济因素没有能够得到及时有效的治疗，他可能会陷入深深的自责中，并产生强烈的愧疚感。为了避免这种问题的出现，家庭的财富积累意愿比较强烈，这也是为什么中国人更偏好于储蓄的原因。而作为分散或在一定程度上能免除以上风险的健康保险，自然也称为那些具有强烈家庭情怀的人的一个偏好选项。此时，他们对健康保险的选择和产生的期待效用，往往不仅仅是以保险所能提供的经济保障，而是隐含了较为深重的情感寄托。

但是，中国人传统观念中，对疾病等给健康和生命带来损害的风险又是相当忌讳莫深的问题。受传统理念的影响，人们不仅不愿意在疾病风险到来之前讨论疾病问题，而且更愿意用"健康长寿"、"长命百岁"来寄托对老人、小孩的情感愿望。试想在一个老人过大寿、一个婴儿过百日时，送他一份意外伤害或者大病险，对于大部分人来说是难以接受的。所以，中国人这种传统的矛盾的思想，往往会导致人们在健康保险选择，特别是以大病保障为目的的大病保险方面是比较忌讳的。除非这种理念发生根本性转变，或者成为大众普遍选择的一种社会规范，或者是政府的强制力，将会较好地改变这种矛盾的心态。因此，在健康保险的选择中，人们更愿意选择具有政府背景的社会医疗保险，而不是商业大病医疗保险。

所以，对家人的健康保险的投保动机，受到中国人的传统风俗习惯的影响比较大，但只要选择健康保险，其目的一定是为了更好地保护家人的健康。这一点的提示也告诉我们，在健康保险成为大部分人的普遍选择之前，首先需要通过基本医疗保险来进行引导，而不是简单地依赖市场机制或营销策略来影响健康保险的供需关系。

4. 家庭健康保险功能的引申动机

免于因为被抚赡养者过重的医疗费用压力，而在支付能力不足后放弃行为的道德谴责，也是家庭投保健康保险的一个动机。家庭财富的累积是个人资本化价值，减去抚赡养支出。而医疗费用支出，是抚赡养支出的重要组成部分。通过健康保险将不确定的、可能造成家庭贫困的医疗费用，通过健康保险转嫁出去，将对稳定家庭收入、避免家庭陷入经济贫困，具有较好的健康保障作用。中国城乡居民医疗保险是按照家庭为单位组织参加保险的。显然在这种制度安排下，没有经济收入来源的被抚赡养人员，是由具有抚赡养责任的主体承担的。

但是，正如 Huebner（1927）所说，一个有正常劳动收入或较高收入的家庭支柱，为其子女和退出劳动年龄的老人，甚至是全职家务的配偶，购买健康保险，到底属于对家人的"关爱"，还是一种责任？甚至是一种"礼物"？在当前的现行法律中，包括社会医疗保险中以城乡居民或新农合形式运作的保险制度，都没有对此做出强制的规定。但从其他相关的法律中，作为家庭中孩子的父母、老年人的子女和配偶，应该承担相应的抚养、赡养和扶助的责任。而这些责任不仅包括物质上的帮助义务，还包括教育和健康等义务。

另外，在社会保险和商业保险的现行办法和合同中，也没有禁止给自己的子女、父母和配偶投保健康保险，甚至是具有严格投保条件的寿险。很多家庭在给家人购买包括健康保险在内的各类保险的时候，甚至都没有经过本人的同意，也没有人去批评这种专断行为。更没有人从"道义"、"宗教"和"公德"等层面去批评家长的这种专断行为。归根到底，就是作为家庭的经济支柱，承担抚赡养责任和配偶扶助责任的家庭成员，他对家庭成员具有不可推卸的经济保障责任。而他这种不经同意而购买的健康保险，实际上是为了更好地履行他的责任。在所有的健康保险投保主体中，唯一能够引入法律强制依据的，就是具有抚赡养责任的主体。因为他的这种责任必须在家人患病以后尽责尽力承担医疗救治的义务，而不能"遗弃"他们，尽管现实中也确实存在"遗弃"的行为。正如中国俗语所言"久病床前无孝子"，多少能映射出面对沉重的疾病负担，"孝子"所要担负的各项经济与照顾上的压力。而这种遗弃不仅要遭受道德世俗的谴责，更会遭受法律的惩罚。为了避免因为家人生病陷入经济贫困，家庭需要健康保险。而这种健康保险是通过转嫁风险和提高医疗保险服务支付能力，避免抚赡养责任的"判决无法执行"的尴尬。也就是再有法律上的医治义务，但如果没有充足的经济保障，任何道德谴责和法律判决都无助于改变救治无法继续的问题。

因此，具有抚赡养责任的主体为其家人投保健康保险，既有经济上的动机，也有规避法律风险提高医疗服务可及性和支付能力的动机。而不仅仅是出于对家人的关爱，更不是所谓的"礼物"。相反，如果背离以上的健康保险理性投保动机，在一定程度上是可怕的。这是因为，即使购买大病保险并获得损失理赔，被保险人也未必能够得到现有医疗条件下最有效的治疗。而借助医疗服务费用合理的补偿功能，则可以提高家庭的医疗服务费用支付能力，进而有助于改善家庭的财务稳定性和医疗服务可及性。由于健康保险是以家庭的可支配收入为资金来源的，因而从经济补偿角度，健康保险在消除家庭财务不稳定以后，可以更好地优化家庭资金的财务安排，实现家庭当期与未来资本化价值能力的最大化，并对财富投资和保障效用最大化做出更合理的安排。

对财富使用效用最大化安排，主要体现在家庭消费结构的优化。相对于家庭应对疾病风险的大额资金占用，健康保险费用则显的占比很小，两者的差额资金的优化配置，有助于实现家庭福利改进，或者是财富效用最大化。当然，在一定的预算约束下，健康保险费用的投入存在一个最优配置的帕累托最优问题，这与家庭单位资金的消费效用大小有关。我们通过虚拟一个常规家庭的财富安排，分析健康保险对家庭财富优化配置的影响。

假设有一个五口之家的家庭，当期总的家庭财富为 w_0，它是由两个劳动力 S_l 创造的，其中老人已经退出劳动年龄，孩子正在接受教育。家庭财富同时面临来自三类群体的健康风险，并将其设定为 x_{old}、x_{labors} 和 x_{child}，其风险概率分别为 p_o、p_1 和 p_c，需要缴纳的家庭健康保费 P_f 也可以确定，这样，就明确了健康保险费用支出，如果不投保健康保险，需要准备的风险金为 w_r，并且 $w_r \leqslant w_0$，也就是说家庭中可以用来正常消费的资金等于总财富减去应对疾病风险的资金，即 $0 \leqslant w_0 - w_r < w_0$。如果再恰好将可支配资金全部消费掉，家庭中的总消费效用和财富效用为：

$$U(w_0) = u_1(w_0 - w_r) + u_2(w_r(1+r))$$

式中 r 为银行无风险存款或理财收益。上式的含义就是在有健康风险应对准备金的情况下，家庭总财富效用等于一般消费效用和风险应对准备金及其利息带来的财富效用。这对于具有储蓄偏好的家庭是较优的决策。但是，在这种情况下的健康风险损失期望效用为：

$$E(u_r) = (1 - 2p_0 - 2p_1 - p_c)u(w_0 + w_r \times r) + (2p_0 + 2p_1 + p_c)$$
$$u(w_0 + w_r \times r - 2x_{old} - 2x_{labors} - x_{child})$$

这样，劳动力就会面对多个主体的健康风险的担忧，担忧的个体数量越多，担忧程度也就越高。如果购买一个类似于居民医疗保险的家庭健康保险，则健康保险的期望效用为：

$$E[U(I)] = (1 - 5\bar{p})u(w_0 - P_f) + (5\bar{p})u(w_0 - P_f - q)$$

在保险额度足够大的情况下，补偿后家庭承担部分 q 对家庭理财的影响可以忽略。此时家庭的财富效用为：

$$U(w_0) = U(I) + U(w_0 - P_f)$$

家庭成员可以从健康保险缴费以后资金配置中获得更大的消费效用，或者投资理财效用，其大小取决于健康风险准备金与缴纳保费的多少有关，一般储蓄额度接近于保险金额，否则就失去了准备金的现实意义。由此可见，健康保险对储蓄的影响是非常大的，但是要消除居民对健康风险的担忧，必须使个人承担部分 q 足够小，否则居民依然会以储蓄的方式，应对自负负担过大的问题。这也是为什么中国在健康保险水平偏低的情况下，健康保险的消费促进效应不明显的原因。从理论上，健康保险水平与健康储蓄规模是反比例的。据此，可以用基本医疗保险的医疗费用报销比例的变化，与居民储蓄规模或者消费水平进行相关性分析，在扣除经济增长的因素下，检验健康保险对家庭消费和储蓄效应的影响。但是，我们应该注意的是，由于中国人偏好储蓄的原因，健康保险只能对储蓄规模做出部分解释。

2.2.5 被保险人作为投保人的健康保险投保动机

被保险人作为投保人为自己投保健康保险，不仅包括个人经济动机、家庭动机和社会动机，也同时受到国家法律和政策要求的影响。尽管作为微观的个体，在很多投保动机上可以从宏观层面进行解释。但也有着个体独特的投保动机，这基于对自我价值的感知、承担的责任和保护自我健康的重要意义等。一个家庭的支柱劳动力，对自己健康负责在一定程度上就是对家庭负责，将健康风险对自我的经济、心理感受和外部负担的影响最小化，是被保险人为自己投保健康保险的基本动机。

1. 持有健康保险的基本动机：转嫁损失风险、获得最佳医疗服务

在转嫁风险损失方面，按照保险的损失补偿理论，在部分保险方式下，损失不发生或者不发生需要理赔的损失，对投保人的保障是最优的。但是在很多情况下，人们很难接受这种观点，认为缴纳了保险费用却没有得到任何回报，还不是"吃亏"了？事实上可以用一个很简单的初等函数，就可以论证出，不发生风险损失的效果是最佳的转嫁效果。面对一个理论上的风险损失 X，购买了保费为 Pr、保额为 A 的保险，当实际损失为 x 时，被保险人只获得 x≤A 的补偿，而保费则作为沉没成本得不到补偿。并且当 x≥X 时，最高的补偿额度为保额 A 乘以比例系数，包括免赔额、共保率和封顶线等参数约定的免除部分。这种"吃亏"想法的原因是违背

了保险的基本原则，即保险的期望效用值最大原则，而不是期望值，在这个问题上，Daniel Bernoulli 在 1738 年讨论保险存在的原因时，就已经进行了论证。因此，对于一个理性的转嫁风险损失的投保人，只要满足期望效用值最大原则，就会将保险作为转嫁风险损失的手段。对于健康保险，则有期望效用：

$$E[U(x)] = (1 - p) \times u(w - Pr) + p_u \times (w - P_r + A - x)$$

大于不投保健康保险时的期望效用值：

$$E[V(x)] = (1 - p) \times v(w) + p_v \times (w - x)$$

他就会购买健康保险。而购买保险的最大额度，当没有附加保费时为 $A = L$，有附加保费时 $A < L$，判断标准就是：

$$\max_{P_r} = E[U(x)] - E(V(x))$$

获得高质量的医疗服务，免于经历不愉快的治疗体验，即获得较高的医疗服务使用效用，或者是就医体验效用。这可能也是人们选择高级别医院和相对比较贵的药品的原因，因为从效用最大化基本评价标准来看，除了医患关系信息不对称和信任问题外，经过多次患病的人，或者用药的人，总归会趋于更加理性，但是他们宁可自负购药费用，或者到高级别的医疗机构就诊，显然不符合以上的假设。因而，在这方面应该是体验效用影响最大，而且通过购买健康保险，可以以较高的支付能力获得更高质量的医疗服务，以免于最基本的诊疗项目和药物，所带来的不愉快的治疗体验过程。

这样当个体患病以后，就可以通过健康保险基金对医疗费用的经济补偿功能，提高医疗服务的购买能力，获得必要的高质量医疗服务。通过获取高质量的医疗服务，达到健康保护和健康促进的目的。理论分析部分，我们已经在第一部分进行了论证分析。我们在此构建一个数量模型，分析健康保险对医疗服务和生命价值保障的杠杆作用。假定保险保费为 P_r，治愈疾病需要的高质量医疗服务费用为 M_e，补偿额度为 A，那么健康保险对医疗服务的杠杆系数 L_c 为：

$$L_{pM} = \frac{M_e}{P_r + (M_e - A)}$$

即患病时自己实际的支出，加上之前支付的保费，能够得到什么水平的医疗服务。或者：

$$L_{pq} = \frac{M_e - (M_e - q)}{P_r} = \frac{q}{P_r}$$

即当前的保险费用，能够得到多大的医疗费用补偿，或者说保险公司能够分担多大的实际费用。相比较 L_{pM} 反映的是医疗服务的可及性，L_{pq} 更加强调对医疗服务的补贴作用。当杠杆系数达到一定的水平，持有健康保险杠杆作用的投保人就愿意投保健康保险，以获得高质量的医疗服务。在实证分析上，可以利用中国医疗保险保费数据和补偿额度数据，判断 L_{pM} 或 L_{pq} 的灵敏边界。

2. 持有健康保险的其他延伸动机：情感、保费分担激励和遗产动机

受到各种复杂因素的影响，被保险人作为投保人为自己购买健康保险，同样也具有复杂的投保动机。投保人的健康保险行为，除了满足 Arrow（1963）最优购买理论范式中的财富保障效应最大化目的外，还与应对健康风险的投资、对健康损害和财富损失的担忧或免于遗憾、遵守法律或政府要求、社会认知规范四种基本动机（Kunreuther et al.，2013），以及人性特有的、情绪性因素和决策情景等因素有关，如过度自信、免除常规治疗的痛苦体验（如对微创伤手术的需求）等。但这些动机最终都可以归纳到对包括改善资本化价值能力的自我生命价值的保护、保障财富损失、获得高质量医疗服务和改善就医的满意度等方面。

因而，被保险人自我购买健康保险，除了具有与国家、用人单位和家庭投保等类似的健康保险投保动机外，那些缺乏充分（劳动）收入或累积财富的个体，还希望将自我可支配的收入购买健康保险，以提高对医疗服务的购买能力，免于使自己因为疾病而影响家庭收入。投保人这种自我投保行为，更多的与家庭情感有关。个体的家庭情感和责任虽然有内在的血缘关系，但也体现了对家庭财富保护和改善个人经济贡献水平，因为经济是更好地承担家庭责任的重要基础。保护好自己的健康并不断提高自己的收入能力，也是对家庭责任的最好体现。作为家庭的支柱成员一旦遭受严重的健康损害，则极有可能意味着整个家庭的经济垮塌。

同样，作为重要的家庭成员，个体投保健康保险也是与家庭的资金优化配置有关，这与家庭健康保险的原理是相同的。但是从个体角度，自我投保健康保险主要是为了优化和提高个体的资本化价值水平与资金的支配效率。即通过购买健康保险，被保险人可以将自己的资本化价值更好地用于抚赡养家庭成员，而不必作为风险储蓄保留大额的健康风险应对资金。这部分"结余"的资本化价值，可以用于子女更好的教育投入，或者满足其他效用更大的家庭消费，改善家庭的消费结构和生活质量。

并且，作为被保险人的投保人也是有劳动收入的劳动力。作为在职职工，投保健康保险可以获得来自企业直接分担的保险费用，实际上是从企业获得了一份医疗服务或者间接收入。这种以购买健康保险为补贴条件的间接收入，也激励了投保人为自己购买健康保险。当然，这往往只对风险厌恶的个体是成立的。因为对于风险厌恶的个体，即使没有用人单位的费用分担，他依然需要自筹全部保险费用投保健康保险。而对于健康风险偏好的个体，即使有企业的费用分担机制，但对于自己承担的那部分医疗费用，也会被心理编码为一种沉没成本或"损失"。因而对于不愿意购买健康保险的个体，健康保险对他是一种"劣质品"。除非企业为自己分担的保费，能够足以修正和调整个体的风险偏好造成的效用差值。例如在风险偏好的情况下，个体的保险效用小于既有财富效用，即 $E(U(x)) > U(E(x))$，如果通过分担其中的部分保险费用，则使：

$$E(U(w)) < U(E(\alpha, \beta)) + U(\lambda\alpha)$$

那么健康保险的保费分担机制，就使其效用发生反转，投保人能够从参加健康保险中，获得更大的期望效用，$\lambda\alpha$ 为企业承担的保费系数与个体缴纳保费的乘积。

在家庭财富的遗产动机方面，在对既有财富的遗产动机下，个体通过投保健康保险，可以转嫁健康风险损失，避免对个体家庭累积财富的消耗，因而可以将更多的财富留给后代使用。具有这种健康保险投保动机的个体，更愿意选择诸如"生命健康增额终身重大疾病保险"。通过该类保险，既可以避免遭受重大疾病时的巨额医疗费用花费，又可以避免在重大疾病救治和抢救时，过度消耗既有财富。因为面对重大疾病，在当前的医疗技术条件下，完全康复或者术后具有较长生存时间的概率都比较小。在没有发生重特大疾病风险损失的情况下，还可以将保险金增值部分用于养老和购买其他商业健康保险。目前为了满足这种健康保险需求，中国保监会已经在 2015 年 8 月颁布试行个人税收优惠型健康保险产品，采取设置最低收入保证个人账户的万能险的形式承担长期或终生续保业务。

2.3 健康保险投保动机与保障效果评价：经验证据

2.3.1 健康保险投保动机、保障效果评价模型与指标体系

1. 投保健康保险期望效用评价模型与评价方法

健康保险投保动机与保障效果的评价，是针对投保人不同动机下的回报是否得到有效实现的问题，也就是被保险人或保险人投保动机的满足程度，它通过被保险人的健康水平、经济补偿和相关指标反映出来。而效果

的评价主要是检验期望效果与真实效果的差距水平，在必要时需要对差距水平的统计学显著性进行检验。从期望收益角度，可以构建健康保险投保动机保障效果的一般检验模型：

$$E(\hat{U}(I)) = E(U(I)) - E(V(I^-))$$

其中：

$$E(U(I)) = (1 - p) * u(w - P_r) + p_u * (w - P_r + A - L + \sum x_i)$$

$$E(V(I)) = (1 - p) * v(w) + p_v * (w - L - \sum y_i)$$

x_i 和 y_i 分别为从健康保险中获得的其他回报、当风险损失得不到补偿后的其他损失。实际上也就是分析保险效用是否大于不投保效用的问题，有三种评价方法：一是如果符合边际效用递减要求，可以用求导的方法分析，健康保险的边际效用增加，那么保险投入就是福利改进；二是如果不符合边际效用递减要求，可以用回归检验的方法，即投保效果大于不投保，多投保好于少投保，那么在指标上就与保费形成某种显著性因果关系；三是如果不能用以上方法进行检验，可以用某个指标的统计描述和参数检验的方法，判断保障效果。

但是否符合投保效益或效率，则是要基于健康保险的帕累托改进或者帕累托最优的标准进行判断，我们将在第 4 章至第 6 章，分别从全民健康保险合约激励机制、损失补偿保险合约激励机制和风险治理保险合约激励机制三个方面进行分析。这里主要分析健康保险的投入是否使期望效用指标向好改变。

Huebner（1927）在从生命价值角度，分析健康保险的重要功能时指出，通过健康保险和人寿保险的融合，可以有效规避生命价值的损失风险，即相对于期望寿命的"提前死亡"、短期残疾与医疗费用、完全残疾导致的"生存死亡"和强制退休"经济死亡"。当然，在养老保险制度日益完善的情况下，退休的经济死亡风险已经得到初步解决，但是如果退休以后的身体健康状况不好，也可能会引发另外一种形式的经济死亡，即养老金收入不抵医疗花费支出。针对这些风险因素，如果健康保险能够有效地保障和促进劳动力的健康水平，那么这些风险因素的负面影响就能够得到有效的控制。表现为期望寿命的延长、医疗费用负担减轻、疾病致残率和"生存死亡"率下降、"老年"劳动力供给增加等相关指标的改善。

以上这些指标的变化，能够在各个投保主体角度得到体现，例如对于国家宏观经济方面的产出水平的提高、消费水平的改善和社会稳定性得到改善等。对于用人单位，能够从被保险人那里获得更多的利润回报和生产效率，减少职工的过度流动。对于家庭，能够避免因为被保险人医疗费用而陷入经济困境，并改善家庭消费结构。另外，还包括政府医疗财政支出更加有效、医疗费用增长过快得到控制和个体资本化价值能力得到显著改善等指标。

所以说，健康保险投保动机的效果评价，就是以被保险人的健康改善状况为基础，分析不同投保人的回报情况。一般情况下，由于健康保险的风险转嫁功能和医疗服务支付能力的提高，都能对投保人带来正的经济回报。但同时也不能排除一些不好的健康保险投保动机，可能对社会经济发展、家庭财务和个体的经济回报带来负面的影响。因而需要从正面指标的改善情况进行评价，建立基于不同主体健康保险投保效果的评价机制。良性的积极效果要积极鼓励，不好的效果和负面问题要给予修正。这样，才能够从健康保险投保动机上，推动健康保险的良性可持续发展。

2. 健康保险投保动机、期望回报与评价指标体系

在健康保险保费多元化的分担模式下，每个分担主体或者投保人，都对被保险人的健康负有一定的责任，而责任只是从法律或社会道德规范等层面，对健康保险投保人的动机做出解释，也就是基于责任的投保，履行责任本身就是健康保险的回报，而这个回报是免于法律或行政惩罚，或免于社会道德与舆论的谴责，或者维护政权的稳定。为被保险人投保健康保险的主要法律责任是国家的立法，主要集中在社会医疗保险领域，国家通过立法强制社会成员参加，并且要求用人单位、家庭承担抚赡养责任的个体全部或分担保险费用。而作为执行国家立法的回报，国家承担健康保险的组织和部分管理费用。当社会医疗保险基金出现支付困难或赤字的时候，用财政资金承担赤字兜底风险，以避免保险破产或瓦解。

而作为自愿参加的商业健康保险，投保人对被保险人往往没有法定的责任，投保的目的也呈现多元化。但大部分的投保动机与经济因素有关，通过我们前面对投保主体的逐个分析，归纳了转嫁健康风险损失、提高医疗服务的支付能力和优化家庭财富消费投资结构，以及从生产角度，通过健康保险对劳动力身体素质的保障和改善达到提高生产效率的目的。对于个体投保健康保险的目的，则是在保障既有财富免受风险损失的基础上，通过高质量医疗服务支付能力的提高保障生命价值，以避免因为健康损害而减少或丧失未来生命价值向财富价值的转换数量。

为了对健康保险投保动机和期望回报进行检验，需要将期望回报转化为一个可量化的指标，而且这个指标的数据是可及的。我们在各投保主体的投保动机模型分析中，已经初步确定了健康保险的回报指标。在此，基于国家宏观经济指标和相关统计年鉴数据指标，我们一方面用宏观经济指标和统计指标，从一个层面分析健康保险的期望回报，而在具体的投保主体的微观数据层面，例如用人单位、家庭和个体的指标数据，则需要通过专项调查完成。基于以上的基本考虑，我们构建了一个如表2-1所示的期望回报指标化的体系，利用这个指标体系建立分析健康保险回报效果的评价模型。可以分别分析国家或代表国家行为的各级政府、用人单位或企事业单位、家庭支出劳动力与投保人自我购买保险的动机、期望回报等。该指标体系是我们在全部研究中围绕的核心内容，也是构建合约激励机制期望达到的理性目标。

表2-1 健康保险投保主体期望回报的指标化

投保主体	投保动机	期望回报	可量化的指标
国家或代表国家行为的各级政府	社会稳定	减少因病致贫负面影响	因病自杀率、未治疗率
	经济发展	加快健康保险业发展	商业健康保险规模
		劳动生产效率提高	边际劳动贡献率
	国家社会治理	疾病风险得到控制	较严重疾病发生率或住院率
	医疗服务管制	医疗服务利用更加合理	医疗服务价格、医疗费用支出的增长水平
用人单位或企业	工作锁定	留住高素质劳动力	高端人才外溢或人才缺口
	工作激励	高效人力资本投入产出	企业人力资本投入产出率
家庭中劳动力（家庭支柱）	避免因病致贫	自费医疗部分可承受	家庭灾难性支出
	优化家庭消费	增加教育或技能培训支出	教育占消费支出
		增加非食品类支出	恩格尔系数、高档耐用品消费支出、房贷支出
	家庭收入优化	获得更多财产性收入	理财数量、有价证券
投保人自己	改善收入水平	提高资本化价值能力	生存死亡率或资本化价值水平、单位劳动力家庭抚赡养能力
	医疗服务杠杆	获得优质医疗服务	保费与基金补偿比例、高级别医疗服务利用率
	提高健康水平	更优的生存质量和寿命	QALY水平、期望寿命

关于评价指标体系与健康保险投入的关系，可以根据健康保险效用的评价方法选择的指导思想，分别构建基于因果关系的经济计量模型，评价

健康保险投入与指标之间的数量因果关系。或者利用时间序列评价方法，对指标在健康保险制度实施前后，判断实施以后的两个变化趋势，或者进行分段分析，或者进行差异显著性的比较分析。由于指标数据的变化还受到其他因素的影响，因而需要加入其他可能的干扰项，或者用一个随机误差项代表，以此作为各类模型的扰动要素。

2.3.2 宏观层面的健康保险保障效果评价机制

从国家宏观层面评价健康保险的保障效果，主要是基于国家财政投入与健康保险相关指标关联性。从中国健康保险的国家财政投入方向看，主要是用于分担城乡居民的基本医疗保险保费，当前的分担比例接近 3/4，即城镇居民基本医疗保险和农村新型合作医疗基金的主要部分是财政资金。同时，政府的财政资金还承担包括城镇职工基本医疗保险在内的各项管理费用，以及具体业务的费用支出等。而基本医疗保险的补充层次需求和商业健康保险，政府还通过直接承担组织管理业务，并以税收优惠和分担风险损失等间接补贴的方式，提供财政资金支持和进行激励。因此，基于宏观层面的健康保险保障效果评价指标，既要有针对性地全民的宏观指标进行评价，也需要针对专项资金投向的使用效果进行评价。

1. 健康保险对全民健康水平保障效果的评价机制

毫无疑问，医学科技进步推动人类健康水平的提高，例如青霉素药物的发明，使传染性疾病不再像原来那样恐怖，挽救了难以计数的人的生命。另外，在期望寿命的延长贡献上，现代医学技术进步使得原来的"不治之病"的数量大量减少。但是也带来另外一个问题，就是将诸如艾滋病和免疫系统缺陷类疾病等一些"不治之病"转化为慢性病，也造成了以生存质量为代价的生存时间的延长，关于这个问题我们将在医疗服务管制部分，进行系统的论证分析。这里我们主要是从期望寿命、出生率和死亡率等一些反映健康水平的指标，对健康保险的保障作用进行评价。

尽管医学技术推动了健康水平的提高，但创新医学技术和药物也是相对比较昂贵的，如果缺乏健康保险的医疗费用集体筹资机制，或者说是医疗费用的补偿机制，将会导致很多的低收入者无法得到高质量的医疗服务，面对医学技术进步带来的新技术，也缺乏可及性。所以说，人类期望寿命的延长，在很大程度上得益于健康保险的集体筹资机制，改变了人们对医疗服务利用的支付能力，也正是这个原因使更多的投保主体看重健康保险的医疗服务杠杆效应，它使更多的低收入群体获得了高质量医学技术治疗的机会。在中国新型农村合作医疗和城镇居民基本医疗保险实施之前，存在相对严重的看病难和看病贵问题，甚至在一定程度上使一些家庭受益于30多年改革开放而积累的财富，因为一场大病消失殆尽，并因此重新陷入经济贫困。但从整体来看（见图2-13），自中国推进城乡基本医疗保险制度以来，居民的期望寿命已经得到了显著的提高。

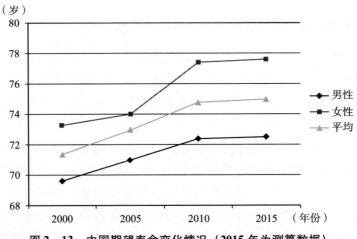

图2-13　中国期望寿命变化情况（2015年为测算数据）

　　对于国家来说，其为国民投保健康保险的基本动机，还包括社会稳定器的作用。虽然社会稳定往往需要用社会安定指标进行评价，例如社会动荡事件的数量和规模等。但从健康保险角度，反映社会稳定功能潜在指标是与疾病风险和健康问题相关的指标，很少使用诸如因为看不起疾病而自杀等激烈的行为，尽管中国在有些农村出现老年留守老人因病自杀的问题。但它不仅仅是疾病本身的问题，还包含很多其他的社会因素，如缺乏照看或者留守独居等一系列问题。在中国实现全民健康覆盖的进程中，政府通过不断提高的财政补贴，逐年提高城乡居民的基本医疗保险水平。并在2014年开始试行居民大病医疗保险办法，对提高城乡居民的医疗服务支付能力起到了较为明显的改善作用。它体现为居民两周就诊率和住院率的提高，以及期望寿命的增加。而与期望寿命对应的死亡率、出生率和人口自然增长率指标来看（见图2-14），在鼓励二胎生育之前，中国的人口随着死亡率的增加，一度出现下降的问题。尽管二胎的放开，能够初步缓解中国人口自然增长率下降问题，但由于老年人口比例较大，新生人口比例降低，未来人口老龄化的形势依然严峻（见图2-15）。

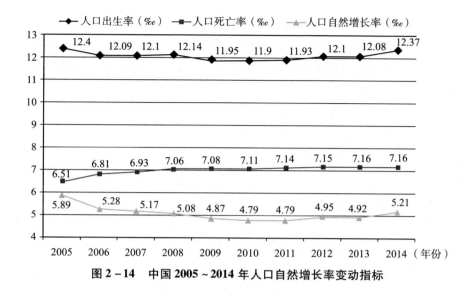

图 2-14　中国 2005～2014 年人口自然增长率变动指标

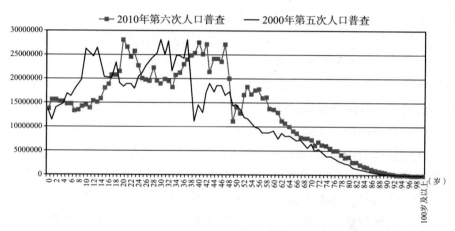

图 2-15　中国第五次和第六次人口普查反映的老龄化变动趋势

　　从图 2-15 来看，由于人口出生率和死亡率都明显下降，受计划生育政策的影响，2010 年人口普查数据反映的第一波老年人口已经进入退休年龄的阶段。如果这一波人口老龄化，已经对社会经济发展和劳动力抚赡养能力造成冲击的话，接下来十年将会有更大一波的老龄人口进入退休年龄阶段，之后 3 年还有一波较大的人口尖峰进入。如果人们的健康持续得到保障，并且维持在低死亡率水平上，显然将会面临非常大的老龄化问题的冲击。最为严峻的形势是紧跟三个人口高峰的后面，是过于偏低的人口出生率，也就意味着越来越少的劳动力承担赡养数倍于自己数量的老年人口，如果没有很高的资本化价值能力作为经济保障，社会所谓的"长寿风险"真的会严重冲击社会经济发展的可持续性。

从图 2-15 还可以看出，2000 年的第五次人口普查数据与 2010 年的第六次人口普查，在人口的年龄结构上，基本上是没有明显发生衰减的"平行波"，越来越"高寿"的老龄人口步入到退休人口行列。如何应对这些"高寿"人口的赡养和社会保障问题，已经迫在眉睫了。

2. 政府财政资金对医疗费用支付的压力转变情况

中国社会医疗保险制度的改革与建立，是受到建立社会主义市场经济体制和国有企业改革等动力驱动。其中最大的问题就是过度增长的医疗费用，不仅使企业不堪重负，也使政府财政负担压力过大。早期的公费医疗和集体劳保医疗制度，与马克思的"六项扣除理论"有关。根据马克思的"六项扣除理论"，国家作为社会总产品的分配主体，在将社会总产品分配到个人消费之前要完成六项基本扣除，其中三项扣除与社会保障制度有关，即第 3 项扣除中的应对自然风险和意外事故的风险准备金或国家储备、第 5 项满足教育与医疗服务的公共需求保障、第 6 项满足丧失劳动能力的人员的社会保障支出。因而，在马克思的六项扣除中，实际上是包括了健康保险、养老保险和伤残保险等主要保险的费用扣除，但这些保险的保障主要是由政府通过高度集中的社会总产品分配的方式实施的，一般表现为公费医疗或免费医疗的形式。这与英国和北欧等医疗服务国家所谓的免费医疗是不同的。

在中国社会主义市场经济体制下，健康保障已经将原来的公费医疗、劳保医疗和农村合作医疗等主要由政府或集体筹资的医疗保障制度，改革为政府、用人单位和个人共同分担的社会医疗保险制度。国家由原来的医疗服务的直接提供者，转变为医疗保险费用的分担者。其中最为典型的是城乡居民医疗保险制度，包括保险承办费用在内大约承担了 3/4 的承保费用。在 2010 年颁布并于 2011 年 7 月 1 日实施的《中华人民共和国社会保险法》中，明确国家采取自愿原则和财政资金引导的办法，分别在农村建立新型农村合作医疗和在城镇建立居民医疗保险制度。对于其他基本医疗保险制度，政府一般不直接分担医疗保险费用，对经济困难的群体，以补助医疗保险费用的方式资助其参加基本医疗保险。政府通过直接分担基本医疗保险费用、承担医疗保险承办费用的方式，动机在于实现基本医疗保险的全民覆盖，以构建全民医疗保险制度，同时有效地缓解财政、企业和个人负担。随着 2014 年 8 月"新国十条"和 2015 年 8 月"个人健康税优保险"等一系列加快商业健康保险政策的颁布，中国将构建起一个覆盖全民的多层次健康保险体系。

通过图2-16看，一方面，随着社会医疗保险的推进，中国医疗服务费用也进入一个较快的增长时期，个人的医疗消费需求得到有效的释放。但问题也在于个人承担的比例偏高，2010年之前，个人支付的医疗费用所占比例明显偏大，直到2010年以后，社会医疗保险基金等社会支出的比例才开始超过个人支付水平，成为医疗费用的主要承担力量。而在社会医疗保险的推进进程中，政府的卫生支出比重在三者中是最小的，医疗保险确实在一定程度上缓解了政府的财政资金压力。但是也使得个体的医疗费用支出居高不下，由于医疗费用负担偏大引发的因病致贫问题尚未得到根本性的扭转，这也促成了2015年城乡居民大病医疗保险办法的出台。因而，政府在通过社会医疗保险减轻社会负担的同时，还需要注意如何控制医疗费用增速过快的问题。

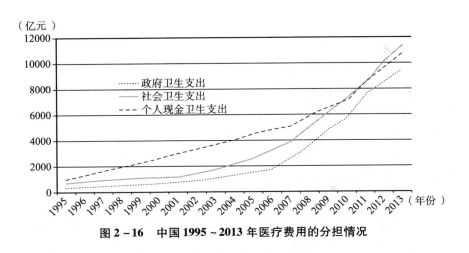

图2-16　中国1995～2013年医疗费用的分担情况

在这个医疗费用的构成中（见图2-17），其中城市居民的医疗费用要明显高于农村。一方面说明农村的医疗支出能力偏弱，没有城镇居民较高收入下的医疗消费拉动作用。另一方面也说明，农村的医疗条件依然落后，农村居民对高质量医疗服务的支付能力较弱，特别是在个人支付比例明显偏高的情况下，大部分农村低收入者难以支付高额的医疗费用，进而抑制了他们对医疗服务的有效利用。

农村居民医疗服务利用程度偏低的问题，既有经济水平的制约，也受到医疗卫生资源的影响，因而这说明政府的财政资金，尚未在医疗服务支付的公平性上进行改进。面对医疗服务增长的压力和改善农村医疗条件的压力，基于社会稳定和健康促进的要求，从国家层面需要通过健康风险治理投入和医疗服务管制角度，在改善医疗服务有效利用的同时，努力控制

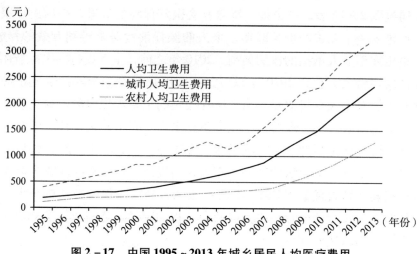

图 2 - 17　　中国 1995 ~ 2013 年城乡居民人均医疗费用

医疗费用的过快增长和服务效率偏低问题。毕竟社会风险分担与转嫁机制，都无助于社会总风险的减少，政府只有借助健康保险的风险管理功能，减少健康风险的发生概率和损失强度，扭转健康风险造成的经济损失和健康损害。我们将对此在风险损失补偿中，论证如何对医疗服务管制，并在健康风险治理中，探讨临床路径管理和支付方式改革。

在基本医疗保险保障水平偏低的情况下，政府有必要通过税收和用地优惠、购买公共服务等政策，间接为各类具有商业健康保险需求的群体提供健康保险补贴，这部分人员包括优抚人员和居民大病医疗保险等。政府通过商业健康保险的直接承担费用或间接优惠，以建立起多层次的健康保险制度，满足不同人员的健康保险需求。所以说，尽管政府投保健康保险使自己从医疗服务的直接提供者中解放出来的动机基本实现的情况下，依然需要在政府的主导下，按照市场机制通过借助商业健康保险的力量，协同解决好民众的医疗服务需求问题。

3. 健康保险在宏观经济助推器中的作用机制评价

健康保险对经济增长的影响，是通过健康保险对医疗费用的筹集与分担机制，提高国民的医疗服务可及性，进而保障和促进国民健康，使人力资本素质得到有效的改善，即资本化价值能力得到提高，劳动力供给数量和劳动效率必然也会得到显著的改善，最终推动宏观经济产出水平的提高。同时，由于健康保险能够转嫁健康风险损失，在一定程度上消除国民对健康风险导致经济损失的担忧，可以增加消费水平，影响储蓄规模，可以将更多的风险储备储蓄用于消费和向理财产品配置，从消费角度和投资角度刺激国民经济的增长。

也就是说，如果健康保险中的医疗保险服务，能够有效地改善实现资本化价值必需的健康状况，那么必然能提高国民经济的总产出，它既可以体现在 C - D 生产函数人力资本效率的提高，也能够反映在随着健康保险的投入增加，在有健康投入变量的三要素生产函数上，也是能够体现出健康保险的贡献作用。在共同考虑劳动力素质提高、健康投入和消费激励的共同作用下，可以构建一个含有健康保险要素的生产函数和生命周期假设（LCH）消费函数（Modigliani et al.，1954）的计量经济学联立模型，对健康保险的宏观经济助推器效果进行评价。构建的计量经济学联立方程为：

$$\begin{cases} \ln Y_t = \ln A_t + b_1 \ln K_t + b_2 \ln L_t + b_3 \ln H_{t-1} + \varepsilon_t \\ C_t = \beta_1 Y_t + \beta_2 Y_{t-1} + \beta_3 C_{t-1} + \beta_4 H_{t-1} + \beta_5 \text{Year} + \mu_t \\ Y_t = C_t + I_t + G_t \end{cases}$$

其中 Y_t 为 t 时期的国内经济产出，A_t 为该时期的综合效率产出，K_t 为资金投入，L_t 为劳动力数量，H_{t-1} 为上期健康保险总投入。如果健康保险投入切实改善了资本投入和个体的资本化价值能力，那么健康保险投入 H_{t-1} 是能通过显著性检验的。而个体的消费能力和水平同样也会受到来自健康保险水平的影响，如果保险的保障水平足以能够消除个体的疾病风险担忧，他将会把自己的更多财富用于消费和教育支出等，如果健康保险水平没有达到这个水平，那么健康保险可能会使居民的储蓄减少一部分，但依然会留备部分收入用来应对补偿之后的不确定性医疗费用支出。考虑到消费与收入和消费习惯的关系，我们在生命周期假设消费函数中，加入当期收入 Y_t 和滞后一期收入 Y_{t-1}，以反映个体的收入水平与增长变化，同时加入滞后一期的 C_{t-1} 支出，反映个体的消费习惯。用当前健康保险水平 H_{t-1}，反映当期保险水平对消费的影响。事实上，如果必要还应该加入一个基于未来预期收入变量 Y_t^e，以反映经济预期收入变动对借贷等消费行为的影响，即：

$$C_t^e = \alpha_t + \beta_t Y_t^e + \varepsilon_t$$

考虑到联立方程中，已经用当期收入和滞后一期收入反映收入的规模和变化，我们在联立模型中可以暂不加入该方程，如果检验结果不理想，可以再考虑预期收入的影响。这将改变联立模型的变量关系。由于传统的生产函数人力资本的口径是"劳动年龄"人口，而事实上中国农村的非劳动年龄人口也在从事农业生产，因而简单利用劳动力统计口径，可能无法准确估计农村中的生产效率、城镇居民生产效率和企业生产效率。因此，需要进一步修正劳动年龄人口的口径、劳动力城乡转移情况，分别从城乡、农业与工业数据口径，按照1998年、2003年和2007年三个基本医疗保险改革时间节点，以及商业健康保险四个方面，评价健康保险的宏观经济作用机制。在模型试算过程中，中国统计年鉴的数据存在与制度实施节点的年度数据滞后性，故在数据使用的年份上将进行调整，具体使用数据见表2-8。

考虑到当前农村居民购买商业健康保险数量很小，只利用新型农村合作医疗的缴费数据进行拟合分析。而城镇居民的健康保险消费分为政府提供的城乡居民基本医疗保险和职工基本医疗保险，以及保险公司承保的商业健康保险，为此，将城镇居民的健康保险分为两个部分，即社会医疗保险和商业健康保险进行分析。其中中国自2004年以来的商业健康保险的原保费收入情况见图2-18。

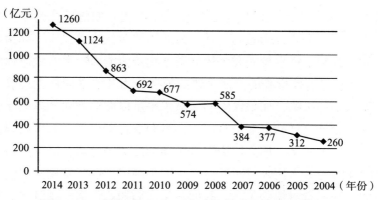

图2-18   中国2004~2014年商业健康保险原保费收入

从中可以看出，中国商业健康保险近年来呈现较快的发展趋势，尤其是2010年以后，商业健康保险进入一个较快发展的过程。城镇居民与职工社会医疗保险的分析结果见表2-2、表2-3。从表2-2的城镇居民消费影响情况看，城镇居民消费主要受到上期消费和国民收入的影响，与上期医疗保险缴费没有明显的关系。尽管对国民经济的增长具有显著性影响（0.000），但贡献系数为负值。

与城镇居民基本医疗保险相似，商业健康保险对居民的消费没有产生显著性（0.923）的影响，但当期健康保险保费收入对国民收入具有显著性的正向作用关系（见表2-4、表2-5）。

表 2 - 2　　　　　城镇居民职工基本医疗保险对城镇居民消费影响

	非标准化系数		标准化系数	T	显著性
	B	标准错误	Beta		
（常数）	1274.461	471.268		2.658	0.022
国民收入	0.228	0.027	0.812	8.348	0.000
上期国民收入	-0.190	0.054	-0.611	-3.497	0.005
上期消费	1.059	0.198	0.940	5.352	0.000
上期保险支出	-1.719	1.620	-0.082	-1.062	0.311
投保年份	-639.034	240.567	-0.061	-2.656	0.022

表 2 - 3　　　　　城镇居民职工基本医疗保险对国民经济贡献

参数	非标准化系数		标准化系数	T	显著性
	B	标准错误	Beta		
（常数）	-19.785	4.864		-4.067	0.001
固定资本	0.428	0.122	0.495	3.518	0.004
城镇劳动力	2.721	0.614	0.759	4.434	0.001
城镇基本医保	-0.110	0.020	-0.262	-5.630	0.000

表 2 - 4　　　　　商业健康保险对城镇居民消费影响

变量	非标准化系数		标准化系数	T	显著性
	B	标准错误	Beta		
（常数）	983.296	487.352		2.032	0.067
国民收入	0.229	0.029	0.813	7.877	0.000
上期国民收入	-0.173	0.055	-0.556	-3.147	0.009
上期消费	0.893	0.125	0.792	7.125	0.000
上期健康保险	-0.453	4.558	-0.003	-0.099	0.923
购买年份	-495.032	243.459	-0.047	-2.033	0.067

表 2 - 5　　　　　商业健康保险对国民经济贡献

参数	非标准化系数		标准化系数	T	显著性
	B	标准错误	Beta		
（常数）	-16.171	5.820		-2.779	0.016
固定资本	0.463	0.153	0.536	3.036	0.010
城镇劳动力	2.317	0.743	0.647	3.120	0.008
商业健康保险	0.112	0.028	0.191	4.005	0.001

而从农村合作医疗的年度支出与消费关系看，具有正向的显著性作用关系（回归系数等于 1.884，显著性等于 0.052）。同时对国民收入也具有正向的显著性贡献（参数值等于 0.086，显著性系数等于 0.004）。相比较城镇基本医疗保险和商业健康保险的影响关系，健康保险的消费影响居民的消费和国民经济，但保费收入只对国民经济增长具有显著性贡献（见表 2 - 6、表 2 - 7）。

表 2 - 6　　　　　　　新型农村合作医疗对农村居民消费影响

变量	非标准化系数		标准化系数	T	显著性
	B	标准错误	Beta		
（常数）	- 155.182	58.979		- 2.683	0.044
国民收入	- 0.015	0.006	- 1.921	- 2.565	0.050
上期国民收入	- 0.020	0.009	- 2.350	- 2.113	0.088
上期居民消费	2.173	0.549	1.859	3.957	0.011
新农合支出	1.844	0.725	1.523	2.544	0.052
消费年份	779.319	290.460	1.921	2.683	0.044

表 2 - 7　　　　　　　新型农村合作医疗对国民经济贡献

参数	非标准化系数		标准化系数	T	显著性
	B	标准错误	Beta		
（常数）	40.254	11.145		3.612	0.009
固定资本	0.246	0.162	0.274	1.514	0.174
农村劳动力	- 2.907	0.880	- 0.445	- 3.305	0.013
新农合支出	0.086	0.020	0.290	4.191	0.004

根据以上分析结果，我们将健康保险对国民经济的贡献情况整理成表 2 - 8。通过表 2 - 8 可以看出，包括社会基本医疗保险和商业健康保险在内的健康保险投入，对国民经济的发展具有显著性的影响。健康保险通过劳动力的健康保障，对国民经济的增长具有双向的影响关系。一方面，保险费用的缴纳会增加企业生产成本，影响企业的竞争力；另一方面，商业健康保险的发展也是国民经济的重要产业，必然会对国民经济增长带来显著性的影响。

表 2 − 8 健康保险对国民经济贡献情况

健康保险类型	健康保险投入	劳动力数量	资本规模	消费影响
新型农村合作医疗 （2004 年之后）	0.086 （0.004）	− 2.907 （0.013）	0.246 （0.174）	1.844 （0.052）
城镇居民医疗保险 （1998 年之后）	− 0.110 （0.000）	2.721 （0.001）	0.428 （0.004）	− 1.719 （0.311）
商业健康保险 （1997 年之后）	0.112 （0.001）	2.317 （0.008）	0.463 （0.010）	− 0.453 （0.923）

由此，如何合理地安排政府组织的强制性健康保险与商业健康保险，对国民经济发展和国民消费具有显著性的影响。当前健康保险的购买与消费之间的偏离问题依然较大，需要政府的健康保险政策制定者进行合理的规划和决策，在推动国民经济发展、保障国民健康的同时，有效改善国民的消费需求。

2.3.3 用人单位层面的健康保险保障效果评价机制

从用人单位投保动机上看，其投保动机的主要原因是稳定就业队伍，并且激励职工劳动积极性，进而提高企业的单位劳动力利润贡献率。如果企业的生产产出增加值与健康保险的投入具有显著关系，则说明用人单位的健康保险投入有助于生产水平的提高。为此，我们首先利用线性回归方程，分析企业生产与健康投入的显著关系。根据 C − D 生产函数的要素关系，构建一个包含资本投入（CAPITAL）、城镇劳动力数量（W_CITY）和职工医疗保险保费（M_CITY）投入的模型，由于职工缴纳的医疗保险费用直接来源于工资，也属于企业支付给职工报酬的一部分。因此，我们使用城镇职工基本医疗保险的统计数据。利用 EViews8.0 进行回归分析，结果见表 2 − 9。通过表 2 − 9 可以看出，中国城市行业的增加值与资本和职工医疗保险的投入具有正向因果关系，即企业的增加值的主要贡献因素是资本（2.200258）与医疗保险（25.81881）等投入。而与城镇职工就业人数呈负向因果关系（ − 27.38601），职工数量增加没有促进行业增加值，也可能是随着中国产业结构升级，员工数量增加无法满足企业对员工素质提高的要求，企业产能增加的潜在要素在于生产技术设备的升级。

表 2 - 9   行业增加值与资本、城镇就业人员和医疗保险投入回归关系

Variable	Coefficient	Std. Error	t – Statistic	Prob.
C	7867. 1	2322. 8	3. 357530	0. 0284
CAPITAL	2. 200258	0. 338024	6. 509177	0. 0029
W_CITY	– 27. 38601	8. 828224	– 3. 102097	0. 0361
M_CITY	25. 81881	3. 466094	7. 448963	0. 0017
R – squared	0. 999701	Mean dependent var		408209. 9
Adjusted R – squared	0. 999476	S. D. dependent var		124303. 8
S. E. of regression	2845. 645	Akaike info criterion		19. 05182
Sum squared resid	32390771	Schwarz criterion		19. 09154
Log likelihood	– 72. 20728	Hannan – Quinn criter.		18. 78392
F – statistic	4450. 968	Durbin – Watson stat		3. 290635
Prob (F – statistic)	0. 000000			

而利用包含三要素形式的 C – D 生产函数 $Y = AK^{\alpha}L^{\beta}H^{\gamma}$ 进行统计分析，结果显示三要素都没有显著的因果关系（见表 2 - 10）。考虑到表 2 - 9 的分析结果，我们采用逐步进入的方法，对生产函数的计量方程进行拟合，结果证实表 2 - 10 的结果受劳动力要素的影响较大，分析结果见表 2 - 11、表 2 - 12。表 2 - 11 和表 2 - 12 的结果可能隐含着职工数量虽然对产出有贡献，但对增加值的作用未必是正向和显著的。

表 2 - 10   行业增加值与资本、劳动力和健康的生产函数关系

Variable	Coefficient	Std. Error	t – Statistic	Prob.
C	– 7. 041512	13. 69747	– 0. 514074	0. 6343
K	0. 361023	0. 190938	1. 890789	0. 1316
L	1. 348962	1. 600090	0. 843054	0. 4467
H	0. 166098	0. 256509	0. 647533	0. 5526
R – squared	0. 997686	Mean dependent var		12. 87663
Adjusted R – squared	0. 995950	S. D. dependent var		0. 317914
S. E. of regression	0. 020232	Akaike info criterion		– 4. 656243
Sum squared resid	0. 001637	Schwarz criterion		– 4. 616523
Log likelihood	22. 62497	Hannan – Quinn criter.		– 4. 924144
F – statistic	574. 7912	Durbin – Watson stat		1. 897759
Prob (F – statistic)	0. 000010			

表 2 – 11　　　　　　　　行业增加值与资本和健康的对数关系

Variable	Coefficient	Std. Error	t – Statistic	Prob.
C	4. 479650	0. 901039	4. 971649	0. 0042
K	0. 445081	0. 158056	2. 815966	0. 0373
H	0. 353226	0. 124789	2. 830587	0. 0366
R – squared	0. 997274	Mean dependent var		12. 87663
Adjusted R – squared	0. 996184	S. D. dependent var		0. 317914
S. E. of regression	0. 019638	Akaike info criterion		– 4. 742693
Sum squared resid	0. 001928	Schwarz criterion		– 4. 712902
Log likelihood	21. 97077	Hannan – Quinn criter.		– 4. 943618
F – statistic	914. 7517	Durbin – Watson stat		1. 728035
Prob （F – statistic）	0. 000000			

表 2 – 12　　　　　　　　行业增加值与资本和劳动力的对数关系

Variable	Coefficient	Std. Error	t – Statistic	Prob.
C	– 14. 98799	5. 720199	– 2. 620188	0. 0471
K	0. 357542	0. 179437	1. 992580	0. 1029
L	2. 245539	0. 753963	2. 978313	0. 0309
R – squared	0. 997443	Mean dependent var		12. 87663
Adjusted R – squared	0. 996420	S. D. dependent var		0. 317914
S. E. of regression	0. 019021	Akaike info criterion		– 4. 806557
Sum squared resid	0. 001809	Schwarz criterion		– 4. 776766
Log likelihood	22. 22623	Hannan – Quinn criter.		– 5. 007482
F – statistic	975. 2421	Durbin – Watson stat		1. 974203
Prob （F – statistic）	0. 000000			

　　因而，就业职工的健康保险投入具有显著的资本生产能力的提升机制，一方面通过保护劳动力健康改善了职工的劳动身体素质，另一方面也正如 Folland 等（2010）等学者认可的工作锁定效应带来的工作激励效应。

　　而从经济活动人口数量看，近年来国民健康素质的改善，确实增加了企业的可用工数量，并没有受到人口老龄化问题的较大影响（见图 2 – 19）。但是从另外一个方面，也可能反映出当前企业不会因为用工荒问题，对普通的劳动力进行健康福利激励，甚至还存在就业环境和条件差的问题，这些问题在中国部分劳动密集型企业中也确实存在。

图 2-19　中国 1995～2013 年经济活动人口数（万人）

　　而且这些从业人员的单位产出水平也一直是逐年增加的，随着科学技术的提高，单位劳动力的产出水平在 2010 年以后的增幅比较明显。中国的产业升级和创新驱动战略，无论是在第一产业，还是在第二产业和第三产业都得到明显的提高（见图 2-20）。因而我们也可以据此认为，劳动力人口的单位产出水平，如果能够抵消和超过人口老龄化的增速的化，中国经济发展依然是可持续的，并且随着退休延迟制度的实施，企业将能够通过工作锁定和激励机制，聘用更多胜任工作能力的劳动力。这对于缓解中国的人口老龄化，减轻"未富先老"的所谓人口老龄化问题具有非常重要的实现可持续发展的意义。

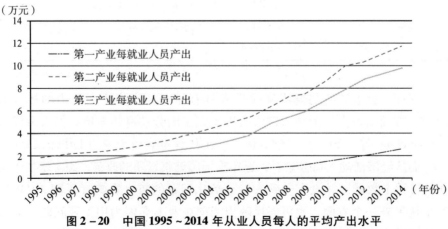

图 2-20　中国 1995～2014 年从业人员每人的平均产出水平

中国目前正处于新型城镇化建设时期，2014 年的城镇化率已经超过53%，一方面并没有对农业生产造成太大的影响，另一方面也为城市和乡镇企业提供了大量的劳动力，其原因与中国加快土地流转和土地确权等改革的作用有关。随着未来新型城镇化建设质量的提高，地区人口流动逐渐趋于平稳，必然也使企业需要更多的工作锁定和效率激励措施，建立在基本医疗保险基础上的补充医疗保险和商业健康保险，以及工作环境的改善，将是未来用工单位采取的主要手段。

2.3.4 家庭层面的健康保险保障效果评价机制

1. 基于家庭既有财富灾难性支出的贫困改善状况评价

家庭成员作为投保人，一般是指劳动人口对非劳动人口的投保，其目的在于免于家庭因病陷入经济贫困。如果健康保险是有效的，那将能够有效地缓解或免除健康保险导致的因病致贫水平。因而，家庭层面的健康保险投保动机：一是防止家庭因病致贫，并及时获得必要的高质量的医疗服务。疾病风险对家庭的损害，一般表现为因病致贫和因为难以获得医疗服务导致被保险人过早死亡。二是更好地优化配置家庭财富，一部分用于更好地改善生活质量，使家庭的食品消费恩格尔系数有所降低，增加教育投入，以及提高家庭理财产品的收益率。因而对家庭健康保险的保障效果，需要从以上四个方面进行综合评价。

在因病致贫方面，一般是按照家庭医疗费用支出，占家庭总的财富水平或消费支出比例来进行评价的，包括医疗费用占家庭总收入比例、占人均家庭收入比例，以及家庭可支付能力和家庭非食品支出的比例等。当家庭的医疗费用支出规模过大时，将会占用家庭其他方面的消费支出，进而降低生活质量或者导致其陷入绝对贫困。下面我们将根据朱铭来教授提供的文献资料，对中国因病致贫，或者灾难性支出的情况进行分析。

表 2 - 13 是当前一些文献中关于医疗费用支出与相关指标的占比情况，当超过标准阈值以后，家庭可能会出现经济性灾难问题。由于不同收入水平对医疗消费的大小是不同的，因而在医疗费用支出的灾难性标准上也是不同的，表 2 - 14 反映的是 2012 年中国城镇居民不同收入水平的家庭灾难性支出标准，表 2 - 15 是农村不同收入水平的支付标准。整体来看，中国的组别标准相对高于世界卫生组织，尽管这有助于减轻健康扶贫的压力，但也同时会对未来的全民共同富裕的实现标准产生影响，全面建成小康社会必然需要有力的国民健康保障作为基础。

表 2－13   灾难性医疗支出的阈值选择

文献作者或者贡献者	评价模型的分母	阈值（%）或等级
Kronenber，Barros（2014）	家庭的可医疗费用支付能力	10 20 30 40
Zhou，Gao（2011）	家庭的医疗服务支付能力	10 15 25 40
Wagstaff，Lindelow（2008）	家庭人均收入水平	5 10 15 20～25
Limwattananon et al.（2007）	家庭的总消费支出规模	10
Wagstaff，Yu（2007）	家庭人均收入水平	10
Su，Kouyate，Flessa（2006）	家庭的非食品类消费支出	20 30 40 60
Habicht，Xu，Couffinhal（2006）	家庭的医疗费用支付能力	20
Cavagnero，Carrin，Xu et al.（2006）	家庭的医疗费用支付能力	40
WHO（2003）	家庭的医疗费用支付能力	40
Pradhan，Prescot（2003）	家庭的年均收入水平	10
Berki（1986）	家庭的年均收入水平	5 10 20

表 2－14   城镇不同收入家庭灾难性医疗支出标准（2012）   单位：元

评价标准	最低收入户	困难户	较低收入户	中等偏下收入户	中等收入户	中等偏上收入户	较高收入户	最高收入户
中国组别标准 平均：21810	6876	5398	10672	14498	19545	26420	35579	58842
WHO 标准 平均：11083	4598	3926	6136	7630	9657	12438	16568	25808

表 2－15   农村不同收入家庭灾难性医疗支出标准（2012）   单位：元

评价标准	低收入户	中等偏下收入户	中等收入户	中等偏上收入户	高收入户
中国组别标准 平均：6977 元	2001	4256	6208	8894	16783
WHO 标准 平均：4856 元	3283	3775	4411	5234	7576

注：表 2－13、表 2－14、表 2－15 和图 2－20 的数据由南开大学朱铭来教授提供，并参考其论文《大病保险对家庭灾难性医疗支出的风险分散机制分析》（中国卫生政策，2013 年第 12 期，第 4～7 页）。

从历史上来看，自 2007～2011 年中国城镇居民的灾难性医疗支出发生率来看（见图 2－21），以家庭总支出 10% 的比例看，整体水平一直维持在 35% 以上，这意味着有 1/3 家庭的医疗消费支出已经超过警戒水平，而按照家庭总支出20%的标准，也有超过1/5的家庭遭受较大的医疗费用支出。而因为医疗费用支出消耗家庭所有财富的家庭也超过6%，按照家庭平均人口为2.71人计算，这意味着近2亿城镇家庭中3252万人口遭受过因病致贫的问题。而2007年以后城镇居民基本医疗保险的实施，使医疗灾难性支出的比例开始呈现下降的趋势，但总体趋势不是很明显，这意味着基本医疗保险的水平依然偏低，难以有效地解决低收入者的因病致贫问题，这也是2014年推出城乡居民大病医疗保险的动因之一，随着大病医疗费用的再次补偿，将使因病致贫问题得到有效缓解。

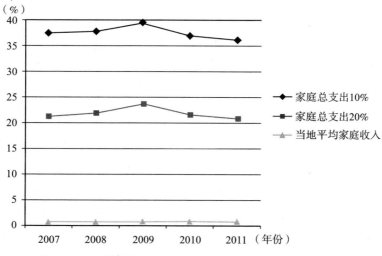

图2-21　城镇居民不同指标下的灾难性医疗支出发生率

2. 家庭资本化价值能力保障效果

为了综合反映健康保险的家庭保障效果，我们构建一个家庭资本化价值因子，即家庭总收入扣除基本食品消费以后，在教育和理财产品方面的财富配置情况。借鉴Huebner（1927）的生命价值学说中的资本化价值因子概念构建家庭资本化价值因子fcv_f，就是家庭总收入扣除所有消费以后的结余水平，即：

$$fcv_f = \frac{NI - (FE + ME)}{NI} \times 100\%$$

它与灾难性医疗支出的评价原理比较相似，但是更能反映出个体的可支配收入中，扣除必要的食品和医疗支出以后的结余情况，它会影响到教育支出和家庭财产性理财收入。一个家庭的教育支出越小，未来改善家庭收入的整体能力越低；在缺乏家庭财产性收入的情况下，如果单纯依赖工资性收入，家庭未来的可支配收入也可能因为失业或病残等问题，导致收入缺乏稳定性。

在有医疗费用补偿机制的健康保险的保障作用下，如果健康保险的补偿能够使家庭的资本化价值因子大于必要的食品消费支出，将使家庭能够将收入更多地用于教育和理财消费。中国 1995～2012 年，城乡居民的家庭资本化价值水平见图 2－22。

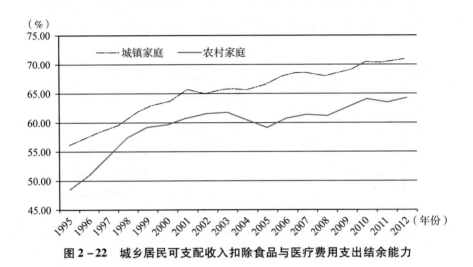

图 2－22　城乡居民可支配收入扣除食品与医疗费用支出结余能力

从图 2－23 来看，尽管中国医疗费面临增长过快的压力，但是在基本医疗保险的补偿作用下，城乡居民可支配收入中扣除必要的食品和医疗费用支出以后，结余水平呈现上涨趋势，也就意味着城乡居民具有一定的结余收入，用于教育投资和其他必要的消费。从文教娱乐支出的比例来看，教育的投入与城乡居民的收入结余能力比较一致，城镇居民的消费支出远大于农村人口，而且增长幅度也比较大。相对于农村的经济水平偏低，在文化教育等方面的投入依然偏低。转移性收入和财产性收入的比例在整体上依然偏低，特别是财产性转移收入的增幅不是很明显，而来自社会保险等收入比较明显（见图 2－24）。近年来随着进城务工人员数量和家庭成员占比增加，农村居民的工资性收入比例增加得很快，这也在另外一个层面反映了流动人口放开对改善农村家庭收入福利的促进机制，但也会影响到家庭农业经营性的收入情况。从农民家庭的消费结构和边际偏好来看，农村家庭的发展性消费普遍偏少。从国家统计局农村入户调查的 2000～2012 年的数据来看（见表 2－16），食物类消费为 1357.87 元，依然远远大于其他消费，其次是居住类消费，而文教类消费和医疗保健类消费分别为

295.61 元和 224.19 元，也低于交通通信费用 305.61 元。

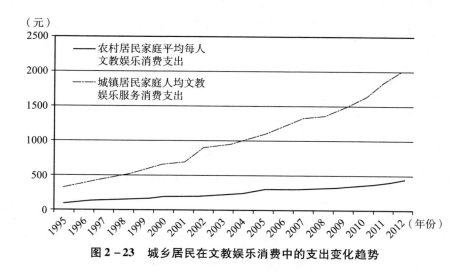

图 2 - 23　城乡居民在文教娱乐消费中的支出变化趋势

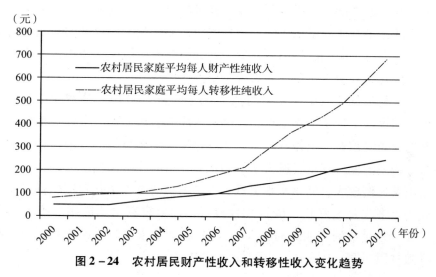

图 2 - 24　农村居民财产性收入和转移性收入变化趋势

而从消费的边际偏好选择来看（见表 2 - 16），农村居民的食物和居住类的数值也偏大，消费边际分别为 0.271 和 0.154，为收入中优先安排的消费支出，但其中的食品消费包含了承包土地的贡献部分，食品的现金消费边际至为 0.183；医疗和教育数值较小，分别为 0.072 和 0.042，均小于交通通信费用支出。

表 2-16　　农村居民 2000～2012 年平均每人消费支出结构与水平　　单位：元

农村家庭消费项目	极小值	极大值	均值	标准差
食品消费支出	820.5	2323.9	1357.87	503.37
衣着消费支出	96	396.4	191.25	96.2
居住消费支出	258.3	1086.4	557.71	287.07
家庭设备及用品支出	75.4	341.7	158.02	90.35
交通通信消费支出	93.1	652.8	305.61	175.11
文教娱乐消费支出	186.7	445.5	295.61	79.53
医疗保健消费支出	87.6	513.8	224.19	134.86

　　因此可以推断出与 Banerjee 和 Duflo（2011）相近的结论，就是家庭经济资源的内部错配削弱了贫困家庭跳出贫困陷阱的能力，需要提供能力改善型的教育、技能培训和金融资本、风险应对等公共服务，而不是直接收入补贴性的资助，获得性劳动收入和风险应对能力的改善，对贫困家庭的脱贫才是最有效和最长久的。在现实中，要摆脱因病致贫的问题，有待于进一步改善健康或医疗消费在整个家庭中的消费规模和结构，努力增加健康保险在家庭资本化价值能力改善中的作用。

　　从农村最低收入居民家庭的消费看（见表 2-17），消费顺位总体上与农村居民的平均水平相类似，食品和居住成为他们的普遍优选偏好，教育和医疗类等消费支出偏好较弱，尤其是文教娱乐类的消费依然处于最低位次。消费的偏好程度普遍大于平均水平，由此反映出两个问题：一是收入的消费比例较大，储蓄水平更低；二是累积财富资本化程度较低，无法转化为更多改善家庭收入的资本性投资。如果家庭中不能用"今天的收入"生产出足够的"明天的收入"，必然会加大未来收入的增长压力，甚至导致贫困问题（Banerjee and Duflo，2011）。

表 2-17　农村居民 2000～2012 年平均每人消费结构与收入来源关系　　单位：元

消费项目	家庭收入		工资性收入		家庭经营收入		财产性收入		转移性收入	
	平均	最低户	平均	最低户	平均	最低户	平均	最低户	平均	最低户
总体消费	0.748	1.821	1.569	3.469	1.983	6.678	19.512	57.652	6.810	8.504
食物饮食	0.271	0.723	0.567	1.366	0.719	2.713	7.072	23.034	2.457	3.357
家庭居住	0.154	0.354	0.321	0.674	0.407	1.289	4.024	11.047	1.405	1.668
交通通信	0.094	0.199	0.197	0.380	0.249	0.730	2.452	6.310	0.848	0.929

消费项目	家庭收入		工资性收入		家庭经营收入		财产性收入		转移性收入	
	平均	最低户	平均	最低户	平均	最低户	平均	最低户	平均	最低户
医疗保健	0.072	0.201	0.152	0.389	0.191	0.705	1.871	6.354	0.662	0.943
衣着服饰	0.052	0.124	0.109	0.237	0.137	0.448	1.337	3.919	0.472	0.576
家庭设备	0.049	0.109	0.102	0.209	0.128	0.391	1.257	3.406	0.445	0.513
文教娱乐	0.042	0.073	0.087	0.141	0.110	0.266	1.091	2.384	0.372	0.339

　　而从 2010 年全国第六次人口普查的数据看（见图 2 - 25），中国整体的资本化价值率水平，农村要普遍高于城镇，这是由于农村流动人口大量进入城市，赚取外出务工收入的原因。他们在城镇是一个低消费群体，而且农村的整体消费水平也明显偏低于城镇。所以在一定意义上，农村外出务工在解决他们的医疗费用负担、改善家庭经济状况等方面，有效弥补了社会保障等转移性收入不足的问题，无论是从城市减少还是减轻农村社会保障压力，都做出了重要的贡献。而且农村转移劳动力也是未来解决人口老龄化问题的重要力量，针对他们当前健康保险中存在的重复保险和保险需求偏低等问题，政府应该采取积极的财政激励和其他相关措施，有效解决他们的健康保障问题，切实保障劳动力的健康水平。

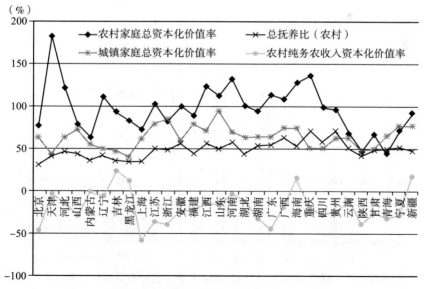

图 2 - 25　中国城乡居民家庭 2010 年总资本化价值水平

而从城镇居民的资本化价值能力所带来的借款筹资能力看（见图2－26），尽管"城镇居民金融消费调查"项目组调查的3122个调查对象中，都普遍具有较强的借债能力和负债水平，但是只有7人存在医疗借债的行为，占总数的0.2%。该结果反映出来两个可能的问题：一是城镇居民具有较低的因病致贫比例，这与国家扶贫办公布的2015年因病致贫数据基本一致。二是城镇居民较高的医疗保险补偿水平和资本化价值能力，城镇居民不需要医疗借债。从医疗费用的实际自我支付水平看，较高的医疗费用补偿能力使城镇25岁以上人口每月自负医疗费用平均数仅为146.94元，最大值仅为500元（见图2－27）。

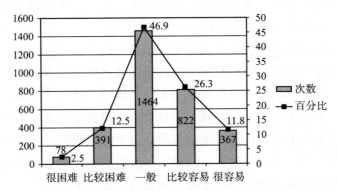

图2－26　城镇人口2012年筹集一年期十万元借款的难易程度

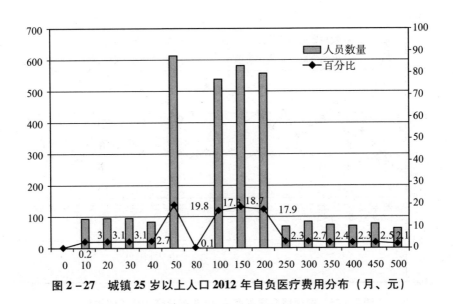

图2－27　城镇25岁以上人口2012年自负医疗费用分布（月、元）

城镇居民的健康保险已经有效缓解了疾病经济负担，而农村居民医疗费用的实际自负比例依然接近50%左右。而且缺乏借债能力，医疗费用筹资主要来源于亲朋好友，几乎没有来自金融机构的借债行为。健康保险扶贫的重点自然也必须放在农村，一方面提高医疗保险的保障水平，另一方面改善医疗费用的多元支付途径，全面提升农村居民的健康保障水平。

2.3.5 资本化价值视角的健康保险微观保障效果评价机制

所有投保主体的投保效果都反映在被保险人身上，因而作为被保险人的投保人的动机也是最为复杂的。除了反映在宏观层面、用人单位和家庭等方面的效果外，还有个性化的一些基本特征，并且预期收入也会对个体的健康保险消费带来较大的影响。在有健康保险的情况下，被保险人不仅会优化既有的财富消费和投资，还可能根据预期的收入与消费，增加信用消费，如住房贷款等，通过健康保险对疾病风险损失的担忧得到缓解或消除以后，将能够在更大的范围和更高程度，释放个体的消费需求。为了检验投保健康保险的主要影响因素，首先，利用个体的健康保险数据，分析个体的健康保险保费支出，与累积财富 ω_s、社会转移财富 ω_g 和生命价值代表的期望收入 ω_e 的内在关系。进而对个体的健康保险投保动机行为进行检验，明确对健康保险投保数量的影响动机。在多元化投保动机下，根据 Kunreuther 等（2013）保险目的的多样化观点，加入投资（即风险转嫁）、忧虑或免于遗憾、法律强制、社会规范 4 个虚拟目的变量 z_j，建立评价健康保险需求的线性计量模型：

$$y = a_0 + a_1\omega_s + a_2\omega_g + \omega_e + \sum_{j=1}^{4} a_j z_j + \mu$$

在进行模型量化分析时，y 数值分别用非储蓄性健康保险和储蓄性健康保险。分别检验不同类型健康保险的投保数量与动机之间的关系，用以确认投保动机的影响方向。利用调查数据分别利用资本化价值能力（FCV）、家庭储蓄水平（FAMILY_S）、家庭抚（扶）赡养系数（FFSY）、家庭成员健康状况（HEALTH_C）、未来收入稳定期望（STAB_1）、社会认知（SO_REG）、社会规范遵从度（SO_RELY）、未来不确定性担忧程度（WORRY_UN）、投资动机和法律遵从度（LAW_RELY）等因素，作为非储蓄性健康保险和储蓄性健康保险购买数量的影响因素，利用 EViews8.0 进行拟合分析，结果分别见表 2-18 和表 2-19。由于社会问题调查的相对模糊性，我们将影响因素的显著性水平定在 0.1 的水平上。

表 2 - 18   非储蓄性健康保险产品购买数量影响因素

Variable	Coefficient	Std. Error	t – Statistic	Prob.
C	119. 4071	11. 70426	10. 20202	0. 0000
FCV	0. 001525	0. 000215	7. 086457	0. 0000
FAMILY – S	0. 000375	0. 000182	2. 065596	0. 0389
FFSY	4. 729635	2. 570988	1. 839617	0. 0659
HEALTH – C	– 1. 277148	2. 734058	– 0. 467125	0. 6404
STAB – 1	– 5. 316173	1. 902396	– 2. 794462	0. 0052
SO – REG	1. 388257	2. 777988	0. 499735	0. 6173
SO – RELY	2. 605779	1. 486635	1. 752803	0. 0797
WORRY – UN	0. 913039	1. 401561	0. 651445	0. 5148
INVEST	– 0. 621206	1. 203984	– 0. 515958	0. 6059
LAW – RELY	0. 262249	4. 712695	0. 055647	0. 9556
R – squared	0. 056643	Mean dependent var		131. 9475
Adjusted R – squared	0. 053610	S. D. dependent var		78. 97525
S. E. of regression	76. 82914	Akaike info criterion		11. 52456
Sum squared resid	18363353	Schwarz criterion		11. 54587
Log likelihood	– 17978. 84	Hannan – Quinn criter.		11. 53221
F – statistic	18. 67965	Durbin – Watson stat		1. 944357
Prob （F – statistic）	0. 000000			

表 2 - 19   储蓄性健康保险产品购买数量影响因素

Variable	Coefficient	Std. Error	t – Statistic	Prob.
C	2. 859539	0. 903566	3. 164727	0. 0016
FCV	0. 000142	1. 66E – 05	8. 518402	0. 0000
FAMILY – S	2. 36E – 05	1. 40E – 05	1. 685069	0. 0921
FFSY	1. 113228	0. 198480	5. 608780	0. 0000
HEALTH – C	– 0. 193983	0. 211068	– 0. 919051	0. 3581
STAB – 1	– 0. 429966	0. 146864	– 2. 927638	0. 0034
SO – REG	0. 192278	0. 214460	0. 896568	0. 3700
SO_RELY	0. 020833	0. 114768	0. 181522	0. 8560
WORRY – UN	– 0. 306603	0. 108200	– 2. 833668	0. 0046
INVEST	0. 044252	0. 092947	0. 476099	0. 6340
LAW – RELY	0. 792304	0. 363819	2. 177745	0. 0295
R – squared	0. 089960	Mean dependent var		3. 315919
Adjusted R – squared	0. 087035	S. D. dependent var		6. 207470
S. E. of regression	5. 931188	Akaike info criterion		6. 401843
Sum squared resid	109441. 8	Schwarz criterion		6. 423146
Log likelihood	– 9982. 277	Hannan – Quinn criter.		6. 409490
F – statistic	30. 75323	Durbin – Watson stat		1. 924351
Prob （F – statistic）	0. 000000			

从非储蓄性健康保险的购买意愿和数量上看，个人收入扣除本人消费后的资本化价值能力具有显著性影响（Prob. = 0.000），而且消费水平与能力关联度约为千分之一，即每有 1000 元的收入将会购买 1 元钱的非储蓄性健康保险。而家庭的既有储蓄能力尽管也有显著性影响（Prob. = 0.0000），但贡献能力明显小于资本化价值能力，贡献率不足万分之四。而从具体原因看，家庭储蓄的用途主要与房产的购置行为有关。

家庭经济支柱成员承担的未就业者的抚（扶）赡养比也是显著影响因素，说明家庭支柱成员具有通过购买非储蓄性的较小额度健康保险转嫁健康风险的动机。尽管家庭成员健康状况与购买数量没有显著关系（Prob. = 0.6404），但从趋势上是健康状况越差，也具有多购买的倾向。家庭收入越不稳定，健康保险的购买意愿越明显（Prob. = 0.0052），而且作用系数是众多因素当中最大的，即不稳定性每增强一个等级，购买的健康保险额度将增加 5.32 元。我们设定的不稳定等级为 10 级，该结果说明最不稳定者比最稳定者多 53 元左右。人们购买健康保险主要受到社会规范的影响（Prob. = 0.0797），而 Kunreuther 等（2013）认为的社会认知、遵守法律和投资等动机，对非储蓄性健康保险的影响并不显著。

而储蓄性健康保险，从总体趋势上与非储蓄性健康保险的情况比较相近，即与资本化价值能力（FCV）、家庭储蓄水平（FAMILY_S）和家庭抚（扶）赡养系数（FFSY）具有显著的相关关系，家庭收入稳定性（STAB_1）也影响保险购买数量，但影响程度有所降低。而从 Kunreuther 等（2013）的购买目的看，与非储蓄性健康保险的目的或动机存在较为明显的差异。储蓄性健康保险购买动机与未来不确定性担忧（Prob. = 0.0046）和遵守法律行为有关（Prob. = 0.0295），说明对储蓄性健康保险购买主要与政府的政策导向或法律要求有关，而个体对未来不确定性的担忧程度，既希望通过健康保险提供风险保障，同时也希望通过储蓄性保险获得更大的收入保障。而非储蓄性健康保险则更多是为了转嫁健康风险，因而具有较大的社会从众行为。在检验了生命价值对健康保险的影响以后，反过来再次检验历史健康保险消费对个人资本化价值的保障效果。被保险人作为投保人，就是有收入能力的个体为自己投保健康保险的行为。作为有收入能力的家庭成员，其可支配收入不仅用于自身消费，同时还必须承担具有抚赡养责任的家庭未就业人员的消费。

根据 Huebner（1927）的生命价值学说，被保险人自我承担健康保险费用，主要是为了免除自身因为疾病的健康损害，而导致未来不能为家庭成员提供健康状态下的资本化价值，不仅导致个人医疗费用支出增加，而且还会影响经济收入导致家庭获得的资本化价值减少。从该层意义上讲，资本化价值越大的人员，其对健康保险的需求也就越大，两者存在某种相关关系。为此，我们首先构建资本化价值计算公式，测算劳动力成员的资本化价值水平，并与个体的健康保险持有水平进行相关分析，或者因果关系分析。如果健康保险能够对医疗费用进行合理补偿并改善了健康状况，那么个体的资本化价值水平必然会有效改善。构建的数量模型进行评价：

$$fcv_{M,t} = \alpha_0 + \alpha_1 Pr_{t-1} + \alpha_2 Y_{t-1} + \alpha_3 C_{t-1} + \mu_t$$

fcv_M 为扣除医疗保险费用和补偿医疗费用之后的资本化价值，Pr_t 为保费，Y_t 和 C_t 分别是收入和消费。由于年度调查数据缺乏时间趋势，为此我们采用国家统计局年鉴数据，从趋势上分析健康保险消费对资本化价值的影响，包括消费行为对家庭资金优化带来的结果，以及健康保险的医疗服务杠杆作用产生的收入获得能力的保障作用。根据中国统计年鉴提供的数据，我们分别从新型农村合作医疗对农村居民的保障作用、城镇医疗保险对城镇居民（含职工）的保障作用。资本化价值用家庭工资收入加经营性收入扣除家庭成员平均消费后，再除以家庭劳动力人员数量，作为家庭经济支柱成员的资本化价值。使用的数据分析统计软件为 SPSS20，城乡居民医疗保险与资本化价值能力的保障效果分别见表 2 - 20 和表 2 - 21。

表 2 - 20　　　　　　　农村居民资本化价值改善效果影响因素

回归方程变量	非标准化系数		标准化系数	T	显著性
	B	标准错误	Beta		
（常数）	- 108. 171	41. 828		- 2. 586	0. 081
上期新农合缴费	1. 712	0. 636	0. 038	2. 692	0. 074
上期人均消费	- 0. 107	0. 062	- 0. 056	- 1. 732	0. 182
上期医疗消费	- 0. 906	0. 620	- 0. 046	- 1. 461	0. 240
上期人均收入	1. 135	0. 039	1. 065	29. 249	0. 000

表 2 - 21　　　　城镇居民（含职工）资本化价值改善效果影响因素

模型	非标准化系数		标准化系数	T	显著性
	B	标准错误	Beta		
（常数）	3068. 850	5046. 633		0. 608	0. 557
上期消费支出	2. 692	0. 054	0. 998	50. 221	0. 000

模型	非标准化系数		标准化系数	T	显著性
	B	标准错误	Beta		
上期收入支出	0.789	0.013	0.999	59.737	0.000
上期医疗保健支出	41.609	2.017	0.988	20.627	0.000
城镇人均医疗保险	45.200	13.244	0.734	3.413	0.007

从表 2 - 20 的新型农村合作医疗的保障效果看，新农合缴费与上期人均收入水平与资本化价值具有显著性因果关系，显著性水平分别为 0.074 和 0.000，都大于 0.1 的设定检验水平，而人均消费和医疗消费尽管从 0.1 的显著性水平上没有因果关系，但从社会数据的分析角度，显然具有负向作用的趋势。

而从城镇居民的医疗保险和资本化价值的保障效果看，上期消费水平、上期收入、上期医疗保健支出和人均医疗保险费支出，都对个体的资本化价值具有改善作用。说明相对于农村的被动型的健康保健消费，城镇居民的医疗保健支出更为主动，可能在保健性支出的比例较大，被动住院治疗的支出比例相对偏小。

结合"消费金融网络调查"2012 年的数据看（见图 2 - 28），城镇居民为未来的不确定性具有较为明显的焦虑，其中焦虑情况较为严重的比例高达 17.8% 以上，有些焦虑的占 34.9%，而具有焦虑倾向的占到 33.2%。而结合表 2 - 19 的分析结果，显然焦虑和担忧会增加居民的储蓄性健康保险消费。同时也会对非储蓄性健康保险消费倾向产生一定的影响。从健康保险对焦虑性消除产生的角度，能够将更多的家庭资金用于增值性投资或

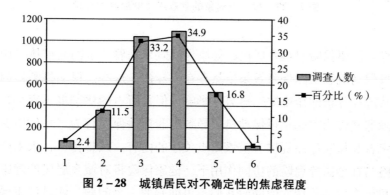

图 2 - 28　城镇居民对不确定性的焦虑程度

者改善资本化价值能力的消费，如教育和技能培训，甚至是用于代际之间的子女教育和赡养支出等。这不仅对于家庭经济支柱成员自己的资本化价值能力产生良好的促进作用，而且也能够避免代际之间的贫困问题。

但对比表2－20和表2－21的分析结果，显然农村居民的主动性健康保健消费支出偏少，因而对避免"风险跳跃扩散致贫"机制，缺乏主动防御能力。未来推动健康保健资源向农村倾斜，提高城乡健康保健资源的均等化水平，对改善农村居民的健康水平和资本化价值能力，将具有深远的影响。结合图2－29结果，"消费金融网络调查"2012年的数据显示，当前城镇居民尽管健康保健消费支出较为主动，但是对家庭成员的健康状况评价满意度依然不是很高，评价为良好的比例不到70％，认为一般及以下者比例占到31.7％。说明还存在1/3左右的家庭中存在健康状况不理想的情况。今后通过健康保险在补偿较大额度医疗费用支出的同时，应该通过更多的保健措施改善城乡居民的健康水平。

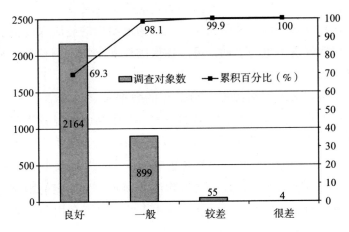

图2－29　被调查对象的家庭成员健康状况评价

综合健康保险对城乡居民的健康保障效果来看，不同的群体对健康保险的投保动机和实际保障效果依然存在多样性。这些投保动机和影响因素尽管从统计分析的角度缺乏显著性影响，但是所占的比例也不容小视。如何保障那些因为多元化投保动机而导致的非理性保险行为，是健康保险政策制定者和保险产品提供者应该重点关注的内容。从整体上，未来商业健康保险与社会医疗保险的协同作用下，健康保险将对城乡居民的健康发挥更加积极有效的作用。但同时我们不可回避的一个问题，就是健康保险在保障国民财富免受健康风险损失的同时，也在推高医疗服务的过度利用与医疗费用的过快上涨，关于这部分的内容，我们将在仿真分析部分进行全面而又系统的论证分析。

总之，从健康保险的投保动机与保障效果的总体情况看，健康保险在保障国民财富免受健康风险直接损失的同时，也在一定程度上促进了国民经济发展与个人消费的合理改善，并且对家庭的财富合理配置与家庭财富管理具有积极的促进作用。因而未来我们需要在健康保险保费更多的主体参与分担的情况下，对非理性的健康保险行为进行识别、评价，并提出积极有效的合约激励或者政府管制，以不断提高健康保险的保障效力，在维护和促进国民健康的同时，协同促进社会经济的可持续发展。

第 3 章　健康保险行为异象的形成机制

期望效用理论是关于不确定性下人们决策行为的理论，保险只是其应用的一个典型领域。因而建立在期望效用理论基础上的保险行为异象的形成机制，说到底就是以期望效用理论为基础的标准经济学模型解释能力的范围太窄，因为人们往往不会按照模型假设的那样进行决策，有相当多的人与假设并不完全一致。无论是投保人，还是保险人，都会对决策模型的正确性和带来的期望效用（价值）进行心理编辑，或者对某个结果产生新的暗示，即历史上的决策是正确的吗？每当巨灾发生以后，保险人会重新调整保险参数，并对被保险人进行选择，甚至放弃保险产品。这在健康保险领域是比较少见的，在巨灾保险中比较常见，例如卡特里娜飓风造成的灾害发生以后，美国保险公司承保巨灾保险的意愿和实际供给相应减少，而且保险费用也显著提高（Kunreuther et al. , 2013）。

即使发展到前景理论阶段，也依然是一个关于不确定性的基础理论。因而虽然价值函数的形式发生了变化，但是在研究范围上也没有进行扩展，主要分析既有的累积财富价值，没有将潜在的生命价值纳入其价值函数。所以，涉及生命价值保障和财富预算约束时，健康保险行为异象在更多的问题上与价值函数的财富结构和约束条件有关。而概率决策赋权或者参考点问题，主要是收益与损失的不同心理编码（coding）有关，是在心理层面的效用反映。因而将会随着投保时间和风险损失信息的增加，行为异象也将逐渐得到修正，这也是经典经济学不认同行为异象问题存在的原因。因而，在健康保险的行为异象中，预算约束与有效需求、价值函数与效用形成、风险偏好等，是影响健康保险行为的关键要素。

从健康保险的投保动机上来看，不同的投保主体具有多种动机。但是包括主流保险经济学模型的传统标准经济学模型，都简单地将保险需求看作是风险的转嫁和经济损失的分担，并没有考虑衍生出来的多元化动机。并且在效用结构上，也只反映了投保行为的经济价值。因而在保险费用的最优支付额度上，往往只考虑保险期望效用最大化（帕累托最优）和风险的承受能力。为此，我们将在本部分，通过规范界定健康保险投保行为异象，并从理论和模型上对行为异象的形成机制进行实证分析。

3.1 健康保险行为异象的标准经济学诊断模型

在保险经济学领域，尤其是在健康保险领域，保险行为最优选择和帕累托最优的评价依据，主要是期望效用函数模型、Jensen 不等式、Arrow（1963）医疗保险理论模型和 Borch（1962）的再保险均衡模型。背离经典经济学理性假设和以上理论模型基本条件的行为，通常被经典经济学纳入"行为异象"范畴。因而理清这些标准经济学模型的评价标准和行为规范要求，对分析行为异象的表现和形成机制是非常重要的。

3.1.1 健康保险的最优购买理论范式模型

1. Arrow 理论范式模型概述

作为 1972 年诺贝尔经济学最年轻的获奖得主，K. J. Arrow 在社会行为选择理论和保险市场一般均衡理论领域，都具有不同寻常的重大贡献。Arrow 在医疗保险或者是健康保险领域的贡献，得益于受福特基金会邀请所做的一个健康保险市场研究。在这个研究中，Arrow 以美国的医疗保险市场的最优购买为内容，构建了医疗保险的最优购买理论范式模型，并被一般化为普通保险的最优购买决策模型。也正是得益于 Arrow 的几部经典著作，保险经济学开始成为主流经济学的一个重要部分。1963 年 Arrow 在论文 *Uncertainty and the welfare Economics of medical care* 中，构建了医疗保险的帕累托最优模型，已成为当前健康保险的最优购买典型范式。在该论文中，Arrow 讨论了影响健康风险转移的三个主要原因，即道德风险、逆向选择和交易成本。王国军（2014）在其主编的研究生教材《高级保险经济学》中，对 Arrow 的贡献进行了评述。认为是 Arrow 第一次提出了现代保险需求理论中著名的最优购头行为标准。在保费按照保单精算价值的固定百分比收取时，追求期望效用最大化的投保人，将在不考虑道德风险的情况下，选择保留部分风险作为最优选择，即购买附带免赔额的不完全赔付保单。而且当投保人和保险人都是追求期望效用最大化的风险厌恶者时，包含免赔额和共保条款的保险是帕累托最优的。更为重要的是，Arrow 在保险决策中引入的信息不对称概念，为信息经济学的发展做出了奠基性贡献，成为 Akerlof（1970）提出"柠檬市场"理论的重要基础理论①。

尽管 Arrow（1963）运用非传统的道德风险和逆向选择等理论，对健康保险领域进行了较为深入的研究，但仍然存在期望效用理论和风险厌恶假设等基础性缺陷带来的问题。Frank（2007）认为，在厌恶不确定性和对风险焦虑的情绪下，当不得不相信专业人员时，消费者仅能根据有限信息做出健康保险决策。在医患信息不对称时，很容易将使用的医疗服务作为信任品（Emons，1997）。而且医生对服务的提供，通常是由职业规范和医疗习惯进行管理的（Frank，2007）。这些都明显不符合 Arrow 的理性人假设，显然基于理性人假设分析人们的医疗保健行为，是存在缺陷的。在 Arrow（1963）提出健康保险市场效率、医患关系和非市场因素对服务效率影响等方面的命题后，行为经济学对该领域的研究依然很少。尽管基于期望效用最大化和有效市场均衡的传统经济学模型，在理论和实证上都对设计和完善健康保险制度产生了很大的推动作用，但在制度的实施中面临很多难以破解的行为选择问题。

面对人们的健康保险行为中存在的问题，Arrow 用信任和道德等经典经济学不认可的词汇，寻求健康保险市场均衡，难免引发主流经济学者的争议。而关于医疗服务利用诱导需求问题，Newhouse（1970）和 Evans（1974）认为，由于利润最大化目标不被社会认可，医生可能会设定一个达到目标收入的价格，并引入了社会学家所提出的医生"集体取向"概念，Arrow（1963）也以此为依据解释了医生对利润最大化行为的偏离。Evans（1974）认为医生会根据当地收入分配状况设定目标收入水平。而Hellerstein（1998）认为，在医疗方案选择时，医生也总是根据习惯进行选择，进而使处方偏离于更有效的新药，或者是成本更低的老药，这从前景理论的损失厌恶角度也是可以进行解释的。对于一个医疗风险厌恶的医生来说，无论是新药还是老药，都需要他改变既有的处方方案，而方案的改变将意味着更大的医疗责任，并会引发自身的经济或声誉损失。在损失厌恶效应下，医生将会在确定的收益与不确定的收益之间选择确定的收益，除非面临如不按照约定方案治疗将会被处罚的确定损失。此时，医生面对的是一个确定损失和不确定损失，损失厌恶效应使其选择不确定损失而改变处方习惯。引入适度的合约机制，将能够改变医生的行为习惯，而不仅仅是道德约束问题。

医生行为对健康保险的影响是非常明显的，这是因为医生行为追求不

① 王国军. 高级保险经济学［M］. 北京：对外经济贸易大学出版社，2014.

仅简单地追求利益最大化，还有其他的行为表现，如处方的习惯性，以及对医患纠纷的担忧和风险规避等。

2. Arrow 健康保险最优保单评价模型[①]

Arrow（1963）认为，如果保险公司愿意按照保险精算价值确定的保费，向投保人（buyer）提供用于其规避风险损失的需求的保单，那么，具有风险厌恶的投保人将在最低免赔额之上选择覆盖全部损失的保单。在一般情况下保费将超过保险精算价值；它只要求保险公司按照相同的保险费用提供两个具有相同精算价值的保单。

Arrow 最优保单的基本思想是最终财富效应最大。令 W 为初始个人财富，X 是他的损失，是一个随机变量，I(X) 是当损失发生时保险赔付的额度，P 是保险费，Y(X) 是个体支付保费以后的个人财富，在遭受损失时，收到保险理赔收益。

$$Y(X) = W - P - X + I(X)$$

个体通过他最终财富情况利用期望效用评价其可选择的保单 Y(X)。令 U(y) 为最后财富 y 的效用值，那么，他的目标是最大化 $E\{U[Y(X)]\}$。其中，符号（函数）E 表示数学的期望值。保险支付必须是非负的，所以保单必须满足 $I(X) \geqslant 0$（对于所有的 X 都是成立的）。

如果一个保单是最优的，它必须按照最大化标准是特别的更好，相对于任何其他具有相同的精算期望 $E[I(X)]$ 的保单。假定一个保单在一个损失标准 X_1 上支付一定正的数量的保险，但是它允许最后财富在其他损失水平上，并令其为 X_2，要低于相应的 X_1。这样，一个风险厌恶的人，将很明显会偏好一个具有相同的精算价值的、并提供更大损失保障的、相邻损失 X_1 的可选保单，以及稍微高的保障那些毗邻 X_2，因为风险厌恶意味着当 Y(X) 是较小时，Y(X) 的边际效用是较大的，因此原始保单不能是最优的。

Arrow 给出了最优保单的详细证明。令 I_1 是原始保单，并且 $I_1(X) > 0$、$Y_1(X_1) > Y_2(X_2)$，其中，$Y_1(X)$ 是通过（I）基于 $I_1(X)$ 定义的。假定 δ 充分的小，当 $X_1 \leqslant X \leqslant X_1 + \delta$ 时，$I_1(X) > 0$；当 $X_2 \leqslant X' \leqslant X_2 + \delta$ 且 $X_1 \leqslant X \leqslant X_1 + \delta$ 时，$Y_1(X') < Y_1(X)$。如果函数 $I_1(X)$、$Y_1(X)$ 是连续的，上中 δ 的选择是可能的。这不能被证明但最优保单是真实的。令 π_1 是损失 X 位于区间 $(X_1, X_1 + \delta)$ 的概率，令 π_2 是损失 X 位于区间

① 该部分的内容，主要是根据 Arrow 1963 年发表在 *American Economic Association* 第 5 期上的医疗保险的经典论文 *Uncertainty and the Welfare Economics of Medical Care* 附件 1 翻译整理而成。

$(X_2,X_2+\delta)$ 的概率。对任意充分小变量 $\varepsilon>0$，当 $X_1\leqslant X\leqslant X_1+\delta$ 时，$I_1(X)-\pi_2\varepsilon\geqslant0$；当 $X_2\leqslant X'\leqslant X_2+\delta$ 且 $X_1\leqslant X\leqslant X_1+\delta$ 时，$Y_1(X')+\pi_1\varepsilon<Y_1(X)-\pi_2\varepsilon$。

定义新保单 $I_2(X)$ 除了在区间 $X_1\leqslant X\leqslant X_1+\delta$ 更小的 $\pi_2\varepsilon$，以及在区间 $X_2\leqslant X'\leqslant X_2+\delta$ 更大的 $\pi_1\varepsilon$ 其他方面与 $I_1(X)$ 是相同的。在任何区间，$I_2(X)\geqslant0$，在 $Y_1(X')<Y_1(X)$ 是成立的。

通过论证 $E[I_1(X)]=E[I_2(X)]$，以及 $I_2(X)$ 产生的更高期望效用值，可以推导出 $I_1(X)$ 不是最优的。由于 $I_2(X)-I_1(X)=-\pi_2\varepsilon$，当 $X_1\leqslant X\leqslant X_1+\delta$；等于 $\pi_1\varepsilon$ 当 $X_2\leqslant X'\leqslant X_2+\delta$；在其他情况下等于 0。令 $\Phi(X)$ 为随机变量 X 的密度。这样：

$$
\begin{aligned}
E[I_2(X)-I_1(X)] &= \int_{X_1}^{X_1+\delta}[I_2(X)-I_1(X)]\Phi(X)dX \\
&\quad + \int_{X_2}^{X_2+\delta}[I_2(X)-I_1(X)]dX \\
&= (-\pi_2\varepsilon)\int_{X_1}^{X_1+\delta}\Phi(X)dX + (\pi_1\varepsilon)\int_{X_2}^{X_2+\delta}\Phi(X)dX \\
&= -(\pi_2\varepsilon)\pi_1 + (\pi_1\varepsilon)\pi_2 = 0
\end{aligned}
$$

因此，在以上假设下，两个保单具有相同的保险精算价值和保险费用。根据在 $I_2(X)$ 保单下界定的 $Y_2(X)$，则推导出 $Y_2(X)-Y_1(X)=I_2(X)-I_1(X)$，通过该公式，得到：

$$Y_1(X')<Y_2(X')<Y_2(X)<Y_1(X)$$
$$当 X_2\leqslant X'\leqslant X_2+\delta、X_1\leqslant X\leqslant X_1+\delta$$

由于当在区间 $(X_1,X_1+\delta)$ 和 $(X_2,X_2+\delta)$ 时，$Y_1(X)-Y_2(X)=0$ 同理可得：

$$
\begin{aligned}
E\{U[Y_2(X)]-U[Y_1(X)]\} &= \int_{X_1}^{X_1+\delta}\{U[Y_2(X)]-U[Y_1(X)]\}\Phi(X)dX \\
&\quad + \int_{X_2}^{X_2+\delta}\{U[Y_2(X)]-U[Y_1(X)]\}\Phi(X)dX
\end{aligned}
$$

根据中值定理，对于任意给定的 X 值：

$$
\begin{aligned}
U[Y_2(X)]-U[Y_1(X)] &= U'[Y(X)][Y_2(X)-Y_1(X)] \\
&= U'[Y(X)][I_2(X)-I_1(X)]
\end{aligned}
$$

式中，$Y(X)$ 介于 $Y_1(X)$ 和 $Y_2(X)$ 之间。根据上式，可得：

$$Y(X')<Y(X) \quad 当 X_2\leqslant X'\leqslant X_2+\delta、X_1\leqslant X\leqslant X_1+\delta$$

而且，由于 $U'(y)$ 对于风险厌恶者是一个 y 的递减函数：

$$U'[Y(X')]>U'[Y(X)]$$

或者，对于一些数值 u，等价于：

$$U'[Y(X')] > u \quad 当 X_2 \leqslant X' \leqslant X_2 + \delta$$

$$U'[Y(X)] < u \quad 当 X_1 \leqslant X \leqslant X_1 + \delta$$

将以上 3 个公式联立，可得：

$$E\{U[Y_2(X)] - U[Y_1(X)]\} = -\pi_2 \varepsilon \int_{X_1}^{X_1+\delta} U'[Y(X)]\Phi(X)dX$$

$$+ \pi_1 \varepsilon \int_{X_2}^{X_2+\delta} U'[Y(X)]\Phi(X)dX$$

通过式 $U'[Y(X)] < u$，可以得到：

$$E\{U[Y_2(X)] - U[Y_1(X)]\} > -\pi_2 \varepsilon u \pi_1 + \pi_1 \varepsilon u \pi_2 = 0$$

所以，第二个保单也是偏好的。如果对于其中的一些 X_1 和 X_2，并且 $I(X_1) > 0$，$Y(X_1) > Y(X_2)$，可以证明第一个保单不能是最优的，这可能被安排为不同的形式：令 Y_{min} 为最优保单下由 $Y(X)$ 确定的最小值；那么我们一定能得到当 $Y(X) > Y_{min}$ 时，$I(X) = 0$。

换言之，最终财富水平是一个相对确定的数值，如果损失没有使财富低于这个水平，也就没有利润的降低。但是如果能够使财富低于这个水平，那么利润是非常充分的，带来的最终财富规模也大于约定的最小值。这也当然就是精算保额 100% 覆盖大于免赔额的损失，即免赔额以上的全部风险损失。Arrow（1963）认为，人们将最关心的非市场性的例子是风险的承受力问题。风险承受力与医疗保健的关系看起来是非常明显的。疾病是广泛存在的不可预知的现象。转嫁疾病风险给其他人的能力，是等价于一个很多人愿意支付的价格。由于风险池和较强意愿与能力，其他人愿意承受风险。然而，当我们将在更多细节中看到很多风险不是被覆盖的，确实市场对风险覆盖的服务是很滞后发展的，或者是不存在的。

由于控制道德风险、逆向选择和交易成本等问题，Arrow（1963）关于部分保险是最优保单的结论，又打破了由保险介入的一般均衡，进而使一般均衡变成新的不确定性。也就是说，在部分保险保单下，健康保险并没有完全转嫁被保险人面临的所有风险损失。而且在诸如基本医疗保险领域，自负的风险损失，还会大于保险补偿部分。因此，人们对健康保险后的风险依然是担忧的，这就需要在最优保单和风险转嫁之间建立起一种新的机制。而这种机制，就是健全的医疗救助制度、商业健康保险制度，作为健康基本医疗保险的有利补充。进而使疾病风险带来的损失，能够在各类主体的承受能力范围之内，也就是 Borch（1962）的社会风险承受能力与分担额度的思想。但是，Borch 的社会风险承受能力问题，分析的是保险人之间的风险分担问题，属于再保险的范畴，因此我们就需要建立一个关于风险承受力与保险投保量之间的均衡模型，以实现个体的风险是在其承受范围之内的，即 Arrow 最优保单后的 A－L 部分，这我们将在全民健康保险体系中进行系统的论证分析。

另外，关于 Arrow（1963）的道德风险问题，还涉及道德风险是由信息不对称造成的，还是基于趋利性动机的行为选择？同时，Arrow 将解决道德风险的办法，采用的无非是有免赔额部分保险、保险人更好地防护保险标的，这相对于风险治理也是一种被动的应对措施。Yaari（1987）证实通过合适的经验费率能够对投保人的行为起到激励作用，从而消除道德风险，但不适用有期限情况。由于投保人可寻找其他保险人进行投保，针对投保人道德风险行为进行惩罚，在完全竞争的保险市场中并不能实施，因为保险人之间并不进行信息共享。尽管社会医疗保险可以信息共享，但可能会导致退出，而且在全民健康覆盖下的退出，将会占用医疗救助或公共健康资源。

3.1.2　再保险市场最优保单与风险分担均衡模型

1. 再保险市场的转嫁承保风险动机

作为风险厌恶的个体，大多不愿意独自承担全部风险。而保险人承担的风险，可以从承担能力弱的一方转移到承担能力强的一方，或者由双方共同分担。这种转移可以在一定程度上改善社会整体的效用水平，达到风险分摊的帕累托最优。Borch（1962）将上述理论模型化，从保险经济效用均衡用于研究再保险市场的一般均衡，从理论上解释了保险人之间风险分摊机制的最优途径选择。Borch 发现，保险可以分散个体风险，但不能分散社会风险，而社会风险对社会经济的影响更大，因而理论研究的重点应该放在如何有效分担社会风险的问题上。基于以上认识，Borch 提出解决社会风险的博尔奇定理，即分担社会风险的路径确定在个体之间，每个个体必须承担一定份额的社会风险。个体承担的社会风险份额，与其风险忍受程度（风险厌恶系数的倒数）成比例。

宾夕法尼亚大学 Kihlstrom 和 Pauly（1971）对 Borch 的风险分担思想进行了延伸。其风险分担模型中设置了信息成本，认为信息成本条件下的规模经济能够解释保险公司的起源问题。该模型被加州大学的 Marshall（1974）进行了扩展，将保险行为分为风险转移模型和共担模型。在转移模型中，全部的风险被转移给了外部投资人，而在共担模型中风险则在投保人之间进行分担。卡梅隆大学的 Raviv（1979）则在 Borch 的基础上，提出帕累托最优保险合同应该包括一个免赔额和超过免赔额之上的损失赔偿。Raviv 指出，如果提供保险的管理成本取决于保险的金额，那么最优保险合同不会有免赔额。

然而针对较小的健康风险，人们对保险的需求也并非是一种最优的必须选择，也就是说，并不是有了风险就一定会有保险需求。原因在于个体可以采用两种机制进行风险的预防，一类是调整时间频率的机制，另一类是降低事件后果的机制。自保市场与市场保险互为替代品、自防与保险市场互为补充替代，而且有了金融衍生品以后，金融衍生品的风险规避功能，也对保险具有一定的抑制作用。因此，健康保险在特定的风险规避选择偏好时，具有劣质品的属性也不足为奇。特别是当风险偏好尚未达到对健康保险的需求层级时，以及预算约束和财富水平尚未达到投保健康保险的条件时，他们表现出所谓的风险偏好特征。而具有递增风险厌恶倾向的风险厌恶者，将选择较高水平的自我保护和自我防护措施，而不只是健康保险。

Borch（1962）再保险均衡模型的结论是社会风险（也就是经济学界定的系统性风险）不能转嫁，只能由再保险人或单个投保人按照风险承受能力分担。即个体必须按照自己的风险承受能力，将非系统性风险进行分担。系统性风险只能由投保人部分承担或者在投保人之间进行分摊的观点，弱化了保险所应该具有的止损和防损的功能，即保险的风险管理核心功能。而过于强调风险转嫁和损失补偿的功能，与2014年"新国十条"的指导思想和现代保险服务业的定位存在较大的差异。从新国十条对风险治理功能的定位角度，通过更加经济有效的风险治理，能够整体上降低社会风险的发生概率和损失程度，其代价就是相对于保费而更经济的风险治理投入，而不仅仅是由投保人或被保险人自负或者转嫁。

Borch（1962）认为，当被要求承保巨灾风险时，保险机构可能不愿意或者不想接受全部风险。而从再保险的角度，保险机构可以承保巨灾风险的一部分，并收取全部保费中的部分保费。剩余风险部分，投保人可以到市场上寻找愿意承保的其他机构。而这种保险模式，自1680年以来，位于伦敦的劳合社就可以提供保险服务。但这种共同承保的模式是极为不方便的，也是不经济的。因而，大部分的巨灾保险业务是通过再保险协议完成的，并且也都是几乎自愿地按照风险承受能力按照危险单位进行分担的。

2. Borch 关于再保险最优保单的论证分析

Borch（1962）将风险看作是市场上可以交易的商品，并且能够通过市场上的供给和需求机制，自动获得均衡价格。但是，如果每个参与者都在给定的价格上追求自己的效用最大化，市场也不会在整体上达到帕累托最优，而是需要参与者之间进行协商。Borch 据此对再保险市场上的供需均衡、帕累托最优进行了论证。他认为，当再保险人被要求承担原保险人的分出风险责任时，自然就会要求原保险人提供风险特征相关的所有信息。在互惠再保险协议下，双方可以被看作直接保险人，并且彼此原保险市场上是互为竞争对手。在这种情况下，原保险人之间不愿意将承保的风险信息全部提供给竞争对手，由此推动了更为专业的再保险人的出现，并专门从事再保险业务。由于承接保险业务类型和承接风险等级不同，再保险也分为不同的类别和层级。在健康保险领域，不同类型的再保险人分别承担不同类型和层级的大病保险和参与多层次健康保险业务，并在再保险市场上分散所承保的风险。根据 Borch 的保费结构观点，保险合同的保费可以分解为纯保费、管理费和风险利润三个部分：

$$Pr = E(X) + A + R$$

第一项代表合同的损失赔款，或者称为精算保费或纯保费。对纯保费的精算需要双方交换全部风险信息，而所谓"真实概率分布"信息也未必是真实的，即使签订协议所交换的信息也未必是精算需要的全部真实风险信息。第二项是保险业务运营的管理费用，大部分费用由业务保险人承担。由于存在与投保人的谈判、签订合同和变更合同与理赔服务等费用，所以承保人直接占有全部或绝大部分收缴的费用是必要的。但是，在保险的最大诚信原则下，再保险人的管理费用可以忽略不计。而当发生特定必要的服务费用时，也可以分走部分管理费收入。第三项才是风险承担的真正预期报酬，或者称为承保风险收益。显然，再保险合同中的最高分保层机构所承担的风险也最大。对于任何帕累托最优的安排，作为整体市场的风险容忍与承担能力，等于各个参与者对风险忍耐能力的总和。

Borch（1962）以瓦尔拉斯—卡塞尔（Walras – Cassel）方程体系静态均衡为基础，建立了再保险的均衡模型。他认为再保险市场的参与主体，一般可以分为分出保险者和分入保险者两个业务主体。Borch 在理性人假设下证明双方必定会通过事前签订合约的方式，构建最优帕累托组合，进而将保险人在原保险市场上承担的风险，在合理的自留风险额基础上分出部分给其他公司，并同时接纳其他保险公司的分出风险，通过谈判机制实现价格均衡。

考虑保险市场上的 n 个保险公司，并且都拥有满足期望效用标准的一定数量的保险合同组合。假设 x_1，x_2，$\cdots$，x_i，$\cdots$，x_n 为随机变量，当第

i 家保险公司的承保风险，表示为理赔总额不超过 x_i、概率风险分布为 $F_i(x_i)$ 和用来支付损失索赔资本为 S_i 时，保险公司的总体效用函数 $U_i(S_i, F_i(x_i))$ 可以根据 Bernouli 假设推导出：

$$U_i(S_i, F_i(x_i)) = \int_0^\infty u_i(S_i - x_i) dF_i(x_i)$$

用 $y_i(x_1, x_2, \cdots, x_n)$ 表示各个保险组合数目达到 $x_1, x_2, \cdots, x_i, \cdots, x_n$ 时，保险公司 i 不得不支付的赔偿数额，进而可以把保险公司的效用公式变形为：

$$U_i(y) = \int_R u_i(S_i - y_i(x)) dF(x)$$

式中 R 代表在 n 维和 n 维空间上的正象限，$F(x)$ 为 x_i 的联合概率分布。如果保险公司的行为是理性的，彼此之间一定能够建立满足帕累托最优的保险合约。通过对上式微分可以得到保险公司的帕累托最优合同的条件：

$$\frac{dy_i(z)}{dz} = \frac{\dfrac{k_i}{u_i''(S_i - y_i(z))}}{\displaystyle\sum_{j=1}^n \dfrac{k_j}{u_j''(S_j - y_j(z))}}$$

其中，j 为第 j 家保险公司，k_i 或 k_j 为正常数，且 $k_1 = 1$；$z = x_1 + x_2 + \cdots + x_i + \cdots + x_n$。这意味着保险公司 i 支付 y_i 仅取决于总赔付 z。因此，Borch 认为，任何帕累托最优合同组合就等于构建了一个共同的基金安排，所有保险公司都会把各自投资组合交给该基金，并同意以约定原则分配公司承担的赔款责任。而从理论上会有无限多个满足帕累托最优的原则。因为对任意保险公司的正的常数 k_i 是可以任取得。一般来说，公司 i 的效用将随着 k_i 的增加而减少，除非 $U_i(y) \geqslant U_i(x)$，否则保险公司不会签订再保险合约。此时，k_i 还必须有一个上限。

3. 基于 Borch 再保险均衡的 Arrow 健康保险帕累托最优模型①

关于再保险的优选决策问题，Arrow（1963）假定保险公司与被保险人一样，既是风险的厌恶者，也没有明显的管理成本，并且不包含其他用来应对风险损失的额外成本。如果被保险人和保险人都是风险厌恶的，并且没有损失保单以外的成本，那样任何具有非平凡解的帕累托最优保单（nontrivial Pareto-optimal）$I(X)$，都可以作为损失 X 的函数，而且该函数

---

① 该部分的内容，主要是根据 Arrow 1963 年发表在 *American Economic Association* 第 5 期上的医疗保险的经典论文 *Uncertainty and the Welfare Economics of Medical Care* 附件 2 翻译整理而成。

必然具有以下特征，即：

$$0 < \frac{dI}{dX} < 1$$

也就是说，对于任何损失的增加，保险公司都将选择部分地而不是全部地对损失进行补偿，这种供给类型的保险就是众所周知的共同保险。有的保险公司将会强制要求被保险人的自负部分，不能通过保险进行转嫁。该命题的结论得益于 Borch（1960）的结论，Arrow 在这里给出了相对简洁的证明。令 U(y) 是被保险人的效用函数，V(z) 是保险人的效用函数，w_0 和 w_1 分别为被保险人和保险人的初始财富，I(X) 是保险利润少于保险费用的保单。为了风险共担的目的，这是具有费用寻常价值的数量（由于保险费是独立于 X 的，该界定不会改变 $\frac{dI}{dX}$ 的数值）。最后被保险人和保险人的财富大小为：

$$Y(X) = w_0 - X + I(X)$$
$$Z(X) = w_1 - I(X)$$

在保险人与被保险人利益不关联时，Y(X) 和 Z(X) 之间是相互独立的变量。任何给定的保单都将会确定其期望效用 $u = E\{U[Y(X)]\}$、$v = E\{V[Z(X)]\}$，对于被保险人和保险人也是独立的。如果将所有保单的可能收益（u，v）画成散点图，那么期望—效用—概率的结果序列具有一个边界，即凸向东北。为了更好地理解边界特征，令 $I_1(X)$ 和 $I_2(X)$ 是两个任意的保单，并令（u_1，v_1）和（u_2，v_2）是在两维序列的期望效用与概率分布上相应的点。由此确定第三个保单 I(X)，并对所有的 X 限定为以上两个保单的平均数：

$$I(X) = \left(\frac{1}{2}\right)I_1(X) + \left(\frac{1}{2}\right)I_2(X)$$

那么，如果 Y(X)、$Y_1(X)$ 和 $Y_2(X)$ 是被保险人的最终财富所在的位置，那么 Z(X)、$Z_1(X)$ 和 $Z_2(X)$ 是保险人三个保单的最终财富。而 I(X)、$I_1(X)$ 和 $I_2(X)$ 是独立的，那么：

$$Y(X) = \frac{Y_1(X) + Y_2(X)}{2}$$

$$Z(X) = \frac{Z_1(X) + Z_2(X)}{2}$$

由于公式中的所有部分都具有递减的边际效用：

$$U[Y(X)] = \frac{U[Y_1(X)] + U[Y_2(X)]}{2}$$

$$V[Z(X)] = \frac{V[Z_1(X)] + V[Z_2(X)]}{2}$$

因而这些论述对所有的 X 都是成立的，并且当他们使用期望值时也是成立的。因此，在期望—效用—概率序列中必然存在一个点（u，v），使 $u \geqslant \frac{1}{2}(u_1 + u_2)$，$v \geqslant \frac{1}{2}(v_1 + v_2)$。

由于该论述对任何数组（u_1，y_1）和（u_2，y_2）在期望—效用—概率序列上是成立的，特别是对于在边界的东北方向的数组点，据此可以得出边界必然凸向东北方向的。据此，可以相应得到任何给定的帕累托最优点（如任何在东北边界上的点），并且能够在数列上通过最大化一个直线函数 $\alpha u + \beta v$ 得到。其中 α 和 β 是非负的、至少一个为正的。换言之，一个帕累托最优保单 I(X) 是最大化以下公式：

$$\alpha E\{U[Y(X)]\} + \beta E\{V[Z(X)]\} = E\{\alpha U[Y(X)] + \beta V[Z(X)]\}$$

存在 $\alpha \geqslant 0$，$\beta \geqslant 0$，并且 $\alpha > 0$ 或 $\beta > 0$。为了最大化该期望效用，显而易见是使以下加权效用充分大：

$$\alpha U[Y(X)] + \beta V[Z(X)] = Max$$

对于任意 X 对应的保单 I(X)。因为，对给定的 X，得到：

$$\frac{dY(X)}{dI(X)} = 1$$

$$\frac{dZ(X)}{dI(X)} = -1$$

根据微分方程，得到 I(X) 是以下方程的解：

$$\alpha U'[Y(X)] - \beta V'[Z(X)] = 0$$

当 α = 0 或者 β = 0 时，导致有明显的有效解（即一方只是将他的财富转移给另一方），所以，我们假定 α > 0，β > 0。现在根据 X 微分方程，并利用相关性，推导出：

$$dY/dX = (dI/dX) - 1$$

$$dZ/dX = -(dI/dX)$$

$$\alpha U''[Y(X)][(dI/dX) - 1] + \beta V''[Z(X)](dI/dX) = 0$$

或者，

$$dI/dX = \frac{\alpha U''[Y(X)]}{\alpha U''[Y(X)] + \beta V''[Z(X)]}$$

因为，在假设双方都是风险厌恶，所有 U''[Y(X)] < 0，V''[Z(X)] < 0。

除了以现金支付作为理赔方式的大额保险，健康保险一般不会采用不同层级之间分保的再保险方式，而是多家平级机构以共同保险方式共同分担保险业务，如政府组织的大病保险，或者是保险公司承保的规模较大的商业健康保险。

3.1.3 保险金融定价模型与市场均衡

1. 商业健康保险机构的产品定价模型

利润率或保险基金结余水平，经常用于评价商业健康保险和社会医疗保险的运营情况。对利润的追求是商业健康保险资金的最根本动力，没有利润或者利润严重低于社会平均利润水平的商业健康保险，必然缺乏资金的吸引力；而社会医疗保险基金，如果缺乏有效的适度结余也是不可持续的，或者是不安全的。这就需要从经营利润或基金结余的角度，对健康保险的保费水平进行测算，即保险产品（服务）定价。其中，商业健康保险基于利润的金融定价方法，对投保和承保行为具有很大的影响。当前，商业健康保险市场保险定价模型一般是基于精算的公平保费、管理费用和风险收益构成。在金融定价模型框架下，保险人追求期望的利润水平，其利润来源主要是风险收益而不是公平保费和管理费用（Borch，1968）。但这种风险收益对于投保人来说，则是一种对保险机构的财富转移。到底投保人愿意将多大的财富转移给保险人，对健康保险投保行为具有很大的影响。而且保险金融定价模型中，不同时期的利率等参数不同，造成的贴现效用也是不一致的。

从保险机构的承保动机来看，保险业是一个风险转嫁的组织者，并通过参与保险的组织活动而获得投资收益。而相对于资金的产业选择，保险业的投资回报或利润水平一定在可选择的范围内，大于等于其他行业的利润水平。也就是相同的保险资金要大于等于在可选择范围内的资金回报。亚当·斯密在其《国富论》第一卷第十章中，对此进行了初步诠释，即保险费"必须足以补偿通常的损失、支付管理费用，并提供一份等额资本在任何通常的贸易中所能获得的相等的利润"①。这是保险业能够存在和发展的基本前提，也就是保险公司经营获得的利润不能低于一般商业行为的平均利润水平。

基于效用最大化的保险定价原理，主要考虑了保险标的本身的风险状况，并且由决策者的效用函数为基础由保险人制定。在早期以英国劳合社为代表的个人承保业务中，基本是采用了效用最大化的基本原理（王国军，2014）。但是在公司制模式下，基于效用和风险偏好为基础的保险定

---

① 亚当·斯密. 国富论 [M]. 北京：商务出版社，2015：96-98.

价显然不合适。有精算师和金融经济学专业人员共同发展的保险金融定价方法，已经成为保险定价的主要方法。基于保险的投资回报率，保险产品的产品定价一般不采用财富效用函数，而是金融定价模型。金融定价模型是以资本回报率为基础的定价，即满足亚当·斯密的利润回报基本标准。与该标准所对应的应用比较广泛的是资本资产定价模型（CAPM）、套利定价模型（APT）、现金流贴现定价模型（NPV）和期权定价模型①。

在这四个主流的保险金融定价模型中，CAPM 方法和 NPV 方法，侧重于财务资金流和收益率定价，保险费用由精算公平保费和财务预期利润（管理费和风险收益金）。也就是说，从财务角度，不符合资本资产定价模型和现金流贴现模型收益率标准额投资（包括承保健康保险），都是不可行的投资方案。由于保险套利定价模型（又称为 K – R 模型）是资本资产定价模型风险因素的扩展，因而也与以上两个模型具有相通之处。而期权定价模型，反映了人们预期保险费用投入套利的行为，也就是隐含了当期保费与未来保险提供的期权价值，因而，对人们的行为动机具有较好的解释能力。基于 CAPM 的健康保险定价模型，与原模型具有形式和变量上的良好对应关系。资产资本定价模型的表达行为为：

$$E(r_i) = r_f + \beta_i(E(r_m) - r_f)$$

其中，$E(r_i)$ 表示资产组合证券 i 的预期均衡报酬，r_f 为无风险资产的收益率，$\beta_i = \dfrac{\sigma_{im}}{\sigma_m^2}$ 表示证券 i 对市场组合 M 风险的贡献率，$E(r_m)$ 表示所有资产的市场投资组合的预期报酬。保险领域使用的 CAPM 定价模型，是由 Cooper（1974）、Biger 和 Kahane（1978）、Failey（1979）、Hill（1979）等学者，基于 Borch（1968）风险承受能力并通过结合资本资产定价模型与 Ferrari（1969）创建的保险人基础性代数模型得到的，模型表达形式为：

$$E(\tilde{r}_u) = -kr_f + \beta_u(E(\tilde{r}_m) - r_f)$$

其中，$\beta_u = \dfrac{Cov(\tilde{r}_u, \tilde{r}_m)}{Var(r_m)}$，为保险公司承保健康保险的利润值。$\tilde{r}_m$ 为金融市场上各种市场投资组合的期望收益率，$\tilde{r}_u$ 为保险公司的承保收益率（作为保险费的百分比系数），$\tilde{r}_f$ 为金融机构存款或政府国债等无风险利率，其中 k 准备金与权益的比值系数，是保险基金的形成因子。这样，保险公司通过收取适当比例的附加保费，进而可以保证合理的期望承保收益

① 魏华林，朱铭来，田玲. 保险经济学 ［M］. 北京：高等教育出版社，2011：107 – 112.

率 $E(\tilde{r}_u)$。 $-kr_f$ 表示使用保单持有人或者投保人，或者受益人的基金利率信贷值，$\beta_u(E(\tilde{r}_m)-r_f)$ 为承保价值与市场风险保费的乘积，即保险人从承保健康风险所能够得到的期望收益。由此可以推算出保险人应该向投保人收取的保险费用 P_i，即：

$$P_i = \frac{P_P + I \times E(\tilde{r}_u)}{N}$$

其中 P_P 为预计总保险费，N 为预计的投保人数（被保险人数）。

期权定价模型与索赔大小、风险和索赔等行为参数有关，因而，可以对人们的保险行为和保险人的承保动机进行行为分析。但是期权定价模型在商业健康保险领域，也存在其使用的局限性，即这种具有寿险特点的定价模型，可能很难用于解释医疗服务消费问题。在某种意义上，保单可以看作一种金融衍生产品，其赔付依赖于保险标的物的价值变化。投保人通过缴纳保费，买进一个以承保期为行权期的卖出期权；而保险人收取保费的同时卖出一个以承保周期为行权期的卖出期权，因此，可以运用期权定价理论来对保险产品进行定价。

假设保险期权标的（保单或风险资产，或含有生命价值的财富资产）在 t 时刻的价值（即投保人在 t 时刻的资产现值）为 $S(t)$，执行价格（即保险合同规定的赔付金额）为 X，到期日为 $T(t \leqslant T)$，$\tau = T - t$ 为行权期，无风险利率 r 为常数，σ 为漂移率。根据 Black - Scholes 定价模型，无违约保单的卖出期权的价值 P（即保险费用）为：

$$P(S(t), \tau) = Xe^{-r\tau}N(-d_2) - S(t)N(-d_1)$$

其中：

$$d_1 = \frac{[\ln(S(t)/X) + (r + \sigma^2/2)\tau]}{(\sigma\sqrt{\tau})}$$

$$d_2 = d_1 - \sigma S(t)\sqrt{\tau}$$

满足以上方程所需要的基本假设条件有四个：一是市场利率在投保人行权期内是保持不变的，并且也是已知的；二是保险市场必须是有效的，即投保人或被保险人必须是理性的，只有这样，保险价格（或保险费用）才能够真正完全反映出投保人的充分信息，并且信息获得并不存在交易成本；三是投保人可以在购买保险转嫁损失，与通过获得无风险存款利息补偿损失之间，进行自由的选择；四是保险人能够以无风险的市场利率，获得承保风险需要的无限量的借入或贷出资本，在保险人注册资本足够大的时候，这个条件是可以假定满足的。根据期权理论和模型，可以得到无违约风险的投保人保险买入期权价值为：

$$c(S(t), \tau) = S(t)N(d_1) - Xe^{-r\tau}N(d_2)$$

则在无违约风险的情况下，保险期权的买卖平价为：

$$S(T) + P(S(T), \tau) = Xe^{-r\tau}N(d_2) + c(S(T), \tau)$$

可以看出，保险的实质就是投保人通过支付保费，购买一个以承保期为行权期的卖出期权。对于每个保单，由于保险合同规定的赔付额 X 一般都比较低，保险公司有足够的能力在投保人发生损失时支付赔偿，可以看作是一种无风险的卖出期权，并可以运用卖出期权的方法进行定价。在承保以医疗费用补偿为保障目的的保险时，相对于保费的筹集规模，大部分医疗费用支出是比较小的，因而也符合期权定价的基本要求。

另外，在利率市场化的环境下，市场利率的波动通常是随机变化。中国将存贷款利率逐渐市场化以后，市场利率不变的假设很难满足，因而可以用以下随机微分方程对其分析：

$$dr = u(r, t)dt + \sigma(r, t)dw(t)$$

其中，$u(r, t)$ 反映的是在时期 dt 内利率的预期变动；$\sigma(r, tdw(t))$ 反映的是在时期 dt 内利率变化的不确定性，市场利率的大小取决于以上两个参数[1]。根据保险的期权定价模型，分别计算期权价值的两个参数，测算卖出期权的价值，如果卖出期权大于当期趸交或缴纳保费，则对于投保人存在一个正的现金流，说明投保人从价值上是划算的，否则是不划算的。

保险人向投保人卖出期权或期货，并在被保险人患病后，接受一次或多次医疗服务并补偿费用支出。而在单纯的经济损失补偿产品上，被保险人患有合同约定的疾病以后，一次性或分次支付约定的保险金额（保险金额），前者的损失具有不确定性（次数和每次支出不定），而后者是固定的，虽然也存在多次支付的可能性。因此，基于医疗服务费用补偿与保险金额现金支付，所涉及的内容存在较大的差异。在期权期货定价模型中，存在参数假设缺陷，以及保险产品覆盖范围的限制，导致难以对保险行为进行科学的解释，事实上，期权期货定价模型和其他金融资产定价模型，只是基于保险人信息的保险定价，与基于投保人真实信息不同。二者的均衡在于，健康保险的投保人和保险人都能够满足预期的福利改进目标。

根据 Borch（1962）的观点，金融资产定价模型中的保险费用一般被分解为三个部分：一是风险成本，即精算公平保费，保险公司不能从中得

---

[1] 乔治·迪翁. 朱铭来，田玲，魏华林等译. 保险经济学前沿问题研究 [M]. 北京：中国金融出版社，2007.

到利润；二是管理费用，这部分用于补偿保险公司承保健康保险的运营成本；三是风险收益，这是无风险利润与风险利润的一种投资组合。健康保险公司的利润来源于保费与理赔之间的差额。从企业经营的角度，保险公司收取的保费必须大于基本成本支出，并通过大数法则使这部分费用被分摊的足够小，投保人达到边际灵敏度递减的最佳水平。例如，1000 元保费对 10 元管理费，大于 100 元对 10 元或者 1000 元对 100 元管理费的灵敏度。所以，健康保险的首要基础条件是满足大数法则，这既是保持保险基金稳定性的基本要求，也是健康保险参保激励的主要途径。因而，从管理费用大数法则均摊角度，共同保险有助于实现帕累托最优。另外，相对于承保周期较长的保险，健康保险一般不需要风险准备金或风险调节基金，但需要注意年度之间保险精算基础数据的变动带来的影响。而对于长期护理保险和以万能险形式运营的个人税优健康保险等跨期较长的健康保险，则应关注退保费用和个人账户收益保证风险等问题。

2. 健康保险市场均衡和保单的帕累托最优条件

按照金融定价机制制定健康保险的价格，不同的保险机构具有不同的利润诉求。而社会医疗保险可以看作是零利润或负利润运行机制，但它对保险基金略有结余的追求，也可以将结余部分作为利润空间。所以，无论是保险公司和社会保险承保机构，对基金的结余都有利润空间的需求。但在市场作用机制下，保险公司与保险公司之间的利润将趋同，最后使各个保险公司的健康保险价格供需平衡。而在有商业健康供给的情况下，也会形成整个保险供给的平衡。首先假定社会保险机构没有保费分担而完全由投保人承担，并对医疗费用根据法定标准进行补偿。那么社会医疗保险在具有福利属性的情况下，应该低于商业健康保险的价格。也就是对相同单位的保险费用，社会医疗保险的期望效用大于等于保险公司。当保险公司的利润与社会医疗保险相同时，整个保险市场达到均衡状态，即健康保险市场的局部均衡。

现在，假定社会医疗保险由政府或用人单位等相关机构，与投保人一同分担健康保险费，那么投保人的保险效用模型就改变为有分担保费的形式。尽管社会医疗保险具有保费分担的机制，但是医疗费用的补偿和保障水平也有限制，这些限制将降低社会医疗保险的期望效用。于是，医疗保险期望的总效用开始下降，直到与商业健康保险相等。此时，投保人可以在保险市场和公共健康保险计划之间自由选择，并获得相同的健康保险期望效用，从整个健康保险体系上实现一般均衡。

当整个健康保险体系处于均衡状态时，依然会有一部分人员，特别是低收入群体，不能获得健康保险，这在美国是最有代表性的，当前美国依然有4600万没有被健康保险覆盖的人口。要解决这部分人口的健康保险问题，其途径有三个：一是纳入医疗救助或公共卫生计划，显然从保障能力和风险分散能力上都是缺乏效率的；二是以政府保费与运营费用补贴的方式纳入健康保险体系，参保途径或者参加基本医疗保险，或者参加商业健康保险，或者是在政府公共健康保险计划上补充商业健康保险，此时必须是任意选择路径的福利都是相同的；三是抑制商业健康保险公司的利润动机，降低健康保险费用，抑制逆向选择造成的价格偏高问题。或者利用社会医疗保险基金，建立大病保险制度。社会医疗保险成本管理机制，有助于促进健康保险保费降低，进而推动健康保险多层次体系的构建。

相对于资本资产定价模型完全取决于保险人的财务定价和利润偏好，期权定价模型是基于期权购买人，即投保人角度的期权套利情况。因而，也对投保人行为异象的形成具有一定的解释能力。即投保人投保的健康保险，必须在行权周期结束时的期权套利大于购买保险的费用。如果投保人基于期权角度的获利，小于保险费用则是不经济的。然而，投保人对保险市场的预期收益也存在主观心理编辑的问题，因而适用于前景理论的一些基本的观点和模型框架。所以，也存在对保险行为的解释能力及偏好问题。

但是，无论是由政府承办的社会医疗保险，还是由市场化运作的商业健康保险，从保险的效用角度来看，在多元化的投保动机下，保险机构从保险中获得的总效用值一定大于不承保健康保险的效用值。当然商业健康保险的定价比较单一和直接，他们期望获得的利润主要是基于承保利润所确定保险价格。而且公司价格需要报备保险监管机构而不得随意修改，只能按照一定的风险条件进行一定的价格折扣优惠，例如可以根据投保人在不同续保周期内的风险状况，获得不同的折扣优惠。而社会医疗保险的保费制定比较复杂，而且健康保险的效用也不仅仅是由经济效用构成，还包括众多的非经济类效用。也正是由于使用效用的概念来评价健康保险的供给条件和需求，因而无论是社会医疗保险，还是商业健康保险，都可以用一个通用的效用函数模型对供需均衡和帕累托最优进行判断。在期望效用最大化的基本评价标准下，健康保险的供给条件为：

$$E(U(x)) \geqslant U(E(x))$$

即：

$$E[V(w_0 + Pr - I(x) - c(I(x)))] \geqslant V(w_0)$$

并且承保人是风险偏好的：

$$\begin{cases} c(0) = a \geqslant 0 \\ c'(\ \cdot\ ) \geqslant 0 \\ c''(\ \cdot\ ) \geqslant 0 \end{cases}$$

由于管理费用或运营费用的存在，保险机构在此承保健康保险时，存在一个大于 0 的初始成本。无论是对保险机构还是被保险人，这个成本都是一种纯粹的损失。并且在有保险业务时因为承保和理赔服务等原因，每个保单都附带一定的成本 $c[I(x)]$。所以第一个条件是说明保险机构的固定成本的，第二个条件说明财富的边际效用是递增的，第三个是风险偏好基本条件。对于投保人来说，之所以愿意以保险机构制定的价格 P 进行投保，是因为他们能够在该价格上获得最大的期望保险效用，即满足期望效用最大化原则下的理性投保。但是我们在非理性动机的论证中已经证实，这些效用未必是经济人或理性人假设的经济效用，而是多元效用的一个综合。在满足风险厌恶的前提下，投保人投保的条件必须满足：

$$E[U(w - P - x + I(x))] \geqslant E[U(w - x)]$$

其中 $U'(w) > 0$，$U''(w) < 0$，即风险厌恶的基本条件，并同时满足健康保险购买量与财富大小成正相关的绝对风险厌恶的条件。

所谓的健康保险市场均衡，就是双方的条件同时满足，保险机构和投保人均愿意按照保险机构制定的价格进行交易。根据 Jensen 不等式，在保险机构制定的价格和投保人愿意接受的价格均大于纯保费的基础上，还存在一个价格区间，即保险合同价格区间 $[G^*, H^*]$ 是非空的。为了使价格区间足够小，即二者趋近于一个价格，这个价格就是帕累托最优价格。

首先可以根据保险机构的期望效用是常数的约束下，求出使保险机构财富期望效用最大化的保费和支付函数。而这个条件在社会医疗保险领域，就是实现保险基金最大结余和保险支付的基本条件。可用来判断医疗保险基金的承受能力和可持续发展问题。该函数满足：

$$\max_{P, I(x)} \overline{U}(P, I) \equiv \int_0^T U[w - P - x + I(x)] f(x) dx$$

使对所有的 x 且 $0 \leqslant I(x) \leqslant x$，都满足：

$$\overline{V}(P, I) \equiv \int_0^T V[W_0 + P - I(x) - c[I(x)]] f(x) dx \geqslant K$$

其中 K 为常数，并且满足 $K \geqslant V(W_0)$。K 可以根据保险金融定价模型无风险利润和风险利润确定，一般情况下，健康保险公司对利润的追求要满足于一般风险投资收益率。由此可以按照两个步骤实现健康保险的帕累托最优，首先假定保费是固定的，求出最优的保单形式；然后选择最优保费得出帕累托最优保单。

3.2 对健康保险决策模型的心理编辑与行为异象

3.2.1 健康保险行为异象的内涵与理性偏离

行为异象的概念是建立在标准经济学模型假设基础上的，而标准经济学最基本的假设，就是建立在经济人基础上的理性假设。也就是每个人都能够进行理性决策，以实现个人经济利益的最大化。因此，明确理性的含义和判断标准是科学界定行为异象的基础。

1. 理性与行为异象的内涵与表现

人们在行为选择决策时，在标准经济学理性行为假设下，主要检验行为的效果是否满足达到理性标准，或者未按照利己动机做事的损己行为（Baumeister，2001），或者效用是否符合帕累托最优或帕累托改进的条件。当我们按照标准经济学的假设解释理性的含义时，通常是指人们能够通过使用科学合理的推理，进而这种行为能够区别于受情绪因素或者无意识的本能驱动的冲动行为。尽管关于理性的这些解释受到社会学科的支持，但对经济学家来说不仅显得太过于宽泛，而且也不够精确，或者说只考虑了理性的目的而没有考虑实现理性的路径。在传统的经典经济学分析框架下，经济学家倾向于用一个更为狭窄的范畴来界定和使用理性，也就是指决策者行为的一致性，即个体能够通过一致性的选择，进而使偏好得到有效的传递。也就是说，如果对 A 的偏好甚于 B，对 B 的偏好甚于 C，那么理性的个体对 A 的偏好会好于 C，这是期望效用理论效用偏好的基本公理和研究前提。如果行为偏好不一致，那么也就没有效用的边际递减假设和判断基础。

基于理性的推理要求和偏好传递的一致性要求，可以从三个方面理解理性的基本含义，即个体的行为是利己行为，并且能够在实现个人效用最大化时正确地使用推理技术，以及偏好符合传递性的基本要求。在行为经济学的研究范畴下，理性的判断标准是同时满足以上这三个基本的条件，并且基本上是在某一时刻同时满足。即便如此，人们对理性的界定依然在意见上是不统一的，理性的内涵仍然不存在达成统一定义的共识。甚至有人指出，理性本身就不存在单一的、普遍被大家认可的正确定义，所谓的理性只能在某一领域针对具体的问题进行理解和划定（Wilkinson and Klaes，2012）。因为在某些情况下，特定的理性界定比宽泛的界定更有实用价值和现实意义，特别是针对某些隐含的内在目的或动机而不是表面上的显性行为。诸如人们购买了超额的健康保险看似非理性的，但是从健康风险担忧或者医疗服务支付能力上，针对生命价值的保障又是相对理性的。如果能够接受关于理性的以上观点，对于科学的理解和界定行为异象是非常有意义的，因为在某个理性定义角度的行为异象，从另外一个角度根本就不是。

因而，人们不能把标准经济学模型及其新古典经济学理论与理性完全等同起来，传统标准经济学模型也并非就是理性的代名词。因为在某些定义下，人们的行为从过程上是非理性的，但行为结果却仍然符合标准经济学模型的预测，这与 V. L. Smith（1972，1976）实验经济学的观点是一致的。Smith 继承了 H. A. Simon（1950，1957）的观点，在研究标准经济学模型对长期市场均衡的预测问题时，并不接受标准经济学模型对个体行为规范所做出的各项设定（Smith，1980）。Smith 相信个体在违背理性人的规范情况下，能够按照自己的理性观点采取理性行为，在看似非理性的行为中获得理性结果（Smith，2003）。

所以，尽管人们有时行为规范不符合理性的要求，但只要结果是符合理性推理下的结果，这个人就是理性的。而这些结果就表现为个人效用的最大化，并且在每个人效用最大化的博弈决策中共同实现帕累托最优。在健康保险领域这种现象也是比较常见的。正如有的人购买了一个不是最优的保单，却通过医疗费用的补偿功能，获得了高质量医疗服务利用的最大效用，从而通过健康保险获得所需要的高质量医疗服务。而根据健康保险期望效用函数，投保这种保险是严重的需求不足的问题，然而他借助他所需要的最低支付能力的改进，更加经济有效地达到了最终的目的。这是一个非常简单的数学加减方法，如果市场上提供的保险产品足够充分，在其既有财富为 W 的情况下，他如果需要获得 W + M 的医疗服务，只要购买理赔是 M 额度的保单就可以了，而不是通过健康保险直接达到保额 A = W + M 的水平，这样看起来是不足额保险，但对被保险人来说已经足够了。用健康保险的医疗服务杠杆理论对该行为异象进行解释，就可以得到较为满足的行为动机。显然此时的健康保险不是传统健康保险理论的财富损失转嫁或补偿最优，而是获得医疗服务路径的最优。

因此，从市场的有效性来说，运用 Smith（1976）关于多元化路径实现共同理性目标的观点，就能够把理性的最终结果与决策过程中的非理性决策行为在结果上等同起来，必然能够对所谓的"行为异象"做出符合理性标准的科学解释。根据 Smith 的以上观点，如果市场实现了出清等有效机制，就可以表明个体是满足理性假设的。人们为了达到效用最大化的目标，可能在决策上会采取不同于寻常标准经济学模型，比如套利的思维，通过别人没有发现的价值实现路径最后达到行为效用的最大化。所以在理性的行为选择中存在多个可供选择的集合，而标准经济学只提供了有限的选集或者效用体系。结果必然导致解释能力不足的问题，而这些问题依赖的是对决策过程行为集合的扩展，不是理性的假设自身出现问题。

与此恰恰相反，从其他理性的界定来看，虽然人们的行为特征符合理性人的假设，但结果却可能背离标准经济学模型的预测结果，在这方面与Kahneman 和 Tversky（1979，1992）前景理论中决策能力不足或决策疲劳等观点是非常接近的。从前景理论的心理编辑或编码的角度，可以明确理性行为下非理性决策结果的形成原因，据此解释健康保险领域行为异象的心理层面的原因。之所以用 Kahneman 和 Tversky（1979）的心理编辑研究决策结果的非理性，主要是 K－T 实证范式更符合新古典经济学模型假设的行为规范，而个体往往会根据模型假设标准做出非理性的行为，也就是一个理性的动机下做出各种非理性的行为。而且 K－T 的实验研究中得出的系统性错误和偏差，并不是非理性的行为。

在这一点上，Kahneman 和 Tversky（1979）的前景理论，与 Smith（1976）关于理性的观点和使用办法基本是相同的，即通过实验检验人们的动机、行为决策和行为决策的结果。他们同时分享 2002 年的诺贝尔经济学奖也是有一定的理论共同之处。综合他们的共同观点，是行为异象的形成既存在于决策过程，也存在于决策效果。但遗憾的是他们构建的不确定性下的期望价值函数，并没有将动机、行为和结果所提炼出来的行为效用作为期望价值函数的一个部分。因而难以像期望效用理论那样，寻求行为效用上的帕累托最优或者帕累托改进。而要使人们在"行为异象"下，实现帕累托最优或者帕累托改进，显然还需要将其回归到期望效用理论的理性框架下，用经过修正的价值（效用）函数探讨帕累托最优实现路径。这也是我们研究行为异象与合约激励机制的核心理念和指导思想。

Amartya Sen（1990）基于态度和信念的角度，认为理性更应该看作是对某些事物的需求，而不单单是在不同子集之间的选择一致性问题，理性至少需要在个体感兴趣的目标与选择之间存在令人信服的关系。由此可见，关注目标和选择之间的关系，使目标特征和效用函数模型无须再进行任何的假设限制。因为这些目标仅仅是给定的，而不是一定要达到的。Sen 关于目标与选择关系的这种观点，只针对理论上的目标假设限制，但对于诸如全民健康覆盖等政策目标，是非理论性的模型假设目标，因而政策目标不仅是给定的，而且也是必须实现的，因为全民健康覆盖是政府保障国民健康的一项基本责任。另外，Sen（1990）还认为目标的特征通常超越理性范畴，因为人们关心的不仅仅是福利与幸福感。但 Sen 的这种观点的根本缺陷，是他对福利的定义过于狭窄与偏颇。社会福利不仅涉及物质因素，而且还涉及与我们情绪有关的心理因素。除此之外，神经扫描技术已使这些心理因素越来越容易被识别和度量①。健康保险保障的对象是个体的健康，而健康损害导致的损失不仅仅是经济利益，还包括家庭情感等因素。

为此，我们可以基于态度和信念视角的理性，提出满足四个基本标准的具有现实价值的理性观点。一是态度和偏好应该符合逻辑学和概率论的基本准则，在不确定决策状态下，要与概率论参数推断思想一致；二是态度和偏好应该满足一致性，表达偏好的态度必须是外显或者说可以观察的，而不是含蓄和谦虚或者含混不清；三是态度和偏好不应该由非物质或不相关因素决定或改变，二者在经济上应该具有共同的稳定基础，受到情感或利他性影响的态度与偏好是不理性的；四是态度和信念不应该违背个体所知道的经验观察，包括个体自己所觉察到的行为，否则可能会造成用惩罚自己的方式去惩罚别人的自我伤害行为。前三条标准由 Shafir 和 LeBoeuf（2002）概括出来并用于人们行为分析，在与第四条标准相结合后，可以由于对不同类型非理性行为进行分析。而第四条主要表明理性与观察经验的相互协调，无论是期望效用理论还是 Tversky 和 Kahneman（1986）提出的有关删除性、传递性、占优性和不变性的观点框架，都没有明确地涵盖到它。K－T 实证范式将这第四条相关的非理性行为，归于认知失调问题的研究内容，即个体所持有的若干相互一致性信念，可能与他所知道的经验证据相冲突。当信念与经验证据冲突时，对信念的坚持将会导致选择行为的非理性。这种理性正是常见的理性预期中的经济概念理性，也是 Alan Greenspan（2005）经常提到的"非理性繁荣"中的理性②。在 Baumeister（2001）看来，按照以上标准的非理性分类结果包括：故意的自我伤害、折中行为和起反作用的策略。起反作用的策略主要是指人们虽然在追逐利己动机，但是却选择了一个被他人误导的策略。行为结果往往

---

① Nick Wilkinson and Matthias Klaes. An Introduction to Behavioral Economics ［M］. London: Palgrave Macmillan, 2012, 2nd edition.

② Greenspan, A. and Kennedy, J. Estimatesof home mortgage originations, repayments, and debt on one-to-four family residents. Federal Reserve Board Finance and Economics, 2005, 116（4）: 1261 – 303.

· *178* ·

与个体的主观感知有关，就如同人们认为选择健康保险就能够保证人们不再生病一样不可理解。显然，健康保险的功能是保障患病后的经济损失，而不能消除疾病本身的风险。

这样我们就可以据此对所谓"行为异象"进行界定，即背离态度与偏好标准时，人们的行为动机和行为选择与决策结果不一致的偏离理性假设的行为。尽管行为异象不一定会造成行为结果偏离理性标准，但由于他们可能采取非常规的行为而偏离理性行为假设的决策过程。而健康保险行为异象中的诸如道德损害、逆向选择和保险欺诈等行为，则是这些行为在健康保险的具体表现。道德风险、逆向选择和欺诈套利等行为，尽管不符合保险行为规范，但却是个体实现理性的手段，是为了似乎弥补他们决策行为的不理性，如过度投保或需求不足，或者选择了一个不恰当的保单。事实上，在健康保险市场上，不仅投保人或被保险人对期望效用函数模型进行心理编辑，针对投保人的各种行为，保险人也会做出相应的应对策略。而且保险人自己也会对定价模型要素进行集体编辑，将风险概率与损失水平确定的相对保守，以使理赔与保费之间的具有更为宽松的波动空间。凡是违背了客观性决策要求的所有心理编辑和应对策略的行为都可以作为行为异象的范畴，这是一个相对宽泛，但却有着严谨边界或外延的界定。

2. 前景理论下不确定决策的心理编辑与非理性偏离

前景理论将不确定决策的行为选择过程，分为心理编辑过程和评估优选两个阶段。心理编辑或决策编码，是前景理论区别于期望效用理论的最显著的特征。第二个显著特征是参考点对决策行为或结果的影响，从而使收益与损失因为主观编码（coding）而成为相对于参考点的一个相对数，而不一定是真实的收益或损失。心理编辑主要是对待选择前景的初步分析，通过简单化处理备择前景而简化评估过程，这与人们规避复杂决策的心理动机有关。直觉判断（heuristic）的规则和操作方法，通常会被应用到与组织、重新编码和缩减后续阶段等决策项。而直觉判断未必是有意识的故意行为，可能是潜意识里的自然过程。心理编辑过程包括编码（coding）、组合（combination）、分割（segregation）、删除（cancellation）、简化（simplification）和占优检测（detection of domination）。编辑过程通常是非跳跃的行为过程，前阶段的编辑结果决定着后阶段的决策行为。而且心理编码行为，通常会改变客观收益或损失的心理认知而使收益与损失发生逆转，也就是基于参考点将收益或损失重新编码为心理或主观认知上的损失或收益，而不是财富或福利的真实情况。经过相对于参考点的编码以后，损失可能是真正的损失，也可能是相对减少了的收益；同样，收益可能是真正的收益，也可能是相对增加减少了的损失。概率简化则是通过前景中相同结果的重新组合，例如两个不确定前景收益（100，0.45；100，0.45）决策，将被简化为确定前景（100，0.9），并将新编辑后的前景组合作为评估依据。

在完成决策方案的收益损失编码和概率重新组合简化后，个体还会通过前景分割将某些前景中包含的无风险部分，从风险成分中分离出来。诸如全部是正收益的前景（100，0.75；150，0.30），将被分割为确定的收益前景（100，1.0）和风险收益前景（50，0.30）。而将全部是损失的前景（-200，0.80；-300，0.20）分割为确定的损失前景（-200，1.0）和风险损失前景（-100，0.20）。"删除"的心理编辑过程，最初被认为与独立性公理相关的行为。也就是当不同前景在分享某些共同部分时，被共享的部分将被删除或忽略。例如，以上两个关于收益与损失的选择中，（100，1.0）和（-200，1.0）两个共同的前景将被删除。而在两阶段博弈过程中，当存在以0.75概率没有任何盈利而结束博弈的情景，以及以0.25的盈利概率而转到第二阶段时，并且在第二阶段存在（4000，0.80）和（3000，1.0）备选情景时，参与者必须在决策博弈的开始就要做出选择（Wilkinson and Tversky，2012）。Kahneman和Tversky（1979）的研究发现，在这种情形下存在一种隔离效应（isolation effect），即人们通常会忽视第一阶段前景，从而导致该阶段的结果被两个前景共享，并且认为选择存在于无风险收益（3000，1.0）和有风险收益（4000，0.80）之间。隔离效应对决策理性的影响，在于决策者进行决策赋权时已经偏离了客观情景。

人们通常会在规避复杂决策的同时，还希望获得最优选择方案。因而化简和最优检测是个体行为决策的两个重要阶段。如果不能够实现简化和明显的最优检测结果，决策者将可能选择延迟决策、不决策或者使用默认项的决策方式等（Kahneman and Tversky，1992）。在心理编辑过程中，前景的化简和最优检测通常是通过凑整收益损失结果或者凑整概率实现的，与Allais（1953）悖论的基本原理是一致的。例如，前景（99，0.51）很可能被编辑为一个获得100的等可能机会，因为决策者不仅将99凑整为100，而且还会将0.51凑整为0.5。显然，通过凑整化简，已经在收益损失结果和概率上出现了两次准确性偏离。在健康保险方面，某些特定时期内发生概率较小的重特大疾病的概率与费用信息，被化简的情形都非常普遍。但被化简的情形又与概率和费用信息的表达方式密切相关，例如用常规数据表达的概率0.001，如果被表达为0.1%或者1‰或者更大的分母，则决策者的信息感知将会转化。与此相反，风险损失数据被表达的越精确，决策者的决策重视程度也越大。同样，时间与概率和费用也密切相关，更长的单位时间段上提供的概率与损失信息越大，决策者的重视程度越大。因而，在引导性保险购买决策时，要避免使用短期的小概率或小损失信息（Kunreuther et al.，2013）。相反，如果要使决策者避免健康保险的过度购买，则尽量使用更加合理的时间信息。因而，不同信息框架效应，将会对心理编辑和最优检测带来非常明显的影响。

但是，正如隔离效应存在于心理编辑过程的多个阶段，因而心理编辑过程将会导致诸如偏好矛盾等异常现象。因此，Kahneman 和 Tversky（1986）的心理编辑和直觉判断观点，在特定情景下也遭到批评。Quiggin（1982）指出，当偏好函数被确定地非常适度时的编辑过程就是多余的，而且检测占优阶段也不过是引出单调性的阶段，必然会纵容违背传递性的副作用问题，因而不是一种优良后果。Starmer（2005）也指出，该批评与其他关于前景理论的指责，是由"一个对在规则上满足诸如传递性和单调性等诱人准则的偏好理论预置约束"造成的，强加的预置约束条件会限制人们的决策思维，而且直观证据已经表明，预置约束是不值得给予特殊的关注。在决策变量和参数的心理编辑过程完成以后，决策者都将会评估所有之前已经编辑过的前景，并且假设能够选择出来具有最高价值的占优前景。根据 Kahneman 和 Tversky（1992）的累积前景理论模型，那些被编辑过的占优前景的总价值和为 V，分别用尺度 v 和 π 来表示。用第一个尺度 v 分配给每一个结果 x 价值数值表达结果的主观价值；用第二个尺度 π 与每个概率 p 相联系构成的决策权重，体现占优前景总价值在主观概率边际上所产生的影响。

3.2.2 对健康保险期望效用函数的心理编辑与行为异象

期望效用理论是关于人们不确定下期望效用最大化的决策理论，引入效用概念本身就是人们对货币或行为带来满足的心理体验或感受。由于不同的个体在效用判断和心理编辑上所存在的差异，针对一个特定的不确定下的期望效用函数变量时，人们往往会对概率、财富效用、财富效用约束下的风险偏好，以及价值函数结构进行局部的或整体的心理编辑。这些编辑或者背离了理性标准的行为规范，或者背离了结果的效用值最大化标准，导致行为异象的出现，进而影响到健康保险决策结果和行为选择。

1. 健康保险期望效用函数模型心理编辑

针对期望效用函数：

$$E[U(X)] = (1-p)v(w-Pr) + pv(w-Pr+A-X)$$

投保人将会对模型的组成要素进行主观编辑，包括对价值函数 V(·)、风险概率 p、保费 Pr 的支出行为本身的效用，以及保费、保额 A 与损失 X 的关系。由于模型右边的第一项是对保险费用支出的财富减少，消费者可能会将保费编辑为损失；第二项是在风险发生以后获得的损失补偿，意味着财富发生损失后的"增加"，是相对于参考点（w-X）边际保险基金补偿（w-X+A）的作用，心理编辑的顺序是先有损失的担忧，再有补偿基金对担忧的消除或缓解的作用，进而背离了模型是基于损失与收益的财富稳定性期望收益的框架设计。不同的个体针对模型的不同部分，进行的心理编辑将会影响到对健康保险行为的选择。如果投保人看重第一项，即财富的损失，那么对于损失厌恶的个体，那么对保费支出的意愿就不是很强。如果投保人看重第二项，即财富遭受风险损失后的补偿而对财富的保护，那么对于风险厌恶和看重投保收益的个体，将会对健康保险投保，表现出较强的投保意愿，而这恰恰反映了健康保险补偿的医疗服务杠杆效应。

因此，在个体心理编辑过程中，第一部分中保险费用被编辑为损失，适用前景理论的损失加权函数 $V^-(x)$，而后者表现为收益，适用于收益加权函数 $V^+(x)$。这时，需要对前者加入表示损失的 α 系数，并对后者加入表示收益的系数 β，只有 α = β = 1 时，个人的心理编辑才会回归到理性期望效用水平。这也是前景理论分段价值函数的基本思想，在前景理论下价值函数不再是单一的效用函数，而是两个分别针对收益和损失的分段函数：

$$V(x) = \begin{cases} x^\alpha & x \geq 0 \\ -\lambda(-x)^\beta & x \leq 0 \end{cases}$$

前景理论通过引入风险态度系数 α、β 和损失厌恶系数 λ，重新构建了反映出损失和收益态度的两个价值函数。Kahneman 和 Tversky 给出的 α、β 值都是 0.88，λ 为 2.25。

2. 财富结构与健康保险消费行为异象

对于保险保费的支出，必然要受到财富水平的约束，从模型的构成角度，至少要保证 w ≥ Pr，即既有的财富要满足保险费的支出，也就是保险保费既是财富收入的影响要素，也是制约要素。然而在健康保险领域，由于生命价值保障需求和资本化价值等要素的进入，在一定的情况下，未必绝对需要既有财富绝对大于保费，由于健康保险能够保障其未来潜在资本化价值的功能，使人们的财富增加有了一个未来的预期收入，此时健康保险的消费需求受到后面资本化价值的预期水平影响。此时的健康保险消费函数表现为：

$$C_{Pr,t} = \alpha + \beta Y_t^e + \varepsilon$$

预期收入是既有财富与后面资本化价值之和，即 $Y_t^e = w_0 + w_t$。但这并不意味着人们对消费需求层次的违背，由于人们同期还有其他消费支出的需求，并且根据需求层次理论，在消费支出安排上表现出一定的层次性特征，除非投保人的健康保险消费，恰好处在其消费需求的家庭财务安排层级上。为此，我们可以将 w 分解为既有财富 w_R 和潜在财富 w_P，既有财富和生命价值代表的潜在财富，在共同付费的健康保险模式下，都应该纳入健康保险的价值函数，而保险费用的支付能力则取决于两种财富的保障效应，即：

$$\begin{cases} w = w_R + w_P \\ P_1 = f_1(w_R) \\ P_2 = f_2(w_P) \end{cases}$$

其中是否支付保险费用，并不仅仅取决于其 w_R 的水平和需求层次，而是既有财富和潜在财富的共同影响。但这种影响不是确定的相加，而是关于既有财富和潜在财富，以及风险概率和风险损失的一个综合函数，即：

$$Pr = g(w_R, w_p, R_p, R_L)$$

对财富结构、保险费用、概率大小和风险损失的心理编辑，将成为投保人是否支付健康保险费用的重要影响因素。特别是风险概率，在信息不对称的情况下，很容易被附加一个主观概率，尽管标准经济学认为人们对概率的估计通常满足贝叶斯概率决策假设。但是在特定时期总是会与客观概率偏离，也就是人们只能无限接近真实概率，而不是真正达到。也正是由于个体对自身风险与保险产品设计时精算风险的比较编辑，对于特定的客观概率，投保人将会与之进行比较，使客观概率被主观赋权为 $W(p)$。

而且，人们对概率的心理编辑结果往往不会满足 $W(p) + W(1-p) = 1$ 的概率特征，并且人们也不会根据 p 或者 $(1-p)$ 进行简单的加减计算，而会受到框架效应的影响。在健康保险领域，在患病风险框架效应下，人们仅对 p 进行主观心理编辑，表现为对疾病风险的过度担忧。而在健康框架效应下的自我评价，又会对 $(1-p)$ 进行独立于 p 的单独编辑，表现为对自我健康状况的强烈的自信。因此，无论是对 $(1-p)$ 的过度自信，还是对 p 的过度担忧，其结果往往是：

$$W(p) + W(1-p) < 1$$

概率的主观赋权，在整体上破坏了期望效用模型中 $(1-p)+P=1$ 的基本条件。而对保险收益部分的编辑主要取决于损失补偿，也就是保费支出对财富损失的补偿作用。只有损失补偿到达投保人心理预期才会投保。因而，期望效用被重新编辑为一个新的函数模型：

$$E[U(X)]=W(1-p)\times v[\alpha(w-Pr)]+W(p)\times v[\beta(w-Pr+A-X)]$$

这其实就是前景理论价值方程的另外一种表达形式。因此，我们将利用前景理论的价值方程代替期望效用函数模型，分析健康保险行为异象的形成机制。当然，在总效用上依然与期望效用理论函数的标准是一样的，即只有编辑后的 $E[U(X)]\leqslant U[E(X)]$，投保人才会具有比期望效用函数具有更强的健康保险投保意愿。

而在对 $E[U(X)]\leqslant U[E(X)]$ 进行判断时，消费者还会对期望价值函数进行删减。根据前景理论的前景删减方程：

$$V(x,\ p;\ y,\ q)=v(y)+\pi(p)[v(x)-v(y)]$$

当健康保险存在一个确定的收益或损失时，价值方程将被编辑为两个部分。由于在心理编辑下，风险发生与不发生的概率之和并不一定成立，即 $q\neq 1-p$，这是因为通过对贴近 0 和 9 附近的数值，很容易被删减边际为更小或更大的概率，消费者将按照一个新的概率数据，对以上方程的期望效用进行相对独立的分析决策。

3.2.3 对健康保险金融定价模型的心理编辑与行为异象

1. 健康保险的卖出期权与买入期权的双重心理编辑

基于金融定价模型基础上的保险定价，保费被分解为纯保费、管理费用和风险收益，而风险收益又是一个关于无风险利率和投资收益的函数。因此，在金融定价模型的基础上，在健康保险投保行为选择过程中，投保人或保险人（消费者）不仅对期望效用理论下的概率、财富效应等参数进行主观心理编辑，还会对风险收益中的无风险收益的参照标准、风险收益的漂移率和可能的行权期（风险事件的发生节点）进行心理编辑，进而对投保健康保险的期权收益，总是形成一个总体的判断，即在各个参数是否与自己是适合的基础上测算出总的期权收益。如果测算出的期权收益大于保费的投入，将会选择健康保险，否则将会选择自保的方式自我应对健康风险。

更为复杂的是，在以医疗费用补偿型的健康保险期权上，对保险定价模型心理编辑与行为异象更为繁杂。在该类型的健康保险中，被保险人不仅从卖出角度分析未来风险造成的损害，即将健康风险损害而遭受损失部分的折损价值卖给保险人，自己获得远超过已经遭受损害的健康损失补偿。或者简单地说，就是将因为遭受健康风险损害而不健康部分的生命价值，愿意以合约约定的价格高价卖出给保险人，保险人承接生命价值损失。这种情况以大病保险最为典型，由于遭受大病伤害，其潜在的财富价值已经由原来的 w_p，折损为（$w_p - L$），而保险人通过以保额 A 承担损失 L，当 $A - L = 0$ 时，被保险人将所有的损失转嫁给保险人，从而使其生命价值恢复到 w_p 的水平，但是由于保费的支出和部分损失补偿，被保险人最终在健康风险侵害时的最终生命价值只能保持在（$w_p - Pr + A - L$）的水平上。

在一般情况下，由于保费的支出主要是来源于投保人的既有财富，因而可以忽略当期保费对生命价值的影响。然而在由于患病后对医疗服务利用的消费支出，将会使个体的财富变化更趋复杂，从理论上，在个体剩余生命价值足够小时，可能被保险人并不会花费大病保险的定额支付购买健康保险，而是作为寿险的一部分，这在晚期重大疾病中的情况比较常见。在医学技术无法有效改变不可逆健康损害时，他们一般不会将所有的保险定额补偿部分用于被保险人的医疗费用支出，而是作为遗产留给子女和用于子女的其他支出。这种比较往往是基于治疗后的生存质量、生命价值与保险金额之间的比较，并将保险金额资产化后的选择结果，同时也受到子女收入水平、既有财富和家庭情感等相关因素的影响。

但对于大部分医疗费用补偿型的健康保险，被保险人往往在健康遭受损害以后，都会努力追求获得必要的高质量的医疗服务以更好地修复健康损失，这时又表现出通过健康保险对医疗服务的一个买入期权的分析。在买入期权理念下，实际上是一个关于医疗服务产品的远期期货合约，尽管不能像一般期货合约那样进行每天的收益交割，但是被保险人期望能够通过健康保险平抑医疗费用上涨，可能带来的支付能力不足问题。或者从买入期权的角度，他能够用补偿基金购买足额的高质量医疗服务。此时的心理编辑表现为既有财富 w_R 扣除保险费用 Pr 支出，再加上保险基金补偿 A，与修复健康所支付的医疗费用 L 之间的比较。特别是当既有财富相对于医疗费用严重不足时，保险补偿是否具有充分的医疗费用支付能力。此时的心理编辑已经忽略了风险概率 p 对漂移率的影响，进而也忽略了行权期（$T - t$）的影响，进而将期权定价模型心理编辑为：

$$P(S(t), 1) = Xe^{-r}N(-d_2) - S(t)N(-d_1)$$

$$d_1 = \frac{[\ln(S(t)/X) + (r + \varepsilon^2/2)]}{(\varepsilon\sqrt{1})}$$

$$d_2 = d_1 - \varepsilon S(t)\sqrt{1}$$

其中 ε 是一个无限小量，这将使健康保险的投保过程，被编辑为财富大小、支付医疗费用的价格、健康风险概率和保费之间的简单决策过程。只要缴纳的保费符合风险厌恶条件，被保险人只关注医疗费用和财富价值之间的对等关系，只要二者充分接近，被保险人就会购买健康保险以获得期望的医疗服务。在保险支出、期望回报和风险概率的心理编辑上，与其对期望效用函数模型和期望价值函数模型的心理编辑规律是一致的。

2. 金融定价模型心理编辑上的行为异象

从金融定价模型角度，人们对健康保险的投保行为异象，主要表现为保费支付对家庭财务负担的影响，以及保险公司承保了一个低于金融资产定价标准的保险。在家庭财务负担上，Kunreuther 等（2013）举证了一个姊妹之间投保过度而导致家庭财务负担过重的行为异象案例。当姊妹中的一个因为患有遗传基因缺陷相关的疾病去世以后，另外一个将为自己购买大量的健康保险。过度购买不仅导致累加的保险金额，远远超过保险精算测度出来的帕累托最优保额。而且也严重超过全额保险金额，导致家庭财务负担过重。但是她依然在为自己寻求各种可能的健康保险。而在保险公司层面，Frank（2007）为我们提供了一个以低于精算保费承保健康保险的案例，保险公司承保的健康保险是严重亏损的。事实上，在我国城乡居民大病医疗保险的试点初期，也有保险公司愿意承接在保险初期一定是亏损的居民健康保险。因为涉及保密问题，我们不举例公司的名称和招标政府单位。而他们给我们提供的信息是，在居民大病保险的招标当年，由于保费筹集不足而表现为亏损性投标的现象在很多地方是存在的，但这种现象将随着大病医疗保险趋于稳定而逐渐消失。

从另外一个角度，在投资市场比较活跃和资金需求较大的情况下，无论是被保险人还是保险人，都会认为长期型的健康保险能够为他们提供从投资市场获益的机会，通过提高金融市场上的投资收益弥补精算上的损失。这在前景理论上，本质上属于过度自信的一种行为异象，但这种行为异象从行为规范上是不理性的，但是从最终结果来看，能够获得理性的收益或效用，这符合 K－T 和 Smith（1980）实验经济学分析的结果和标准。

从买入期权角度，健康保险与医疗服务需求关系密切是健康保险行为的判断基础。虽然从医疗服务需求中存在的问题看，存在对医疗服务利用的使用过度、需求不足和使用不当等影响健康保险持续性发展等问题。而且作为提供医疗服务的医生，在使用过度和不当方面也应承担一定的责任。但从动机上，这种行为实际上是受到医疗服务买入期权的心理编辑影响。在这种情况下，即使面临一定的保费支出压力和道德风险问题，但参加保险的人依然会努力提高医疗服务利用水平。当然由于共同保险（起付线和费用分担等制度设计）原因，共保率问题也会导致需求不足和利用率偏低问题，尤其是那些收入水平明显偏低的农村老年群体和城镇低保人群。

　　与此相反，由于没有从期权角度考虑行为异象问题，即使吸取了部分行为经济学研究方法的健康保险市场，依然存在为什么全额给付保险计划占统治地位的令人困惑问题。这与 Arrow 期望理论范式下健康保险的最优购买标准是完全背离的。因而，经济学家长期关注道德风险与风险分散之间的平衡对健康保险的行为选择等问题（Zeckhauser，1970）。在健康保险的纵向补充体系上，保险具有各级分摊费用的弥补均衡机制，并且也已经接近全额保险。更加令人迷惑的是人们为什么依然有很高的热情去支付全额保险这个从理论上不经济的保险保障形式（Frank，2007）。Thaler（1980）引入"后悔"的概念对全额保险购买动机进行了解释，在有后悔的心理存在时，诸如免赔额等保险制度设计将会极大增加消费者的心理成本。对为了避免"后悔"问题发生的再权衡，消费者被建议购买能排除这种再均衡焦虑的全额保险，造成为了投保全额保险而额外支付不必要的费用。而从金融定价的期权角度，这些行为异象大部分能够得到较为合理的解释，特别是生命价值期权对健康保险的行为异象具有更优的解释能力。

　　正因如此，健康保险的保险人经常会通过设置各种限制方式调控人们的健康保险需求，包括医疗服务管制和增加基金损失补偿条款的约束（Frank，2007）。但该举措的问题是造成了健康保险逆向选择问题，并挤压了健康保险的选择空间。因而，建立在前景理论和有限理性基础上的行为经济学，也在努力为卫生部门的医疗服务管制和健康保险政策选择提供一些适当的分析工具。并且将行为异象的成因扩展到信息不充分时的医患决策、受到风险干扰的健康生产函数，以及恐惧、焦虑、保险责任范围和信任等心理分析工具。而从 Arrow（1963）开始，虽然很多传统的经济学家已经意识到，在医疗卫生服务领域和健康保险市场上，消费者和服务的提供者都不能在他们的行为规范上，被判断为能够使他们的期望效用或收益最大化的理性人。但是他们的行为也主要是寻求利他性、信任和标准化等前景理论标准的思维范式，常常使健康保险处于一般经济学的处理范围之外，反而忽视了传统金融学中的期权定价模型参数可能会被主观编辑的问题。

　　然而，从金融定价模型复杂度对能力的约束上，并不是有健康保险需求的普通投保人所能具备的决策能力。金融定价模型使投保人无法从决策能力上更为理性地评估保险人的风险收益水平。风险收益是否是合适的，也成为投保人所困惑的、难以准确计算的技术难题。如果不能得出过度自信水平上的判断，他们只能回归到基本的无风险利率判断。在金融市场上寻求与其他金融产品平均收益的简单比较，如各种理财、债券和股票等，进而导致需求不足或超额保险等行为异象。或者选择社会规范作为遵从参照，或者选择社会默认（公认）方式选择健康保险产品。因为他们相信其他个体中总是会有决策能力更强的个体，他们选择的健康保险一定是正确的。而与此相反的情况是，很少有人会选择其他人纷纷退出的健康保险，这种"羊群效应"在激励投保和退保上都是存在的。这正如人们对银行的选择和挤兑问题一样，群体性选择将会影响个体的行为选择，哪怕对自我的福利是一种损害决策，例如在 2009 年之前在部分地区一度存在的社会保险退保潮问题。

3.2.4 对健康保险市场均衡的心理编辑与行为异象

1. Jensen 不等式与健康保险市场均衡条件

Jensen 不等式，是期望效用理论函数模型保险行为动机和非寿险定价的主要分析工具。如果一个保险决策者（投保人）的效用函数 $u(x)$ 满足风险偏好的基本条件，即 $u'(x) > 0$，$u''(x) < 0$，对于随机的健康风险损失变量 X，则满足以下不等式的基本条件：

$$u[E(x)] \geqslant E[u(x)]$$

那么这个不等式，就是 Jensen 不等式。这样就根据风险偏好，在期望效用最大化原则下，对健康保险行为进行决策。也就是：

$$u(w_1 - H) \geqslant E[u(w_1 - X)]$$

w_1 为被保险人保障的财富，一般由无风险部分的财富实际承担保险费用，因而 w_1 一般是非风险资产与风险资产之和。X 为风险损失随机变量，H 是个体愿意缴纳的全额保险的保费，通过全额保险使个体面临的风险损失变为确定的保费支出。它表明被保险人购买保险后的财富效用值，必须大于购买保险前的财富的效用值。

而对于保险人承保健康保险，则是风险偏好的，因而保险人的效用函数必须满足：

$$u(w) \leqslant E[u(w + G - X)]$$

w 为保险人的初始资产，G 是收取的保费。它表明保险人承保健康保险后的期望资产效用，应该大于等于承保前的确定财富效用数值。

根据 Jensen 不等式，凡是同时满足保险人与被保险人保费意愿区间的保险价格，都是能够使保险关系成立，构建一个双方当事人都能接受的保险合约。这是因为 Jensen 不等式提供的是一个价格区间，而不是一个固定的均衡价格，这是保险产品市场均衡与普通商品市场出清的不同之处。即使是帕累托最优保单，依然也是一个最优价格区间，而不是一个价格点。尽管在保险实务中，保险人通过保险精算制定的价格（保费），需要经过保险监管部门的审核与备案，不得随意调整价格。但是在具体保险业务中，当事人双方是可以进行价格协商的，但这个协商只能以价格折扣的方式降低实际保费额度，一般并不能调整经过审核的"价格"。被保险人或投保人谈判能力的大小，对保险价格的优惠或者折让额度影响较大。尤其是以团体健康保险形式进行的集体投保产品，价格的折扣力度一般都比较大。这也是为什么美国商业健康保险一般都是以团体险的形式投保，而我国社会医疗保险中的补充大病医疗保险是由医保部门统一向商业保险机构进行投保的原因。

而在价格协商谈判机制下，也就容易出现价格歧视问题，这部分的内容我们将在行为异象成因中的价格歧视部分进行详细分析。因为在风险和缴费意愿相同的情况下，仅仅因为协商机制或者谈判能力就会导致保费缴纳额度的不同。那些缴纳更高保费个体尽管也满足期望效用的 Jensen 不等式条件，但显然没有获得相对于低保费上的更大期望效用值。如果没有谈判机制导致的信息强化，也不会造成被保险人心理层面的价格歧视问题。在一定程度上，只要保险与风险损失之间达到了最优水平，投保人就会购买健康保险。价格谈判协商机制虽然在本质上是保险公司的利润转让，但已经从心理上破坏了公平性偏好问题。甚至会使被保险人产生保险人在保险市场上套利的想法，还是会认为已经购买了的保险"买贵了"，消费者剩余也会因此受到非理性心理编辑因素的影响。

2. 基于保险市场均衡心理编辑的行为异象

在一个均衡的保费市场上，如果被保险人在期望效用理论函数模型测度的最大保费额度为 H，而通过协商谈谈将最高缴纳的保费降为 H^*，那么被保险人获得 $V(H-H^*)$ 的消费者剩余。保险人由 Jensen 测度的接受保费，由 G 降为 G^*，那么保险人的承保效用"损失"效用为 $U(G-G^*)$。此时，不等式 $H^*>G^*>E(X)$ 依然是成立的，那么保险关系依然成立，保险费用处于可行的价格区间 $[G^*，H^*]$ 之内。最终，在保费为 $Pr\in[G^*，H^*]$ 的价格区间上，被保险人获得 $V(H-Pr)$ 的消费者剩余，而承保业务的保险人效用"损失"为 $U(G-Pr)$。而事实上是，被保险人和保险人的效用都得到了改善。

也正是由于被保险人对价格区间、保费和风险损失的心理编辑,导致这些重要的参数在心理层面产生偏离。在价格博弈过程中,如果被保险人认为价格与风险是不对等的,那么保险逆向选择问题也随之出现,导致健康保险需求的严重不足。即使在某种力量(如强制参保、家庭保险或者团体保险)的干预下,也会引发"套回保费"的道德风险问题。针对此类问题,我们将在厌恶不均等原因所导致的保险行为异象研究中,用互惠模型和厌恶不均等模型进行详细的分析。在心理编辑导致保险需求不足的情况下,人们经常选择哪些难以给他们充分保障的健康保险以保持较低的保费水平(Frank, 2007)。因为低水平的健康保险一般将会使他们认为被超额收费的概率和额度都相对较小,属于前景理论中自我伤害行为的一种典型行为(Baumeister et al., 1993)。因而,低价格战略下的健康保险保额不足的选择,是投保人在面对信息不对称和风险保障情境下的一种自我保护性购买行为。

尽管这样,在他们经历健康风险损失以后,却又因为没有将全部损失投保而不快乐,或者表现得非常懊悔,或者对保险行为感到非常的不值。而在自我伤害的"报复"动机下,他们依然不愿意选择更为充分保障的保险。即便他们选择了一个价格和保障水平都比较低的健康保险,也会因为缴纳了"保费"这一"损失"行为,在风险损失没有发生时依然会不高兴,他们可能会觉察所购买的保险是一个不明智的选择。所以,健康保险需求不足下的投保行为,对健康保险和被保险人的"伤害"都是非常明显的。

而与保险需求不足相对的是超额保险问题,这与消费者愿意缴纳的保费与实际补偿的规则有关。造成超额健康保险的原因,既有缴纳保费的经济承受能力有关,也与实际的保额与损失之间的差距有关。前者是投保的保险超过了实际的经济承受能力,后者主要是超越了真实的保险需求。在保险的实际购买决策中,人们因为价格谈判和心理编辑引发的效用偏好,使大部分的中低收入者愿意选择社会医疗保险,而高收入者愿意选择商业健康保险,这是因为基于大数法则和补偿限额规则下基本医疗保险的保费和待遇水平更贴近于中低收入者,而偏离高收入者的需求距离最大。

即使是基于金融定价模型中的期权定价模型,Jensen 不等式的效应依然存在。因为保险公司制定的价格,即保费是由纯保费、管理费用和风险收益构成的,保险精算主要是针对纯保费部分。对于保险公司来讲,利用期权模型定价时也未必是理性的,因为保险公司可能会低保费承保风险，甚至明知道是负利润。这种行为一般出现在承保政府委付业务，或者新产品早期的市场营销阶段。其动机主要是为了赚取未来扩展市场的政治资源或者潜在的市场客户。而当巨额风险损失发生以后，这些保险公司通常又会立即提高保险的价格，甚至不再提供保险（Kunrether et al.，2013）。因而，这种现象可能会使投保人重新评估保险价值，他们会认为那些没有自称亏损的保险，或者在灾害发生以后调整保费的保险产品，保险公司的定价是偏高的心理。进而感受到自己被保险公司额外"赚了"，所缴纳的保费是"吃亏了"。

3.2.5 对基本医疗保险的心理编辑与行为异象

相对于商业健康保险的缴费与损失补偿待遇的对等机制，政府主导的社会医疗保险或者基本医疗保险，在风险相关的保费筹集、风险损失补偿和待遇上存在很大的差别。基本医疗保险保费水平是与收入而不是风险相关联的方式（职工医疗保险），或者大数法则下的统筹区域内均摊等方式筹集医疗保险基金。缴费水平也与享受的医疗保险补偿待遇之间没有直接关系，而是按照基本目录范围内的医疗费用实际支出，按照统一的标准进行补偿。缴费采取的是类似于工资税（区别于所得税）的强制缴纳的方式，即从工资中直接扣除方式，与个人的保险意愿关联度较低。然而强制保险的背后是政府和用人单位分担较大比例的保险费用，被保险人实际的分担额度（在中国）小于政府或用人单位的分担部分。因此，相对于商业健康保险比较复杂的心理编辑，对基本医疗保险主要是自负保费和分担保费、可能的医疗费用支出等家庭或个人的财务支出方面，心理编辑过程相对也比较简单。但诱发的问题却比健康保险期望效用理论下的问题更加复杂，涉及基本医疗保险各方主体的利益。

1. 基本医疗保险的心理编辑行为

在社会医疗保险的强制性模式下，人们对保险的心理编辑过程较为简单。因为在强制性保险模式下，如果不参加医疗保险将会面临一定的惩罚，而参加医疗保险不仅可以获得来自政府的保费分担补贴，而且也确实能力转嫁医疗风险损失。然而，在政府推进医疗保险改革的过程中，为使民众对医疗保险制度具有较好的遵从度，更加强调对疾病风险损失的作用，使个体的医疗保险参保行为选择，被放置于一种明显具有框架效应的决策环境下。也就是将复杂的医疗保险投保决策：

$$V(SI) = [1 - W(p)]v(w - Pr) + W(p)v(w - Pr + A - L)$$

简单编辑为保费 Pr 与基金补偿差额（A - L），甚至是与保额之间的关系，从而忽视了对患病风险概率的关注。并且通过对附加保险费用分担机制 $P_r(1-a)$ 的宣传，强化保险的社会福利性。即政府或用人单位分担 $a \times P_r$ 部分，而个人只需要负担 $P_r(1-a)$，在政府分担比例 $a > 0.5$，甚至是 $a > 0.75$ 的情况下，投保人的额外收益效应比较明显，因而更容易忽视对风险概率 p 的认知和加权。所以，在有保险费用大比例分担机制下，投保人更愿意选择社会医疗保险，这也是中国社会医疗保险为什么能够得以快速推进的主要原因。另外，对于职工医疗保险还通过设置个人账户的方式，将个人缴纳的部分 $P_r(1-a)$ 和企业分担部分 $a \times P_r$ 的一定比例（通常为30%左右）纳入个人账户，成为个人家庭可支配和继承的财富，因而更具有投保的激励效应。所以，中国在从公费医疗和集体医疗（新型农村合作医疗在1995年基本解体）向社会医疗保险改革的过程中，并没有受到职工较大的阻力。相反，这种保费分担方式给政府（尤其是地方政府）财政和企业生产成本，带来相对较大的经济负担。

但是，对于那些处于青壮年年龄阶段的低风险群体，他们也会对健康风险的大小进行心理核算和主观决策赋权。那些低风险的中青年，尤其是流向城镇就业的进城务工群体，具有更低的参保积极性。在缺乏强制参保的制度约束时，他们一般不会主动自愿地选择保险，即使可以享受来自政府或用人单位的高比例保费补贴。这种现象在低收入群体中最为明显，因为在低收入和低风险情景下，低收入者更容易将小额保费支出心理编码为一种"损失"。而在损失厌恶效应下，它将破坏医疗保险的经典期望效用平衡范式或最优购买标准模型条件。另外，由于医疗保险对医疗费用的补偿是典型的第三方支付行为，人们对医疗保险基金并不会看作是与自身利益直接相关的风险应对基金，这样也会造成他们缺乏对保险基金的合理使用意识，进而影响他们在投保以后的医疗服务利用行为。由此造成的主要问题是医疗服务利用过度或者医疗费用严重偏高。

对于参加基本医疗保险的动因，还有关于就医过程中的体验效用。也就是说，被保险人在就医时不仅仅将保险的经济效用最大化，同时还期望获得友好的就医体验过程，包括就医环境和不同医疗服务的心理体验。人们总是规避令人痛苦的就医体验过程，特别是受到就诊方式的影响较大。在基本医疗服务和诊疗目录中，很多是价格便宜但药物副作用可能是相对较大的药物，以及可能带来较大医疗伤害的基本检查治疗方式。例如，在医学影响检查中，拍X片对人体的辐射要大于计算机断层扫描（CT），而CT的诊疗效果又不如核磁共振成像（MR），所以在经济因素上人们可能选择CT，而体验效用上可能会选择MR。类似的内容还包括化疗对容貌的影响、胃镜的极端痛苦体验，等等。

所以，不满意基本医疗保险覆盖药物和治疗项目的体验，使人们可能会选择以经济支付为理赔方式的商业大病医疗保险。而且在被强制参加基本医疗保险以后，宁可选择更多的自费项目，而不是使用基本医疗保险目录内的项目。医疗服务保障范围内的项目费用补偿，为作为获得自费医疗项目的跳板。此时，心理编辑后的健康保险效用最大化模型为：

$$\max V(M) = v_1(w - Pr + A - W(L)) + v_2(W(L) - L)$$

v_1 是对医疗保险支付的经济效用，而 v_2 则是就诊过程体验下效用，被保险人会在经济效用与体验效用中进行平衡，进而确定一个合适的经济支出 $W(L)$，使因支付增加而较少的经济效用能够被医疗服务体验效用所弥补，甚至使整体就诊效用最大。

2. 基本医疗保险中的行为异象表现

随着社会医疗保险基本实现全民覆盖，在基本医疗保险方面也存在大量的保险效用心理编辑和行为异象问题。特别是基本医疗保险是强制性的参保行为，即便存在潜在的逆向选择和道德风险问题，但是依然存在大量期望效用理论难以解释的行为异象。这些行为异象囊括了从投保动机、保费缴纳、保险方式选择到医疗服务利用等全部内容。

在投保动机方面，社会医疗保险是按照大数法则，在整个社会成员层面或者在制度覆盖群体内的全覆盖。例如新型农村合作医疗覆盖的农村居民、城镇居民医疗保险覆盖的城镇居民、城镇职工基本医疗保险覆盖的在城镇就业的职工等。为了推动社会医疗保险，尽管政府财政资金，在城乡居民医疗保险中承担了较大的部分，但仍然有部分居民不愿意参保，而这从健康保险精算角度，经过大比例财政分担后的保险费用已经远远低于公平费率。政府的这项医疗福利为什么没有被投保人所接受？这显然与经济学最大利益追求的假设是背离的。难道加入了大额财政补贴的医疗保险的期望效用，依然没有投保人所承担的小部分保费的效用大？显然，单纯从保费的补贴角度，被保险人已经超额获得了额外的财富效应。那么到底是什么原因，使人们宁愿选择拥有小额收入而不愿意去投保"很赚"的医疗保险？即使在职工基本医疗保险方面，2014 年广东省中山市的某私营企业，在按照政府的要求提高社会（医疗）保险缴费标准时，为什么会有部分青年职工以罢工的激烈方式拒绝？难道他们在全部社会保险上额外 300 元钱的保费（含养老金）支出效用，会大于企业额外以保费的形式支付给他们数倍于 300 元的保险福利？

除了被保险人存在保险行为异象以外，为了更好地应对职工健康风险和改善职工健康福利，一些效益比较好的用人单位（一般是国有企事业单位）在基本医疗保险基础上的补充医疗保险，为什么更愿意采取职工互助保险而不是商业健康保险的形式？而且职工互助医疗保险已经被证实缺乏有效的高风险抵御能力。并且相对商业健康保险，职工互助医疗保险的续保更加稳定、保险基金被违规使用的保险欺诈问题更少。

相对于保险需求不足问题，低水平重复参保问题也较为严重。根据审计署2012年社会保障基金审计结果，2011年大约有538.47万人存在重复参加医疗保险问题。在不得重复报销或者互补报销的情况下，显然属于严重的非理性超额投保行为。重复投保的存在到底是简单地归因于制度设计，还是其他方面存在问题？重复参保不仅造成个人资金浪费，而且也已经造成超过7.92亿元的大规模财政资金补贴浪费。在重复参保人群方面，主要是农村进城务工人员在新型农村合作医疗与职工医疗保险之间的重复参保。那么新的问题是，这些进城务工人员为什么不愿意放弃原来的新型农村合作医疗，而转换为单一的城镇职工基本医疗保险？因为另外一个数据还显示，在进城务工人员较为集中的企业，大约有102.85万人没有参加职工医疗保险，而是继续选择新型农村合作医疗。在职工医疗保险保障水平高于新型农村合作医疗的情况下，他们为什么没有选择"福利水平"更高的保险形式？

而在参加基本医疗保险以后，相当多的被保险人有时不愿意因为保险基金支付的约束选择基本医疗保险目录内的医疗服务项目，而是宁愿选择更多的自费项目，甚至并不关注医疗保险在不同级别就诊补偿激励，即使这些治疗手段在治疗的效果上并不存在较大的差异。在基本医疗保险的保障水平上，政府特别希望能够提高医疗费用的真实补偿比例，而不是基本诊疗目录范围内的补偿比例，尽管这一比例已经达到50%~70%，而真实补偿比例仅为40%~50%，意味着相当多的人员的医疗费用的总补偿比例低于30%。然而，导致该比例明显偏低的原因，就是目录外用药和治疗项目的费用比例过大。在该"行为异象"的影响下，政府为了减少对基本医疗补偿偏低的质疑，被动地不断提高缴费水平和政府财政补贴。然而相对于政府成倍地增加保费投入，实际补偿比依然岿然不动，提高的程度非常缓慢。显然，这部分增加的投入对补偿比例的贡献，已经被更高的范围外的医疗服务费用抵消掉了。

同时，一部分参保人员会选择更加昂贵的医疗服务项目，即使在既有财富水平不足的情况下。在自愿参保时，那些低风险的参保人员为什么在相同的保费和补偿标准下更愿意选择社会医疗保险，而不是长期商业健康保险？即使在有较高层次的医疗保险需求时，为什么人们宁愿接受健康保险断层，而不愿意通过合适的健康保险进行有效补充？而从 2013 年社会医疗保险与商业医疗保险的保险深度（见图 3 – 1）和保险密度（见图 3 – 3）来看，二者存在显著相关关系，并且与当地经济发展水平和健康风险关联度偏低。说明商业健康保险并没有很好平抑社会医疗保险波动，而是依附于社会医疗保险，造成健康保险需求严重不足。

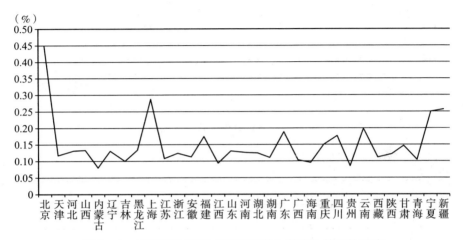

图 3 – 1　健康保险 2013 年原保费收入基础上的保险深度

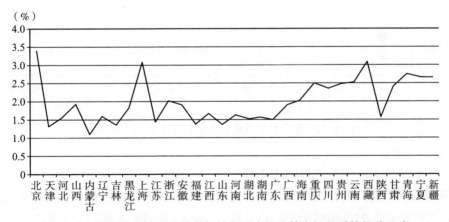

图 3 – 2　商业健康保险原保费与社会医疗保险基金汇总后的保险深度

　　将社会医疗保险基金与商业健康保险原保费收入汇总，地区间的医疗保险深度（见图 3 –2）和密度（见图 3 –4）都发生较大的变化。但尽管保险密度曲线上移，而变动趋势变化不明显。将其与健康保险进行相关分析，得出的 Pearson 相关系数为 0.951（P < 0.01），呈现高度相关的关系。结合保险深度数据来看，经济因素与保险密度也没有较为明显的关联性。

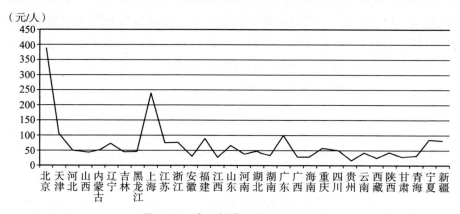

图 3-3　商业健康保险投入密度

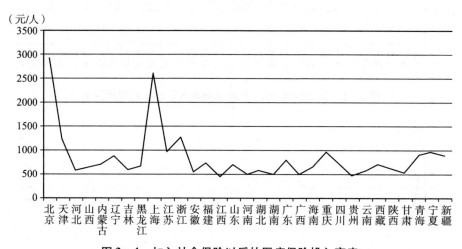

图 3-4　加入社会保险以后的医疗保险投入密度

　　城镇职工基本医疗保险个人账户部分也存在被严重浪费问题，包括基金的套现问题，即医保卡套现，并且套现需要很大的当期代价和未来使用效用代价。人们还倾向于在定点药店，用医保卡的个人账户资金购买比超市价格更高的保健用品或生活用品，甚至在众所周知的情况下，政府依然难以杜绝这种违规行为。人们在就医选择时，除了医生的诱导性消费后，人们还会产生对高端医疗服务或进口器械的消费冲动。而且人们往往愿意选择储蓄来应对未来的疾病风险，而不是在市场上寻求最有效的健康保险产品，而且在参加基本医疗保险时，完全按照政府的默认条款缴纳保费和选择保险组合。

在体验效用的心理编辑框架下，基本医疗保险选择和就诊机构与支付方式选择也会发生变化。获得高质量的医疗服务，免于经历不愉快的治疗体验，即获得较高的医疗服务使用效用，或者是就医体验效用。这可能也是人们选择高级别医院和相对比较贵的药品的原因，因为从效用最大化基本评价标准来看，除了医患关系信息不对称和信任问题外，经过多次患病或者用药的人总归会逐渐趋于理性。但是，他们宁可自负购药费用或者到高级别的医疗机构就诊，显然不符合以上的假设。因而，这方面应该是受到体验效用的影响最大。而且通过购买健康保险，可以以较高的支付能力获得更高质量的医疗服务，以免于最基本的诊疗项目和药物，所带来的不愉快的治疗体验过程。

杨俊（2012）[①] 在重新定义社会医疗保险基础上，从医疗卫生体制类型学的视角讨论了社会医疗保险中的一些行为与不确定性和保险市场失灵，以及第三方支付下的道德风险与医疗费用分担机制有关。认为只有从医疗卫生体制的角度分析社会医疗保险，才能够对失灵问题有着更全面的、综合性的认识。从该角度，社会医疗保险是提供医疗费用的风险保障，最终改善国民健康水平，而国内的认知多侧重于资金筹集和风险分担。

3.3　健康保险行为异象的形成机制

相对于期望效用理论的假设和金融定价模型的基本要求，现实生活中人们的决策行为，往往很难满足标准模型的假设条件，而是处于有限理性、有限意志力和有限决策能力的状态。因而也必然会出现偏离于标准效用模型和金融资产定价模型的行为，这就是健康保险购买决策中，行为异象形成的主要原因。

3.3.1　期望效用函数模型的理性假设缺陷

期望效用理论作为研究不确定性下最优决策的理论基础，在被引入到保险最优购买决策理论范式以后，在保费定价、准备金、再保险自留额和保险合约激励等各个领域得到了广泛的应用。财富保障效应下期望效用最大原则，甚至成为现代保险购买决策的基本标准。但是，产生于标准经济

---

① 杨俊. 社会保险经济学［M］. 上海：复旦大学出版社，2012：137.

学假设下的期望效用理论，不仅继承了标准经济学经济人、完全理性和完美决策能力等假设条件外，还以公理的形式确定了效用函数之间的传递性、可比性、偏好和存在不确定的可度量性、可替代性和等价性等基本条件。然而，过多的假设和适用条件必然会排除很多不满足任意条件的对象，从而将理论应用的范围限制在较小的领域内。因而无法对不符合假设条件的行为，如有限理性、有限意志力和利他性个体的行为，做出相对科学的解释。而违背期望效用理论假设的行为，往往被经典经济学标注为"行为异象"。标准经济学模型过多的假设条件，无法解释人们现实中的保险购买决策经常偏离最优购买规范（Mossin, 1968）。期望效用理论要求投保人必须是理性的，从而人们能够用期望效用最大化原则来指导决策。但是效用函数本身就是一个主观函数，不同的个体在不同的情境下，具有不同的效用评价标准。因而，使用期望效用最大化的原则作为最优购买的判断规范，显然在实践上缺乏可操作性。经典经济学理论和模型，都假设期望效用由纯粹的自利心态来决定，或者决策者应该是自私的，并且也从不考虑他人的效用状态。

然而，在作为投保人与被保险人分离的现代健康保险制度下，如果仅仅以自己的利益最大化，而不考虑家庭、同事和社会成员的利益，将使投保行为中损失共担行为无法得到合理解释。标准经济学认为决策者总是贝叶斯概率的执行者，条件概率与决策概率总是密切关联的，因而决策者总是能够在不同风险概率条件下寻求最优的保险方案。但事实上，人们的主观概率决策赋权和对损失与收益的删减性心理编辑，很难使决策者成为理性的贝叶斯决策概率的执行者（Wilkinson and Klaes, 2012）。Samuelson（1937）提出的效用贴现理论，假定人们的选择具有不变的时间偏好。也就是人们的连续性的跨期行为选择决策时，当期和未来各期具有稳定不变的连续贴现因子偏好。而这种理论假设在实际经济决策行为中，特别是面对短期立即享乐诱惑和长期效用最大化冲突时，人们的贴现效用因子通常是多变的，而且很难保持近期与远期具有满足理性和完全意志力的理性贴现因子。也是健康保险区别于其他财产保险最为特殊的财富性质，以及对标准经济学各种收入资产形式是完全可替代一般假设的背离。因而，人们可以通过财产保险来规避风险资产的损失，并获得满足帕累托最优的财富保障。但对于健康保险所保障的生命价值，是无法简单地用金钱进行替换的，尽管生命价值学说将其作为潜在的财富（Huebner, 1927），因为人的生命价值是依附于健康和生命的存在。

由于期望效用理论是基于经典经济学及其标准模型发展起来的，是对经典经济学假设的继承和扩展。因而它只能对符合标准经济学假设条件的个体行为进行科学解释，对于假设条件之外的个体，它必然缺乏科学的解释能力。假设与适用条件设置越多，其解释能力也就越小。因为每一个假设都要将现实中的个体从其解释范围内排除，是最后只有少数人能够与之对应的理想状态。所以说，行为异象理论上的形成机制，是由于理论假设的统计歧视造成的。从另外一种角度来说，经济学模型假设一般可以应用于诸如保险公司等机构的决策，而健康保险行为决策，除了国家和用人单位等机构决策，从数量上主要是以个体决策为主。图3-5对期望效用理论过于严格的假设条件的解释范围做了一个简单的示意，这些假设的顺序不会对现实产生实质性影响，因为无论将哪个假设放在前面，都不影响最终的解释范围。

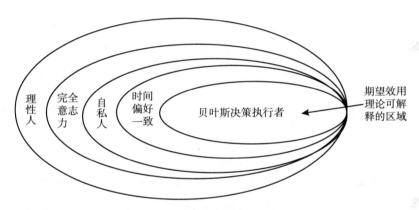

图3-5　经过多层假设约束后期望效用理论可解释的区域示意

与期望效用理论所继承的标准经济学假设所受到的约束一样，过于严格的假设条件，也同样不符合人们的效用偏好等行为。事实上，提出效用值概念和原理的 Bernoulli（1738），最初的目的只是为了描述人们的行为，而不是为了规范人们在不确定条件下，或者在保险行为选择时的行为。只是后来被坚持理性的经济学家引入到经济领域以后，基于标准经济学研究的需要并与标准经济学研究范式相一致，将效用原理进行规范化。而在标准经济学基础上发展起来的包括保险经济学在内的信息经济学、博弈论和决策分析，甚至是统计决策等学科，都将其作为基础理论规范。特别是 Von Neumann 和 Morgenstern（1947）通过建立 VNM 期望效用函数模型，在设定一系列的"合理性"假设以后，完成了期望效用理论体系。而 VNM 理论模型建立的期望效用函数模型，也是线性效用函数模型，这与其假设前提有关。

建立在标准经济学假设基础上的期望效用理论，不仅没有放宽标准经济学过于苛刻的假设条件，反而又增加了多个假设前提，这也就难免受到很多质疑和悖论的挑战。其中最为著名的几个悖论是 Allaies（1953）悖论、Ellsberg（1961）悖论和 Mossin（1968）第一、第二悖论。Allaies 悖论通过人们对概率的"贴近取整"，如将概率 0.11 编辑为 0.10，将 0.89 编辑为 0.90，对期望效用函数的线性关系提出了质疑。而 Ellsberg 悖论则通过偏好反转，质疑了期望效用理论的偏好不一致的悖论问题。他首先根据风险损失概率一般规则 $p(A) = 1 - p(-A)$ 和 $p(B) = 1 - p(-B)$，在令标准化 $u(0) = 0$ 时，如果存在 $A > B$，根据效用理论的偏好公式，则一定会有 $p(A)u(x) > p(B)u(x)$，进而并推导出 $p(A) > p(B)$；如果有 $C > D$，并且 $C = -A$，$D = -B$，则一定会有：

$$p(-A)u(x) > p(-B)u(x)$$

最后推导出与第一个偏好相背离的 $p(-A) > p(-B)$ 偏好方案，论证了人是贝叶斯决策执行者的假设缺陷，也就是主观概率理论也存在与现实行为选择不一致的问题。但是 Allaies（1953）悖论和 Ellsberg（1961）悖论，只是说明了理论与现实中的悖论问题，从理论上不存在相互矛盾等问题。

对期望效用理论提出理论上悖论的是 Mossin（1968）经过严格理论推理后的两个悖论。Mossin 第一悖论认为，如果消费者具有边际递减的风险厌恶型效用函数，那么他的财富越多，最大可能接受的保费就越低，这和现实情况不一致。一般的情况下，除了那些钱多的花不完的人之外，对普通风险厌恶的消费者而言，财富越多可接受的最大保费也越高。Mossin 利用同样的数学逻辑和严格的数学推理，推导出关于既定保费下的购买量的第二悖论。其结论是如果消费者的个人风险厌恶函数边际递减，则最优保险购买量随着他的财富增加而减少，根据这个特征，保险具有经济学定义上的吉芬商品属性，而现实中的人们通常不是这样认为的，财富的增加导致保额和保费也越大。

Mossin（1968）还分析了最优的再保险成数和最优免赔额的问题。如果投保人具有效用递减的风险厌恶函数，其最优再保险成数将随着他的财富增加而减少，最优免赔额则随着财富增加而加大。简言之，消费者理性购买保险的行为，可以描述为保险的财富效应边际为负，即财富越多购买保险越少。与此相悖的现象是，很难在世界上找到穷国保险业发达的例子。Mossin 自己的解释是，人们购买财富保障效应类的保险行为是非理性的，或者对资产遭受损失程度的担忧超过实际水平。因此他们愿意过度购买保险，或者高估资产遭受损失的概率。然而，这样的解释并没有得到理论上的科学证据，只是Mossin的一种自我判断。也正是由于保险领域存在的诸多悖论问题，使保险领域存在大量的所谓"行为异象"，人们的理性保险需求行为，也就成为保险领域致力于解决的课题之一。

所以说，所谓的保险悖论问题，只是现实人们的行为选择与理论上的期望效用最大化决策标准不一致，即被理论统计歧视下的"行为异象"。由于行为异象违背了期望效用理论的基本假设，因而难以得到最优效用值，也无法实现帕累托最优购买。但是，如果能够对人们的行为做出科学解释，特别是寻找到一种新的理论对效用函数和结构，进行全面识别和解释，也同样能够实现新的效用最大。但这种效用不是被局限于财富保障效用，因为在利他性动机下放弃财富有时也能够产生效用，例如社会捐款后的成就感。利他性与自利性相悖，但都会增加一个人的效用数值。而这个理论就是既期望效用理论之后发展起来的前景理论，前景理论的产生标志着第三代风险理论的形成。

在前景理论研究范式下，解除了期望效用理论的很多假设限制，不仅对模型的假设进行放宽，而且还引入了心理编辑过程，对保险行为的解释能力得到很大的增强。但是要想对人们的健康保险行为做出科学的解释，还是需要建立新型的保险合约激励机制，使人们重新回归到理性，以实现基于财富效用基础上的保险期望效用最大化，进而达到帕累托最优状态。

在前景理论看来，人们对标准经济学理性的背叛，一般是由于推理逻辑的系统性错误，包括直觉判断，尤其是在有限理性的情境下（Tversky and Kahneman，1992），选择失效（受到参考点、损失厌恶、边际灵敏度递减律、非线性选择或概率加权，并与框架效应或锚定效应有关）、效用的特征（包括效用的衡量方法和效用的类型，如预计效用、决策效用、体验下效用、记忆效用（Kahneman，1994）等、本能因素的影响（愤怒、恐惧、快乐、惊诧、嫉妒、遗憾，以及本能驱动力因素如饥饿、焦渴、生理、渴望、痛苦等，冲动因素还与环境因素有关）、自我欺骗和后见之明（违背了理性的第四条标准）。

作为保障人的健康的特殊保险，保险标的不同于一般的风险资产。研究健康保险需求的效用函数是转用了基于风险资产的效用函数模型，而健康风险所造成的损失，与作为个人财富一部分的风险资产的影响是不同的。在有限责任公司运营模式下，或者是基于非危险单位性质的财产风险，风险资产的最大损失值是风险财产本身，一般不会影响风险资产以外的其他财产或财富。由于在风险资产相对独立的情况下，风险事件对个人财富的影响，最大范围被限制在风险资产部分，而且在利用非风险资产购买保险时，在全额保险的情况下，最大的损失也就是保险保费部分。

而健康风险对个人财富的影响，却存在更为复杂、影响范围更广泛的损失。它可以分为以下几种情况，一是因病死亡，一般是突发性的死亡，这时不存在医疗费用的支出，个体损失的财富是蕴含在生命中的未来潜在财富的损失，不会对既有财富造成损失；二是疾病风险损害健康后造成的恢复健康费用，或者说是医疗救治费用，由于医疗服务费用的不确定性，疾病风险造成的损失，不仅是既有的全部财富，也包括未来的财富损失（如病残），以及因为举债治疗疾病的借款。在这种情况下，疾病风险可能会导致其累积财富为负值，显然，基于风险资产的效用函数模型，价值函数中并没有包含这部分的财富情况；三是患病后如果不就诊后的部分生命价值损失，这时健康的损害将会影响其收入水平的直接减少；四是被保险人患病以后，对家庭劳动力资源的占用，这种损失不仅会影响社会经济发展对劳动力的需求，而且也往往是导致家庭陷入经济贫困和生存质量下降的主要原因。

风险厌恶也是期望效用理论一个重要的假设，将健康保险需求看作是风险厌恶下转嫁风险的一种手段。但是其假设是在有足够的财富水平和预算约束下的有效需求，很多实际的健康保险需求，因为收入水平的约束，还没有达到健康保险需求的层次，因而，相对于足额财富，也显示出对风险偏好的曲线特征，如图3－6所示，图中ω为既有财富水平。显然，相对于风险偏好原因，导致的健康保险需求不足问题，财富约束下的因为需求层次问题导致的保险需求不足，是期望效用理论所难以解释的，因为期

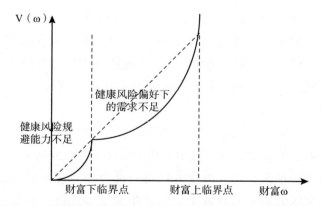

图3－6　财富约束与风险偏好对健康保险需求不足的影响机制

望效用理论只针对大于预算约束的部分。后面我们将针对这个问题展开更深入的分析，研究如何更好地构建全民健康保险体系，即预算不足时，采取医疗救助方式，而对单纯的风险偏好，在基本医疗保险领域则是强制参保与费用分担相结合的模式，而商业健康保险也可以通过有效的折让或者利用政府的税收优惠，激励消费者购买健康保险。

由此可见，对健康保险需求函数的期望损失部分，传统的期望效用函数是存在损失范围界定的缺陷。它的财富效用函数，应该是穿过零点包含负财富的一个曲线。人们对健康保险的需求，更大的担忧就是疾病风险可能造成的财富负值。人们为了避免财富负值的出现，更加需要健康保险作为保障。这需要利用前景理论的损失厌恶的效应，对保险动机进行评估。投保健康保险，也可能是担忧大病损失后难以支付得起医疗费用。

我们研究健康保险的投保动机，就是为了构建更加全面的保险效用体系，而不仅仅是为了转嫁财富损失以获得经济效用的最大化。为此，我们也没有必要一定通过经济补偿的手段，实现财富的期望效用最大化。因而在健康保险的帕累托最优价值函数中，也未必只是单一的财富价值效用，而应该是以财富效用为主的多属性效用的综合效用函数。综合效用函数是对健康保险所能带来的各种类型效用的综合平衡，有助于推动健康保险市场的供需数量和产品结构的平衡。另外，健康保险效用不仅结构上具有多样性，而且在层级上也是多样的，健康保险需要在层级和险种上都提供多样化服务，才能够真正满足人们健康保险的多元化需求。

3.3.2 健康保险决策的选择效力不足

1. 保险选择效力不足的主要原因

Allais（1953）悖论，就是针对人们在不确定状态下的选择行为。对于较为特殊的概率事件，其发生概率难免存在被删减的现象。例如，末尾接近数字 0 左右的数字，容易被简单的四舍五入，尾数被删减为 0，例如 0.79 和 0.81 都容易被决策者心理编辑为 0.80，也就是 0.09 和 0.01 都被删减了。这种行为决策简化现象，在健康保险决策中都是比较常见的，因为造成较大财富损失的疾病概率，大部分是小概率事件。即使是常见性的疾病，其发生概率也相对比较低，在保险决策时也很容易被投保人删减。Allais 悖论挑战了 Samuelsen（1937）的独立性公理和期望效用的线性关系的假设，这也是后来前景理论主观加权模型修正的内容。但是在前景理论的主观概率加权之前，很多学者不仅证明了人们的个人偏好无差异曲线是成扇形分布的，而且先后提出了多个非期望效用函数（见图 3 - 7）。

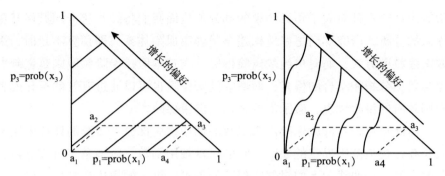

图 3 − 7 Allais 悖论与期望效用理论无差异曲线分布形状

资料来源：王国军. 高级保险经济学教程 [M]. 北京：对外经济贸易大学出版社，2014：27.

最具代表性的分别是：

Chew 和 Fishburn（1983）提出的非期望效用函数模型：

$$V_{C-P}(X) = \frac{\sum v(x_i)p_i}{\sum \tau(x_i)p_i}$$

Quiggin（1982）提出的非期望效用模型：

$$V_Q(X) = \sum v(x_i)[g(p_1 + p_2 + \cdots + P_i) - g(p_1 + p_2 + \cdots + p_{i-1})]$$

Machina（1982）提出的非期望效用函数[①]：

$$V_M(X) = \sum v(x_i)p_i + [\sum \tau(x_i)p_i]^2$$

以上三个非期望效用模型，都没有使用期望效用的传统效用符合 u，而是价值符号 v，与后来的 Kahneman 和 Tversky（1979）提出价值函数和概率加权具有一定的继承性。而且这些非期望效用函数都表现为随机占优偏好、风险厌恶或偏好的扇形分布特征，对推动期望效用理论的发展及其对决策行为的解释具有较大价值。当然，将期望效用函数模型扩展为非期望效用函数模型，并没有放弃期望效用理论框架下的不确定性最优决策标准。非期望效用函数模型旨在更好地对人们的行为进行解释，而期望效用函数模型仍旧是最优决策的标准范式，这主要是因为人们的非线性决策受限于决策者的主观非理性，这不利于最优决策和帕累托最优的实现。

所谓的选择效力不足，是指投保人在进行决策时不能按照期望效用理论标准经济学模型假设的那样进行完美决策，造成实际选择与理论最优决策的差异与福利损失。行为经济学认为，人们在进行决策时并不能像标准

---

① Machina M. J. "Expected Utility" Analysis without the Independence Axiom [J]. Econometrica, March 1982, 50：277 − 323.

经济学模型假设的那样具有完全理性，而是表现出有限理性、有限意志力和有限自利等特征，并会以直觉推断进行决策（Starmer，2000）。有限理性蕴含着决策者不但不能掌握在复杂和动态决策环境下的全部信息，而且在数量决策上也只是具有有限的计算能力，决策者的目标不可能也不是非常清晰的。在时间、可用于计算的资源和目标冲突的约束下，最优决策方案也变得复杂而不可及。面对复杂的决策，决策者往往会采取直觉化推断的方式，以获得一个简化的决策程序。

有限意志力是 Strotz（1955，1956）提出的，反映的是人们面对已选择的最优决策，总是很难最终坚持下去，通常会在某个时点被中断或终止。也就是对最优决策的执行不能始终保持在人的头脑中，甚至会出现违背最优决策相反的结果（Elster，1979）。在健康风险防范方面，尽管人们已经认识到应对健康风险的重要性，但是通常会选择即期带来享乐的消费，而不是应对未来疾病风险的储蓄，造成健康风险应对资金准备经常不够充分（Frank，2007）。

完全自利是标准经济学模型重要的假设，也是经济人假设中的核心部分，即个人总是追求自身经济利益的最大化。而行为经济学者们认为，人们是有限自利的，因而并不是总在追求自己经济利益最大化。在医疗领域有很多社会捐款用于医疗救助，并在西方一些国家建成了较大的社会捐助基金。行为经济学在一个设定的范围内，用有限自利假设提出了一个人们关心付出与回报的公平待遇问题（Rabin，1993）。根据互惠模型，个体通常只关注自己对别人的经济付出是否得到了公平的回报，而且这些回报未必都是在经济上的等价回报，还包括经济效用以外的效用，如捐献的个人满足感和受尊重的社会荣誉感等。

人们的决策行为还容易受到框架效应的某种暗示，从而因为框架效应而造成非理性的决策。尽管利用框架效应进行保险营销的方式最终将破坏保险人的信用，不利于保险业的长期发展（王国军，2014），而事实上很多的保险营销人员确实在构建夸大健康风险影响的框架，并通过夸大健康保险功能而刺激保险消费。概率事件发生的概率越低，越容易受到框架效应和其他行为主体的影响。中国在推行社会医疗保险制度时，工作人员习惯于事先确定保险费用与医疗保险补偿的框架，使人们对保险费与基金补偿额度之间形成鲜明的对比，进而使决策焦点是补偿额度。很少建立保险保费与基金使用概率的框架营销保险，更不愿意设计包含自负额度的框架。因为这些框架将会使居民比较的是两个损失之间的问题，面对同样是损失，那么人们将不愿意参加保险。前者是收益框架效应，而后者则是损失厌恶框架效应。

人们面对相同的问题和选择，在不同的问题环境下将会做出不同的选项。在健康保险领域，如果将问题的情景设定在疾病对人们的伤害非常严重的框架下，相比较健康保险能够帮助人们在生病时获得费用补偿的框架，人们可能会选择前者。这是因为相比较收益，人们更加厌恶损失。与框架效应相类似，在健康保险的参保意愿方面，人们更愿意以大多数人的选择作为自己的选择，因为人们相信多数人的选择是对的，尽管从经济上分析未必总是对的。但"羊群效应"，确实给基本医疗保险的扩面，以及商业健康保险的营销带来了积极的正面影响。中国基本医疗保险的覆盖面在试点初期的增长率较低，但是在随后 4 年的时间里，就迅速地实现了全面覆盖（见图 3-8、图 3-9）。而在 2012 年以后人数的减少，主要是因为农村人口流向城镇，参加城镇职工基本医疗保险的原因。而在这方面，不容易受到框架效应影响的城镇职工医疗保险的覆盖增长率却相对比较平缓，并且是以强制性的参保和用人单位推动下实现的。所以说，期望效用理论认为的选择效力不足问题，归因于信息不对称的原因。而在现实中，还要受到更多因素的影响。从健康保险角度，导致健康保险投保人选择效力不足：一是因为健康风险信息存在严重的不对称性；二是知识与能力不够，缺乏专业决策技能。三是决策疲劳，尤其是面对不断的复杂行为决策，知识能力确实不具备，无法对保险产品进行适度选择；四是保险合同故意使用复杂和模糊用语，使投保人无法进行正确选择。即使能够进行决策，投保人也不愿意进行复杂决策，而是将复杂决策简单化。健康保险选择效力与决策信息和决策能力有关，尽管健康保险可以按照标准经济学模型，以达到保险福利最大化。但事实上人们的决策，并不能按照标准模型进行。在前景理论下，人们的决策办法要经过一定的心理编辑，将复杂的问题简单化，包括 Allaies（1953）悖论提出的概率靠近取整等。

对于健康保险的投保决策，个体难以掌握决策需要的其他个体的信息，只能利用自己感知的概率进行决策，除了前面论述的概率决策赋权等内容外，还会产生概率判断幻觉，将自己掌握的微观的非系统信息，作为总体的系统信息，概率偏差为 $P_D = P_P - P_R$，P_D 既会大于 0，也会小于 0。作为一个不具有专业健康保险专家知识的普通居民，他们难以进行复杂的决策，因而倾向于用多样化的直觉进行推断，将概率损失分布等复杂决策简单化处理；并且更容易选择默认的方式进行决策（即容易受到给定选项的心理暗示影响）；情绪也会对决策产生直接的影响，他们往往会因为决策疲劳而背离理性结果。

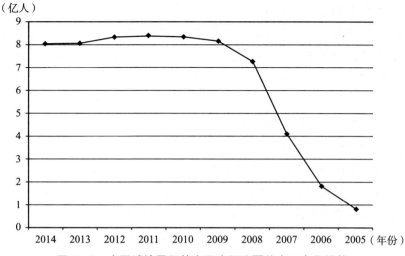

图3-8　中国城镇居民基本医疗保险覆盖人口变化趋势

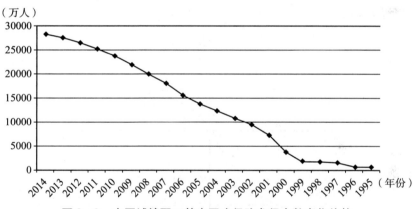

图3-9　中国城镇职工基本医疗保险参保人数变化趋势

2. 损失厌恶效应下的健康保险效用灵敏度

传统经济学认为，在特定的期望效用曲线上，消费者对货币的支出和取得的效用是等效，也就是等额货币支出的效用损失和收入的效用增加，在绝对值上是相等的。而前景理论等行为经济学前沿理论则认为，在社会的福利方面，更多的消费者表现出的态度是对损失风险的厌恶程度，比获得相同收益带来的效用满足，做出更加强烈的反应。即对损失具有更大的边际灵敏度。在面对多选项的复杂产品决策时，更倾向于减少备选数目，进而采取延迟决策或默认选项回避选择（Johnson，1993）。Benartzi 和 Thaler（1999）的研究结果表明投资者具有多样化的投资分散偏好，倾向于将资金在多种资产间相对平均地分配，即 $\frac{1}{n}$ 直觉判断（Heuristics）。在面对两个以上的投资选择决策中，倾向于将结果分开评估。并在经历一定额度损失后的损失效用权重，通常比获得相同收益的满足权重更大。消费者对损失或支出的货币权重，要大于获得相同收益时的权重。根据（累积）前景理论，决策者对经济损失更为敏感，即在同等的绝对额度下，收益效用值小于损失效用值。

损失厌恶效应可以用健康保险欺诈为例进行分析，如图3－10表示。分别在收益维度和损失维度寻找两个点 A 和 B，其对应的效用值分别为 V（A）和 V（B），其中 V（A）<0。当保险保费 Pr 额定时，要想使健康保险的欺诈行为不发生，就要使医疗保险欺诈的实施成本 A 的效用值 V（A），小于或等于获得的欺诈收益 B 带来的效用值 V（B），即 V（A）≤ - V（B）。等式的左边为实施保险欺诈产生的效用损失，右边为保险欺诈获得收益的效用值。如果实施保险欺诈的代价 A 产生的效用损失，其绝对值大于欺诈后收益的效用值，则保险欺诈不会发生，否则将会实施保险欺诈，套取保险基金的补偿理赔。

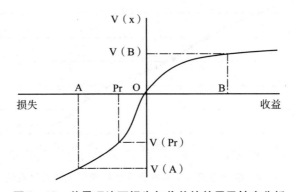

图 3 -10　前景理论下损失与收益的效用灵敏度分析

由于个体对损失的效用曲线斜率绝对值大于收益曲线斜率，损失收益效用函数曲线为分段函数，即：

$$|V^-(A)| > |V^+(B)|$$

而事实上，此时的健康风险损失值 A 等于获得的收益 B，这就意味着在健康保险中，要获得相同的效用值，支出部分应该小于获得的收益，或者收益要明显大于支出部分。

将消费者收益效用部分反转后的函数表示为 $u^-(B)$，因损失厌恶效应，消费者的超额效用损失额度为 $u(-B) - u^-(B)$，消费者的超额总效用损失为图 3 -11 中阴影部分的面积：

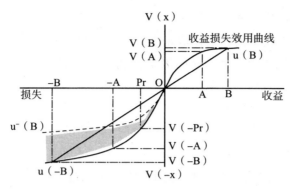

图 3 - 11　前景理论下损失厌恶效应导致的效用损失

$$\int_0^{max} (u(-B) - u^-(B)) du$$

其中 max 为消费者的最大损失额度。

损失厌恶效应，对多层次和多类别健康保险的设计，具有明显的影响作用，要求健康保险尽可能避免碎片化，以减少多次保费支付对健康保险行为产生的不利影响。因为根据直觉判断理论，在面对多种投资选择时，消费者更加倾向于决策权重的简单化。并将结果分开评估，并使分开后评估的数值大于单独加总的数值，即对于任何多重收益，消费者因为直觉判断效应带来的效用价值，等于各个收益效用的和再加上直觉判断带来的超额效用收益 $\sum V^+(x_i)$，即：

$$V(x_1) + \cdots + V(x_i) = \sum (V(x_i) + V^+(x_i))$$

同样，对于任何多重损失，消费者因为直觉判断导致的效用损失，等于各个损失导致的损失效用之和，再加上直觉判断导致的超额效用损失 $\sum V^-(-x_i)$，即：

$$V(-x_1) + \cdots + V(-x_i) = \sum (V(-x_i) + V^-(-x_i))$$

好的健康保险组合产品应该尽可能减少超额损失的负面效应，并能够充分利用超额收益对消费者保险效用的激励作用，确保超额效用损失与收益的和最大。

3.3.3　健康保险决策的跨期时间偏好不一致

1. 健康保险的跨期决策与时间偏好不一致

如果将健康保险的保费，看作是一个用于未来医疗服务消费的储蓄，那么就可以用储蓄的观点来分析健康保险的跨期偏好不一致问题。因为储蓄的本质是牺牲现有的消费享乐，以获得未来更大期待效用的消费。或者说，是以某时期较低的消费换取未来较高水平的消费效用。以应对健康风险的储蓄，则反映的是用当期的消费抑制，来换取未来医疗服务的消费，以避免未来患病时因为资金的缺乏而无法就诊而遭受生理上和精神上的痛苦，甚至是丧失生命。而标准经济学模型的假设条件，个体在任意时刻 t_0 时，面临未来的两个固定时点 t_1 和 t_2 都按照相同的标准进行评价。然而事实是，人们的评价依赖于未来与决策时刻的时间临近程度，如果 t_1 足够接近于 t_0 时，人们偏爱于在 t_1 时刻消费，而不是 t_2 时期，尽管人们在 t_2 时期能够得到相对更大的消费水平（Wilkinson and Klaes，2012）。这种不同时点消费的效用不一致现象说明，人们并不一定能够按照未来效用最大化的方式，理性地平衡各期消费决策。由此导致了人们的储蓄严重不足问题。美国青年人养老金替代性储蓄不足，体现的就是人们在健康资源的跨期消费安排中的矛盾问题（Frank，2007）。

对于健康风险的应对储备资金也同样如此。尽管人们能够认识到进行健康风险储备的必要性，但是往往难以对未来的大额风险做出充足的储备。因而需要强制性的健康保险，或者更加理性的健康保险消费激励。即便如此，我国城镇职工基本医疗保险的个人账户储蓄基金，依然面临被"套现"和严重浪费等问题，这显然是跨期偏好不一致造成的。相对于可以附带利息取回的储蓄，健康保险基金的累积大部分是不能以储蓄的方式取回。即使是长期护理保险等跨年度的健康保险可以部分取回保险费用，但也需求扣除一定的手续费用。并且健康保险储蓄资金，是以健康遭受合同约定的健康风险损害为使用前提的。尽管医疗服务利用或大病赔偿金要远大于储蓄所带来的收益，但在特定时期被保险人利用的概率也是非常小的。这种远期的较小概率的使用效用，可能经过贴现以后，会小于当期其他消费获得的效用。

2. 跨期决策时间偏好模型

经济学家 Samuelson 在 1937 年通过对效用计量的分析，提出了贴现效用指数模型。他指出对跨期行为的比较，需要对效用采取基数计量，而不是序数计量。并将费雪（Irving Fisher，1930）的无差异曲线进行改进，将两期比较扩展为多期比较，用单一的贴现率参数代表所有与时间偏好有关的心理因素，建立了跨期选择贴现效用函数：

$$U^t(C_t, \cdots, C_T) = \sum_{k=0}^{T-t} D(K) U(C_{t+K})$$

其中 $U^t(C_t, \cdots, C_T)$ 表示时期 t 至时期 T 的消费计划（C_t，C_{t+1}，

C_{t+2}，…）在 t 时期的效用，$U(C_{t+T})$ 可以被理解为个体的瞬时效用函数，表示时期 t + T 可感受到的快乐或消费满足。D(K) 指个体的贴现函数，表示在时刻 t 时，对时期 t + T 的心理满足程度所赋予的权重，其函数行为为：

$$D(K) = \left(\frac{1}{1 + \rho}\right)^K$$

其中 ρ 是指个体的贴现率，表示把预期的未来效用贴现到当前效用的比率，$\frac{1}{(1 + \rho)}$ 为逐期不变时的贴现因子。但 Samuelsen 提出的双曲线贴现模型，是以完全理性人假设为前提的，因而无法解释经济领域中贴现率递减异常、时间偏好反转异常，以及量值、符号和框架效用等异常现象。

在此基础上，Harvey（1986）提出了一个连续性的双曲线贴现效用模型，Prelec（1989）、Loewenstein（1992）等人对它做了进一步扩展。双曲线贴现效用函数的形式为：

$$D(t) = \frac{1}{(1 + \alpha t)^{\beta/\alpha}}$$

式中 α 和 β 均为贴现因子系数，其中 β 一般小于等于 1。当 β < 1 时的含义，是指当前时期与下一时期之间的贴现因子要小于后续各期贴现因子，β = 1 只是一种极端状态，即各期的贴现因子系数相等。α 决定着函数在多大程度上偏离逐期不变的贴现函数，当 α 趋近于 0 时，该函数连续时间情形下将退化为指数函数贴现函数：

$$D(t) = e^{-\beta t}$$

Prelec 在 1989 年提出用贴现函数的弹性，来衡量行为个体的不耐心程度，即贴现率。其弹性公式等于：

$$F(D(t)) = -\frac{f'(t)}{f(t)}$$

其中，f(t) = D(t)，以此比较指数函数与双曲线函数与现实贴现率的一致性。指数贴现函数 $D(t) = \left(\frac{1}{1 + \rho}\right)^t$ 的不耐心程度为：

$$-\frac{\frac{\partial}{\partial t}(1 + \rho)}{(1 + \rho)} = \rho$$

是一个常数，与一般的现实现象不符。而双曲线贴现模型的不耐心程度为：

$$-\frac{\frac{\partial}{\partial t}(1 + \alpha t)^{-\beta/\alpha}}{(1 + \alpha t)^{-\beta/\alpha}} = \frac{\beta}{1 + \alpha t}$$

是一个在给定 α 和 β 不变的情况下，不耐烦程度随着时间 t 的增加而减小，从而能够更好地模拟现实中的效用贴现行为。尽管双曲线贴现效用模型，能够较好的对现实行为做出解释，但在经济领域使用更多的是改进后的准双曲线贴现模型。准双曲线模型最早由 Phillips 在 1968 年提出，主要用于研究迭代模型中的代际利他主义问题，经过完善后由 Laibson 在 1997 年引入到个人的决策问题。该模型的函数形式为：

$$U_{(t,\ s)} = u_t + \beta \sum_{s=t+1}^{\infty} \delta^{s-t} u_s$$

β 可以看作是短期贴现因子，δ 为长期贴现因子，二者在一般情况下都小于 1。行为主体的短期贴现率高，长期贴现率低，当 β = 1 时，准双曲线贴现模型退化为指数贴现模型。

3.3.4 健康保险价格歧视、厌恶不均等和"反逆向选择"

无论是以市场化运作的商业健康保险，还是按照属地化管理的、按照城乡不同居民人口社会属性举办的社会医疗保险，都存在保险费用缴纳和医疗服务费用补偿等制度设计上的差异，这些差异将会对健康保险投保人的行为产生一定的影响。在期望效用理论下，或者在前景理论框架下，追求期望效用最大化或者期望价值最大，总是作为健康保险投保行为决策的基本依据，即使在期望效用函数中加入非经济性质的效用，也不会影响人们对期望效用最大化的追求目标。然而，不同市场上的健康保险定价和不同社会属性人口的不同缴费标准与待遇总是存在的。对于商业健康保险来讲，价格歧视主要是基于保险产品的营销策略，而社会医疗保险则是为了推进医疗保险的人口覆盖，给予地方政府更大的自主权。但是，由此导致的"价格歧视"或"待遇歧视"总是会影响到人们的投保行为决策。

Akerlof（1970）用信息不对称讨论了健康保险"柠檬市场"的逆向选择问题，即市场上只留下高风险的人群用高价格购买健康保险，低风险的人群退出市场。然而，相对于对特定保险产品的逆向选择问题，当市场上存在可替代的或者更细分的健康保险产品时，被保险人将选择歧视性更低的保险产品而导致高保费产品退出，最终导致缺乏保费竞争力的健康保险公司退出。因而相对于逆向选择，市场逼迫健康保险产品或公司退出，具有"反逆向选择"的特征。对于强制性的公共健康保险计划，由于过于强调大数法则而导致部分群体因价格不公退出，并选择更小歧视的商业健康保险。由于反逆向选择和社会医疗保险的"福利刚性"，参保人员通常会对社会医疗保险的保障水平施加影响，迫使政府不断提高财政投入水平，从而引发所谓的"福利病"问题（Gruber，2002）。

1. 健康保险的价格歧视问题

体现在保险费上的健康保险价格，包含了保险产品的纯保费、管理费用和风险价值三个部分（Borch，1962）。对于大数法则下的保险精算公平费率"统计歧视"，不同地区管理费用和风险价值不同也会影响到保险费率的制定。即便对于相同的风险特征和运营成本与收益，也依然存在针对不同地区、不同特征人口的保费筹集和保险待遇差异。也就是用相同的价格购买了不同损失补偿的健康保险，或者购买相同价格的健康保险服务，却支付了不同的保险费用，而后者就是价格歧视（price discrimination）。这在中国属地化管理的社会医疗保险、不同地区之间的商业健康保险和政策性补充医疗保险中比较常见。

所谓的价格歧视，从本质上就是基于相同成本下对不同消费者的一种价格差异。为了在普通商品或服务市场上实现营销利润的最大化，供应商通常会根据消费者的消费规模和需求特征，将品质相同的产品或服务按照不同的销售价格或收费标准进行有差别的提供。在纯粹的市场竞争条件下，价格歧视通常是相对于不同竞争力的商品或服务营销策略。但对于消费者来讲，价格歧视行为，是提供商没有按照合理的理由将同一商品或服务按照不同价格出售给不同消费者。价格歧视的存在通常存在于市场不完全竞争的垄断市场，也是局部市场供需不均衡的表现，或者说是市场区域障碍或消费群体障碍的存在而造成的。在价格歧视机制下，提供商通过不同的销售价格获取超额利润。健康保险价格歧视的形成具有强烈的地区性与人群特征，并广泛存在于政府举办的公共健康保险和商业健康保险中。而价格歧视的形成障碍在于属地化管理和地区经济发展水平，最终导致公共健康保险的"碎片化"和商业健康保险的地区间失衡。

用价格歧视的方式定价商品以获得超额的营销利润，但供应商也同时要面对一个向下的需求曲线，即商品需求与价格成反比。能够用价格歧视定价的基本条件，是必须能够在相同成本下对两个及以上消费者进行合理区分。也就是供应商以合理成本市场细分时，能够阻止消费者与消费者之间的自由交换行为。由于不同价格对应不同的需求弹性，因而价格歧视下的消费者之间的需求价格也必须不同，以确保供应商能够利用掌握的价格弹性信息实行差异化价格销售策略。在健康保险市场上的最为典型价格歧视行为，就是相同精算保费的健康保险产品在不同地区采取不同的销售价格。但是，相对于地方政府协同下的价格歧视策略，健康保险价格歧视通常会导致跨境销售现象。即使在保险精算上按照公平保险费销售的健康保险产品，由于相同年龄和性别个体的真实健康状况不同而导致事实上的价格歧视。

尽管健康保险具有同质性特点，但是在具体营销的价格歧视方式，也会与普通的商品或服务一样存在很多种方式。首先是直接的差异定价方式，即保险公司或保险代理人根据消费者的消费偏好不同制定不同的价格策略。对于健康保险来说，由于保险精算基础涉及多方面的风险损失个体要素，因而很容易被使用直接差异定价方式，使健康标准体被细分为多个细分子类标准体，从而能够使健康保险按照不同的营销价格收取保费。然而，对于那些没有被细分的要素，例如风险谨慎程度和健康生活方式，如果没有被纳入到市场细分要素中，则会导致那些"好风险"的群体退出（Rothschild and Stiglitz，1976）。因而，在采取直接差异定价方式时，要求保险公司必须能够合理实现市场细分，并使保费恰好等于消费者的支付意愿。此时，投保人的消费者剩余恰好等于零，进而使保险公司获取最大利润。其次是两部分定价方法，也就是将产品销售价格分为固定价格和单位产品价格两个部分。健康保险产品不仅要求满足保险精算要求，还必须满足大数法则以充分均摊管理费用。

由于管理费用通常会随着产品销售数量的增加而趋于下降，因而通过两部分定价方式可以有效激励保险的销售。保险产品的销售数量越多，大数法则越加得到满足，不仅使保险人的均摊管理成本越小，而且风险与风险收益也越加稳定。与单一定价策略相比较，采取部分定价方式能够使保险人获得更多的投保人消费者剩余，进而在降低均摊成本的基础上提高获利水平和经营稳定性。第三种定价方式是区域定价，也是最常见的以区域营销数量而进行折让定价策略，但区域定价至少需要两个边际价格以提高利润水平。区域定价方法是健康保险市场比较常见的一种定价方法，这既与保险公司的集团化运营有关，也与地区的经济差异和需求的边际价格弹性有关。在健康保险需求的层级理论下，低收入群体的价格弹性较大而对价格较为敏感，而高收入群体因价格弹性较小而对定价波动不敏感。因而高收入地区的保险销售价格，通常因为价格弹性小、地区销售与管理成本高而导致保费也高。但也有例外，也就是当经济发达地区的销售数量带来的固定成本显著下降后也会使保费偏低，一般出现在健康保险业较发达的地区。

投保人或被保险人的决策能力越强，越容易对保险人的保险价格合理性和公平性提出质疑，因而对保险人（保险公司）也越加不利。不仅会导致保险人的利润空间弹性被挤压，有时还有可能形成"反逆向选择"，即保险公司不愿意选择那些具有较强决策能力的投保人。反逆向选择也同样会使保险公司的利润被不断挤压，因为被获取高利润的投保人随着决策信息积累而退出保险市场。那些继续留在市场上的人，则会认为自己才是被收取过高保费的人，进而不断要求保险公司降低价格，最后保险产品或保险公司被迫退出市场而不是投保人退出。显然，反逆向选择对保险公司是极为不利的。因此，对于保险人来讲信息对称未必是有益的。即使在完全竞争的市场上，由于损失的不确定才能给保险公司带来利润空间。如果将风险信息透明化，或者保险合同当事人之间完全对等，导致的结果就是保险利润被挤压或者亏损经营。健康保险同样也面临同质性的问题，保险公司之间的相互模仿和恶性竞争，并不利于保险公司的可持续经营，同样也会损害被保险人或投保人的最终利益。一个长期负利润经营的健康保险，显然不能为被保险人提供长期的稳定性健康保障。

2. 受威胁的自尊与厌恶不均等

即使人们能够按照标准经济学的模型和假设，对健康保险进行科学理性的决策。有时人们也会发现，很多的保险合同条款和收取的实际保费是对自己的价格歧视。此时，对于投保人会认为自己的自尊受到威胁，并厌恶健康保险市场上价格歧视带来的不均等。他们将面临两种选择，一是寻求其他可替代的健康保险产品或保险公司，甚至宁愿选择次优健康保险产品；二是进行自我保险，特别是以单位投保的健康保险将会建立职工互助保险。前者是风险损失转嫁的思想，后者则是基于风险分担的思想。尽管后者不能使团体风险得到转嫁，但是至少可以免受价格歧视造成的负面效应的影响。因为价格歧视可能会被看作"损失"，进而具有更大的敏感性。同时，团体互助保险既能够避免部分职工的疾病风险的问题，还能在一定程度上以单位福利的方式，增加雇员的归属感和满足感。

前景理论认为，情绪容易影响人们的决策质量（Tversky and Kahneman，1992；Fehr and Schmidt，1999）。而自尊和公平是影响人们之间交往的主要情绪刺激因素，必然也会影响到人们决策的质量。作为一种集体医疗费用筹资模式，健康保险更加强调人与人之间的互助合作意识，每个人的利益都是建立在其他缴费主体的保费之上的。一个自尊心很强的个体，往往会特别在意别人对他的付出和利益的关注，因而也会走向两个极端的选择。当受到尊重时，会表现出显著的利他行为，而自尊受到伤害时，却会表现出对他人利益和自己利益的极端不负责任，进而影响到决策选择的质量。缺乏理性自尊的人，往往会出现一些故意不投保健康保险等自我保障健康的行为，甚至还会做出酗酒或者暴饮暴食等伤害自己健康的举动。

但是自尊与损己的关系具有复杂的内在关系，那些自尊心错位的个人，有时因为过于自我肯定，进而会出现诸如孔雀尾综合征（peacock's tail syndrome）的不健康行为，如成瘾性行为等。前景理论称为过度自信现象，这是影响决策质量的一个危险信号。Baumeister 等（1993）也发现，那些自尊较强的人很容易做出较好的决策。也正因为如此，当他们的自尊心遭受打击时，决策却又变得极为糟糕，甚至比那些缺乏自尊的人还要差。此时他们甚至是做出非理性的大赌注，以急于摆脱颜面上的损失，表现为极端的风险偏好。例如，当遭受价格歧视时，就不会选择健康保险作为转嫁风险损失的手段。所以说，对于自尊心比较强的被歧视个体，做出的决策往往是损己的行为和自留风险。与此相反，厌恶不均等是自我利益受到不公平待遇时的自我保护行为。厌恶不均等模型的假设（Fehr and Schmidt, 1999），就是人们不但在意自己的收益，还在意他人相对利益的大小，因而称为厌恶不公平模型并不是很恰当。因为不均等是一个中性词，它并不涉及价值判断问题，它只涉及人们对公平的主观看法。因此，它既可能是对不均等的厌恶，也可能是对不公平的厌恶。在大多情况下，可以用不均等的概念包含不公平的含义。

利他主义是前景理论或者行为经济学不同于经济学理性的一个概念，也是被认为是社会偏好分析的基础。但是从心理学视角的利他主义，与经济学理性人视角的利他主义是有很大区别的。在心理学上的利他主义，是以不设定本人福利得到提高条件下的仅仅为了提高他人福利的行为，包括物质上和心理上的两种福利。但是这对经济学来说很难理解和进行经济分析的，因为心理学上的概念无法将其纳入到效用最大化的模型中，无论是经典经济学还是行为经济学。为此，有学者用纯粹利他主义和非纯粹利他主义，对利他性概念进行区分。纯粹利他主义是指个体效用随着他人效用的提高而提高，而非纯粹利他主义则是由于自己对他人的奉献而提高自己的效用（Margolis, 1982），这蕴含了一种心理上的自利性。表现在健康保险上，往往会因为家人的保费来源不同而表现出的情感也不同。作为家庭支柱为家人投保的保险会很有成就感，而政府的具有救助性质的资助参保，可能还会伤害他的自尊。

由此可见，上述两种利他主义都不是心理学视角的纯粹利他主义的概念（Batson, 1991），个体总是能够从利他行为中得到某种回报。因而，行为经济学视角的利他主义仅能解释积极互惠，而不能解释广泛存在的消极互惠，消极互惠不能形成参与者的互动关系。要想从效用角度分析利他性行为的影响，就必须加入个体从利他行为中得到的效用增加值，或者说是从利他行为中得到的福利促进。我们从利他性角度看待健康保险投保人的动机，主要是分析个体在为家人投保健康保险中获得的心理上的满足，这是一种心理上的自利性，或者说是个体在投保健康保险所体现出来的那种强烈的自我价值意识。也是 Huebner（1927）生命价值学说中资本化价值真正作用的体现，因而并不违背基于健康保险投保角度的为家庭提供保障的资本化价值的意义。

（1）厌恶不均等模型（F–S 模型）。

Fehr 和 Schmidt（1999）提出的厌恶不均等 FS 模型，也被称为"内疚/嫉妒模型"，是将自己所得到的待遇与其他人得到的利益进行比较判断的模型。Fehr 和 Schmidt 对不均等的定义基础，是基于某种中性参考点的公平性的判断。厌恶不均等模型，假设同时存在纯粹利己的人和厌恶不均等的多名参与者。从收入的角度，不均等的存在既包括收入低于别人的情况，也包括高于他人的情况。也就是说，个体的效用函数值不但取决于自己的货币收入水平，也取决于自己收入与他人收入的差异，即幸福三大悲剧标准中的第二条。在由 n 名参与者构成的行为集合中，社会资源的分配由收入向量 $x = (x_1, x_2, \cdots, x_n)$ 表示，那么参与者 i 的效用函数就是该向量的一个函数，即：

$$U_i(x) = x_i - \left[\frac{\alpha_i}{(n-1)\sum(x_j - x_i, 0)} + \frac{\beta_i}{(n-1)\sum(x_i - x_j, 0)} \right]$$

其中，α_i 和 β_i 分别用来衡量参与者 i 对劣势不均等和优势不均等的厌恶程度，分别反映出"嫉妒"和"内疚"程度的系数。式中右边第二项代表因劣势不均等导致的个体效用损失，第三项为优势不均等导致的效用损失，两项分母是他们相对于自己的劣势和优势大于 0 部分的总和。这里隐含着两个基本假设：

第一，当 $\beta_i \leq \alpha_i$ 时，意味着劣势不均等造成的效用损失，大于优势不均等的损失。直接经验证据（Loewenstein, Thompson and Bazerman, 1989）证明这个假设是很合理的规定。

第二，当 $0 < \beta_i \leq 1$ 时，意味着 $\beta_t > 0$ 时，优势不均等确实会给参与者造成效用损失，而不是使参与者从中得到额外的愉悦，结论显然是令人质疑的（Frank, 1985；Wilkinson, 2004），Fehr 和 Schmidt（1999）也认同对于追求优势的人来说，β_i 确实应该是负值。他们同时也证明，这个问题不影响最终均衡行为，因此这个假定也是合理的。不等式的上界是 $\beta_t = 1$，意味着其中一名参与者愿意放弃一定额度收益时，能够使参与者 j 的优势也降低相同额度，这似乎是不可能的。根据厌恶不均等效用函数，对于解释行为异象是非常有用的。

在健康保险方面，并不是所有的个体都愿意采取逆向选择和道德风险等损害集体利益的行为，那些高收入者也乐于缴纳保费参与基本医疗保险，同时也对实施这些行为的人感到愤慨，并会因此退出健康保险。健康风险治理中，通常会对搭便车人员表现出愤慨和对外部性的不满意。而在保费不均等方面，一方面会因为自己较高收入却不为低收入者分担保费而内疚，另一方面又会嫉妒那些缴纳较低保费却能够享受更高待遇的人。因而，在平衡自己的内疚感和嫉妒感的过程中，总是会有一部分人参加保险，而另一部分人选择退出。

（2）拉宾（Rabin）互惠模型。

互惠模型（Rabin，1993）是评价共同参与活动的个体之间的待遇，是否得到相互公平回报的模型。该模型的基本思想是公平不仅依赖于互相的平等待遇，还与所受待遇的意图有关，也就是公平感知允许或要求个体以善意对待善意、以恶意对待恶意。厌恶不均等模型只能解释积极的利他主义互惠，而拉宾模型还可以解释广泛存在的消极互惠。

该模型是由两人模型构成的一个效用综合评价模型，参与者 1 的善意模型为：

$$f_1(a_1, b_2) = \frac{\pi_2(b_2, a_1) - \pi_2^{fair}(b_2)}{\pi_2^{max}(b_2) - \pi_2^{min}(b_2)}$$

式中，$\pi_2^{max}(b_2)$、$\pi_2^{min}(b_2)$ 和 $\pi_2^{fair}(b_2)$ 分别是参与者 1 施与对方的最高、最低和公平性支付。a_1 为参与者 1 的支付，b_2 为他对对方策略的信念。如果参与者 1 给予对方的支付高于公平支付就是善意的，否则就是恶意的。参与者 2 的善意模型为：

$$f_2(b_2, c_1) = \frac{\pi_1(c_1, b_2) - \pi_1^{fair}(c_1)}{\pi_1^{max}(c_1) - \pi_1^{min}(c_1)}$$

式中，c_1 为参与者 2 对参与者 1 的信念，被参与者 1 作为回报的心理编辑部分，也就是参与者 1 评估参与者 2 可能给予的支付。由此可以构建参与者 1 的社会偏好效用函数，它是由三项之和构成的综合效用函数：

$$U_1(a_1, b_2, c_1) = \pi_1(a_1, b_2) + \alpha f_2(b_2, c_1) + \alpha f_2(b_2, c_1)f_1(a_1, b_2)$$

$\pi_1(a_1, b_2)$ 为参与者 1 的经济支付，$\alpha f_2(b_2, c_1)$ 为参与者 1 对参与者 2 的善意的评价效用，α 为将公平转换成经济效用的权重系数，若 $\alpha = 0$ 表示参与者没有明显的社会偏好效用取向。$\alpha f_2(b_2, c_1)f_1(a_1, b_2)$ 为参与者预期得到的善意，与自己对他人善意的乘积的互惠效用函数。无论参与者 1 的善意得到了对方的回报，还是恶意得到了报复，此项都应该为正。也就是无论是积极的还是消极的互惠，都能够带来正的效用，这与利他主义模型是不同的。而互惠模型的均衡点可以用社会效用最大化方法求解，即当 $a_1 = b_2 = c_1$ 时，此时所有的信念与信念的评价都是理性的、正确的，进而可以采用囚徒理论进行解释。

以下是 Wilkinson 和 Klaes（2012）的著作 *An Introduction To Behavioral Economics* 中的一个案例，我们将其假定为健康保险投保人与保险人、保险人与被保险人、被保险人之间基于公平偏好展开合作与背叛的博弈均衡，并分析合作或背叛的形成机制[①]（见图 3 – 12）。

		参与者2	
		合作	背叛
参与者1	合作	4, 4	0, 6
	背叛	6, 0	1, 1

图 3 – 12　基于公平偏好下的合作与背叛博弈效用值矩阵

首先是"合作/合作"的积极互惠。在博弈矩阵中，二者的合作来自于共同的支付为 4 和相等的善意回报为 2，因而各项都是正的积极互惠，即：

$$U_1 = 4 + \alpha \times \frac{(4-2)}{(4-0)} + \alpha \times \frac{(4-2)}{(4-0)} \frac{(4-2)}{(4-0)}$$

之所以健康保险能够共同分担保费，其基本的出发点就是各方的保费支出，都能够得到对方的善意回报，而不是以道德风险或逆向选择的方式，套取对方的保费。保险人也没有以保险价格欺骗或歧视的方式对待投保人，并对被保险人给予了公平补偿，也是保险最大诚信原则的基本要求。

其次是"合作/背叛"的不对等互惠。因为参与者 1 并没有给予对方善意回报的支付，导致合作效用为负，即：

$$U_1 = 0 + \alpha \times \frac{(0-2)}{(4-0)} + \alpha \times \frac{(0-2)}{(4-0)} \frac{(6-3.5)}{(6-1)}$$

在健康保险中，由于投保人自身的动机背离了保险的基本功能，存在套利或道德风险损害等意图，使被保险人分担保费的善意，或者保险人承保保险的善意没有得到回报，导致投保人因为没有感知到回报而放弃保

---

① Nick Wilkinson and Matthias Klaes. An Introduction To Behavioral Economics（2th）. London：Palgrave Macmillan，2012：426 – 427.

险，这在社会医疗保险领域是比较多见的。它与"背叛/合作"的情形是基本一致的，即：

$$U_1 = 6 + \alpha \times \frac{(6-3.5)}{(6-1)} + \alpha \times \frac{(6-3.5)}{(6-1)} \frac{(0-2)}{(4-0)}$$

此时第二项表示投保人得到对方善意回报，但恶意并没有受到相应的报复，因而也不会长期参与健康保险行为。因为在大多数情况下，恶意报复对方的善意往往是单击博弈，保险套利或欺诈行为，最终将会被对方进行报复或者惩罚，最终导致合作失败，最终发展成为第四种"背叛/背叛"的情形，此时投保人是恶意的，其他相关利益主体并对他的恶意进行了报复，因而也就不存在合作的可能，在健康保险中最好的例证就是 Akerlof (1970)"柠檬市场"理论中的逆向选择问题。

$$U_1 = 1 + \alpha \times \frac{(1-3.5)}{(6-1)} + \alpha \times \frac{(1-3.5)}{(6-1)} \frac{(1-3.5)}{(6-1)}$$

通过构建一个加入社会效用的支付策略矩阵，参与者的占优策略不再一定是选择背叛，如果 $4 + 0.75\alpha > 6 + 0.25\alpha$，即 $\alpha > 4$，此时选择合作将会比选择背叛获得更高的支付，这也必然违背了标准经济学期望效用值最大化的评价标准，而是一个有强烈社会公平效用的 Nash 均衡，即混合 Nash 均衡（见图 3-13）。

参与者1		参与者2	
		合作	背叛
	合作	$4+0.75\alpha$, $4+0.75\alpha$	$0-0.75\alpha$, $6+0.25\alpha$
	背叛	$6+0.25\alpha$, $0-0.75\alpha$	$1-0.25\alpha$, $1-0.25\alpha$

图 3-13　基于公平偏好的合作博弈互惠均衡方程矩阵

（3）投保人对保险人的"反逆向选择"。

乔治斯·迪翁（Georges Dionne，1983）对保险市场的逆向选择所做的定义是：由于被保险人和保险人之间不对称信息而出现的资源配置不当的问题。被保险人没有动机披露自己的真实风险，而保险人想要观察到被保险人的成本很高[①]。

在逆向选择的研究方面，标志性的理论发展是由 Rothschild 和 Stiglitz

---

① 乔治斯·迪翁，斯科特·哈林顿. 王国军等译. 保险经济学 [M]. 北京：中国人民大学出版社，2005：407.

（1976）完成的。他们在 1976 年发表在 *Quarterly Journal of Economics* 杂志上的论文 *Equilibrium in Competitive Insurance Markets: An Essay on the Economics of Imperfect Information*，将被保险的人群分为两类："好风险"的被保险人与"坏风险"的被保险人，区分这两类人的唯一标准就是保险事故发生的概率不同。在逆向选择的条件下，一个竞争性的保险市场不会达到均衡，有效均衡状态下的保险供给应当是歧视性的，对"坏风险"的被保险人提供一个高价格的足额保险，对"好风险"的被保险人则提供一个低价格的"部分保险"。该模型的政策含义是，保险市场存在失灵，而垄断的保险市场（在政府的监管下）可能是一个次优选择。

Wilson（1977）以及其他一些学者对 Rothschild – Stiglitz 模型做了扩展，他们去掉了保险人的短视行为假定，并假定保险人能够控制个人对保险的购买或者是各个保险人之间能够做到客户信息共享。在这种情况下，分离均衡将总是存在的。其后一些学者的研究指出，保险公司可以根据被保险人的过去表现，确定费率并将风险分类作为歧视性合同的替代或是补充。Cooper 和 Hayes（1987）将 Rothschild – Stiglitz 模型扩展到两期合同的情形，他们的模型证明，在保险人完全信守承诺的条件下，保险人根据被保险人的过去表现确定费率将达到怎样的福利效果。Dahlby（1983）[1] 在研究逆向选择时，分析了统计歧视对逆向选择的影响。统计歧视中，保险人能够不花费成本就能够观察到保单持有人性别，并根据性别提供不同保额的保单，并从女性低保额保单中获利。而在同性别内部，由于区分风险人群的成本偏高，因而采取相同价格策略，并由低风险的人群补贴高风险的人群，进而导致性别内部的逆向选择。Crocker 和 Snow（1986）以及其他一些学者研究了风险分类，他们使用各种统计数据分析风险类别与各个可观察变量（如年龄、性别、住所等）之间的关系。他们的研究表明，如果对风险类别的划分无须成本，那么风险分类将会提高市场效率，但是如果统计信息获取是有成本的，则风险分类的效果就不易判断了。鉴于对使用可观察个人信息（如性别、种族，甚至病史、基因等）定价健康保险存有激烈的道德争论，并具有非常明显的政治影响，因而保险定价要尽量避开政治因素。

在健康保险市场上，Akerlof（1970）用"柠檬市场"的概念，分析了由于逆向选择导致美国老年难以从保险市场上得到公平价格的健康保险

---

① 乔治斯·迪翁，斯科特·哈林顿. 王国军等译. 保险经济学 [M]. 北京：中国人民大学出版社，2005：376 – 378.

问题①。在信息不对称的情况下，针对一个特定的保险价格，低风险的人群将退出保险市场，而高风险的人留在保险市场。Akerlof（1970）的柠檬市场理论，成为人们研究健康保险市场失灵的主要理论。但是柠檬市场是针对一个特定的保险公司的价格而言的，在有竞争的市场上，由于不同的保险公司的市场占领价格策略不同，保险公司之间针对特定群体的价格存在一定的差异。加上分级市场的营销策略，在不同的地区、不同的人群采取不同的保险价格。其结果就是人们会从市场上选择价格歧视最小、与自己的风险特征最为贴近的低保费健康保险。最后的结果，就是将那些高价格、人群细分比较小的保险公司"踢出"保险市场，这就是"用脚投票"在保险市场选择的行为表现。因此，为了能够在市场竞争中胜出，一些保险公司不得不实行低价格或价格折扣竞争策略，迫使一些公司或保险产品退出市场，进而造成保险市场的萎缩。

从图3-14来看，那些原来高风险、高损失的人群，也不愿意去投保逆向选择后的健康保险产品，因为他们总是感觉自己是那个低风险的人，因而不愿意用自己的保费"补贴"更高风险的人，而是选择具有严格投保条件的健康保险产品，市场细分的越明显，对人们的吸引力越大。而对于社会医疗保险，由于有政府的补贴或者用人单位的保费分担，因而在保险市场缺乏细分时，风险厌恶的人员会选择社会医疗保险，进而导致人们可能对社会医疗保险的依赖，并迫使政府改善医疗保险待遇，形成刚性需求下的财政补贴压力。

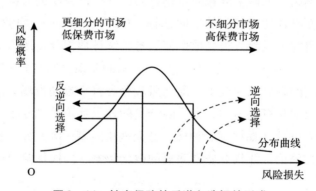

图3-14　健康保险的反逆向选择的形成

① Akerlof, G. A. The Market for "Lemons": Quality Uncertainty and the Market Mechanism, Quarterly Journal of Economics, 1970, 84: 488 - 500.

从市场上的健康保险定价机制来看，基本上是按照性别和年龄进行分组，并且根据既往病史和疾病风险，采取或者拒保，或者加价，或者降低保险金额等策略，承保健康保险。基于性别和年龄的定价机制和"撇脂"策略，不仅存在明显的统计价格歧视，而且也很容易使那些被加价的投保人感到"价格歧视"的不愉快感受。而按照大数法则定价的社会医疗保险，尽管降低了保费精算成本，并提高健康保险在"二次分配"上的调节作用，但是也会使健康状况较好的个体，因为对价格歧视的感知，而认为自己的健康维持和促进努力没有得到尊重，进而产生逆向选择问题。有时，在团体健康保险内部，也会造成类似的问题，尽管对于健康保险的管理成本非常有利。问题是那些在团体或社会群体中，健康状况较好的个体将会退出团体保险，进而在市场上寻求更适合自己的单独保险产品。

基于自我健康自信基础上的逆向选择，与信息不对称的关系不大，而在于保险人获取信息的交易成本。基于价格歧视，或者基于保险公司的"懒惰"或交易成本基础上的商业健康保险，重复决策很容易强化投保人的"自信"，对保险公司的信息掌握得越多，投保的意愿越不强烈。在社会医疗保险领域，由于存在城镇职工基本医疗保险、城镇居民和农村居民基本医疗保险，以及农民工专项医疗保险，进城务工人员具有在各类基本医疗保险，以及与商业健康保险进行比较的选择，他们会趋向于选择保费最低、价格歧视最小的保险产品，这可能在一定程度上能够解释，为什么进城务工人员更多的是选择新型农村合作医疗，而不是在城镇的基本医疗保险。尽管还受到政策和流动性、家庭等因素的影响，但选择的机会，使他们更愿意以最低的或公平的价格，参加医疗保险。

由此可见，反逆向选择是投保人对保险人的选择，是投保人认为保险人的价格不公平问题引发的，是保险人对自己健康状况或努力不够尊重。反逆向选择的形成机制：一是从期望效用理论模型的角度，在经过对风险和损失的自我心理编辑以后，按照保险人的保费，投保人所具有的低风险没有得到正确的对待，尽管期望效用满足 Jensen 不等式的基本条件，但不是最优的保单选择；二是基于保险金融定价模型，特别是期权定价模型中，自我的健康保险远期期权为负值，认为保险人的产品价格偏高，远高于合理的保险定价机制，偏离了保险市场定价模式，存在一定的"霸王条款"的问题。

反逆向选择与逆向选择导致的问题是相同的，就是健康保险供需失衡。但是与逆向选择不同的是，逆向选择导致低风险人群退出市场，而反逆向选择导致留在健康保险市场上的产品和消费者，可能是价格偏低的产品和风险较大的群体，进而将存在价格歧视的保险公司"踢出"市场，或者严重挤压保险公司的利润，这对健康保险市场的健康发展是极为不利的。不仅会导致健康保险机构低价格恶性竞争，而且还以较低的价格承保了较高风险的群体。此时，保险基金安全问题要远远大于逆向选择的负面效应，因为逆向选择导致的高产品价格应对高风险群体，它只是导致健康保险供给不足，而且需求得不到满足。而反逆向选择，则是以低价格保险产品应对高风险人群，加大了保险公司的经营风险。作为一个市场主体，在低价格高风险的供给下，保险人为了实现预期的利润水平，将会在免赔额、补偿范围和最高限额上，设定一些隐蔽欺骗条款，最终影响的是投保人和健康保险市场。

"反逆向选择"的问题，在健康保险领域是大量存在的。例如在医疗服务补偿型的健康保险方面，政府以公开招标的方式，向政府购买健康保险，由于政府投保业务规模庞大，而且对健康保险的承保风险与保费结构、保额较为清楚。在投标方信息比较透明的情况下，往往会严重压缩保险公司的承保利润，甚至是负利润。此时，一方面会造成部分追求"金融定价"原则的保险公司退出，即使承接保险业务的公司，业务经营也缺乏利润激励，这在城乡居民大病保险招标中较为常见。同样，在基本医疗保险的药品采购业务中，也存在药品"降价死"的现象。最终实际上是损害了投保人或被保险人的利益。

中国的地域广阔、人口众多，地区之间和城乡之间，收入水平和优质医疗资源配置不均衡，价格歧视和反逆向选择问题比较明显。中国在社会医疗保险领域，实施的属地化管理模式，造成不同社会属性特征和地区不同福利水平下，相同风险的群体得到的医疗保险待遇是不同的。并且在医疗服务保障方面，高层次医院过度偏高的服务价格和医药费用，也阻碍了提高统筹层次的进程。以流动人口为典型群体的参保途径选择结果，最能反映出反逆向选择的突出问题。未来在实现城乡统筹的基础上，实现医疗保险的省级统筹，最终实现全民统一的健康保险，并加强转诊和分级医疗管制措施，是消除社会医疗保险领域价格歧视的必由之路，也是加快商业健康保险对改善制度环境的基本要求。

3.3.5 生命价值对健康保险需求的特殊影响

1. 生命价值保障的重要性与两难性问题

生命价值作为潜在财富非常重要，而且评估值差异很大。因而，健康保险只能保障当前，或者在特定的医学技术下，所能够治愈的，或者对期望寿命延长，或者生存质量改善，或者二者兼有的部分进行保障。健康保险并不能阻止疾病风险的发生，尽管健康保险有助于通过风险治理、加强预防保健、疾病筛选等方式，降低疾病发生的概率，或者减少疾病风险的损失。但不能一定阻止死亡，或者是潜在生命价值的消失。甚至由于医学技术的进步，在一定程度上还会增加（既有）财富的消耗，以及对他人生命价值的消耗。虽然在医学伦理学上都是必须的，而从经济指标上是不合理的。因而健康保险或医学，不可能避免医学伦理学与经济学的冲突的，但不能将这种冲突强加给健康保险，进而造成健康保险的功能幻觉。

所以说，研究健康保险的生命价值保障，只能将精算的范围放在医学能够发挥作用的领域。尽管从经济学上，治疗手段是不经济的。如果在医疗资源允许的情况下，健康保险可以承保这种几乎给家庭带来经济灾难的疾病保险，即将死亡风险极高、而医学技术能够转化为慢性疾病或类似的治疗结果（如心脏病、器官移植手术，等等），这当然需要极高的健康保险费用，以及高度发达的医学技术水平。而这些条件，在特定的时期显然是受到限制的。

从生命价值保障的角度，健康保险对医疗费用的补偿和改善医疗服务支付能力的功能，实际上就是与医学技术进步在比赛，或者是赛跑。当然这里所说的医学技术进步，一定是以高端医学技术作为必要手段时更优作为前提条件的，而不是所谓的盲目就医。然而无论是在健康保险领域，还是在医疗服务的管制方面，有时又会因为其相对昂贵的费用，而使保险基金难以负担得起，甚至要耗费大量的稀缺医疗资源。这既是进行医疗服务管制的原因，也是进行医疗服务管制可能带来的负面问题。如果按照当前医疗费用均摊的方式，确定全民医疗保险的保费额度，将会有很多潜在的费用没有计算进来。健康保险的覆盖和水平的提高，将会冲击保险基金的安全。因为，在支付能力提高的情况下，一些潜在的医疗服务将会被利用，激发更大的医疗费用，而且这些医疗费用是合理的、是符合经济效益的评价标准的。因而，从生命价值角度研究健康保险，既是一个复杂的系统工程，也会对健康保险的动机、行为异象、投保后的预期带来很大的有利的和不利的影响。

生命价值作为重要的潜在财富，对健康保险的期望效用函数或价值函数，必然产生很大的影响。而且，评估生命价值的理念和方法不同，人们对生命价值的评估值差距也很大。因而生命价值评估口径、方法和对象不同，生命价值的评估结果，对健康保险需求影响也不相同。那些没有考虑生命价值，或者非理性评估生命价值的主体，最后的行为选择也不同。生命价值学说是寿险和健康保险共同的理论基础，提出生命价值学说的Huebner（1927），是将寿险和健康保险作为一个系统整体进行考虑的。他认为，健康保险是寿险的一个组成部分，但从本质上，寿险又是广义上健康保险的一个组成部分。

但是，传统经典经济学模型的期望效用函数中，仅将既有的财富价值作为健康保险价值函数的单一要素，这显然是不够完整的。当生命价值成为价值函数的一部分，将会对健康保险的期望效用产生很大的影响。也会影响到其健康保险的选择结果。在期望效用理论模型的假设下，投保人拥有的财富 w 面临某种潜在损失 X，要求损失 X 满足 $0 \leqslant X \leqslant w$，由此确定其损失概率分布 F(x)。根据 Jesen 不等式 $u(w-H) \geqslant U(w-X)$ 来确定其缴纳的保费 H，进而使健康保险的缴费能够在保险人最低接受的保费 G^* 和投保人最高支付的 H^* 形成的区间（G^*，H^*）通过博弈和价格谈判，达成最终的保险费。这种确定最优保费的方式，显然只适用于财产保险。对于健康保险来说，由于健康风险不仅可能损害投保人的既有财富 w，也就是承担保险费用的那部分现金财富，而且还会损害被保险人的健康，使其失去实现未来潜在财富的能力。因而，健康保险的保障财富不仅包括既有的财富，还包括蕴含在生命价值内的潜在财富，这与寿险仅仅损害生命价值不同。所以，健康保险是对投保人既有财富和潜在财富都可能造成损害的特殊保险，如果采用财产保险或者人寿保险的方式确定健康保险的保费和保险标的，显然也是不合适的。

因而，从生命价值角度，健康保险的保险标的中，应该同时加入既有财富和潜在财富两个部分，即 $w = w_{cf} + w_{pf}$，其中 w_{cf} 负担保险费用支付，w_{pf} 作为健康保险总效用的一部分。由于生命价值的加入，也不排除在 w_{cf} 的情况下，投保人通过压缩其他需求或者借债的方式购买健康保险。但是在现实中，除了过度购买保险以外，这种情况尚不多见。但与健康保险投保行为相矛盾的是，在健康风险发生以后，投保人或被保险人却不顾财富约束和预后效果，投入大量的财富修复健康或者挽救生命。由此可见，如果要平衡健康保险需求与医疗服务利用之间的矛盾，就必须在财富构成中加入生命价值部分，这部分的保障既可以通过医疗服务费用补偿的方式，提高投保人的医疗服务支付能力，也可以以疾病经济补偿的方式，对可能造成暂时性或永久残疾或死亡的疾病，提供收入保障或生命价值的补偿。

但是在大多情况下，除突发性致死疾病如脑溢血或心脏疾病外，被保险人患病以后都需要一定的医疗服务作为修复健康的手段。因而，从一般意义上讲，健康保险的最终目的在于获得必要的高质量医疗服务。但所谓的必要的高质量医疗服务，往往与资本化价值能力的修复程度有关。完全修复健康风险造成的资本化价值能力损害的医疗服务，显然在质量水平和价格上都要大于基本医疗服务。因而，无论是从生命价值自身的数值评估，还是从医疗服务的质量水平上，都很难对健康保险所保障的生命价值做出准确的判断。但是，生命价值保障无论是从保险制度设计、费用补偿和保险产品等角度，都对健康保险具有内在的影响。因而，为了实现生命价值的最大化，人们通常在决策时不会以客观的生命价值评估值作为财富效用，而是按照风险偏好方法对人们的生命价值进行评估，这样必然会造成同一个体面临不同的生命价值评估值。

2. 生命价值学说下的生命价值建模及扩展

在生命价值学说下，个体的财富由既有财富和累积财富构成，累积财富是既有财富的实现。因而个体在财富上的风险，除了财产保险覆盖范围内的既有财富外，还有人身保险保障的潜在财富。而健康保险除了保障健康风险可能造成的潜在财富损失，还保障为了修复健康所花费的既有财富。如果健康得不到保障或强制退休，个体将因生命价值终止，而在图 3 – 15 中的 F(max，0) 点终止，人生总财富达到极大点。

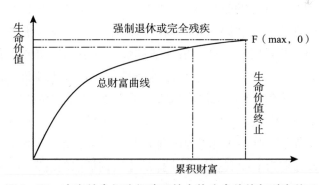

图 3 – 15 在有社会保险保障下的个体生命价值与财富关系

根据 Huebner（1927）的生命价值学说中资本化价值的构成，我们将资本化价值进行建模。在个体的资本化价值包含工薪收入、绩效奖励和花边收入的结构下，个体的生命价值可以用以下模型估计：

$$Lv \equiv Fcv = \int_t^T x_1 f(x_1) \, dx_1 + \int_t^T x_2 f(x_2) \, dx_2 + \int_0^e x_3 f(x_3) \, dx_3 - \int_0^e cf(c) \, dc$$

其中 x_1、x_2 和 x_3 分别为个体的工资收入、绩效奖励和花边收入或偶然所得，c 为个体的全部消费，f（·）为该变量的密度函数。该模型没有对银行储蓄对生命价值的影响单独建模，而是将其全部列入第三项中。只要知道前两项的数据，并利用家庭的其他各项收入，与劳动力人口数进行初等计算，就可以估计出在退休时间为 T 和期望寿命为 e 时的个人资本化价值总和，进而获得生命价值估计值。

但是，在现实中很难以用该模型进行简单的估计生命价值，因为即使一个没有任何直接收入的个体，可能因为情感和间接收入，以及医学伦理学等问题，导致生命价值更为复杂。考虑到情感和家务劳动难以量化，我们引入第四个变量 x_4 表示经济价值难以有效衡量的其他价值。也正是由于第四项的存在，才为生命价值的估计带来难题，也最终影响到医疗服务资源配置（配额使用）的两难问题，以及健康保险的基金补偿范围。在引入第四项以后的生命价值估值模型扩展为：

$$Fcv = \int_t^T x_1 f(x_1) dx_1 + \int_t^T x_2 f(x_2) dx_2 + \int_0^e x_3 f(x_3) dx_3$$

$$+ \int_0^e x_4 f(x_4) dx_4 - \int_0^e cf(c) dc$$

它蕴含了个体从生命的出现，到最后死亡的整个生命周期内，个体的资本化价值总水平。一般情况下，个体在就业之前的资本化价值小于等于 0，但为了统一，也为了防止计算口径偏小，我们将估算的范围扩展为整个生命周期。但从规范的数据统计口径上，一般可以用在职就业人员反映前两项，财产性收入反映第三项，而支付意愿与实际收入水平差距反映第四项，这个问题我们将在生命价值评估部分进行系统的研究，并给出在医疗费用支付意愿、健康保险支付意愿等条件下，估计生命价值的大小。这些生命价值方法是在没有考虑健康风险的资本化价值能力的累加，在有健康风险时，个体的工资收入、绩效奖励和花边收入都将减小，而个体的消费支出将因为医疗费用、改善饮食等原因显著增加。假设健康风险导致的相应损失及密度函数分别为 y 和 f(y)，则个体的生命周期内的健康风险损为：

$$L_h = \int_0^e y f(y) dy$$

在健康风险损失下，全额保险的保险总额为 A，等于健康风险总损失 L_h，则带有健康风险损失的生命价值函数模型为：

$$Lv = Fcv - L_h$$

据此，我们可以估算在个体生命周期内的个体生命价值。通过健康保险将风险损失总量降下来，进而维持和促进 Fcv 水平的资本化价值。健康促进或健康风险治理等措施，是在当前资本化价值水平上的改善。

3. 生命价值评估值的经验数据

在医疗保险领域，一个人生命所包含的价值范围，主要是通过人们对能够改变死亡风险的各种医疗产品、服务或管制所支付的数量推断而来的。而且在不同的环境下，人们的生命价值保障需求也不尽相同。表3-1是 Folland 等（2010）对部分领域的生命价值评估情况进行了汇总，表3-2是 Viscusi 和 Aldy（2002）对部分学者基于劳动力市场估计的美国人生命价值隐含值的归纳，表3-3是 Viscusi 和 Aldy（2002）对非劳动力市场视角估值的归纳。

表3-1   不同风险环境下的生命价值评估值

计算基础	生命价值（以1990年美元计算，单位为百万）
劳动力市场	
Leigh（1987）	10.4
Moore and Viscusi（1987）	2.5~7.3
Kneiser and Leeth（1991）	7.6
Gegax，Gerking and Schultz（1991）	1.6
劳动力市场以外的研究	
火灾保险：Garbacz（1989）	2.0
交通事故风险：Atkinson and Halvorsen（1990）	4.0
吸烟：Ippolito and Ippolito（1984）	0.7
空气污染：Portney（1981）	0.8

资料来源：Viscusi（1993），Various Tables。

关于生命价值问题的研究，在国内也有很多学者从理论、方法和实际估值方面，也进行了广泛的研究，但案例分析主要集中在工伤保险领域。钱永坤（2011）用条件价值法评估了中国煤炭工人的生命价值为212.126万元。党建（2012）分别用支付意愿和接受意愿条件下，估算的生命价值均值分别为386.633万元和4076.628万元，二者的差距非常明显，支付意愿要远远小于接受意愿的生命价值。梅强等（2008）也估算出相似的结果，企业员工的在受偿意愿条件下的生命价值均值是3729.02万元，是支付意愿条件下估算的生命价值的7倍，基于支付意愿的调整平均生命价值为532.72万元。

表3-2 劳动力市场上的美国人统计生命价值（VSL）

Author (Year)	Sample	Risk Variable	Mean Risk	Nonfatal Risk Included (Workers' Comp Included)	Average Income Level (2000 US $)	Implicit VSL (millions, 2000 US $)
Olson (1981)	CPS 1978	BLS 1973	0.0001	Yes, significant (No)	$36151	$6.7
Arnould and Nichols (1983)	U. S. Census 1970	Society of Actuaries 1967	0.001	No (Yes)	NA	$0.5; $1.3
Butler (1983)	S. C. Workers' Compensation Data 1940 – 1969	S. C. Workers' Compensation Claims Data	0.00005	No (Yes)	$22713	$1.3
Dorsey and Walzer (1983)	CPS May 1978	BLS 1976	0.000052	Yes, significant (Yes)	$21636	$11.8; $12.3
Leigh and Folsom (1984)	PSID 1974; Quality of Employment Survey (QES) 1977	BLS	0.0001	Yes, significant (No)	$29038, $36946	$10.1 ~ $13.3
Smith and Gilbert (1984 – 1985)	CPS 1978	BLS 1975	NA	No (No)	NA	$0.9
Dillingham and Smith (1984)	CPS May 1979	BLS industry data 1976, 1979; NY Workers' Comp Data 1970	0.000082	Yes, significant in some specifications (No)	$29707	$4.1 ~ $8.3
Dillingham (1985)	QES 1977	BLS 1976; NY Workers' Compensation data 1970	0.000008, 0.00014	No (No)	$26731	$1.2, $3.2 ~ $6.8

续表

Author (Year)	Sample	Risk Variable	Mean Risk	Nonfatal Risk Included (Workers' Comp Included)	Average Income Level (2000 US $)	Implicit VSL (millions, 2000 US $)
Leigh (1987)	QES 1977; CPS 1977	BLS	NA	No (No)	NA	$13.3
Moore and Viscusi (1988a)	PSID 1982	BLS 1972 – 1982, NIOSH National Traumatic Occupational Fatality Survey 1980 – 1985	0.00005, 0.00008	No (Yes)	$24931	$3.2, $9.4
Moore and Viscusi (1988b)	QES 1977	BLS, discounted expected life years lost; subjective risk of job	0.00006	No (Yes)	$31092	$9.7
Garen (1988)	PSID 1981 – 1982	BLS 1980, 1981	0.000108	Yes, significant (No)	$29865	$17.3
Viscusi and Moore (1989)	PSID 1982	NIOSH NTOF Survey, Structural Markov Model	0.0001	No (No)	$24611	$10.0
Herzog and Schlottman (1990)	U. S. Census 1970	BLS 1969	0.000097	No (No)	$48364	$11.7
Moore and Viscusi (1990b)	PSID 1982	NIOSH NTOF Survey, Structural Life Cycle Model	0.0001	No (No)	$24611	$20.8
Moore and Viscusi (1990c)	PSID 1982	NIOSH NTOF Survey, Structural Integrated Life Cycle Model	0.0001	Yes (Yes)	$24611	$20.8

Author (Year)	Sample	Risk Variable	Mean Risk	Nonfatal Risk Included (Workers' Comp Included)	Average Income Level (2000 US $)	Implicit VSL (millions, 2000 US $)
Kniesner and Leeth (1991)	CPS 1978	NIOSH NTOF Survey 1980 – 1985	0.0004	Yes, significant in some specifications (Yes)	$33627	$0.7
Gegax, Gerking, and Schulze (1991)	Authors' mail survey 1984	Workers' assessed fatality risk at work 1984	0.0009	No (No)	$41391	$2.1
Leigh (1991)	QES 1972 – 3, QES 1977, PSID 1974, 1981, Longitudinal QES 1973 – 1977, CPS January 1977	BLS 1979, Workers' Compensation data from 11 states 1977 – 1980	0.000134	No (No)	$32961	$7.1 ~ $15.3
Berger and Gabriel (1991)	US Census 1980	BLS 1979	0.00008 ~ 0.000097	No (No)	$46865, $48029	$8.6, $10.9
Leigh (1995)	PSID 1981, CPS January 1977, QES 1977	BLS 1976, 79 – 81 and NIOSH 1980 – 1985	0.00011 ~ 0.00013	No (No)	$29587	$8.1 ~ $16.8
Dorman and Hagstrom (1998)	PSID 1982	BLS 1979 – 1981, 1983, 1985, 1986; NIOSH NTOF 1980 – 1988	0.000123 ~ 0.0001639	Yes (Yes)	$32243	$8.7 ~ $20.3
Lott and Manning (2000)	CPS March 1971 and March 1985	Hickey – Kearney carcinogenic exposure1972 – 1974, NIOSH National Occupational Exposure Survey 1981 – 1983	NA	No (No)	$30245	$1.5; $3.0 ($2.0, $4.0)[†]

资料来源：W. Kip Viscusi and Joseph E. Aldy. The Value Of A Statistical Life: A Critical Review Of Market Estimates Throughout The World [M]. Harvard Law School, Cambridge, MA 02138, 2002: 87 – 90.

表 3-3　非劳动力市场上的美国人统计生命价值（VSL）

Author (Year)	Country	Sample	Risk Variable	Mean Risk	Nonfatal Risk Included (Workers' Comp Included)	Average Income Level (2000 US$)	Implicit VSL (millions, 2000 US$)
Psacharopoulos (1982)	UK	General Household Survey 1975	OPCS Occupational Mortality Decennial Survey1970-1972	0.0001	No (No)	$14472	$4.2
Weiss, Maier, and Gerking (1986)	Austria	Austrian Microcensus File of Central Bureau of Statistics 1981	Austrian Social Insurance Data on job-related accidents 1977-1984	NA	Yes (No)	$12011	$3.9, $6.5
Meng (1989)	Canada	National Survey of Class Structure and Labour Process 1981	Labour Canada and Quebec Occupational Health and Safety Board 1981	0.00019	No (No)	$43840	$3.9 ~ $4.7
Meng and Smith (1990)	Canada	National Election Study 1984	Labour Canada and Quebec Occupational Health and Safety Board 1981-1983	0.00012	No (No)	$29646	$6.5 ~ $10.3
Kniesner and Leeth (1991)	Japan	Two-digit manufacturing data 1986 (Japan)	Yearbook of Labor Statistics (Japan)	0.00003	Yes (No)	$44863	$9.7
Kniesner and Leeth (1991)	Australia	Two-digit manufacturing data 1984-1985 (Australia, by state)	Industrial Accidents, Australia Bureau of Statistics 1984-1986	0.0001	Yes (Yes)	$23307	$4.2

Author (Year)	Country	Sample	Risk Variable	Mean Risk	Nonfatal Risk Included (Workers' Comp Included)	Average Income Level (2000 US$)	Implicit VSL (millions, 2000 US$)
Cousineau, Lacroix, and Girard (1992)	Canada	Labor, Canada Survey 1979	Quebec Compensation Board	0.00001	Yes (No)	$29665	$4.6
Martinello and Meng (1992)	Canada	Labour Market Activity Survey 1986	Labour Canada and Statistics Canada 1986	0.00025	Yes (No)	$25387	$2.2 ~ $6.8
Kim and Fishback (1993)	South Korea	Ministry of Labor's Report on Monthly Labor Survey and Survey on Basic Statistics for the Wage Structures	Ministry of Labor's Analysis for Industrial Accidents	0.000485	Yes (Yes)	$8125	$0.8
Siebert and Wei (1994)	UK	General Household Survey 1983	Health and Safety Executive 1986 – 1988	0.000038	Yes (No)	$12810	$9.4 ~ $11.5
Lanoie, Pedro, and Latour (1995)	Canada	Authors' in-person survey 1990	Quebec Workers' Compensation Board 1981 – 1985	0.000126	Yes (No)	$40739	$19.6 ~ $21.7
Sandy and Elliott (1996)	UK	Social Change and Economic Life Initiative Survey (SCELI) 1986	OPCS Occupational Mortality Tables Decennial Supplement 1979/80 – 1982/3	0.000045	No (No)	$16143	$5.2 ~ $69.4

Author (Year)	Country	Sample	Risk Variable	Mean Risk	Nonfatal Risk Included (Workers' Comp Included)	Average Income Level (2000 US$)	Implicit VSL (millions, 2000 US$)
Shanmugam (1996/7) (2000/2001)	India	Author's survey of blue collar manufacturing workers, Madras, India 1990	Administrative Report of Factories Act 1987 – 1990	0.000104	No (No)	$778	$1.2, $1.5 $1.0, $1.4 (2000) $4.1 (2001)
Liu, Hammitt, and Liu (1997)	China Taiwan	Taiwan Labor Force Survey 1982 – 1986	Taiwan Labor Insurance Agency 1982 – 1986	0.000225 – 0.000382	No (No)	$5007 ~ $6088	$0.2 ~ $0.9
Miller, Mulvey, and Norris (1997)	Australia	Australian Census of Population and Housing 1991	Worksafe Australia, National Occupational Health and Safety Commission 1992 – 1993	0.000068	No (No)	$27177	$11.3 ~ $19.1
Siebert and Wei (1998)	China Hong Kong	Hong Kong Census 1991	Labour Department	0.000139	No (No)	$11668	$1.7
Liu and Hammitt (1999)	China Taiwan	Authors' survey of petrochemical workers 1995	Workers' assessed fatality risk at work 1995	0.000513	Yes (No)	$18483	$0.7
Meng and Smith (1999)	Canada	Labour Market Activity Survey 1986	Ontario Workers' Compensation Board	0.00018	Yes (Yes)	$19962	$5.1 ~ $5.3

Author (Year)	Country	Sample	Risk Variable	Mean Risk	Nonfatal Risk Included (Workers' Comp Included)	Average Income Level (2000 US $)	Implicit VSL (millions, 2000 US $)
Arabsheibani and Marin (2000)	UK	General Household Survey (1980s)	OPCS Occupational Mortality Decennial Survey 1979 – 1983	0.00005	Yes (No)	$20163	$19.9
Sandy, Elliott, Siebert, and Wei (2001)	UK	SCELI 1986	OPCS 79/80 – 82/3, HSE 1986 – 1988	0.000038, 0.000045	No (No)	$16143	$5.7 $74.1

资料来源：W. Kip Viscusi and Joseph E. Aldy. The Value Of A Statistical Life：A Critical Review Of Market Estimates Throughout The World [M]. Harvard Law School, Cambridge, MA 02138, 2002：91 – 94.

由此可见，无论是基于支付意愿还是接受意愿，从健康保险角度是远远达不到的保障水平，即使是人寿保险也达不到以上的保障水平。中国的工伤死亡保险，一般的赔付标准为 30 万左右。因而，在健康保险领域的生命价值保障，是以降低疾病死亡率或者完全残疾率为基础的，支付意愿是根据医疗费用支付意愿进行精算测算。事实上面对这个问题，Dranove（2003）早就认识到，人们面对生与死亡选择时对医疗服务费用支付额度已经不再敏感，生命的存在永远是第一位的。尽管生命价值的估值难以准确获得，而且医学也不能确保维护每个患者摆脱因病死亡的风险，但是在医疗方案的选择时总是能够找到改善其资本化价值能力的更好方案。只要这个方案能够使其资本化价值能力得到改善，并在未来能够最大程度实现潜在的财富，那么健康保险就应该考虑改变支付方式。而这种支付方式改变所造成的成本增加，可以通过改变保费或医疗借债的方式进行补偿。

也正是由于生命价值保障对医疗服务的特殊性，由健康保险作为医疗服务支付杠杆的保障体系中，政府通常以功能分工明确的多层次健康保险体系提供多元化保障。政府主导的基本医疗保险和大病补充保险，主要用于常规医疗服务的保障。而对于更高层次的需要，政府通过政策性健康保险，对能够改善资本化价值能力的特殊医疗服务进行政策激励，税收饶让或个税减免是被经常使用的激励手段。对其余部分需求，在医疗服务保障能力范围之外的生命价值保障部分，则通过收入失能保障保险、定额支付等方式提供健康保险保障。由此，为了更好地保障生命价值，健康保险需要进行合理有效的层次划分和保障功能区分，以清晰明确各类保险的风险保障责任。

因而，对于健康保险的生命价值保障水平设计，需要预先设定一个相对客观的评价标准，对健康投入所能客观产出的生命价值进行测度比较，并利用 HALE 或者 QALY 指标作为重要辅助标准。也就说，多元化主体共同筹资的健康保险对个体生命价值保障是有限的，它只能通过改善医疗服务支付能力方式，提高预期寿命或者减少因病死亡概率，或者减少因病致残导致的收入损失。将以上因素综合考虑，就是健康保险对生命价值的保障能力，取决于健康保险的医疗费用贡献、医疗服务的健康产出和资本化价值能力的改善等生命价值保障效力相关指标的改善程度。

3.3.6　健康保险投保目的的多元化

1. 健康保险多元化动机下的效用函数

如果只是基于转嫁健康风险损失的目的，从健康保险标准经济学帕累托最优的角度，没有任何回报的保险才是最好的回报，因为只有这样才是能够对资金的潜在损失进行保护。然而，人们往往扭曲了对健康保险损失转嫁功能的认识。保险期望效用函数通常会被附加更多的非经济性目的，造成期望效用函数的要素构成也趋于多元化。传统期望效用理论基本假设是保费支出的期望效用最大化，或者投保人通过购买保险的健康风险转嫁规模。因而，经典经济学模型中的要素构成，只是健康保险的财富期望效用与确定效用等经济要素。个体投保健康保险的充分必要条件，是保费支出获得的确定效用大于非保险状态下的期望效用。

但现实的实证分析结果显示，人们的健康保险投保动机是多元化的（Kunreuther et al.，2013；Folland et al.，2010）。不同性质的投保动机通常对应着不同的保险效用，而且既有经济因素也有非经济因素，例如对担忧或后悔的免除。投保动机和效用结构多元化，要求健康保险效用函数要素也应该多元化，而不仅仅是传统期望效用的财富保障效用。多元化的保险效用既有健康保险的经济补偿的财富稳定效用，也有转嫁健康风险以后风险担忧消除后的心理效用，以及履行对家庭成员、员工或社会成员健康保障责任后的责任满足感产生的效用，甚至是平抑健康风险不确定损失后对既有财富优化配置消费满足效用，或者是理财投资收益财富效用，等等。

根据 Kunreuther 等（2013）的研究，人们对保险的投保目的包括投资、忧虑或免于遗憾、履行法律或政府要求、满足社会和（或）认知规范。显然在四个保险目的中，只有投资符合期望效用的传统理论和效用函数模型。而忧虑或免于遗憾，主要是针对未来期望损失的后悔问题；法律强制导致人们也不能按照自愿原则，从市场上选择满足期望效用帕累托最优的保险产品；而满足社会和（或）认知规范，则具有"羊群效应"的效仿行为，而自身的风险往往与他人存在一定的差异，也不符合期望效用最大化的假设，甚至破坏了风险偏好的基本假设。以上这些关于健康保险的目的或投保动机，都没有出现在期望效用理论模型和前景理论价值函数模型中，因为传统的期望效用函数主要是针对风险财富效用的，它的范围仅仅是限制在财富本身的效用，这就导致这些函数模型在反映健康保险的效用方面存在结构不完整的问题。如果从"效用"角度，全面评价人们从健康保险中得到的效用，它显然应该是：

健康保险期望效用 = 财富效用 + 医疗服务利用效用
+ 社会效用 + 心理效用 + 其他效用

所以说，采用财富效用最大化标准作为投保动机和适度性评价标准，来评价多元化的健康保险投保动机，只能对部分行为作出解释，而不能对其他动机下的行为作出科学合理解释。更为复杂的是，健康保险诸多投保动机中，决策的行为与动机未必是简单的映射关系。在多元投保动机下，投保健康保险多个动机可能是平行累加的，如经济补偿与风险损失转嫁动机是一致的。虽然经济补偿动机一定是为了直接的经济回报，但转嫁风险损失则未必希望有补偿型的经济回报，而是不发生风险损失为最优。

在多重健康保险投保动下，保险期望效用既可以简单地理解为通过经济补偿以转嫁健康风险损失，这是健康保险最基本和最常见动机。在多数情况下，健康保险投保的动机是叠加或衍生的。由于投保健康保险既能够将风险转嫁出去，也可以释放大量的医疗储蓄准备，进而充分利用既有财富满足更多的消费与投资需求。即使缺乏投资意愿和能力的个体，也可以利用原来的风险储蓄资金满足更多的个人发展性消费，以改善未来获得更多财富的资本化价值能力。此时，健康保险带来的效用不仅仅是转嫁了风险，还能够带来消费剩余和投资财富。而从生命价值保障的杠杆角度，健康保险能够在患病后及时购买更多的医疗服务，使健康得到最有效的修复，而健康是获取未来潜在财富的基本条件（Huebner，1927；Banerjee and Duflo，2011）。

2. 健康保险多元化投保动机的福利改进机制

健康保险任意投保动机的实现，无论是否合法或与道德风险有关，对于投保者来说都是一种特殊的效用增加。因而，多元化的健康保险投保动机未必违背期望效用最大化原则，因而从结果上是满足理性标准的（Wilkinson and Klaes，2012）。但是作为健康保险的多元主体参与的健康保险，或者共同分担健康风险损失的其他个体以及保险人来说，这未必是帕累托最优的。因为那些违背法律或者造成道德风险的投保动机，是对健康保险帕累托最优的一种破坏。为了实现健康保险的帕累托最优或者改进，就必须对合理的投保动机进行激励，而对不合理的投保动机进行抑制。

因而，在多元化的健康保险投保动机下，首先要对投保动机的真实性进行检验，包括检验投保动机是否存在，以及投保动机对各主体的福利变化的影响。如果这些动机通过真实性检验，那么就应该将投保动机满足后增加的效用，纳入 VNM 期望效用函数模型或者 K - T 价值函数模型，以准确反映健康保险购买行为产生的所有效用。无论是当前依然占据主流地位的期望效用理论，还是新发展起来的由前景理论代表的第三代风险理论，关注的重点仍然是期望效用理论下的三要素，即风险事件与损失程度的概率、财富函数模型和风险偏好。并没有关注效用函数模型中的效用要素构成，以及不同效用结构对福利改进的影响。例如，对于疾病健康保险，投保目的可能就是解除对疾病损失的担忧，有健康保险就是一种满足，并不关注它本身能够带来多大的财富价值，因而此时健康保险的效用函数只是一个（0，1）结构；所以在德国俾斯麦政府颁布社会医疗保险以后，民众的危机感得到有效的缓解。即使在我国较低的基本医疗保险水平上，民众对获得医疗保险的行为本身就产生明显的安全效用。

在多元化健康保险投保动机下，每一个动机的满足所带来的保险福利促进，对期望效用函数 Jensen 不等式和保险的一般均衡模型，都具有较大的影响作用，甚至会影响投保健康保险人员的消费者剩余规模。假定一组通过检验的健康保险投保动机（m_{r1}，m_{r2}，…，m_{rn}），与健康风险发生后的投保动机有关，对应一组投保动机得到满足的保险保障效用（u_{r1}，u_{r2}，…，u_{rk}）；并同时存在另外一组投保动机（m_{h1}，m_{h2}，…，m_{hk}）与投保行为本身有关，而与是否获得保险理赔无关，对应一组投保效用函数（u_{h1}，u_{h2}，…，u_{hn}），那么期望效用函数 U（x）将被改写为：

$$U(x) = (1 - p)\left[u(w - P_r) + \sum_{j=1}^{k} m_{hj}\right] + p\left[u(w - P_r + A - L)\right.$$
$$\left. + \sum_{i=1}^{m} u_{ri}(m_{ri})\right]$$

由此可见，在健康保险的多元化投保动机中，有些动机只与投保健康保险行为本身有关，例如健康保险对健康风险担忧的解除、未来财富不确定性消除后优化了的财富消费；有的动机必须在健康风险损失发生以后才能够得到满足，如提高医疗服务的支付能力、免于后悔和资本化价值能力得到保障等。所以，面对健康保险的保费支出带来的效用远远不只是财富效用本身，还有很多衍生的，甚至是叠加的效用。

除了投保行为异象以外，期望效用理论还将商业保险公司低于保费水平，甚至是纯保费水平承接保险的这种"赔本"的行为归于不可解释。但事实上，作为一个金融机构的保险公司，虽然短期不能够从商业健康保险的保费上获得净收益。但是从长期来看，或者从社会责任履行后的扩展效应来看，保险公司虽然不能从承保的健康保险中获得短期利润，但是它所承担的社会责任，本身也是一种公司的特殊效用满足，并且从这种特殊效用中获得更多的政治资源和社会评价（Meier，1988）。而且健康保险公司的盈利渠道，不仅仅是保险费用筹集与支出本身，它还包括保险基金准备金的投资收益。在市场资金需求较大的情况下，健康保险公司的融资和风险准备金，将能够使其获得非保险业务以外的投资性收益。基于社会平均利润水平测算的保险费用，显然价值被低估了。另外，即使当期的承保业务是亏损的，但可以占领市场进而为后续续保业务节省市场营销费用。因而，在健康保险的实际承保业务中的这些间接收益，未必是期望效用理论本身所能够解释的。所以，当健康保险公司以低利润或者负利润承保健康保险时，我们不能以简单的金融定价模型评价保险公司的承保行为。在一定程度上，应该回到期望效用函数的基本模型，并将其收益口径和财富效用进行必要的扩展，使其更符合当代保险公司的实际业务活动。

总之，健康保险不能仅局限在某些方面看待保险行为，而是既包含物质的财富，也有各种动机后面隐含的效用。只有综合考虑健康保险的各种投保动机，才能够真正了解投保健康保险所带来的福利促进作用，才能更为合理和全面地对健康保险投保行为做出科学的解释。

3. 期望效用理论函数模型中的效用结构调整与行为异象

在健康保险投保目的多元化的情况下，要对人们的健康保险行为进行科学的解释，必然需要在保险的期望效用函数模型中增加其他的效用要素。效用函数覆盖的动机与效用越真实、越全面，就越能够准确反映投保人或被保险人从投保健康保险中获得的效用，进而对行为异象的成因做出更为全面的解释。Kunreuther 等（2013）提出保险的四个基本的目的，即投资、免于担忧或遗憾、遵守法律与政府的要求、满足社会认知和（或）社会规范，对保险行为本身的效用、损失理赔的财富保障效用、违反规定惩罚损失规避效用，以及社会融入后的集体归属感效用，进行了较为全面的概括。

首先，保险的投资功能是建立在 Bernoulli（1738）的保险投资观点基础上的。也就是通过缴纳一定的保险费用，博弈未来发生风险损失以后，通过获得经济补偿使资金的财富免于遭受风险损失。保险投资的观点，同样适用于健康保险的投保动机，也就是未来如果发生医疗费用，可以借助保险基金的补偿使财富得到安全保障。但由于不设置退保退费条款的健康保险，保费对于任何个体都可能属于沉没成本。而支付的医疗费用"损失"通常是设置了免赔条款的部分补偿。即使在全额保险的补偿机制下，由于保险费用本身并不进行补偿，而且还伴随有交通费用、误工费用和陪护人员的间接损失，因而投保人在获得医疗费用补偿以后，依然低于投保前的财富水平。因而基于投资功能的健康保险最大收益理念，就是不发生损失的回报为最大的回报。

其次，忧虑或免于遗憾的投保动机。这种健康保险的投保动机，只是健康风险损失事件本身的考虑，与损失规模和补偿没有直接的关系。在没有健康保险的情况下，投保人始终面临一个未来不确定的健康风险损失，如果不投保，这种焦虑或担忧始终存在，导致心理产生紧张情绪，进而产生对健康保险的需求动机；同样，如果不投保，损失一旦发生，投保人将对是否投保的情况进行比较，将其损失差额作为健康保险的效用，进而产生后悔的情绪，而投保健康保险则可以避免这种情绪焦虑。所以说，基于忧虑或免于遗憾的健康保险投保动机，仅与风险时间是否发生有关，而与损失大小无关。虽然损失程度会对遗憾程度存在一定的关联性，但内在的动机仍是风险事件本身。

再次，基于法律规范和政府要求的遵守。这种健康保险的投保动机，与健康保险是否投保本身没有关系，主要是不投保健康保险所产生的法律成本。也就是投保健康保险，未必能够带来期望的效用，特别是那些低收入的群体，他们对现金的需求，可能要远远大于对健康保险的需求。但如果不投保健康保险，将会面临法律上的行政制裁或经济惩罚，这将会导致其社会或经济上的损失。为了避免不投保健康保险导致的法律成本，他们会选择投保健康保险，并将可能免于法律制裁的机会成本，与健康保险本身带来的效用相累加，进而放大健康保险的投保效用，使健康保险行为成为一种有效的选择。

最后，基于社会认知规范的健康保险投保动机，则属于一种典型的羊群效应，而这种羊群效应可以使对健康保险投保的期望效用，简单化为一种社会平均期望收益，虽然可能会偏离自己的真实需求。这种健康保险行为，是一种简单化的社会效用价值。如果不按照社会认知规范参加保险，可能会被人们边缘化，进而产生社会紧张和焦虑情绪。而基于社会认知规范参加了健康保险以后，虽然能够消除社会紧张情绪，但由于不是按照自己的真实需求投保的健康保险，可能使健康保险面临其投保以后的系列不利行为的影响。

除了 Kunreuther 等（2013）归纳的关于保险的四个投保目的以外，根据 Huebner（1927）和生命价值学说和 Folland 等（2010）的医疗服务杠杆等有关理论学说，健康保险的投保动机还与医疗服务利用和生命价值保障等目的有关，甚至还会承担了部分寿险的功能，因为疾病风险也是导致死亡的一个重要因素，而死亡风险的转嫁主要是由寿险承担的。

在医疗服务利用方面，要增加医疗服务利用改善程度要素，这是因为健康保险可以以较少的保险费用作为杠杆，购买远大于保险费用的医疗服务。虽然健康保险是按照大数法则，计算健康保险的平均概率，但对于单个个体来讲，疾病风险的发生是一种（0，1）模式；而对于低收入群体来讲，在财富水平不足以支付医疗费用的情况下，健康保险能够保障获得特定的医疗费用。因而，此时投保人对健康保险的投保动机，并没有考虑到疾病风险的概率，而是只将保险费用和医疗服务之间建立关联关系。

在生命价值或资本化价值能力保障方面，劳动者及其抚赡养人员均面临疾病风险的不确定性影响。为了应对疾病风险对财富价值的不确定影响，投保人首先希望健康保险能够使既有财富在优化家庭消费结构上发挥作用。其基本的原理是，投保人不必预先储蓄大量的财富应对整个家庭可能面临的健康风险损失，只需要用全部财富价值的一小部分购买健康保险，将风险损失导致的不确定转嫁出去，而剩余资金可以同来改善家庭与个人资本化价值能力的支出，如教育、培训、闲暇等，否则大量的健康风险储蓄资金将会抑制那些改善资本化价值能力的消费；另外，投保人购买健康保险可以及时有效地获得必要医疗服务，以最大限度地修复健康和实现未来潜在的财富。所以说，健康保险是对个人及家庭资本化价值能力最大化的考虑，也是对全生命周期财富最大化的追求，而不仅仅是已经获得确定的既有财富，或者转嫁健康风险损失。

知识水平和决策能力较强的投保人，还会利用万能险和分红险等形式的健康保险，从健康保险公司的保费投资中获得回报性的收益，从期权的思维看待健康保险的多重功能，看涨期权是他们选择健康保险的基本动机和前提条件。因而，从健康保险投保目的多元化的角度，用期望效用理论财富效用最大化的观点，无法对经济因素以外的其他效用进行科学的解释，也就产生了所谓的行为异象问题。这种行为异象不同于非理性情况下的效用损失，相反，是健康保险效用函数的要素结构不完整造成的，需要对效用函数进行修正。

第4章 健康保险合约激励与全民健康保险实现机制

要建立一个全民健康保险体系，不仅是基本医疗保险实现全民覆盖，而且还应该在健康保险需求上得到充分的满足，即满足不同层次的健康保险体系。要构建一个满足全民健康保险多层次需求的保障体系，就需要实现商业健康保险与社会医疗保险进行合理的衔接和有机的组合。这必然需要对健康保险所有的投保人的保险效用进行帕累托改进，形成由政府为主导的、用人单位为主体、个体合理分担保险费用的保险费用分担机制。从健康保险投保动机和行为异象的分析情况来看，尽管不同的投保人对健康保险的投保动机不同，但最终结果是确保被保险人获得所需要的健康保险。而作为被保险人，获得健康保险的目的又是将健康保险作为获得必要的高质量医疗服务的杠杆，以维护和促进健康水平。因而，从健康保险的最终动机来看，健康保险必须有助于保障被保险人的健康，而 Huebner（1927）的生命价值学说，又将健康作为保障生命价值的重要手段，可以通过资本化价值作为评价指标。为此，需要构建一个以生命价值保障为核心的健康保障合约激励体系。这样我们既需要期望效用理论作为帕累托最优评价标准，又需要在前景理论框架下加入生命价值保障和其他投保动机要素。在多元化健康保险投保动机下修正健康保险的行为异象，最终构建一套符合帕累托最优标准的健康保险合约激励机制，以激励由社会医疗保险和商业健康保险协同参与的多层次健康保险体系，实现健康保险全民有效覆盖目标。

4.1 前景理论下健康保险新型合约激励理论框架

期望财富效用最大化，是期望效用函数理论的逻辑起点和保险投保目的。前景理论范式仍然沿用了该基本假设，也就前景理论并没有背离期望效用最大化的基本评价标准，只是在效用函数和对待损失的效用灵敏度上，进行了改进。相对于建立在期望效用理论基础上的 Arrow（1963）最优购买理论范式缺陷，前景理论分别从价值函数、概率决策赋权、参考点和边际效用灵敏度下降等方面进行了修正。这些修正不仅提高了前景理论对不确定状态下行为异象的解释能力，也为确定健康保险有效需求区间估计提供了理论和方法。但由于前景理论依然是以财富的价值函数为基础的，为了更好地反映健康保险的多元化投保动机和生命价值保障需求，以科学解释"行为异象"对保险合约激励机制的影响，我们根据健康保险行为动机相关理论，对前景理论实证范式进行再修正，构建一种新型的健康保险合约激励机制。

4.1.1 前景理论价值函数模型对期望效用函数模型的修正

正如 VNM 期望效用函数模型 $U(X) = P_1 U(X_1) + P_2 U(X_2) + \cdots + P_n U(X_n)$ 一样，前景理论也给出了一组前景和期望价值函数。假定面对一组前景（p_1，x_1；p_2，x_2；$\cdots$；p_n，x_n），其中每一结果 x_i 出现的概率为 p_i，并且有降序排列为 $x_1 \geqslant x_2 \cdots \geqslant x_n$ 时，在参考点为 0 的情况下，正的结果为收益，负的结果为损失。那么前景理论的期望价值函数为：

$$PT(p_1, x_1; p_2, x_2; \cdots; p_n, x_n) = \sum_{i=1}^{c} \left[W^+(p1 + p2 + \cdots + p_{i-1}) \right] U(x_i)$$
$$+ \sum_{d=c+1}^{n} \left[W^-(p_d + \cdots + P_n) \right]$$
$$- W^-(p_{d+1} + \cdots + P_n) U(x_j)$$

其中 $x_1 \geqslant \cdots \geqslant x_c \geqslant 0 \geqslant x_{c+1} \geqslant \cdots \geqslant x_n$，U 为严格连续递增的价值函数，W 为概率权重函数，W^+ 为收益类概率权重，W^- 为"损失"类概率权重，决策权重 π 由概率权重 W^+ 和 W^- 生成，并且在 [0，1] 区间严格递增，并且在 0 和 1 处等于 0 和 1。令

$$\pi_d = \begin{cases} W^+(p_1 + \cdots + p_d) - W^+(p_1 + \cdots + p_{j-1}) & d \leqslant c \\ W^-(p_d + \cdots + p_n) - W(p_{j+1} + \cdots + P_n) & d > c \end{cases}$$

由此 PT（·）转化为：

$$PT(p_1, x_1; p_2, x_2; \cdots; p_n, x_n) = \sum_{d=1}^{c} \pi_d U(x_d)$$

前景理论的价值函数 $v(x) = \begin{cases} x^\alpha & x \geqslant 0 \\ -\lambda(-x)^\beta & x \leqslant 0 \end{cases}$

α 和 β 为风险态度系数，λ 为损失厌恶系数，α 和 β 都小于 1，λ 大

于 1。Tversky 和 Khaneman（1992）给出的参数值分别为风险系数为 0.88，损失厌恶系数为 2.25。

将前景理论引入到健康保险领域，前景理论的价值方程可以表示为：

$$V(x, p; y, q) = W(p)v(x) + W(q)v(y)$$

当没有附加保费时，价值方程可以表示为：

$$E(V) = W(P) \times v(\omega + A(1 - W(P)) - L)$$
$$+ (1 - W(P)) \times v(\omega - W(P)A)$$

有附加保费 aA 时：

$$E(V) = W(P) \times v(\omega + A(1 - W(P)(1 + a)) - L)$$
$$+ (1 - W(P)) \times v(\omega - W(P)(1 + a)A)$$

这样，期望效用理论的效用函数被分段的价值函数所替代，并且概率也被赋予主观加权系数，前景理论的价值函数，既反映了决策者对收益和损失的不同偏好反映，而且也能够反映出个体决策时的一种主观判断。

通过对风险概率的主观加权，概率曲线为矫正为一个反 S 形的曲线，如图 4-1 所示，决策者往往会看大较小概率事件，同时看小较大的概率事件，这不再同于期望效用理论严格的理性假设下的线性概率分布曲线。在人们将概率进行主观加权以后，基于未来担忧的情绪必然会导致健康保险行为选择产生完全不同结果，更容易使人们的选择趋向不投保或过度投保等极端化，而不是温和适度水平的健康保险产品。

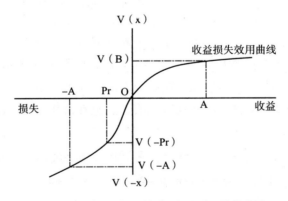

图 4-1 前景理论中的损失厌恶效用函数曲线

4.1.2 前景理论风险概率加权下的价值函数模型

决策者不仅对概率的发生，往往倾向于对较低概率较大加权，而对较大概率赋予较小的权重；而且在损失方面，由于损失厌恶效应，同样的收益与损失，损失的决策赋权的权重更大、更为敏感。通过前景理论的价值函数可以看出，决策者对相同规模的收益和损失，表现出不同的态度，面对相同的额度，决策者对损失表现得更为敏感。即：

$$v(A) \leqslant -v(-A)$$

在健康保险领域，也就意味着缴纳保费失去的效用，比得到相同额度的经济补偿增加的效用要大。这也就意味着期望效用理论，无论是收益还是损失，增加和损失的效用值在大小上是一致的假设是不成立的。在损失厌恶效应下，决策者的效用曲线被编辑为图 4 - 1 中的 S 形，而且损失部分的效用边际递减速度明显大于收益的部分。

根据 Benartzi 和 Thaler（1999）的研究结果表明，投资者具有多样化偏好。人们倾向于将投资资金在多种资产间相对平均地加以分配，被称为 $\frac{1}{n}$ 直觉判断（Heuristics）。说明预测效用在准确预测未来感受效用的失灵，或者说在面对多种投资选择时，投资者更倾向于决策权重的简单化。正如面对两个投资选择决策中，行为个体倾向于将结果分开评估，即：

$$V(x) + V(y) > V(x+y)$$

同样，对于多种损失的反转负效用评估为：

$$V(-x) + V(-y) < V(-(x+y))$$

在健康保险领域，健康保险的保费支付和损失补偿期望值之间，本是一个互相联系的过程，但被保险人或保费承担者，更倾向于将缴纳保险费用和保险损失理赔看作是两个独立的过程，并将健康保险费用看作是个体的损失或沉没成本，进而更看重健康保险理赔对保费支出的弥补作用。不仅如此，对于部分保险的保费投入、免赔额和损失分担，也被消费者分项进行心理评估，而不是将分担费用和保费投入作为一个整体看待。尤其是当被保险人与保险费用支付主体分离时，后者将更加注重对健康保险基金对保险费用支付的经济回报作用。

由于人们对损失的敏感度要大于收益，而且消费者习惯于将收益与损失都分开考虑，因而在补偿型的健康保险中，消费者对免赔额、附加保费和保费折扣，表现出来的效用值绝对数差异较大。Kunreuther 等（2013）认为，一个没有遭受过健康风险损失的人，愿意选择较低的免赔额、提供一定折扣额度但需要附加保费的保险，事实上证明这些保单一般因为没有红利而缺乏资金吸引力的，这是因为当消费者面临未来的可能损失，不仅要承担持续累积的保险费用，还要因为免赔额而额外增加现金支出。正如图 4 - 2 所示，因取消免赔额而导致的附加保险费的负效用，相对于将免赔额减小至 0 时巨大的负面效应的降低，附加保费的效用值要小得多。

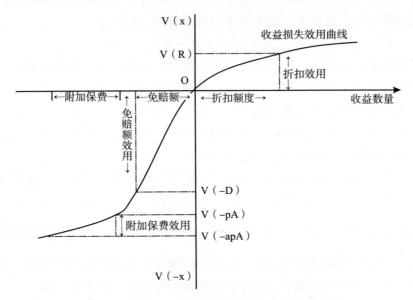

图 4-2 具有免赔额与折扣的带附加保费保险效用

当然，图 4-2 中的前提假设仍然与期望效用理论是相同的，即消费者是风险厌恶型的，而且收益与损失的边际效用是递减的。

在损失厌恶效应下，健康保险的价值函数会再一次被进行心理编辑为：

$$V(X) = (1 - W(P))(w_0 - V^-(Pr))$$
$$+ W(P)(w_0 + V^+(A) - V^-(L + Pr))$$

这样，一个整体的前景理论期望价值函数，就分别被价值加权了。根据上式，不同的医疗费用补偿方式，都会对投保人的投保效用产生影响。也就是如果采取医疗费用结算后报销的方式，与直接与医疗机构结算的方式，在不考虑报销的费用和心理成本的情况下，单纯补偿方式的改变，都会对决策者的效用产生影响，即多出垫支医疗费用的"损失"心理价值。所以，采取在线结算的方式不仅方便患者结算，也有助于改善健康保险的投保效用。

4.1.3 前景理论下健康保险有效需求区间函数模型

1. 基于前景理论参考点的健康保险需求财富起点

以参考点作为收益和"损失"的判断分界线，也是前景理论区别于期望效用理论的一个特点。对于健康保险来说，损失收益的决策参考点，在于投保健康保险是否是一种"净收益"。对于风险偏好的个体来说，由于其期望效用值大于确定财富效用值，因而，无论健康保险如何有意义，对他来说都是一种损失，因为他没有健康保险的基本需求。

同样，对于低收入者来讲，在尚未解决温饱问题的时候就考虑健康保险支出，显然不符合马斯洛的需求层次理论（Maslow，1943）。为此，我们在将前景理论引入健康保险决策时，依然假设投保人是风险厌恶的。但是对于那些缺乏健康保险购买能力的个体来讲，他们对健康保险的"厌恶"是因为需求不足被动造成的。为了体现健康保险在需求层次中的位置，及其对健康保险投保动机和行为的影响，我们在此引入马斯洛需求层次理论（1943）和生命周期消费需求函数（1973），以确定健康保险的需求位置。健康保险的需求层次不同，使得在健康保险需求上的风险偏好也是不同的，而不是个体性格上的风险偏好和厌恶问题，需求不足的风险偏好是不同层次之间个体财富无法到达的消费，即预算约束下的"风险偏好"，尽管这个人的真实风险态度是风险厌恶。

参考点 R 设为具有健康保险需求的财富水平，利用 ELES 需求函数（Liuch，1973），可以获得基于消费需求边际倾向的参考点财富位置。ELES 需求层次函数模型为：

$$q_i = r_i + \frac{b_i}{p_i}(I - \sum_{j=1}^{n} p_j r_j)，其中 i，j = 1，2，\cdots，n \quad i \neq j$$

q_i 为健康保险需求量，r_i 为基本需求量，b_i 为边际需求倾向，p_j 为其他需求价格。通过比较衣食住行等消费与健康保险消费的需求边际倾向，推断健康保险需求所在的层次。

在此基础上，建立健康保险的需求价值函数。

当 $x = \omega - W(P)A - R \geq 0$ 时：

$$V^+(x) = x^\alpha，U'(x) > 0，U''(x) \leq 0$$

$$W^+(P) = \frac{P^\alpha}{[P^\alpha + (1-P)^\alpha]^{\frac{1}{\alpha}}}$$

当 $x \leq 0$ 时：根据消费边际需求倾向递减得出：

$$U_1(R) > U_1(R - W(P) \times A) + U_2(W(P) \times A)$$

不仅决策者将保费支出后的效用编辑为损失，也破坏了财富效用边际递减条件，使健康保险的 $U[E(A)] > E[U(A)]$ 的 Jensen 不等式不成立。此时：

$$V^-(x) = -\lambda(-x)^\beta，U'(x) > 0，U''(x) \geq 0$$

$$W^-(P) = \frac{P^\beta}{[P^\beta + (1-P)^\beta]^{\frac{1}{\beta}}}$$

同理，可以推导出在有附加保费 aA 时，K－T 范式下的期望效用函数：

$$E(V) = W(P) \times v(\omega + A(1 - W(P)(1+a)) - L)$$
$$+ (1 - W(P)) \times v(\omega - W(P)(1+a)A)$$

即如果健康保险是有需求的，价值函数采用 V^+ 函数，如果是没有财富的约束是没有需求的，价值函数采用 V^- 函数，这样就可以根据决策者健康保险需求层次与消费需求之间，确定对健康保险的实际需求及风险偏好。也就是健康保险需求或者风险厌恶实际上就成为以下分段函数：

$$\begin{cases} r(\cdot) = -\dfrac{u''(\cdot)}{u'(\cdot)} \leq 0 & x = \omega - W(P)A - R \leq 0 \text{ 且 } u' \geq 0,\ u'' \geq 0 \\[2mm] r(\cdot) = -\dfrac{u''(\cdot)}{u'(\cdot)} \leq 0 & x \geq 0 \text{ 且 } u' \geq 0,\ u'' \geq 0 \\[2mm] r(\cdot) = -\dfrac{u''(\cdot)}{u'(\cdot)} \geq 0 & x \geq 0 \text{ 且 } u' \geq 0,\ u'' \leq 0 \end{cases}$$

在健康保险需求层次下，决策者的财富预算约束不再仅仅是能够支付得起保险费的问题，而是整个财富水平。相对于其他更基本的需求，投保人未必会产生健康保险需求。此时，会将健康保险投入或保险费支出，看作是财富的损失而不是风险转嫁资金。也就是对健康保险需求的风险偏好，必须建立在一定的财富水平基础上，而不仅是既有的财富是否能够支付健康保险费。

2. 健康保险需求的财富效用灵敏度上界点

对于一个特定保障水平的健康保险，如设定起付线和封顶线的社会医疗保险、针对特定疾病的定额支付，以及特殊医疗器械的额定补偿的健康保险，投保人是否具有相同的投保动机和财富效应？显然，根据财富边际效应递减原理，对于一个相对固定的经济损失和期望收益，投保人随着财富水平的提高将变得非常不敏感。为了说明健康保险的财富效用，我们在严格的期望效用理论模型下，分析健康保险的期望效用：

$$U(x) = (1-p)(w - Pr) + p(w - Pr + A - x)$$

其中 x 为健康风险损失，A 为健康保险的经济补偿，由于健康保险遵循损失补偿的原则，在共保的情况下，A－x 为净损失。但相对于不投保健康保险，决策者将面临一个更大的损失 x，所以，尽管从经济上 A－x 为净损失，但从前景理论角度，相对于损失 x，A－x 将被编辑为收益，即避免后悔后的效用增加值。在严格的期望效用理论假设下，这种结论是不成立的，因而也没法对投保人的下一步行为做出解释。

为此，我们引入前景理论的边际灵敏度递减观点和前景分割模型：

$$V(x, p; y, q) = v(y) + \pi(p)[v(x) - v(y)]$$

其中 $\pi(p)$ 为 x 和 y 为效用值较大事件对应的概率，即 $\pi(p) \geqslant \pi(q)$、$V(x) \geqslant V(y)$。例如，前景（400，0.25；100，0.75）中的 $\pi(p)$ 等于 0.25。在健康保险中，显然相对于健康风险经济损失，能够获得经济补偿的效用值，相对于健康保险费的效用值更大。那么期望效用理论下的期望效用，就被分割为：

$$V(x, p; y, q) = v(w - Pr) + \pi(p)[v(w - Pr + A - x) - v(w - Pr)]$$

即：

$$V(x, p; y, q) = v(w - Pr) + \pi(p)[v(A - x)]$$

非常明显，随着疾病概率变得越来越小，财富水平变得越来越大，$\pi(p)[v(A - x)]$ 所产生的后悔值效用相对于财富 w 的边际效用也越来越小，即：

$$\lim_{x \to \infty} \frac{\pi(p)v(A - x)}{w} \approx 0$$

也就是说，对于一个定额的健康保险补偿，高收入者是不会进行投保的，或者说对于是否投保对于他们是无所谓的。而对于低收入者，他们具有较高的健康保险投保倾向。但是，由于他们健康保险需求层级不够，因而也难以投保健康保险，他们可以将有限的财富用于食品、居住等家庭成员的基本生存需求的支出。因而，从这个角度我们也可以回答 Mossin（1968）悖论中关于保险是"吉芬商品"的原因。

所以，在德国和新加坡等西方经济发达国家，并不是完全按照投保人的工资收入水平，要求他们投保强制性的健康保险的，他们对投保人或被保险人的工资水平设定了一个缴费上限，例如新加坡是 6000 新元，德国是 5000 马克左右。对于高收入者的健康保险，如果加入一个体现其收入水平的生命价值保障功能，即将健康保险的补偿按照生命价值水平设定，将会对富人具有较好的激励作用，从而使其获得与生命价值保障相匹配的高层次健康保险。

因此，针对不同收入者的健康保险投保需求，将健康保险限定在一个固定的保险额度内，显然是缺乏投保吸引力的。因而有必要针对不同健康保险需求的群体，构建多层次的健康保险体系。多层次健康保险不仅能够满足具有更高医疗服务需求人员的费用补偿需求，基本医疗保险通过适度合理的保障范围与水平设置，也确保能够解决大部分普通收入阶层的健康保险需求。另外，针对缺乏健康保险需求的低收入者，政府应该在强制参加基本医疗保险的情况下，对其健康保险投保费用进行更加合理地分担，甚至需要通过医疗救助的方式，资助他们参加基本医疗保险，并通过负税赋或者财政补贴激励购买补充健康保险，以解决疾病风险损失与健康保险需求不对称的问题。

4.1.4 前景理论下健康保险新型合约激励理论框架

在前景理论下，根据前景理论价值函数方程，健康保险的财富效用曲线被编辑为一个相对于健康风险偏好的 S 形效用函数曲线，以及一个反 S 形的期望效用曲线，以及具有愿意投保健康保险的财富下临界点 ω_L 和上临界点 ω_H。只有投保人的财富水平位于两个临界点的区间 $[\omega_L, \omega_H]$ 以内，他们才会具有真正的健康保险投保动机，也就是期望效用理论最优保险合约所能够激励的范围。对于区间范围之外的群体，如果实行强制的健康保险方式，他们即使被动参加，可能也是不稳定的，或者将会导致低收入者的生活陷入更加困顿的境况。其实，对于健康保险的财富效用区间的理解是非常直接的，尽管被保险人是风险厌恶的，但是在财富预算水平的制约下，他的财富用来消费诸如食品等的效用要远远大于保险，在财富水平不足的情况下，他既不需要保险去保障他的财富，也不可能在没有解决温饱问题时，去主动购买虽然有潜在需求但却无力承担的保险，结果就是当前的生活陷入更严重的困顿状态。事实上，他们如果没有健康保险的保障，一旦患病以后会陷入更加严重的家庭灾难，这也是社会医疗保险强制介入费用补偿的主要原因和逻辑依据。

而对于收入水平很高的个体，如果仅仅从保险的期望价值角度，他在财富的回报上依然是没有增加的，只是部分避免了风险损失。而特定水平下的健康保险对财富损失的保障，在财富效用边际递减的情况下，相对于足够多的个人财富，保险的这种小额损失补偿，并不能使其财富效用得到显著的改善，1 万元的期望效用相对于 1000 万的财富，显然带来的边际增加的敏感度是非常低的。这也是为什么富有的个体不愿意购买低水平的健康保险的原因，他们更加看重大病保险带来的保障效用，而不是常见病带来的零散的小额财富保障。

对于处于健康保险需求有效区间内的个体，由于概率的主观赋权等原因，投保人往往会对小概率事件赋予较大的权重，而对较大概率事件赋予较小的权重。非理性的主观赋权通常会造成人们过度担忧罕见疾病的风险并过度购买保险，而对常规健康保险需求不足、投入偏少，进而造成健康保险投保与转嫁健康风险的功能产生偏离。如图4-3所示。

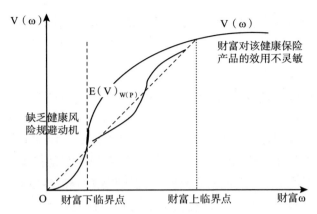

图4-3 前景理论下健康保险投保需求区间及理论范式

在前景理论实证范式下，Arrow（1963）的标准理论范式被得到两次修正，进而能够对人们的健康保险需求进行合理的解释，为构建新型的健康保险合约激励机制提供了理论分析框架。在该框架下，在有附加保费时健康保险的期望价值方程为：

$$E(V) = W(P) \times v(\omega + A(1 - W(P)(1 + a)) - L)$$
$$+ (1 - W(P)) \times v(\omega - W(P)(1 + a)A)$$

或者：

$$V(x, p; y, q) = v(w - Pr) + \pi(p)[v(A - x)]$$

而价值函数为一个分段函数：

当 $x = \omega - W(P)A - R \geq 0$, $V^+(x) = x^\alpha$

$$W^+(P) = \frac{P^\alpha}{[P^\alpha + (1 - P)^\alpha]^{\frac{1}{\alpha}}}$$

当 $x \leq 0$ 时，$V^-(x) = -\lambda(-x)^\beta$

$$W^-(P) = \frac{P^\beta}{[P^\beta + (1 - P)^\beta]^{\frac{1}{\beta}}}$$

由于健康保险需求受到三段财富效用的影响，风险偏好评价公式也被分为三段，或者两阶段评价公式。当财富水平不足时，也就是健康保险财富约束低于前景理论的参考点，对健康保险的投入是一种对既有消费抑制的"损失"，即健康保险需求不足的"风险偏好"，使人们的真实需求显现不出来；当财富预算充分时，由于个人真实的风险偏好态度不同，分为风险偏好和风险厌恶两种态度，即：

$$\begin{cases} r(\ \cdot\ ) = -\dfrac{u''(\ \cdot\ )}{u'(\ \cdot\ )} \leqslant 0 & x = \omega - W(P)A - R \leqslant 0 \ \text{且} \ u' \geqslant 0, \ u'' \geqslant 0 \\[3mm] r(\ \cdot\ ) = -\dfrac{u''(\ \cdot\ )}{u'(\ \cdot\ )} \leqslant 0 & x \geqslant 0 \ \text{且} \ u' \geqslant 0, \ u'' \geqslant 0 \\[3mm] r(\ \cdot\ ) = -\dfrac{u''(\ \cdot\ )}{u'(\ \cdot\ )} \geqslant 0 & x \geqslant 0 \ \text{且} \ u' \geqslant 0, \ u'' \leqslant 0 \end{cases}$$

在前景理论模型对期望效用函数模型进行修正的框架下，可以基于健康保险的多元化投保动机，在期望效用函数或价值函数模型中加入其他效用因素以后，对理论框架的价值函数进行修正扩展，以建立针对不同健康保险投保动机和需求的合约激励机制。在没有加入其他投保动机效用的情况下，前景理论 K - T 实证范式只能对健康保险的经济风险进行合理的解释，而无法对多元化非经济收益动机下的行为进行解释。K - T 前景理论价值模型，只是继承和修改了期望效用理论中的价值函数和主观概率加权问题，即期望效用的单一线性关系。因而对于复杂的健康保险投保动机来说，K - T 实证范式的解释能力依然不够充分。

4.2　多元投保动机下健康保险合约激励机制

4.2.1　生命价值保障动机的健康保险合约激励机制

1. 健康保险保障生命价值的意义

Huebner（1927）认为，人的财富分为既有财富和潜在财富，前者是个体的累积财产性财富，而后者是个体未来创造和实现的财富，它与个体的健康和生命的存在状态具有内在的关联关系。Huebner 将个体未来实现的财富中贡献给家人和社会的部分称为生命价值，它是个体各期收入扣除个人消费以后的全部结余，即资本化价值的总和。因而 Huebner 的生命价值学说，反映的是个体创造的经济财富对家庭和社会的意义。人们对保险保障生命价值途径的常规理解，是购买人寿保险或意外伤害保险，从而在个体遭受意外死亡后获得与生命价值相等的保险金额。但是，在遭受意外伤害而没有死亡时，例如遭受健康风险损害，那么被保险人只是资本化价值能力遭到损害而不是生命。也就是在健康遭受严重损害后，只是部分或全部丧失资本化价值能力，这种现象被 Huebner 称为"生存死亡"。不仅如此，因为疾病损害而不能生活自理的个体，还需要家人或其他个体的护理照看，并通常伴随大额医疗费用支出。因而处于"生存死亡"状态的个体，对家庭和社会造成的经济负担要远远大于意外死亡。因而，个体需要健康保险的经济补偿功能，购买恢复健康并避免资本化价值能力遭受严重损害的医疗服务，将健康风险对资本化价值能力的损害降低到最低限度。即使处于"生存死亡"状态时，医疗费用和护理照看等费用也能够得到有效的经济补偿。

因此，对于家庭和社会，从健康保险角度保障个体生命价值，具有更加重要的经济价值。特别是在人口老龄化大背景下，如果家庭其他成员的经济收入水平，不足以承担遭受健康损害个体的各项费用，那么整个家庭所陷入的经济困难，可能会超过世界卫生组织制定的一次性医疗费用大于收入的5%或10%水平。资本化价值能力的损害往往是家庭陷入贫困陷阱的根源，因为贫困的本质就是能力贫困（Sen，1980；Banerjee and Duflo，2011）。Sen（1980）反对用普通效用的概念评价人的生命价值，认为每个人都有运用自己的能力实现个人目标的权利，这些能力中的身体健康和功能正常是最为重要的①。因而，通过健康保险防范身体遭受健康伤害致残风险，对于避免因病陷入贫困陷阱具有重要的现实意义。

从健康保险保障能力角度，对生命价值的保障范围包括修复健康的基本医疗费用、将疾病致残风险控制在最小的范围之内的特殊治疗费用、促进健康水平的健康管理服务，以及完全残疾以后的护理照看费用、医疗费用和收入损失保障等。但是从医疗服务的杠杆作用角度，健康保险对医疗服务范围内的保障主要是最优治疗方案的费用支出，相比较常规治疗或者基本医疗保险，它会形成一个较为明显的差额。而如何弥补普通财富保障与生命价值保障之间的医疗费用缺口，是优化医疗方案和医疗保险支付方式重点考虑的内容。

2. 前景理论下生命价值保障理论范式构建

由于生命价值的评估有多种方式，一种是基于各期资本化价值水平的汇总评估，即将各期收入扣除本人消费以后，用各期折现因子推算生命价值现值。该计算方法的难题是如何推算各期的收入、消费和折现因子；另一种方式是基于条件价值方法估算生命价值，包括支付意愿和接受意愿两种方法。前者是为了规避风险所愿意支付的数额，后者是接受风险所愿意接受的补偿额度。条件价值估算方法不仅受个体的主观影响较大，而且在此基础上估算的生命价值，未必是健康保险所能够承保的价值。Muphy 和

---

① Sen, Amartya. "Equality of What?" in McMurrin S. (ed.), The Tanner Lectures on Human Values (Cambridge: Cambridge University Press, 1980).

Topel（2005）① 利用支付意愿法对生命价值进行了测度，测度的内容包括期望寿命的延长、生存质量调整年和降低健康风险的效用等。但是，Murphy 和 Topel 的测算是在全消费和零储蓄的假设下，对生命价值进行测度的。我们从健康保险角度测度健康保险的生命价值，仅在未来的资本化价值全部失去的条件下，分析健康保险的医疗服务支付能力改善对资本化价值的保障作用。

令 Fcv_t 为被保险人在时间 t 时的未来资本化价值水平，D_t 为被保险人的资本化价值损失程度，取值范围为 $[0, 1]$，没有遭受健康损害时，$D_t = 0$，死亡时 $D_t = 1$。根据医疗服务能够在 D_t 水平上保障其资本化价值水平，估计投保人愿意为被保险人投保多大额度的保险费，以使 D_t 达到最佳状态，即 $D_t = 0$。由于资本化价值遭受损害以后，需要持续的医疗费用支出和家庭劳动力照看，在此分别令其为 M_{Dt} 和 F_{Dt}。假定出现 D_t 状态的风险概率为 R_{Dt}，即个体患病以后医疗服务的治理效果达到 D_t 状态时的概率。根据健康保险费用支付意愿法，可以构建以下期望效用函数：

$$V(D) = (1 - R_{Dt})v(Fcv_t) + R_{Dt}v((1 - D_t)Fcv_t - M_{Dt} - F_{Dt})$$

对公式进行求导，并令其等于 0，可以得到最优健康恢复程度 D_t^*。根据支付意愿法，在消费者愿意实现最佳的健康水平而多支付的医疗费用 ΔMe，可以得到生命价值的估算值为：

$$LV(Me) = \frac{\Delta Me}{\Delta(D_t - D_t^*)}$$

这样，就可以在基本医疗保险医疗费用补偿的基础上，测算出为改善健康状态而增加的总医疗费用，并推算由此带来的生命价值增加值。健康保险可以利用精算技术，测算需要增加的保险费用。相对于 Arrow（1963）健康保险理论范式没有加入生命价值保障的问题，在此可以根据 Huebner（1927）生命价值理论中财富结构包括累积财富和潜在财富两个部分的观点，构建一个保险生命价值保障的理论范式，即在期望效用函数模型的基础上，增加健康保险对潜在财富价值的保障效用。Huebner（1927）将个体财富分为累积财富 ω_s 和资本化价值 ω_P，即 $\omega = \omega_S + \omega_P$。同时考虑代际或社会保障转移财富 ω_g，构建一个有附加保费的前景理论下健康保险的模型：

$$E(V) = W(P) \times v(\omega_g + \omega_S + \omega_P + A(1 - W(P)(1 + a)) - L)$$
$$+ (1 - W(P)) \times v(\omega_g + \omega_S + \omega_P - W(P)(1 + a)A)$$

① Kevin M. Murphy, Robert H. Topel. The Value of Health and Longevity. NBER Working Paper No. 11405, Issued in June 2005.

加入生命价值保障动机后的 Arrow 理论范式，如图 4 - 4 所示。

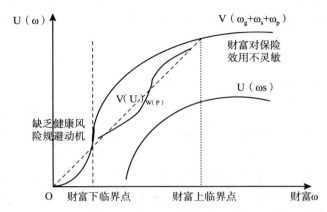

图 4 - 4 加入生命价值保障动机后的健康保险期望效用理论范式

3. 影响生命价值保障支付意愿的影响因素及投保人特征划分

在 Arrow（1963）健康保险理论范式的期望效用函数模型中，没有将资本化价值所代表的生命价值作为风险财富的组成部分，显然不符合全民健康覆盖中"获得必要的高质量医疗服务"，以及党的十八大报告中提出的"保障和提高健康水平"等健康保险功能定位新的理念。因此，在加入生命价值保障因素以后，就等于能够确保每个个体能够通过获得必要的高质量医疗服务，达到健康的最佳修复状态。但是并不是每个个体都愿意为保障潜在生命价值而额外增加医疗费用支付的偏好。同时，不同收入水平的个体，在现有财富的约束下也未必能够支付得起增加的医疗费用。为了对投保人口特征进行识别和区分，我们构建一个影响生命价值的模型对影响因素进行识别和区分，为构建分类分层健康保险体系提供理论模型和优选评价技术支撑。根据影响医疗费用支出和规模的可能因素，以及健康保险的需求层级，我们构建以下生命价值评估值的影响因素识别模型：

$$VSL_k = a_0 + \sum_{j=1}^{3} a_j S_{p,j} + \sum_{1}^{5} a_i C_i + a_{i+1} Age + a_{i+2} Sex$$
$$+ a_{i+3} fs + \sum a_{i+x} family_{i+x} + \varepsilon$$

模型中 VSL_k 为基于支付意愿和实际支付费用的生命价值估计值，k = 1，2，3，4。这是对健康保险和医疗服务利用，具有实质性影响的生命价值，在健康保险和医疗服务利用行为分析中，将用 VSL_k 替代 ω_p。$S_{p,j}$ 为 Huebner 提出的 3 项收入：基本工资收入、奖励性绩效和花边收入；C_i 为 Maslow 需求层次理论中的 5 层消费；其他因素分别为年龄、性别和家庭抚赡养比 fs 等个体特征变量和 x 项家庭情感等因素。当方案差距比较大的情形，例如心脏病治疗和尿毒症治疗等，这些不同诊疗手段之间效果差距较大的疾病。对于常规治理疾病，往往不存在治疗效果的显著差距问题，而是与个人的用药习惯和治疗手段选择倾向有关。

从表 3 – 1、表 3 – 2 和表 3 – 3 的数据来看，由于在不同风险环境和情境下，人们对生命价值的认同具有很大的差异性。那些具有较高收入行业的人员，特别是奖励性绩效和花边收入较大的群体，往往更容易偏高估计自己的生命价值。面临的风险危害程度越高、对家庭承担的抚赡养责任越大，也会高估生命价值估计。这是因为，相对于可见的基本工资收入，根据 Huebner（1927）的资本化价值公式，人们可以非常容易估算出未来的资本化价值规模。在普通家庭中，年龄和性别通常会决定个体的家庭地位，年轻个体和男性因为将来较长的生命周期和家庭支柱地位，也具有高估生命价值的倾向，而对于老年人和女性的情况恰好相反。但这并不意味着他们会对健康保险投入与生命价值相一致，恰好相反，那些具有较大家庭抚赡养压力的青年群体，因为健康保险费用支付的消费层级和较低的疾病风险，反而对健康保险的支付意愿相对较低。家庭情感因素，有时会将健康保险作为一种家庭成员之间的"礼物"赠与家庭成员（Kunreuther et al.，2013；Huebner，1927）。因而家庭情感因素越浓烈，家庭之间健康保险的赠与情况也越突出。

在家庭复杂的情感因素影响下，我们会发现现实中与健康保险需求理论相悖的一些现象。首先是家庭父母会优先为子女购买健康保险，而自己维持在基于社会基本医疗保险或职业保险的较低水平上。也就是说，家庭财富的消费分配一般会将未成年子女的健康保险需求，设置在相对较低的需求层级，而家庭支柱成员恰好相反。而从疾病风险周期和全生命周期的年龄分布上，不仅风险周期存在相对滞后的配置情况，使很多健康风险没有得到及时有效的控制；而且因为既有财富与潜在财富之间的反比例关系，年龄与医疗服务需求表现为正相关关系，成年人购买健康保险的意愿与累积财富规模关联度较高。因而，代际之间的医疗保险相互购买的方式，更多地体现为家庭成员之间的情感关怀。

4.2.2　医疗服务杠杆动机的健康保险合约激励机制

健康保险作为一种改善医疗服务利用的杠杆，是为了满足个体医疗服务需求的集体筹资机制，其目的在于改进医疗服务利用的可及性、公平性和使用效率。因而，将健康保险作为医疗服务利用的杠杆，是政府和投保人的共同动机。政府通过健康保险，将医疗服务经费的筹集机制转变为多方共同分担的联合投保。而个体则是以健康保险为手段，借助数量众多的其他个体力量筹集共同医疗基金，通过相互改进医疗服务的可及性和质量，使微观个体不确定的医疗费用支付风险，转变为相对额定的较小保费支出实现均等化福利改进。

在医疗服务利用杠杆效应下，健康保险的投保效用被转变为对医疗服务利用的总效用。也就是在个体既有财富水平购买的医疗服务数量低于健康保险保额时，通过健康保险得到更高的医疗服务数量与质量水平。医疗服务水平得到改善的差额部分，就是健康保险所带来的额外效用。而这种额外效用，可以有效地改善健康保险的投保效用或福利。对于政府也同样如此，如果单独依赖政府公共资金为社会成员提供医疗服务，在有限财政约束下所能提供的规模是有限的，并且也会因为免费医疗模式造成的资源浪费产生超额费用损失。因而，从政府角度，通过健康保险既可以用较少的财政资金为社会成员提供更多数量的医疗服务，也能够借助健康保险的自负线、补偿比例和封顶线等制度设计，减少对医疗服务资源的浪费，是双重额外医疗服务效用的改善。

从健康保险医疗服务杠杆投保动机的理论分析，我们已经知道，投保人并不是从总期望效用的角度看待健康保险，而是分段或局部平衡。投保人通常会将健康保险费作为一种风险投资，用于购买具有期权性质的健康保险。投保人一旦遭遇健康风险损失，就可以通过保险基金对医疗服务费用的补偿或直接的定额经济补偿，提高医疗服务的支付能力，以免除患病得不到及时的医疗救治的担忧。也就是说，投保人对保险费用是风险追逐的，而对医疗救治费用是风险厌恶的。相对健康保险费用小额的"损失"，他们更厌恶可能造成经济灾难的医疗服务费用支出。这样期望效用理论函数模型就被编辑为：

$$U(x) = (1-p)u_1(w-Pr) + pu_2(w-Pr+A-L)$$

尽管上式与传统期望效用函数形式相同，但此时健康风险概率 p 的影响被忽略，也就是投保人并不看重健康风险的发生概率，即 $p \approx 1-p \doteq 0.5$。而保险的关注点在于 w-L 是否在自己的承受能力范围之内，也就是 Borch（1968）提出的风险承受力水平。如果 w-L 足够大，那么投保人不会选择健康保险；而如果 w-L 足够小，并且变为负值的概率 π 较大，投保人在自己的经济范围之内将选择健康保险，以使 w-L 的值足够大。其中 π 区别于健康风险概率 p，因为它只比较健康风险损失与财富之间的关系，这往往与疾病的种类有关。也就是能够导致其收入显著减小的疾病，以及这些疾病在所有疾病种类中所占的比例。经过以上的心理编辑，投保人购买健康保险的可行区间是：

$$\begin{cases} \lim_{\pi \to 1} \dfrac{Pr}{A - L} \sim b & b \geq 0 \\ \lim_{\pi \to 1} (w - L) \sim a & \varepsilon \leq a \leq 0 \end{cases}$$

式中，ε 为投保人所能够接受的一个相对小量。而 b 为健康保险费用在财富中的边际效用，满足期望效用函数模型期望效用最大化基本原则，或者帕累托最优时的保费、保额和损失的基本要求。在财富效用最大化的约束下，投保人将投保健康保险以获得必要的医疗服务，免于财富不足以支付医疗服务费用时的担忧。将健康保险作为医疗服务杠杆的另外一个目的，就是通过较小的健康保险费用购买更高质量的医疗服务，以避免被保险人的健康由于遭受健康风险而得不到有效的保障。这与健康保险的生命价值保障的动机是一致的，但这里更加看重保险费用对健康保障的杠杆效应，即以较小的健康保险费用支出，购买健康保障效果最好治疗方案的高质量医疗服务。

令 Fcv_t 为被保险人在时间 t 时的未来资本化价值水平，D_t 为被保险人的资本化价值损失程度，取值范围为 [0, 1]，没有遭受健康损害时，$D_t = 0$，死亡时 $D_t = 1$，根据医疗服务能够在 D_t 水平上保障其资本化价值水平，估计投保人愿意为被保险人投保多大额度的保险费，以使 D_t 达到最佳状态，即 $D_t = 0$。由于资本化价值遭受损害以后，需要持续的医疗费用支出和家庭劳动力照看，在此分别令其为 M_{Dt} 和 F_{Dt}。假定出现 D_t 状态的风险概率为 R_{Dt}，即个体患病以后医疗服务的治理效果达到 D_t 状态时的概率。根据健康保险费用支付意愿法，可以构建以下期望效用函数：

$$V(D) = (1 - R_{Dt})v[(w_t - Pr) + Fcv_t] + R_{Dt}v[(w_t - Pr)$$
$$+ (A - L) + \sum_{t=1}^{m} ((1 - D_t)Fcv_t - M_{Dt} - F_{Dt})]$$

对公式进行求导，并令其等于 0，根据保险费用与保险金额之间的纯保费公式：

$$Pr = R_{Dt} \times A$$

可以得到最优的健康保险费用支付 Pr^*。根据支付意愿法，可以得到生命价值的估算值为：

$$LV(Pr) = \frac{\Delta Pr}{\Delta D_t} = \frac{\Delta Pr}{D_t - D_t^*}$$

在医疗服务的杠杆作用下，这是一个数值并不是很大的生命价值评估值，相对于直接的医疗服务支付，投保人的代价相对较小，实现了通过健康保险购买更好的医疗服务的目的。但也同时能够反映出，在没有面对生死选择和疾病实际损害时的生命价值的估值。这与医疗费用支付是在不同的框架下进行，因而必然受到框架效应的影响，但也能够反映出个体对健康保险费用的支付意愿。在健康保险的保障作用下，个体因为支付能力的提高而使健康损害程度得到积极主动的更好控制。支付健康保险保费时面对的损失风险为（A－L），而医疗费用支付意愿面对的是全部损失 L。因而，可以在医疗服务杠杆杠杆作用机制下，构建一个基于健康状态最优的保险合约激励机制，投保人通过健康保险获得所需要医疗服务的同时，达到保护既有财富和潜在财富的双重目标，即：

$$V(\alpha(1+\Delta),\ \beta(1+\Delta)) = (1-R_{Dt})v\big[\,(w_t-\alpha(1+\Delta))+Fcv_t\,\big]$$
$$+R_{Dt}v\big[\,(w_t+Fcv_t-L+\beta(1+\Delta))\,\big]$$

投保人通过一个额外附加的最优保费，不仅保护既有财富的效用最大，而且还能够确保资本化价值能力最佳状态，即潜在财富最大化。

通过健康保险，还可以科学预测、平滑和控制医疗费用规模，使医疗服务需求、供给和预期收支相对平稳，因而可以进一步优化投保人既有资金的使用效率。这部分的内容我们将在健康保险趋利性动机部分展开论证。因此，从医疗服务杠杆效应角度，健康保险对医疗服务利用往往能够产生较大的超额效用，这也是为什么政府和个人投保健康保险的基本动因。

4.2.3 奖惩性投保动机的健康保险合约激励机制

1. 奖惩性健康保险投保动机的形成原因

惩罚是国家或代表国家的政府维护社会规范的一种重要手段，有时在强制性合作问题中的惩罚更为明显。而从政府惩罚动机的形成原因来看，惩罚导致的结果可以区分为消极互惠（negative reciprocity）和报复（retaliation）两类（Fehr and Gächter，2001）。报复是参与者或个体期望从他们的行为中获得物质利益，是一种强调经济或社会回报的投资性行为；而消极互惠并不涉及任何期望的物质利益回报，只是为了对背叛者进行直接惩罚，而实施消极互惠者通常不会得到任何经济回报。研究还显示，在实施惩罚约束人们行为的过程中，实施者对背叛合作并造成不良后果行为实施惩罚的欲望，要比奖励友好行为或者合作行为的欲望更为强烈（Offerman，1999；Charness and Rabin，2002）。也就是实施消极互惠的程度，要比实施积极互惠更强，这对多人博弈的结果会产生很重要的影响。然而，相对于报复性质的惩罚所得到的回报，消极互惠对背叛造成的损失缺乏有效的补偿机制。例如，对健康保险有道德风险行为的个体取消参保资格，只会损害大数法则下的集体利益，而违法套现的法律惩罚也对基金的实际损失缺乏经济挽回机制。因此，对于诸如健康保险这种基于大数法则和公众利益建立起来的集体保障机制，人们更愿意选择惩罚的方式，而不是消极互惠方式对背叛合作者的行为进行单纯的法规惩处。

另外，在政府的健康保险计划等公共品博弈中，人们尤其容易选择背叛或者是"搭便车"。对公共品的背叛通常是由于利己动机导致的，但也可能是互惠个体对私利动机实施惩罚的结果。当个体缺乏对"搭便车"者进行惩罚的权利或者手段时，背叛是唯一的可选手段。例如健康保险的及时补偿机制有助于控制疾病风险，特别是流行性疾病的风险，如果不投保的人员也能受益，那么将会导致其他投保个体退出。所以，面对健康保险领域的道德风险和欺诈等问题，一些人会在政府惩罚力度不足的情况下选择自行退出，或者从众于背离者的行为。Fehr 和 Gächter（2001）的实证研究表明，如果参与者的行为可观测并且具有实施直接惩罚的可能，那么在惩罚者支付一定成本的情况下，公共品博弈的结果将会发生根本性逆转问题。

惩罚机会的存在，也有助于推动利己个体选择合作行为。Fehr 和 Schmidt（1999）从理论上证明，即使存在少量的互惠参与者，也足以促进大量的利己参与者选择合作。那些已经从医疗保险合作中获得保障的互惠参与者，将会激励自利者参与其中获得自身的利益保障，而早期的农村合作医疗和当前新型农村合作医疗的基本全覆盖，基本得益于这种互惠机制的引导效应。Fehr 和 Gächter（2000）认为社会规范属于行为规则，是个体如何行为选择的信念和由非正式社会制裁来进行强化，社会规范产生的负面社会声誉也是一种惩罚手段。所以 Kunreuther 等（2013）认为社会规范也是导致投保人购买健康保险的主要原因。

奖惩性的健康保险投保动机，一般是针对政府依照法规政策实施的社会医疗保险或公共健康计划的经济惩罚。Kunreuther 等（2013）归纳的健康保险目的中，就有一项是为了遵守政府的要求或法律规范。在政府要求和法律规范下的健康保险投保动机，往往不在于健康保险的期望效用本身，而是背离政府要求和法律规范可能遭受的惩罚。尤其是那些较低健康风险和较高收入水平的个体，他们参加基本医疗保险或政府健康计划的动机并不是很明显。但是面临政府可能实施的经济惩罚成本，他们往往会选择投保健康保险。他们在有惩罚机制下的健康保险期望效用函数模型，需要用惩罚成本对期望效用的偏好进行修正。而在完全遵循自愿原则的商业健康保险模型中，显然不能加入强制性的惩罚因子。

另外，政府通过制定法律和规章制度实施的健康保险，往往也带有很多的"社会福利"成分。政府不仅承担一部分或全部管理费用，而且还会在保险基金出现赤字或补偿能力不足时，通过政府拨款等方式向保险基金注入一部分财政资金，以保持健康保险基金的平稳可持续发展。德国默克尔政府在2008年金融危机时，就针对中小企业投保健康保险能力不足时，向中央保险基金注入一部分资金，以确保中小企业能够以较低的价格为其雇员投保健康保险。我国财政资金在承担全部基本医疗保险管理费用的同时，还承担了城乡居民3/4左右的医疗保险保费，以引导和激励居民参加基本医疗保险。即使在补充医疗保险方面，政府也给予了很大的政策优惠，并分担可能出现的保险基金赤字。关于强制性的健康保险，从本质上属于法经济学的研究范畴，也是健康保险责任的体现。

另外，作为社会医疗保险，或者政府实施的公共健康计划，还具有收入再分配的调节作用。保险费用的缴纳一般不会按照工资水平的绝对标准按比例缴纳，为了避免高收入群体过多承担健康保险费用，政府还对工资的缴费上限有个最高额的限制。如德国限制在5000马克左右，新加坡则是6000新元。通过最高缴费基础工资的限制，达到平衡高收入阶层对健康保险费用适度负担的作用。因而具有政府强制背景的健康保险，总是倾向于满足低收入者医疗服务支付能力的改善需求。即使在典型商业健康保险模式的国家，奥巴马政府的2010年公共健康保险计划也提出禁止保险公司对那些健康状况不佳的个体进行"撇脂"选择，或者拒绝健康状况不佳的个体投保健康保险。这实际上是对高风险群体的一种社会福利，他们以相对低廉的价格获得了同等保障水平的健康保险。奥巴马的医改法案还同时规定50人以上规模的公司，必须为员工投保健康保险，不参加健康保险的人也将会受到处罚，并规定了参加政府健康保险计划的法定义务。

因此可以看出，奖惩性健康保险投保动机，是与健康保险的法制完善程度和遵从度有关。在其健康保险的效用函数中，包含了遵守政府要求和法律规范得到的政府奖励或者补贴，或者其他隐性福利，以及不遵守所得到的惩罚。我国在社会医疗保险制度的设计中，一方面是以政府财政补贴或与用人单位分担保险费用，并且保险基金不计提管理费用的方式运作的，这是对被保险人直接的或者间接的奖励；而那些中断保险的，则必须在续交保险费用满一定时间后（一般是半年或三个月）才可以享受医疗费用报销，这实际上是以继续中断一定时期的保险待遇为代价的。其代价的大小就是等待期内一旦患病，将得不到任何医疗保险补偿，这可以用保险精算的方法，推算出间接的惩罚费用，即保险中断的经济代价。

2. 奖惩性健康保险动机的合约激励

奖惩性健康保险投保动机，既包括了经济奖惩措施，也包括社会声誉奖惩措施。因而，采用前景理论 K-T 实证范式，分析健康保险的投保效用比较合适。假设投保人具有充足的财富用于购买健康保险，并且是风险偏好的。这种假设的目的在于分析背离期望效用理论假设条件时，在有惩罚机制时的保险行为。即分析具有健康保险的购买能力却缺乏投保动机的个体，在加入惩罚要素以后的健康保险行为，以便于充分反映损失厌恶效应与奖惩性措施对健康保险的影响。由于投保人对强制性的健康保险是风险偏好的，即 $v'(x) > 0$，$v''(x) > 0$，导致 $V(E(x)) \leqslant E(V(x))$，也就是健康保险的效用曲线是凸向坐标横轴的，如图 4-5 中 B_2 点小于保险带来的确定效用 B 点。

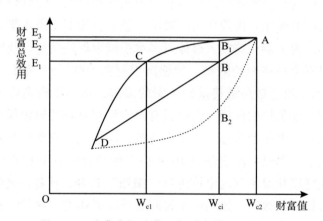

图 4-5　消费者保险费用与财富效用值的关系

用前景理论的 K-T 价值方程，在全额保险下可以表示为：

$$E[V(x)] = (1 - W(p))v(w) + w(p)v(w - x) > v(w - Pr)$$

由于健康保险大多情况下是部分保险，而且根据 Arrow（1963）最优保险模型，在有附加保费时部分保险是最优的。因此无论是没有附加保费的社会医疗保险，还是有附加保费的商业健康保险，投保人在投保健康保险后财富值都可以表示为 $v(w - Pr + A - x)$，即对于风险偏好的投保人将健康保险期望效用函数关系为：

$$(1 - W(p))v(w - Pr) \geqslant w(p)v(w - Pr + A - x)$$

投保健康保险并不能使其获得确定的财富效用大于保险效用。这时，必须新增一个正的效用值 $V^+(y_1)$ 或负的效用值 $V^-(y_2)$，或者 $V^+(y_1)$ 与 $V^-(y_2)$ 同时发生，使以上的价值函数不等号发生逆转。在奖励机制下，价值购买健康保险的财富效用值将得到增加，即：

$$V^N = v(w - Pr + A - x) + V^+(y_1) > v(w - Pr + A - x)$$

社会医疗保险或者政府的健康保险计划，一般只对保险费进行分担，即 $y_1 = a \times Pr$，其中 $0 < a < 1$；商业健康保险一般只对个体缴纳的保费实施一定的折扣优惠。通过折扣优惠或保险费用分担机制，使：

$$V^N = v(w - (1-a)Pr + A - x) > v(w - Pr + A - x)$$

有时政府也通过提高医疗费用补偿比例的方式，达到改善参保者医疗费用支付能力的目的。例如，我国城乡居民基本医疗保险在不增加保险缴费的基础上，通过大病保险将医疗费用的实际补偿比例提高到 70% ~ 80%。此时，健康保险的价值函数为：

$$V^N = v(w - Pr + (1+b)A - x) > v(w - Pr + A - x)$$

面对相同的财富和保险费用，投保人从政府财政资金和健康保险基金那里，获得了更高水平的医疗费用补偿，进而提高了健康保险的效用。而对于惩罚性的保险效用，则是直接的财富 w 的扣除，也就是个体在不参加健康保险的情况下，财富效用被直接扣减：

$$v(w) < v(w - y_2)$$

除非惩罚也是概率性的，也就是如果不参加健康保险，个体将面临一个概率性惩罚，这样将使健康保险的投保选择变得不确定。如果：

$$(1 - \pi)v(w) + \pi v(w - y_2) \geqslant V(w - Pr + A - x)$$

那么个体依然可能会选择不参加健康保险，这与政府或实施惩罚者的规章制度建设和执行效果有关。但是，不管是实行奖励还是惩罚机制，目的在于使投保人获得最大的健康保险效用，或者使其对健康保险的功能认知更为理性。这样我们可以在期望效用理论范式下，对奖惩机制下的健康保险构建一个合约激励机制，并使健康保险的期望效用最大：

$$\begin{cases} V(\alpha(1-a),\ \beta(1+b)) = (1-p)v(w - (1-a)Pr) \\ \qquad\qquad\qquad + \mu v(w - Pr + (1+b)A - x) \\ v(w^-) = v(w - y_2) \end{cases}$$

在这个奖励性激励合约下，投保人的保险费用得到分担或者财政补贴，或者折扣优惠；而对于损失补偿，则可以得到更大的经济补偿。如果不参加健康保险，不仅得不到补偿，而且还将会面临财富上的惩罚。通过增减效应可以实现对健康保险的有效激励和约束。并对其求一阶导数，可以获得最佳的健康保险保额以及最优保费。

对于具有法定分担健康保险费用的用人单位，当前对基本医疗保险是强制性的。如果不为职工提供医疗保险，将受到政府的强制执行并且要缴纳滞纳金。因而，健康保险的奖惩机制，对于用人单位的惩罚主要是滞纳金部分。并且我国在流动人口是参加户籍所在地的新型农村合作医疗，还是参加就业单位的职工医疗保险，尽管社会保险法中有参照执行的要求，但是在实际执行过程中，尚未制定明确的措施，在此不对此进行分析。但是用人单位为职工提供基本医疗保险的部分原因，确实是由于法律强制性规定的。

由此可以看出，在外部性奖惩机制下，健康保险的期望效用发生改变，而且健康保险的最优保额和保费也发生了变化，这对稳定和完善健康保险制度具有非常重要的现实意义。因而保险合约的激励机制，也应该侧重于奖惩之间的动态调整以使社会福利最大化。属于强制性或鼓励性社会医疗保险的范畴，即使有商业健康保险介入，也属于政策性健康保险。可以通过有效的财政资金补贴促进个体投保健康保险，但是这个补贴是以参保为前提的，而不参保将会给予经济惩罚而使其财富直接减少。

但是，外生激励也可能会对内生激励产生挤出效应，也就是将激发道德风险动机。因为外部性的激励或者努力，没有内生激励或努力更为稳定。施加一种外部激励以后，反而降低了内生激励机制的作用。另外，厌恶不均等等动机也会导致成员内部之间的相互激励和监督，我们将在互惠模型部分分析通过实现内部成员之间的奖励，改进健康保险投保动机和行为的稳定性，在健康保险的合作与背叛之间寻求适度的平衡。

4.2.4 趋利性投保动机的健康保险套利合约约束机制

健康保险的趋利性动机，主要包括从健康保险中获得超过同等健康风险特征群体的超额效用，或者从期权角度获得超过健康保险保费的期权收益。一般情况下，前者是因为信息不对称而引发的道德风险和逆向选择问题，而后者则是投保人与保险人在期权利益上的均衡，或者说是风险收益的超额分配。期权角度的健康保险获利一般被称为跨期套利，也就是保险激励可用于交易时，跨期选择不再是直接反映保险交易费用的货币价值，而是时间偏好价值，通常与货币效用的心理编辑有关。例如，如果某人偏好当前100美元带来的效用，而不是5年后的150美元效用，那么投保人100美元的投资连结险的保费支出，在5年以后的收益应该大于150美元。当资本市场对投资收益率具有有效调控机制时，个体的收益贴现率才会趋同于市场利率，时间偏好的负面效应才得以有效缓解。但由于市场利率不仅受到时间偏好影响，还同时受到诸如违约风险、不确定性、流动性等其他因素影响，因而时间偏好对投资收益率的影响总是存在。但相对于时间偏好与市场利率差距造成的跨期套利，健康保险的套利动机在 Jensen 不等式下，基于保费水平均衡获利的博弈行为是允许的，因为保险费用的确定是保险人与投保人之间在保费区间内的合理博弈。

1. 逆向选择与道德风险的套利机制

趋利性的健康保险投保动机已经脱离了健康保险基本功能，是充分利用健康风险信息的不对称，从保险机构获得与保险费用和期望效用不对等的超额利益。尽管从 Jensen 不等式角度，健康保险保费（产品定价）与被保险人之间存在一定的博弈均衡，但趋利性健康保险投保动机不是价格谈判或消费者剩余问题，而是期望获得稳定的超额经济利益回报。

逆向选择将会破坏健康保险的最终供给，使健康保险系统陷入崩溃。在私人健康保险或商业健康保险模式下，大部分保险的安排是运用普通居民的历史医疗记录作为保险费率设定标准的，也被称为经验费率。因此，即使当前医疗服务支出包含在现有的合同范围之内，也不能确保患者未必需要在未来增加保险费用。因为，在一个没有集体风险共担的体系中，居民的部分或全部医疗风险实际上是不能被保险的，这是因为那些低收入的贫困群体，他们很难为巨额的医疗费用承担以市场机制为基础的保险费用。社会可能需要向那些不能支付医疗服务费用或保险费用的个体，直接提供超越承受能力之外的医疗服务，为穷人构建一个医疗费用共担的安全保障网络。

从健康保险的承保机构层面，作为承保商业保险的保险公司，希望收取的保费与疾病风险是对等的（等价的），但事实上保险公司很难获得充分的个人健康信息，造成信息的不对称。这样，他们将按照被保险人的某个或某些共有的特征（如年龄、性别）设立一个单一的保险费率，并建立起用于疾病损失补偿的风险池，于是逆向选择问题也将随之出现（Feldman, Escribano and Pellise, 1998; Rothschild and Stiglitz, 1976）。在保险费用只反映医疗服务平均费用的情况下，病人或健康状况不佳的人员将购买保险，而健康的人可能因为不愿意为健康状况不佳的人分担保费而退出。因此，在商业健康保险自愿投保的模式下，疾病风险不可能是健康人与健康状况不佳的人之间分担，而是那些自我健康状况评价较低的人员造成保险费用上升，相对健康的成员退出分担风险的健康保险。如此形成不断的循环，进而最终或者使健康保险崩溃，或者使低收入的人群无法从市场上购买所需要的健康保险。这就是著名的劣币驱逐良币的逆向选择市场法则。

如果市场缺乏有效的健康保险替代产品，那些较低疾病风险的群体，在参加健康保险以后，会产生人为均衡保险费与风险损失的行为，如不再坚持需要一定代价的健康促进行为，产生所谓的事前道德风险问题。更为严重的情况是，在道德风险存在的情况下，依然难以平衡保险费与风险损失时（因为更多的人不愿意自损健康），他们将采用保险欺诈的手段，从保险中获利。这在强制性的单一补偿体制的社会医疗保险中最为常见，人们总是在健康与健康保险利益之间寻求平衡，出现冒名顶替或者就医欺骗（购药、医保卡套现等损害健康保险基金安全的行为）等。

由于健康保险承保机构（商业保险公司）能够通过就诊信息或者监管行为，得知以上问题的存在，在缺乏确定的健康信息或者法律约束的情况下，保险公司不能够实行价格歧视措施的时候，仍具有对健康状况较差个体的"撇脂"动机，即使这种"撇脂"行为在形式上是不合法的。而市场监管也很难阻止保险公司的实施，使健康状况较差人员难以获得健康保障手段（Newhouse，1998）。由于对健康群体的选择可能会破坏健康保险的大数法则和精算基础，进而导致保险公司退出保险市场，最后极端的结果就是因此导致保险市场失灵。在这种情况下，健康保险投保人或被保险人，还存在缺乏抵制诱导性消费需求的问题，强制性越强，抵制诱导消费需求的动机越弱。如果补偿比例偏高，或者个人支付自负部分能力越强，抵制诱导性消费需求的动机也就越弱。所以说，逆向选择和逆向选择引发的道德风险与保险欺诈问题，最终的原因在于保险费用与期望的、或当期可及的效用不一致引起的。要想修正该保险动机，必须建立一种信息对称和保险待遇激励机制，以使投保人或被保险人得到满意的保险效用值。

另外，期待效用和保险欺诈的形成与逆向选择和道德风险一样，都是影响健康保险的重要内容。但是与道德风险和逆向选择的驱动机制不同，期待效用往往因为夸大了健康保险的作用，由此造成的期望落差，在健康保险投保的后期可能出现故意的欺诈行为，以弥补期待效用落差所造成的"效用"损失，也就是期待越高可能失望越大造成的问题。这需要在健康保险的营销策略中，要避免简单夸大健康保险的经济补偿作用，而忽视其补偿的不确定性等情景，使投保人对健康保险形成客观理性的认知。

2. 健康保险合同的期权与期权套利

在英语单词上，期权费（premium）与保险费用（premium）是相同的单词。事实上，起源于保险合同说学的商业保险，本身就蕴含着保险的期权期货理念和合同基础，这与在寿险中的情况是基本一致的。而在商业健康保险中，类似于寿险的大病保险定额给付，也可以看作是一个期权形式。人们转嫁风险资产有两种基本的方式，一是通过保险将风险损失以缴纳保费的形式转嫁出去，二是以期权费为代价的一个看涨期权，在未来获得特定的稳定财富，以转嫁市场风险对财富的影响。金融衍生品和期权期货与保险关系，即规避了未来的风险影响不确定性，可以通过金融衍生品和期权期货将风险转嫁出去，都是可行的选择办法。

从健康风险转嫁的角度，健康保险没有直接的期权期货产品，人们需要通过一种风险转嫁机制，将未来的风险转嫁出去。通过转嫁风险，他们既可以规避风险损失，也可以从风险损失转嫁机制中获得超额的利益。健康保险合同是一种预支付方式，是对未来健康风险的转嫁。即投保人通过与保险人之间签订一份保险合同，在未来被保险人发生疾病风险损失时，被保险人承担因健康风险造成的损失。他既可能因为被保险人没有发生疾病风险损失，而失去对保险费的所有权。在此之前是以保险人负债的方式，建立健康保险基金。同样，也可以在被保险人发生损失以后，获得经济补偿追索权，或者获得部分（或全部）所需要的医疗服务的免费使用权。健康保险与寿险不同的是，健康保险的这些期权利益是不能进行交易的，只能由被保险人或投保人享有，它由于没有诸如寿险保单一样的保单价值，因而不能像期权一样转嫁保单收益。由此可知，健康保险的"期权"收益是保费与损失补偿之间的期望关系。

而从医疗服务利用角度，作为医疗服务费用补偿型的健康保险，是一种未来在风险事件发生以后，对符合特定标准的一定数量医疗服务的使用权，不使用也不给予其他补偿，体现了期权中商品购买的权利特征；作为定额经济补偿型的健康保险，是一种未来风险事件发生以后，被保险人对约定利益的索取权，它不会因为放弃就医而放弃补偿，是一种纯粹经济利益的权利（期货）。由于这笔补偿的不确定性，它可以看作是期权费本身带来的收益，而不是购买医疗服务这个期货以后的收益。因此，健康保险是一种双重性质的期权期货混杂的特殊合同，被保险人或投保人可以在风险发生以后，升值为以保险额度为标准的一笔经济补偿。同样，如果风险不发生，投保人也将失去对保险费的索回权。因而，从期权期货的角度，健康保险是一份以保险费的预支作为风险投资、以风险事件的发生作为条件、以医疗服务使用权或保险金额为预期利益的合同。

趋利性健康保险，可以用期权或期货的概念，来界定对健康保险的投保动机。投保人对健康保险的功能认知，是作为对未来医疗服务的使用权，或为购买医疗服务的交换产品而进行的财富储蓄。在投保人与保险人之间信息不对称、投保人与被保险人未来预测信息难以准确预知的情况下，建立在期权期货交易基础上的健康保险合约，要遵循期权理论与期权合约的定价模型。而事实上，用期权定价模型作为保险定价模型的情况也是比较多见的，这个问题我们已经在行为异象的标准经济学模型心理编辑部分进行了系统的分析。

期权的本意是指通过缴纳期权费用以后，一种能在未来特定时间以特定价格买进或卖出一定数量的某种特定商品的权利。健康保险也可以看作投保人通过缴纳一定的保险费以后，在承保周期内，以自负费用为价格，买入一定数量的医疗服务以满足修复健康损害的需要。而担保该权利的机构就是保险公司。当然，由于自负医疗费用的存在，投保人或被保险人也可以放弃购买服务的权利，其代价就是保险费用的损失。因而，医疗费用的买入额度，与自负额度之间是一个函数关系。投保人购买看涨期权，保险人卖出看跌期权。在期权的定义上，社会医疗保险也具有同样的适用性。而对于支付型的健康保险，可以从生命价值角度进行考虑，即通过缴纳保险费用，购买未来特定生命价值，但这属于远期合约的范畴。

在期权期货模式下，人们对健康保险的投保行为，受到医疗服务价格的影响，如果通过医疗服务管制降低获取医疗服务的成本或价格降低，对于投保人来讲是一个看跌期权，也自然会选择卖出保险，即不再继续参加保险。如果医疗费用依然刚性上涨，并且政府不进行管制，那么健康保险就是一个上涨期权，人们将会加大对健康保险的投保规模，以更好地应对医疗服务费用上涨的风险。

3. 健康保险趋利性合约激励与套利防范机制

套利与反套利，是健康保险与医疗服务利用管制的重要内容。这里主要是健康保险承保机构对套利行为的管制，对未来医疗服务利用，或进行期权交易时，对健康风险信息进行实际评估，并对不对称部分的信息进行补偿性缴纳保险费用差额，或者重新划定新的保险补偿标准。建立在自愿原则基础上的健康保险套利，无论是以市场机制还是政府主导运作，无论是从逆向选择与道德风险还是从期权期货角度，都没有明确的违反法律的判罚基础，因此，需要建立保险合约激励机制，以修正人们的健康保险预期。在健康保险的趋利性投保动机下，人们一定能够获得一个相对于同等条件下的超额财富效用，它可能来自更低的保险费用，或者来自于更高的补偿额度，或者来自看涨期权合约的期权收益。

从健康保险的趋利动机和获利来源看，与奖惩性的健康保险投保动机在本质上是不同的，因为趋利性动机是投保人的主动选择，而奖惩性动机来自于保险人或代表政府承办医疗保险机构的压力或经济刺激。因此，趋利性健康保险投保动机，主要是通过影响风险事件的发生概率和风险损失净补偿额度来实现的，在趋利性健康保险投保动机下，投保人的效用函数 $V(\alpha, q, e)$ 为：

$$V(\alpha, q, e) = (1 - p(e))u(w - e - \alpha) + p(e)u(w - e - \alpha - l + q)$$

而保险人的利润约束线为：

$$\pi(\alpha, q) = \alpha - p(e)q \geq 0$$

并且 $e = \arg \max_z V(\alpha, q, z)$

也就是说为了实现健康保险获利最大，投保人将通过最大的努力使获利的概率和期望效用值最大。

4.3 健康保险跨期决策时间偏好
不一致合约激励机制

基于生命周期的健康风险转嫁机制的健康保险，是一种续保型的跨期决策行为，由于未来各种决策环境的多变性和容易受到"时间偏好不一致"的影响（Laibson，1997；Fudenberg and Levine，2006）。因而需要构建反映健康保险跨期决策偏好不一致的贴现效用模型，分析道德风险与逆向选择、健康风险治理与外部性等跨期决策行为的非理性贴现效用问题，解释健康保险跨期决策冲突等行为异象的形成机制。根据跨期决策偏好不一致理论，在此引入 Laibson（1997）双曲线贴现效用模型 $U(t, s)$ 和 Fudenberg 与 Levine（2006）的双自我模型，构建包含时间偏好因素的跨期保险决策双自我模型，分析在有限理性和有限意志力下健康保险跨期决策行为。

4.3.1 替代性跨期选择与偏好的跨期不一致性

1. 双曲线贴现效用模型与可变的健康保险期望效用

时间偏好不一致，也就是在背离理性假设下心理特征或行为对稳定性、一般性和不同度量方法之间相关性的背离。双曲线贴现效用模型，反映的是在不确定状态下的决策，决策者的跨期决策的理性程度和意志力问题。作为一种覆盖整个生命周期的特殊保险，健康保险面临个体受到不同生命阶段、不同健康风险特征，以及不同收入水平等复杂环境的影响。因而，人们在对健康保险的未来效用上，难以形成稳定的决策偏好。在现实中，人们更愿意选择较为适中的储蓄应对不确定性损失，或者对未来的某种特定计划的消费，却很难选择一个 5 年以上的储蓄，银行也很少有 5 年期以上的储蓄或理财类产品。作为覆盖整个生命周期的健康保险，虽然从理论上需要根据整个生命周期风险，以保费的方式储蓄足够的风险应对资金。然而，人们在面对续保或持有一个长期健康保险保单时，却缺乏一个稳定的能够长期坚持的意志力。因而，双曲线贴现效用模型中的可变贴现因子，能够在一定的侧面反映个体的有限意志力的人性缺陷。基于 Laibson 的双曲线贴现效用模型：

$$U(t,\ s)\ =\ u_t\ +\ \beta \sum_{s=t+1}^{\infty} \delta^{s-t} u_s$$

就可以针对有限意志力下的贴现因子问题，通过保险激励改善其跨期决策时间偏好不一致的缺陷。在双曲线贴现效用模型中，β 可以看作短期或有限意志力贴现因子，δ 为长期或完全意志力贴现因子。两个贴现因子分别反映了两类决策者的时间偏好理性和意志力的两个极端行为，当长期贴现因子 δ 不变而短期贴现因子 β 等于 1 时，意味着决策者在时间偏好上是完全不理性的，他是一个天真型（naive）的时间偏好一致者，并认为在未来任何时刻各期的贴现效用是一致的，也就是没有能够从经验中学到任何关于偏好变化的知识。而另外的一种极端情况是决策者是老练型（sophisticated）的，短期贴现因子 $\beta<1$，决策者能够准确地预测他们在各期的时间偏好，并且随着时间变化而变化。对于健康保险的需求和期望效用，他总是能够准确预测未来各期的自己风险大小、财富规模和风险偏好，以及最优的健康保险保费支出水平等。通过逐期可变的贴现效用因子，老练型决策者通过使各期决策效用最大而实现生命周期内，整个健康保险投保效用最大化。

现实中具备这种决策能力的个体是很少的，即使是长期护理保险，或者 2015 年 8 月推出的个人税收优惠型长期健康保险，也是以万能险的形式运作，其实就是将保费作为不确定收益环境下，在稳定的平均收益率基础上的一种可变收益模式，并将风险收益纳入个人账户实现积累，用在退休以后能够以优惠的价格继续购买健康保险。对于高龄的退休人员，常规精算费用是非常昂贵的，如果采取与风险完全匹配的精算保费，很多低收入老年人的保费支付能力会明显不足。人们对效用的非理性贴现，需要更多持续增加的收益加以弥补，才能够抵消非理性贴现效用的负面影响。

从短期贴现因子和长期贴现因子的关系上看，在一般情况下，短期贴现率大于长期贴现率，即 $\delta \leqslant \beta$，当 $\beta=1$ 时个体是具有完全意志力的，但未必是理性的，因为在未来健康风险环境多变的情况下，当期的决策未必是期望效用总值最大。假定个体在 t 时刻期望在 s = t + 1 时的期望消费为 C_{t+1}，并存在努力支付 $ê_t$ 和对应的心理成本 $c(ê_t)$，支出保费 P，损失 L，保险赔付 I(x)。受短视自我的影响，在 t 时刻的贴现效用编辑为：

$$U(t, \ s = 2) = u(C_{t+1} - P) - \beta\delta c(ê_t) + \beta\delta^2[\,1 - W(p(ê_t))u(\omega - C_{t+1}) + W(p(ê_t))u(\omega - C_{t+1} - L + I(x))\,]$$

但个体同时受到有限意志力和本能效应的影响，各期努力支出的贴现因子未必完全一致，此时健康保险的贴现效用被编辑为：

$$U(t, \ s = 2) = u(C_{t+1} - P) - \beta_t\delta c(ê_t) + \beta_t\delta^2[\,1 - W(p(ê_t))u(\omega - C_{t+1}) + W(p(ê_t))u(\omega - C_{t+1} - L + I(x))\,]$$

在该贴现效用模型下，能够对健康保险的跨期决策行为进行分析，进而阐明在不同的贴现率下，时间偏好不一致和有限意志力对健康保险行为的影响。并且也能够通过时间偏好和跨期决策期望效用的变化，对人们的道德风险问题的形成和逆向选择的行为选择动机，进行深入的探讨，而不仅仅将其作为负面的问题进行分析。无论是道德风险，还是逆向选择，实际上是人们跨期决策偏好认知偏差问题，任何一个长期的需要续保的健康保险，道德风险和逆向选择都最终会对自己的整体效用产生损害。作为一种集体筹资机制，健康保险强调的是被保险人之间的合作分担关系，而与保险人之间也是非零和的合作博弈，双方的利益不是对立的，而是在双方最优选择的基础上实现帕累托最优。这也是保险经济学和保险精算致力做到的目标，任何一种保险合约只有建立在帕累托最优或者次优（帕累托改进）的前提下，并且随着时间变化对帕累托最优进行调整。

2. 健康保险跨期决策的双自我模型理论

双自我模型是研究替代性选择的重要工具。与双曲线贴现效用模型相似，双自我模型也是反映时间偏好的一种改进型模型。但相对于双曲线贴现效用模型，双自我模型则是从有限意志力的成因上，对人们的跨期决策偏好不一致的最优控制成本进行研究，对于未来的一种选择和当期的选择，人们往往会用一个新的行为方式，作为未来长期选择的替代行为。尽管类似的模型还有多自我模型和预测偏差模型、心理核算模型等，但总体反映的问题是相似的，就是不同的自我在决策能力上的跨期偏好不一致的原因。双自我模型是建立在博弈论基础上的，即面对不同的诱惑时远期理性的自我，与近期非理性自我的博弈。相对于 Samuelsen（1937）将不变的贴现效用作为理性人的表现，双曲线贴现效用模型和双自我模型，反而将可变的贴现效用因子作为理性的表现。

Fudenberg 和 Levine2006 年发表在 *American Economic Review* 上的论文 *A dual self model of impulse control* 从长期财富效用最大化和短期控制成本的角度,以银行储蓄和当期消费为例,分析了实现短期控制成本最优策略。他们首先定义了长期财富效用最大的函数公式:

$$U_{LR}(\sigma_{LR},\sigma_{SR}) = \sum_{t=1}^{\infty} \delta^{t-1} \int u_t(h) d\pi_t(h)$$

即在长期行动策略 σ_{LR} 和短期行动策略 σ_{SR} 互动策略下,实现未来财富效用贴现效用最大。其中 $\pi_t(t)$ 为行动策略的财富增长贡献率,$u_t(h)$ 为 t 时刻的历史财富 y 的效用,δ 为财富贴现效用因子。在未来短期控制成本为 $C(y,a)$ 的策略下,未来的总效用财富为:

$$U_{RF}(\sigma_{RF}) = \sum_{t=1}^{\infty} \delta^{t-1} \int [u(y(h),0,a) - C(y(h),a)]$$
$$d\sigma_{RF}(h,y(h))[a]d\pi_t(h)$$

其中,σ_{RF} 为历史行动中财富与总财富的互动策略,$y(h)$ 为历史行动策略的财富状态,a 为具体的行为引起的财富变动。双自我模型对不确定状态下的决策的贡献,是在扩展了双曲线贴现效用模型的基础上,在有风险概率的情况下的最优控制成本,这对健康保险具有非常重要的现实意义。考虑自我博弈的时间 t,因为财富折现使财富价值变为 $\delta\beta V$,在未来的自我行动时间点为 $t+\tau$ 时,到期折现时总的折现值为:

$$x_t + \beta\delta(x_{t+1} + \delta x_{t+2} + \cdots + \delta^{\tau}V)$$

如果没有个人的自我行动,折现为 0。为了寻找稳定均衡,任何行动都存在小于定点 x^{**} 的机会成本的情况下,令 W^{**} 为没有行动时的代理人的连续价值,该连续价值是以下函数方程的解:

$$W^{**} = p(x^{**})(\delta V) + (1 - p(x^{**}))(E(x|x > x^{**}) + \delta W^{**})$$

由于价值 V 是基于未来两期的收益回报,因而是与 δ 相乘,而不是 β,这样就可以得到:

$$W^{**} = \frac{p(x^{**})(\delta V) + (1 - p(x^{**}))E(x|x > x^{**})}{1 - \delta + \delta p(x^{**})}$$

由此可以得到:

$$\delta\beta V = x^{**} + \delta\beta W^{**}$$

即最优支出定点为:

$$x^{**} = \delta\beta(V - W^{**})$$

用双自我模型可以得出在连续性的跨期决策中,被保险人实现最优自我控制的支付成本。但是,双自我模型更加注重短期诱惑对未来决策的影响,因而是缺乏理性的,或者说因为对未来缺乏准确的预测或正确的心理核算编辑，而导致的时间偏好不一致。实际上这也符合前景理论的观点，也就是在一个远期前景决策的执行过程中，如果出现一个随机占优的前景，理性的人将会选择那个随机占优的前景，而不是继续持有价值偏低的原来的选择。关于健康保险领域中的随机占优问题，我们将在改革前景部分进行系统的研究。随着中国政府加强民生保障问题的关注，近年来一系列关于促进健康保险福利的政策法规的制定，打破了传统健康保险费用的分担方式、规模和税收优惠程度，商业健康保险得到更多的税收和政策优惠。例如，新国十条和加快商业健康保险的指导意见，对保险公司给予了很多直接的和间接的优惠支持政策。这些政策必将通过保费、保额和服务转让一部分给被保险人，那么持有健康保险的个体可能会选择期望效用更大的新产品，而不是继续持有或投保原来的健康保险产品。更为特殊的就是个人税收优惠类型健康保险试点的推出，必将使一部分持有长期健康保险的投保人，转投新的险种。

因此，用双自我模型评价人们的健康保险选择行为，未必就不是理性的，或者帕累托最优的。逐期不变的体现效用，不仅要求人是完全理性和具有远见的，而且还要求决策环境是不变的，这对一个跨期较长的决策来讲，假设基础几乎是难以满足的。健康风险造成的经济损失虽然能够通过健康保险的经济补偿功能，得到有效的降低，进而影响以医疗服务利用和既有财富效应为基础的健康保险投保动机。不同时期医疗服务费用的变化和不同财富约束下的需求层次的改变，都将会影响到人们对健康保险需求和保险的期望效用判断。

另外，中国近年来致力于医疗服务体制改革，特别是基本医疗保险水平的提高，以及基本医疗服务目录内药品、诊疗项目和药械的价格管制，也对个体的医疗服务支付能力产生了较大的影响。这些医疗服务体制改革福利的外部性，对健康保险形成了明显的挤出效应。也正因为如此，有很多学者开始研究健康保险的发展空间问题，认为政府主导的公共健康保险计划和医疗卫生体制改革，可能会影响健康保险的生存空间。但是实际上，政府的改革在改善人们的医疗福利的同时，也为商业健康保险带来了更大的发展空间。不仅人们健康保险意识的提高，推动更多的人投保健康保险，而且政府通过委托经营和公共健康保险服务采购计划，使商业健康保险在保险业务上得到了很大的提高。在前面我们已经证实，社会医疗保险与商业健康保险在基金规模的地区分布上具有很强的相关关系。因而，公共健康计划，并没有对商业健康保险造成挤出效应问题，也没有出现明显的逆向选择问题。

除了对正面问题的研究，双自我模型更多关注负面问题对人们理性和远期决策的影响，分析如何实现对短视自我的不断激励和约束。因此在合约激励时应该附加一个短期激励性奖励，如大病保险可能是覆盖终生的一个保险，一旦发生大病将会造成经济上的灾难性后果。人们在现实生活中会受到一个短期的消费（或投资）诱惑，赋予其较大的效用权重，因而改变大病医疗保险的消费预算。长期护理保险也是如此，这与时间偏好模型不同，时间偏好模型尽管也是一个效用加权的差异，但它是健康保险决策时的不同时间效用。

而双自我模型，则是健康保险与其他消费之间的博弈。也就是说，跨期时间偏好不一致是同一个事件的不同时点的决策序列，决策行为偏好不一致主要是时间偏好造成的，即更加偏好近段时间的消费与收益；双自我模型是不同事物之间在不同时点的决策，是一种有新的外部性因素干扰的决策，而时间偏好不一致假定不受外界其他因素影响的决策偏好。假定投保人按照稳定的贴现效用，对未来决策保持一个稳态，并在一个时点出现新的前景，这时需要投保人重新对新旧方案进行评估选择。这时有两种情形将会影响到行为决策：一是改变远期的行为贴现因子，即提高远期贴现因子，并同时提高当前事物的权重，使效用贴现因子的当前值大于未来的贴现因子数值；二是当决策变量随时间发展而改变，或者出现新的决策变量时，决策者会重新修正之前的行为方案。在健康保险决策上，前者表现为对当期消费偏大而对应对未来健康风险的保费投入不足，后者则是因为健康状况、新的健康保险政策或产品等新情景，而不断修正之前的健康保险购买方案。

4.3.2 禀赋效应对健康保险跨期决策的影响

禀赋效应是指某种物品或服务获得后产生的持有认同感，当该物品或服务面临失去的选择时对决策行为的影响。健康保险禀赋效应是消费者或者被保险人的一种风险保障体验，并将保险金额资产化以后所形成的禀赋效应。当保险面临中断选择时，消费者因为损失厌恶效应和转嫁风险手段的缺失而产生心理紧张感，进而使其继续跨期续保持有的健康保险。

1. 禀赋效应与禀赋效应下的行为选择

禀赋效应有两种基本含义，一种是传统经济学范围内的占有效应，一种是行为经济学前景理论关于体验比照效应。禀赋效应的现实依据是人们对某物品的效用与是否占有有关，那些拥有对自己具有特殊意义物品的个体，通常会高估该物品的价值。尤其是通过具有特殊意义途径获得的物品，如馈赠和纪念品等。Kahneman，Knetsch 和 Thaler（1990）的一个杯子与笔可以随机交换的实验发现，即使在极低的交易成本并可以自由申请换领其他等价值物品时，被实验者中只有22%的受试者交换了物品。这个实验证实了另外一个由 Knetsch（1989）进行的关于杯子与巧克力的测试结果。实验的结果证实，隐藏于禀赋效应背后的心理因素就是所谓的损失厌恶和占有某种物品的特殊情感与体验效用。

Tversky 和 Griffin（2000）关于幸福和福利水平的评价实验，也证实人们会使用禀赋效应和对照效应评价幸福与福利。不同的是，该试验中使用的禀赋效应概念是事件禀赋效应，而不是物品禀赋效应。事件禀赋效应是一次事件对个体幸福程度或满意程度的贡献。令人鼓舞的经历能够充实人们的现实生活并增强自我的幸福感，而坏消息与艰辛的生活将会降低自我幸福感知。与禀赋效应相对应的，是人们通过对照效应从快乐事件中的体验可以弥补其他不快乐事件的不愉快感知，而不快乐事件的经历虽然让人沮丧，但也可以提高应对不幸事件的心理素质。

在健康保险领域，禀赋效应和对照效应对健康保险的行为选择也会产生影响。在物品禀赋效应下，人们一旦通过某种特殊的方式，如作为单位医疗福利的补充健康保险、作为体现国家关怀普通老百姓的居民医疗保险，被保险人通常会将此类保险作为特殊的情感物品看待，而不仅仅是保费与损失经济补偿的利益行为。中国在农村合作医疗和城镇居民医疗保险推广过程中，得到了广大人民群众的拥护和支持，进而在短时间内基本实现了全民覆盖，这是推进职工基本医疗保险时所无法比及的。中央电视台在 2015 年的一期节目中，采访民众关于对居民医疗保险的看法时，老百姓普遍将其看作是党和国家的一种关怀行为，感激之情远大于实际所获得的医疗费用补偿带来的经济体验。

但是对于商业健康保险来说，一般不具有特殊物品禀赋效应，而是事件禀赋效应。事件禀赋效应的影响是两个极端的选择，对于保险期间经历过疾病风险损失并得到满意的经济补偿的，投保人或被保险人容易将健康保险作为一种快乐的体验，进而继续投保健康保险。而对于没有经历过损失补偿的个体，他们将会对保费投入的价值进行编辑，进而产生不好的体验，退保的倾向就会比较明显。很多事实已经证明，医疗保险不稳定的被保险人主要是那些疾病风险比较低的青壮年群体，他们对基本医疗保险的参保意愿往往不是很强烈。发生在 2014 年中山市某企业职工抵制提高保费缴纳额度的行为，既可以看作是逆向选择的问题，也可以看作是事件禀赋的影响。

人们一旦对健康保险产生禀赋效应，就难以消除对健康保险的依赖心理。投保周期越长，对健康保险的禀赋效应的强化越明显，而且如果退出保险后发生大额医疗费用，他们的后悔性遗憾也就更强烈。因而，健康保险投保周期的适度跨度，对健康保险的跨期决策具有一定的影响。由此可见，健康保险的禀赋效应是健康保险持有时间的一个函数，时间越长、经历风险补偿次数越多，保险的禀赋效应越强，投保健康保险带来的效用增加值越大。一旦放弃或终止健康保险，带来的损失厌恶程度必然也更加强烈。

2. 禀赋效应对健康保险行为选择的影响机制

如果投保人对健康保险产生了良好的禀赋效应，则会在投保与不投保健康保险的选择时加入一个效用因子，进而对价值函数的平衡产生影响。由于健康保险禀赋效应有两种不同性质的含义，因此需要建立两个投保健康保险的期望效用函数，分别反映不同性质的禀赋效应对健康保险选择的影响形成机制。

首先，关于健康保险物品禀赋效应的影响。该类禀赋效应由于有较为强烈的情感因素，因而无论是否具有真正的需求，都不会影响健康保险禀赋效应。但是为了简化分析，我们在此依然假定投保人符合期望效用函数模型的基本假设条件，并构建一个在禀赋效应下的期望效用函数模型：

$$U(I(x)) = (1-p)u_1(w-Pr) + pu_1(w-Pr+A-L) + u_2(I)$$

这是一个关于保险损失补偿的期望效用与拥有健康保险本身的禀赋效应产生的效用。其中 $u_2(I)$ 表示该效用值与保险的保额、损失和补偿，甚至与健康风险的大小均没有明显的关系，健康保险本身就有一份额外的禀赋效用。假定该保险设计是符合帕累托最优条件的，那么该健康保险不仅满足最大化的期望效用标准，而且还额外增加了一个正的效用。显然，被保险人获得了一个基于禀赋效应的超额期望效用，但这个超额增加的期望效用并不是由于经济因素带来的。为此，我们可以将财富保障效用修改为事件禀赋效应下的期望效用，在函数方程前几项不变的情况下，将最后一项修改为 $pu_2(I(x))$，这是一个与经济损失补偿有关的禀赋效用：

$$U(I(x)) = (1-p)u_1(w-Pr) + pu_1(w-Pr+A-L) + pu_2(I(x))$$

由于健康保险的体验既有积极的一面，也有令被保险人不愉快的一面，因而禀赋效用也可以是负值。当然造成愉快与不愉快，或者满意与不满意，是由很多种因素造成的，在此不进行深入讨论。在事件禀赋效应的影响方向不同的情况下，显然对健康保险的期望效用的增减也是不同的，快乐的体验能够促进保险效用，不愉快的禀赋效用将会降低健康保险的体验效用。但是，由于事件禀赋效应还对应着比照效应，在强制性保险或者缺乏其他替代产品的情况下，事件禀赋效应的影响将逐渐被淡化，并对保险的影响起到反向的影响，这也就是所谓"幸福悲剧"的第二幕"悲剧"。健康保险的事件禀赋效应，提示决策者或保险人不仅要使被保险人获得适度的健康保险，同时还要积极改善就医条件，以不断提高被保险人的就医体验效用和医疗费用补偿体验效用。

4.3.3 健康保险跨期决策动态均衡合约激励机制

1. 健康保险跨期决策动态均衡的基本要求

尽管健康保险是以年度缴费和保障周期运行的，但是对健康保险的需求是贯穿整个生命的存续期间的。因而，健康保险在一定程度上属于以年度缴费为特征的终生寿险。但是，由于健康保险的承保周期具有按年度和按风险事件确定理赔的特点，使人们往往会出现跨期决策的不连贯问题。因此，需要寻求一种跨年度的合约激励机制，以使其能够实现终生购买健康保险。跨期续保的长期健康保险，事实上也不是终生缴费型的保险。为了与个体的收入时间和退休年龄相对应，商业健康保险一般都设置有最长缴费年限，而且停止缴费的年龄一般都低于退休年龄。对于缴费时间较短的健康保险，也是按照保费缴纳时间，确定一个待遇调整机制。并且此类健康保险，通常与年金保险等综合在一起以万能险或投连险等方式运作。

社会医疗保险通常也会设置缴费年限。西方高福利国家的缴费时间，是以就业为标志的，退休后按照资格接受免费医疗服务。中国确定的是 25 年最低连续缴费年限（后来调整为累计满 25 年），尽管这种资格设计能够促使更多的人员尽早连续缴纳保险费用，但也可能会造成他们因为投保时间偏晚而不能真正满足最低缴费年限的要求。对于这个问题，中国社会医疗保险制度要求被保险人一次性补缴不足部分，或者纳入居民基本医疗保险，事实上就是降低了医疗保险的待遇，一般是很难被接受的待遇调整方案。此类方案比较适合于那些流动性较强的农村进城务工人员，他们可以在城市退休后统一纳入新型农村合作医疗。

针对医疗保险基金面临的透支风险，国务院在 2016 年 1 月开始考虑退休人员继续缴费的"次优"方案。从健康保险激励的角度，这是一个确实需要慎重对待的"次"方案，因为这样有可能会延缓投保人的首次投保时间，并有可能造成保险中断问题。其逻辑推理很简单，那就是基本医疗保险是政府的一项基本责任，既然退休后还要继续缴费，那投保时间早晚和长度并不会影响最终待遇的取得，进而加重健康保险已经相当严重的逆向选择问题。在美国，激励青年群体及早购买健康保险的机制是保费折扣与年龄关联机制，即在商业健康保险模式下，年龄越大保费也就越高，如果不在较早年龄购买健康保险，可能在年老时难以从市场上购买到匹配支付能力的商业健康保险。

为一般化分析，我们首先假定一个与工资增长相关的缴费参数，这个参数即使对居民医疗保险也是有效的，因为政府会根据工资和最低收入标准等指标，对居民的缴费进行定期调整。自 2003 年新型农村合作医疗建立以来，个体缴费和政府补贴已经由原来的 10 元和 20 元，发展到 2015 年的 60 元和 360 元。在这个参数下，缴费者以年金的方式缴纳保险费用，并在特定年份后不再缴纳保费，但能够继续享受医疗保险待遇。中国现行医疗保险制度规定，职工基本医疗保险的最低缴费年限为 25 年。这种保险模式的动态调整机制，会因为被保险人工资增长而相应增加缴费额度。为了避免缴费比例偏高的不利影响，一些地方采取按城市平均工资标准作为缴费基数。虽然可以在横向公平上体现缴费额度的一致性，但问题是没有体现出社会医疗保险再次分配的功能，并可能造成低收入群体的缴费负担偏大。但连续缴费年限上限的设置，事实上就是一个将缴费年限作为合约激励的特殊机制，通过在特定的期望寿命下的免费待遇，激励个体早期持续参加基本医疗保险。

但是对于长期商业健康保险，则不存在缴费年限的问题。除非设定一个有基金投资收益的保费折扣系数，并通过折扣系数使其在特定的缴费年限以后无须再继续缴纳，进而享受事实上的免费待遇。但从市场竞争压力角度，存在缴费年限的商业健康保险往往需要最低缴费年限，而对于以市场化运作的企业，由于企业存在生命周期问题，很难保证缴费的长期连续性。因为所谓的免费，事实上是以代际缴费或者提前缴费的方式实现基金的收支平衡的。如果由商业健康保险公司运营显然是不合适的，不仅提供保费的企业有生命周期，而且保险公司也可能因经营不善破产。如果是以社会医疗保险方式，设定一个基于保费缴纳为基础的免费时限，往往会使投保人的利益遭受损失，提前缴纳的保费部分的利益得不到保障。因此，商业长期健康保险的缴费年限必须建立在市场收益的基础上，而不是直接以保费本身作为缴费年限，这对商业健康保险的市场盈利能力是一个很大的考验。

在这种情况下，需要设计一个类似于长期寿险的有保单价值的保险，这相对于当前的健康保险保单价值依赖于保费的积累收益，与未来的风险损失补偿差额。并且如果出现保险公司经营不善的情况下，长期保单的价值可以得到补偿。为此，可以通过引入寿险中的保单价值的概念，使长期健康保险也可以得到跨期决策的有效激励，其基本的功能既相当于被保险人获得了一个长期寿险；或者从期权的角度，相当于一个具有较长行权期的看涨期权合约。这个合约要考虑到保险费用的资金功能，使保单价值不仅是保险费用基础上的增值，也与资金投资收益率有关。这一块设定为无风险利率水平，风险收益部分归保险公司所有，或者对保险的风险收益进行分红。这样就实现了对投保人和保险人的共同福利促进，进而能够寻求一种健康保险的帕累托最优。

2. 基于收益率调整的长期护理保险合约激励机制

作为一种特殊的健康保险，长期护理保险也是为未来年老后患病护理提供服务或资金支持的，中国在社会保险的层面，尚未建立长期护理保险。而在当前市场上的护理保险，一般是年缴的方式缴纳保费，很少实行趸交的方式。而且在投保人退保时，由于需要扣除退保手续费和其他费用，因而只能获得已经缴纳保费的一部分。由于缺乏长期护理保险的其他经济性激励，当前的这种缴费与退保处理方式，对投保长期护理保险产生了一定的负面影响，也是导致中国长期护理保险停滞不前的一个制约因素。因此，对于长期护理保险需要设定一个新的合约激励机制，将长期护理保险收益中赋予一个阶段性的时间价值。不仅随着保费的增加而增值，还能够与市场收益率建立一种长效关联机制，用保险基金的保值增值收益，来弥补护理费用、护理费用补偿和保险基金筹集之间的平衡问题。

在所有的健康保险产品中，只有长期护理保险是一个等待期较长的健康保险。缴费的周期越长，对于未来获得护理保障的待遇也就越好，能够更好地对冲医疗费用增长过快、护理人工服务费用增长压力，以及货币贬值的支付能力问题。用期权的视角对待长期护理保险是比较可行的，因为投保人最终的目的是为了获得护理服务，而不是保险合同约定的额定的费用补偿。现在看好的护理费用支出，可能会在自己真正需要护理服务时，补偿的基金对医疗服务费用和人工费用的购买能力已经严重不足。

因而长期长期护理保险的跨期合约激励机制，需要综合考虑健康保险跨期决策均衡、效用贴现因子、其他前景的干扰和禀赋效应对效用值的调整等方面因素的影响。只有实现对这些要素的动态均衡，长期护理保险才可以继续，并保持效用的最大化。基于期望效用理论函数模型和看涨期权收益，长期护理保险必须满足：

$$E[U(I(n))] = (1-p)v(w - \sum_{i=t}^{T} \beta_t \delta^{i-1} I_{n,i})$$

$$+ \mathrm{pv}(w - \sum_{i=t}^{T} \beta_t \delta^{i-1} I_{n,i} + \delta^{T-1} \int_T^E f(A - x) d(A - x))$$

模型中蕴含的假设是在时间偏好不一致下，被保险人各期缴纳的长期护理保险保费 $I_{n,i}$ 的折现效用总和，小于未来在缴费期满节点（一般为退休时间）T 以后的期望护理费用。在未来接受护理服务费用补偿阶段，由于不存在缴费的问题，因而此时的被保险人是没有时间偏好不一致问题，不涉及理性贴现效用的调整因子 β_t 的问题。

由此可见，无论是普通健康保险，还是长期护理保险，要想提高投保人的长期续保意愿，就必须对健康保险保单赋予一个时间价值，而且这个时间价值必须与市场收益率挂钩。甚至在必要时，可以与新型寿险产品挂钩而作为寿险产品附加。因为 Huebner（1927）在提出生命价值理论时，就将健康保险和寿险作为一个不可分割的整体。只不过在保险业务的发展过程中，健康保险被从寿险中剥离了，或者作为生存寿险的一个附加功能。因此，在设计长期健康保险合约时，应该在缴费的基础上设计一个增值因子，使保险费用的保值增值大于无风险收益率。这样投保人不会通过储蓄的方式，为未来购买护理服务支付账单，因而也符合看涨期权的基本特征。假定无风险收益为 $\tilde{r}_m$，风险收益为 $\tilde{r}_f$，那么护理保险的保费增值率 $\tilde{r}_n$ 应该处于两种收益率之间，即：

$$\tilde{r}_m \leqslant \tilde{r}_n < \tilde{r}_f$$

此时，构建一个含长期护理险收益率 $\tilde{r}_n$ 折扣保费的保险合约：

$$V(I_{n,i}, \tilde{r}_n) = (1 - p)v[w - \sum_{i=t}^{T} \beta_t \delta^{i-1}(I_{n,i} - \tilde{r}_{i-1} \sum I_{n,i-1})]$$

$$+ pv(w - \sum_{i=t}^{T} \beta_t \delta^{i-1}(I_{n,i} - \tilde{r}_{i-1} \sum I_{n,i-1})$$

$$+ \delta^{T-1} \int_T^E f(A - x) d(A - x))$$

通过这个合约，早期缴纳的保险基金在市场上投资获得的收益，可以折扣一部分当期保险保费，获得的市场投资收益率越高，保费的折扣额度越大，随着缴纳保费积累的增长，从市场上获得的收益越大，这样形成一个不断增长的保费折扣激励。随着缴费时间的延长，在达到一定的缴费规模以后，投保人后期的缴费将变得非常小，进而形成连续的保费折扣激励，增加长期护理保险的稳定性。"新国十条"放开了保险基金的投资选择约束，保险基金就可以从市场上获得更大的投资收益，以补贴投保人的缴费压力。在保险基金折扣保险费的情况下，投保人或被保险人的缴费是持续下降的，而且是与复利系数密切相关，如图 4-6

所示。显然，被保险人或投保人在保险费用的缴纳规模上，受到额度较大的长期激励，这是一个持有有效的激励额度不断增长的合约激励，必然有助于提高保险的稳定性。

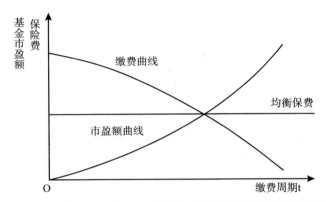

图 4 – 6　长期健康保险与市盈率挂钩的保费折扣缴费激励机制

另外，为了避免缴费标准的不一致，也可以建立一个个人账户资金，正如 2015 年 8 月颁布实施的个税优惠类型长期健康保险那样，将投资收益金单独纳入个人账户，作为未来购买健康保险基金的属于个人私有财产的收益。这样，无论是趸缴的基金，还是期缴的基金，随着个人账户收益的增加，也可以形成收益累积式的激励。而且个人账户资金属于未来购买健康保险的专项资金，对于保险公司来讲也是一个正向的激励，这样有助于在双方共同激励的合约下建立稳定的保险关系，而且收益还可以重新获得复式利率收益。此时的健康保险激励合约可以表示为：

$$V(I_{n,i},\ \tilde{r}_n,\ F_{i,h}) = (1-p)v(w - \sum_{i=t}^{T} \beta_t \delta^{i-1}(I_{n,i}))$$

$$+ pv(w - \sum_{i=t}^{T} \beta_t \delta^{i-1}(I_{n,i}) + \delta^{T-1}\int_{T}^{E} f(A-x)d(A-x)) + F_{i,h}$$

其中 $F_{i,h}$ 为未来特定时期，投保人用来购买健康保险的投资收益金，为个人支配收益。显然，不管是保费折扣，还是建立专项收益金账户，都是一个被保险基金保值增值激励的长期护理保险激励合约。

在这个激励合约下，如果未来不发生护理费用支出，被保险人可以额外获得一个大于无风险利率的期望收益，它能够有效弥补保费支出的经济压力，如果按照保费不变的方式，根据当前的护理保险退保措施，可以得到包含一定收益的退保费用。如果按照降低保费的方式，使被保险人获得一个来自于基金增值收益率 $\tilde{r}_n$，相比之下，以万能险形式运营的长期护理保险，具有比常规护理保险较强的激励效果。

4.4 新型保险合约激励下全民健康保险实现机制

在健康保险多元投保动机和不同性质的健康保险互为补充的情况下，要建立全民健康保险合约激励机制，首先要考虑不同性质健康保险及不同层次之间的挤出和纳入效应问题。即使在相同层级的不同性质保险之间，也应该在保险期望效用上是相近的，这样能够避免减少制度之间的冲突。甚至在必要的情况下为投保人提供更多的选择，以免因趋利性动机影响健康保险制度的可持续发展。例如德国的社会医疗保险制度，规定在法定医疗保险公司和私人医疗保险公司之间不能任意的转换。为确保建立更加公平和可持续的全民健康保险体系，在多元化投保动机下，健康保险在不同层级提供多层次和多元化健康保障服务基础上，政府的主要责任在于以经济保障为核心，避免家庭因病陷入经济贫困的健康保险范围，并在健康保险体系中承担基本的医疗服务。对于以基本医疗服务为核心的外围健康保险产品，则采取以市场机制运作、政府提供资金和政策扶持的方式，鼓励商业健康保险成为社会医疗保险的重要补充部分，为保障国民健康提供一个多层次的完整健康保险网络体系。

4.4.1 全民健康保险体系结构与功能定位

在不同的层级和同一层级的不同保险服务设计方面，健康保险的功能应该各有侧重，以满足不同健康保险投保动机或需求。包括从健康服务管理到疾病就诊的医疗费用补偿，再到生命价值损失的经济补偿与必要的高质量医疗服务需求，应该将医疗服务与经济损失加以紧密地组合和协同，才能够构建起功能保障齐全的健全的全民健康保险体系。

当存在交易成本和道德风险时，全额保险已经被 Arrow（1963）等证实不是帕累托最优的。在有附加保费或交易成本的情况下，部分保险才是最优的。部分保险一般分为有免赔额的保险和有上限的保险，健康保险大部分属于部分保险。在确定部分保险最优的理论与方法方面，Arrow 健康保险最优购买理论范式并没有给出最优保额标准，而是在特定的保额和既有财富约束下的最优保费。Raviv（1979）则是根据最优保单与免赔的相互依赖关系，在损失补偿的前提下，给出了在保费固定的情况下的最优保单①。设定过多共保机制与补偿范围约束的健康保险，使投保人依然面临很大的健康风险损失不确定性问题，显然也与投保人有效转嫁健康风险的动机不完全符合。也就是说，在保险的健康风险转嫁机制下，投保人通过健康保险能够使自己面临的健康风险尽可能地转嫁出去，以使自己的财富水平保持在一个相对稳定的水平上，进而消除对健康风险可能带来的对既有财富和潜在财富损失的担忧。

为了使健康保险能够最大限度地转嫁风险，并将健康风险担忧降低到最低程度，健康保险必须是充分保险，也就是健康保险对投保人的损失补偿是非常充分的。投保人在健康保险的经济补偿机制下，在最优财富（包括既有财富和潜在财富）水平上，对自我承担的医疗费用或经济损失不再敏感，即健康风险的边际损失相对投保人的财富趋近于0。因此，只有充分保险才能够具有真正的激励作用和真正消除人们对疾病风险的担忧，并对可支配资金进行优化配置。即使在一定经济资源的约束下，健康保险达不到充分保险的水平，但至少在保险服务的覆盖上要达到充分保险的水平。也就是在健康保险体系设计上，要为投保人提供可供选择的保险服务覆盖空间。另外，健康保险必须是覆盖全部国民的保险，才能充分发挥健康保险的社会稳定和风险转嫁的功能。美国4600万没有健康保险的人口对社会稳定带来的影响，推动了奥巴马政府的医改法案。大部分西方经济发达国家，已经通过医疗福利、医疗救助、公共健康保险计划和商业健康保险，实现了对全民健康保险的足额覆盖，基本上解决了因病致贫或者陷入经济困境问题，因为疾病问题引发的社会动荡极为少见。

在构建全民足额健康保险覆盖的路径上，顾昕教授（2012）利用全民平均全部医疗费用的方式，核算75%的医疗费用补偿机制，即全民健康保险承担总医疗费用的75%，其他部分由公共卫生和商业健康保险等方式承担。在这方面，具有一定的相同之处。但是顾昕教授的全民健康覆盖设计忽略了保险因子的影响，或者保险对医疗服务支付能力的杠杆效应。并且设计的是全额医疗保险模式，是基于医疗费用的先行产生为条件的，可能会使基本医疗保险筹集标准偏低。社会医疗保险实现医疗费用的全额保险，使商业健康保险面临发展空间不足和多元化健康保险投保动机得不到实现等问题。因此，从这个逻辑上来分析，健康保险只能是全民对生命价

---

① Artur Raviv. The design of an optional insurance policy, American Economic Reiew, 1979, 69 (1)：84 – 86.

值保障的充分保险，也就是通过健康保险覆盖的医疗费用，具有保障必要的医疗服务可及性和经济支付能力。

健康保险必须是充分保险，显然要在动机多元化下实现是比较难的。因为，基于当前的全部医疗费用来计算保险费，显然没有考虑很多诸如未就诊率、治疗不充分和病人筛选不充分等问题。当前中国基本医疗保险的保障程度依然偏低，而且基本医疗保险在各种资源的约束下，又不可能完全承担所有费用，因为这样可能又回到了国家保障模式。要解决这个难题，就必须基于健康保险的功能和承担的责任，分层建立多层次健康保险体系，社会医疗保险承担基本医疗部分。而对其他需求，则因人而异再分层划定保障范围。

全额健康保险的另外一个问题，就是医疗费用的不确定性，以及生命价值估值的巨大差异。从不同文献反映出来的生命价值估值情况看，还依然存在较大的差距，特别是中国城乡收入水平的整体差距比较大，而且地区之间城镇对城镇、农村对农村的收入差异也非常大。在构建全民健康保险体系时，必然需要分别按照既有财富和生命价值测算出一个财富总水平，然后再针对不同的健康保险投保动机和财富差距，分别制定不同层次、覆盖不同群体的全民健康保险体系，进而将健康保险定位于两个层级不同的健康与财富功能，即修复健康需要的各类医疗护理服务费用的经济补偿，以及使生命价值最大化的资金支持。政府和非政府承保机构，分别承担两类保险功能中的基本部分和高层次部分。

在构建多层次健康保险合约激励机制，要避免使用简单的零和博弈，而是应该实现社会福利改进的帕累托最优。在具体的激励方式上，可以将非零和博弈先行以合同或法律的形式约定下来，然后再实现保险福利的帕累托促进。在健康保险福利促进过程中，要控制趋利性的健康保险投保动机，因为这种行为往往是基于自身不合理的利益为目的的，不仅对投保人的长期利益是有害的，而且对整个健康保险基金的可持续发展也是不利的，尽管这些投保动机能够在一定程度上提高投保人的保险效用。因而，全民健康保险体系要确保所有参保人员的整体福利最大化，也要对非理性的异象行为进行修正。

因此，全民健康保险体系的建立，要基于既有的累积财富效用以避免因病遭受灾难性的经济损失，同时也要考虑到隐含在生命价值上的潜在财富价值，为最优实现资本化价值水平提供健康保障。政府实行的公共健康计划和私人商业健康保险，应该分别在既有财富保障和潜在生命价值保障中，进行科学的定位和合理分工，以有效解决健康风险所带来的健康损害问题，而不仅仅是经济问题。

4.4.2 多层次全民健康保险体系与合约激励机制

1. 健康保险分层与多层次健康保险体系

在足额健康保险的保障机制下，健康保险对被保险人的既有财富和潜在生命价值的保障水平，能够使遭受健康风险损失的个体的损失财富效用不再敏感，也就是：

$$V(w - x - Pr + A) \approx V(w - Pr)$$

即：

$$\lim_{x \to A} \frac{A - x}{w - Pr} = 0$$

但是，由于健康保险的保障作用既包括对累积显性财富的保障，也是为了实现对生命价值的保障。并且，由于投保人与被保险人之间的关系不同，除了健康保险基金对风险损失 x 进行分担以外，医疗费用自负部分的承担主体也是不同的。在既有的累积财富保障方面，由于医疗费用的实际支付者是投保人自己或者所在的家庭收入，因此，医疗费用支出和健康保险经济补偿之间的差额，在家庭层面依然是投保人承担的，即：

$$V_{fph}(x) = (1 - p)u(w_{fph} - Pr) + pu(w_{fph} - Pr + (A - x))$$

对于政府投保的居民健康保险和用人单位投保的职工健康保险，保险基金对医疗费用的补偿差额不再由政府或用人单位继续承担，而是将所有的剩余风险损失转嫁给被保险人。因而在家庭层面，投保人依然需要承担健康保险补偿后的剩余经济风险损失。

从生命价值保障的层面，由于政府和用人单位对被保险人的投保，实际上是基于劳动力将来创造价值的保障。在本质上依然属于资本化价值范畴，也是社会经济发展和企业利润的价值来源。因此，如果生命价值能力保障不够充分，那么政府和用人单位也与家庭一起分担剩余风险损失。投保人因为生命价值保障不佳导致的剩余总损失及分配情况是：

$$Fcv_t(D_t - D_t^*) = g(D_t - D_t^*) + c(D_t - D_t^*) + f(D_t - D_t^*)$$

也就是，如果健康保险不能够将被保险人的健康水平修复到最佳的状态，政府将为此失去劳动力创造的社会价值 $g(D_t - D_t^*)$，它是资本化价值的一部分，也包括以税收的形式先行缴纳的部分。而企业也会因为员工健康受到损害，而遭受生产效率降低所造成的间接利润损失 $c(D_t - D_t^*)$。而 $f(D_t - D_t^*)$ 则与家庭收入相对减少或者医疗费用支出增加有关，包括家庭医疗护理照看对家庭劳动力的占用等。因而，在生命价值保障角度，健康保险的剩余损失要比对财富保障的损失具有更大范围的影响。而将这些影响进行均衡，就能够为生命价值的保障水平确定一个合理的保险费用分担机制和最优水平。以此，基于既有的累积财富和生命价值保障角度，健康保险体系应该是以二者作为维度的总财富效用最大为标准，形成的多层次、全覆盖的一组保险产品的有机组合体。

在多层次的健康保险体系中，政府基于公平与效率角度主导基本医疗保险，并提供财政、医疗服务管制和公共健康服务采购等多元化支持。具有更高财富水平和生命价值估值人员，分别通过购买基本医疗保险目录之外具有寿险性质的大病保险，如器官移植和内置支架等医疗服务，在患病后获得直接的定额经济补偿；同时，针对基本医疗保险排队或转诊等需要，可以从商业健康保险获得等待期的基本医疗保险，对费用支付进行补偿；通过失能保障保险稳定资本化价值获得，以减轻对既有财富的消耗；通过长期护理保险和具有家庭医疗照看性质的护理服务，减轻因为家庭成员患病可能导致的家庭劳动力占用引发的经济损失；等等。通过健全的全民健康保险体系，使个体的资本化价值能力得到保护，未来潜在的财富得以保障，并且已经实现的累积财富不会因为疾病风险而造成较大的损失，进而实现全生命周期总财富的累积增长（见图 4-7）。

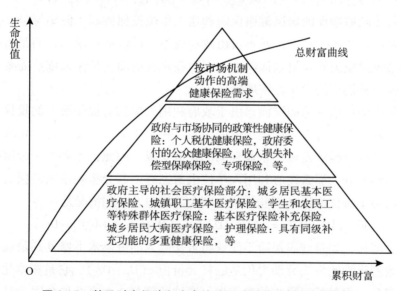

图 4-7　基于财富保障和生命价值保障的全民健康保险体系

在健康保险的保障水平上，政府在既有财富保障方面要承担最低保障责任，即避免因病致贫；而在生命价值保障上还要保障其未来财富的获得能力，以避免因病陷入贫困陷阱。用人单位和作为被保险人的投保人一起，在促进健康水平上共同分担基本健康保险费用。个体的分担水平取决于个体对企业利润的贡献率、雇主提供的工资水平，以及个体的资本化价值能力。而对于以居民身份参加健康保险的个体来讲，则是以家庭成员的财富水平和被保险人的潜在生命价值，作为健康保险投保的基本标准，预算约束以家庭可支配收入中的5%或10%的费用支出作为精算的医疗费用基础（朱铭来，2011），合理确定保险费用的缴费水平，以及政府的分担规模等。

2. 全民健康保险合约激励手段与措施选择

在全民健康保险体系构建的过程中，既要充分发挥健康保险的各项功能，在提升社会文明程度、稳定和推动社会经济发展和切实保障民众健康方面，建立起覆盖全民各层次健康保险需求的框架体系。不仅要合理地满足不同主体的健康保险投保动机，充分利用各种投保动机实现对健康保险效用的促进作用，还要对非理性的、不利于健康保险可持续发展的行为进行控制，提高民众的健康福利水平。特别是要在健康保险合约激励框架内，针对不同的健康保险需求和存在的行为异象建立有效的保险合约激励机制。

针对健康保险对既有财富和生命价值的保障功能，分别从医疗保险、长期护理保险和大病保险等方面给予全方位的保障，合理有效地转嫁不同投保主体健康风险。也就是说，在健康保险激励机制的建立过程中，要明确如何通过不同的激励措施，构建满足不同健康保险需求的多层次健康保险体系。通过充分利用健康保险的功能、合理引导保险动机，修正保险行为异象，进而通过有效的保险合约激励机制，实现全民健康保险覆盖，并实现健康保险福利帕累托最优。激励机制的基本路径，是在健康保险的期望效用函数或价值函数中，通过增加与健康保险投保动机相关的众多价值或效用因素增加保险总期望效用值。

这是因为，根据 Jensen 不等式，如果仅从健康保险经济效用角度，意味着健康保险福利的促进需要对应提高保险价格即保险费的增加。显然，这部分的增加值将会导致部分人员缺乏购买能力，而非经济类的健康保险投保效用，可以在不增加保险费支出的情况下，有效地改进健康保险效用。因而，构建和改善健康保险激励机制，必须先明确共同的价值函数结构，或者是最基本的价值函数结构，由此确定基本的健康保险需求与保险费用，并将其纳入公共健康保险计划。对仍缺乏健康保险费用承受能力的个体，以政府补贴或其他责任主体分担的方式，提高其保险费用支付水平。这是社会保险费用确定的基本标准，并且按照大数法则的基本要求分担保险费用的基本方式，也是将健康保险建立在稳定的基本医疗保险体系上的基本要求。一般来说，在基本医疗保险的价值函数中，纳入基本医疗服务利用的要素，并且确定政府能够管制的基本医疗服务范围，这样将会实现保险费用、医疗服务费用和自负能力的适度均衡。而在基本医疗保险的第二个层次中，可以加入小概率大额医疗费用支出，并将其纳入大病医疗保险的范围，制定相应的医疗服务目录范围，作为与基本医疗保险具有一定关联的、相对独立的医疗服务保障体系。

通过激励机制解决健康保险对投保人或被保险人既有财富保障的基础上，进一步满足生命价值保障需求，即将生命价值的估值纳入健康保险的价值函数，并测度不同群体的资本化价值水平。由于这些需求不仅仅是为了满足基本医疗服务需求，还包含健康促进等使生命价值最大化的需求。并且不同个体的生命价值估计值，与其资本化价值能力密切相关。此时可以作为商业健康保险的定额大病保险层次，由商业保险公司在被保险人患有约定大病时，给予理赔支付（以保险额为限）。商业保险公司以保额形式确定的大病健康保险，既有医疗服务利用的需求，也包含生命价值因健康风险损害的经济补偿成分，可以用条件价值法进行评估。由此建立一种以条件价值法为生命价值估值、以不可痊愈大病保障为标的的大病医疗保险。而之前的大病医疗保险，可以用健康边际产出基础上的生命价值估计方法，因为这主要体现了对医疗服务的利用，而且这些大病是可以治愈的。所以当前医疗技术条件下，应该将疾病是否能够治愈，作为社会医疗保险大病保险和商业健康保险大病保险的界值。

在将健康保险基本功能作为投保动机的基础上，需要加入趋利性健康保险的投保动机因素，这些因素包括医疗服务期权和保险理赔期权的动机因素，通常也是续保周期或趸交保费后保险周期较长的健康保险。因而，健康保险的供给不仅仅是以医疗费用补偿为基础，还应该满足医疗服务利用、资本价值投资等行为的需求。这是传统健康保险尚未涉及的领域，显然没有能够充分挖掘市场需求，而是作为行为异象了。

全民健康保险合约激励结构中，不仅需要对价值函数的结构进行有效激励，同时还可以从疾病风险概率角度进行必要的合理激励，尤其是那些健康风险较小、发生概率较低群体的健康保险，可以在疾病保险的基础上纳入常规的健康体检，这不仅有助于健康风险治理，而且还能够在持续的续保过程中增加续保率。而且从保险人角度，也是效益的促进或者是社会福利的促进。大病保险在计算健康体检的期望效用时，如果将体检概率

P_{TJ}设定为大病风险概率P_{DB}的相对数，即$P_{TJ} = 1 - P_{DB}$，这样就能够形成健康保险与医疗费用补偿之间的一个合理衔接，并且能够有效控制医疗费用的补偿规模。该合约激励机制有助于建立随机占优的健康保险合约，使人们健康保险改进概率P_1和效用数值G_1都优于不设体检时的P_2和G_2：

$$P_1 \leqslant P_2 ; \quad G_1 \geqslant G_2$$

而政府的财政资金在于保障实现这种占优合约机制，而不是简单地以提高保险水平作为补贴目标。因为那样可能会刺激医疗服务的使用，而不是对保险合约的遵守。政府应该激励多层次健康保险体系的建立，而不是全部承担医疗费用支出，否则不仅会使健康保险蜕化到免费医疗，甚至因为医疗服务的市场化改革造成医疗资源的浪费和低效率利用。

3. 全民健康保险体系的保险费用分担机制

当个体财富规模处于满足医疗保险需求的区间$\omega \in [a, b]$时，财富效用满足$U'(\omega) > 0$和$U''(\omega) \leqslant 0$条件，利用修正后的Arrow（1963）健康保险最优理论分析范式和Jensen不等式，在财富效用最大化条件下，确定共付医疗保险的最优保费、最优保单和最优免赔额。

在个体对损失分布$f(x)$存在主观加权情况下，依据第二次修订后的价值函数模型，将ω_p替换为医疗支付意愿下的生命价值VSL_{MI}，测算个体认可的医疗保险费用：

$$E(V) = W(P) \times v(\omega_g + \omega_S + VLS_{MI} + A(1 - W(P)) - L)$$
$$+ (1 - W(P)) \times v(\omega_g + \omega_S + VSL_{MI} - A \times W(P))$$

因为保险承办机构是按照Arrow理论范式和保险精算技术确定保险参数的，因此可以假定是按照客观概率测算保费的"公平费率"，即：

$$E(U) = p \times u(\omega_g + \omega_S + VSL_{MI} + A(1 - p) - L)$$
$$+ (1 - p) \times u(\omega_g + \omega_S + VSL_{MI} - A \times p)$$

比较分析$E(V)$和$E(U)$下的保险费用，判断概率加权导致的效率损失、资本化价值对保险费用的影响。利用Mossin（1968）最优免费额期望效用函数，测算最优免赔额S：

$$E[U(\omega)] = \int_0^S U(A - Pr - L)f(L)d(L) + U(A - Pr - S)\int_S^\infty f(L)dL$$

根据社会医疗保险政策，分析医疗保险费用的分担机制，即社会医疗保险保额、商业医疗保险保额和自留风险额。对商业医疗保险的保额分析中引入期权定价模型，或者资本资产定价模型，以体现对生命价值的保障。

4. 全民健康保险合约激励机制

假定在全民健康保险的充分保险空间范围Ω上，存在一个空间需求矩阵：

$$A_{m \times n} = \begin{bmatrix} a_{11} & a_{12} & \cdots & a_{mn} \\ a_{21} & a_{22} & \cdots & a_{2n} \\ \cdots & \cdots & \cdots & \cdots \\ a_{m1} & a_{m2} & \cdots & a_{mn} \end{bmatrix}$$

其中，$\begin{bmatrix} a_{i1} & \cdots & a_{ij} & \cdots & a_{im} \end{bmatrix}$ 为需求水平为 i 时，m 类群体的健康保险需求，a_{ij} 为第 i 层需求水平上的 j 类健康保险需求，即保险金额。根据健康保险的既有财富保障需求和生命价值保障需求，矩阵 $A_{m \times n}$ 又可以分解为两个需求矩阵 $\alpha_{m \times n}$ 和 $\beta_{m \times n}$。其中保障既有财富的矩阵 $\alpha_{m \times n}$，即转嫁健康风险财富损失的矩阵可以表示为：

$$\alpha_{m \times n} = \begin{bmatrix} \alpha_{11} & \alpha_{12} & \cdots & \alpha_{mn} \\ \alpha_{21} & \alpha_{22} & \cdots & \alpha_{2n} \\ \cdots & \cdots & \cdots & \cdots \\ \alpha_{m1} & \alpha_{m2} & \cdots & \alpha_{mn} \end{bmatrix}$$

其中，$\begin{bmatrix} \alpha_{i1} & \cdots & \alpha_{ij} & \cdots & \alpha_{im} \end{bmatrix}$ 为需求水平为 i 时，m 类群体的健康保险财富保障需求，α_{ij} 为第 i 层需求水平上的 j 类健康保险财富保障需求，即转嫁财富风险损失的健康保险金额。

同样，可以将表示生命价值保障需求的矩阵 $\beta_{m \times n}$，表示为：

$$\beta_{m \times n} = \begin{bmatrix} \beta_{11} & \beta_{12} & \cdots & \beta_{mn} \\ \beta_{21} & \beta_{22} & \cdots & \beta_{2n} \\ \cdots & \cdots & \cdots & \cdots \\ \beta_{m1} & \beta_{m2} & \cdots & \beta_{mn} \end{bmatrix}$$

其中，$\begin{bmatrix} \beta_{i1} \cdots \beta_{ij} \cdots \beta_{im} \end{bmatrix}$ 为需求水平为 i 时，m 类群体的健康保险生命价值保障需求，α_{ij} 为第 i 层需求水平上的 j 类健康保险生命价值保障需求，即转嫁生命价值风险损失的保险金额。健康保险在风险概率 $p_{m \times n}$ 的情况下，根据期望效用函数，可以构建一个不同层次不同群体的健康保险合约：

$$V_{ij}(p_{ij}a_{ij}, \ a_{ij}) = (1 - p_{ij})u(W - p_{ij}a_{ij}) + p_{ij}u(W - p_{ij}a_{ij} + a_{ij} - x_{ij})$$

这样就构成了 m × n 个保险合约。在健康保险合约体系下，每层保险合约之间，都有一个保额上限和下限，而确定下限的依据，在已经实现基本医疗保险全民覆盖的情况下，补充医疗保险和商业健康保险，则以基本医疗保险的免赔额、补偿比例和封顶线作为建立保险合约的基础。由于不同的健康保险需求，有对应的保险金额，因而需要相应的保险费用作为对应，并构成两个对应的保费矩阵，并设定存在一个公平保费基础上的附加保费系数 $C_{m \times n}$，使保费等于 $(1 + C_{m \times n}) \times A_{m \times n}$，同样在有免赔额 $D_{m \times n}$ 和金额上限 $T_{m \times n}$ 的保单时，可以分别设置自己的免赔额和补偿上限。

建立多层次健康保险体系合约激励的主要思路是，首先以基本医疗保险为基础，根据健康保险合约，分别设置具有起付线、补偿比例和封顶线的保险合约，并给出合约的基本条件，按照免赔额最优保单和有上限保单的帕累托最优进行逐级设计，最后以终身重大疾病健康保险方式，包含收入失能保障和长期护理保险。关于参数的分布估计，可以基于住院人次、住院费用、门诊人次、门诊费用，分别确定不同的保额和起付线与封顶线，在补偿比例参数约束下，可以在横向和纵向上实现健康保险的多层次全民覆盖。

由于多层次健康保险体系是由一系列的免赔额和封顶线构成的，完美的全民健康保险体系不仅在同一层级上实现全面覆盖，而且在不同层级之间也实现无缝衔接。但是要注意的是，全民健康保险体系不同于全额保险，甚至是超额保险，必须遵循充分保险的基本原则设计，通过全民健康保险体系切实转嫁投保人的健康风险，并免除投保人对健康风险损失的担忧。因而，全民健康保险的设计必须是基于有效财富区间 $[\omega_L, \omega_H]$ 内实施，对于低于该区间的部分属于医疗救助的范畴。而在该范畴内部分，既可以以保费资助的方式为其购买健康保险，也可以以免费医疗的方式提供，或者是直接补贴医疗服务费用。但从保障效率角度，资助参保的方式是最优的。在此主要论证如何在有免赔额和封顶线的条件下，确定帕累托的最优保单，然后基于生命价值保障需求的保额较大问题，讨论再保险的均衡和帕累托最优。

在固定保费下，帕累托最优保单可以表示为有免赔额的保单和有上限的保单。在有免赔额的保单中，免赔额 $\bar{x}_1$ 是不予承保或补偿的最大损失值，即：

$$\begin{cases} I^*(x) = 0 & (x \leqslant \bar{x}_1) \\ 0 < I^*(x) < x & (x > \bar{x}_1) \end{cases}$$

在有上限的保单中，上限值 $\bar{x}_h$ 是保单能够完全赔付的最大损失值，或者按比例补偿的最大医疗费用支出，即：

$$\begin{cases} I^*(x) = x & (x \leqslant \bar{x}_h) \\ 0 < I^*(x) < x & (x > \bar{x}_h) \end{cases}$$

也就是说，在有上限的保单中，如果健康风险损失在上限及以下，损失可以获得全额补偿，而大于上限，则只获得一定比例的补偿，关于这个比例，我们在引入共保率参数后，可以构建一个新的模型：

$$\begin{cases} I^*(x) = \lambda x & (x \leqslant \bar{x}_h) \\ 0 < I^*(x) < \pi \lambda x & (x > \bar{x}_h) \end{cases}$$

这样，在补偿比例一定的情况下，就可以将 λx 看作一个只与损失相关的一个随机变量，而 $\pi \lambda x$ 因为 π 是一个与 $\bar{x}_h$ 和 x 比值相关，因而也可以看作是损失的一个函数，即：

$$\pi = f(x, \bar{x}_h)$$

为简化帕累托最优求解，我们依然使用 Raviv（1979）关于有免赔额和有上限保单的模型，只是在最优解时根据医疗保险的政策或者健康保险产品设计，进行基本的初等变换。而有免赔额和上限的保单，属于保险人与被保险人共同分担损失的共同保险，在共同保险保单中赔付金额一般随着损失的变化而变化，即 π 在免赔额和上限一定的情况下，随着 x 的变化而变化。在没有限制条件下，在保险合同当事人都追求保险效用最大化的情况下，帕累托最优保单可以用以下公式求解：

$$I^{*\prime}(x) = \frac{R_U(A)}{R_U(A) + R_V(B)(1 + c') + \dfrac{c''}{1 + c'}}$$

$I^{*\prime}(x)$ 为共同保险边际保险金额，$A = w - P - x + I^*(x)$，即被保险人的保险损失补偿财富；$B = W_0 + P - I^*(x) - c[I^*(x)]$；$R_U(A)$ 和 $R_V(B)$ 为被保险人和保险人绝对风险厌恶指数，c' 和 c'' 是对 $I^*(x)$ 的导数，如果对成本函数 $c(I(x))$ 没有限制，即 $c(I(x)) \equiv 0$，那么上式就等价于 Wilson 分配原则。

但是，无论是商业健康保险还是社会医疗保险，都有一个保障能力的边界条件，即满足 $K \geqslant V(W_0)$ 的利润或基金结余条件。设定健康保险的边界条件为 $I_P(x)$ 并依赖于固定保费 P，并且是上式中边界条件 $I_P(0) = 0$ 时的解，则 $I_P(x)$ 为固定保费 P 的最优支付函数。特别是当 $\bar{V}(P, I_P) > K$ 时，由于保险人期望效用函数没有背离保险效用大于既有财富效用的条件，保险人可以适当增加保险金额，即增加被保险人的期望效用函数，实现帕累托改进。此时恰当的边界条件为 $I^*(0) > 0$、$I(x) \leqslant x$，并且当存在上限 $\bar{x}_h$ 而且 $x \leqslant \bar{x}_h$ 时，$I^*(x) = 0$，所以有上限的保单为最优保单。而当 $\bar{V}(P, I_P) < K$ 时，由于背离了利润约束条件，需要确定一个免赔额对 $\bar{V}(P, I_P) < K$ 进行修正，使 $\bar{V}(P, I_P) \geqslant K$，而修正的这个免赔额就是最优免赔额。

由于最优免赔额和赔付上限是由保险人制定的一个区间值，在被保险人也存在一个最优免赔额的约束下，如何寻求帕累托最优保单，是构建全民健康保险体系需要解决的难点问题。根据 Mossin（1968）理性购买下最优免赔额的求解公式，我们可以对有免赔额时投保人的最优免赔额进行判断。假定保险公司支付的金额为随机变量 $I(x)$，存在免赔额 $\bar{x}_1$ 和损失 x 下，保险支付为：

$$I(x) = \begin{cases} 0 & x \leqslant \bar{x}_1 \\ x - \bar{x}_1 & x > \bar{x}_1 \end{cases}$$

现在假定保费是免赔额的一个函数，即在有免赔额时，$P(\bar{x}_1) = (1 + \lambda)E(I(x))$，其中 $E(I(x))$ 等于保费的保费。假定投保人的财富为 A，通过健康保险在遭受风险损失时，最终财富 Y 为：

$$Y = A - P(\bar{x}_1) - x + I(x)$$

假设风险损失随机变量 x 的密度函数为 $f(x)$，那么：

$$E(I(x)) = \int_{\bar{x}_1}^{\infty} (x - \bar{x}_1)f(x)\,dx$$

消费者最终财富的期望效用为：

$$E(U(Y)) = \int_0^{\bar{x}_1} U(A - P - x)f(x)\,dx + U(A - P - \bar{x}_1) \int_{\bar{x}_1}^{\infty} f(x)\,dx$$

对上式进行最优化求解，就可以得到最优免赔额 $\bar{x}_1$。此时：

$$(1 + \lambda) \int_0^{\bar{x}_1} U'(A - P - x)f(x)\,dx =$$

$$U'(A - P - \bar{x}_1)\left[1 - (1 + \lambda) \int_{\bar{x}_1}^{\infty} f(x)\,dx \right]$$

在其他参数都确定的情况下，可以推导出最优免赔额 $\bar{x}_1$ 的数值。Mossin 经过进一步的论证，得出最优免赔额随着财富的增加而增加。这也是 Mossin 导出 Mossin 悖论的依据。

在有上限和免赔额需求的条件下，健康保险的帕累托最优保单，在假定保费是免赔额、上限和补偿支付函数的情况下，求解最优的保费 P^*。在有免赔额时，要求所有 $P \in S_2$，$\bar{U}(P_0, I_0) \geqslant \bar{U}(P, I^*)$、而帕累托最优保单免赔额为 0 的充分必要条件是 $c'(0) \equiv 0$，即对于所有的保单 I，都有 $c(I) = a$。在有上限的保单中，保险人收取的保费是保险精算价格的函数，即：

$$P = R\left[\int_0^T I(x)f(x)\,dx \right]$$

其中 R 为比率系数，反映了保险监管规定的保费与保险精算价格之间的对应关系，在社会医疗保险领域，反映了实际收取保费与没有基金结余保费之间的关系。比例系数在监管和保险政策下都是相对固定的，一般设定一个取值区间，即所谓的社会保险基金适当结余的量的表示，或者监管风险控制标准的表示。在期望效用最大化原则下，保险人只愿意提供一定保额上限的保单。在赔付比例约束下，保险效用 $\bar{V}(P, I)$ 的最优解为保费 P^* 和 $I^*(x)$，并且 $I^*(x)$ 满足：

$$I^*(x) = \begin{cases} x & (x \leqslant \bar{x}_h) \\ \bar{x}_h & (x > \bar{x}_h) \end{cases}$$

其中 $0 \leqslant \bar{x}_h \leqslant T$，$\bar{x}_h = \bar{x}_h(P^*)$。

如果一个风险厌恶的个体选择一份保单来使期望效用最大化，那么他所提供的保单为有上限的保单，只保障限值内的损失，超过部分不予保险。这就是典型的以医疗服务费用补偿为保障范围的医疗保险典型模式。因为相对于普通的财产保险，在有生命价值保障需求的健康保险支付时，往往很难确定一个最大的损失额度。由于投保人在财富保障上是希望通过保险获得稳定的期望效用，这里设为 c_1，在 $0 < I(x) < x$ 的约束下，效用函数为分段函数，即：

$$\begin{cases} E(U(w - P - x + I(x))) = c_1 \\ 0 < I(x) < x \end{cases}$$

如果效用函数 U 是线性的，并且保费为固定值，则上述约束为：

$$E(U(I(x))) = c_2$$

其中 c_2 等于：

$$c_2 = c_1 - U(w) + U(P) + U(x)$$

当 $R(\cdot) = 0$ 时，可以得到最优保费的解。

4.4.3 商业保险衔接基本医疗保险的路径与合约激励机制

1. 基本医疗保险制度设计与商业保险衔接路径

由政府举办的社会医疗保险是我国的基本医疗保险体系，是全民健康体系的主体，它更加强调公平性与可持续发展，确保每个国民都能够得到基本的健康保障。因而，其他任何形式的健康保险都不能影响基本医疗保险的可持续公平发展。而且基本医疗保险的功能定位也是非常明确的，无论是对被保险人的财富保障还是生命价值保障，也都是最基本的。也正是由于基本医疗保险强调公平性，因而医疗保险基金在医疗服务覆盖范围和补偿额度上，也必然只保障全部健康保险需求的基础部分。基本医疗保险通过严格的基本医疗服务目录和补偿范围设置，避免医疗保险基金和医疗服务资源被高收入群体过度使用，这种情况不仅存在于发展中国家，即使是经济发达国家，公共健康保险计划也只覆盖健康保险需求的最低限度。也正是基本医疗保险的这些制度设计，为商业健康保险提供了较为充分的发展空间，而且也能够在纵向公平上更好地满足不同健康保险需求。因而商业健康保险的衔接路径，主要是横向的免赔额部分和纵向的封顶线部分的保障内容。尤其是那些具有较高生命价值保障需求的个体，商业健康保险能够通过特殊的医疗服务项目和医疗器械保障，以及定额经济补偿，使投保人获得更高的健康保险水平。

健康风险不仅会破坏累积的既有财富，也会对未来潜在的生命价值造成毁灭性的损害，这将对社会经济发展和家庭都会带来很多不利的影响。也正是由于健康风险的客观性和风险损害的社会性，对应对健康风险的健康保险不能全部按照需求与风险偏好，按照自愿的原则由被保险人或投保人购买。对基本医疗保险需求部分必须强制实施，这是基于健康风险的社会学本质理论与风险客观性决定的，也就是既有理论基础，也有现实客观依据。

我国目前通过政府引导、居民自愿的原则，鼓励城乡居民参加基本医疗保险的措施，其可行性也有待进一步的论证分析。这是因为医疗服务需求具有较强的刚性，它将会随着健康保险水平的提高而在数量和质量上得到强化，这对政府的财政压力也将是持续的。在经济增速放缓的背景下，一旦财政资金负担过重，将导致医疗保险基金增加与医疗服务增加不同步，进而引发巨额的基金赤字。因而，在保证居民基本医疗保险需求的基础上，政府新增加的财政资金补贴，应该主要用于修正贫困个体需求的资金预算约束问题，使其能够购买得起基本的医疗保险并适度提高健康保险水平。例如正在实施的大病医疗保险试点办法，就是比较好的。它可以有效地避免单一的提高健康保险水平，对医疗服务过度利用的刺激，并且能够更好地满足高风险群体的健康保险需求，有效降低医疗服务的费用负担。

另外，财政资金也应该审慎地用于医疗救助领域，不能够将医疗救助费用的增加作为政府的形象工程，救助的增加将会对基本医疗保险产生挤出效应，甚至会产生诸如西方国家的医疗福利依赖"通病"。因而医疗救助应该建立在基本医疗保险的前提下，对确实缺乏健康保险购买能力的个体进行保险资助和自负部分资助，而不是直接的全部采取救助措施。将医疗救助建立在医疗保险的前提下，将有助于人们参与基本医疗保险的稳定性，也有助于改善财政资金的使用效率。否则，将会造成人们对医疗救助的依赖，对健康保险带来较大的挤出效应，医疗救助和公共健康计划的纳入效应越大，健康保险挤出效应也就越大。

另外，基本医疗保险与商业健康保险之间，也要注意挤出效应和纳入效应问题。公共卫生服务应该侧重于对普遍性的基本风险进行治理，提高医疗服务的使用效率。通过清晰的健康保险功能定位和医疗救助实施条件，以及公共健康计划的保障范围设计，以更好地确定财政资金投入的方向和数量问题，即投向投量问题。

在激励全民健康保险体系的过程中，政府还需要尽量避免单一的财政直接补贴的办法，采取诸如税收饶让等优惠政策和鼓励发展多元化健康服务的土地政策等，也被证实是经济有效地修正健康保险行为异象的一种手段。我们欣慰地看到，政府在推动保险业发展的"新国十条"和个人税收优惠类型健康保险办法等相关的政策文件中，已经开始实行税收饶让等政策性激励措施，对承办健康保险的商业机构和个人进行间接的经济激励，必然能够推动健康保险服务业的快速发展。我们应该尽快在个人税收优惠的同时，对企业投保的部分也进行合理的税收优惠，这既可以对雇主和雇员进行有效的激励，也能够在合理减轻企业分担的基础上，改善健康保险的稳定性和可持续性。

构建多层次健康保险体系，需要商业健康保险的深层次广泛介入。但是商业健康保险有其基本的资金盈利模式，往往不会在社会福利上做出太大的利他性外部效应。这必然需要政府通过财政和税收优惠等激励措施，才能够建立起以基本医疗保险为核心的多层次健康保险体系。2015 年 8 月 10 日颁布的《个人税收优惠型健康保险业务管理暂行办法》规定，只要是中国的纳税人都可以购买个人税收优惠类型健康保险产品，保险公司不得因被保险人既往病史拒保，并且还要保证续保。这正是基于行业主动承担社会责任，国家给予保险业税收优惠政策，实际上是将一定的财政收入让渡给保险业，保险业应主动承担起减轻医疗负担、服务医改的社会责任，做到应保尽保。

2. 个人税收优惠型健康保险的内嵌期权与激励机制

《中国保监会关于印发〈个人税收优惠型健康保险业务管理暂行办法〉的通知》（保监发〔2015〕82 号），意味着呼吁多年的税收优惠型健康保险政策的正式落地，对于中国健康保险业的可持续健康发展，又是一个里程碑式的文件。这对加快构建全民健康保险体系，实施更加有效的健康保险合约激励机制，完成了从制度层面的顶层设计和法律保障。

（1）健康保险的产品设计与政策目标。

与个人税优健康保险产品设计与政策目标相关的文件主要有四个，一是《关于开展商业健康保险个人所得税政策试点工作的通知》（财税〔2015〕56号），规定了个人税优健康保险的免税限额为每人每年2400元或者每月200元；二是中国保监会关于印发《个人税收优惠型健康保险业务管理暂行办法》（保监发〔2015〕82号）的通知，明确了保险产品的基本要求和具体运营办法；三是被称为"新国十条"的《国务院关于加快发展现代保险服务业的若干意见》（国发〔2014〕29号），明确了包括健康保险在内的商业健康保险的地位和作用，即"立足于服务国家治理体系和治理能力现代化"、"满足社会日益增长的多元化保险服务需求"，进而使保险服务业发展成为"完善金融体系的支柱力量、改善民生保障的有力支撑"和"转变政府职能的重要抓手"；四是与"新国十条"配套的《国务院办公厅关于加快发展商业健康保险的若干意见》（国办发〔2014〕50号），基于新国条总体战略规划，进一步具体明确了发展商业健康保险的要求、供给和支持政策。

从个人税优健康保险的产品设计和政策目标来看，首先是要求保险公司的偿付能力充足率不得低于150%，并且要按照微利原则的长期健康保险形式进行经营，不得因被保险人既往病史拒保并保证续保；其次是健康保险采取包含医疗保险和个人账户积累两项责任的万能险方式，设置万能账户利息率。其中医疗保险要与基本医保和补充医疗保险相衔接，个人账户积累只能用于退休后购买商业健康保险和个人自负医疗费用支出；最后，健康保险的保险金额不得低于20万元人民币，对首次带病投保的可以适当降低保险金额，不设免赔额。合同约定的医疗费用自负比例不得高于10%，简单赔付率不得低于80%，低于80%的差额部分返还到个人账户，保险公司不得对个人账户收取初始费用等管理费用。

因此，个人税优健康保险是基于社会医疗保险前提下的更高层次的补充性保险，其政策目标主要是在社会医疗保险基本实现全民覆盖的基础上，通过有效的个税优惠激励，满足更高层次的健康保险需求，最大程度地减轻大病医疗费用的支付压力。而万能险的运营模式，也对商业健康保险的基金投资经营、盈利能力和偿付能力提出了更高的要求，保险公司需要在被保险人整个生命周期，尤其是在老龄化阶段提供较高水平的健康保障。这相比较以年度结算的短期大病医疗保险，甚至是同样覆盖整个生命周期的养老保险，个人税优型健康保险面临的保障风险都更加复杂，特别是在应对投资市场波动和医疗费用上涨压力等方面提出了更高的要求。

（2）被保险人的保险策略与内嵌期权。

健康保险一般被看作是转嫁健康风险和获得医疗服务的手段，但无论是转嫁健康风险损失，还是作为购买医疗服务的杠杆，从生命价值理论角度，其保险策略或者是用来保障累积财富，或者用来保障实现未来财富的身体健康。而在万能险的保障模式下，还能够获得相对稳定的个人账户收益。因而个人税优健康保险的保险策略，可以表达为一个由看涨期权和看跌期权组成的混合期权，即基于个人账户收益、医疗费用支出增加的看涨期权和免于健康损害而导致财富损失的看跌期权。其保险策略为：

Ⅰ．在时间 t，被保险人用既有财富 w_t 购买一份保费为 α，最大医疗费用补偿为 A 的健康保险合约，相当于获得了一个以 α 为期权费、承保周期为行权期、医疗费用补偿不低于 80% 的期权。而且保险费额度与既往病史和健康状况无关，并从政府那里获得相应的税收优惠补贴 Tax，其中 $0 \leqslant Tax \leqslant 200 \times Trt$，Trt 为个人税收优惠税率。

Ⅱ．在时间 t，被保险人可以将购买健康保险以后的持有资金 $w_t - \alpha$ 进行优化投资，而不必再使其成为闲散的应对健康风险的储备资金。而投资既可以是教育或技能培训投入，也可以用于改善健康水平的消费性投资，或者直接投资于资本市场获益等。这些投资从 Huebner（1927）的生命价值学说角度，就是使其潜在的财富得到更大的实现。假定投资能够使行权期内的资本化价值增加 fcv_τ，它是整个生命周期上生命价值在该投保期间的一个贴现值。

Ⅲ．在时间 T，个人账户获得不小于约定的利息收益 R_A，该收益是保险人的市场投资收益和被保险人缴纳保费的一个复利函数，即 $R_A = (\alpha - C) \times (1 + r_f)^m$，其中 C 为以万能险的形式运营所需要的相关费用。由于暂行办法规定"不得对个人账户收取初始费用等管理费用"，因而主要是风险保险费和手续费等。r_f 为收益结算期收益率，m 为一个承保周期（一般为会计年度）的结算次数，该收益可以用于个人自负部分医疗费用的支出。

Ⅳ．在时间 T，以（1 - p）的概率保持财富水平为 $w + fcv_\tau - \alpha + Tax + R_A$。如果不是带病投保，则以 p 的概率获得医疗费用补偿 A，用来弥补医疗费用损失 x，并使 $A \leqslant x \times 10\%$。如果是带病投保则将医疗费用增加一个补偿折扣因子 d，即 $A \leqslant x(1 - d) \times 10\%$，最终使财富不低于 $w + fav_\tau - \alpha + Tax + (A + R_A - x)$。由于健康保险允许年度内多次医疗费用补偿，因而 A 为承保年度内医疗费用补偿的总和，费用补偿节点为 t + i，并且 $t \leqslant t + i \leqslant T$，令每次补偿的医疗费用为 A_{t+i}，这意味着被保险人可以在承保周期内可以多次行使获得医疗费用补偿的期权。因而可以看作是一个美式期权，并且补偿额度是年度内医疗费用的累积总额。由于个人税优健康保险不设置免赔额，并且个人支付比例不高于10%、保险人的简单赔付率不低于80%，低于部分纳入个人账户。因而 A_{t+i} 是一个向上敲出的期权，敲出价格为 $A_{t+i} \geqslant 20$ 万元，而不是承保期内的补偿总额 $A \geqslant 20$ 万元。被保险人行使该期权的代价仅仅是期权费加上不高于10%的自负医疗费用，因而个人税优健康保险，不仅降低了基本医疗保险和补充医疗保险的支付障碍，使被保险人在健康保险体系中的自负比例低于10%。而且也使他的敲出期权限值因为补偿次数不设置障碍，在诱发道德风险（即医疗费用分解或多次住院）的情况下理论上对费用上限是无限制的。通过以上保险策略的实施，在个人税优健康保险模式下，被保险人的保险期望效用为：

$$EU = (1 - p)u(w_t - \alpha + Tax + R_A + fcv_\tau)$$
$$+ pu(w_t - \alpha + Tax + R_A + fcv_\tau + A - x)$$

因而，在这种保险策略下，被保险人从保险人那里获得两个内嵌期权，一是用于未来购买健康保险和医疗消费的无风险保费投资收益；二是在发生约定的医疗费用支出以后，获得保险人的医疗费用补偿。由于健康保险是按照万能险的方式运行，还隐含一个潜在的退保期权，在退保时获得一定的退保费用。

（3）保险人的保险策略与承保责任。

根据 Borch（1962）的观点，保险费用由三部分构成，即纯保费、管理费用和风险收益。从个人税优健康保险的制度设计来看，保险保费可以分为年度或月度上的期缴保费，不存在趸交保费的政策基础。保险公司主要用被保险人缴纳的保费补偿被保险人的医疗费用，并将不低于保证利率的收益和低于简单赔付率80%的部分费用纳入个人账户，用于退休后的商业健康保险消费和支付个人自负医疗费用支出。在简单赔付率不低于80%的要求下，如果个人账户的收益较好，实际上可能使被保险人承担的医疗费用非常小，甚至趋近于免费医疗。保险人的保险投资策略为：

Ⅰ. 在时间 t，向被保险人收取保费 α，并在扣除手续费等费用后建立健康保险基金。

Ⅱ. 在时间 t，将健康保险基金按照相关的法规进行市场投资，获得期望市场投资回报。

Ⅲ. 在时间 T，获得投资收益 R_C，并向个人账户支付大于保证收益 r 的 R_A，得到结余投资利润 $R = R_C - R_A$。

Ⅳ. 在时间 T，以 p 的概率支付被保险人承保期间的医疗费用 β，以 $(1-p)$ 的概率不承担医疗费用支出，并且当 A_{t+i} 大于最高保额 A_H 时，β 取值为 A_H 与简单赔付率 Scr 乘积的年度累加之和。

在以万能险的形式运作的健康保险承保策略下，保险人的期望利润为：

$$\pi(p;\ \alpha,\ \beta) = (1-p)\alpha - p\beta + R$$

其中：

$$R = R_C - R_P$$

$$\beta = \begin{cases} \sum\ (A_{t+i} * Scr) & A_{t+i} \leqslant A_H \\ \sum\ (A_H * Scr) & A_{t+i} > A_H \end{cases}$$

$$Scr \geqslant 80\%$$

由此可见，在个人税优健康保险以万能险的形式运营模式下，保险人承保了一个具有多次理赔可能、索赔总额可能大于保险金额，并且附加最低保证收益并用于老年时期支付保险费的健康保险。由于被保险人在承保周期内存在多次索赔的可能，该健康保险又不能简单地看作是一个美式期权。在资本市场面临不确定风险和医疗费用增长过快的背景下，其对应的承保风险既包括投资盈利能力、医疗费用补偿能力和人口老龄化造成的保费显著上涨等风险。此外，由于较低的免赔额限制、允许带病投保和放宽既往病史要求，还将面临较大的应对逆向选择和道德风险等压力。

（4）个人税优健康保险的激励机制。

基于万能险设计的健康保险产品，融合了医疗费用补偿和投资的双重功能。其主要的激励来源，一是税收优惠对收入水平达到起征线以上收入者的激励作用，二是个人账户的积累所带来的远期激励作用。通过税收间接收入的激励，不仅能够对显示性风险偏好具有一定的修正作用，也对跨期选择的时间偏好不一致具有约定的激励作用。但是，个人税优型健康保险的激励机制是有限的，它只局限于收入水平达到个税征收起点以上的个体，对那些收入水平低于或接近个税起征点的群体缺乏有效激励机制。

基于期望效用函数模型，个税优惠的激励，不仅表现为对显示性风险厌恶者的激励作用，也对两类显性风险偏好人员，具有风险偏好反转的激励作用。前景理论认为，由于损失厌恶、参考点和概率决策赋权等原因，在不确定性情况下的概率分布被编辑为一个反 S 形，对应的期望效用函数曲线为一个 S 形曲线，见图 4-8 中的 $E_{w(p)}(V)$。

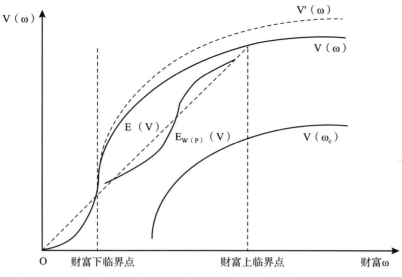

图 4 - 8 个人税收优惠对健康保险效用的激励作用

个人税收优惠能够在被保险人购买商业健康保险以后，增加一个税收优惠间接收入，使其财富水平及其效用值向上、向右平移，即图 4 - 8 中的 V（ω）移动到 V′（ω）位置，此时对显示性风险厌恶者的激励作用，主要表现为保险效用或者消费者剩余的增加。但是，由于损失厌恶效应和参考点的存在，有限的税收优惠可能会被"夸大"的保险费支付"损失"所抵消。在前景理论损失厌恶效应下，个体支付的保险费往往被编辑为更大的损失，即 V(- x) < u(- x)，或 $|V^-(- x)| > |V^+(x)|$，这将影响到期望效用函数的平衡问题，需要一个更大的期望效用值来弥补损失厌恶带来的负面影响。而且所谓的"损失"，在参考点效应下也未必是真实的损失。在收入水平达不到健康保险需求层次时，如图 4 - 8 中的财富下临界点的曲线，或者没有在其消费计划中设置健康保险"心理账户"时，健康保险消费也会被编辑为"损失"。此时表现为对健康风险的显性偏好，尽管此时个体的内心也是健康风险厌恶的。

由于个人税优健康保险是基于工资税的激励机制，根据 Huebner（1927）生命价值学说的观点，个体对健康保险费的支付和保障主要来自于其未来的生命价值，而不是传统期望效用理论上的既有财富，即图 4 - 8 中的 V（ω$_c$）是包括既有财富和未来潜在财富的总财富 ω。对生命价值的保障，往往会导致投保时的需求不足和患病后医疗费用过度利用问题，个人税优健康保险能够从工资税激励的角度修匀生命价值保障的缺口。

由于个人税收优惠能够使其财富值间接增加，因而也使得原来显示为风险偏好的边缘群体加入到健康保险行列，如图4-9所示。

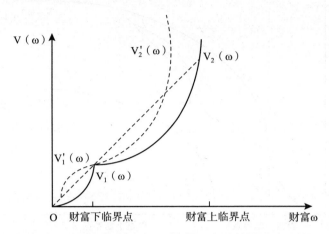

图4-9　健康保险显示性风险偏好与税收的激励机制

　　对低收入者因为财富的增加，使其财富效用曲线由 $V_1(\omega)$ 因为风险偏好反转，移动到 $V_1'(\omega)$；而对中高收入者使财富效用曲线由 $V_2(\omega)$ 向上移动到 $V_2'(\omega)$。之所以低收入者是风险偏好反转导致对健康保险产生需求，这是因为相对于财富水平与健康保险需求层次发生改变的原因，即个人税优导致的间接财富增加使个人财富消费计划中增设了健康保险消费的"心理账户"，他们潜在于内心的风险厌恶态度，与保险行为开始表现为"一致"，而不是原来的财富约束造成的需求不足问题。而对于高收入者的保险需求，则主要是因为税收激励效用的作用，使原来的健康保险期望效用由小于不投保，转变为大于不投保所导致。

　　前景理论认为，人们往往更加倾向于对未来的效用赋予一个较大的贴现因子，使人们更加倾向于当前的消费或收益，其结果就是个体显示为短视自我和远见自我的双自我特征。在健康保险领域，就是人们缺乏对长期型健康保险的投入，或者会造成保险中断问题。个人税优型健康保险，由于个人账户设置和最低收益率保证，因而具有时间偏好不一致的纠正与激励作用。基于 Laibson（1997）的准双曲线贴现模型：

$$U_{t,s} = u_t + \beta \sum_{s=t+1}^{\infty} \delta^{s-t} u_s$$

　　个体的健康保险效用被编辑为当前时刻的效用值，与未来附加一个时间偏好不一致贴现因子 β 的指数贴现效用值的乘积。其中 δ 为长期贴现因子，反映的是理性的、具有时间偏好一致的个体对未来各期效用的贴现；

而 β 为受到各期时间偏好不同所影响的贴现因子，它放大了长期贴现因子的影响，从而使各期相同的理性贴现效用值再次被非理性贴现。以万能险形式运营的个体税优健康保险，由于内嵌有保证最低收益的期权，因而能够有效地弥补非理性贴现导致的时间偏好不一致问题，即：

$$U_{t,s,R_A} = u_t + \beta \times (1 + R_A) \times \sum_{s=t+1}^{\infty} \delta^{s-t} u_s$$

由于 $\beta \leq 1$，$\delta < 1$，$1 + R_A \geq 1$，因而，万能账户的保证收益率能够冲抵短期贴现因子 β 的影响，从而使 $U_{t,s,R_A} \geq U_{t,s}$，进而可以修正时间偏好不一致导致的保险可能中断问题，进而有助于使被保险人长期持有健康保险保单。

（5）健康保险业的"易被误解性"与税优健康保险激励的有限性。

尽管个人税优型健康保险，能够通过税收优惠的激励，对人们投保健康保险具有一定的激励作用，但是从社会医疗保险的保障水平和个人税优健康保险的功能定位来看，对较低健康风险的青年群体依然缺乏有效的激励作用。不仅仅是因为他们的健康风险概率较低，还包括较低的收入水平、年轻人特有的风险偏好特征和缺乏理性的时间偏好不一致等原因。因而，对于青年群体来说，个人税优型健康保险依然难以有效解决逆向选择、风险偏好等问题。加上该保险主要是依赖税收优惠刺激，缺乏社会医疗保险强制性、保费分担机制和政府兜底风险等更加强烈的约束与激励，并且在医疗费用的补偿上也是基于社会医疗保险先行补偿基础之上的。近年来我国社会医疗保险通过提高补偿比例和大病补充医疗保险，对青年群体的现有健康风险具有较为充分的保障能力。相对于青年群体对现金收入的渴求，他们难以对小额的远期税收激励做出较大的反应，况且很多人的收入维持在个税起征点水平的附近。

因此，要想真正通过税收优惠激励措施推动商业健康保险的发展，就必须将个人税收优惠与用人单位的企业所得税优惠相结合，激励用人单位为职工分担必要的保险费，将团体健康保险与万能险进行有机地融合。在双向激励和时间偏好不一致纠偏方面，共同推进健康保险的发展。缺乏用人单位积极参与的激励机制，健康保险必然会缺乏有效的组织性。

3. 完善商业健康保险补充保障居民健康的激励措施

2014 年 10 月颁布的《国务院办公厅关于加快发展商业健康保险的若干意见》（国办发〔2014〕50 号）中，对加快发展现代健康保险业提出了具体的激励措施。首先是全面推进并规范商业保险机构承办城乡居民大病保险。从城镇居民医保基金、新农合基金中划出一定比例或额度作为大病保险资金，在全国推行城乡居民大病保险制度。遵循收支平衡、保本微利的原则，全面推进商业保险机构受托承办城乡居民大病保险，发挥市场机制作用，提高大病保险的运行效率、服务水平和质量。规范商业保险机构承办服务，规范招投标流程和保险合同，明确结余率和盈利率控制标准，与基本医保和医疗救助相衔接而提供"一站式"服务。逐步提高城乡居民大病保险统筹层次，建立健全独立核算、医疗费用控制等管理办法，增强抗风险能力。

其次，稳步推进商业保险机构参与各类医疗保险经办服务。加大政府的健康保险服务购买力度，按照高效政府"管办分开、政事分开"的基本要求，通过引入竞争机制和严格招标等方式，鼓励有资质的商业保险机构参与各类医疗保险经办服务。并且在承接政府采购服务中降低运行成本，提升管理效率和服务质量。进一步规范经办公共服务的协议，建立起完善的激励和约束有效结合的评价机制。在综合考虑基金规模、参保人数和健康保障内容等因素基础上，科学确定商业健康保险机构经办基本医保的费用标准，建立起与人力成本、物价涨跌等因素相挂钩的动态调整机制，给予商业机构合理的利润空间。

最后，完善商业健康保险机构和定点医疗卫生机构的合作机制。一方面，要积极鼓励各类医疗服务机构与商业健康保险机构合作，使其成为健康保险机构的定点医疗机构；另一方面，要充分发挥健康保险公司的专业精算技能和保险知识，充分发挥作为第三方购买者的专长，协助并缓解医患信息不对称和医患矛盾问题。在风险识别和激励机制中，还要充分利用健康保险的费率调节机制对医疗费用和风险治理的正向激励作用，有效降低不合理的医疗费用支出。对已经试点居民大病保险和相关医疗保险经办服务的地区，要强化健康保险机构对定点医疗机构的医疗费用合理性监控与评价，增强健康保险基金使用的科学性和合理性。

根据个人税收优惠型健康保险业务管理暂行办法的相关规定，个人税收优惠型健康保险产品遵循保障为主、合理定价和微利经营的设计原则，并且保险人不得因被保险人既往病史拒保，按照长期型的健康保险要求保证老年时的续保。其账户管理方式以万能险的方式运作，包括医疗保险账户和个人账户积累两项责任，实现了健康保险的既有财产保障和生命价值（寿险）保障的有机结合。其中医疗保险与基本医保、补充医疗保险相衔接，用于补偿被保险人基本医保和补充医疗保险补偿后的自负医疗费用，不能用于医疗费用的重复报销，明确了健康保险的层级界限和功能范围。个人账户积累部分可以用于退休后的商业健康保险购买，以及剩余个人自负部分的医疗费用，也能够对跨期决策时间偏好不一致问题进行较好地激励和行为异象修正。

个人税收优惠型健康保险，首次明确了不得对带病投保病人拒保的要求。但是也根据与风险损失匹配的精算原则，提出对首次带病投保的可以适当降低保险金额。普通投保人的保险金额不低于 20 万元人民币，并且不设置免赔额。同时要求被保险人符合保险合同约定的医疗费用的自负比例不得高于10%，简单赔付率不低于80%，低于80%的差额部分不能提现，而是返还到所有被保险人的个人账户。在管理费用的提取上，管理办法要求保险公司不得对个人账户收取初始费用等管理费用。保险公司自主根据精算原则开发个人税收优惠健康保险产品并报中国保监会审批。2016年 2 月 16 日，中国保监会根据个人税优健康保险通知及相关要求，对递交开展个人税收优惠型健康保险业务报告的八家保险公司进行了审批，按照"成熟一家，公布一家"的原则，同意中国人民健康保险股份有限公司、阳光人寿保险股份有限公司、泰康养老保险股份有限公司展开业务经营。

由此可见，我国个人税收优惠型健康保险再次改变了健康保险的传统运营模式。特别是医疗保险最优保单的评价标准设计，对构建新型的健康保险合约激励机制和切实保障人们的健康水平，从国家政策和规章制度上进行了充分的激励准备和政策支撑。这是实现国家、保险人和被保险人（投保人）等责任主体在内的多方福利促进的共赢保障模式。而从本质上就是国家作为国民健康保障最终责任人的间接投保行为，并将投保经济激励以投保健康保险作为前提，对提高健康保险的覆盖范围和保障水平、降低投保人的保费压力，无疑具有深远的战略意义。

4.4.4 多层次健康保险体系中的吉芬商品属性应对机制

国家扶贫办提供的 2015 年因病致贫人口占比 42%的数据说明，因病致贫依然是当前我国农村贫困的主要原因。与此形成的鲜明对比，是国家财政对居民医疗保险的补贴，已经由 2003 年新农合试点时的 20 元提高到2015 年的 360 元，个人缴费部分相应由 10 元提高到 120 元，而 2003 年第三次国家医疗服务调查的结果是 33.4%的家庭贫困是疾病或意外伤害造成的。保费投入提高比例与因病致贫改善程度不对等的问题，至少说明存在某种损害社会医疗保险保障效率的"冲减效应"，不仅使增加的保费投入难以充分发挥应对因病致贫的作用，还助推了医疗费用的过快上涨。传统经典文献一般将"冲减效应"归因于保险因子、道德风险和保险欺诈等因素，而 Mossin 在 1968 年推导出来的财富保障效应保险具有吉芬商品属性的结论，却几乎没有在健康保险领域得到任何关注。如果具有财富保障效应的单纯用于转嫁医疗费用的健康保险具有吉芬商品属性，那么健康保险缴费水平、起付线和保额就应该随着财富的增长而相应的调整。

然而人们健康保险的购买量并不是随着财富的增加而减少，也不仅仅是为了转嫁医疗费用造成的既有财富的损失，更重要的目的在于提高优质医疗服务的支付能力以获得最好的疾病治疗效果。根据 Huebner（1927）生命价值学说，人类财富由已经实现的累积财富和蕴含在生命价值中的未来潜在财富构成，生命价值是累积财富的永久性来源，等于个体全生命周期内各时期收入扣除本人消费（即资本化价值）后的总和，它取决于个体的性格、健康、教育和技能培训水平、创造力和创新能力，以及实现远大理想的耐力等。Huebner 认为，健康保险能够与寿险协同保障生命价值面临的基于期望寿命的"提前死亡"、永久性残疾引发的"生存死亡"和医疗费用或暂时性残疾等风险。世界卫生组织（2013）提出的作为政府对国民健康保障责任的全民健康覆盖，要求政府"确保所有国民获得必要的高质量医疗服务，并且不会因为医疗费用支付而陷入经济困境"，提高社会医疗保险的人群覆盖范围、医疗服务项目种类和医疗费用补偿比例，是政府实现全民健康覆盖的重要路径（WHO，2013）。为了获得"必要的高质量医疗服务"实现生命价值保障目的的健康保险，因为生命价值风险的传导效应而具有非吉芬商品属性，因而这种保障需求也应该得到充分的满足。这样，从全民健康覆盖和吉芬商品属性角度，单纯用于财富保障效应的健康保险不应该属于政府的责任范围，有限的财政资金和稀缺优质医疗资源，应该优先满足必要的高质量医疗服务需求。因而需要综合 Huebner 的生命价值学说和全民健康覆盖要求，对健康保险吉芬商品属性进行充分辩证，合理确定社会医疗保险的政府责任范围和保险费用适度筹资标准，通过完善多层次健康保险体系的改善措施，更加有效地实现全民健康覆盖目标。

1. 健康保险吉芬商品属性辩证与政府保障责任边界

健康保险对既有财富和未来财富的保障作用大多情况下是密不可分的，但两者因为对应的保险属性不同而对健康保险政策和政府责任要求也不尽相同，前者因为具有吉芬商品属性而必须得到合理控制，而后者则是为了获得"必要的高质量医疗服务"实现对生命价值的保障，因为具有非吉芬商品属性而应该得到优先满足。因而，将健康保险的吉芬商品与非吉芬商品属性进行适度的区分，是优化社会医疗保险政策和明确政府责任边界，以及确定有限财政资金和优质医疗资源配置的基础。

（1）健康保险对既有财富的保障效应与吉芬商品属性。

健康保险经典理论范式是 Arrow（1963）基于传统的期望效用理论模型构建的，期望效用理论以财富效用的边际递减和风险厌恶为基本假设前提，并假定风险之间是相互独立的。在期望效用理论下，人们购买健康保险的目的在于转嫁医疗费用，以使有健康保险保障时的确定财富效用大于不购买健康保险时的期望效用。Mossin（1968）同样基于期望效用理论和模型假设，通过一系列严谨的数理推导，论证了在风险财富和损失补偿一定的情况下，具有财富保障效应的保险应该随着被保险人的财富增加，保费和保额都应该相应地减少，而免赔额则相应提高，即财富保障效应的保险是具有吉芬商品属性的"劣质品"。由于该推论与现实中人们随着财富的增加而保险购买数量也增加的现实不符，因而被称为"Mossin 悖论"。尽管健康保险在分类上属于人身保险的范畴，但是在对医疗费用"损失转嫁"方面，与财产保险的财富保障效应在形式上是基本相同的，只不过财产保险的风险是针对财富的直接灭失或损毁，而疾病风险则是因为支付医疗费用而使财富"遭受损失"。

在没有"不可逆健康损害"时的医疗费用支出与社会医疗保险的补偿办法，与 Mossin 推论保险吉芬商品的前提假设是基本一致的。Mossin 的吉芬商品属性推论是建立在被保险人是风险损失厌恶的，以及风险之间相互独立和风险标的损失额度相对固定的假设下，基于附加保费为纯保费正比例系数和财富保障效应最大化推导出来的。而作为纯粹转嫁医疗费用的健康保险，在社会医疗保险制度框架下，只能对起付线与封顶线之间的医疗费用，按照特定的比例进行补偿，而且还受到医疗服务项目范围的约束，因而基本符合 Mossin 吉芬商品推论的基本假设条件，由此推论为投保人能够支付的、非不可逆健康损害的医疗费用补偿性定额健康保险具有典型的吉芬商品属性。此时人们投保健康保险的动机在于医疗费用补偿的财务索偿权，是在健康损害能够得到充分治疗情况下的损失理赔行为。因而，对医疗费用补偿型健康保险的最优购买，也应该随着个体财富的增加，保费和保额都相应地减少，不应随着财富的增加而增加，并同时提高免赔额，否则将会导致财富外溢问题。

当单纯用于转嫁财富损失的健康保险投保过度时，将会损害有限优质医疗服务资源的利用效率：一是导致医疗服务资源的过度利用，保险对医疗费用过快增长的助推效应，导致增加保费投入的财富保障效应因为医疗价格的增长而削减；二是健康保险对支付能力的过度杠杆化会加重医疗服务需方竞争，使医疗资源更多地被更富有的人员"抢占"，富人的财富优势"剥夺"了穷人的相对利用机会；三是造成财富外溢性损失，基本医疗保险对医疗服务利用和补偿条件的限制，使理赔的增加期望效用小于附加保费的增长，造成保险最优保障效率的损失，从而不再符合财富保障效应最优购买的理论标准。

（2）健康保险对医疗服务购买的杠杆作用与非吉芬商品属性。

人类财富构成和生命价值的重要性，使人们对健康保险的购买行为总是混杂着财富保障效应和生命价值保障效应等动机，甚至还存在消除担忧或免于遗憾、遵循社会认知和（或）社会规范等更为复杂的心理动机（Kunreuther et al.，2013）。多元化投保动机、生命价值主观估计值离散度过大和不确定性决策特点等原因，又导致健康保险很容易被人们误解，影响健康保险功能的合理定位和水平的适度性，并造成健康保险供需双方都一定程度存在不符合最优购买理论的行为异象，无法充分发挥应对因病致贫因病返贫的保障作用。全民健康覆盖明确了政府的责任在于"确保所有国民都能够获得必要的高质量医疗服务，并且不会因为医疗费用支付而陷入经济困境"。而健康保险作为实现全民健康覆盖的有效措施，理应成为国民获得必要的高质量医疗服务的杠杆，而不是富人单纯用作转嫁医疗费用或风险损失的"俱乐部"（葛延风、王晓明，2005）。在世界卫生组织的推动下，全民健康覆盖在 2012 年 12 月开始作为联合国的一项重要决议，成为各国政府必须履行的保障国民健康的责任。中国作为联合国重要成员国和全民健康覆盖的承诺国，必将以履行全民健康覆盖为基本责任，并在此基础上更好地保障和提高国民健康水平。全民健康覆盖要求政府的公共健康保险计划应该从覆盖人口、医疗服务范围和医疗费用补偿比例三个维度，推进全民健康覆盖的实现。

相对于财富保障效应为目的的医疗费用补偿性健康保险，通过健康保险满足"必要的高质量医疗服务"的需求，最终目的在于充分地修复健康损害以保障生命质量和未来财富。购买健康保险提高医疗服务的支付能力，不再简单的是财务索偿权，而是为了避免因缺乏必要的高质量医疗服务而造成永久性残疾或者"生存死亡"，甚至"提前死亡"等严重的因病致贫问题，并更好地承担起家庭的抚赡养责任。生命价值越大，用于保障生命价值的健康保险购买量也应该相应增加，以使得所购买的医疗服务恰好满足生命价值的保障需求。

因而，从健康保险对医疗服务的支付能力改善的角度，健康保险购买动机与保障效应，显然不再完全符合 Mossin（1968）推导吉芬商品结论时的前提假设条件。而且此时健康保险的生命价值保障效应，也因为生命价值蕴含财富量不同而具有明显的可变性。如果生命价值保障效力不足，还会引发家庭贫困和全生命周期贫困等一系列因病致贫风险的传导性问题，因而家庭之间的风险损失也不再是相对独立的，进而再次证明具有非吉芬商品特征。健康保险对身体健康和身体健康承载的生命价值的保障，最终的目的是为了避免医疗服务支付能力限制可能造成的小病拖大病、大病造成永久性残疾或者提前死亡的风险。

2. 健康保险的非吉芬商品属性区间与政府责任边界

吉芬商品一般是低收入水平时最基本的刚性需求，并随着个体收入水平的增加而显著减少，因而政府对吉芬商品的保障也应该随着个体财富的增加而相应减少。由于健康保险对财富保障效应具有吉芬商品属性，而对生命价值保障具有非吉芬商品属性，因而政府的社会医疗保险应该在满足基本需求的基础上，优先保障每个国民获得必要的高质量医疗服务并且不会因为医疗费用支付而陷入困境，以有效履行全民健康覆盖的基本责任。根据全民健康覆盖的要求和吉芬商品属性，可以用图 4 – 10 中的阴影部分表示政府对国民健康保障的基本责任范围，社会医疗保险是履行该责任的最有效手段之一。

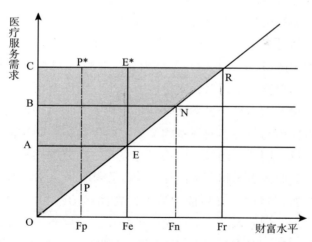

图 4 – 10　社会医疗保险吉芬商品属性与适度性水平

在不考虑贫困线和保费支出时，政府的保障责任在 OBN 的范围内，即所有国民获得必要的高质量医疗服务 BN，其中点 Fp、Fn 分别为贫困线和与必要的高质量医疗服务费用对等的财富线。由于全民健康覆盖要求不能因为医疗费用支付而陷入经济困境，因而还需要将国民的累积（现有）

财富扣除基本生活消费和保费支出，即政府的实际保障责任是必要的高质量医疗服务和非贫困双重两个部分。此时政府的全民健康覆盖保障责任扩展为 OCR 区域，它是 BN 加上贫困线和保费之后，与财富曲线 OPENR 交叉形成的区间，CR 为政府的实际保障责任，而 P 点以下的阴影部分是政府通过医疗救助和社会救助而改善的部分。从横坐标的财富水平上，个体的财富水平从 BN 对应的 FnN 向右平移到 FrR，平移量等于 Fp 加保费额度。直线 FpP 为维持非贫困生活消费与保费支出的最基本财富水平，直线 FpPP* 左侧部分是贫困人口必要的高质量医疗服务需求。从单纯财富保障类型健康保险的吉芬商品属性角度，在曲线 OPENR 之上的部分是为了购买必要的高质量医疗服务，并不包含现有的财富损失补偿功能，因而具有非吉芬商品属性，它是政府必须承担的基本责任。

而 OPENR 右下方部分，无论个体的财富水平如何，都具有医疗费用支付能力，因而投保动机是为了通过保险转嫁特定财富损失的财富保障效应，具有明显的吉芬商品属性，并且超过最优购买部分因保障效率损失而具有"劣质品"的特点，因而不是政府应对"因病致贫"风险所必须履行的基本责任。在可支付的财富保障效应部分，较低的医疗费用风险应该以自留为主，而大额医疗费用风险则通过健康保险市场提供保障，除非政府的财政收入充分到能够以医疗福利的性质补贴医疗费用。而且医疗资源也充足到能够满足更高层次的需求，并不会因为医疗资源竞争而影响低收入者的可及性问题。

在政府承担的 OCR 区间内，不同财富水平的人对医疗服务的支付能力也是不同的，财富水平越低，支付能力越小，因而需要较高的健康保险的保额弥补支付能力不足。虽然从 Mossin 的财富保障效应的吉芬商品结论上，低收入者应该支付更多的保费购买更大的保额，但同时面临保费支付能力也相对偏低的制约性问题。作为具有收入二次分配调节功能的社会医疗保险，需要高收入者承担更多的保费，以弥补低收入者的保费支付能力不足问题。在医疗费用的支付能力方面，在曲线 OPENR 上 E 点的位置，个体财富额度加上健康保险对医疗费用的补偿，恰好等于必要的高质量医疗服务的支付水平，财富大于 Fe 的更高收入群体，为低于 Fe 的更低收入群体"支付"部分保险费用。当前实行社会医疗保险模式的国家，也主要是基于个体收入水平以"工资税"的方式在"不公平"地共同分担保费。但是为了照顾健康保险利用与医疗费用补偿的相对基本公平，对超过特定收入水平的人员都设置了缴费收入标准上限，只要求低于缴费收入基数的部分按照法定的比例缴纳。例如，中国的平均工资办法和德国的最高缴费收入限制，以保持社会医疗保险"保基本"的功能定位。

3. 社会医疗保险非吉芬商品属性的分层优化机制

基于全民健康覆盖的基本要求，能够确定满足财富保障和生命价值保障的均衡保费标准和政府的健康保险责任范围。但是社会医疗保险的制度设计与组织实施，很难根据个体现有财富水平对医疗费用进行精确地补偿，而是所有参保人员都能够在基本保障范围内相对公平地利用基本医疗服务。因而如果只是为了满足低收入者达到必要的高质量医疗服务需求，必然需要健康保险覆盖 CR 以下的所有医疗服务需求，使政府财政用于转嫁医疗费用的财富保障效应过大。这不利于充分发挥财政资金适用效率和对必要的高质量医疗服务的充分保障，需要对全民健康覆盖目标下的健康保险需求进行分层设计。在健康保险非吉芬商品属性得到最佳优化的基础上，更好地兼顾公平性、可操作性和基本医疗服务的可及性等核心问题。尽量减少有限财政资金因财富保障的吉芬商品属性而造成的效率损失，以优先满足生命价值保障所需要的必要的高质量医疗服务需求。

（1）基本医疗保险的吉芬商品与非吉芬商品混合效应。

对常规疾病的基本医疗服务需求保障，是全民共同地均等享有的基本权利。对于低于均衡点 E 以下的医疗服务需求，低收入群体主要用于必要的基本医疗服务需求的满足，高收入群体更多的是为了财富保障效应，或者以基金对基本医疗服务费用补偿作为基础，提高对更大医疗费用的支付能力。在该保险区间内，医疗服务利用和费用的补偿与个人的财富水平无关，每个人的补偿额度和服务利用都是相对封闭的。因而也就是符合 Mossin（1968）的风险标的损失补偿相对固定的前提假设。而且这个区间的医疗费用和风险损失，彼此之间是相互独立的，风险损失的传导效应是可控的。因而可将 E 点所在的直线 AE 作为最基本医疗服务的最高水平线，不仅从覆盖人群的总量上是最多的，也是中低收入者常见普通疾病风险最集中的区域。在这个区域内，每个参保人员都具有同等的机会获得基本医疗服务并得到基金补偿。但是从健康保险全民覆盖角度，由于它并不排斥 OPE 与 AE 交点右下方的全部区域，因而财富保障效应与必要的高质量医疗服务的保障效应混合问题较为明显，这是健康保险基本公平与全民健康覆盖需要付出的代价。而富人承担相对更多保费的共同分担机制和"保基本"的功能定位，既能够充分利用健康保险的财富保障效应，也能够合理控制吉芬商品属性的财富外溢效应和医疗服务过度利用问题。在高收入群体保费"补贴"效应下，财富水平低于 Fp 的贫困人口参加基本医疗保险，不仅能够在保费上获得财政资助，也能够获得高收入群体的"补贴"，从而能够最有效地缓解因病致贫或返贫的问题。

在医疗费用共付条款下，参保人员对医疗总费用和个人负担部分的支付能力，使基本医疗保险不可避免地存在逆向照顾问题。如图 4 – 11 所示，首先是起付线 S 制约了支付能力低于起付线群体的就医可及性，当他们财富水平无法越过起付线而得不到健康保险支持，此时该群体起付线至封顶线之间理论上能够获得补偿的医疗费用 SE，实际就转移给了更高收入的群体；那些高于起付线但低于封顶线的群体，则将剩余部分转移给更高收入的群体，即小于 E 点大于 S 点的部分；只有那些支付能力高于封顶线以上的个体，才能够充分足额利用基本医疗保险基金的补偿，获得健康保险基金的最大化保障。

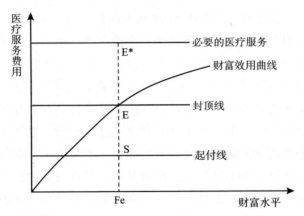

图 4 – 11　医疗费用差异化支付能力下的逆向照顾形成机制

因而，如果不能够有效解决中低收入者对自负费用的支付能力，必然会存在穷人照顾富人的逆向照顾问题。与此类似，经济发展水平和医疗服务价格在地区或城乡之间的差异，也会造成实际医疗费用的补偿差距。低收入地区因较低医疗费用的"节省"而补贴较高收入地区，统筹地区内收入和价格差距越明显逆向照顾问题越严重。尤其是差距较明显的城乡统筹问题最严重，需要通过有效的价格与医疗管制缓解问题的严重程度。

由此可见，基本医疗服务需要通过保费分担均衡机制自我修正逆向照顾问题，一是较高收入者按收入水平等比例缴纳保费，修正对高收入者的逆向照顾问题；二是达到最优购买以后的部分因财富增长而增加的财富效率损失，可以通过较低收入者的财富保障效应外溢而得到内部修匀，从而使健康保险并不存在显著的整体效率损失。因而合理确定常规疾病风险保障的适度性非常关键，它决定了健康保险保费、保额和免赔额在财富保障效应上满足最优购买标准的适度水平，有助于实现健康保险财富保障效应与医疗服务支付能力的适度均衡。

（2）大病补充医疗保险的非吉芬商品优化机制与政府责任。

随着健康保险水平的提高，社会医疗保险不仅对"必要的高质量医疗服务"的保障功能开始强化，而且应对因病致贫或返贫的责任也更加重要，但常规疾病风险保障所具有的普惠性激励功能开始衰减。对于财富水平低于 Fe 的群体，高于基本医疗保险 AE 之上部分，将全部用来保障必要的高质量医疗服务需求。在 Fe 至 Fr 之间中高收入群体用来进行差额补偿，而超过 Fr 的群体基本上全部用于财富风险损失转嫁。因而重大疾病风险保障的医疗保险应该分类采取针对性的保障措施，政府的责任重点在于保障收入水平低于 Fe 群体的全民健康覆盖责任，兼顾 Fe 与 Fr 之间的中间群体。如果为了解决低收入者必要的高质量医疗服务支付能力，而要求全民同等地提高保险缴费水平，将会加重财富保障效应的效率损失外溢问题。

在具体分类分层保险设计上，家庭收入水平较低的城乡居民和工薪收入较低的人员，政府应该建立专项大病医疗保险基金，并将部分医疗救助资金划拨到大病医疗保险基金，充分发挥大病医疗保险的损失分担机制，改善医疗保险和医疗救助的保障效率；对于较高收入的职工和自由与个体从业人员，主要通过用人单位组织的大病补充医疗保险，政府通过税收优惠等政策进行合理有效地激励；而对于财富水平非常高的群体，则以商业补充健康保险为主。由于财富累积水平与年龄有密切的关系，年龄越小累积财富越低，潜在的生命价值越大，因而对通过大病医疗保险获得高质量医疗服务的潜在需求也就越大。但是受限于累积财富的保费支付能力和时间与消费偏好，大部分年轻群体的健康保险持有水平，难以达到生命价值保障需求所需要的最优购买标准，政府应该通过合理的激励机制和差别化的保险政策设计，重点保障年轻群体的重大疾病风险，适度降低利用程度较低的基本医疗保险缴费比例，促使年轻人将更多的累积财富能够用作教育、技能培训和创业资本等改善资本化价值能力的特殊资金，提高生命价值对未来潜在财富的转化能力，而不是被过多地强制用于背离最优购买的健康保险保费，尤其应减少保值增值能力和利用程度都很低的个人账户基金。

（3）政府与市场对重特大疾病保险的协同保障机制。

重特大疾病虽然发生概率较小，但治愈难度和医疗服务质量需求都非常高，极易造成严重的生命价值损失，甚至是"生存死亡"、"提前死亡"

等严重的家庭贫困问题，因而需要设计一个相对独立的、具有医疗救助基金功能的特殊健康保险。受限于社会医疗保险的封顶线设计，目前我国重特大疾病医疗保险主要是通过商业健康保险提供保障。但从具体的实施办法看，当前有激励政策参与的保险是处于试点阶段的个人税收优惠健康保险，其补偿上限突破20万元的理赔额度，相对于高额医疗费用和高质量医疗服务的需求，显然个人税优健康保险的保障力度依然不够充分，但是如果保额过大也会增加投保人的财务负担。除非是过度担忧或焦虑而购买大额健康保险，如图4-10中点R右上侧部分高收入者基于财富保障效应的非理性保险需求不能作为政府的责任以外，发生在OPENR之上部分的重特大疾病风险保障需求，从全民健康覆盖角度都应该纳入政府公共健康计划责任范围，特别是财富水平位于直线FrR左侧群体，需要通过大额健康保险应对因病返贫风险。

重特大医疗保险专项基金的来源，可以通过职工医疗保险或个人税优健康保险的个人账户基金，或者政府财政资金和医疗救助资金。由于重特大疾病的发生概率较小，因而能够以较小的保费和财政资金投入满足特殊医疗服务需求，进而能够减轻个人、用人单位和财政负担而激活企业和社会资本活力，使保险基金能够充分利用中长期金融投资产品提高保值增值能力。而对于OPENR与CR交点右上侧部分的非理性需求，政府应该通过保险教育和控制税优补贴等合理干预措施，降低保险效率损失和控制因为持续沉没成本可能引发的道德风险和保险欺诈问题，提高健康保险的保障效力和医疗服务资源的利用效率。

4. 社会医疗保险最优保障效应的改善路径

（1）吉芬商品属性与强制医疗保险下的医疗服务管制措施。

从理论上，在必要的医疗服务需求一定的情况下，随着国民财富水平的增长，政府保障"不会因为医疗费用支付而陷入经济困境"的责任也随之减少，责任保障线OPENR将逐渐向左上平移到点C位置，之后的工作重点在于确保国民公平地获得必要的高质量医疗服务。但是，基于医疗保险可操作性和基本公平考虑，社会医疗保险不能完全消除吉芬商品属性的影响，在强制性参保政策下，社会医疗保险也必将对医疗服务价格的产生助推作用，往往也会导致必要的医疗服务支出CR将向上过快移动，进而导致财富水平增长或者医疗保险水平提高的支付能力改善作用，被过快增长的医疗服务价格冲减。近年来过快增长的医疗费用，已经严重侵蚀了国民的财富水平和削弱了医疗保险的保障效力，除了医疗保险的助推作用以外，财富水平的提高对有限优质医疗服务的需求竞争也是其中重要的原因，高收入者的医疗保险财富保障效应明显，医疗费用增长也就越快，最终将导致医疗保险的财政投入不堪重负、保费筹集增长压力过大等问题。

如图 4-12 所示，为了保证基本医疗保险的公平性和全民医疗保险覆盖，将基本医疗保险的水平设置为 E 点以后，财富水平低于 Fe 的低收入群体，财富的支付能力依然限制在必要的高质量医疗服务 CR 的范围内；而高于 Fe 点的高收入群体，医疗服务的支付能力高于 CR，并且随着财富的增加而相应增加，使医疗服务的支付能力由 ENR 向上相应的平移到 E^* R^* 的水平，超过 CR 之上的 E^*R^*R 部分为高收入群体的超额支付能力。因而他们对优质医疗服务具有更大的支付能力，进而相比较低收入群体对医疗资源具有更强的竞争力，导致有限的医疗资源倾向于高收入群体。在市场竞争机制下，医疗服务价格必然也相应地提高。财富的支付能力越强、基本医疗保险水平越高，造成的医疗服务需求竞争和价格拉动效应也就越大，低收入群体获得必要的高质量医疗服务的可及性也就越差。这也是全民医疗保险基本覆盖背景下，低收入群体和经济欠发达地区"看病难、看病贵"问题的主要原因。

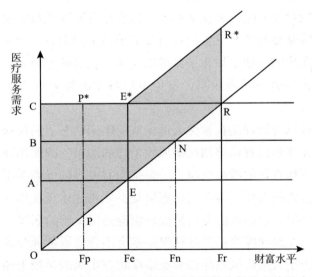

图 4-12 基本医疗保险对不同财富群体支付能力的影响

通过合理的医疗服务管制措施，控制医疗保险财富保障效应导致的医疗服务过度利用，合理规划和管理医疗服务需求，是全民健康覆盖对多层次医疗保险体系的必然要求。加强医疗服务管制措施包括：借鉴加拿大确保必要的基本医疗服务优先满足，减少高端医疗服务对稀缺优质医疗资源的挤占措施（Folland et al.，2011）；借鉴法国萨科奇政府医改的保费与医疗费用合理的个人分担机制，增强被保险人的风险意识与费用控制激励机制（Turquet，2012）；借鉴英国卡梅伦政府医疗改革中加强临床路径管理，在保证病人选择权的同时赋予医生更大的决策权（Storey et al.，2011）；使富人承担更多的保费责任，提高穷人的医疗保险购买能力，成为美国奥巴马政府医疗改革的主要内容（Jacobs，2011）。我国社会医疗保险已经基本实现全民覆盖，未来的任务就是改善医疗服务可及性和医疗资源区域配置的均衡水平，解决城市和经济发达地区优质医疗资源过度集中问题。

（2）加大疾病风险治理和公共卫生投入。

疾病风险预防和早期干预能够有效降低疾病的发生概率和损失程度，因而疾病风险治理是提高社会福利净值的最有效手段。对于被保险人，加大疾病风险治理不仅能够减少疾病风险的财富损失，也能够最大程度地降低不可逆健康损害的生命价值损失，避免因病致贫陷阱和全生命周期贫困风险。对于健康保险基金，则能够有效减少医疗费用发生规模，提高保险基金保障效率，从而减轻保费筹集压力。作为主要用于疾病预防的公共卫生投入，与疾病风险治理的功能是基本一致的，并且比健康保险具有更加专业的疾病风险预防能力和技术水平。因而作为同属于政府财政资金的性质，健康保险基金与公共卫生经费需要有效地协同起来，共同做好疾病风险的治理、疾病的早期干预和培养健康生活方式的健康教育工作，使健康保障行为前置而提高保障效率，避免事后被动的补救性的大额医疗费用补偿。

由于疾病风险治理是在参保人健康或亚临床状态下的疾病风险干预行为，参保人往往难以直接感知疾病风险治理的结果，因而加强医疗疾病风险治理需要更加有效的激励机制。一是采取有差异的保费激励机制，对采取健康促进行为的人员实施保费优惠措施，主要是体现在商业化运作的补充健康保险层次，包括政府委付给商业保险公司运营的居民大病医疗保险和城镇职工补充医疗保险；二是从保险基金中合理适度地分离出来专项治理资金，用于重大疾病风险筛检和亚临床状态疾病的早期干预；三是利用保险基金年度结余部分，转作健康体检专项资金对参保人员进行全面健康体检，政府财政进行必要的财政支持；四是对商业健康保险机构的治理资金给予必要的税收优惠，以补偿和激励治理风险正外部性的社会收益。

（3）通过有效的激励机制修正健康保险的易被误解性问题。

健康保险的易被误解性起因于它的不确定性风险损失决策，即保费的投入只能获得基于疾病风险概率和损失的期望值，在风险不发生或者损失在免赔范围时，保费具有沉没成本的特性，因而在特定时间内的大多数保费投入并不能够获得医疗费用补偿。人们对健康保险的投保动机也因为风险损失心理编辑和多重目的，而体现为转嫁风险损失的投资、过度担忧或免于遗憾、遵守政府要求或法律规范、满足社会认知和（或）社会规范（Kunreuther，2013），并且在不确定性情境下，人们倾向于通过默认选项（Johnson et al.，1993）、概率编辑（Tversky and Kahneman，1992）、损失厌恶（Wilkinson and Klaes，2012）等直觉判断决策方式（Starmer，2000），加上在不同框架效应下的生命价值估计值的较大离散度（Viscusi，1998），导致保险资源错配问题较为明显（Banerjee and Duflo，2011），低收入者缺乏通过健康保险改善医疗服务支付能力的动机和经济能力，高收入者因为过度担忧疾病风险而超额购买。而用人单位又希望利用高水平健康保险"锁定"高素质工作人员。政府则借助健康保险履行保障国民健康的责任、维护社会稳定和促进经济发展，在医疗福利刚性需求压力下，面临保费筹集与医疗费用控制压力。健康保险机构在控制逆向选择和道德风险上的保险资格筛选，也会造成不合理的制度设计和保险产品有效供给问题。

针对健康保险易被误解性引起的非理性投保动机和行为异象，Kunreuther 等（2013）分别从需求和供给角度给出了 12 条修正措施。主要体现在三个方面：一是在更长的时间框架下通过整合所有小概率风险损失的精确信息和保险案例，减少诸如重特大疾病风险等极易受主观概率编辑的被"扭曲"程度；二是通过强制的公共健康计划和禁止有折扣的保单，修正被保险人决策项选择时的非理性行为，并对严重影响选择效力的、必要的健康保险行为进行有选择的修正，而不是修正所有的行为异象；三是通过有限的风险评估和保费同步策略，对保险基金进行安全监管，并积极参与灾难性疾病风险损失的保险。通过有效的健康保险供给侧和需求侧管理，使健康保险与风险、财富水平和生命价值实现最优匹配。

（4）普惠金融对生命价值适度贴现的协同机制。

健康保险非吉芬商品属性的理论依据，是对风险具有传导性和蕴含巨大潜在财富的生命价值的保障，如果将医疗服务支付能力仅局限于既有的财富，不仅会过度消耗既有财富而致贫甚至仍然无法弥补医疗需求缺口，也背离了"获得必要的高质量医疗服务"对生命价值保障的根本宗旨。既然健康保险具有保障生命价值的重要功能，那么就可以借助某种有政府参与的生命价值"贴现"机制，充分弥补既有财富加上健康保险补偿后的医疗服务缺口，以最大程度地保障生命价值这个财富根源，而这种特殊的贴现机制就是由普惠金融作为补贴的医疗借款。如果没有普惠金融作为特殊的医疗借款，当医疗费用支付过度消耗既有财富时，不仅会抑制患者改善资本化价值能力投入或子女教育投入等合理的消费需求，也可能会导致患者放弃治疗而掉入贫困陷阱（Banerjee and Duflo，2011）。

将政府参与支持的普惠金融作为特殊医疗借款，用于改善必要的高质量医疗服务的支付能力，本质上就是政府以财政补贴的形式协同个体当期"贴现"未来的生命价值，以弥补健康保险共付条款和水平偏低、医疗服务管制等原因造成的医疗服务需求缺口。普惠金融"贴现"生命价值的经济性主要体现在两个方面：一是在理想的治疗预期下，患者用未来生命价值的贴现值弥补医疗需求缺口，使资本化价值能力的健康要素得到充分保障的情况下，有效应对永久性残疾导致的"生存死亡"或因病死亡导致的"提前死亡"等灾难性生命价值风险，而且不会因为对累积财富消耗过大而暂时贫困，这显然是一种低风险高回报的投资，也是个体、家庭和社会的净福利改进；二是当疾病治疗没有达到理想的康复预期时，患者资本化价值能力遭受不可逆的健康损害而难以偿付普惠金融借贷，政府可以将借款转化为医疗救助而免除部分借款，使家庭财富依然保持在非贫困标准线以上。相对于事后被动医疗救助可能造成的需求抑制，更有助于激励积极的医疗救治和体现政府全力保障国民健康的责任担当。

（5）全民共同富裕目标下高水平健康保险的保障责任。

全民健康覆盖是政府对国民健康保障的最基本责任，西方国家将政府承担的公共健康保险计划，往往被定位为"贫困缓解"和防止社会团结撕裂。中国社会主义制度建设的最终目标是实现全民共同富裕，健康保险则是在该目标下承担保障和促进国民健康的功能，因而全民健康覆盖要求的"国民不会因为医疗费用支付而陷入经济困难"，只是中国政府的最低保障责任。随着国民经济发展和人民收入水平的提高，以及优质医疗服务资源的不断丰富，健康保险的功能定位基准线将是更为富裕的"小康"标准。在全民共同富裕目标下，如图 4-13 所示，假定保持富裕时的财富水平为贫困线 P 向上提升 C-D 的水平，那么必要的高质量医疗服务将由 CR 提升为 DF，必要的高质量医疗服务的均衡点 E 向右平移 E+C-D 的规模，财富位移到高收入群体所在的 N 点水平。

在 N 点上，个体的财富在疾病风险发生以后，财富既不会因为支付医疗费用而耗尽累积财富陷入贫困，并且还能够保持在"小康"的富裕水平之上。此时，健康保险全民覆盖下必要的高质量医疗服务增量为 CDFR，尽管位于 OPENRF 线以下部分的健康保险依然具有财富保障的吉芬商品属性,但基于新的均衡点 N 以下部分合理的健康保险需求,因为不具有过度消费的"劣质品"属性而符合最优购买标准。

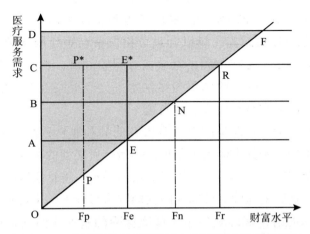

图 4-13 共同富裕目标下高水平健康保险的保障责任

因而,高水平健康保险依然是建立在必要的高质量医疗服务的前提下的,并没有从根本改变 NRF 之上部分的健康保险非吉芬商品属性。但由于财富保障基准线是全民共同富裕水平,因而未来的高水平健康保险将承担更多的财富保障效应,需要对最优购买确定更加科学的标准,并对医疗服务进行更有效的控制,以适应优质医疗服务资源的适度承载力问题。在国民财富水平极大改善的情况下,政府应该更多地通过市场机制,以公共服务购买的方式由商业健康保险提供财富保障效应。政府在税收优惠激励政策的基础上,将工作重心转向优质医疗服务资源供给的保障,提高全民对优质医疗服务资源利用的公平性和可及性。

从世界卫生组织提出的全民健康覆盖目标角度,政府的基本责任在于确保全体国民获得必要的高质量医疗服务,并且不会因为医疗费用支付而陷入经济困境。作为实现全民健康覆盖的基本手段,社会医疗保险在保障国民财富和生命价值免于因病返贫致贫的作用中,又不得不面临吉芬商品属性造成的医疗服务过度利用和医疗费用过快增长的难题。为了将社会医疗保险的吉芬商品负面效应控制在最小水平,进而能够最大限度地发挥"获得必要的高质量医疗服务"的生命价值保障功能,政府应该通过构建分类分层改善不同收入水平和医疗服务需求的健康保险体系,在有效地兼顾医疗服务利用公平性的基础上,将优质的医疗服务资源优先满足生命价值保障需求，进而改善社会医疗保险对健康的保障效率。如果只是通过普惠性的全民提高健康保险缴费水平和补偿措施，不仅会造成缴费主体的经济负担，不利于适度降低保险费用政策的实施，而且也导致提高保费与医疗费用增长之间的"竞赛"问题，而最先无法承受住压力的一定是健康保险。这在欧美等很多经济发达国家已经得到了证实，使这些国家被迫在2008年金融危机以后掀起一场以合理分担保费和医疗服务利用管制的改革。同样的问题也发生在中国的社会医疗保险领域，相对于2003年新农合试点时期，居民医疗保险的保费缴纳水平已经提高近15倍，但依然存在较为严峻的因病致贫和因病返贫问题。

因而，从社会医疗保险同时具有吉芬商品和非吉芬商品属性的层面，政府的首要责任是确保全体人民获得疾病治疗所必须的医疗服务，解决因病致贫的最基本问题。然后随着国民财富的增长，将社会医疗保险的基本功能由应对因病致贫风险，转向保障共同富裕目标下的国民财富。尽管在共同富裕目标的财富保障效应下，健康保险的基准线由扶贫提升到"小康"水平，但依然需要合理定位对高水平健康保险的政府责任，将健康保障责任限定在非吉芬商品的范围之内。同时通过公共服务采购措施和必要的激励机制，使商业健康保险能够有效地协同保障国民的健康保险需求。而政府将工作重心转移到为全体国民提供更加公平利用的优质医疗服务资源，包括通过有效的具有医疗救助前置作用的普惠金融政策，使那些潜在生命价值较大的群体在既有财富不足时，能够筹集到充分的医疗服务支付资金，减少因支付能力不足造成的永久性残疾致贫问题。作为同属于财政资源的公共卫生资金，应该积极配合健康保险加大疾病风险治理力度，这既是经济有效的国民健康保障措施，也是有效避免不可逆的健康损害致贫返贫的政府基本责任。

第5章 健康风险损失补偿合约激励与全民健康覆盖实现机制

健康保险与医疗服务利用之间的关系，是医疗费用补偿和医疗服务购买能力杠杆的双重作用关系，在医疗服务利用水平、机构选择和药品多样性的背景下，如果缺乏有效的医疗服务管制机制，将会导致健康保险基金的损失补偿陷入难以填补的医疗费用陷阱，健康保险水平越高、医疗费用的利用程度越高，进而使健康保险对医疗费用的筹集与补偿之间形成竞跑的关系，最终将因为健康保险基金难以补偿不断上涨的医疗费用而陷入透支困境。2016年2月26日，人力资源和社会保障部官方网站公布的信息显示，我国部分省市的医疗保险基金已经出现透支问题，"在医疗费用快速增长的背景下，医保基金与养老保险基金一样，也面临越来越大的支付压力，支出增幅高于收入增幅，甚至有相当一部分省份出现了当期收不抵支的状况，基金穿底风险日益凸显"①。相对当前的医疗保险基金补偿窘境，全民健康覆盖要求政府"确保每个社会成员都能够获得必要的高质量医疗服务，并且不会因为医疗费用支付而陷入困境"。显然，当医疗保险基金面临支付困难，而医疗服务质量面临改善压力时，就必须进一步改善健康风险损失的补偿机制，加强医疗服务管制，通过提高医疗服务绩效而实现全民健康覆盖目标。

健康保险的损失补偿功能，包括医疗服务费用的补偿和生命价值损失补偿。前者主要补偿被保险人就诊医疗费用造成的家庭财富损失；后者主要补偿因病造成暂时残疾、永久残疾和死亡而引起的个体收入损失减少与生命价值损失，是与医疗费用支出没有直接关系的间接经济损失。因病死亡保险一般属于人寿保险的范畴，也是寿险与健康保险交叉重叠的部分。因而，在一般分类上，健康保险侧重于对医疗费用损失的补偿，而寿险侧

---

① http：//www.mohrss.gov.cn/SYrlzyhshbzb/dongtaixinwen/buneiyaowen/201602/t20160226_233940.htm.

重对死亡的补偿。在第 4 章我们已经对寿险型的健康保险的合约激励机制进行了分析，在本章主要分析如何对医疗费用损失进行补偿，并据此分析全民健康覆盖实现机制。

5.1 健康风险损失补偿与医疗服务管制联动机制

人们投保健康保险的动机在于转嫁健康风险损失，包括通过医疗救治服务修复健康，以保护生命价值。也正是由于健康保险经济补偿，能够改善医疗服务的支付能力，这对于低收入者来说是非常重要的。但是，健康保险在改善人们对医疗服务支付能力的同时，还会导致医疗服务资源的不合理的过度利用问题。而且，由于支付能力的改善，人们的医疗服务利用方式也会发生改变。在医疗费用第三方支付方式下，医疗服务价格将会被人为地抬高，造成医疗服务利用的需方竞争。

作为医疗服务的提供者，医疗机构在经济利益的驱动下也会偏爱那些愿意以更高的价格购买医疗服务的个体，损害医疗服务利用的公平性，造成较低健康保险水平和低收入的穷人反而更加看不起病，这显然违背了健康保险的初衷。医疗服务价格的提高，还会造成以医疗服务费用补偿为保险内容的保险产品价格的提高，尤其是以保障国民基本医疗服务需求的社会医疗保险来说，将会严重损害医疗保险基金的保障能力和安全性。作为承担确保每个国民获得必要的高质量医疗服务的政府，要实现全民健康覆盖目标，显然单纯依赖提高健康保险水平是最终难以实现的。医疗服务管制必须与完善健康保险制度相结合，确保每个人在支付能力得到改善的同时，获得必要的高质量医疗服务。

5.1.1 医疗服务管制作用与外部性

医疗服务管制是医疗卫生体制的重要内容之一，通过对服务机构的成本补偿、市场准入和服务使用等医疗服务的生产、供给和利用等领域进行监管，以弥补医疗服务市场的失灵问题，改善医疗服务利用的公平与效率。它既有促进医疗福利的积极作用，也会导致需求不足和需求竞争等看似矛盾的问题。从健康保险的角度，管制的主体和管制机制更加复杂，不仅仅指政府行政管制，还包括承保机构的自我管制和市场机制的管制等，三种管制边界是由政府来决定的，管制结果也受到政府的控制①。

1. 医疗服务管制的积极作用

（1）优化医疗服务资源的价格和提高医疗服务人群覆盖。

从需求者的收入约束角度，健康保险与医疗服务之间是矛盾的。健康保险具有较大的收入弹性，但是对医疗服务却缺乏弹性。而健康保险却又是为医疗服务提供经济保障的重要手段。如何在健康保险的灵敏价格弹性，与医疗服务的低价格弹性之间寻求适度平衡，对健康保险和医疗服务管制的制度设计都具有重要意义。在有限的收入资源约束下，人们宁愿在需要医疗服务的时候耗费大量的财富，也不愿意在较低的支付水平上购买健康保险。这不仅与健康保险主要是应对一种不确定的健康风险，而医疗服务是用于应对确定的疾病风险等有关，还与健康保险与医疗服务的需求层级不同有关。按照马斯洛（Maslow，1943）需求层次理论，医疗服务的需求层级一般低于健康保险。医疗服务属于生理安全层级，而健康保险则属于安全保障层级。

因而，从医疗服务的功能来看，它关乎人的健康和生存等基本问题。尽管医疗服务具有较低的价格弹性，但是却有较高的供给价格弹性，这与普通的商品供需弹性较为一致的特点是不同的。而且它还是一种不可替代的可耗竭的有限资源，人们不能像普通的商品一样在缺乏购买能力时，寻求其他价格低廉的替代品。在缺乏供给与需求管制的情况下，医疗服务不会因为患者是穷人而按照很低的价格供给。相反，在市场机制作用下，受到利益最大化的驱动，优质医疗服务会按照更高的价格供给给富人。这主要是因为，在大部分情况下医疗服务的有限供给通常会造成需方的竞争，而不是供给方的竞争。除非政府建立某种特殊的服务管制机制，在医疗服务市场建立内部竞争机制。而且由于健康保险具有提高医疗服务支付能力的功能，健康保险水平越高，对医疗服务支付能力的杠杆作用越大，需方竞争也越明显。

需方竞争市场的形成的，主要是因为医疗服务资源的有限性。需方竞争首先是造成医疗服务价格上涨，低收入群体需求无法满足，看病贵的问题开始凸显。此时政府应该对供给价格进行管制，但由于潜在的服务需求竞争依然存在。在缺乏管制的纯粹市场作用机制下，为了获取更高的利润，医疗服务机构将开始放弃低端服务而转向高端医疗服务需求，进而导致看病难和看病贵双重问题。假定特定时期医疗服务资源（资金）数量为

---

① 杨俊. 社会保险经济学分析［M］. 上海：复旦大学出版社，2012：140.

· 325 ·

定值 M_{t0}，提供高端服务意味着服务数量减少，因而医疗自愿可以用平均价格 P_0 和供给数量 Q_0 的乘积表示，那么图 5-1 中位于坐标（P_0，Q_0）左下方部分的面积，就是医疗服务资源总量 M_{t0}。需方竞争意味着高收入群体，能够影响医疗服务的供给行为，进而使高端服务挤压低端服务，低价格服务市场萎缩。

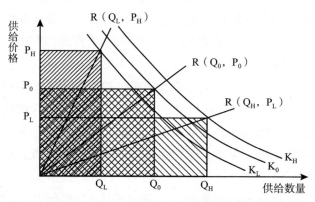

图 5-1　医疗服务供给与价格之间的关系

相同的人力成本下，高服务价格意味着高利润率。从图 5-1 中可以看出，在医疗资源有限的情况下，医疗服务资金将会向单位价格更高的领域倾斜，即由 R（Q_0，P_0）向 R（Q_L，P_H）转移，在经济资源和劳动力成本的约束下，等产量线由 K_0 降为较低数量的 K_L；同样，在供给能力（如医生在一定时间内的接诊数量制约）一定的情况下，医疗资源也将会向价格高的领域转移。如果通过价格管制限制医疗服务资源供给，则会向低价格区域倾斜（Q_H，P_L），那么就可以在相同的资源下，提供更多数量的医疗服务，这对保障更多的人口，显然更具社会意义。但是，如果将医疗服务资源过度向较低水平的医疗服务倾斜，那将会影响部分高端医疗服务需求，高价格的医疗新技术得不到应用，难以对生命价值做出更好地保障。所以，健康保险总是要在价格和数量上进行均衡配置，兼顾数量和质量上的合理选择。

（2）控制对健康保险推进具有抑制性影响的额外成本。

Folland 等（2010）认为，在推进全民健康保险覆盖的进程中，可能会产生很多外部性的成本。为了抑制和控制这些外部成本，有必要对医疗服务进行有效的协同管制。首先，要使国家主导的健康保险计划实现全民覆盖，就必然会花费大量的财政资金。这就要求正确的区分哪些费用是正常成本和哪些是新增成本，也就是说实施国家健康保险计划对社会所造成的额外费用有哪些。从社会公平性角度，在商业健康保险模式下，国家健康保险计划的增量成本，就是如果将私人健康保险转向国家健康保险时所额外发生的医疗卫生总费用。在大多数人已经拥有全部的住院服务保险和大部分医疗服务保险的情况下，国家健康保险的额外费用要比人们预期少得多。

推进健康保险全民覆盖的真正增量成本，来自健康保险所刺激的医疗服务费用的增加、从其他健康保险转向国家健康计划的代价、保险缴费对投保人的负担成本等。具体来看，为了实现健康保险的全民覆盖，就必然将那些自费使用医疗服务的个体纳入健康保险的范围。虽然之前这些个体没有投保健康保险，但并不意味着对医疗服务没有利用，只是利用不够充分或者利用不够合理问题。通过健康保险的杠杆作用，将会进一步刺激和约束他们对医疗服务的利用程度。Hadley 等（2009）利用美国普通公民的医疗费用面板调查（MEPS）提供的 2002～2004 年的数据，估计 2008 年美国没有健康保险的人口大概消费了将近 860 亿美元的医疗资源，这些资源也并不是由私人完全承担的，其中个人仅承担了 300 亿美元的费用，而剩余的 560 亿美元中政府承担了 430 亿美元。剩余的部分没有得到任何的补偿，也就是说 130 亿美元的医疗费用是由医疗服务提供者承担的。Hadley 认为将那些没有健康保险的人纳入全民健康保险覆盖，成本的增加量将高达 1230 亿美元，对应的医疗服务总花费将增加到 2090 亿美元，这是一项非常巨大的医疗服务费用开支，占到美国当年卫生总费用的 5.1%，或者说是 GDP 总量的 1% 左右[①]。而这些针对中低收入者的普通公民的医疗服务利用，随着健康保险水平的提高，将会因为支付能力的提高而显著增加。因此，健康保险虽然能够对推进全民健康覆盖具有重要的意义，但是也可能会诱发更加庞大的医疗费用开支。当然，健康保险也为政府更好地实行医疗服务管制，提供了有效的手段。但是健康保险经济补偿的刺激，是否真的能够遏制医疗费用过快增长的问题，还需要进一步的论证。

健康保险对医疗服务利用的影响，还需要从由已经参加健康保险的人引起的成本增量。与实施国家健康保险和已经购买了私人健康保险的人口之间进行比较，或者说已经从其他包含医疗救助在内的途径获得医疗服务，与提供更多政府公共健康计划之间的利用程度的比较，个体不仅可以

---

① Hadley, Jack et al. "Governing the Uninsured in 2008: Current Costs, Source of Payment, and Incremental Costs", Health Affairs, accessed January 9. 2009.

通过健康保险获得医疗服务费用的补偿，也可以通过政府的医疗救助、公共卫生服务，或者医疗服务机构的医疗费用减免（如相对拥有健康保险的人提供的服务价格更低，或者提供更价廉有效的医疗服务，或者减免诸如挂号费等部分服务项目费用）。

另外，推进健康保险的过程中，无论是由政府通过财政补贴实行，还是由雇主和雇员共同分担健康保险费用，都可能会增加承担保险费用者的经济负担。特别是由类似于税收的强制性缴费维持的基本医疗服务筹资系统，可能会造成低效率的社会净损失（deadweight loss）。这意味着高费率下一些工作机会的丧失和生产投资行为的抑制。在强制性社会医疗保险模式下，由雇主和雇员分担的健康保险，将导致消费抑制和投资成本增加等更加突出的问题。因为强制性的社会医疗保险缴费模式，使雇主不提供健康保险的法律损失，实际上转到了税收或者生产效率问题上。因为强制性的健康保险费用分担方式，保险费用在本质上就是政府征收的另外一种形式的税收。

在图 5-2 中，在市场均衡价格 P_0 和对应的均衡服务量 Q_0 下，如果企业的商品生产供给量为 Q_0 时，消费者对增加一个单位商品的消费评价（即消费效用），严格等于生产者的产品边际成本。如果由于税收或强制性缴费等原因，使供给曲线向左平移，导致消费者只消费了 Q^* 的产品，则他们增加消费一个单位服务的价值，远超过增加生产一个单位商品的边际成本 C^*，在需求曲线和商品成本曲线之间就额外增加了一个差距，该额外差距表示所失去的为社会创造价值的机会。图 5-2 中阴影部分的三角形表示当产量未能从 Q^* 增加到 Q_0 时，社会所失去的总价值，即社会净损失。

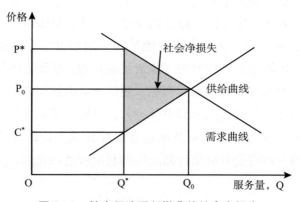

图 5-2　健康保险强制缴费的社会净损失

社会保险的目的在于保障被保险人的权利，也是国家和用人单位在不考虑激励作用是的一种利润让渡，或者人力成本的增加。我国在推进社会医疗保险的过程中，由于承担保险费用而造成人力成本增加的后果，就是大量的外资退出转向更低劳动成本的东南亚等地区。这种损失的代价是很大的，对社会经济的影响面也是很广泛的。我们在健康保险的投保动机中，也已经分析了健康保险具有激励效应的条件，即企业更愿意在劳动力有竞争能力时提供健康保险激励，而对低端的一般劳动力缺乏激励动机。在中国一些劳动密集型的企业，劳动力的劳动技能相对偏低，因而很多外资企业是为了利用中国的廉价劳动力，因而不愿意额外承担医疗保险的费用。另外，从社会保险费用的总量上看，目前中国社会保险费用的总负担已经达到工资的37%左右，也确实已经超过了企业利用适度的保险保障实现工作锁定和工作激励的意愿。如何降低费率负担依然是一个难以解决的棘手问题，虽然 2015 年 6 月的国务院会议，已经决定自 10 月 1 日起降低工伤和生育保险上费率，分别从 1% 降为 0.75% 和 0.5%，但健康保险和养老保险这两个刚性最强、影响面最广的基本保险，如何调整费率依然需要进行审慎的论证。

　　在城镇职工基本医疗保险费率没有增加的情况下，相对于降低保险费率的压力，如果能够通过医疗服务管制而不是提高健康保险补偿水平遏制医疗费用的过快增长和提高医疗服务支付能力，造成的社会净损失可能要小得多，而且对经济的刺激和推动更为有效，必然是一个更加可持续的途径。如果不对医疗服务进行管制，而是以提高健康保险补偿额度的方式，与脱缰的医疗服务费用进行赛跑，那么最终先倒下的一定是健康保险，而不是医疗服务系统。而且因为健康保险的倒下，最终也会使医疗服务系统陷入崩溃。

　　因而，从健康保险所刺激的医疗服务费用的增加角度，提高健康保险补偿规模或保险水平所增加的社会成本才是真正的额外成本，而且在这个社会成本中没有最终的赢家。因为这些新增的成本，需要从其他的地方转移过来用以补偿这些新增的成本。与此相反，医疗费用的筹资方法，或者决定由谁来最终付费的差异，从经济学的角度并没有什么现实的意义，因为这并不能真正实现社会福利的帕累托改进。

　　当然，提高健康保险的覆盖面和保障水平在政治上是有意义的，因为选择不会大幅增加政府预算的健康保险计划往往更受欢迎，这是因为强制雇主投保的健康保险，对于政策决策者和雇员更具吸引力。但是，政府通过税收和公共财政进行筹资补贴，与雇主承担补贴费用，所增加的社会成本必然因为健康保险的存在而存在。所以改变健康保险费用的来源渠道，或者改变筹资模式，都不会影响整个社会的成本负担。从这个意义上讲，过度提高健康保险的保障水平是低效率的，而通过医疗服务管制则能够更好地降低医疗服务资源的浪费和过度消耗，符合社会福利的帕累托改进要求。

（3）扭转提高医疗保险统筹产生的逆向照顾法则问题。

逆向照顾法则的概念是在英国发展起来的（Tudor Hart，1971），但是目前存在逆向照顾法则最显著的例子，却在世界上的贫穷国家和发展中国家。逆向照顾法则（the inverse care law）反映的是医疗保险资源分配和需求关系的逆向安排问题。也就是穷人所承受的疾病负担虽然最重，但是他们获得的医疗卫生资源的份额却少于经济与健康状况更好的人。逆向照顾法则不仅存在于国家和国家之间，也存在于国家内部各社会群体之间。世界上富裕地区医疗卫生服务方面的社会经济不公平问题，几十年来已被人们所认识，而且这种不公平也相应地在穷国一样严重（Evans et al.，2001）。健康保险的杠杆作用加剧了医疗服务利用问题，即使通过提高健康保险统筹层次，仍然会导致新的公平性两难问题。

第一，医疗保险基金筹集中的公平性问题。在收入水平不对等的情况下，如果采取相同的保险费用筹集标准，将会导致保险费用支出的边际效用不对等。医疗保险实行城乡统筹的地区，目前主要集中在城乡经济一体化较好的经济发达地区，如珠三角地区和长三角部分地区，以及西部的成都和重庆等城市。而职工基本医疗保险是按照职工基本工资水平筹集保险基金，职工分担工资水平的 2% ~3%，用人单位承担 7% ~9%。其他群体又按照不同的标准进行筹集，与三项基本医疗保险之间的筹资水平存在一定的差距。中国基本医疗保险的这种筹资方式，尽管能够实现在全社会不同群体内部，按照纵向公平的标准分摊医疗费用。但是由于不同收入水平的人员，对保险费用资金的边际效用不同，显然低收入者的单位收入效用要大于高收入人员。由于高收入群体还具有更大的医疗消费边际效应，在共保模式下，共付费用对高收入者的影响较小，而对穷人的医疗服务抑制性更大。医疗保险统筹的层次越高，收入差距在城乡之间和地区之间也会相应增加，如果仍然按照相同的标准进行筹资和费用补偿，医疗保险基金筹集中的公平性问题，也将随着统筹层次的提高和统筹范围的扩大而扩大。

第二，医疗保险中农村补贴城市的公平性问题。从城乡医疗服务费用来看，我国人均医疗费用已经由 2003 年的 509.5 元上升到 2012 年的

2056.57 元，城镇人均医疗费用由人均 1108.91 元提高到 2969.01 元，增长了 1860.1 元。农村居民由 274.67 元提高到 1055.89 元，增长了 781.22 元，城镇居民是农村居民的 2.38 倍。如果在相同的医疗保险筹资标准上，城乡居民因为对医疗费用支出的额度不同，得到的医疗保险基金的补偿也不相同，将会导致农村结余部分的基金转移到城镇高支出的人口，相应出现了农村经济收入偏低地区补贴城镇高收入群体的情况。根据国家统计局网站"国家数据"资料测算，城乡居民之间的可支配收入（农村按年度纯收入）对医疗费用的支付压力也不相同（见图 5－3）。农村居民每增加 100 元收入用于医疗保健的平均支出为 7.44 元，城镇居民为 3.88 元，除在 2004 年和 2007 年城乡居民每百元可支配收入比较接近外，其他年份的差距比较明显，说明农村居民相对城镇居民具有更大的医疗费用支付压力，他们的医疗保健消费在低收入水平下，是被明显抑制了的。

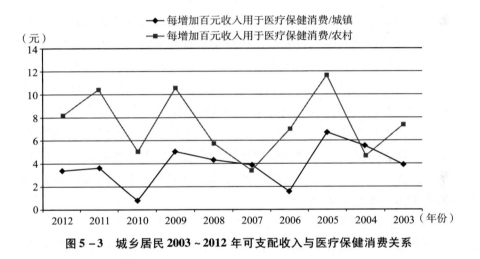

图 5－3　城乡居民 2003～2012 年可支配收入与医疗保健消费关系

第三，医疗保险中贫穷地区补贴经济发达地区问题。我国不仅在经济水平上，形成了东中西三大经济带，即使在省域的内部也存在非常明显的经济水平差异。在东部沿海地区省份，主要是沿海部分对内陆偏远部分，在中西部省份主要是中心省会城市对周边地区。在地市级层面上，也大量存在以中心城市向外辐射的经济收入递减阶梯分布问题。经济发达地区同时还是优质医疗卫生资源的聚集地区，全国有 80% 的优质资源集中在东部地区的大中城市。地区经济水平和优质资源差异，导致医疗服务价格差距比较明显。而优质医疗资源的过度集中，又进一步拉大服务价格差距和医疗服务可及性问题。由此可以得出这样的结论，无论社会医疗保险统筹层次提高到什么水平，在经济发展水平和医疗优质资源配置失衡的情况下，都会发生贫穷地区补贴经济较发达地区的问题。

即使是在同级医疗机构，医疗费用的支出规模差异也是显著的。如果实行异地定点的跨区域统筹模式，显然是用贫穷地区的医疗保险基金支付较发达地区的医疗费用。如果将全国的医疗保险基金统一安排使用，同样也会出现在低收入地区与高收入地区缴纳了相同的保险费用，得到的却是不同的费用补偿额度问题。假定在治疗效果相同的情况下，低收入地区的绝对补偿额度，一定会小于高收入地区的补偿额度。

第四，城乡弱势群体补贴强势群体的公平性问题。弱势群体往往是医疗服务的高需求群体，特别是农村留守老人和城市独居老人，他们因为年老和生活条件相对较差，在理论上对医疗服务的利用也高于一般青壮年群体。但事实上是，他们的医疗服务需求是被抑制的。首先是因为难以独自到距离较远的乡镇医院和城市医院就诊，相对于城镇人口多以县及县以上医疗机构的就诊选择，他们的需求因医疗服务的可及性而被抑制；在医院就诊和家庭治疗模式的选择方面，相对于具有人员陪护的患者能够选择住院治疗，农村留守老人等弱势群体往往因为缺少救治陪护人员而选择在家里治疗。另外，留守老人因为经济条件较差，对共付医疗费用的能力偏低，他们因为无力承担自己支付部分的医疗费用，不得不放弃可能获得的补偿费用的医疗保险基金，实际上是对原本应该属于他们的医疗保险利益的放弃。因此，城乡弱势群体被抑制的医疗服务需求，导致他们应该被补偿的医疗保险基金并没有真正用于改善其医疗服务需求，出现弱势群体补贴强势群体的不公平问题。

（4）推动医疗服务向全民健康覆盖的理性回归。

医疗服务的特殊性和承担的救死扶伤责任，意味着医疗服务不能成为特殊集团的获取超额利润的工具。医疗卫生事业的发展是为了使人们获得更好的医疗服务技术水平，保证每个患者获得必要的医疗服务，并且在服务费用上实现有效的控制以避免过快的增长。全民健康保险覆盖的实现，不仅需要在健康保险实现基本覆盖，更为重要的是确保每个患者都能得到所需要的医疗服务。由于医疗服务机构具有资格垄断的特点，健康保险水平越高说明健康保险基金通过医疗费用补偿给医疗服务机构的资金越多，医疗服务机构在推进健康保险的过程中受益增加。并在层次上实行层次与板块的有机结合，以满足不同的健康保险需求偏好。但要使各层的基本功能不发生实质性的变化，以免于出现医疗费用得不到有效补偿，或服务可及性被限制等问题。

通过医疗服务的合理管制，推动医疗服务提供者的竞争。健康保险全民一体化，使保险基金得以在地区之间进行动态分配调整。而地区间的医疗资源水平差异，实际上也为患者提供了更大的医疗服务选择空间，而不是被视为道德风险和造成费用增加的问题。实现跨区域的医疗服务竞争，在基金补偿体系上得到改善以后，跨地区医疗既自然可以实现，也能得到很好地控制，因为健康保险是控制医疗服务利用的有力工具。通过竞争使强者更强，也使高端医疗服务的提供者退出或严格限制低端服务，以实现自身利益的最大化；使同一层级的医院能够展开充分竞争以避免地区性局部垄断，进而实现全国的一般均衡。使不同层级医院之间业务能力形成差分、使同一层级医院在成本与效率和质量等趋同，对患者利益保障和健康保险基金补偿效率是有利的。同时也为健康保险公司和承保机构，以期权的方式对健康保险基金和服务进行管制，并提供公平有利的市场环境。而推动现代保险业的"新国十条"，也为管理式健康保健或保险提供了保险公司与医疗服务一体化的机遇。它为健康保险公司参股医疗结构或新建立医疗结构，从而提高对医疗服务管制和缓解医疗费用增长过快压力，提供了税收和用地等全方位的优惠政策。

　　当前全世界范围内的医疗服务体系依然面临众多的挑战。包括新出现的疾病、人口老龄化、家庭规模减小、医学技术进步和国际竞争。不仅一些疾病正由大病转向慢性疾病而造成医疗需求的不断提高，而且人口老龄化似乎不可逆的特殊问题也在改变着家庭的规模与结构，弱化了家庭医疗保障能力。加上各国推动医学技术进步与医疗服务利用限制的矛盾性问题，使部分高端医疗服务需求正在转向国际化，因而需要正视国际就医与医疗服务管制的相互影响。因而明确医疗服务费用过快增长的原因，确定到底是医疗服务价格问题，还是对高端医疗服务质量的追求问题，或者是多方诱导机制下的消费过度问题，对医疗服务管制具有非常重要的现实价值。医疗服务管制的最终目的在于通过抑制不合理的过度消费，合理控制医疗服务价格和不断提高医疗服务质量，使人们获得必要的高质量医疗服务，并且不会因为支付医疗费用而陷入经济困境。

　　健康保险的基本功能是为了分担疾病风险损失，特别是低收入群体的疾病风险损失一旦不能有效转嫁出去，不仅将会造成家庭因病致贫，还可能因为必要的高质量医疗服务无法得到满足而陷入贫困陷阱，甚至影响社会劳动力的素质和供给。因此，即使在拥有健康保险的情况下，由于保险费用和医疗费用分担机制，疾病风险仍会对投保人和被保险人带来灾难性的后果。合理的医疗服务管制，对健康保险和国民的健康保障都具有深远的影响。

由此可见，医疗服务管制的目的在于确保人们能够以合适的价格，获得必要的高质量医疗服务。如果没有医疗服务管制，在健康保险因子的作用下将会推高医疗服务价格，形成医疗服务的需方竞争，进而加剧健康保险的逆向选择问题，这将是健康保险参与医疗服务保障后的恶性循环。所以说，医疗服务市场不能完全按照市场机制进行运作，必须进行必要的医疗服务管制，使所有的社会成员能够通过医疗救助、健康保险和医疗储蓄，甚至必要的医疗借债等多元化的筹资机制满足合理的医疗服务需求。由于医疗服务是缺乏弹性和可替代商品的特殊需求，并且具有很强的需求刚性特征，决定了医疗服务应该是一个被管制的服务。

2. 医疗服务管制的溢出效应与福利损失

正如前面分析的那样，医疗服务管制在改善医疗服务供给和抑制需方竞争问题上，也同时会影响医学新技术的应用，以及依赖医学新技术提高生命价值保障需求。当前医疗服务管制，主要是通过服务项目定价、保险基金补偿、财政补贴和法律或行政审批干预等手段。而这些手段的实施可能对医疗服务的供给和需求带来一定的非理性的抑制作用。特别是在医疗保险基金限制补偿比例、限制服务利用范围的管制方面，可能会损害无辜的合理需求。实际上，国外很多改革中发现的问题，对中国的医疗服务管制具有一定的启示作用。例如，加拿大政府为了避免高端医疗服务对医疗资金的过度占用，不允许国内的医疗机构提供"高端"的医疗服务，很多人就转向最近的美国购买这部分服务。英国为了控制医疗费用的补偿政策，使患者不得进行较长时间的排队，尽管这些疾病不是急诊类的，但是也在一定程度上延误了病情，增加了患者的病死率和伤残率①。人们在享受免费医疗服务的同时，排队时间过长一直也是英国国民健康系统（NHS）受到争议的一个原因。

医疗服务管制的外部性，主要是管制的溢出效应和医疗福利损失。医疗服务管制的溢出效应（spillover effect）是指一个在进行医疗服务管制的进程中，不仅能够降低服务价格、改善人们的医疗服务利用需求等预期的效果，也会对诸如健康保险、医疗救助和医药器械生产供给等问题产生影响。如果从医疗服务市场的角度，医疗服务管制外部性，就是对健康保险补偿、人们医疗花费等具有降低费用的外部收益，而这部分费用对医疗服务机构来讲是得不到补偿的。溢出效应一般包括知识溢出效应、技术溢出

---

① 吴传俭. 公平与卓越：卡梅伦政府医改之路［M］. 北京：科学出版社，2013.

效应和经济溢出效应等，在医疗服务管制中，主要是技术溢出效应和经济溢出效用的联动效应，体现在医疗服务使用手段的改进，能够推动人们从保险市场上选择更科学合理的服务。例如，药物使用更为合理，人们通过更为理性合理的用药，可以以更小的成本实现更好的治疗效果，进而使制药产业得到良性发展。同时，还会使人们更加注重健康促进。部分医疗服务利用的管制，将使得人们能够更理性地对待医疗服务的功能，推动健康保健事业的发展。而对于健康保险，则可以使健康保险事业的保险项目更为合理，也有助于使医疗保险基金更为安全。

另外，医疗服务管制，对不同性质的健康保险，也具有不同的挤出效应或者是纳入效应，如果医疗服务是以价格作为主要的管制手段，那么将使更多的人采取风险自留的方式，或者参加保障水平更低的基本医疗保险，甚至退出到医疗救助体系。而高额的医疗服务费用，将通过高保障水平的健康保险实现风险转嫁。这样在整个健康保险体系内，将会使中间地带萎缩，而当前健康保险的主要业务范围则是中端水平的医疗服务需求群体。如果是以医疗服务供给为主要管制的手段，将会导致医疗保险境外化。

在医疗服务管制的福利损失方面，也是非常明显的，正如 Dranove（2003）在质疑健康保健资源配额管制时，指出的那样：谁来决定生死？你的生命价值几何？Dranove 提出的这个问题，涉及医疗服务管制的核心问题，那就是谁来决定人们的医疗服务利用，尤其是在面对生与死的选择时。同样，对于医疗服务机构和医药器械生产商，到底谁来决定他们的利润和补偿他们的生产成本，甚至决定他们的存在。中国在医疗服务管制上存在的问题也是非常明显的，在基本医疗服务目录药品采购过程中，由于过低抑制了药品的价格，导致生产成本得不到补偿，出现了所谓的"降价死"问题，政府不得不取消最高限价政策。

医疗服务管制对医疗服务利用的另外一个福利损失，就是刚刚论证过的就诊等待问题。这在免费医疗和社会医疗占主导的保险模式中，问题比较严重。英国审计委员会在很长时间内就开始关注 NHS 系统的就诊时间等待过长的问题，指出较长的等待时间导致 NHS 系统较高的病残病死率。我国基本的医疗服务目录管理办法，也导致农村医疗服务机构，难以配置较好疗效的药品，缺乏更好改善生存质量的医疗服务，而通过转诊到县医院或地市级医院，又因为较低的补偿比例和额外的附加费用，造成患者承担了不应该承担的费用。在新型农村合作医疗服务体系中，农村依然存在必要的高端服务利用的可及性和充分性不足问题，造成事实上的制度歧视和资源配置歧视。所以说，在医疗服务的分级管理办法中，应该在费用控制和药品配置上进行合理地均衡。从一个不是很恰当的公平性费用补偿角度，一些价格较高的药品，反而应该优先配送农村市场。原因很简单，患者在基层医疗机构就诊的非药品费用很低，而且这些性价比较好的药品并不需要高水平医生开处处方。

另外，我国的医疗服务管制，在全民医疗保险基本实现的情况下实施的，因而政府的价格管制和医疗费用补偿管制主要通过保险基金实施。如果采取了不合理的价格管制，将会对医疗服务的供给和使用产生一些负面的影响。一些低价格的医疗服务提供将逐渐减少，甚至不再是医生的治疗方案选项。即使确定一个目录范围，医生也可能会偏好于较高利润区间的目录，事实上也未必能降低保险基金的支付压力。相反，对于一些收入水平较高的个体，他们可以通过较高的财富水平占用高质量的医疗服务，造成制度上的资源利用不公平问题。同样，低收入者还可能被限制在特定的范围之内，使医疗救治的效果大打折扣。如果医疗服务提供者被限制在特定的医疗机构，那么将会使更多的人员被迫等待的时间更长，造成持续性的健康损害和财富损失。

5.1.2　健康保险与医疗服务管制的内在关系

1. 医疗服务管制对健康保险的影响

医疗服务管制对医疗服务价格和服务供给的影响，也对补偿医疗费用和大病医疗给付相关的健康保险产生较为深远的影响，特别是对医疗费用补偿型的健康保险供给影响最明显。例如，如果针对大病治疗相关的服务和药品、药械的供给受到严格管制，以及加拿大禁止高端医疗服务供给等。当大额高端医疗服务利用被管制后，将会激励定额给付型大病保险需求，被保险人通过保额给付而选择别国的高端医疗服务。也正是由于医疗服务管制对高端服务利用的限制，也通常会减少健康保险需求层级，医疗服务管制内容越广，医疗服务层级也越少。因而医疗费用的层级特征也不会太明显，大病保险也没有太多的分层。

医疗服务管制的最显著影响，主要是医疗费用总额控制和服务目录限制，能够减少医疗诱导需求问题；也因为减少医疗费用支付而能够以更少的保费或价格购买健康保险，激励健康保险的覆盖范围。在价格弹性原理下，健康保险需求从理论上将会提高，但也会因为公共健康计划保障水平改善而造成商业健康保险退保。医疗服务管制对价格与供给的限制，能够使得更多群体具备更高的医疗服务支付能力，使更多人员可以不再依赖健康保险的杠杆功能而退保。所以说，医疗服务管制在降低健康保险价格的同时，也会导致健康保险的溢出效应。一方面，使基本医疗保险能够保持在较低的保险水平上运行；另一方面，也可以修正逆向选择问题，使更多低收入群体投保商业健康保险或高水平补充医疗保险，不断改善健康保险需求结构和医疗费用的支付能力。因此，医疗服务管制将影响健康保险的覆盖范围和承保水平，并造成健康保险的外部性问题。

另外，医疗服务管制可以减少地区经济水平差异对医疗服务价格和利用水平的影响，进而改善和提高健康保险的统筹水平，使被保险人实现在更大范围的跨区就诊。同时，还可以减少定点医疗制度的负面效应，使健康保险公司和被保险人能够在更大的范围内选择医疗服务机构，但也会限制医疗服务质量水平的选择。而于此相对应的是，部分高端健康保险产品将退出市场。这可能会引起市场与政府之间的冲突，进而使很多具有高端服务需求的群体，通过向国外医疗服务提供者或健康保险公司购买服务，造成医疗服务和健康保险需求外溢。健康保险覆盖范围越广、保障水平越高，健康保险受到的影响作用也就越大。这必然需要医疗服务管制与健康保险的协调发展，因为医疗服务管制既有制度成本，也有很多福利损失的外部性问题。并且，医疗服务管制主要是通过健康保险基金的补偿机制实施，健康保险可以通过费用支付方式对医疗服务管制施加影响，如保险覆盖范围、医疗服务项目的补偿范围、不同服务的费用分担机制等。商业健康保险也通常缺乏医疗服务管制动机，而主要是通过医疗服务机构定点的方式控制保险基金的使用。

而从生命价值保障角度，医疗服务管制将有助于对生命价值保障的促进作用，投保人可以将购买健康保险的资金投放到改善资本化价值能力的其他方面，如教育、培训和技能等。因而，医疗服务管制和降低健康保险费率是一种积极的良性循环过程。健康保险由于不再需要个人的大额储蓄积累，因而能够在数量和结构上对人们的消费行为产生影响，并在一定程度上提高个体的资本化价值能力和未来潜在财富数量。

但是单纯基于医疗服务需求管制的医疗服务管制行为，并不能影响人们对医疗服务的内在需求，甚至是医疗服务的供需关系。因为，医学技术进步在于更好地保障人们的健康水平，减少健康风险损害的负面影响，如死亡或者残疾，或者手术痛苦体验。因此，基于供需关系的管制并不会在实质上影响健康保险的需求水平和类别，但会影响健康保险的理赔方式，减少医疗费用补偿型的健康保险需求，而增加保额给付型的保险需求。

2. 医疗服务杠杆需求下的健康保险联动机制

从健康保险的期望效用理论角度，人们投保健康保险的期望效用为：

$$E(u) = (1-p)u(w-Pr) + pu(w-Pr+A-L)$$

而医疗服务管制的主要影响是医疗服务费用，即健康风险的经济损失部分 L。通过对 L 的管制而影响保险理赔和自负医疗服务费用（A－L）。在全额健康保险的情况下，医疗服务管制对被保险人的医疗服务支付没有影响。但是医疗费用补偿型的健康保险，一般也不存在全额保险情况，而是设定免赔额和最高支付限制条款。因此，无论是被保险人还是保险基金，都将对医疗服务费用分担一定的比例，进而受到医疗服务管制效应的影响。

在医疗服务管制的背景下，医疗服务费用 L 将会得到控制，并使医疗费用总额减少，从而使保险公司能够以更少的理赔获取更大的承保利润。在市场竞争机制的作用下，健康保险公司必然会降低保额 A。而保额 A 下降也必然导致保险费用 Pr 下降，健康保险可以在投保人预算约束上增加更大的保险需求，即使图中的需求曲线由 D_1 转向 D_2。图 5－4 中 D_1 和 D_2 为两条无差异曲线，45 度线为不管风险是否发生确保财富不发生变化的全额保险曲线，AE、AB 为预算约束曲线，C 和 B 点为预算约束线下的最优保险需求数量。

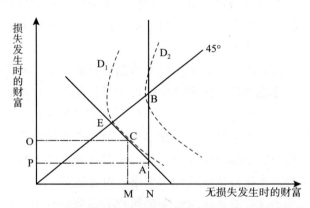

图 5－4 有预算约束对投保人最优保险购买决策的影响

以上关于医疗服务管制对健康保险需求的影响，是基于医疗服务费用补偿型的健康保险。如果是医疗服务杠杆作用的健康保险，在保险金额 A 不变的情况下，随着医疗服务价格的下降，被保险人可以购买到更多的医疗服务。这样虽然不会影响健康保险基于财富保障需求的期望效用，但会对健康保险的生命价值保障效用产生明显的影响，进而使保险更具吸引力。在期望效用函数模型中加入生命价值保障效用 ω_p，并令既有财富为 ω_g，健康保险的期望效用将变为：

$$E(u_{\omega s}) = (1-p)u(\omega_g + \omega_p - Pr) + pu[\omega_g + (1-D_t)(1+\Delta\varepsilon)\omega_p - Pr + A - L]$$

相对于较低的医疗服务质量水平可能造成的生命价值损失时的期望效用：

$$E(u_{\omega g}) = (1-p)u(\omega_g + \omega_p - Pr) + pu(\omega_g + (1-D_t)\omega_p - Pr + A - L)$$

被保险人在相同的医疗费用支出条件下，获得了一个增加的资本化价值能力水平 $\Delta\varepsilon$，使生命价值隐含的潜在财富得到改善，必然也将提高健康保险的期望效用，并显著改善健康保险需求。但基本前提是优质医疗服务使用不会因为管制而受到限制。因此，基于价格管制的医疗服务管制措施，能够有效促进健康保险的保障效用和效果。

但不利的影响，是医疗服务管制对健康保险的挤出效应。不仅风险损失 L 的减少有助于提高个体的医疗费用支付能力而导致更多的被保险人选择风险自保方式，而且在保险待遇不提高的情况下，风险损失的减少将会加大（A－L）数值。这尽管有助于增加保险人的利润水平，但将会导致低风险群体退出，或者选择更低保费水平的健康保险。所以说，在医疗服务管制背景下，健康保险公司应该积极改进保险的保障内容，及时将医疗服务管制的外部福利的一部分转移给投保人以激励续保行为，并提高健康保险的期望效用水平。

5.1.3 健康保险的医疗服务费用补偿管制

从法律权力角度，健康保险机构不具有医疗服务管制的公权力。因而，健康保险参与医疗服务管制，主要是以改变保险基金支付方式参与医疗服务管制，并通过医疗服务保障范围的合约限制，参与医疗服务供给行为的治理。

1. 健康保险的医疗服务利用管制

健康保险对被保险人的利用管制，主要是通过与定点医疗机构，以医疗服务供给合同的方式约定双方的责任与义务，包括病人入院资格、用药范围、诊疗范围和医疗器械使用等。由于健康保险对医疗费用的补偿属于第三方支付方式，因而不同支付方式选择对医疗服务的质量和费用的影响也不同。当前世界各国的医疗费用补偿方式比较多，主要包括按服务项目付费、按人头支付、按服务人次支付、按照住院日支付、按病种支付、总额预付费和一体化方式（以健康维持组织最为典型）等。在社会医疗保险领域，还存在按照工资付费的免费医疗保险模式，以及以资源为基础的相对价值标准（resource based relative value system，RBRVS）支付，实际上都是与医疗服务机构的成本支出有关。特别是 RBRVS 支付方式，需要将医院的所有服务的资源占用全部转化为相对价值，即成本，然后通过转变因子将其转变为收费价格①。

　　不同支付方式对被保险人医疗服务利用的管制程度也存在很大差异，特别是按照服务项目付费的管制程度是最高的。在医疗服务项目支付模式下，一般都采取基本医疗服务目录制度，对医药、诊疗手段和医疗器械使用都有严格的规定，不仅不在目录范围内的服务项目费用得不到健康保险基金的补偿，即使在服务目录里面，不同的项目的补偿限额或者比例差异也比较明显。这将有助于激励人们使用那些价格更为低廉、性价比比较好的医疗服务。而总额预付费制度对医疗服务利用的限制比较小，特别是商业大病保险，理赔是以是否患有合同约定的疾病，只要患有约定的疾病就可以得到一定额度的经济补偿，而不管这些基金是否用于疾病治疗，以及选择什么样的治疗手段。

　　因而，从健康保险的角度，所谓的医疗服务利用管制本质上是一种经济激励行为，或者经济制约行为。它与政府通过行政命令、政策法规实施的管制，尽管在费用补偿方面存在一些共同点，但大部分手段是不同的，而强制性程度也存在较大差异。医疗费用补偿作为健康保险的一种经济管制方式，主要集中在社会医疗保险和部分政策性商业健康保险，是通过与医疗服务机构签订补偿合同实现的。而更贴近寿险型的大病保险，主要是投保人与保险人通过合同约定，向被保险人支付的特定保额的支付，一般与被保险人的最终医疗费用没有直接的联系。而医疗服务管制一般被用于社会医疗保险的原因，在于社会医疗保险机构的官方背景。而且在市场经济体制下，大部分医疗服务管制是通过保险基金的支付方式实施。由于商业健康保险缺乏管制的公权力，他们更愿意提供定额给付型的大病医疗保险，或者针对高收入客户群的健康管理保健。当前商业健康保险除了积极参与政府的基本医疗保险基金管理，或者承保政府委托的城乡居民大病医疗保险，他们在医疗费用补偿性质的健康保险业务方面的保险密度普遍偏低。

---

　　① 卢祖洵，汪凯，郑建中．社会医疗保险学（第 3 版）[M]．北京：人民卫生出版社，2012.

2. 以绩效评价机制参与对医疗服务机构的治理

随着与健康保障绩效相关支付方式的使用，健康保险的费用补偿方式越来越趋于复杂化，对健康保险支付管理也提出更高的要求。但不同支付方式的最终目标是较为一致的，就是使医疗服务的提供与患者治疗需求之间具有最好的吻合度。在这个标准上，要求不仅治疗方案是最优的，而且医疗服务的效率也是最优的。因而，保险基金对医疗费用支付或补偿，在相同的治疗效果下的支付额度必须最小，而且从患者角度的治疗效果也是最好的。但对于医院来说，不仅医疗服务成本得到合理的补偿，并且还要保证适度的盈利水平。健康保险机构、被保险人和医疗服务机构通过成本核算和利润博弈，达到治疗效果的最佳水平。

虽然很多医疗费用补偿方式能够以较小的医疗成本获得最佳治疗效果，但由于补偿方式实施的费用偏高，可能会导致较高的交易成本。在一定程度上促进信息利用和管理能力提高的补偿方式，通常会使保险人陷入烦琐的医疗费用补偿监管事务，对健康保险提取的管理费用也是一个不小的挑战。所以，商业健康保险公司在很多情况下不愿意采取医疗费用补偿方式，而是直接支付被保险人的定额理赔，即大病保险的定额支付。这与寿险的理赔方式是非常近似的，能够有效地提高健康保险的基金稳定性，以及管理费用的使用效率。即使承保医疗费用补偿型的健康保险，保险公司更愿意以一体化支付方式承保健康保险，也就是诸如美国的优先提供者组织和健康维持组织的保险模式那样。而作为必须以医疗费用补偿方式进行承保的社会医疗保险，当前也逐渐趋向总额预付和按服务人次付费的方式，并且借助医疗费用结算系统，将更多的审核业务交由系统自动匹配。这也是为什么作为医疗费用支付方式的疾病诊断相关分类 DRGs（diagnosis related groups）方法，没有得到广泛的应用的原因。

建立在国际疾病分类（当前使用的标准为 ICD - 10）基础上的复杂的DRGs 支付体系，需要根据病人的性别、年龄、住院天数、手术、临床诊断、病症和疾病严重程度，以及合并症与并发症及转归等因素，将病人分入数量庞大的诊断相关组，然后决定应该给医院多少补偿。DRGs 是一种标准化的医疗资源利用标准，在激励医院加强医疗治质量管理的同时，也迫使医院主动降低成本和缩短住院天数，通过减少诱导性医疗费用支付改善医疗费用控制。但是，由于医疗费用的控制权在医疗服务机构方面，而且医疗费用的支付需要综合考核太多的影响因素，容易在医患之间形成严重的分歧或对立，诱发紧张的医患关系。而且有时通过采用 DRGs 方法，将全部或部分风险转嫁给医疗服务机构，导致费用减少部分并不能有效抵消保险机构的管理费用。这也是很多地方更愿意采取人头包干或者总额预算的方式，对医疗服务机构的费用进行补偿。从社会医疗保险的大数法则角度，事实上是将所有的年度可用保费与被保险人的风险一同转嫁给了医疗服务机构，保险机构则只采取质量监管评价任务，这样对提高医疗保险机构的效率是有促进作用的。

5.2　临床路径管理与健康保险补偿合约激励机制

对于健康保险机构来讲，他们对医疗服务机构的监管，只能局限在保险基金的使用效率，却很难对最终的服务质量提出要求，因而往往采取纯保费与医疗费用补偿额度收支平衡的方式，转嫁被保险人一定额度内的健康风险损失。但是，被保险人或者投保人在购买健康保险时，以保费与补偿额度的期望效用最大为标准，容易与保险基金补偿产生冲突。而且被保险人不仅是为了转嫁基本医疗服务的财富损失，还包括获得最佳的生命价值保障效果，减少健康损害对未来工作生活的影响。因而，健康保险机构对医疗费用的补偿和质量控制，必然也不是以费用额度为补偿标准，需要兼顾费用与治疗质量之间的最优效果。

5.2.1　生命价值保障效力视角的保险支付方式优化机制

当人们遭受健康风险事件的损害以后，人们想做的事情就是"看好病"，也就是将健康恢复到患病前的水平或者得到显著改善。但是很多身体创伤性或器质性损害的疾病，往往很难完全恢复到患病前的健康水平，因而人们只能最大程度地利用最合适的医疗技术，使疾病的器质性损伤程度降到最低。即便如此，在经济收入水平、保险基金和医疗资源都相对有限的情况下，最优医疗服务的选择还需要设定治疗效率和保障绩效等约束性条件。也就是说确保在现有的经济资源约束下，使被保险人获得必要的高质量的医疗服务，才不会使患者因为费用支付陷入经济困境，也不会造成太大的社会经济负担。这是基于生命价值保障效力视角，对健康保险临床路径管理和支付方式改革的基本思路。

1. 健康保险参与临床路径管理的基本理念

尽管健康保险是以保障人们的健康作为最终目的的，但从保险合同当事人之间，健康保险只是缴纳保费和获得赔偿的经济关系。特别是加入生命价值和其他投保动机以后，健康保险的期望价值函数变得非常复杂，尤其是生命价值在不同群体、不同估算方法下存在巨大的差距，对健康保险的医疗服务保障提出了很大的挑战。而且商业健康保险中的疾病保险，多以匹配保费的额定理赔额补偿被保险人，相当于定额支付生命健康终身增额的理赔方式。此时，理赔额度是直接支付给投保人或被保险人的，投保人对理赔额度的使用具有直接的支配权，通常不会受到第三方的干预。这实际上是不同风险概率对应不同保费的保障方式，而与生命价值大小无关，或者理赔额差异替代了生命价值。但是在业务的承保金额上，也需要在精算之前考虑医疗费用的支出情况，否则既可能会陷入保险套利困境，也可能导致保额缺乏激励作用，而这对健康保险都是至关重要的。

另外，对健康保险承保的失能收入保险与大病保险内容比较相似，但主要与个体的当前或短期收入或者资本化价值能力有关。因而，需要根据当前收入情况进行合约激励。而且失能收入保障一般是与失能期间的各种收入进行的再平衡，这也需要对收入水平进行综合考虑。基于这些考虑，在本部分主要分析与医疗服务费用补偿和基于医疗服务杠杆作用相关的问题，即如何使被保险人获得最优的必要医疗服务，而且在资本化价值能力和财富效用上，都是符合成本效益分析的基本标准，为实现健康保险保障效用最大化提供依据。而由政府组织、健康保险运作的居民大病保险也属于这一类范围，因而也是适用的。

在提高生命价值保障效力的临床路径管理和支付方式改革方面，尽管基于医疗服务利用管制或配额制度，有利于减轻保险基金的补偿压力和控制医疗费用过快增长。但也会限制医学新技术的临床利用和最佳治疗效果，损害健康保险的生命价值保障效力和生存质量，埋下家庭贫困和不可持续的隐患。而且临床路径管理是一种标准化的医疗服务提供流程，它对医疗服务提供者、被保险人和第三方支付机构都具有规范的约束机制，但规范的约束机制也会导致较大的制度成本。根据世界卫生组织的生存质量量表 WHOQOL – BREF 和英国 NHS 绩效评价方法 VFM（value for money），构建反映临床治疗生命价值保障效力的 QALY – VFM 评价量表，通过改善临床路径管理和医保支付方式，探讨提高生命价值保障效力的医疗费用补偿对策措施，为改革医保支付方式提供可供参照的标准工具和政策框架。

2. 使用生存质量调整年（QALY）标准的依据

随着社会对健康认知和关注度的提高，在要求进一步优化医疗卫生资源合理配置需求不断增长的情况下，一些基于个体水平或群体水平评估健康水平与医疗救治效果的方法不断出现，这些方法运用的指标主要包括健康期望寿命（health-adjusted life expectancy，HALE）、失能调整生命年

（disability-adjusted life year, DALY）和生存质量调整年（quality-adjusted life expectancy, QALY）等，而 HALE、DALY 和 QALY 三个指标由于同时综合了人群中死亡和发病效应的健康指标，在进行发病水平、干预效果和人群健康水平的比较分析时非常有用，在支持公共卫生和临床治疗决策等方面，已经得到了较为广泛的应用。因此，在反映治疗的生命价值保障效果方面，也可以使用这三个指标。但由于这些关于生存自然年的校正权重的不同，所反映出来的生存质量的理念也不尽相同。相对于 DALY 更加看重生存质量的损失，QALY 更能反映相对于有质量的生存时间的重要性，而 HALE 重在反映期望寿命的长短，不容易区分劳动年龄和退休年龄的干扰问题。

QALY 在内涵上整合了寿命质量及相应寿命长度，是以 20 世纪 60 年代经济学家、运筹学者以及心理学家所开展的关于整合生存时间和机体能力内涵的描述性指标的研究为基础，在 20 世纪 70 年代早期的"健康状态指标"研究过程中形成的。QALY 的根本性假设由 Pliskin 等（1980）提出，他们应用具有多重属性的期望效用理论证实了 QALY 最大化准则的合理性。这种效用理论的应用条件是：在寿命长度和健康状态之间的健康效用必须独立，完全健康状态与非完全健康状态之间的风险交换比例固定，个体对寿命长度无风险偏好。20 世纪 90 年代中期 QALY 主要用于成本效果分析（cost-effectiveness-analysis, CEA），成为成本效果分析的参考标准。在充分考虑成本部分（分母）的前提下，一项治疗或干预措施所引起的个体或群体的健康结局作为效果部分（分子），与另一项治疗或干预措施的健康结局（分子）进行比较，这种单位成本下的健康结局差异比较结果经常作为选择治疗或干预措施的依据，此时成本效果分析也被称为成本效用分析（cost-utility-analysis, CUA），它相对于成本效益分析（cost-benefit analysis, CBA）等指标更具综合性和代表性。

对于 DALY，是 1993 年世界银行和世界卫生组织合作发布的一份研究报告中提出来的，该报告试图用量化方法描述全球范围内的早死、疾病和伤害所致负担，并提出改进健康水平的措施。全球疾病负担（global burden of disease, GBD）研究有三个主要目标：一是将卫生问题严重性的流行病学评估，从利益集团对某种卫生政策或干预推动中分离出来；二是推动国际性卫生政策关注于人群非致死健康结局问题；三是实施以时间为单位的卫生问题量化评估以及经济学评估，全球疾病负担以 DALY 为单位进行测量。DALY 是由疾病死亡和疾病伤残而损失的健康生命年的综合测量。DALY 可以量化人群的疾病和失能负担，确立资源配置优先方向，因而更能反映在个体的资本化价值能力受到健康风险损害以后，对家庭和社会带来的各种负担。DALY 测量的是人群健康水平与理想健康水平之间的差距。目前一些国家已经完成或正在采用 DALYs 指标，进行国家水平的疾病负担研究。

期望寿命和死亡率等资料常被视作评估人群健康和确定公共卫生优先领域的基础。随着死亡率下降和期望寿命的上升，越来越多关于寿命质量的问题受到关注，于是出现了流行病学意义明显的新指标。这些指标反映了健康功能状态、生存情况和寿命质量，如无伤残寿命（disability free life expectancy，DFLE）、伤残调整期望寿命（disability-adjusted life expectancy，DALE）和健康期望寿命（healthy life expectancy，HLE 或 active life expectancy，ALE）。Sullivan（1971）首先提出被称为无残疾期望寿命（DFLEs）的单一指标，对人群期望寿命进行加权测度。虽然该指标过于简单的权重具有一定的应用缺陷，但也推动了一系列全新健康期望指标的发展和建立。基于 Katz（1983）的 ALE 指标，Wilkins 和 Adams（1983）提出了功能受限程度的 DALE 指标，具有明确的因病失能持续时间和更加灵敏的健康状况权重。然而健康相关质量差异的权重方法被引入 DALE 时，权重与失能水平的适应性问题面临较大争议。而且 DALE 统一的年龄别和性别权重，在实际使用时也具有一定的局限性。为了克服这种争议和局限性，人们开始依据 DALE 对 HALE 采用更细的权重分类。加拿大采纳 McMaster 健康效用指数量表（HUI3）估计年龄、性别以及社会经济因素对人群 HALE 的影响。由于 HALE 解释失能或非失能人群间接病态的能力较强，因而更适用于政策支持型研究。

综上所述，DALY 和 HALE 都可以作为反映人群健康水平的地区性综合性指标，而 QALY 具有显著的微观意义。相对成熟的 QALY 和较为系统科学的量表支撑，我们倾向于采取得到广泛认同的 QALY 指标。更为重要的是，作为反映未来潜在收入水平的由资本化价值体现的生命价值，更能够反映出健康与健康保险对资本化价值能力的促进作用，而不是简单地评价损失与生存直接的（0，1）关系。故此，我们采用 QALY 和世界卫生组织提供的 QALY 量表，对医疗服务管制和医疗方案等可行性优选进行论证分析。

3. 医疗方案优选的 VFM 模型构建

英国的绩效审计 VFM 体现的思想是物超所值，即确保任意财政资金（Money）都能够实现价值的最大化，这也是其绩效审计采用 Value For Money 名称的根本原因。对于资金投入的价值最大化，VFM 遵循三个基本的原则：在投入一定的情况下成本是否是最小的；在成本一定情况下产出是否是最大；在产出最大情况下是否与期望的结果一致。它相对于主要分析投入与产出阶段的绩效（Performance），VFM 对投入的产出评价更为全面，是对投入产出全过程的跟踪评价（见图 5 - 5）。

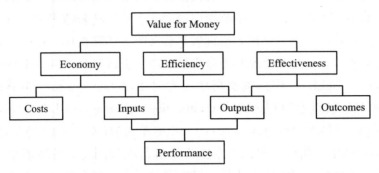

图 5 - 5　英国 VFM 绩效审计的分析框架

　　将 VFM 方法引入医疗服务利用管制，相对应的可以用于对医疗方案选择和管制措施，进行三个方面的评价：一是对于相同的医疗费用支出，是否确保医疗成本是最小的。相同额度的医疗投入保持服务项目的成本最小，意味着患者能够在特定的支出水平上购买到更多的医疗服务数量，或者更高质量的医疗服务；二是在相同的医疗费用支出时，患者是否得到更好的治疗效果。这既是医疗服务绩效评价和优选的核心部分，也是病人最关心的问题；三是病人得到的医疗服务效果是否达到预期水平。也就是它的产出是否达到了预定的目标，它反映了医疗方案或医疗服务管制的技术水平与质量。

　　由于在健康保险保障情况下，医疗服务费用主要是由健康保险以基金对费用补偿的方式实现的，如果医疗方案的选择满足 VFM 的基本要求，也就意味着每一分保险基金都实现了价值最大化。基于以上的基本原则和要求，我们构建反映医疗服务管制效果的 VFM 评价模型：

$$Vmr = \frac{Q_r - Q_e}{C_r - C_e}$$

　　式中，Vmr 为医疗服务管制价值（value of medical rational），它取决于实际的生存质量 Q_r 与期望生存质量 Q_e 之间的差值，与实际医疗成本 C_r 与期望成本 C_e 差值的比值。由于人们期望通过医疗服务管制或方案优选，实现实际生存质量大于期望质量，以保证分子部分的值大于 0，而实际成本小于期望成本，即分母部分小于 0，这就使得期望的价值远离 0 点。数值越小说明医疗服务管制效果越佳，人们为单位生命价值改善的消耗越小。由于事实上人们获得的实际质量是小于期望质量的，而且成本部分因为保险基金分担机制对医疗费用的管制，使实际成本也小于期望成本，因而 Vmr 的数值是大于 0 的。当医疗费用补偿机制一定时，实际得到的生命价值质量越高，分子部分越接近 0，即当 Vmr 趋近于 0 点时，健康保险的补偿管制是最优的。如果 Vmr 的值小于 0，则说明医疗服务成本没有得到有效的控制，成本还存在改进空间。

从健康保险的生命价值保障角度，人们通过健康保险修复健康是为了获得更大的资本化价值，因而医疗服务费用补偿管制，最终的结果体现在资本化价值的改善程度，因而从生命价值经济性角度，医疗费用补偿机制应该有助于资本化价值实现最大化，以保证医疗服务对资本化价值贡献率 V_{fc} 最大，即：

$$V_{fc} = \frac{fc}{C_r}$$

通过综合分析 Vmr 和 V_{fc} 数值，可以对医疗服务管制和健康保险费用补偿机制进行综合评价，以确定医疗服务管制或医疗方案优选是否是最有效的。

5.2.2 健康保险损失补偿方式优选机制与评价模型

作为补偿健康风险损失的健康保险，虽然具有约定的，或者法定的医疗服务利用的补偿范围，但并不意味着不能将处于医学科学前沿的新技术，纳入健康保险的医疗费用补偿范围。将保障和促进被保险人健康水平的作为基本功能的健康保险，如果不能通过优化集体筹资机制，使被保险人获得必要的高质量的医疗服务，不仅使保险制度设计宗旨得不到遵守，也最终会影响到保险制度的可持续发展问题，使其陷入低水平"劣质品"的行列。

所以，健康保险应该兼顾资金筹集能力和医学科学进步，尽最大能力充分利用医学科技进步先进成果，切实保障和促进人们的健康水平。为此，在健康保险损失补偿方式上，首先检验医学科技进步对健康生产的贡献率，检验健康的产出水平与大量医疗资金投入和科学技术进步的关系。只有依赖科技进步的健康产出，才是高质量的、可持续的健康产出。由此通过构建一个在现有收入水平、保险基金筹集能力和医疗资源等经济资源约束下医学科技新技术利用程度评价模型，论证纳入的标准和支付方式等问题。

1. 临床路径管理与健康保险支付方式改革调整依据

从健康生产的角度，理论上符合 Grossman 的健康生产函数 H = f(M，LS，E，S) 的生产关系，也就是消费者的健康水平 H 是医疗服务 M、生活方式 LS、教育与环境 E 和社会因素 S 的一个产出函数。但是，由于健康的评价和影响因素的复杂性，要想获得准确的健康量化数据和准确的消费行为，从现实数据的获取上是比较困难的。为此，我们首先是利用 C – D 生产函数，假定期望寿命的增加值是卫生费用支出和卫生人力资源投入的产出，并对剩余影响因素的影响做出判断。根据 2000 ~ 2010 年的我国各省份的卫生总费用和十年间期望寿命增加值，得到的 C – D 生产函数 $HS = f(K，L) = AK^{\alpha}L^{\beta}$ 的参数。统计分析软件 SPSS20 的分析结果见表 5 – 1。

表 5 – 1　　　　期望寿命（2010 年）与医疗费用和卫技人员回归关系

变量（取对数）	非标准化系数		标准化系数	T	显著性
	B	标准错误	Beta		
常参数	3.482	0.086		40.472	0.000
人均门诊住院费用	0.090	0.010	0.772	9.072	0.000
卫生技术人员数	0.016	0.004	0.362	4.260	0.000

从表 5 – 1 可以看出，2010 年各地区期望寿命与人均门诊住院费用和卫生技术人员数量的对数之间存在显著的相关关系，其中治疗费用的作用接近卫生技术人员的 2 倍。卫生技术人员的医疗服务对期望寿命增加值的贡献，尚未得到充分地显现。

而根据"消费金融网络调查"2012 的数据，个体家庭的健康状况评价与自负医疗费用支出之间并没有显著的相关关系（相关系数 r = – 0.008，显著性水平为 P = 0.662）。说明在健康保险的费用补偿机制下，个体的医疗费用负担被健康保险的补偿作用所冲减。因此，加强健康保险的使用效率对改善被保险人的健康具有非常重要的现实意义。

2. 健康保险基金支付方式优选模型

从微观层面评价临床治疗方案与生命价值关系，构建改革健康保险医疗费用支付的改革依据。世界卫生组织制定的生存质量简表（WHOQOL – BREF 量表），从 24 个方面评价对个体的 QALY 进行评价。英国 2011 年版 VFM 手册从 3E（economy、efficiency 和 effect）和 2A（ability of sustainable

和 affordable）层面，构建了绩效评价指标体系；Huebner（1927）将收入分为工资、奖励性绩效和花边收入，支出分为个人直接消费、用于家庭成员和社会消费。可以据此构建 QALY – VFM 量表，调查分析患者在接受临床治疗时的 QALY 综合产出情况，对比分析在不同治疗方案 QALY – VFM 量表数值，用方差分析方法比较分析组间差异的显著性。根据 QALY – VFM 数值，从"过早医学死亡"和"生存死亡"角度，构建 Cox 比例风险回归模型，评价临床治疗措施对两类"死亡"风险的影响作用。Cox 模型为：

$$h(t, X)/h_0(t) = \exp(\beta_1 x_1 + \beta_2 x_2 + \cdots + \beta_m x_m)$$

$h(t, X)$ 是风险率函数，一般危险因素 x_m 为 0 时的基础风险率 $h_0(t)$ 是未知的，并假定与 $h(t, X)$ 具有比例关系，t 为生存时间变量。并利用 Cox 模型求解风险因素的相对危险度：

$$h(t, X)/h(t, X_j) = \exp(\beta'(X_i - X_j))$$

将不同治疗方案下的相对危险度结果，与对应的 QALY – VFM 量值进行比较，分析在特定医学技术水平和经济资源约束下，降低单位"死亡"风险的医疗资源投入，对改善 QALY – VFM 产出的边际贡献最大，使生命价值保障效力的促进符合 VFM 原则。在 Cox 模型的基础上，构建生命质量作为时间协变量的时变协变量 Cox 模型，分析治疗措施对"生存死亡"风险防范作用的时效性。时变协变量模型为：

$$\lambda(t, x(t)) = \lambda_0(t) \exp\{\beta x(t) + \gamma[x(t)] + \delta[x(t)t]^2 + \cdots\}$$

"生存死亡"延后时间越长，医疗救治措施也就越有效，QALY – VFM 的产出绩效更具有家庭和社会意义。据此分析每延长一个单位 QALY 的代价、生命价值的改善程度，以及重新审视基本目录制度的合理性。根据跟踪评价数据，构建 QALY – VFM 评价模型，分析不同个体 QALY – VFM 的影响因素。QALY – VFM 模型的计量经济模型一般式为：

$$QV = a_0 + \sum_{q=1}^{n} a_q x_q + \sum_{f=1}^{m} a_f x_f + \sum_{p=1}^{l} a_p x_p + \varepsilon$$

QV 为 QALY – VFM 综合绩效评价值，x_q 为量表因子；x_f 为健康保险相关的影响因子，如参保类型、医疗保险补偿比例、医院等级、疾病轻重分级和 QALY 稳定性等；x_p 为个体特征因子，其中关键的因素是对家庭其他成员资本化价值的依赖程度。通过 QV 的筛检结果，构建新的 QALY 生命价值量表，并根据患者的相关量表数据进行考评和优化量表，用于临床路径管理和治疗方案选择参照。

尽管通过 QALY – VFM 评价模型，能够在现有资源的约束下，实现在财富消耗和生命价值保障效力上是最优的,并且可以将成本支出与生存质量进行直接分析,以确定生命价值保险的最优保单。通过 Arrow(1963)的健康保险最优理论范式,可以在医疗费用推导出来的有免赔额和上限的最优保单,进而确定保险的理赔支付额度和最优补偿上限。但是问题在于,我国的城乡之间的居民收入差距较大,城镇职工与城镇居民之间的收入也存在较大的差距,并且还存在诸如进城务工人员等特殊的小众群体。在我国的基本医疗保险尚未实现省级统筹或全国统筹的多元化保险制度时,基于 QALY – VFM 的临床方案优选技术和补偿方式,如何公平有效地实施等问题。

基于这个问题,我们认为从公平角度,应该以居民医疗保险基金的筹集能力和居民的收入水平,首先将那些医疗服务费用较低的方案纳入医保补偿范围,纳入基本诊疗目录。然后将费用较高的方案,纳入城乡居民大病保险补偿的范围,并借助医疗救助资金,使大部分的人员能够支付得起中等支出水平的医疗技术。最后是商业健康保险作为补充,将大额医疗费用支出纳入基金补偿范围。也就是说,QALY – VFM 模型优选的有效生命价值保障方案,应该通过多层次的健康保险体系,最大限度覆盖这些治疗方案发生的医疗费用,商业健康保险可以加大针对特殊治理方案的大病医疗保险,与基本医疗保险一道,共同改善不同群体的生命价值保障效力,甚至可以基于生命价值是未来潜在预期财富的特征,提供低息贷款或财政扶持的方式,使他们获得最优的治疗方案,被保险人可以用未来生命价值潜在财富的实现,补偿这部分预支的费用。

然而仅仅关注公平是不够的,因为对于用人单位来讲,对生命价值的保障就意味着生产效率的保障,他们更倾向于在最短的时间内,以最有效的治疗方式,尽快恢复职工的健康,以减少健康风险不确定性对生产的影响。因而政府应该同意,并以个税优惠的方式和企业所得税饶让的方式,支持企业和员工在其承受能力范围内,购买较高水平的健康保险,这既是微观生产效率的需要,也是社会经济发展对劳动力保障的宏观需要。所以,当前的职工医疗保险应该得到更为优惠的政策和更大力度的扶持。作为家庭经济来源重要支柱的劳动力,生命价值保障效力的提高,也是对非就业居民的经济上的有效保障方式。当然,这种提法可能会受到来自生命价值保障公平性和医学伦理学的质疑,但这也是 Huebner(1927)生命价值学说中健康保险的基本动机和功能。

诚然,正如我们在生命价值估计时就已经面临的医学伦理学和社会道德的质疑一样,在有限经济资源配置上,同样也面临同样问题的质疑。然而，在生命价值保障的能力上，我们只能在充分保障其他群体生命价值的前提下，尽最大能力保障作为家庭和社会发展的支柱的生命价值。但这并不意味着身份歧视或者生命歧视，或者经济歧视，更不是穷人的命不值钱的歧视。相反，这是满足纵向公平的基本要求，因为他们不仅承担着更大的家庭和社会责任，也是人口老龄化背景下，缓解人口老龄化最重要的力量和经济支撑。利用 QALY – VFM 的方式，对诊疗方案进行优选时，既要兼顾保险制度之间的公平，也要在制度范围内根据保险费用筹集能力的约束下，最大程度的保障被保险人的生命价值。

关于如何分类分层提供生命价值保障，我们将在之后的全民健康覆盖的保险合约激励机制中，进行详细而深入的分析，给出理论和经验证据。在此，根据陈海等（2016）发表在《中国卫生统计》杂志的文章《基于Markov 模型建立慢性丙肝治疗的药物经济学模型》中的相关资料，对药物治疗的方案和保险基金的补偿优选进行分析①。当前中国丙型肝炎的感染人口已经超过 0.25 亿人，大约 75% 的患者在被感染半年后转为为慢性丙肝，通常会导致健康质量下并影响家庭与社会经济的可持续性。在单位生存质量 QALY 等于 139593 元的成本效果阈值标准下，各选择司美匹韦、聚乙二醇干扰素、普通干扰素和不接受治疗四种方案中的 1000 人作为分析对象，采用 SPSS20.0 作为分析软件，具体数据见表 5 – 2。不同治疗方案下失代偿性肝硬化率、肝癌率、肝移植率和因肝病死亡率都有明显差异，而且各治疗方案下丙型肝炎的未来演变趋势也存在显著的差异，区组检验的方程显著性方差为 10.628，显著性一类错误概率为 0.001。

表 5 – 2　　　　　丙型乙肝不同治疗方案干涉下的病情指标情况

观察指标	司美匹韦	聚乙二醇干扰素	普通干扰素	不治疗	显著性检验 （方差 F、显著性）
失代偿性肝硬化	57	98	209	319	
肝癌转化	58	101	214	326	$F = 10.628$
肝移植	10	19	40	60	Prob. $= 0.001$
因肝病死亡	77	135	286	436	

而从各治疗方案之间的区组检验结果来看，如图 5 – 3 所示，治疗方

---

① 陈海，陈洁玲，陆志刚等. 基于 Markov 模型建立慢性丙肝治疗的药物经济学模型 [J].
中国卫生统计，2016，33（3）：370 – 373，378.

案之间的显著性检验方差 F 值为 12.844（Prob. = 0.001），说明四种治疗方案之间至少存在两个方案之间的统计学显著性差异。同样，不同治疗方案的干预后，病情的未来变化差异也存在统计学显著性，方差 F 值等于 8.411（Prob. = 0.006）。而其他干扰性因素（即截距）也存在显著差异，说明除了以上两个因素以外，还存在其他相关因素的影响（F = 107.88，Prob. = 0.000）。

表 5 - 3　　　　不同治疗方案与病情演化的患者发生数区组分析结果

来源	第Ⅲ类平方和	df	平均值平方	F 值	显著性
修正的模型	220842.375[a]	6	36807.062	10.628	0.001
截距	373626.562	1	373626.562	107.880	0.000
治疗方案	133447.187	3	44482.396	12.844	0.001
病情变化	87395.188	3	29131.729	8.411	0.006
错误	31170.063	9	3463.340		
总计	625639.000	16			
校正后总数	252012.437	15			

a. R 平方 = 0.876（调整的 R 平方 = 0.794）

　　将表 5 - 3 中的结果进一步进行两两比较，见表 5 - 4。发现不同治疗方案之间的患者发生数的差异具有显著性，说明不同治疗方案在医学和药物治疗上的差异是非常明显的，从治疗效果上，司美匹韦药物治疗最佳，其次是聚乙二醇干扰素治疗，这两种治疗方案与普通干扰素治疗的效果差距明显，比不治疗的差距更加突出。

表 5 - 4　　　　　　不同治疗方案之间的两两比较结果

（I）治疗方案	（J）治疗方案	平均差异（I-J）	显著性	95% 信赖区间	
				下限	上限
（1）司美匹韦	2	-37.75	0.388	-131.89	56.39
	3	-136.75*	0.009	-230.89	-42.61
	4	-234.75*	0.000	-328.89	-140.61
（2）聚乙二醇干扰素	1	37.75	0.388	-56.39	131.89
	3	-99.00*	0.041	-193.14	-4.86
	4	-197.00*	0.001	-291.14	-102.86

（I） 治疗方案	（J） 治疗方案	平均差异 （I－J）	显著性	95% 信赖区间	
				下限	上限
（3）普通干扰素	1	136.75 *	0.009	42.61	230.89
	2	99.00 *	0.041	4.86	193.14
	4	－98.00 *	0.043	－192.14	－3.86
（4）不治疗	2	234.75 *	0.000	140.61	328.89
	3	197.00 *	0.001	102.86	291.14
	4	98.00 *	0.043	3.86	192.14

注：* 为平均值差异在 0.05 水平显著。

同样，不同病情演化之间的显著性差异，也证明采取司美匹韦治疗和聚乙二醇干扰素治疗的必要性，见表 5－5。尤其是失代偿性肝硬化水平与肝移植之间的转化差距，以及肝癌转化与肝移植的转化率之间的费率差距很大，而且用肝移植方式治疗肝癌转化的家庭与社会经济负担影响非常巨大，避免病情由失代偿性肝硬化转化为肝癌或肝移植，对减轻家庭经济负担的效果是非常明显的。同样，肝移植之间的病情变化与因肝病死亡也存在差异的显著性。以上的两两比较最终结果的经济学含义是，采取有效的司美匹韦治疗和聚乙二醇干扰素治疗，具有非常明显的经济学价值。但是，这些治疗方案中医疗技术或者药物可及性在不同类型健康保险（尤其是大病保险和基本医疗保险、补充医疗保险等）之间的补偿目录管理是不同的，具有不同的报销或补偿比例，一些新药也尚未纳入基本目录管理范畴。上面我们构建的 QALY－VFM 模型的计量经济模型中，参保类型、医疗保险补偿、医院等级和疾病严重程度上，都具有显著性的影响。同样，不同的治疗方案对个体预后的生活影响也很大，对家庭其他成员的资本化价值依赖程度也明显不同。尽管，受限于临床实验的设计，我们并没有从 QALY－VFM 计量经济学一般模型角度进行验证，但现实生活中的大量案例证实，不同治疗方案后不同病情的发展，对家庭的经济压力、劳动力占用情况的差别非常明显。大部分的家庭缺乏肝移植费用的支付能力，甚至缺乏对新药的支付能力。因而在不同的治疗方案下，患者的医疗费用、生存死亡率和提前死亡率都会不同。这通过表 5－5 中可以获得科学有力的数据证据。

表 5 - 5　　　　　　　　　　　不同病情发展之间的两两比较结果

（I） 病情变化	（J） 病情变化	平均差异 （I - J）	标准错误	显著性	95% 信赖区间	
					下限	上限
（1）失代偿性肝硬化	2	- 4. 00	41. 613	0. 926	- 98. 14	90. 14
	3	138. 50 *	41. 613	0. 009	44. 36	232. 64
	4	- 62. 75	41. 613	0. 166	- 156. 89	31. 39
（2）肝癌转化	1	4. 00	41. 613	0. 926	- 90. 14	98. 14
	3	142. 50 *	41. 613	0. 008	48. 36	236. 64
	4	- 58. 75	41. 613	0. 192	- 152. 89	35. 39
（3）肝移植	1	- 138. 50 *	41. 613	0. 009	- 232. 64	- 44. 36
	2	- 142. 50 *	41. 613	0. 008	- 236. 64	- 48. 36
	4	- 201. 25 *	41. 613	0. 001	- 295. 39	- 107. 11
（4）因肝病死亡	1	62. 75	41. 613	0. 166	- 31. 39	156. 89
	2	58. 75	41. 613	0. 192	- 35. 39	152. 89
	3	201. 25 *	41. 613	0. 001	107. 11	295. 39

注：＊为平均值差异在 0. 05 水平显著。

在完成经济性评价以后，我们结合不同治疗后的生存治疗（QALY）对经济性进行评价，同样利用陈海等（2016）的文献数据进行实证分析。不同治疗方案下的人均治疗成本、相比较不治疗的增量成本、生存质量和相对不治疗的增量质量数据见表 5 - 6。通过表 5 - 6 可以看出，不同治疗方案的人均成本和成本增量之间的差距非常明显，其中治疗效果最好的司美匹韦的人均成本为 7. 28 万元、聚乙二醇干扰素成本为 10. 80 万元，都低于普通干扰素 11. 95 万元的治疗成本，甚至远低于不治疗的生命价值（潜在财富）损失 16. 29 万元。因而，从丙型肝炎的治疗必要性来看，采取司美匹韦具有最好的经济性，与前文的分析结果一致。而且相对增量成本中，司美匹韦和聚乙二醇干扰素都是负值，说明二者都要优于普通干扰素和不治疗的成本支出。分析结果显示，从表 5 - 6 可以看出，司美匹韦具有最好的生存质量 15. 60，与聚乙二醇干扰素的生存质量非常接近，但人均成本只是后者的 67. 42%，单位生存质量成本差额为 2455. 38 元。但是司美匹韦尚未纳入新型农村合作医疗等 2016 年的基本药品或治疗目录，这对改善质量质量和缓解保险基金支出压力，都有不利的影响。

表 5 - 6   不同治疗方案下的成本与生存质量情况

治疗方案	人均成本（元）	增量成本（元）	生存质量（QALY）	增量质量（QALY）	单位生存质量成本	单位生存质量增量成本
司美匹韦	72785.64	-35170.62	15.60	0.44	4665.75	-79933.23
聚乙二醇干扰素	107956.27	-11559.84	15.16	1.16	7121.13	-9965.38
普通干扰素	119516.11	43424.39	14.00	1.45	8536.87	29947.86
不治疗	162940.50	—	12.56	—	12972.97	—

而结合不同治疗方案的疾病风险与人均成本，可以利用条件价值法的支付意愿估算个体的生命价值，见表 5 - 7。从中可以看出，四种治疗方案对应着不同的疾病风险和支出成本，因而对应着不同的生命价值估值，其中生命价值最大的是司美匹韦的 36.03 万元，最小的是不治疗对应的 14.28 万元，前者是后者的 2 倍多。普通干扰素治疗与不治疗之间的生命价值估值差距不是很明显，差额仅为 1.66 万元。而聚乙二醇干扰素方案下的生命价值估值则接近于司美匹韦的治疗方案效果，但差额较大，为5.45 万元。

表 5 - 7   不同治疗方案下的条件价值估值法测度的生命价值

疾病风险	司美匹韦	聚乙二醇干扰素	普通干扰素	不治疗
失代偿性肝硬化（‰）	57	98	209	319
肝癌转化（‰）	58	101	214	326
肝移植（‰）	10	19	40	60
因肝病死亡（‰）	77	135	286	436
病情加重率（‰）	202	353	749	1141
人均成本（元）	72785.64	107956.27	119516.11	162940.50
支付意愿条件价值法生命价值估值（万元）	36.03	30.58	15.96	14.28

由此可见，从生存质量单位产出的角度，不同的治疗方案在治疗成本、预后的疾病风险和家庭与社会经济影响上，都会产生不同的影响。从表 5 - 7 中的 QALY 的产出和风险波动情况，以及不同治疗方案之间的疾病预后风险两两比较结果，新药司美匹韦具有更加稳定的 QALY 产出水平，预后相对的失代偿性肝硬化、肝癌转化、肝移植和因肝病死亡等风

险，均显著优于其他治疗方案或者不治疗。则为未来的健康保险医疗服务管制，提供了很好的借鉴思路。健康保险承保机构或者基金监管部门，应该时刻关注新药的治疗疗效和成本支出情况，实时调整基本药品目录范围，并对病人的就诊治疗进行积极的引导和宣传，既可以使患者获得最好的治疗效果，也可以使患者和医疗保险基金对医疗费用的负担显著减少，这显然有助于经济社会和健康保险的可持续发展。陈海等（2016）在文献中认为，之前的国内研究主要考虑的是短期成本效果，缺乏对长期积累的成本和终身的健康治疗的关注，因而对我国的基本药品目录管理和医疗服务管制带来不利的影响。同时也结合美国和英国等学者的研究，确认聚乙二醇干扰素从长期结果上具有更良好的治疗成本效果。如果新药司美匹韦能够在中国上市，患者应该优先选择司美匹韦以替代聚乙二醇新药，以获得更为有效的治疗效果，所以，对新药的经济价值与治疗效果综合监测，并及时纳入医疗保险基本目录，应该成为今后健康保险在费用补偿上的常规性工作。

5.2.3　健康保险的损失补偿方式遵从度与合约激励机制

1. 基于经济角度的生命价值保障支付方式的遵从度问题

健康保险对生命价值保障，只能局限在经济补偿的范畴，也正如Huebner 提出生命价值学说时所强调的由工资收入、绩效性奖励和花边收入等决定的经济价值。但也正如我们在生命价值对健康保险行为异象的影响部分的研究结论那样，由于非经济要素的影响，使人们对自我的生命价值估值，受到情感和社会伦理学等因素的影响，无论是在支付意愿 WTP和接受意愿 WTA 方法中，估计的生命价值不仅平均值普遍大于现实社会的赔偿额度，而且个体间的波动程度也很大。不同时期、不同的风险条件下，生命价值的估计值更为明显。在中国，老年人在面对子女保护时，自己的价值往往会被低估，而子女相对于父母也更愿意从情感上估计父母生命存在的价值，尽管有时赡养年迈父母的经济与时间压力都很大。"家有一老、如有一宝"，这是中国人情感下对几乎在经济上不存在生命价值的老人的最真挚的估值。也正是由于这种特殊的情感因素，人们在危重病人的抢救上几乎是不遗余力的投入。让健康保险不去补偿这些几乎是没有任何经济价值的抢救费用，总是让人从心理上和情感上难以接受，特别是非商业化的、政府主导的社会医疗保险。但是，不补偿这些已经实际发生的医疗费用，可能造成的结果依然是因病致贫。当然，这种基于临终前的危重抢救费用，一般不会使家庭陷入严重的贫困陷阱，毕竟不会像严重病残的人员那样，需要继续消耗家庭财富和劳动力占用。但这足以使社会医疗保险补偿陷入两难选择的困境，尽管医疗保险基金不进行补偿时，医疗救助和社会救助也可能会缓解其因病致贫的程度。

因而，从宏观经济效率角度是可行的 QALY – VFM 损失补偿机制，可能在实际中并不能被人们所接受，"寻医问药"依然是被保险人及其家庭的最后选择。从医学伦理学等角度，我们不能阻止患者利用最昂贵最有效的医疗技术，但是作为承担保证每个国民"不会因为支付陷入经济困难"的政府，如何才能解决这个两难的困境，似乎依然难以找到最优的可行办法。而健康保险，在特定的筹资水平上能够做的就是在尽力从经济上进行补偿，并通过保险合约激励机制使他们遵从兼顾了经济约束与生存质量的补偿方式。

为此，我们构建一个因果评价模型，分析医疗费用和保费支付意愿下的生命价值的差异，以及造成这种差异的原因，并从这些原因中寻找相应的应对办法。首先是模拟分析人们对 QALY – VFM 量表用于临床路径管理的遵从度，具体的数据可以在医院科室层面抽样，以便于能够代表不同的疾病风险，以及显著区分不同科室对治疗方案的遵从度影响。抽样的样本数量应满足实验设计要求的典型病例，可以采取虚拟实验手段模拟分析在不同的治疗方案下，QALY – VFM 量表数值的变动情况和患者及其家属、医生和医院对治疗方案的遵从度，进而判断影响这些遵从度的医学伦理学和个体的相关特征。然后结合前面 VSL_k 的估计值，分析疾病治疗时生命价值评估的理性程度。借助线性回归方程建立评价模型并检验影响因素的显著性：

$$VSL_{ME} - VSL_{MI} = \alpha_0 + \alpha_1 \omega_s + \alpha_2 \omega_g + \alpha_3 fcv_f + \alpha_4 doctor$$
$$+ \alpha_5 moral + \alpha_6 QALY_x + \mu$$

该回归方程主要检验医疗保险预期保障的生命价值 VSL_{MI}，与治疗时的生命价值 VSL_{ME} 差值，是否受到累积财富 ω_s、转移财富 ω_g、家庭资本化价值水平 fcv_f、医生意愿 doctor、伦理 moral 和生存质量水平 QALY 影响，判断影响因素与理性就医之间的关系。根据影响因素作用显著性的回归检验结果，可以分析治疗方案遵从度对保险支付方式和费用补偿机制的影响，判断 QALY – VFM 的实施对保险基金支付和保险费率的影响。然后再从医生和医院层面，调查分析医生和医院对 QALY – VFM 量表的遵从度，并查明影响遵从度的原因。利用项目组在 2016 年 7 ~ 9 月在安徽合肥、江苏镇江和南京浦口三个市区医院的调查 392 份调查问卷回收数据，对被调查对象购买保险时支付健康保险费用意愿、中国 2014 年的疾病发生率、住院时愿意支付的治疗费用、患者治愈出院率数据，结合患者为家庭贡献的收入数量，确定购买健康保险时的自我生命价值估值、疾病治疗时的估值，然后用住院时的生命价值估值减去购买健康保险时的估值，利用构建的回归方程对分析影响因素，结果见表5－8。

表5－8　　　　　　影响患者治疗时生命价值估值的影响因素分析

方程变量	回归系数		标准化系数	T	显著性
	B	标准错误	Beta		
常数项	－40. 599	8. 368		－1. 107	0. 297
累积财富水平	0. 766	0. 191	1. 805	4. 013	0. 003
转移财富水平	1. 426	0. 411	1. 283	3. 469	0. 007
家庭资本化价值	2. 490	0. 229	1. 663	10. 884	0. 000
治疗医生的意愿	－0. 004	0. 001	－3. 815	－4. 142	0. 003
家庭成员意愿	0. 002	0. 001	0. 854	1. 945	0. 084
生存质量估值	0. 003	0. 002	1. 031	4. 852	0. 001

从回归分析的结果来看，累积财富水平、转移财富水平、承担家庭抚赡养责任的上年度家庭资本化价值、治疗医生的意愿、家庭成员意愿和患者就医时的生存质量估值，都对患者的生命价值估值的差值具有显著的影响作用，其中除了治疗医生的意愿对患者的生命价值估值具有反向修正作用外，其他因素都具有放大生命价值的影响作用。这是一个与客观生命价值估算相反的结论，一方面体现了损失厌恶效应对患者的生命价值估值的影响，另一方面也反映了患者治愈疾病的强烈愿望。这两个方面都不利于患者在生病以后更为理性的选择治疗方案，或者导致医疗保险基金过度利用，或者导致家庭背上沉重的债务负担。

而从生命价值的估值结果和差异度来看，在购买健康保险时隐含的自我生命价值估值平均值为22.3356万元，而治疗阶段时的估值则高达145.8384万元，后者是前者的6.53倍，配对T检验的结果显示二者具有显著性差异（P＝0.000）。而这个数据如果按照Huebner（1927）生命价值说学的观点，应该恰好是相反的，即健康的生命蕴含的生命价值要大于费患病后的生命价值。结合表5－8、表5－9的分析结果，除了医生的意愿能够使患者相对理性地看待生命价值和治疗方案外，个体及家庭因素具有放大生命价值的作用，因而会导致在治疗方案选择时，会选择那些价格昂贵或不经济的治疗方案。而医患之间对生命价值估值和医疗方案选择的理性程度不同，也会导致医患之间的矛盾和就医选择权冲突。这必然需要一个更为理性的独立中间机构，对医疗费用补偿和治疗方案选择进行评价，进而对患者的非理性就医行为进行约束和管制。

表 5－9　　　　　　　　生命价值估值的成对样本统计数据

生命价值	N	最小值	最大值	平均数	标准偏差	T 值	显著性
VSL$_{MI}$	392	0.85	42.74	22.3356	12.17547	-35.987	0.000
VSL$_{ME}$	392	32.74	264.60	145.8348	67.59739		

2. 改善支付方式遵从度的保险合约激励机制

一种新的保险补偿方式的改变，都会影响到相关者的利益。医疗费用补偿型的健康保险，是涉及医疗机构和医药企业（含定点药店和药品采购企业）等医疗服务机构的费用补偿问题，在第三方支付方式下，医疗服务机构具有诱导需求的动机，如果将医疗付费建立在绩效评价结果上，将会导致医疗服务供给不足问题。不仅如此，制度的实施还需要医疗服务机构的支持和配合，也就是需要对医疗机构建立起具有有效激励的合约关系。不仅如此，QALY－VFM 主要是基于生命价值保障效力视角的临床治疗方案优选的问题，虽然从经济角度，能够为患者选择一条兼顾财富水平和治疗效果的最优路径，但是患者及其家庭可能在第三方支付方式下更倾向于选择最优的医疗方案，而忽视经济条件的制约。特别是当人们面对生与死的选择时，经济的制约似乎开始变得不是那么重要。

但是不管怎样，对于应对健康风险的一种集体筹资机制，为了实现集体利益的最大化，必须将有限的健康保险基金公平有效地在筹资人之间进行优化配置。对于非健康保险覆盖范围内的服务项目和费用，只能通过政府的医疗救助或社会救助，或者其他渠道更高层次的健康保险进行保障。从英国国民医疗服务体系（NHS）的经验来看，作为医疗服务绩效审计最好的国家之一，VFM 绩效评价体系，在英国及加拿大和澳大利亚等英联邦国家，以及北欧的瑞典等福利国家，运用的都是比较好的。特别是在2011 年版的绩效手册中，加入了可持续发展部分的内容，常用的绩效评价方法也扩展近 30 种。在 NHS 中的评价指标，从影响指标和投入指标两个角度对系统的服务绩效进行审计监管（见表 5－10）。通过绩效审计不仅评价资源利用是否达到了既定的目标，还对如何改进绩效提出对策建议。

将 2011 年版 NHS 绩效评价指标，经过与中国实际情况和生命价值保障特殊要求进行适应性调整，作为构建与医疗服务机构保险合约的基本考核指标。

表 5 – 10　　　　　　　英国国民医疗服务体系绩效评价指标

国民医疗服务体系的影响指标	国民医疗服务体系的投入指标
➤ 地区之间生存期望值与健康期望值差异 ➤ 期间存活新生儿中低体重新生儿数量 ➤ 按照父亲职业划分为管理者、技术人员或中间群体的所有存活新生儿低体重新生儿数量 ➤ 按照父亲职业划分为常规群体和手工业者、从未就业和长期失业人员的存活新生儿中低体重新生儿数量 ➤ 通过更好治疗可能避免的死亡（因健康保健原因致死） ➤ 因预防原因致死的死亡率 ➤ 患长期疾病人员的生存质量 ➤ 接受社会保健的成年人生存质量 ➤ 不能通过常规要求住院的急诊住院数量 ➤ 出院 28 天内急诊重新住院数量 ➤ 民众对初级保健的感受 ➤ 正在住院人员的感受（满意度） ➤ 对成年人社会保健服务的满意度 ➤ NHS 报告的安全事故/健康保健机构导致的严重伤害 ➤ NHS 报告的安全事故/健康服务机构	➤ 通过规划预算的 NHS 花费统计分析 ➤ 成年人保健花费的统计分析 ➤ 病人在院期间接受已选择治疗的单位治疗成本 ➤ 病人在院期间急症治疗的单位成本 ➤ 病人到访医院寻求治疗的单位成本 ➤ 接受社区保健的单位成本 ➤ 病人因精神健康问题的单位治疗成本 ➤ 全科医生询诊单位成本 ➤ 社区药品处方单位成本 ➤ 老年人、学习障碍残疾人和其他顾客群的居住与护理保健单位成本 ➤ （家庭帮助/保健的）在家社会医疗保健的单位成本 ➤ 老年人、学习障碍残疾人和其他顾客群接受日间保健的单位成本

资料来源：英国审计署 . 2011 版绩效审计手册。

英国的信托制度（trust）和委托服务制度（commissioning），也是完善医疗服务内部竞争市场机制中两种重要的医疗方案选择制度，在转诊制度的配合下，依靠全科医生和委托服务委员会等机构，使患者能够在充分获取相关信息的情况下，实现医疗服务需求与医疗服务机构的最优匹配。同时，政府也通过委托服务制度，使患者的服务能够以政府公共服务采购的方式，对医疗费用进行合理的控制。

我国在医疗服务管制和医疗费用补偿支付方式上，目前正在积极推进跨区医疗制度、社区全科医生首诊制度，以及分级医疗制度，逐渐淡化转诊制度中的"逐级"，并且在加快商业健康保险的指导意见中，也明确了政府公共健康服务的采购计划，加大了对商业健康保险的政策与税收支持力度。这些关于医疗卫生体制的改革举措，对完善我国医疗服务内部市场机制，提高医疗服务效率，保障患者获得必要的高质量的医疗服务具有重要的作用。

而要确保这些制度的实施得以真正的执行，除了政策的扶持以外，还需要在基本医疗保险的费用补偿机制上，进一步完善与各类医疗服务机构的合作协同关系。商业健康保险在承保费用补偿型的健康保险业务时，也应该积极利用医疗卫生体制改革的红利，通过与被保险人和服务机构签订保险合同，对医疗服务利用和补偿机制进行合理的约定，提高健康保险基金的保障效力。努力控制医疗服务提供中可能出现的诱导需求和治疗不充分等问题，加大定点医疗机构的绩效考核制度，构建完善的定点医疗机构准入机制、退出机制和奖惩机制等，建立基于 QALY – VFM 量表的新型医疗服务部门合作与激励制度。

因此，在基于 QALY – VFM 的临床路径管理和医疗费用补偿机制时，一方面需要与被保险人（投保人）签订建立医疗服务利用合约，提高对 QALY – VFM 的遵从度，另一方面与医疗服务机构签订医疗服务供给合约，以使医疗服务机构能够基于 QALY – VFM 的评价体系和保障目标，提供质优价廉安全有效的医疗服务。

3. 基于期权期货视角下临床路径管理保险合约激励

从期权角度，被保险人从保险人那里获得一个关于能够获得更高质量医疗服务的看涨期权，标的资产为自己的健康，当健康遭受健康风险的损害时，他可以通过期权的执行，将风险损失转嫁给保险人，并从交易中获得损失的补偿，并通过补偿资金购买医疗服务，修复健康损害，进而使生命价值得到恢复。而期权费就是他缴纳的保险费（premium），执行价格为保险金额。由于健康风险的不确定性，因而被保险人获得的是一个美式期权，而且可能是一个分多次执行的期权。

作为保险人，它对被保险人售出一个期权，用来弥补其健康风险损害造成的损失，此时保险人表现的是风险偏好者。但是作为经济主体，保险人在市场风险规避方面，又是一个风险厌恶者。因此，保险人往往会通过再保险转嫁部分风险损失，或者是风险集中发生时的巨额风险损失带来的不确定性。但是，作为医疗服务费用补偿型的健康保险，其主要的风险来源在于医疗费用的不确定性。从整体趋势来看，尽管医疗费用成上涨的趋势，但是由于该类健康保险的缴费和损失补偿，主要是以年度为承保周期的，因此在短时间内可以忽略医疗费用的上涨波动。对于保险人来说，医疗费用不确定性的最大风险，是来自定点医疗机构的服务价格和服务内容。

尽管健康保险公司可以用定额给付的方式，规避医疗服务费用的不确定性波动，但是在医疗费用按比例补偿的共同保险中，这是一个无法规避的风险，其中最典型的就是基本医疗保险。为了控制医疗费用的过快上涨，以及医疗服务选择对费用的影响，国家对医疗服务价格和服务范围，进行严格的管制。但是中国政府已经放开了部分招标药品价格的定价上限，实行指导定价制度。因此，在保证基本用药需求的前提下，部分服务项目价格上限放开的情况下，保险人需要寻求一种支付方式，对冲承保健康保险中的费用支出不确定性风险。相对于被保险人的看涨期权，保险人对医疗服务机构应该是一个关于期货的远期合约，这个远期合约能够确保其在卖出看涨期权的标的资产时，能够通过另一种途径获得平抑了价格上涨损失的资产（修复被保险人健康损害的医疗服务）。

由于期货的远期合约的形式与医疗服务实务存在很大的不同，它不能像普通的期货合约那样在交易所内执行，也不能每天将价格差价进行结算。而且医疗服务机构对服务的方式和内容，具有很大的调整权力。因而需要将混合商品与服务的远期合约，以看涨期权的方式，看作保险人向医疗服务机构买入一个看涨期权，期权费为补偿了医疗服务机构成本以后的利润。相对于被保险人以固定保费作为期权费，向保险人购买看涨期权，保险人向医疗服务机构购买看涨期权，期权费将变得相对不确定，而且是一个既可以预先支付期权费的期权，也可以是建立在保险人信用（保险基金为担保）基础上的后付费的期权。

因此建立在期权视角下的保险人医疗服务采购行为，可以综合有套利的期货合约和期权的两种形式，利用有套利的期货合约制定看涨期权的执行价格（exercise price）或履约价格（strike price），而不是完全由市场定价机制确定执行价格。尤其在基本医疗保险补偿方式上，政府有管制医疗服务价格和服务范围的权力。在有套利商品期货合约中，商品仅仅能获得期货价格上限，这个价格可能会高于或低于理论上的无存储成本价值。在价格较高的情况下，期货的持有者需要将存储成本补偿给商品的持有者，这是建立在无风险利率上的一个调节因子（s）来实现的。更为复杂的是，大部分商品的持有者还需要从中获利，特别是作为消费品的期货，商品的持有者能够在生产过程中直接获利，这会在一定程度上改变商品价格的利润结构，只有这个商品行为获得的利润由便利收益（convenience）因子（c）表示。由此，当期权持有人在时刻 T 买入商品时，资产实际价格 F 与购买期权时资产价格 S(t) 的关系为：

$$F = S(t)e^{(r+s-c)(T-t)}$$

$F < S(t)e^{r(T-t)}$ 的市场为贴水市场（backwardation），$F > S(t)e^{r(T-t)}$ 的市场为升水市场（contango）。对于保险人来说，并不期望自己实际购买时

的价格大于正常利率上的价格，它更期望是一个贴水市场。但实际上，无论是公立医院，还是私立医院，他们既存在较大的存储成本（如特殊药物和血液），也具有流通差价收益，以弥补医院的运作成本，支付工作人员的工资支出等。健康保险基金既要弥补医疗服务的成本，也要适度给予医疗机构经营利润收益。因此，保险人在与投保人或被保险人签订费用补偿合约：

$$V(\alpha, q) = (1 - p)u(w - \alpha) + pu(w - \alpha + q - L)$$

以后，他希望能够通过与医疗服务机构的合约：

$$U(s, c, x) = (1 - p)v(W + A) + pv(W + A - xS(t)e^{(r + s - c)(T - t)})$$

使其为被保险人提供的服务价格，不会影响到其期望利润：

$$\pi(p; \alpha, \beta) = (1 - p)\alpha - p\beta$$

上面公式中的 q 为保额，即 $q = \alpha + \beta$，β 为净理赔支出；w 为被保险人初始财富，W 为保险人的初始财富；x 为医疗服务购买量。通过三份合约可以确定保险人愿意接受的未来医疗服务的价格。然后基于医院采购价格的便利加价，商品的持有成本，以及医疗服务的人工成本，确定关于保险人交给医疗服务机构的期权费的帕累托最优保险合约。

　　基于两个双向看涨期权，保险机构将为被保险人提供的医疗费用补偿风险，转嫁给医疗服务机构，而医疗服务机构获得期权费所表示的收益。在医疗服务被管制的情况下，可以用趋势分析对医疗服务市场的价格波动进行预测，这是一个长期增长趋势比较明显，但价格波动比较稳定的内部市场。在双向看涨期权的保费筹集和医疗费用补偿机制下，保险公司、被保险人和医疗机构都获得相对稳定的保险利益，并且能够使医疗机构主动的对医疗成本进行调控，这样可以有效避免过度的市场干预，对医疗服务机构带来积极的影响，并且可以有效抑制诱导需求和治疗不充分的问题，进而能够减少服务利用和服务供给行为的监管审核成本。

5.3　全民健康覆盖实现机制与保险合约激励

　　在全民健康覆盖理念下，健康保险需要从保障深度、宽度和高度三个维度，与医疗救助、公共健康计划和医疗福利等手段相协调，确保每个国民获得必要的高质量医疗服务，并且使他们免于陷入经济困境。这不仅需要对医疗服务进行有效的管制，合理降低医疗服务价格、提高医疗服务保障效率，还需要健康保险与医疗机构和被保险人签订有效的合约激励机制，规范各方的行为规范，推动全民健康覆盖目标得到最终实现。

5.3.1 全民健康覆盖目标约束下的医疗服务管制

1. 全民健康覆盖目标与医疗服务管制目标的协同性

医疗服务进行管制的目标，与全民健康覆盖理念提出的"确保每个国民获得必要的、高质量医疗服务，并且不会因为支付而陷入经济困境"的目标要求一致。而医疗服务又是市场上最重要，也是最特殊的商品。这不仅因为它是低价格弹性的、用于保障人的健康，甚至是维护生命存在的商品，而且还是政府保证每个需要的人及时获得一定数量的必要的医疗服务的最基本的责任。在市场机制的作用下，总是会有部分个体不具备购买必要医疗服务的能力，那样他们将会因为疾病而陷入经济困境、病残，甚至是死亡。因此，医疗服务的供给数量和质量，不能完全按照市场机制运作。为了保证每个国民获得必要的高质量医疗服务，国家必然对医疗服务的供给和利用，进行合理的管制。

在实现全民健康覆盖目标下，健康保险只是在一定服务价格的情况下，改善医疗服务支付能力的手段。商业健康保险无论是以保障医疗费用补偿的住院医疗保险、手术医疗保险和门诊医疗保险，还是以保障收入的失能保障，或者是有寿险性质的保障生命价值损失的大病医疗保险，最终的目的与社会医疗保险是一致的，就是通过直接或间接的经济补偿，使遭受健康损害的个体能够支付得起必要的高质量的医疗服务，避免被保险人陷入经济上的"生存死亡"以及生命的"提前死亡"。

但是在缺乏医疗服务管制的市场作用机制下，人们支付能力的提高，意味着人们愿意以更高的价格购买医疗服务，健康保险的第三方支付方式，使医疗服务消费者能够摆脱或者减轻价格约束寻求医疗服务，这就会造成免费医疗服务的假象，医疗服务转变为没有任何使用成本的公共品。一旦医疗服务可以不受约束的被消费者自由选择，这对于医疗服务的提供者来说，必然会无限制地提高医疗服务价格，任意地为消费者提供使其利益最大化的服务产品。当然这只是一种不可能存在的极端情况，不仅因为在健康保险制度下，政府或保险人将会限制被保险人的选择，而且医疗服务资源是一种有限的稀缺资源，不可能被无限制的供给，并且医生的诊疗行为还受到医生职业道德的约束。但健康保险确实会抬高医疗服务价格，并造成需求方的竞争，进而破坏了医疗服务的公平与效率。

回到健康保险投保动因的案例，面对健康风险，穷人一旦生病很可能意味着严重的经济灾难甚至是健康的伤害和生命的终结①。而对于富人，在大部分情况下，他们面临的主要是经济损失。在一个文明、和谐的社会中，政府有义务为穷人的健康承担一定的保障责任。作为社会主义国家，在医疗服务以国有为主体的情况下，政府可以通过有效的医疗服务管制，实现健康福利的社会最优化促进。

2. 医疗卫生服务改革的战略安排

党的十八大报告在提高人民健康水平的部分指出，健康是促进人的全面发展的必然要求。要坚持始终为人民健康服务的发展方向，"坚持预防为主、以农村为重点、中西医并重"的发展我国卫生事业的基本原则，按照"保基本、强基层、建机制要求"，加强人民的基本医疗服务需求。通过"重点推进医疗保障、医疗服务、公共卫生、药品供应、监管体制综合改革"，构建以医疗保险的控费机制为核心全方位健康保障体制。进一步完善国民健康保障的政策，为群众提供"安全有效方便价廉"的公共卫生和基本医疗服务。在健全全民医疗保险体系基础上，建立城乡居民重特大疾病保障和救助机制。十八大报告还为健康风险治理做出了战略安排，即"完善突发公共卫生事件应急和重大疾病防控机制"。在基本药物供给方面，要"巩固基本药物制度"，满足人民安全用药需求。通过"健全农村三级医疗卫生服务网络和城市社区卫生服务体系"，改善城乡居民就医的便利性。在深化公立医院改革的同时，鼓励各种社会资本参与医疗事业建设。相关的改革战略安排还包括："扶持中医药和民族医药事业发展；提高医疗卫生队伍服务能力，加强医德医风建设；改革和完善食品药品安全监管体制机制；开展爱国卫生运动，促进人民身心健康；坚持计划生育的基本国策，提高出生人口素质，逐步完善政策，促进人口长期均衡发展"。

党的十八届三中全会作出的《中共中央关于全面深化改革若干重大问题的决定》中关于深化医药卫生体制改革方面，提出要统筹推进医疗保障、医疗服务、公共卫生、药品供应、监管体制综合改革。深化基层医疗卫生机构综合改革，健全网络化城乡基层医疗卫生服务运行机制。加快公立医院改革，落实政府责任。完善合理分级诊疗模式，建立社区医生和居民契约服务关系。充分利用信息化手段，促进优质医疗资源纵向流动。加强区域公共卫生服务资源整合。取消以药补医，理顺医药价格，建立科学补偿机制。改革医保支付方式，健全全民医保体系。加快和健全有关重特

---

① ［美］Preker A. S. and Langenbrunner, J. C. 郑联盛，王小芽译. 明智的支出：为穷人购买医疗服务［M］. 北京：中国财政经济出版社，2006：序言.

大疾病医疗保险和救助制度。完善中医药事业发展政策和机制。鼓励社会办医，优先支持举办非营利性医疗机构。社会资金可直接投向资源稀缺及满足多元需求服务领域，通过多种形式积极参与政府的公立医院改制重组。允许并加快完善医师的多点执业制度建设，允许并及时合理调整将民办医疗机构纳入医保定点范围。

党的十八大报告和十八届三中全会为医疗服务管制，明确了发展目标和改革的内容，最终目的在于提高人民的健康水平。主要的手段就是确保获得"质优价廉安全有效"的基本医疗服务和优质的医疗服务条件，理顺医药价格和补偿机制，改革医疗保险支付方式，健全全民医疗保险体系，并实现优质医疗资源的优化配置。为实现医疗服务需要（而不是需求）与医疗服务供给的最优匹配，也就是医疗服务不应该具有带来社会光环的"奢侈品"的特征，而是一种朴素的、以健康修复和促进为基本功能的特殊商品。如果缺乏管制，医疗服务将会导致价格、需求和供给等方面的混乱，最终影响医疗服务需求与供给之间脱节。

3. 医疗服务管制的基本原则与要求

从国际角度来看，由世界卫生组织提出的、在 2012 年 12 月形成联合国决议的全民健康覆盖目标，提出确保每个国民获得必要的高质量医疗服务，并且不会因为医疗费用支付而陷入经济困境。世界卫生组织认为，医疗保险是政府实现全民健康覆盖的最有效手段，有助于从覆盖范围、保障内容和补偿比例上，解决高质量医疗服务的全民覆盖和避免医疗费用的支付灾难等问题。从全民健康覆盖的目标设定角度来看，未来的医疗服务管制将以国民的健康风险为导向，以医疗服务的质量和有效供给为内容，提高医疗服务费用的支付能力，使政府的公共财政资金更加关注对低收入群体提供支持。因此，全民健康覆盖所解决的主要问题，在于低收入者的医疗服务需求满足，更好地解决因病致贫问题，并且限制高收入群体可能造成的优质医疗服务资源占用，改善医疗服务利用公平。改善公平与实现可持续发展，将是未来进行医疗服务管制的主要内容，也是国家社会经济保持可持续稳定发展的最基本要求。

因此，医疗服务管制，主要是通过政府举办的医疗保险筹资机制和费用补偿制度。对人们的医疗服务利用进行合理的规范，对医疗服务的供给做出限制，以使人们能够在有限的医疗保险基金支持下，提高医疗服务费用的支付能力。并且能够改善医疗服务利用理性程度和保障效果，在医疗服务数量、质量和医疗服务机构选择上，都与疾病治疗需要进行最合理的匹配。在明确的医疗服务管制目标的约束下，为了更好地保障国民的健康提供必要的高质量医疗服务，医疗服务管制必须坚持以下五个基本的原则：

第一，要坚持满足基本医疗服务需求，使每个患者获得必要的高质量医疗服务，先从安全有效质优价廉层面开始。全民健康覆盖的目标是明确的，就是获得必要的高质量的医疗服务，但在界定什么是高质量的医疗服务方面，现在依然还缺乏公认的客观评价标准。尽管世界卫生组织为我们提供了生存质量量表，但并不是所有的生存质量均与医疗服务相关，并且受限于经济条件的限制，医疗服务往往只能从所有的临床治疗措施中，选择次优的医疗救治方案。因此，在寻求通过医疗服务实现对健康的最优保障方面，必须根据社会经济的发展水平，满足在现有经济资源约束下的医疗服务。当然，我们也并不排除资本化价值能力对缓解现有财富约束的作用，但是在集体筹资采取现收现支补偿方式的情况下，一定时期社会的筹资水平是有限的。并不是所有的个体都能够通过未来的资本化价值的实现，弥补高额医疗费用支出，由此可能陷入长期的经济贫困。因此，在现有经济资源的约束下，对于医疗服务需求的满足，应该是先行采取保基本的原则。但是基本的医疗服务的前提是"质优价廉安全有效"，这是质量、价格、副作用和治疗效果的最基本的要求，也是广大民众能够支付得起的基本医疗服务需求。

第二，努力减少对外部性的不利影响。医疗服务管制并不是最完美的解决必要的高质量医疗服务需求的手段，它在改善人们的支付能力的同时，也可能因为被管制服务的价格过低和需求不足，出现降价死和市场恶意竞争等行为。我国在对一些药品实行严格管制的过程中，也曾出现一些诸如针对心脏病等特需药物的"降价死"问题，进而严重伤害了部分药物的市场供给能力。而且在恶意的市场竞争行为中，一些药物依靠低价格竞标成功后，却以"降价死"为由，替换新的药物并形成市场垄断。随着全民医疗保险的基本实现，医疗保险用药对医药企业的影响越来越大，我们要尽可能规避医疗服务管制中的负面问题。

第三，努力减少对医疗服务市场的微观行政干预。党的十八届三中全会决议做出的市场在资源配置中起决定作用的市场定位和改革导向，即使医疗服务市场存在部分失灵问题，也不是政府直接微观干预医疗服务市场的根本理由。在很大程度上，医疗服务市场既有资格准入造成的"处方垄断"，也是医疗市场缺乏有效竞争的具体表现。英国在"二战"以后相当长的时间内，采取的是政府免费提供医疗服务的方式保障国民健康，但是过快增长的医疗费用支出和低效率的服务，迫使撒切尔夫人政府和梅杰政府引入市场机制，建立医疗服务的内部市场，并且这一措施也被后来的布莱尔政府和卡梅伦政府所接受，在卡梅伦政府的新一轮医改中，依然坚持和完善医疗服务的内部市场竞争机制，使医疗服务从政府繁冗的微观干预中解放出来，赋予基层医疗机构更多的决策权和病人更大的选择权。

第四，实现对医疗服务的有效治理。医疗服务管制不仅仅是政府一方进行行政管理的行为，既然是管制，就必然需要多方主体参与。在市场经济体制下，大部分国家对医疗服务的管制是通过健康保险来实施的。美国的健康保险模式，实际上并不能作为真正意义上的健康保险，而是一种健康保健在预付医疗费用模式下的专业人员需求管理。当前的健康维持组织（HMOs）和优先服务组织（PPO），都是基于医疗服务合理需求管理角度的保险模式。这些组织是政府、市场、医疗机构和保险公司成功参与医疗服务需求管制的典型范式，对我国完善医疗服务管制都具有值得借鉴的现实意义。

第五，常规技术与医学先进技术相结合的原则。医疗服务管制实际上就是在有限的经济资源约束下，对医疗服务资源进行最优配置的过程。如果医疗服务资源不是一种稀缺资源，每个人都能够不受经济约束的获得医疗服务，那么每个个体必然会选择世界上最先进的医疗服务技术和药物。实际上这些情况是不存在的，医疗服务资源不仅对每个个体的购买能力是有限的，即使不具备医疗服务资源约束问题的个体，医疗技术的治疗效果也将被限制在一定的水平内。而且社会整个医疗资源是有限的，如果将资源配置给高收入者，那么低收入者将得不到医疗服务资源。所以医疗服务管制是社会医疗资源公平配置的基本要求，必须切实满足整个社会成员的基本要。但是这并不妨碍医学新技术的使用，医学新技术意味着更好地治疗效果和更小的身体伤害，人类健康得到保障和改善，归根结底来自医学科技进步。因此，在医疗服务管制的过程中，必然需要将常规医疗技术与新技术进行有效的结合，从经济和医学伦理角度，确保每个人都能在社会资源的约束范围内，获得必要的高质量医疗服务。

从具体的要求来看，在医疗服务管制的制度设计方面，应该有效均衡公共卫生服务（包括医疗保健和抑制风险损失跳跃扩散等早期疾病干预措施）、常见但费用低的基本医疗保险（此类健康保险很容易受到保险因子和道德风险的影响）、大额医疗费用但风险概率较低的疾病大病保险（此类保险更能体现保险的经济补偿和医疗服务利用杠杆作用，但不如常见病那样具有投保激励作用），以提高健康保险的保障效率。主要的理由是，非常见但支付费用额度较大的疾病，能够更多地体现保险的生命价值功能和投保动机。常见但费用低的疾病保险，更容易导致健康保险套利和道德风险问题。

用成本效益方法安排医疗服务管制和健康保险公共财政补贴，将会使健康保险的功能受到削弱。因为基本的医疗保险是为了保障患者家庭不会因为医疗费用支付而陷入赤贫。但是成本效益分析方法，也确实能够为人们的医疗服务方案选择，提供一个有效的评价标准，这能够用有限的医疗保险基金或者社会资金，获得一个最经济的治疗效果。然而，当前的成本效益分析的数据统计口径依然偏窄，仅仅考虑既有财富的约束，没有将生命价值蕴含的财富纳入其中，造成很多医疗服务方案因为经济效益偏低而被搁置。

在医疗服务管制制度的设计时，通常会体现出一定的社会价值，但这种社会价值是应该被尊重还是应该被调整，依然存在一定的争议。Preker（2006）在其著作《明智的支出——为穷人购买医疗卫生服务》一书中指出，由于不同社会具有不同的社会价值体系，有必要将同一事物的不同观念加以最大化，以便于彼此之间能够相互比较。包括教育、扶贫和劳动力市场等方面，都应该作为评价医疗服务管制效果的内容。在医疗服务管制过程中，还应该考虑如何为了体现公平而向穷人提供均等化的医疗服务所付出的各种代价，包括人力资源安排、可及性安排等。在新型城镇化模式下的人口集中规划，使原来散居在边远乡村地区的居民向城镇核心地区集中，为改善医疗服务的可及性和服务质量提供了空间优化条件，进而政府可以集中各项医疗经费和资源，以改善城乡居民的医疗服务水平。因而相对集中的城镇化能够在空间资源安排上，有助于更加有效地改善服务利用公平，进而兼顾公平与效率的协调促进发展。

5.3.2 政府公共健康服务采购路径与优化机制

政府通过市场为公众采购优质的健康服务，是基于政府直接提供医疗服务弊端问题的服务供给方式和效率改进要求。因而政府在公共健康服务采购上，必须在资金使用效率和公众的医疗服务可及性、医疗服务质量和医疗服务支付能力等方面都能够得到有效改善，使政府摆脱官僚式微观干预，建立起高效的服务型政府。

1. 政府健康服务采购的价值

以医疗服务项目为主的健康服务采购，已经有越来越多的人认识到，在实现效率与公平目标、质量目标等方面具有潜在的重大作用。无论主导力量是政府、社会保险基金、社区医疗互助组织、雇主，还是消费者，这种基本的原则都是适用的。但是作为自主经营、自负盈亏的市场主体，无论是政府的公立医院，还是完全市场化运营的私立医疗机构，都需要政府给予适度的经济补偿和盈余空间，用以补偿服务生产成本和实现发展性的公积金积累。因此，在政府与医疗服务机构的提供者之间相对独立的情况下，政府对健康服务的采购，无论是通过商业保险公司还是直接通过医疗服务提供者，都需要按照市场机制进行采购，并从服务采购中改善医疗服务的效率。

政府实行健康服务采购措施，其价值在于通过服务环节的简化，使健康服务成本和服务效率都能够得到显著的改善。从健康保险作为医疗服务供给杠杆角度，政府从健康服务采购中，节省了政府医疗服务资源的税收与保费征缴成本、基金管理和增值成本，以及搭建服务网络相关的土地和人力成本等，并且节省了直接雇佣医疗服务人力资源和服务网点运行维护成本等。除了保险的运行与管理成本，通过政府的采购机制，还有助于减少健康保险产品的开发成本，并且使健康保险产品开发更好遵从市场原则和满足高层次医疗服务需求。政府通过向被保险人和商业保险机构，提供税收优惠或政策激励，将部分节省的成本转移给健康保险的供需双方，从经济性上也是社会整体福利有效促进的行为激励。政府以税收饶让等方式进行健康服务采购的福利促进机制，如图5-6所示。按照市场或内部市场机制运行的商业健康保险和医疗服务机构，都面临未来医疗服务成本和对应价格的不确定性。如果采取强制的价格管制措施，将会导致医疗服务机构退出、经营困难或者降低服务质量等。为了使政府健康服务采购需求在合理的市场价格上得到满足，需要在成本补偿和盈利空间上采取合理的激励措施。一方面，对医疗服务的购买者提供税收优惠激励，使其具有从

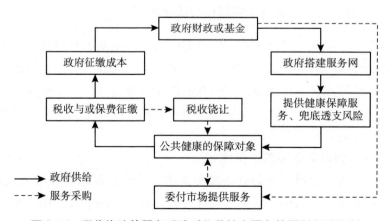

图5-6　税收饶让等服务采购对公共健康服务的福利促进机制

市场自我决定选择健康服务的动力；另一方面，使医疗服务机构能够提供符合政府需求、但未必满足市场利益最大化的专项医疗保健服务。

在商业健康保险发达的美国，雇主承担了大约 64% 的医疗健康保险。因而，由雇主为主导的健康服务采购，对服务质量具有非常重要的影响作用。但是在雇主主导的服务采购中，使用的指标并不是都能反映临床或技术质量的指标，而是以满意度和预防健康服务数量为核心指标（MaLaughlin and Gibson，2001）。而 Hibbard 等（1997）认为，这可能是由于雇主认为，质量属于医疗卫生发展计划而非雇主的责任，或者应该由政府负责质量问题。而雇主则将质量作为准入资格，他们认为选择的医疗服务提供者都是符合基本要求的。Hibbard（1997）同时认为，因为雇主要对医疗费用负责，因而雇主才会对医疗服务费用关心，造成雇主缺乏选择与高质量医院和医生签约的激励。即使在全民健康覆盖战略目标下，也没有要求所有服务都是高质量的，只是在必要时才需要提供，所谓的高质量只是一个相对概念或优选的医疗方案。中国和西方很多国家普遍采用了由基层全科医生承担逐级转诊任务，以控制医疗服务的不合理利用。高级别医院提供的高质量医疗服务，对健康保险机构来讲未必是必要的，并且还会导致较高的医疗费用支出。

另外，如果采取以质量为导向的健康服务采购，还将面临以下几个方面的问题：一是对医疗服务质量很难有一个清晰的界定，这样将会产生较大的权力寻租空间，并难以明确服务提供者的责任；二是现代社会的医药服务技术发展变化都非常快，将对医疗的备选方案和优选方案带来很大的挑战。如果医疗服务的质量控制过细，不仅很难保证优选方案的时效性，而且也会诱导经济动机更强的高质量医疗服务。并且也需要大量的历史或经验临床数据作为支持，极有可能会增加评价工作难度。三是对医疗服务质量要求太高又很有可能限制医疗服务提供机构的进入标准，因而可能造成选择性的健康服务垄断。而服务垄断又显然会造成医疗服务的均等化与保障效率的双重损失问题。因而，健康服务采购必须由多方专业人员组成的采购委员会组织实施。

2. 政府从市场购买公共健康服务的有效路径与改进措施

公共健康服务（这里主要是指狭义的临床医疗服务）的供给，政府可以通过直接和市场采购两种路径向国民提供。从政府提供的宏观视角，在全民所有制的社会制度框架下，政府最终可以利用掌握的医疗卫生资源，免费或仅成本补偿性的向国民免费或低价供给健康服务。但是在尚未实现全国统筹的背景下，地方政府之间在医疗卫生资源投入、保险基金统筹和使用上存在地方性的利益。因而地方政府提供的服务，往往只能被局限在行政区域范围之内，或者通过地方政府之间的协商，采取异地定点或转诊的方式跨区域提供。而从医疗市场提供的视角，政府如果能够从市场购买到所需要的医疗服务，就能够有效提高医疗服务效率和节省财政资金，并增加国民就医的便利性和医疗服务质量。因而，无论是从政府供给还是市场供给，地方政府都存在实际的"采购"行为。

但现在的问题是，政府应该通过什么样的途径购买服务才是最有效的？是向其他地方政府管辖的公立医疗服务机构采购，以使得行政区划边缘地区的居民或外出务工的流动人口，改善医疗服务利用便利；还是向商业医疗机构或私人机构购买更高水平和更多专业服务项目，以使得本辖区内的居民获得必要的高质量医疗服务，并对地区医疗服务进行有效的弥补和补充。由于政府购买公共健康服务，使用的是地区统筹管理的公共财政资金或医疗保险基金，因而需要充分考虑资金的使用效率问题。首先应该考虑供应商提供健康服务的能力和质量问题。城镇地区，尤其是大中城市，本来就是优质医疗服务的集中区域，而农村和边远贫穷地区优质资源相对匮乏。政府采购必然需要优先考虑医疗服务的城乡均等化，以及通过政府采购对均等化水平的改善程度。李克强总理提出的推进跨地区医疗制度，实际上是提高医疗保险统筹层次中的过渡形式。如果实现健康保险和服务利用补偿的全民统筹，这种制度必将退出医疗服务管制。在这种模式下，政府也可以进行跨区域采购。相反，在没有实现高水平健康保险统筹时，这种政府的采购和政策是非常必要的。

在没有政府进行公共补贴时，不存在供应方的选择问题。由于当前的医疗服务采购补贴，在全民医疗保险基本实现的背景下，主要是通过健康保险和医疗救助方式实现的，并且是以健康保险为主导。因而在这层意义上讲，作为的政府公共健康服务采购，实际上是一个地方政府跨区域选择定点医疗机构的问题，它涉及定点医疗机构的位置（包括服务时间和人群范围）、服务质量（一定是高于本地区医疗服务质量水平）、服务价格（可能会高于该地区价格。一般来说，优质医疗服务资源越集中的地区，经济发展水平越高，服务价格也就越高）。另外，在健康服务的项目范围上，也应该能够对该地区的既有医疗服务项目进行有益的补充。甚至在必要的时候，是为了促进商业形式运营的定点医疗机构之间的竞争。因而，健康服务采购如果不存在其他差异，并且保障效率较为理想时，也可以进行跨地区选择医疗服务供应方，以满足患者就近医疗。但这种跨地区选择，绝对不是为了满足部分强势群体的特权，如接近经济发达水平地区，优先选择统筹地区以外的医疗服务供应方，而是在时间、空间和服务项目上，充分满足患者的医疗便利和适度医疗服务需求。

政府通过健康保险的方式进行医疗服务采购的价值，在于用健康保险作为医疗服务管制和采购的工具。从而将被保险人零散的、不确定的医疗服务需求，通过健康保险损失补偿机制，消除通过支付机制将预期预算给医疗服务提供者的资金风险，因为健康保险基金更有助于解决不确定性医疗服务需求的费用支付问题。而医疗服务采购资金一旦纳入医疗服务机构财务账户，医疗服务机构将会因为禀赋效应问题，而损害资金的使用效率和服务质量，造成医疗服务机构对病人的"撇脂"问题，损害病人的就医选择权和治疗方案决策参与权。

因而，医疗服务采购政策制定者，往往会面临服务采购规模与基本医疗保险功能整合之间的矛盾问题。当采购的服务单位数量很小时，支付激励机制对服务提供方的行为具有更直接的影响。但是如果预期支付方式的实施，激励机制损害了健康保险的基本功能（基金池），将会使患者和服务供应方都暴露于支出变数不确定的风险之中，尽管支出的最高限额与再保险相结合可用于缓冲这一负面影响；当采购的实体非常大时，如省级或国家级医疗服务采购时，保险的功能往往能够得到更好的保障。但是支付的激励机制将变得迟钝和不直接。但分散采购可以从地理资源优化角度，对可利用的资源进行优化分配，进而消除这一方面的不利影响①。由此可见，政府的医疗服务管制和采购的过程中，需要综合平衡采购规模、费用支付激励和健康保险功能等各个方面的作用。

3. 健康保险参与政府公共健康服务的体制机制

商业健康保险是政府公共健康采购的重要主体，因而应该优化健康保险产品的开发与供给，加强供给侧的改革与完善，更好地对政府举办的社会医疗保险进行有效补充。同时利用"新国十条"关于商业健康保险机构参与医疗机构建设和新建医疗机构的优惠政策，提供从健康保险到优质医疗服务的全过程供给。在"新国十条"的现代保险业促进政策框架下，健康保险参与政府公共服务采购，实际上就是政府通过特定的税收优惠或者土地利用优先供给等措施，将医疗服务供给和管制行为打包给商业健康保险机构，以激励其提供从保险产品开发、保费筹集、医疗服务管制、医疗费用补偿，到健康风险治理的全过程服务。

---

① ［美］Preker A. S. and Langenbrunner, J. C. 郑联盛，王小芽译. 明智的支出：为穷人购买医疗服务. 北京：中国财政经济出版社，2006：8 - 9.

作为一项参与政府行为的特殊健康服务采购方式，商业健康保险机构应该以无套利期权的方式，向政府提供无风险定价的医疗服务。首先，健康服务机构从政府那里先行取得购买约定医疗服务的预付费用，筹集医疗发展资金。既可以节省从金融市场获得资金的筹资成本，也能够通过一定的资金保值增值或投资方式，使政府的预付资金获得无风险收益。而政府将医疗服务未来的上涨风险，以预付资金的方式转嫁给保险公司以及与其有隶属或合同关系的医疗服务机构。其次，保险公司协同医疗服务机构根据政府的采购合同约定，按照预定的医疗服务项目、最高限价机制为目标人群提供医疗服务，并对医疗费用进行补偿。最后，在采购合同周期结束后，根据预付资金和实际发生的医疗费用，结合预付资金的期权收益调整基金结余。如果资金对医疗费用的补偿存在透支缺口，则与政府分担或按照约定比例分担透支缺口；如果预付资金存在结余，则转为保险机构的风险公积金，以应对下一合作周期可能存在的资金缺口风险；如果存在多期资金透支缺口，则与政府协商完善医疗服务费用的补偿机制，进而不断改善医疗费用补偿机制。在提供健康保险和医疗服务的过程中，政府与合同单位共同推进健康风险治理，以努力降低医疗服务成本、不断提高医疗服务质量。

5.3.3 生命价值保障需求与病人就医选择权的保障机制

1. 生命价值对病人就医选择权的影响

从期权的角度，健康保险是投保人为保障被保险人免于遭受健康风险损失，向保险人购买的一个看涨期权。因而，在投保人为被保险人缴纳了保费作为行权费用后，获得在合同约定的风险条件下向保险机构索取损失赔偿的权利。但是，由于健康保险主要是共付保险，无论是医疗费用补偿型还是理赔给付型的健康保险，患者都需要承担一部分医疗费用，在很少的情况下出现医疗费用少于保险金额的情况。但是，对于给付型的健康保险，被保险人的索偿权未必是以医疗费用的实际发生为前提条件的，而是风险事件如大病的发生为条件的。由于疾病治疗未必能够达到特定的预后效果，在个人需要分担部分医疗费用的情况下，可能出现被保险人在索取赔偿后不进行治疗的问题。这既与被保险人的现有财富水平有关，也与个人的未来生命价值自我判断有关。放弃治疗意味着可以使既有财富免于治疗花费支出，也意味着对未来生命价值的放弃。其基本的期望效用公式可以表示为：

$$E(U(c)) = (1-p)u(w - D_t Fcv + A) + pu(w - D_t^* Fcv + A - L)$$

也就是说，在获得额定理赔给付的情况下，取决于不治疗的财富水平，与治疗后生命价值改善程度与医疗费用支出之间的期望值。除非高风险手术，在一般情况下，$D_t \leqslant D_t^*$，即治疗后生命价值得到一定程度的改善，但未必能够在经济效用上大于新增财富支出。因而，不考虑其他条件时，患者具有选择治疗方案的倾向。特别是对后期危重病人而言，放弃治疗成为很多低收入者选择的可能性比较大。但也未必是完全取决于经济问题，还与治疗身体伤痛、心理感知和社会习俗等因素相关。相对于有健康保险保障的患者，没有健康保险的患者更容易放弃花费较大的治疗。甚至在不愿承受身体病痛与心理压力的情况下，出现选择自杀的现象。在中国禁止实施安乐死的背景下，经济因素决定着患者的就医权。

而另外的一种情形就是，尽管受制于医疗费用的支付压力，绝大部分的患者愿意在最大的可能性上接受治疗和延续生命，也是医学伦理学和医生职业道德的要求。在希波克拉底誓言中写道"……无论至于何处，遇男或女、贵人及奴婢，我之唯一目的，为病家谋幸福……"，中国医学生誓言起头就是"健康所系，性命相托"，竭尽全力救治病人是古往今来各国医生的职业道德和职业情操所在。然而，如何在经济资源有限的情况下，保障病人的就医选择权，也是健康保险和全民健康覆盖目标下需要重点考虑的问题。正如希波克拉底誓言所说，无论贫富贵贱，医生都应该尽力抢救病人的生命，并用最好的治疗手段为他们获得一个最好的效果。但是健康保险显然没有这项责任和义务，它只能在合同约定的范围内，按照一定的比例和限额对医疗费用进行有限补偿，与全民健康覆盖的目标要求还存在一定的差距。

2. 如何保障病人的就医选择权

患者的生命价值保障需求和生存渴望，导致现实经济资源与实际支付能力的差距。而由谁来承担或者补偿这个差距，是保障病人选择权的基本物质条件。从生命价值总财富效应角度，保障生命价值的适度医疗费用支付，从理论上都能够得到经济补偿。因为在生命价值保障是有效的假设下，医疗费用的支出小于等于未来的生命价值，患者可以用未来生命价值弥补当期的医疗费用支出。也就是通过向家庭成员、亲友或银行借款，以负债的方式获得医疗费用并进行偿还，实际上也是一个生命价值看涨期权。因此，医疗服务提供者运用生存质量绩效评价方法（QALY－VFM）选择治疗方案是经济的，不应该以现有财富水平限制其医疗服务使用的选择权。对于基本医疗保险严格的医疗服务目录以外部分，虽然保险基金不给予补偿，但个体从长期上看也是具有支付能力的。而政府要做的就是应该提供一笔贷款或从普惠金融政策角度给予贴息支持，或者直接从财政资金上给予必要的支持，并要求患者在疾病治愈后的特定时间内按照一定的优惠政策进行偿还。作为商业健康保险，可以根据保险单的价值，以保单作为抵押筹集医疗救治贷款资金。

然而，当前最可行的办法，就是建立覆盖生命价值保障需求的大病医疗保险。这种以预付费的方式建立起来的生命价值保障基金，更符合期望效用最大化的标准。在这方面，我们已经通过期权理论、家庭财富优化配置和资本化价值能力改善等角度进行了充分论证。这里我们需要论证的，是政府如何通过合理的就医选择权保障生命价值最大化问题。由于个体生命价值保障有购买保险或借债等选项，还需要假设个体能够筹集到足够额度的贷款或借款，满足其医疗服务需求。并针对就医保障的选择权，对他的期望效用进行优化选择。

首先，假定当期个体的财富水平为 w_0，并有潜在的财富水平为 W_1，并且潜在财富是逐期不变的，保险费为 Pr，与时间没有关系，健康风险的健康损害程度为 D_0，由于健康风险不仅破坏其既有财富的全部，而且还使生命价值损失程度为 D_0，那么在一个承保期内的健康保险期望效用为：

$$U(I(x)) = (1 - p)u((w_0 - Pr) \times (1 + \tilde{r}_f) + w_0)$$
$$+ pu((w_0 - Pr) \times (1 + \tilde{r}_f) + W_0 + A - x)$$

健康风险的损失，并没有使其生命价值受到损失，进而通过健康保险，使其财富保持在财富损失风险转嫁的水平。但问题是，他失去了一个承保周期的保险费用的投资收益，假定无风险利率为 $\tilde{r}_f$，其可能的损失额度为 $Pr \times \tilde{r}_f$，但同时获得 $(w_0 - Pr) \times \tilde{r}_f$ 的无风险收益。假定在同样的情况下，他不投保健康保险，而是在未来以借债的方式，支付医疗服务费用，借债额度等于 $(w_0 + A - x)$，那么期望财富效用为：

$$U_1(I^-(x)) = (1 - p)u(w_0(1 + \tilde{r}_f) + w_0)$$
$$+ pu(w_0 - (C_{A-x} - w_0)(1 + \tilde{r}_f))$$

将两个期望效用的值进行比较，只要 $U(I(x)) > U_1(I^-(x))$，被保险人就会选择健康保险，否则将会选择以借债的方式，补偿医疗费用支出的借债。事实上，这是一个在保险期望效用与不保险期望值比较的基础上，加入的一个举债因子的函数模型。如果被保险人无法借到足额的医疗费用，那么当他在不参加健康保险时，将面临更大的生命价值损失，即：

$$U_2(I^-(x)) = (1 - p)u(w_0(1 + \tilde{r}_f) + W_0)$$
$$+ pu((1 - \Delta D_0)W_0 - (C_{A-x} - w_0)(1 + \tilde{r}_f))$$

其中 ΔD_0 为筹集部分医疗费用，对生命价值的部分保障程度。显然，由于生命价值的损害，$U_1(I^-(x)) > U_2(I^-(x))$。也就是说，一旦个体筹集不到足额的医疗费用，患者将面临较大的生命价值损失，这可以解释投保健康保险，是为了解除未来患病后的担忧功能。

而这些都不是我们所重点研究的问题，因为只要在生命价值保障范围之内，无论是以保费方式，还是以贷款方式为患者的生命价值提供保障，患者的治疗都是值得的，也是最终能够负担得起的。问题在于，如果病人的生命价值远远低于需要额外支出的费用，这个治疗的权利还保障不保障的问题。这显然是至今在医学界和保险学界最难回答的问题，因为即使通过政府的财政资助或其他借债，使其生命权和健康权得到保障，但他将陷入巨大的终身无法偿还的债务中。这既是一个医学问题，更是一个伦理学问题，远远超过了经济学的范畴，因为经济学上已经被证明是不可行的。但正如 Dranove（2003）所质疑的，面对生与死的抉择时，谁的命更值钱的问题。然而，这个问题只能转移到另外一个方向，就是生命存在和保持健康所具有的其他非经济性价值，包括家庭情感、社会伦理和人们之间的互助精神。显然，如果具有强烈的家庭情感，其后代会肩负起治疗费用产生的债务偿还责任；如果人们之间具有强烈的互助精神，这部分的费用将会从社会慈善和捐款中得到保障；而社会伦理学只能使其成为一个两难的问题，使国家、社会和家庭陷入永远的争议旋涡中。因而，在健康保险的生命价值保障，与医学意义上生命存在的保障并不完全一致。作为经济损失补偿或转嫁手段，健康保险只能在经济范畴内考虑对生命价值的保障问题。切实在包含既有财富和生命价值的总财富水平，甚至是家庭代际间的成员保障上实现最佳的经济保障效果。政府要积极从公共卫生、医疗救助、社会慈善和社会互助等多个维度，帮助和改善病人选择权的经济约束，而不仅仅依赖健康保险的筹资机制和损失补偿机制。

5.3.4 全民健康覆盖实现的保险合约激励机制

全民健康覆盖的最终目的，是使所有社会成员获得必要的高质量医疗服务，以最大限度地修复和保障健康，并使医疗服务管制可以在医疗服务获得性上得到较好的改善。因而医疗服务管制与全民健康覆盖，在医疗服务的可及性目标上是一致的，也就是使每个国民在其经济承受能力范围内，获得必要的高质量的医疗服务。但相对于以降低医疗费用支出的控制为目的的医疗服务管制，全民健康覆盖更加强调采取积极的推进措施，以健康保险等集体筹资模式，在宽度、高度和深度上全面改进健康保险的保障能力，达到全民健康覆盖的目标。而当前政府对社会医疗保险服务利用的管制，主要是政府单方的管制行为，委托人及被管制对象只能被动地接受管制安排。而由健康保险参与的医疗服务治理，则是多方主体参与的医疗服务监管行为。健康保险参与医疗服务治理，将会从经济补偿角度对医疗服务供给与需求产生积极的影响，在合理规范医疗服务利用需求的情况下，激励供应者提供更多能够更好同时满足医疗需求和保险基金约束的医疗服务。

1. 由健康保险到全民健康覆盖的路径

健康保险是实现全民健康覆盖的核心部分。2013 年 8 月，世界卫生组织在发布的年度工作报告《全民健康覆盖研究》中提出，应该在健康保险的基础上，从覆盖人口的宽度、服务项目的覆盖范围深度和直接医疗费用的高度三个角度，实现全民健康覆盖的途径。而其基本要求或标准，就是各国政府要确保"所有的人都获得所需要的、高质量的卫生服务，而不必担心陷入经济困难"，见图 5 - 7。

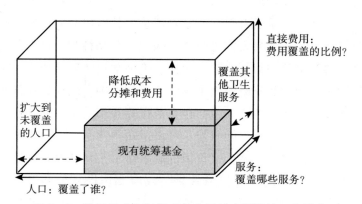

图 5 - 7　世界卫生组织提出的全民健康覆盖的三个维度

作为已经在 2012 年 12 月的联合国大会上成为一项决议，全民健康覆盖必然也是各成员国政府应该承担的法定责任。这就意味着作为实现全民健康覆盖重要路径的健康保险，不再是消费者个人支付的一种纯粹市场行为，而是政府应该通过必要的费用支持和政策激励，确保每个消费者获得支付得起的健康保险，并通过健康保险的全民覆盖获得不至于使其陷入经济困难的基本医疗卫生服务。在整个健康保险体系中，政府提供的社会医疗保险只是最基本的部分，还需要商业健康保险在相同层级的医疗服务项目覆盖和不同层级之间的医疗费用补偿水平上，进行必要的和有益的补充，以使得保费支付能力、医疗保险需求和医疗服务购买能力得到最优的匹配。

经济合作组织（OECD）2014 年 2 月颁布的专题研究报告 *Health at a Glance* 2013 – *OECD INDICATORS* 展示了西方国家健康保险覆盖的层次和范围，主要包括由国家统一强制实施的基本医疗保险（primary medical insurance）、职业补充医疗保险（complementary medical insurance）、商业补充健康保险（supplementary health insurance）和补偿等待基本医疗保险服务中所发生费用的多重健康保险（duplicate health insurance），前三者为大部分经济发展水平较发达国家层级间补充的基本形式。而多重健康保险主要用于支付等待接受基本医疗服务时，因转诊和等待服务时间较长时使用，爱尔兰和澳大利亚等国家的人口覆盖比例高达 48% 和 45%。西欧的葡萄牙、希腊和西班牙的人口覆盖率也比较高，接近覆盖全部购买了健康保险的人口。通过不同层级健康保险对基本医疗保险的补充，能够最终覆盖所有的健康风险损失问题。

2. 政府主导的社会医疗保险合约激励机制

政府主导的社会医疗保险，自身也具有层次性和特定目标人群。社会医疗保险覆盖人群，主要是由城镇职工基本医疗保险、农村居民和城镇居民基本医疗保险、在校学生医疗保险、农民工专项医疗保险等构成基本医疗保险体系，由城镇职工补充医疗保险、城乡居民大病医疗保险和各种政策性健康保险等构成补充医疗保险体系。其中基本医疗保险部分，也分别采取了政府强制参保和共同分担保费的引导性参保模式；而补充医疗保险则以政策性激励措施或由医疗保险基金承担全部保费的方式，鼓励特殊群体投保满足较高层次的医疗保险。由此可见，政府主导的社会医疗保险体系，也并不是对所有的社会成员采取完全强制参保措施，因而也要求必要的合约激励机制。

但是，在社会医疗保险体系中，无论是基本医疗保险部分，还是补充医疗保险部分，其内容均以医疗费用补偿型的保障模式为主，没有涵盖商业健康保险体系中的大病医疗给付和门诊、住院、手术和失能收入保障等范围，而对于年度没有使用医疗保险基金的个体，政府给予健康体检等激励性健康保障措施。所以，政府对社会医疗保险体系的合约激励政策，主要集中体现在直接或要求用人单位分担大部分医疗保险费用、资助困难群体参加基本医疗保险、由医疗保险基金结余部分"免费"承担城乡居民大病医疗保险、承担全部医疗保险管理和运行费用、强制定点医疗机构"分担"医疗费用、不断扩展医疗保险补偿服务范围，并对医疗保险基金的透支风险进行兜底等方式。但这些医疗保险激励机制的主要特点，可以简单地概括为政府财政直接或间接承担保险费用，使投保人或被保险人在保费缴纳、医疗服务费用支付和保险基金补偿等全过程，享受政府财政资金或政府管制得到的"特殊待遇"。因而政府主导的社会医疗保险背后的政策激励，来自政府的财政支出和政府公信力的保障，使个体实际缴纳的医疗保险费与医疗保险精算费用存在一个巨额的差值作为激励，必然对政府的财政收入和医疗服务的管制能力形成巨大的考验。也正因为如此，政府一方面，面对不断"市场独立化"的医疗服务机构加强医疗服务管制，以期望压缩医疗服务价格水分；另一方面，又不得不为了应对日益增长的医疗服务费用，不断提高政府对医疗保险费用的补贴力度。城乡居民医疗保险的财政补贴，已经从 2003 年的人均补贴 20 元，快速增加为 2015 年的人均 360 元以上，2016 年部分地区已经提高到 420 元。这种保险激励政策的负面问题，不仅没有实现对医疗费用的有效控制，还不得不在与医疗费用上涨的竞争中，不断增加医疗保险费用投入，最后不得已采取当下准备的退休人员缴费等所谓的"次优方案"。拟终止缴费满 25 年后不再缴费政策和采取退休人员缴费办法，意味着医疗保险确实"跑输"了不断上涨的医疗服务费用。

因而，从政府主导的社会医疗保险角度，如果只是从全民共同提高医疗保险费用水平改善健康覆盖的状况，显然会更加"激励"医疗服务的过度利用。它虽然能够在宽度和高度上改善医疗保险的覆盖范围和人口数量，但难以从深度上有效提高医疗保险的补偿比例。相对于近 30 倍的医疗保险费用增加比例，医疗保险基金对医疗费用的补偿比例，仅由最初的30% 提高的 50% 左右。未来对社会医疗保险的激励机制，必然需要从提高医疗保险基金的分担比例和额度，转变为加强医疗服务管制，以提高医疗保险基金的保障效率。

3. 全民健康覆盖下的商业健康保险合约激励机制

在通过健康保险提高人口覆盖、扩大保障服务范围和提高医疗费用补偿比例三个维度，实现全民健康覆盖路径的安排下，需要对健康保险进行有效的激励。这是因为，基于基本医疗服务需求的社会医疗保险尽管能够实现全民的健康覆盖，但受限于政府财政补贴能力，难以在服务范围和费用补偿比例上得到较大幅度的提高。因此，社会医疗保险在保障基本医疗服务需求的功能定位后，需要通过商业健康保险作为有力的支撑，构建多层次的补充医疗保险体系。如果对商业健康保险完全按照市场机制运作，显然在资金利润最大化追求动机下，只会选择回报利润较大的人群和医疗服务需求。

因而，健康保险合约需要建立一种激励机制，鼓励与基本医疗保险的对接保险。首先是激励被保险人参保，例如，个税优惠；其次是用人单位也能够获得相同的税收饶让，以降低用人企业的人力成本；最后是对保险公司进行有效激励，以使其在利润上有所补偿。一般为政策性健康保险，即对低于期望利润部分的"损失"分担一部分。并且负责组织群体较大的人员的保险，减少被保险人的逆向选择风险，例如，城乡居民大病医疗保险和团体健康保险。通过对个人、企业和保险公司的激励机制，对应着三个保险激励合约。

首先，对个人的保险激励合约，激励来源为政府个税优惠：

$$V_1(\alpha, \ tx_1, \ q) = (1 - p)u(w_1 - \alpha + tx_1) + pu(w_2 - \alpha + tx_1 - L + q)$$

其中，tx_1 为被保险人购买健康保险以后获得的税收优惠。一般情况下，个税优惠类型健康保险是针对投保人为自己购买健康保险的优惠。因为健康保险的税收优惠额度，是个人工资水平与保费的一个函数，因而对工资收入低于缴税基数的职工缺乏激励。中国在 2015 年 8 月实施的个税优惠类型长期健康保险，尚未对为其他人员投保的税收优惠，今后应该放开就业人员为家庭没有收入的人员投保时的税收优惠，完善家庭健康保险体系，可以激励其他收入超过缴税基数的家庭劳动力投保家庭健康保险。否则将会导致家庭成员的全民健康覆盖目标受到影响，个税激励也就会缺乏激励效应。当然也可以采取另外一种激励方式，就是基于公平角度的财政补贴，按照税收饶让的额度进行等额补贴，这对偏低收入群体购买商业健康保险具有激励作用。中国目前对最低收入的困难群体，采取的是资助参加基本医疗保险的方式，对如何购买商业健康保险缺乏政策依据。

其次，对分担个人保费的企业的合约激励，激励来源为政府对企业所得税的优惠：

$$V_2(\alpha, \ tx_2, \ h) = (1 - p)v(w_2 - \lambda\alpha + tx_2) + pu(w_2 - \lambda\alpha + tx_2 + \Delta h)$$

其中，tx_2 为企业为职工分担保险费以后的公司所得税减免部分，因为公司所得一般都大于起征点，因而是可以得到的收益；λ 为分担职工保费的系数，如果是按照对等分摊，则 $\lambda = 1$，一般情况下，$4 \geqslant \lambda \geqslant 1$；$\Delta h$ 是企业增加的健康保险保障的劳动力，如果没有健康保险，职工可能面临更大的因病离岗的天数或者劳动力数量，甚至会增加因病离职的人数。

健康保险公司所受到的激励主要来自政府的两项优惠政策。一是组织被保险人参保，减少保险公司的管理成本。例如，以大病保险为居民提供保障，以大额医疗费用保障的优抚人员的健康保险，以及通过企业组织的团体健康保险，可以附加在企业年金的基础上。二是对企业的利润风险进行分担，使公司的经营利润维持在大于不承保业务水平。

$$V_3(\alpha, \beta, m) = (1-p)(1+\lambda)\alpha + p(1-\delta)\beta + \Delta m$$

其中，m 为保险公司管理成本，Δm 为政府委托或团体保险节约的营销成本与业务费用；δ 为政府为实现全民健康覆盖，与保险公司共同承担的补偿比例。在一般情况下，只有 β 达到一定的额度或利润界限时，才会有 $\delta > 0$，事实上采用该笔保险业务利润低于公司对等业务时，对减少部分进行补贴，因而 δ 确定是关于补偿费用和期望利润 $\tilde{r}_f$ 的函数：

$$\delta = f(\beta, \tilde{r}_f)$$

这样，在参与全民健康覆盖的业务中，保险公司可以从政府那里得到两个激励，即管理成本降低和风险分担部分。有时，政府为了实现政策目标，还会通过财政补贴直接鼓励保险公司和投保人的保险行为，以转嫁某项社会风险损失并对社会进行有效治理。从全民健康覆盖理念来看，承担全民健康覆盖责任的最终主体是政府，因此政府以税收或者财政补贴的方式，激励个体参加基本医疗保险层次以上的健康保险具有法理依据。也正是在政府的承担责任下，被保险人、用人单位和保险公司得到相应的合约激励。

而与保险激励相反，承担医疗服务的机构则面临医疗服务管制的约束。在实现全民健康覆盖目标的要求下，医疗服务机构应该在服务价格、服务质量和健康保障效力上，承担必要的责任，而不是单纯为了实现医院经营收入的最大化。随着中国公立医院改革逐渐走向深水区，部分公立医院将以公益的性质承担更多的社会责任。以药养医和以高端耗材养医问题的解决，既是为了更好地体现医疗服务价值，也是为了使医疗服务更加合理。而对于推向市场按照市场机制运作的改制医院和民营私立医院，则通过有约束的市场竞争为国民提供"质优价廉安全有效"的高质量医疗服务。

总之，全民健康覆盖的目标不是一朝一夕就能实现的，它是与社会经济发展和医学科技进步密切相关的一个不断发展的过程。在这个过程中，应该以医疗服务管制为基础，以全民覆盖的多层次健康保险体系为主要筹资机制，辅助医疗救助和社会救助，从人口覆盖、服务范围和医疗费用补偿比例上，逐步实现"确保每个国民获得必要的高质量医疗服务，并且不会因为费用支付而陷入经济困境"。在人口老龄化日趋严重和宏观经济增速放缓的背景下，为了实现更有效的医疗费用筹集，必须通过多种相互合作密切配合的教育培训、财政政策、税收激励和产业发展等措施，提高个体的资本化价值能力，进而提高劳动力的抚赡养能力，这是解决健康保险筹资问题的核心。只有打破制约健康保险需求的收入"瓶颈"，才能够真正地释放健康保险需求。因而，健康保险的保障范围，不仅仅是避免家庭既有财富因为医疗费用而被透支，更应该关注潜藏在个体生命价值中的未来财富，才能够确保可持续的保费筹集能力，并且确保在人口老龄化背景下，实现社会经济的可持续发展。

西方国家进入人口老龄化时间比我们早，老龄化程度也比中国严重，但是他们比中国具有更高的劳动力收入规模，并且采用家庭医疗保障社会化的非就业人员免交保费模式。也是今后中国通过全民健康保险体系实现全民健康覆盖过程中，值得借鉴的内容。健康保险在防范因病致贫而对既有财富保障的同时，更应该将保障的重点转向生命价值保障，即保障劳动者资本化价值能力。如果一个家庭经济支柱的劳动力因为疾病丧失劳动能力，不仅对一个家庭是致命的，而且也会冲击社会保障体系的支付能力，甚至导致社会经济发展不可持续风险。

第6章 健康风险治理合约激励与
服务国家社会治理机制

控制和降低，以至于消灭健康风险对人类健康的损害、提高健康水平，是医学技术进步和社会经济发展致力于解决的问题。在医学技术诸多里程碑式的新技术的应用和推广，人类的期望寿命和生存质量得到显著提高，人们应对疾病风险的能力也实现了跳跃式的发展。作为一种有效应对健康风险的集体筹资方式，健康保险也应该在健康风险治理中承担更多的社会责任，并在健康风险治理中不断改善健康保险的承保质量，切实维护和保障被保险人的健康。但是作为一种需要多主体协同参与的健康风险治理行为，并不是都具有法律上的健康风险治理的社会责任。特别是投保人和商业健康保险公司，他们对社会责任的承担，通常需要来自经济或非经济手段的有效激励。因而，参与健康保险的保险人和被保险人，以及对国民健康负担主要责任的政府，必须通过有效的合作和激励机制协同参与健康风险治理。

6.1 现代保险服务于国家社会治理
能力现代化的战略安排

健康保险对社会福利的促进，不仅仅停留在医疗费用的补偿层面，而是要积极主动地参与到健康风险的治理，减少健康风险对被保险人的器质性伤害和经济损失。2014 年 8 月 10 日，国务院颁布的《国务院关于加快发展现代保险服务业的若干意见》指出，"保险是现代经济的重要产业和风险管理的基本手段，是社会文明水平、经济发达程度、社会治理能力的重要标志"。要求保险业要"立足于服务国家治理体系和治理能力现代化"，到 2020 年基本建成"保障全面、功能完善、安全稳健、诚信规范，具有较强服务能力、创新能力和国际竞争力，与中国经济社会发展需求相适应的现代保险服务业"。

与全民健康保险实现的有效合约激励一样，健康风险治理在社会总福利上也是随机占优的。但在微观上由于疾病的外部性和健康风险治理的资金（闲暇）投入，未必对所有参与主体都是随机占优的。但是，也正是由于健康风险治理的这种外部性特征，才使得健康保险的风险治理能够服务于国家和社会的风险管控。因而需要政府通过财政补贴、税收优惠和公共服务采购等方式，合理补偿参与健康风险治理主体的外部性成本，以使得健康风险治理主体与受益者一样，在治理的投入上是随机占优的，或者帕累托改进或最优。政府主导多方以"非零和博弈"的合作方式，达到有效降低社会健康风险损害目的，进而使各个主体合理的健康保险投保动机得以实现。而合理的投保动机的实现必将显著改善健康保险的期望效用，推动健康保险的稳定可持续发展。

要寻求一种合约激励机制，使健康风险治理是随机占优的。这样不仅使健康风险的发生频率得到控制，而且每次健康风险事件造成的损失也是较低的。作为保障风险损失的健康保险，这显然是一种社会福利的促进过程。健康保险服务国家社会治理体系和治理能力现代化所需的合约激励机制，是被服务对象与服务主体之间的合约激励关系。尽管基于风险转嫁功能的健康保险，能够在宏观经济和社会稳定等方面具有发挥很好的作用。但从整体风险的角度，风险转嫁并不能控制或较少风险的总规模的影响，这显然不是政府大力发展现代健康保险服务业的最终目的。

人类与疾病的斗争，就是在一定程度上消灭特定的疾病风险，例如，我国通过多年的努力，基本消除了影响国民健康的很多重大的疾病风险，包括血吸虫病、疟疾和碘缺乏等很多地方性疾病与流行性疾病等。并随着医学科学技术的进步发展，原来那些不能完全治愈的大病和慢性病，治疗结果与预期也得到根本性改变。在当前国家加大现代健康保险事业发展的背景下，健康保险也被上升到国家社会治理体系重要组成部分和治理能力现代化的重要标志。作为国家与社会治理体系的重要组成部分，健康保险应该既是完善医疗服务费用的筹集机制和分担机制，也要更好地控制和减少疾病风险造成的健康伤害和经济损失。

作为按照市场规律和保险规律运作的健康保险产业，它们在进行健康风险治理的过程中，面临很多的外部性和两难性问题，从单纯的市场单元角度，它们是缺乏经济激励的。国家和代表国家的各级政府，其体现的是全民的意志和利益，因而，有必要通过一定的政策激励（各种政策）和经济激励，与健康保险承办机构建立合约激励关系，以使健康保险服务业

"完善保险经济补偿机制、强化风险管理核心功能和提高保险资金配置效率"，推动健康保险业更好地服务于国家社会治理体系和治理能力现代化，在维护和促进人民健康方面，发挥更大的治理作用。根据"新国十条"和健康保险转向推进的文件，逐条分析健康保险业发展面临的制约"瓶颈"，以及相关的激励措施和优惠政策等。

"新国十条"将现代保险服务业升华为社会治理能力的重要标志，是保险业功能定位的历史性的突破。保险服务业参与国家社会治理体系建设，主要是社会风险和经济风险的治理，不仅能够提供全方位、多层次的民生保障，而且也能够有效化解责任侵权事件引发的社会稳定问题。通过有效的经济补偿等民事行为，提高经济运行效率，避免重大社会风险导致的"判决无法执行"等刑事侵权案件的经济损害。因而如何重新审视保险的性质，全面提升保险业的服务能力和创新能力，在为经济社会发展保驾护航的同时，更好地服务于国家社会治理能力现代化，已成为各方面普遍关注的热点问题。我们首先在对现代保险业能够服务于国家社会治理现代化的动机与要求进行分析的基础上，对健康保险业参与健康风险治理的本质要求进行论述分析，为健康保险如何有效参与健康风险治理提供政策依据。

6.1.1 现代保险被定位为服务国家社会治理的动机

1. 保险业数量得到较大发展但尚未达到现代保险业质的要求

自1979年恢复保险业务以来，中国的保险业得到了较快的发展，特别是2006年国务院颁布《国务院关于保险业改革发展的若干意见》以来，保险业的规模发展迅速，到2013年全国保费收入1.72万亿元，世界排名位居第4，但保险深度仅为3%，保险密度不到1300元，远低于全球的平均水平，位列世界排名第61位。基于中国健康保险的业务规模与人口数量严重不对称的问题保险业亟待需要一个加快推进的政策激励，虽然在2006年的文件中已经明确的加快保险业发展的重要意义。

从图6-1中国保险业务的原保费收入情况看，中国保费收入增长比较迅速，尤其是2007~2010年的增速最为明显，2010~2012年期间的保费增速主要来源于财产保险收入的增长，人身保险保费收入趋于平缓。国务院2006年颁布的《国务院关于保险业改革发展的若干意见》，对推动中国保险业务的快速发展，起到了非常积极有效的作用。但也同时存在保费收入与支出不对等问题，尤其是人身保险保费收入与支出变化趋势偏离过大，除了受到人寿保险投保期限的一定影响外，过于追求经营利润也是一

个方面的原因。财产保险则存在收入与支出差距较小的问题，意味着财产
保险的盈利能力明显偏低。

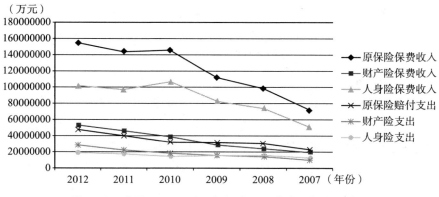

图 6 - 1　中国 2007 ~ 2012 年保险原保费收入与支出情况

　　加快发展保险服务业的目标，是到 2020 年基本建成与我国经济社会
发展水平相适应的现代保险服务业，使保险深度达到 GDP 的 5% ，保险密
度达到 3500 元。具有经济补偿和风险管理核心功能的现代保险服务业，
将成为政府、企业、居民风险管理和财富管理的基本手段，而其前提条件
就是充分发其社会"稳定器"和经济"助推器"作用。但当前我国的保
险业尽管通过经济补偿功能，在部分地承担稳定器的功能，由于其风险管
理的服务的核心能力没有得到充分的挖掘，因而尚未达到经济助推器和现
代化国家社会稳定治理的要求。所以说我国的保险业尽管在业务上得到了
较大的发展，但尚未达到现代保险服务业的更高要求，在提供风险管理服
务方面还存在很多亟待改革发展的问题。与一般保险业的发展问题相同，
我国尽管已经实现了基本医疗保险的全民覆盖，商业健康保险得到快速发
展，但与健康中国和国民健康保障的要求依然存在较大的差距，而且参与
健康风险治理的力度较低，保障作用主要被局限于医疗费用或风险损失的
补偿层次。

2. 经济社会发展环境已经发生显著的变化

　　2006 年版保险业改革发展指导意见主要是推动保险产业的发展，为全
面建设小康社会提供保障。当时的重点任务在于建设社会主义新农村，保
障的重点对象是服务三农，即 2006 版"国十条"首位保障对象。而且当
时对市场的定位，是在经济建设中对资源配置起基础性作用，政府仍然对
经济发展和资源配置起主导作用，而且政府从 2005 年开始认识到在社会

保障领域存在严重的市场失灵问题，政府主导民生事业的发展，也是对政府责任的重新回归。正是继承了党的十六大以来大力推进民生事业的指导战略，党的十八大的报告将保障和改进民生贯穿整个报告。除了加强政府对民生保障的作用，在党的十八大以后还认识到政府在转型中，不能再简单的由政府直接提供各种保障服务，而是应该充分发挥市场对资源配置的决定性作用。为此，将公共服务通过市场采购的方式，高效率地提供全方位保障。因而在新国十条中，特别强调鼓励政府通过市场购买服务。保险服务业作为风险治理的最有效手段，政府期望中国的保险服务业能够回归到经济补偿和风险管理的核心功能，通过全面优化资源配置改善机制，为政府提供各种高质量的公共服务，以市场机制改善政府的保障效率。

另外，当前中国社会不仅面临日益严峻的人口老龄化问题，社会保障问题日趋紧迫。而且各类自然灾害也进入高发时期，地震、洪涝和干旱问题贫乏，对人民的生产生活带来很大的负面影响。企业生产安全形势更为严峻，安全生产事故高发，而且破坏程度较高，责任事故赔偿判决无法执行问题更加突出，最后不得动用政府的财政埋单。尽管中国已经成为世界第二大经济体，但总体经济质量水平依然偏低，产品的国际竞争能力普遍不足，所谓"倾销"相关的国际贸易争端不断。每年因为产品的信用问题而导致企业的损失，就高达 6000 亿元。因而亟待对国民经济提质增效，解决制约中国企业走出去战略的主要"瓶颈"问题。政府自然迫切需要保险在提供民生保障服务的同时，能够与企业一同走出去共同推动保险业和在外产业的协同发展，通过不断提高国际竞争力实现企业提质增效的发展目标。

3. 建立服务型高效政府职能转变需求的迫切性

党的十八大提出加快转变政府职能，推广政府购买服务，构建高效的服务型政府的战略。十八届三中全会做出的《中共中央关于全面深化改革若干重大问题的决定》明确指出："全面深化改革的总目标是完善和发展中国特色社会主义制度，推进国家治理体系和治理能力现代化"。也正是基于决定治理能力的现代化，《国务院关于加快发展现代保险服务业的若干意见》特别强调保险业要"立足于服务国家治理体系和治理能力现代化，把发展现代保险服务业放在经济社会工作整体布局中统筹考虑"。当前健康保险是政府大力发展的最重要的保险之一，中国医疗卫生体制改革在经历由计划经济向市场经济模式的转变后，已经证明市场主导机制是不成功，2005 年以后重新转回到政府主导的模式。而在转换的过程中，当下又面临提高健康保障效率和经济增长放缓的双重问题。因而政府希望商业健康保险既能够积极参与政府的公共服务采购计划，发挥对社会医疗保险的积极补充作用，又能够承担起部分健康风险治理的功能。

通过大力发展商业健康保险服务业，切实转变政府职能、建设法治政府和服务型政府，切实提高政府的保障效率，而不是总揽所有的健康保险业务。相对于商业健康保险的高效、垂直的服务网络，以及高端的保险精算人才和理赔队伍，政府属地化管理网络是难以比及的。因而政府在市场对资源配置起决定性作用的战略背景下，希望充分利用和发挥市场在资源配置效率方面的优势，在保障全民基本医疗保险服务的基础上，满足补充医疗保险和高端的健康保险需求。通过完善现代保险服务业发展的支持政策，在加快政府职能转变的同时，不断提高社会整体医疗福利水平。一方面，通过税收优惠政策，使被保险人的健康保险需求在个体层面就进行差别化选择。这使每个个体在有基本医疗保险保障的基础上，能够在市场上选择更加适合的健康保险服务。另一方面，即使政府通过税收等形式，将公共健康保障计划的资金统一筹集起来，也期望能够在分配阶段，以政府采购的方式统一交由商业保险公司运作。例如，目前的城乡居民大病医疗保险的运作方式，主要是由政府委托商业健康保险公司运营的方式。赋予税收优惠和政策支持的现代保险业对促进社会福利、提高政府效率的原理和模式如图 6-2 所示。

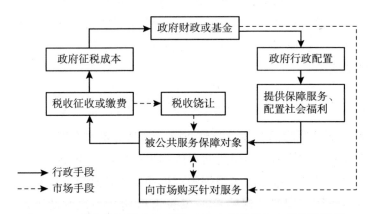

图 6-2　税收饶让等市场手段对政府保障服务中的福利促进

其中在整个的社会福利的促进方法中，税收饶让或优惠的方式是最高效的，因为它的运作环节是最小的，但是对公平的改善程度也是较弱的。而财政资金或基金直接采购的模式是相对居中的，它尽管含有税收征收成本，但是节省了政府行政配置的成本。效率最低的是政府通过公共财政筹集保险费用，然后再由政府直接主导保障，但是从公平角度，它具有二次分配的功能，因而社会公平性比较好。在社会风险治理和社会保障服务供给方面，一个高效的政府必然需要市场的参与。因为市场本身就意味着效率，相比较政府直接参与社会风险管理服务，保险业具有管理风险的技术优势、人才优势和优质的服务。

因而政府在社会风险治理方面，通过购买服务由保险机构参与，必然能够高效地实施对社会风险的全面管理。政府应当归位于主动提高为公众提供公共产品的能力、质量和为社会服务的水平，加强公共政策制定、公共产品供给和公共服务。充实、扩大和增加新的服务项目，改善服务手段，提高服务质量，增加公共政策的科学性和公共性。这也是被称为"新国十条"的指导意见，在第三十条优惠扶持政策中所强调的"研究完善加快现代保险服务业发展的税收政策"的原因，特别是指导意见明确强调完善健康保险有关税收政策，采取适时开展个人税收递延性质的商业养老保险试点工作，以及落实和完善企业为职工支付的补充养老保险费，以及补充医疗保险费相关企业所得税政策、落实农业保险税收优惠政策，使得现代保险业获得充分的政策优惠和税收支持。不仅如此，指导意见还建议制定与养老、健康服务等民生保障相关保险业务所需要的土地使用优惠政策等。而养老与健康保险的一体化土地优惠政策的实施，将对未来"医养合一模式"的实施具有较好的激励作用。进而能够使商业健康保险和医疗机构为主导，推进医养合一模式的实施。这相对于非专业的民间养老机构实施的医养合一，健康保险机构主导模式不仅更加专业，而且也有助于逐级转诊制度的实施。

6.1.2 现代保险服务国家社会治理的逻辑起点和依据

1. 保险业的风险损失经济补偿和风险管理的基本职能

保险服务业的基本功能就是对风险损失提供经济补偿，减少风险损失对投保人和被保险人造成的经济损失，进而实现快速恢复生产和保障社会稳定运行的作用。同时，保险业的风险管理功能，也有助于及早发现风险，并采取积极有效的措施，控制风险影响的扩大，起到减损止损的作用。如果现代保险服务业经过系统的改革创新，能够完善保险经济补偿机制和强化风险管理核心功能，并且不断创新社会治理方式，那么保险服务业必将成为国家治理体系中的重要组成部分，并成为创新社会管理的有效机制之一。而要真正实现两项治理能力的现代化，保险业就必须充分利用自身业务广泛的网点布局和专业的风险管理人才优势，在加强社会稳定和风险治理发挥自己的特殊功能。

现代保险服务业只有回归到风险损失的经济补偿和风险管理的基本职能，才能使现代保险服务业成为完善金融体系的支柱力量、改善民生保障的有力支撑、创新社会管理的有效机制、促进经济提质增效升级的高效引擎和转变政府职能的重要抓手。为了更好地发挥现代保险服务业的基本功能回归，指导意见要求全面推进保险业信用体系建设，引导保险机构采取差别化保险费率等手段，加快建立保险业各类风险数据库等基础建设，为提升保险业风险管理水平、促进行业转型升级提供支持，同时要提升全社会保险意识。

2. 保险业承保的责任保险能够用经济手段化解民事责任纠纷

现代保险服务业的重要标志就是在风险管理方面，能够充分发挥责任保险在事前风险预防、事中风险控制、事后理赔服务等方面的功能作用，用经济杠杆和多样化的责任保险产品化解民事责任纠纷。中国的保险业务还在一定程度上停留在被动的经济损失补偿的阶段，没有积极主动的参与风险管理的事前预防和事中控制的作用。这对民事责任保险，是社会治理的最主要的需求。面对当前相对紧张的医患关系，一方面，是由于专业的医务人员从医疗技术角度给出的专业方案，与患者非专业性的主观意愿产生冲突，使医患之间的治疗方案冲突而造成相对紧张的关系；另一方面，是在国家基本医疗保险约束下的治疗方案选择，与高端医疗服务需求之间的冲突，而在医保政策与支付能力约束下，患者通常难以达到当前高端医疗技术的最好水平而造成关系紧张。通过医疗责任保险，至少能够在经济角度减轻医务人员的治疗方案选择压力。

保险业的经济手段化解民事责任纠纷的作用，还在于更好地缓解民事责任中判决无法执行的问题，对责任方没有或不足额可供赔偿的资产时，保险的经济补偿功能可以较好地缓解因此造成的社会不稳定问题，也可以减少政府因为承担最后责任而支付大量的财政资金。"三鹿三聚氰胺"事件、"昆山化工产爆炸案"和"上海外滩踩踏"事件，以及在2015年8月发生的"天津新区瑞海爆炸"事件等，都属于因法人或自然人不具备充分的经济资产，而使受害人得不到经济补偿的典型"判决无法执行"的案件。保险业的介入至少能够在一定程度上使受害人得到部分经济补偿，也能够减轻政府作为最后损害赔偿责任人，对受害人或责任侵权人承担财政支出的负担。那些收入较低的医生一旦出现医疗事故，患者很难获得来自医生的赔偿而只能起诉医疗机构，而相对强势的医疗机构不仅会压低赔偿额度，而且还会将赔偿最终转移到主治医生。经济与责任转移，使医疗伤害难以得到及时的补救而损害患者利益。

为了充分发挥责任保险化解矛盾纠纷的功能作用，指导意见提出要强化政府引导、市场运作、立法保障的责任保险发展模式，把与公众利益关系密切的环境污染、食品安全、医疗责任、医疗意外、实习安全、校园安全等领域作为责任保险发展重点，探索开展强制责任保险试点。加快发展旅行社、产品质量以及各类职业责任保险、产品责任保险和公众责任保险，充分发挥责任保险在事前风险预防、事中风险控制、事后理赔服务等方面的功能作用，用经济杠杆和多样化的责任保险产品化解民事责任纠纷。积极发展文化产业保险、物流保险，探索演艺、会展责任险等新兴保险业务，促进第三产业发展。作为重要内容的医疗责任保险，将使未来的医疗纠纷的经济补偿获得有力的法律保障，从而使患者和医生的权益得到最有效的充分保障。

3. 保险业特有的长期资本优势和资本收益风险管控能力

相对于储蓄型的金融产品，保险基金具有周期长和规模大的特点。保险业务的收入一部分来源于向投保人收取保费的直接收入，另一部分是长期风险准备金的投资收益。保险基金的投资不仅能够解决社会经济生产需要的资金问题，而且保险公司所特有的资本收益管控能力，也有助于提高保险基金的风险管控而提高保险投资收益。也正是由于保险资本金具有以上的特殊优势，指导意见不仅仅是保险服务的需求，同时需要保险资金的支持，进而充分发挥保险公司这种重要的特殊金融机构的融资和资金供给功能。特别是针对中国保险业长期存在的管控过严、保险资金多为"长钱短配"的问题，指导意见要求以不发生系统性区域性金融风险为底线，健全保险保障基金管理制度和运行机制，投资领域与方向约束性显著降低，鼓励保险资金设立不动产、基础设施、养老等专业保险资产管理机构，允许专业保险资产管理机构设立夹层基金、并购基金、不动产基金等私募基金。稳步推进保险公司设立基金管理公司试点。探索保险机构投资、发起资产证券化产品。探索发展债券信用保险。积极培育另类投资市场。

为了充分发挥保险资金长期投资的独特优势，指导意见要求在保证安全性、收益性前提下，创新保险资金运用方式，提高保险资金配置效率。鼓励保险资金利用债权投资计划、股权投资计划等方式，支持重大基础设施、棚户区改造、城镇化建设等民生工程和国家重大工程。鼓励保险公司通过投资企业股权、债权、基金、资产支持计划等多种形式，在合理管控自身经营风险的前提下，为科技型企业、小微企业、战略性新兴产业等发展提供资金支持。研究制定保险资金投资创业投资基金相关政策。

4. 多层次分散风险机制能够最大限度为国家民生项目提供保障

保险服务业对风险的转嫁是以互保和再保险的方式进行的，保险公司的风险自留额是建立在最大危险单位基础上的，因此保险业对社会风险的共担和分散机制，是以风险事件可能导致的最大风险为依据的，这样就能够避免保险标的即使出现最大的风险损失，也能够保障相对的偿付能力，进而能够确保投保人或被保险人的保险利益得到最大维护，切实对大型生产企业、大型工程和广覆盖的民生保障事业，提供有效的经济补偿功能，这是其他任何一种风险管理的方式和手段所不具备的。对于大型工程建设项目，保险业能够通过相互保险和再保险，最大限度地分散承保风险损失，进而保障保险标的发生损害以后，能够获得充足的经济补偿。因而，保险业能够为国家的大型工程和大规模财政资金的安全，提供充分而有效的保障，这是其他金融机构所不具备的优势。特别是再保险业务的自留和分保标准，是以最大危险单位作为标准的，因而也使风险事件在极端损失情况，这能够保证经济补偿的充裕程度。

因此，"新国十条"在加快发展再保险市场方面，要求增加再保险的市场主体，大力发展区域性再保险中心，加大再保险产品和技术创新力度，使再保险能够对农业、交通、能源、化工、水利、地铁、航空航天、核电及其他国家重点项目的大型风险、特殊风险的保险发挥更大的保障作用。不仅如此，面对高发的各种自然灾害，再保险要增强分散自然灾害风险的能力，并要求提高再保险对中国海外企业的支持保障功能，提升全球再保险市场的地位。

6.1.3　商业健康保险发展现状与健康风险治理理念

中国在 20 世纪 80 年代恢复保险业以后，受制于经济发展水平和国家医疗保障制度的影响，健康保险在相当长的时间内发展非常滞后。直到 90 年代以后随着中国社会医疗保险制度的改革试点，特别是 1998 年城镇职工基本医疗保险改革全面推开以后，在职工补充医疗保险的商业化推动下，参保人员数量才开始逐渐增加，但保费收入规模较小，而且在 2001 年出现了较大额度的理赔率，见图 6－3。

而 2003 年 SARS 的暴发，将健康保险推入一个较快增长的时期，健康保险也作为重要的医疗费用筹资手段，逐渐成为医疗卫生体系改革的重要推动力量。2007 年新型农村合作医疗的全面建设和城镇居民基本医疗保险试点，再次推动了健康保险的发展。近年来，随着保险业积极参与医药卫生体制改革、服务医疗保障体系建设，将资金向商业健康保险的业务倾斜，已有100多家保险公司开展商业健康保险业务，健康保险产品涵盖疾病险、医疗险、护理险和失能收入损失险四个种类。通过对健康保险管理的加强和对基本医疗保险的积极参与，尽管商业健康保险在2011年再次出现一次较大的理赔率，但总体上看，原保费收入和保险理赔给付，健康保险相对进入一个相对快速平稳发展的时期，保险理赔比例保持在35%左右。虽然从总体发展速度来看，自2000年以来健康保险整体上发展较快，但仍然存在人均投保水平普遍偏低问题。

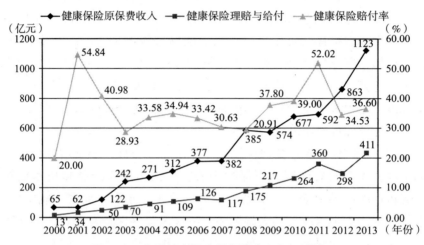

图6-3 中国健康保险原保费收入与理赔情况

由于健康风险治理的不同路径和方式，对经济投入和闲暇占用不同，并且风险治理的效果也不尽相同，在经济资源和闲暇的有限性或稀缺性约束下，健康风险的治理只能从最经济有效的路径开始。我们可以用帕累托图表示资金配置，在健康风险治理路径选择上的安排顺序（如图6-4所示）。在健康风险治理的过程中，假定在一定时期能够提供的风险治理资金和闲暇是有限的，这个限额为A，它将被按照单位资金的治理效果进行优化配置。加入存在N个可选择的治理途径，每个治理途径对应的治理效率（即单位资金产出）为e_i，e_i为某风险指标与占用资金的比例a_i，由于健康风险治理的特殊性，诸如戒烟等治理方式，不但不会占用资金，反而能够促进社会福利改进，但会损害消费者的诊断效用（diagnostic utility）。而对于跑步锻炼等提高健康的手段，则是对闲暇的占用。所以，在加快风险治理中的效果中，不仅要考虑经济带来的效用和资金投入，还要考虑闲暇占用等。

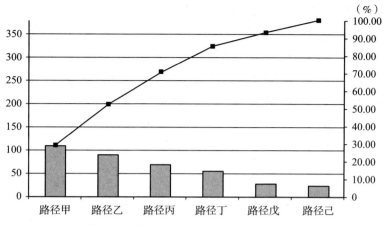

图6-4　基于有限资金约束下的风险治理效率优选路径示意

　　因而在考察治理的效果时，用效用的概念有助于改善资源投入的一般性和可比较性，为此我们将资金的概念调整为效用，而将治理效果调整为财富的效用，包括生命价值资本化的潜在财富效用。基于期望效用函数，假定通过健康风险治理，可以获得的期望效用为 EU，那么其治理健康风险的期待效用为：

$$EU = (1-p)u(w-c) + pu(w-c+\Delta w)$$

$$s.t. \quad \sum c(a_i) \leqslant A$$

　　式中，c 为健康风险治理的投入，包括资金，或者闲暇，或者消费快乐体验。Δw 为因为风险治理得到的回报，包括财富增加值和健康。约束条件为支付成本，小于等于可用来激励的资金总量。不同的风险治理方式，带来的期望效用值是不一样的。健康风险治理首先应该激励那些效用最高的方式，尤其是那种非健康生活方式的体验效用，因为这些效用不仅不会占用治理主体的实质性的资金，而且还有助于资金的增加。资金的安排应该按照效率进行排序，并确定资金占用总和恰好等于大于 A 的路径，确定资金的激励措施。

　　尽管健康风险治理对被保险人来讲不一定存在实质性的资金支出，但是要激励被保险人合作参与健康风险治理，对于保险人或政府来说，还是需要一定的物质激励，或者保险合约激励，例如，对于积极治理健康风险的主体给予保费折让，或者降低改变了吸烟等不健康生活方式个体的保费附加比例，这些实际上都是以保费支出的方式由保险人承担的。现在将这些资金按照治理效果进行配置，按照被保险人的期望效用值改善程度，即治理效果 e_i，并构建图 6-4 所示的帕累托图，其中横坐标为治理的路径，纵坐标为治理效果，这样就在恰好将资金 A 恰好配置完的情况下，确定了健康风险治理路径选择的优先顺序。

在此基础上，可以利用生存质量调整年 QALY 和绩效评价方法 VFM，用 Grossman（1972，2000）健康生产函数，量化和优选健康风险的治理路径。基于有限资金约束和效率优选的指导思想，作为展开健康风险治理路径选择的基本依据。后面将在健康风险路径选择的基础上，分析健康风险治理的外部性补偿问题，以及如何修正健康风险跨期时间偏好不一致问题，为使健康风险得到有效治理，并能够服务于国家治理体系和治理能力现代化。

6.2 健康保险实现风险有效治理的路径选择

6.2.1 健康风险治理的健康福利促进机制

从经济学分析角度，健康风险治理无论是从国家宏观层面，还是从企业和个体微观层面，以及健康保险基金的安全与可持续发展角度，都是一种有效的健康服务促进手段。一种有效的健康风险治理手段，不仅能够减少疾病风险的发生概率、发生强度和损失，同时也能够促进国民的健康水平，为国家、企业和家庭提供更加健康的劳动力，维护劳动年龄之外的社会群体的健康，以减轻抚赡养者和国家在医疗费用支付方面的压力。但是，由于疾病风险具有较强的外部性，往往会造成健康风险治理主体的外部性得不到有效的经济补偿，因而可能会抑制各主体进行健康风险治理的积极性。因此，健康风险治理与健康福利促进，必须建立在有效的外部性补偿上，通过有效的外部性补偿机制推动健康风险治理和健康福利促进。

而从生命价值角度，健康风险治理的福利促进效用更为重要，它既是保障个体未来资本化价值实现的最有效的手段，也是避免未来医疗费用过度对累积财富消耗的方式。如果单纯从经济效用角度考虑健康风险的治理，可能会导致经济分析与健康风险治理动机产生偏差，进而难以体现健康风险治理的全部福利。例如，预防疾病是自古至今、贯通中外的健康风险治理的有效手段。中国《黄帝内经》中提出的"上医治未病，中医治欲病，下医治已病"的医术思想，在一定程度上要优于近代英国的 John B. Grant 也提出"An ounce of prevention worth more than a pound of curative medicine"的疾病预防经济性观点。因为前者不仅体现了后者关于疾病预防的经济效益问题，更是强调了将健康风险治理前置的医学价值，即通过预防和早期治疗，避免或降低疾病对生命价值的保障。因而，健康风险治理应该在经济价值和生命价值两个方面分析效果和意义。

1. 健康风险治理的经济性福利促进分析

由于疾病风险预防，往往是针对未发生疾病的情景，因而可能会导致疾病预防投入不足，进而造成疾病风险的发生和对应的损失。因而，从疾病风险损失预防的经济角度，需要基于健康保险和医疗费用的比较，但同时还要考虑疾病对个人心理负担和病痛伤害的承受能力问题。因而，对疾病预防的经济分析应该基于疾病预防投入 PE 的期望效用函数最大化：

$$\max(PE) = (1-p)v(w_0 - PE) - pv[(w_0 - L) + M(m)]$$

假定对疾病对人的心理承受压力的影响 $M(m)$ 等同于经济损失，那么上式就可以简单化为：

$$\max(PE) = (1-p)v(w_0 - PE) - pv(w_0 - L)$$

事实上，每个人患病后总会产生心理或精神上的不适，因此 $M(m) > 0$ 的，即使在疾病预防与疾病治疗时的期望损失相等 $(1-p)v(w_0 - PE) = pv(w_0 - L)$。而且由于疾病预防的费用，要远远低于患病后的费用支出，针对大病的预防成本相对较小，人们依然会选择疾病预防的措施。而对例如常见性感冒等小病的预防，人们未必会刻意选择预防措施。因为在不考虑疾病心理负担时，对常规性小额损失疾病的预防是不经济的。疾病的常规治疗措施越经济，对疾病预防的动力也越不足。因此，疾病风险治理的健康福利促进对大病的经济价值更明显，而对小病的预防则与疾病风险的心理承受能力有关。

现在将疾病预防成本范围进一步扩大，加入反映不健康行为损害程度的因素，并用戒除不健康行为获得的健康改进作为虚拟变量。在这个虚拟变量下，消费者不但没有直接的经济支出成本，反而因为戒除该行为获得潜在的间接经济收入，例如吸烟或不健康饮食等行为。令该虚拟变量为 Z_H，消费者从不健康消费行为中得到享乐效用为 $u(Z_H)$，它是与不健康消费数量相关的一个效用函数，并且成瘾性越大所带来的效用也越大。对此就需要从期望效用角度，评价疾病预防投入的产出效益：

$$\max(PE) = (1-p)[u_1(w_0 - PE + Z_H) - u_2(Z_H)]$$
$$- p[u_1(w_0 - L) + u_2(m)]$$

此时，消费者通过戒除或减少某种损害健康的消费行为，获得的财富增加值为 Z_H，但同时减少心理享乐效用 $u_2(Z_H)$，并在患病后承受同样属于心理效用损失 $u_2(m)$。假定以上的模型符合期望效用函数模型的基本假设，对其求导可以得到疾病预防的最大效用值。

但是，健康保险的介入将对疾病预防效用的增减产生重要影响。因为健康保险的介入，使疾病风险的直接经济损失降低为保险费用，这是一个与疾病预防极为接近的数值。令 Pr 等于全额健康保险的保费，如果发生疾病风险损失，消费者得到全额补偿。相对于投保健康保险，疾病预防支出 PE 的效用比较函数为：

$$u(w-PE) - u(w-Pr) \geq 0$$

也就是采用预防疾病的办法，获得风险损失被控制时的期望财富效用，减去全额健康保险下不控制疾病风险时的期望财富效用。首先假定通过疾病预防消除了疾病风险，使得疾病损失不发生。而全额健康保险下不控制疾病风险时虽然损失发生，但发生的损失可以获得全额补偿。此时，无论是采取疾病预防措施，还是健康保险的措施，使被保险人都不会发生经济损失。那么此时的经济比较，就是预防支出和健康保险费之间的比较。显然，只要疾病预防费用等于或小于健康保险费，消费者就不会购买保险而采取自防措施（Ehrlich and Becker，1972），除非健康保险费低于疾病预防费用。而事实上，通过健康保险转嫁风险损失不只是获得经济效用，消费者还能够从疾病预防行为中获得更多闲暇，或者不必刻意戒除不健康消费行为而获得商品消费的愉悦感（Wilkinson and Klaes，2012）。

但是，在加入健康损害的心理或精神负担后，将会使期望效用模型发生方向性改变。那些厌恶疾病风险心理负担的个体将会选择疾病预防；而那些看重闲暇和消费享乐的个体则会选择健康保险。所以，将健康保险看作是疾病预防的替代品，健康保险的道德风险不应该再被简单看作道德问题，而是一种疾病预防行为的替代手段。既然人们将健康保险作为转嫁疾病损失的手段，那么从动机上也必然会降低疾病预防的投入。只有当疾病预防相对健康保险是随机占优时，消费者才会选择积极的疾病预防措施，并在实施疾病预防行为后依然面临较大风险损失时，才会选择健康保险作为转嫁损失的补充措施。

由此可见，全额健康保险在经济层面是疾病预防的一个替代手段。全额健康保险从理论上，能够使消费者转嫁疾病风险的全部经济困扰，并满足更多的闲暇与消费效用。而且闲暇与消费效用，会在一定程度上大于不确定健康损害引起的心理负担，这既符合时间偏好不一致的双自我模型理论，也符合损失厌恶理论。针对不确定的损失效用和确定的消费效用，消费者更看重近期可得的消费效用，尽管这种消费是损害健康的（Frank，2007）。除了对诸如癌症或者白血病等不可逆的疾病损害外，人们对几乎可以完全治愈疾病的健康保险经济保障是可以预期的。在这种情况下，全额健康保险从优选的角度是可以替代疾病预防的。这不是道德风险的问题，而是健康保险的投保动机的一部分。疾病预防与健康保险选择的均衡模型，可以表述为疾病预防期望效用和健康保险期望效用的比较。疾病预防的期望效用为：

$$U(PE) = (1 - p_1)[u_1(w_0 - PE + Z_H) - u_2(Z_H)]$$
$$+ P_1[u_1(w_0 - PE + Z_H - L) - u_2(Z_H) - u_3(m)]$$

如果采取健康保险，在没有附加保费时全额保险的期望效用：

$$U(Pr) = (1 - p_h)[u_1(w_0 - Pr) + u_2(Z_H)]$$
$$+ P_h[u_1(w_0 - Pr + A - L) + u_2(Z_H) - u_3(m)]$$

根据以上两个期望效用模型，假定疾病预防只能影响疾病发生的概率，而对经济损失没有影响。在该假设下，当保险费与预防费相等时，由于疾病预防既要面临消费抑制造成的心理紧张，还要面临疾病风险的损失，而健康保险只是面临小额的保险费用支出。在 $A = L$ 的全额保险下，只要健康保险费不过于偏大疾病预防费用，消费者通常会选择健康保险而不是疾病预防。要想使疾病预防能够优于健康保险，必须使下式成立：

$$U(PE) > U(Pr)$$

所以，不愿意在疾病预防方面花费太多精力的个体，以及对某些不健康消费（行为）具有特殊偏好的消费者，将会选择健康保险作为疾病预防的替代手段。而那些不愿承受疾病风险心理紧张的个体，将会选择更为积极的疾病预防措施，展示为更为谨慎的健康促进行为，并在个人预防措施依然难以消除疾病风险紧张时，将健康保险作为必要的补充措施（Cawley and Philipson，1999；Finkelstein and McGarry，2006；Fang and Silverman，2008；许荣等，2015）。

2. 健康风险治理的生命价值保障福利促进

从 Huebner（1927）的生命价值学说来看，生命价值是个体未来奉献给家庭和社会的潜在财富。而 Huebner 的生命价值概念界定的目的，主要规避支柱劳动力的健康损害带给家庭和社会的负面问题。因为通过投保健康保险，投保人家庭可以在健康风险造成生命提前死亡或者"生存死亡"等损失时，从人身保险中获得一定额度的经济补偿，特别是寿险所提供的意外（含疾病）死亡经济补偿。但是从非致死性的健康风险角度，疾病给个体和家庭带来的灾难可能会远远大于财富损失。这些内容我们已经在健康保险投保动机中进行了详细的分析，在此主要分析健康风险治理与生命价值保障之间的关系。

如果个体不对健康风险采取预防措施，假定面临的风险概率为 p，风险损失为 L，当前生命中隐含的总资本化价值为 Fcv。当健康风险损失发生时，可能对其造成的总财富损失为 w - L - d × Fcv，其中 d 为健康损害造成的资本化能力损失程度。在全额保险情况下，个体的损失变为 w - Pr - d × Fcv，尽管被保险人通过健康保险获得了损失的全部补偿，但是依然面临一定程度的资本化价值损失，而且该损失为长期的大额经济损失。

现在假定按照"治未病"的疾病预防思想，被保险人需要支出的费用依然是 Pr，即等于保险费用，那么在治未病的措施下，被保险人避免了资本化价值损失。而通过预防措施控制健康风险的最大额度，等于生命价值的折现均值。通过折现可以将每年的预防费用进行均摊，它相对于健康保险来讲，已经是一个较大的数值。事实上，疾病预防并不能完全消除健康风险，即治未病的假设结果只是一种理想的状态。现在假设在治未病的措施下，面临的疾病风险降低为 λp，并且 $0 < \lambda < 1$。那么治未病的期望效用为：

$$V(Pr) = (1 - \lambda p)v(w - Pr) + \lambda pv(w - Pr - l)$$

而健康保险的期望价值为：

$$U(Pr) = (1 - p)u(w - Pr) + pu(w - Pr - l - dFcv)$$

在风险偏好一致的情况下，可以根据损失情况对两个函数求导，得出相同支出下的最优费用投入。进而可以在生命价值保障作用下，确定健康保险和疾病预防措施的个体偏好选择。由于在很多情况下，大部分人都是风险厌恶的，因而采取疾病预防或自防自保措施，既有自我保健能力的自信因素，也与担忧健康保险的额外效用损失有关。除非认为未来的疾病风险损失难以承担时，人们才会选择健康保险作为获得高质量医疗服务的手段。健康保险意识与自我预防之间并不是相互矛盾的，而是一种风险规避方式的偏好。如果人们能够利用健康保险转嫁既有财富损失，并获得必要的高质量医疗服务，那么同时采取有效疾病预防措施和购买健康保险，对生命价值和财富保障将是最佳的。但实行疾病预防等健康风险治理措施，要比单纯购买健康保险转嫁财富损失，具有更加深远的社会意义。

尽管健康风险的有效治理，对健康保险的生命价值保障效力是随机占优的，但作为跨越多个承保周期的决策行为又很容易受到时间偏好不一致和外部性等问题的困扰。这必然需要筛选和量化影响健康产出的健康促进因素与风险因素，明确健康保险实现健康风险有效治理的途径，以及时间偏好不一致和外部性造成的效用损失，构建有效治理健康风险的保险合约激励机制和外部性补偿机制。

6.2.2　健康风险治理路径的优选模型

1. 健康风险治理主体责任分工

健康保险参与风险治理的能力是有限的，即使在全民健康保险体系下，健康保险需求也是通过分层和分类方式满足。政府公共健康计划负责基本医疗服务需求，重点解决与既有财富消耗致贫问题，提供基本医疗保险目录内的医疗服务。因而，治理的健康风险主要选择常规性的普遍疾病风险，主要方式是提供常规健康体检。由于政府主导的健康保险具有明确的功能定位和职能分工，通常按照严格基本目录覆盖的项目补偿患病后的救治费用。所以，基本医疗保险既不会将太多的资金用于风险治理，也不会对部分群体采取特殊的资金配置方案。对健康风险的主要治理费用，主要由预防保健机构支配的公共卫生资金承担治理费用。医疗保险一般根据国家指导价格，按照市场机制对医药费用进行控制，或者对部分重点药物直接进行管制，一般不管控预防类药物的使用。所以，基本医疗保险对健康风险治理的能力范围是有限的。这就需要政府通过对结余基金的再分配，如购买大病保险和提供必要的健康体检等方式，按照公平原则在所有参保人员中间进行配置。

商业健康保险的健康风险治理资金，主要通过签订合约或差别化费率的方式筹集。这部分资金在某个承保周期内，主要是基于利润最大化原则进行配置。因为保险公司对保费的定价是基于未治理健康风险时的风险概率和损失数据，并且可能会因为健康风险治理的外部性而造成部分投保人不再续保。由于长期健康保险的投保群体比较稳定，健康风险治理对需要较长时期才能得到回报收益的保险具有较大的吸引力。因此，不同性质的健康保险和不同类型的健康保险服务，实行健康风险治理的主体、资金来源、收益和覆盖范围是不同的。

但是健康风险治理的这些约束条件，并不会在实质上对健康保险业务产生负面的影响。因为健康风险治理的社会福利促进特征，使个体财富水平和资本化价值能力都将得到显著改善，有助于提高财富预算的约束线，进而释放更大的保险需求。即使存在外部性效应，只要政府通过合理激励和补偿机制对治理主体的外部成本进行补偿，最终也会实现各主体的福利促进。因而，健康风险治理具有社会福利促进的共性，对完善全民健康保险的作用，在理论和方法上都是一致的。

2. 健康风险治理路径选择模型

为了体现健康风险治理的财富保障与健康促进的综合效应，我们采用

Grossman（1972，2000）健康函数模型进行建模分析。即在明确健康产出与健康投入关系的基础上，通过对健康投入要素的逐层分解，确定不同投入要素和治理路径的边际贡献率。将标准化回归系数的最小排序作为最优选择路径依据，依次确定有效健康风险治理的顺序。当然这些因素的选择，是基于既有流行病学或卫生统计学以及社会医学理论基础展开的，如果缺乏前人的先期研究结果，将会导致路径选择陷入一个繁杂而没有意义的筛选过程。根据 Grossman 健康函数和年度时间序列数据，从宏观层面分析健康促进因素和风险因素对健康产出的影响，构建基于 Grossman 健康函数的风险识别模型：

$$GH = a_0 + \sum_{i=1}^{m} a_i x_i + \sum_{j=m}^{m} a_j x_j + \varepsilon$$

GH 为死亡率，x_i 为健康促进因素，x_j 为健康风险因素。x_i 增加会导致死亡率降低，x_j 健康水平相应得到改善；x_j 增加会导致死亡率增加，健康损害程度也相应提高。根据影响因素系数显著性和大小，确定影响死亡率的关键因素和因素之间的替代弹性。从相关的文献研究成果综合来看，当前影响中国居民健康的主要风险因素包括宿主因素和环境因素，宿主因素既有先天的，也有后天获得的；而环境因素包括生物的、化学的、物理的和社会的[①]。

在个体生理性的因素中，主要是先天性的遗传基因、染色体和性别，以及后天的年龄、发育、营养状况、体格、行为类型、获得性免疫和既往病史。环境因素中主要包括生物方面的病原体、感染动物、媒介昆虫、食入或接触的动植物，化学的营养素、天然有毒植物、化学药品、微量元素和重金属，物理方面的电离辐射、噪声、振动、气象、地理位置。世界卫生组织 2013 年的研究报告显示，2012 年全球总共有 1260 万人口死于环境污染相关的风险，约占总死亡人口的 23%。其中家庭环境污染死亡人数为430 万，外部环境死亡 370 万。而社会因素的影响非常广泛，如人口密度、居室、流动、城镇化、交通、战争、灾害，经济的收入、财产、经济景气等。在家庭方面主要是家庭结构、婚姻状况和家庭功能，以及生活方式、饮食习惯（如过量食用食盐是多种重大疾病的根源），以及成瘾性嗜好，尤其以吸烟、酗酒危害最大，而饮茶、运动和休闲等有助于健康促进。从世界卫生组织公布的 2004 年死亡风险因素来看，最大的两个因素是高血压

---

① 刘续保，王素萍. 流行病学与循证医学 [M]. 北京：人民卫生出版社，2014：115 - 116.

和吸烟, 致死风险分别为 5.76% 和 3.83%。紧跟其后的是高血脂 (5.76%) 和缺乏体育锻炼 (5.47%)。除此以外, 教育文化、医疗保健、职业、政治、宗教和风俗习惯, 也都会影响人们的健康状况 (见图 6 - 5)。

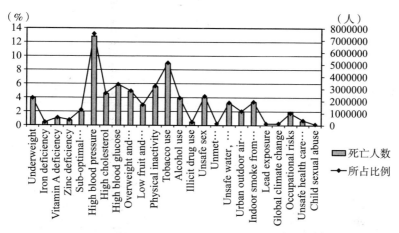

图 6 - 5 世界主要国家死亡风险因素及死亡数量与比例

注: 根据世界卫生组织官网公布的数据资料整理而成。

因此, 针对以上的风险因素和健康促进因素, 实行正的激励和负面约束性激励, 可以有效控制健康风险的发生概率、损失程度, 但是这些风险因素对人类生命价值的损害都是直接的。例如慢性病的形成, 一般要经历从根本风险因素到危害人们健康的社会行为选择和体质 (如年老), 然后这些危害因素导致人体机能发生初步变化, 并最终演化为严重影响人类生存质量的慢性疾病或者死亡。目前位居疾病谱前十位的疾病 (见表 6 - 1), 大部分都与社会行为因素有关。而心血管疾病和新生肿瘤等高危疾病, 也是导致"生存死亡"风险的主要疾病。

表 6 - 1   中国 1990 年、2013 年因疾病死亡及死亡率的变动情况

非传染性疾病类型	疾病死亡人数 (千人)		死亡率 (人/万人)		增长率 (%)
	1990 年	2013 年	1990 年	2013 年	
心血管	12279.63	17297.50	375.50	293.20	-22.00
新生肿瘤	5659.70	8235.70	157.00	133.80	-14.70
慢性呼吸疾病	3490.20	4267.50	104.50	73.00	-30.40
糖尿病、泌尿疾病、血液及内分泌疾病	1569.40	2955.00	42.20	48.30	14.40

非传染性疾病类型	疾病死亡人数（千人）		死亡率（人/万人）		增长率（%）
	1990 年	2013 年	1990 年	2013 年	
神经紊乱	1017.50	1976.80	34.20	35.00	2.30
消化系统疾病	1053.20	1168.30	28.40	19.00	− 33.50
肝硬化	838.00	1221.10	21.80	18.80	− 13.70
精神及物质滥用疾病	188.30	282.40	4.30	4.00	− 5.70
肌肉及骨骼肌紊乱	65.90	116.30	1.70	1.90	8.50

相比较 2009 年，尽管心血管疾病、新生肿瘤和慢性呼吸系统疾病的增长率有所下降，但从死亡总人数和死亡率上，依然是导致因病致贫的主要健康风险。因而，针对高危风险疾病的健康风险治理，不仅能够减少累积财富损失，而且也能够降低不可逆健康损害导致的生命价值损失，是防范家庭贫困陷阱的关键病种。

针对疾病风险和疾病病种的选择，可以利用医疗服务管制部分建立的 QALY – VFM 关于生存质量的指标及 Cox 模型，利用相关的数据资料逐一判断 Grossman（1972）模型中通过显著检验的风险因素的相对危险度：

$$h(t, X_j')/h(t, X_j) = \exp(\beta'(X_j' - X_j))$$

其中：$j = 1, 2, \cdots, n$。将各影响因素的相对危险度，与各地区治理该风险因素的投入进行比较，判断健康风险因素治理的经济性、时效性和关键途径。通过把握单位风险损失概率的降低程度，确定风险概率最为显著的风险因素或疾病，然后再结合单位投入与单位风险概率降低所减少的风险损失，利用期望效用函数确定健康风险治理的有效路径。

6.2.3 健康风险治理主体的治理责任与治理路径

在众多的健康风险影响因素中，由于其风险来源、危害程度和治理资金的需要，并不是承保机构或保险公司所能够主导的。因而，针对健康保险的不同投保人，在风险治理中的经济责任担当和治理路径选择也不尽相同。从当前健康保险的主要投保主体来看，主要包括国家和代表国家的各级政府、用人单位、家庭和个人，这些投保主体的合理动机，或者是保障和改善人民的健康水平，或者是获得素质较高的劳动力和生产效率，或者是避免家庭因病致贫和获得高质量的医疗服务。而健康风险治理能够更好地实现他们的投保动机，因而需要在风险治理中承担必要的责任。通过承保健康保险获取风险收益的保险公司，或追求基金适度结余的社会医疗保险机构，应该从经济上主导健康风险治理。保险机构和被保险人是健康风险治理保险合约激励的主要对象，政府承担风险治理资金支持或者制定激励政策。

1. 政府主导的健康风险治理路径

政府对人民群众的健康负有首要责任和最终责任，正如已经成为联合国决议的全民健康覆盖指出的那样，所有成员国家都要保证每个国民获得必要的高质量的医疗服务，并且不会因为医疗费用支付而陷入经济困境。政府实施的公共健康保险计划，主要是针对健康风险的集体筹资机制，与来自一般财政的公共健康或公共卫生计划不同。健康保险基金按照公平原则，被用于补偿每个参保人员患病时的医疗服务费用，一般不用于公共健康费用支出。公共健康或公共卫生计划的资金，主要是以税收方式由国家一般财政负担，负责对疾病风险的筛选与疾病预防、健康保健等支出。因而，在国家层面上，健康风险防控是由公共卫生计划实施的，一般不用于医疗费用的补偿；健康保险基金则以保费方式集体筹集医疗费用，并按照医疗费用支出再补偿给被保险人。虽然诸如英国等国家采取免费医疗方式，由政府来承担大部分医疗费用，但这部分基金依然是通过捐税或税收筹集的专项资金。因而，这就涉及一个争议话题，就是健康风险治理资金到底该由谁来支付的问题。显然，这需要建立一个联动机制来平衡政府财政的使用方向和规模。

由于政府主导的公共健康保险计划的本质，是政府实施的一项集体筹资机制，因而可以看作是特殊的集体资金，与商业保险公司按照市场和保险合同运作的基金性质不同。后者的性质为公司对投保人的一种负债，特别是纯保费部分。因而，政府分担的部分可以看作是政府财政资金的一种特殊分配形式。投入规模的大小与政府的责任、风险大小、被保险人分担额度等因素有关。健康风险损失概率与规模越小，不仅政府承担的财政资金越少，而且被保险人的分担额度也会越小。因而政府的健康风险治理投入是较优选择，也是社会福利的帕累托改进手段。在其他条件不变时，政府将公共卫生资金用于健康风险治理，资金的直接支出总规模和保险投入资金总量必定是减少的。

另外，即使在相对独立运营的健康保险体系内，将部分保险基金用于健康风险治理，在财富保障效用和生命价值保障方面也都是随机占优的。因为风险治理资金的投入，不仅能够降低疾病发生概率，也能够减少风险事件的经济损失和健康损害程度。所以，健康保险基金应该与公共卫生资金一起，通过有效的联动协调机制，共同控制健康风险可能造成的损失。在具体的治理路径选择上，由于统筹保险基金的年度结余规模小于公共卫生资金，而且也缺乏结余的稳定性。如图 6-6 所示，中国政府投入的公共卫生服务费用，已经由 2001 年的 450 亿元，增长到 2014 年的 4288.7 亿元。而同期城乡三项基本医疗保险的累计年度结余不超过 60 万元，而且近期在部分地区还面临保费收入不能补偿医疗费用支出的赤字风险。相比较公共卫生投入，显然当前以基本医疗保险的剩余基金来主导健康风险治理，从资金能力上是缺乏主导能力的。因而，公共卫生资金应该侧重于生物性质的健康风险干预，减少和避免遗传性缺陷和群体性影响较大的风险治理，包括利用公权力对化学性和物理性风险管制，改善生活居住环境等。

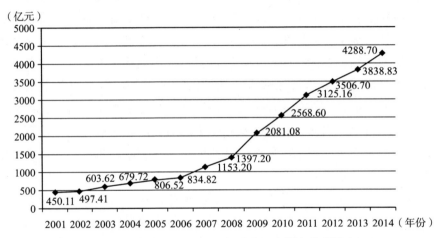

图 6-6　中国 2001~2014 年政府卫生服务费用投入

　　健康保险基金主要用于个体生活习惯和行为的干预，减少吸烟和酗酒等不健康的生活习惯，鼓励更加健康的生活方式。对特殊重大疾病通过体检等方式进行临床筛选，以及早期的疾病干预治疗，特别是对可能转变为慢性病的早期干预。因为在健康保险层面，慢性疾病对健康保险基金的冲击压力是最大的。通过早期经济有效的积极治疗或临床干预，可以有效地控制慢性病的转变概率和健康损害程度。

2. 改善被保险人及其家庭健康风险治理动机的路径

　　在健康风险治理主体中，被保险人及其家庭主要是被激励的对象。那些与个体和家庭因素相关的危险因素的控制，不仅能够有效地降低疾病风险的发生概率，实现最经济有效的财富保障，而且也是降低不可逆健康损害的主要手段。特别是以消费或者较低资金投入的行为习惯，是实现健康风险治理的最有效手段。减少不健康消费行为，在改善风险损害的同时，也能够在财富上改善家庭的经济状况。成瘾性消费既是对健康的损害，也是对家庭财富的很大消耗。但是对消费型的健康风险因素来说，尽管对消费者个人在经济上是一种福利改进，而在消费上则属于消费体验效用的福利损失。因而，问题的核心是如何控制和补偿消费福利的损失问题。由于这部分福利损失对健康保险基金支出是有利的，因而将其中一部分保险费用转移给消费者也是合算的。保险公司往往是以适度降低保险费的阶梯激励方式，对被保险人保费进行间接的资金补贴。由于社会医疗保险没有保费和医疗费用补偿的激励手段，主要是以提供年度健康体检的方式进行激励。

保险费用的折扣或者保额的提高，相对也是一种惩罚机制。商业保险公司不仅可能拒绝非标准体承保，也可能会以提高保费、降低保额方式承保。投保人或被保险人的这些惩罚性保险政策，实际上也是对不健康行为导致的高风险损失的经济补偿。惩罚因子的加入可以调整合同约定条款执行的自我约束，或者在续保时提高保费价格。主要适用于特定范围内的社会医疗保险和长期性的健康保险，不适用于应该采取直接激励方式的趸交健康保险。

对于有疾病风险预防投入的健康促进行为，保险人应与被保险人共同分担或者全部承担疾病预防费用。但为了避免有恶意过度投入的行为，一般采取共同分担的方式，并指定疾病预防措施范围，如办理健身卡和在被保险人集中的地区提供健身设施；或者承担健康体检的部分或全部费用，鼓励早期疾病筛检性治疗并合理补偿费用。特别是已经纳入承保期限的被保险人，如果筛检出来有重大疾病风险，就应该鼓励早期治疗，并适度提供大病补偿的部分资金。这在社会医疗保险领域是比较可行的，但商业健康保险尚待从合同约定角度确定如何理赔。在疾病的亚健康或者早期显性危险之前，如与心脏病相关的心率不稳、冠状动脉硬化等疾病，鼓励部分治疗费用支付等。但这个难度比较大，对风险损失的精算要求也比较高。但对于每个消费者来讲，健康风险治理一般同时包括消费型风险因子控制和资金投入型的健康促进措施，这需要综合平衡保险基金的平稳性和支付能力。

3. 企业提供健康工作场所的责任与风险治理措施

工作环境改善可以作为健康保险的替代选择，因而从本质上也属于健康保障的一部分。程启智教授（2005）为我们勾勒了工人的工作场所风险与生产效率之间的关系。在图6-7中，EU1 和 EU2 曲线分别代表工人1和工人2对工资与风险组合的无差异效用曲线。前者低于后者，表明工人1对待风险的态度比工人2更保守，因此他愿意寻求一个风险更低而工资也更低的工作环境。MM′和 NN′曲线分别代表不同企业的工资与风险组合下的等利润曲线；如果企业通过健康和安全相关的投资改善工人的工作环境以降低职业风险，在维持相同的利润率条件下，工资率也就必须同时降低。也就是在保持利润水平不变的条件下，企业能够提供的工资是风险的增函数。整个行业的等利润曲线的外包络线VV′，也可以看作对工人工资与职业风险的有效风险交易报价曲线。在这条曲线之下相同风险的任何点，工人的工资率都低于VV′曲线上的点；或者在相同工资率时，风险都会高于VV′曲线上的点。

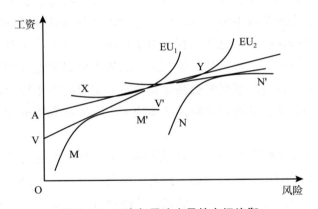

图6-7 工资与风险交易的市场均衡

资料来源：程启智. 人的生命价值理论比较研究［J］. 中南财经政法大学学报，2005（6）：39-44.

世界卫生组织在2010年出版的《健康工作场所行动模式——供用人单位、劳动者、政策制定者和实践者使用》(*Healthy Workplaces: a model for action: for employers, workers, policy-makers and practitioners*)① 一书中指出："劳动者的健康、安全和福祉对全世界数亿劳动力人口是至关重要的，不仅关系到劳动者个人和家庭，也关系到企业和社区的生产力、竞争力以及可持续发展，甚至影响国家和区域经济"。无论是从企业道德和企业发展，还是政府与法律的强制要求，用人单位都应该为雇员提供健康的

---

① 李霜（主译）. 健康工作场所行动模式——供用人单位、劳动者、政策制定者和实践者使用［M］. 北京：人民卫生出版社，2013：1-5.

工作场所和健康资源。在企业道德方面，个人的社会道德行为规范都是所有宗教或道德哲学的基础，而个体行为不能危害他人是一项被普遍接受的最基本道德准则。在企业的工作场所里，就意味着企业必须确保每个工人的健康和安全。在国家强制的劳动卫生法规颁布之前，企业家们也早就已经认识到遵循就业相关社会伦理准则的义务，对确保他们能够最后取得成功的重要性。随着职业保护日益受到普遍重视，国际组织的全球宣言或志愿者组织，都从企业道德中普遍强调保护工人健康安全的重要性。《2008年首尔职业安全卫生宣言》中，更是将安全和健康工作环境作为劳动者的一项基本人权。雇主自愿签订的《联合国全球契约》（*The United Nations Global Compact*）的普遍认可原则中，也从人权和劳工职业环境标准方面强调了健康保障的雇主责任。

从企业自身可持续发展角度，提供良好的健康保障也是雇主的明智选择。凡是那些能够促进和保护工人健康的企业，通常也是最成功和最有竞争力的。这是因为健康保障具有良好的工作锁定效应和生产率激励作用，与 Folland 等（2010）的研究结论是基本一致的。相对于生产事故造成的损失、违反职业健康环境相关法律的惩罚和人力资源资产损失，职业风险预防成本显然是更加经济的。而且健康的职业环境，能够有效避免因病缺勤或致残率，能够将相关的医疗费用与流动成本降至最低，进而提高长期生产率与产品（服务）质量。因而雇主不仅要为工人购买健康保险，而且还要对工人的健康风险进行有效治理。而消费者的权利也已反向促进工作场所的环境与健康改善，以工人健康损害为代价获得的产品价格竞争力，以及缺乏环境保护生产出来的产品，将会发现产品及企业已成为国际社会和媒体强烈批评的焦点，从而影响他们的市场占有率和盈利水平。

关于职业健康保护，大多数国家已经通过国家、甚至地方立法，强制要求雇主保护工人免受工作场所中导致伤害或疾病因素的危害。企业提供健康的工作环境，可以有效避免工人和他们的家庭以及公众暴露于高危风险中。对工人工作健康环境的违法行为，不仅导致雇主面临高昂的诉讼费用，还会涉及严重的刑事责任。健康工作场所的环境建设，不仅是雇主的法律责任，还需要工人和基层管理者共同采取保护与促进措施。包括工作实体环境、社会心理工作环境和个人健康资源与社区活动的参与。从具体措施来看，主要包括：预防职业伤害、关注慢性病或残疾工人以及高龄者、购买转嫁健康风险的保险、提供保护个人隐私的医疗服务、免费或补贴初级卫生保健费用并扩展到家属，甚至在必要的时候积极支持社区初级卫生保健建设等。

4. 保险公司负责合理使用政府的支持资金、健康保险资金和优惠政策

保险公司是健康风险治理的重要主体，也是制定健康风险治理合约激励机制的当事人之一。尽管通过健康风险治理，保险公司能够获得随机占优的保险策略，但是由于外部性和市场竞争等问题，保险公司缺乏较好的风险治理动机。更为严重的是，健康风险治理对投保人的保险选择产生一定的挤出效应。例如在极端的情况下，如果每个投保人都能应对健康风险造成的财富损失，并且具有足够的医疗服务费用支付能力，那么健康保险也就失去了其存在的价值。所以，保险公司在健康风险治理方面，要合理充分利用政府的支持基金和各项税收优惠政策，并合理优化保险基金，通过与投保人或被保险人签订保险合约激励机制，使健康风险治理效用最大。尽管从健康保险公司角度，治理风险存在外部性的问题，但无论是从短期承保周期内的损失还是长期的续保型健康保险收益，都是对保险公司有益的措施。政府当前要做的，就是提供规模适度的资金支持或优惠政策，而商业健康保险公司则是合理有效地用足政府提供的资金与政策支持，实现国家、保险公司、投保人或被保险人等多方共同受益的治理成果共享局面。

6.3 健康风险治理时间偏好不一致保险合约激励机制

风险治理时间偏好不一致，与健康保险续保方面的时间偏好不一致是不同的。对于风险治理的时间偏好不一致，主要是期内健康风险治理效用与跨期间的不一致。这将导致保险机构相互矛盾的行为选择，不利于整个社会疾病风险的控制。相对于财产保险和人寿保险，健康风险治理具有更为明确的方向和显而易见的回报。而且无论是从经济性上，还是人类的可持续发展上，都需要对健康风险进行有效的治理。如何建立有效补偿风险治理外部性的激励机制，以解决时间偏好不一致导致的激励不足问题，是实现健康风险有效治理的重要内容。

6.3.1 被保险人风险治理时间偏好不一致合约激励

假定被保险人遵循 Grossman（1972）健康函数的判断结果，在健康风险治理方面的投入需要消耗财富 ω_cost、占用闲暇为 Leis、放弃成瘾性"享乐"、增加财富值 ω_hab。该努力使被保险人在 t 时刻的患病概率降低

Δp_t, 医疗费用减少 ΔME_t。由于投入会被编辑为 "损失",而增加的财富被编辑为 "收益"。根据前景理论,此时收益和损失的价值函数,应该分别使用不同的价值函数 $V^+(x)$ 和 $V^-(x)$。在参与健康风险治理的情况下,被保险人医疗保险购买决策模型为:

$$V(\alpha, q, g) = (1 - W(p(g)) \times v(\omega - g - \alpha))$$
$$+ W(p(g)) \times v(\omega - g - \alpha - l + q)$$

α 为保险费用,q 为保额,g 为健康风险治理努力成本,l 为医疗费用损失。在存在时间偏好不一致的情况下,假定保费不变,而且被保险人按照 2 期进行跨期决策,那么在 $t = 0$ 时刻的保险期望效用为:

$$V_0(\alpha, q) = (1 - W(p_0) \times v(\omega - \alpha)) + W(p_0) \times v(\omega - \alpha - l + q)$$

在有治理成本时 $t = 1$ 时刻的保险期望效用为:

$$V_1(\alpha, q, g) = (1 - W(p(g)) \times v(\omega - g - \alpha)) + W(p(g))$$
$$\times v(\omega - g - \alpha - (l - \Delta MI_1) + q)$$

通过健康风险治理,其保险的期望效用增加额 $\Delta V_1(\alpha, q, g)$ 等于 $V_1(\alpha, q, g) - V_0(\alpha, q)$,由于存在时间偏好不一致,那么风险治理效用在 $t = 0$ 时刻的贴现值为:

$$\Delta V_0(\alpha, q, g) = \beta\delta V_1(\alpha, q, g) - V_0(\alpha, q)$$

将健康风险治理的财富消耗与增加效用 $V(g) = v^+(\omega\_hab) + v^-(\omega\_cost + Leis + Hab)$,代入 $\Delta V_0(\alpha, q, g)$ 模型,判断在保费 α 一定的情况下 $\Delta V_0(\alpha, q, g)$ 是否大于 0,并根据财富增减情况,判断财富边界条件 $\omega \in [a, b]$ 的改变情况,据此分析被保险人是否具有健康风险治理的动机,以及道德风险和逆向选择的形成机制。

6.3.2 保险人风险治理时间偏好不一致合约激励

假定未实行健康风险治理时,健康保险承保机构的基金结余或期望利润为:

$$E(\beta_{\bar{u}}) = (1 - p)\pi q - (1 - \pi)q$$

式中 π 为理赔金额 q 对应的保险费用,医疗保险的理赔金额 q 一般为医疗费用 L 与补偿系数 a 的乘积,即 $q = a \times L$。被保险人的健康风险治理投入 g 将使保险机构的使承保机构 $t = 1$ 期内的期望利润变为:

$$E(\beta_{\bar{u}}(t = 0)) = a(1 - (p_0 - \Delta p))\pi(L_0 - \Delta ME) - a(1 - \pi)(L_0 - \Delta ME)$$

被保险人的健康风险治理,使承保机构在 $t = 0$ 期利润或结余增加。但由于投保人面临的风险概率降低、风险损失减少,因而可能会导致部分人员退出保险,并且提出降低保费的要求,在 $t = 1$ 时总期望利润发生变化。确定承保机构具有风险治理激励的条件：

$$E(\beta_{\bar{u}}(t=1)) \times n_1 - E(\beta_{\bar{u}}(t=0)) \times n_0 \geqslant 0$$

并且：

$$E(\beta_{\bar{u}}(t=1)) \times n_1 \geqslant r_f$$

商业医疗保险和自愿参保的居民医疗保险，可能存在挤出和纳入效应。承保机构面临的选择，要么降低保险费用，以激励被保险人继续健康风险治理；要么对被保险人的治理费用进行补偿和分担。基于承保机构与被保险人的最优化合约求解模型，可以对承保机构的最优选择路径加以判断，构建健康风险治理合约激励机制。即满足以下风险治理最优标准：

$$(PI) \max_{\alpha,q,g} \Delta V_0(\alpha,\ q,\ g) = \beta\delta V_1(\alpha,\ q,\ g) - V_0(\alpha,\ q)$$

$$s.t. \quad \pi(\alpha,\ q) = \beta\delta E(\beta_{\bar{u}}(t=1)) \times n_1 - \delta E(\beta_{\bar{u}}(t=0)) \times n_0 \geqslant 0$$

$$E(\beta_{\bar{u}}(t=1)) \times n_1 \geqslant r_f$$

$$g = \arg\max(1-p(z))u(\omega - z - \alpha) + p(z)u(\omega - z - \alpha - l + q)$$

根据 Grossman（1972，2000）健康函数和 Cox 模型分析结果，利用年度数据分析健康风险治理决策者偏好和效用损失，推测决策者风险治理的风险因素偏好和时间偏好，据此量化分析贴现因子参数，分析短视自我对风险治理的内在影响。

6.3.3 终身型健康保险的风险治理合约激励

1. 终身型健康保险的风险治理特点

相对于短期的健康保险，终身型的健康保险，从时间跨度上不存在逆向选择问题。因为逆向选择是短期内的风险不对称，而在终身内个体的总风险是相对稳定的。但是也正是由于终身型的健康保险跨度的周期较长，原本在短期健康风险治理效果不明显的影响因素，可以在长期保险上得到显著体现。因而，终身型健康保险的风险治理激励更加要关注风险因素的控制，并将风险治理结果体现在个人收益账户上。或者在用个人收益账户购买健康保险时，给予更加优惠的保费折扣。同时，实施更加积极的全方位健康促进激励措施，例如健康体检、疾病预防和早期筛检与治疗等长期效果比较明显的措施。因此，对诸如长期护理保险等终身型健康保险，需要一个不断激励的风险治理强化机制，使被保险人在整个投保周期和待遇享受期内都能够保持健康的生活习惯。而保险公司则是通过连续的定期体检和早期预防与疾病筛检措施，提供必要的合理医疗保健，即使被保险人尚未进入到待遇享受期内。

同时，健康保险公司还应该积极寻求基金的保值增值渠道，并将保值增值的一部分用于健康风险治理。这实际上是对消费者健康生产函数资金的补贴，能够在更大程度上获得健康产出水平。我们依然利用 Grossman（1972，2000）健康生产函数，构建在风险治理补贴下的个体健康生产函数，由此论证终身型健康保险的风险治理合约激励机制。对于健康风险治理补贴的方向，是与前面论证的健康风险治理途径是一致的。对于长期健康保险来说，无论是短期收效的风险治理投入，还是长期收效的风险治理投入，都能够在健康生产函数中体现出来（见图6-8）。随着风险因素影响作用的边际递减，推动健康生产的边际递增。

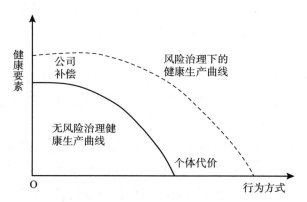

图6-8　基于行为方式激励和风险治理支出补偿的健康生产

那些有较大体验效用的不健康生活方式，行为激励可能比经济激励需要付出更大的代价。这是因为相对于保险公司的经济补偿，个人生活行为的改变对健康生产函数的影响更大。相对于大量的经济刺激，消费者还可以通过诸如加强锻炼等低成本健康生活方式，高效率地提高健康产出水平。而通过戒除诸如吸烟等不健康的生活方式，不仅能够有效地提高健康水平，而且还能减少消费支出。但是，无论是激励健康的生活方式，还是戒除不健康的消费，都会使消费者面临较大的体验效用的损失。因为不加强锻炼可以获得安逸的闲暇，不戒除吸烟可以从中获得成瘾性心理体验。因此，针对一个长期型的终身健康保险，保险人与被保险人之间必然需要一个基于风险治理激励的合约，以明确双方在行为改变或者经济补偿上的一些合同约定与激励机制。

2. 终身型健康保险的风险治理合约激励

设定一个健康风险治理合约，允许被保险人的健康促进行为方式转变的成本，可以得到来自保险人的补偿；保险人定期提供体检和健康保健服务，支出由双方进行分担；对于长期健康保险基金的收益，纳入个人账户并允许个人在采取更为健康的行为方式时，对支出部分进行补偿；根据补偿额度，相应比例的扣减保险费用。这样，就建立了一个包含四个激励因素的保险合约，保险公司从风险治理中受益，被保险人则从个人账户中获得直接的资金激励。此时的健康保险合约为：

$$V(s, \hat{\alpha}, \tilde{r}_h, e) = (1-p)v(w - \hat{\alpha} + s + e + \tilde{r}_h)$$
$$+ pv(w - \hat{\alpha} + s + e + \tilde{r}_h + A - x)$$

其中，s 为个体改善生活方式时获得的成本补贴，$\hat{\alpha}$ 为保持健康的生活方式得到折扣后的保费，$\tilde{r}_h$ 为个体获得的基金投资收益分红，e 为体检支出中的分担补贴部分。在该风险治理合约激励下，被保险人从风险治理中，能够获得来自四个方面的物质激励，进而能够有效地抵消改变原来不健康生活方式的体验效用损失。并通过不断强化的保费折扣机制，使其能够获得保持和改善健康生活的持续激励。在该保险合约激励中，既有短期的或者初始的激励，也有长期的激励，可以使健康风险的治理动机得到有效的保持。

而对于保险人来讲，这种合约激励机制也是帕累托改进的。因为通过保险合约激励机制，使保额与风险损失之间的补偿减少，保险公司获得更大的保险基金补偿结余。由于在健康风险治理早期的一些治理投入得不到实现，政府可以采取一定的激励措施，如与治理费用挂钩的税收优惠和财政补贴，激励保险公司强化健康风险治理的动机。进而在全社会的层面，实现社会福利的促进，进而减少健康风险损失的外部性问题。

6.4 外部性补偿与服务国家社会治理的合约激励机制

健康风险治理的外部性，包括对其他制度的影响，将会引发投保人或被保险人的健康保险行为改变，进而对健康保险盈利带来不利影响。通过建立对外部性的适度补偿机制，实现健康保险与外部制度的联动协作，推动健康风险的有效治理，更好地保障和提高人们的健康水平。同时也促进健康保险功能向更为理性的方向发展，服务于国家社会治理体系和治理能力的现代化。也正是由于健康风险治理存在的正外部性，才使其能够真正地服务于国家社会治理，共同实现与社会经济的联动发展。

6.4.1 健康保险行为改变与风险治理外部性因果关系

1. 健康风险治理与对健康保障体系的影响

在整个健康保障体系内，人们可以通过疾病预防、风险损失自留、社会医疗保险、商业健康保险、医疗救助和社会救助等方式，应对健康风险造成的损失。疾病预防一般是在风险概率和损失额度都比较小的情况下，采取的一种基本保障方式。从微观层面，个体通过加强身体锻炼等健康的生活方式，以及借助必要的保健服务，增强身体对疾病风险的免疫能力。并在必要的情况下，通过健康体检等预防保健措施早期发现并进行早期疾病临床干预，以避免或减少器质性健康损害发生和较大的经济损失；在政府的宏观层面，政府也应该加强公共健康投入以消除或控制地方性流行疾病，进而减少不健康生活方式或生活环境造成的健康损失，从经济和健康两个层面有效地保障国民的健康。政府财政和干预是疾病预防的主要资金来源和手段，疾病预防也是健康保险实施风险治理的最经济和最有效的治理途径。因而从性质上讲，健康保险对风险的治理，在一定程度上包含了微观的个体预防行为和政府的宏观干预措施，承担了一定的公共健康功能。

风险损失自留一般是那些与风险概率关联性不强，甚至是高风险概率的经济损失和健康损害较小的疾病，例如一般感冒和小型的普通外科手术。通过早期的疾病筛检可以抑制较为严重疾病风险转变为重大的损失，因而也是健康保险实施风险治理的主要方式，与疾病预防的方式比较近似。但是疾病早期筛检主要是针对重大疾病亚临床状态的早期发现，而疾病预防主要是从风险因子的控制上，避免出现亚临床状态或者器质性损害。但这部分的花费要相对大于疾病预防，因而大部分的个体不会因为筛检而采取风险损失自留的措施，风险损失自留依然是那些常规性损失较小的常见病。风险损失自留，从健康保险的医疗服务杠杆作用角度，即使参加了健康保险依然会有风险自留的现象。例如已经参加了基本医疗保险的个体，如果健康基本医疗保险的费用补偿后的自负部分，小于个体的支付能力，对超过基本医疗保险部分的风险损失通常会采取风险自留方式。所以说，对于一部分已经纳入基本医疗保险覆盖的个体，往往缺乏对补充商业健康保险的需求。而健康保险的风险治理，则能够有效地降低个体的风险损失，使那些风险损失降低到承受范围后，只保留基本医疗保险，或者退出保险，而不再购买较高补偿的健康保险。

正如健康风险治理对风险损失自留的影响一样，如果更高保障水平的健康保险，通过风险治理降低被保险人的风险损失，那么他们可能会停留在基本医疗保险的层面，而这恰恰在社会医疗保险的责任范围之内。作为一种强制性实施的社会医疗保险，当前中国已经基本实现了全民覆盖。因而，那些低风险人群一般不会选择商业健康保险作为补充。基于风险控制和损失减少为目的的商业健康保险，通过风险治理可能会强化低风险的被保险人对社会医疗保险的依赖，造成商业健康保险参保人数减少，影响保险公司的收入和利润。

保险产品的同质化问题一直是中国健康保险领域的"短板"。保险公司之间也多以价格折扣作为竞争的主要手段。健康风险治理，不仅会使投保人选择更低保费和补偿水平的保险产品，还可能会为那些低价竞争的保险公司，输送健康状况更好的潜在投保人，进而影响健康保险公司的竞争优势。从保险公司之间竞争的角度，他们更愿意选择那些投保了长期健康保险的群体作为风险治理的群体，以将风险治理的效益转化为内部效益，而不是为对手输送潜在的投保人。

医疗救助和社会救助是防止社会成员因病致贫的最后一道防线。医疗救助侧重于对已经发生医疗费用的补偿，以避免患者因病致贫问题。而社会救助是对那些已经因病致贫，特别是掉入贫困陷阱的个体提供直接的资金救助。医疗救助和社会救助体系越完善，参加基本医疗保险和商业健康保险的动机也就越弱。西方医疗福利水平较高的发达国家，在对低收入群体的健康激励通常缺乏有效办法，主要是这个国家在国民因病陷入经济困境后，会提供规模较大的医疗救助和社会救助，影响了健康保险的投保动机。

由此可见，在整个健康保障体系内，通过健康风险治理，人们可以在更低的保障水平上，寻求转嫁健康风险损失的途径。首先从健康保障筹资层次最高的商业健康保险，滑入较低层级的健康保障体系，甚至滑入医疗救助和社会救助层次，造成潜在的财政负担压力。积极推进健康保险发展并努力将风险治理收益的内部化，并且在无法内部化时获得来自受益者的补偿，是推动健康保险采取积极风险治理措施的动力所在。

2. 健康风险治理外部性对健康保险行为的影响

导致健康保险采取风险治理的外部性问题，主要是对自身利益的影响，治理风险的投入得不到来自外部受益者的补偿，或者导致内部受益者退出。如果被保险人继续留在保险内部，则是系统内部激励不足问题，而对于外部则是效益外溢问题。因此，健康风险治理对于健康保险来说，主要体现在保费筹集总额减少，包括参保人数减少和保费降低。在保费总额不发生变化的情况下，由于风险治理的不经济性或者收益的长期性，导致特定时期的健康风险收益得不到回报。这部分内容已经在风险治理激励机制中进行了论证。在该部分，主要分析保费筹集总额变动的问题，表现为部分人群退出保险，一部分新的人群参加保险。如果新参保人员大于退出保险的人员，则健康风险治理的外部性对于健康保险来说是有效的；如果保险费用的筹集规模大于治理之前的规模，并且利润率和利润总额没有发生改变，则对外部性的影响也是有效的。为此，可以引入一个二元选择Logit模型，分析健康保险挤出效应等外部性问题，并对社会医疗保险依赖的成因进行分析。引用的多元选择Logit模型的基本形式为：

$$P(y_i = j) = \frac{e^{\beta'_j x_i}}{\sum\limits_{k=0}^{J} e^{\beta'_k x_i}}$$

j =（0，1），为因变量选择项数。以健康保险参保意愿为因变量，J选项为退出保险、继续参保（含加入保险）。影响因素分别选择是否已经参加基本医疗保险 MI_i 和商业健康保险 HI_i（用保费是否为0标识）、个体财富是否在满足健康保险有效需求区间［a，b］内的 fcv_i、医疗费用支付能力 S_i、医疗费用 Med_i、医疗费用自负额度 $SelfMed_i$、医疗救助额度 $AidMed_i$ 以及个体特征 $\sum x_c$ 等角度，以医疗保险意愿因素的影响程度分析为基础，全面评价健康风险治理的外部性和边际效应。根据Logit模型的理论模型：

$$y_i^* = X_i'\beta + \varepsilon_i$$

构建健康保险外部性影响因素决策数量模型：

$$y_i^* = MI_i'\beta_{i1} + HI_i'\beta_{i2} + fcv_i'\beta_{i3} + S_i'\beta_{i4} + Med_i'\beta_{i5} + SelfMed_i'\beta_{i6} + AidMed_i'\beta_{i7} + \sum x_c'\beta_c + \varepsilon_i$$

此时，可以利用 SPSS、Stata 和 EViews 等统计分析软件工具对 Logit模型参数进行拟合，可以判断健康风险治理下个体的医疗保险选择行为、影响因素和影响程度。但由于 Logit 模型只能得到变量的系数而不能确定实际影响程度，因而需要利用 Logistic 模型得到各影响因素的比率，以分析影响因素的实际作用程度。利用中国健康与养老跟踪调查数据和SPSS20 软件，对样本数据资料进行拟合分析，结果见表 6-2。

从表 6-2 的分析结果看，容易导致健康保险退保行为的因素有已经购买商业健康保险、自己缴纳保险费用和医疗费用自我支付等。其他因素除了自负医疗费用没有显著性的影响外，都不会导致退保行为。而从影响程度来看，最大的是医疗费用因素（OR = 5.385）、获得医疗救助（OR = 3.736）和已经参加基本医疗保险（3.748）、医疗费用自我支付而非子女

或其他人员（OR = 3.747）。而从常数项来看，其他影响退保行为的因素
比较显著，综合影响作用较大（OR = 3.748）。

表 6 - 2 健康风险有效治理后的健康保险参保意愿

影响变量	Logit 系数	Logistic OR	Wald 值	显著性 P
MI(0，1)（医疗保险）	- 1.321	3.748	17.285	0.000
HI(0，1)（健康保险）	0.135	0.873	9.185	0.002
Fcv(0，1)（需求）	- 0.125	0.883	7.631	0.006
S（医疗费用支付力）	- 0.609	0.544	0.815	0.367
Med（医疗费用）	- 1.684	5.385	63.902	0.000
SelfMed（自负医疗费）	0.076	1.079	0.429	0.513
AidMed（医疗救助）	- 1.318	3.736	161.490	0.000
SelPr（是否自己缴费）	0.139	0.870	9.641	0.002
RebStyle（报销方式）	- 0.123	0.884	7.521	0.006
PhyExa（健康体检）	- 0.399	0.671	16.044	0.000
Fsb（医疗费自我支付）	1.321	3.747	119.515	0.000
常数项	1.312	3.748	164.726	0.000

在一般情况下，通过有效的健康风险治理，能够在一定程度上降低保
险费率增强保险公司的竞争力，增加保险公司的内部收益率。但对于非长
期性的健康保险，也可能会导致部分人员退出保险。其中社会医疗保险的
治理，一般不会导致参保人口退出，而是提高保险的期望效用。但如果公
共健康计划保障比较好，则会导致部分人员更倾向于公共健康计划（Fol-
land et al.，2010）。因此，政府在进行健康风险治理时，应该综合平衡医
疗救助、公共健康计划支出和医疗保险之间的关系。美国的健康维持组织
（MHOs）和优先提供者组织（PPO），主要是长期型的健康保险模式，因
而他们在健康风险治理上的动机比较强。

6.4.2 健康风险治理外部性经济分析

健康保险的健康风险治理外部性，主要是指通过保险机构的健康风险
治理，使健康风险发生概率和风险损失规模降低，进而使被保险人受益。
而这种收益由于被保险人的重新选择而使其流向其他主体，或者因为被保
险人风险和损失的降低，而被更低的保费水平所消化不能转为保险公司的
收益。正如前面的研究分析所证实，健康风险治理使风险概率和损失降

低，将会导致被保险人不参加保险、参加其他途径的保险，或者转向社会（医疗）救助。这种变动，不仅从社会医疗保险角度会影响参保人员的稳定性和保险制度的可持续性，而且从商业健康保险角度，也会造成保费降低和参保人数减少的双重不利问题。

由于健康风险概率 p 和疾病损失 x 的降低，假设分别为 p^* 和 x^*，如果此时对应的精算保费仍为 Pr、保额为 A 的情况下，那么被保险人新的期望效用值为：

$$E[U(x^*)] = (1 - p^*)u(W - Pr) + p^* u(W - Pr + A - x^*)$$

相对于风险治理之前的期望效用函数：

$$E[U(x)] = (1 - p)u(W - Pr) + pu(W - Pr + A - x)$$

在健康风险治理下，由于风险概率、精算保费和损失都降低，被保险人的健康保险的财富期望效用增加，图 6 - 7 中从 U_0 点到 U_1 点的变动，增加的效用值为：

$$E[U(-\Delta x)] = E[U(W - x^*)] - E[U(W - x)]$$

但是，由于风险概率和损失的减少，被保险人不参加健康保险的期望值也将增加，即：

$$E[U(x^*)] = (1 - p^*)u(W) + p^* u(W - x^*)$$

其结果就是，被保险人或者要求降低保费，或者退出健康保险自保，或者寻求其他保险方式（如仅参加基本医疗保险）或保险产品（价格更低）。如图 6 - 9 所示。从图 6 - 9 来看，健康风险治理使健康保险的效用值，因为最大风险损失由原来的 $(W - W_0)$ 降低为 $(W - W_1)$，期望效用也由 $E(U_0)$ 点上升为 $E(U_1)$，但同时也使原来的期望保费由 $(W_4 - W_2)$，减少为 $(W_3 - W_2)$，保险公司面临保费要求下降的压力。

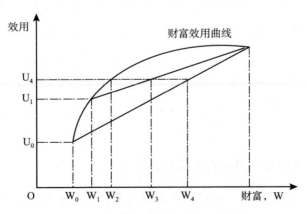

图 6 - 9　健康保险风险治理的外部性

而如果没有健康保险下降的压力，通过风险治理，保险公司获得 $(W_4 - W_3) - g$ 的收益。因而，对于保险人来讲，如果保持保费、参保人数和保额不变，那么其利润曲线取决于风险治理投入与风险概率和损失的下降情况，在风险治理有效的情况下，风险治理投入远小于风险收益，即：

$$\pi(g) = \alpha - (\beta - \Delta\beta) - g$$

此时保险公司获得一个 $(\Delta\beta - g)$ 的期望总收益，即 $(W_4 - W_3) - g$。但是由于保险公司面临保费下降的压力，以及被保险人退保的问题，使其健康风险投入的治理成本收益，得不到实现，从而成为一个具有一定概率的不确定收益，即：

$$E[\pi(g)] = (1 - p(g))\pi(\alpha - (\beta - \Delta\beta) - g) + p(e)\pi(\alpha - \beta - g)$$

也就是说，在风险治理的情况下，被保险人流出的概率为 $p(g)$ 的一个期望函数，只有该期望函数大于等于不进行治理时的期望利润 $E(\pi_0) = (1 - p)\alpha - p\beta$ 时，保险公司才有治理风险的动机。在有保费降低压力但没有退保的情况下，保险公司治理风险的利润为：

$$E(\pi_\alpha) = (1 - p)\alpha^* - p\beta^*$$

要使保费下降不会影响保险公司的利润，则要使保费的降低，不至于使利润下降到小于等于 $E(\pi_0)$。在同时存在保费下降和退保行为的情况下，保险公司的期望利润为：

$$E[\pi(g, \alpha)] = (1 - p(g))\pi(\alpha^* - (\beta^* - \Delta\beta) - g)$$
$$+ p(e)\pi(\alpha^* - \beta^* - g)$$

也应该满足 $E[\pi(g, \alpha)] \geq E(\pi_0)$ 的水平。政府应该对其差额部分给予不要的经济补偿，以使保险人对被保险人消费者剩余增加的贡献中，风险治理成本得到合理的补偿。而这个补偿的标准就是社会剩余总量：

$$MSE = \int_{w_1}^{w_2} [g(u(x^*)) - f(u(x))] dx$$

也就是健康风险治理得不到补偿的部分，它等于因健康风险治理受益而退出保险，与降低保费而导致投入的治理边际成本，得不到有效补偿的部分。从总额上等于获益而退保人员占用的治理成本，加上降低保费的所有机会成本。

6.4.3　健康风险治理外部性补偿机制

健康风险治理补偿，应该按照谁受益谁补偿的基本原则，根据被保险人或投保人的流向主体确定补偿对象。例如，对于流入社会医疗保险的人员，由社会医疗保险基金负责补偿，流入其他保险机构的，应该由该保险机构负责补偿。对于那些退出保险的人员，原则上应该由个人补偿，但是由于对这部分群体健康负责的最终责任主体是国家或代表国家的政府，因此最终的补偿责任应该由政府承担。

1. 健康风险治理外部性与补偿机制

根据健康风险治理外部性的基本补偿原则，针对健康保险公司实施的健康风险治理的效益产出 $(W_4 - W_3) - g$ 部分的保费收益，以及健康风险治理放大效应的总效用产出：

$$E[U(-\Delta x)] = E[U(W - x^*)] - E[U(W - x)]$$

按照外部性的受益主体的效用改变情况，将保费、治理投入和期望效用进行分解，进而将其按照边际效用相等的原则均摊治理成本。使最终的健康风险治理边际效用满足：

$$\frac{\partial U_1}{\partial g_1} = \frac{\partial U_2}{\partial g_2} = \cdots = \frac{\partial U_n}{\partial g_n}$$

而对于继续留在健康保险治理主体内部的人员，则是治理主体的内部收益，可以用健康保险公司的总边际收益来替代。首先，分析留在健康保险内部的人员的边际效用的成本增加值，它等于保险公司的生产者剩余加上留在健康保险内部人员的消费者剩余。据此构建一个图 6 - 10 所示的风险治理外部性、投入与边际效益产出分析图，图中 MSB 为社会边际收益，MPB 为被保险人边际收益，D 为需求曲线，S 为供给曲线。在整个健康风

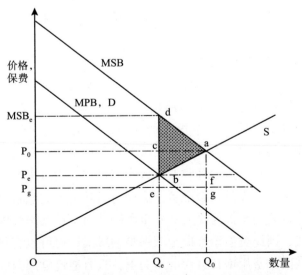

图 6 - 10　健康保险风险治理的外部性与供给不足

险治理的投入中，假定风险治理影响被保险人的消费需求，使其由原来的均衡点 Q_e 增加到 Q_0 点，而在需求的刺激下，保费中的管理成本的增加，使价格有 P_e 点上升为 P_0，被保险人的消费者剩余（保险效用）增加面积为 acd 减去 P_0abP_e 的额度。但是由于外部性的存在，如果外部性导致保险机构不愿实施健康风险治理，那么潜在的社会福利总损失为 abd，即生产者以 abc 的代价减少了社会总福利 abd 的总社会福利。因此，通过激励使社会获得额外的社会福利 acd，成为社会需要补偿给健康风险治理投入的总补偿额度。

现在假定通过健康风险治理，使保险费用降至 P_g 点，那么此时的社会福利的总损失为 adeg，而保险公司的总损失仅为 bfeg，显然这是一个非常大的社会福利损失。因而，在风险治理有效的情况下，即使健康风险治理能够增加公司的利润，但由于因此造成的很大的外部性，保险公司不愿意以降低保费为代价进行健康风险治理。如果要有效激励保险公司进行风险治理，显然需要保险用外部资金补偿保险公司额外损失的 aceg 部分。

因此，保险公司更愿意在被保险人不发生行为改变的情况下，通过健康风险治理，在适当降低保险费用的情况下，使消费者获得 $E[U(-\Delta x)]$ 部分的效用值。由于保险费降低会使保险产品具有更强的市场竞争力，将吸引更多被保险人购买该公司的保险产品，使利润增加为：

$$E[\pi(g, \alpha, \Delta m)] = \Delta m \times [(1 - p(g))\pi(\alpha^* - (\beta^* - \Delta\beta^*) - g) + p(e)\pi(\alpha^* - \beta^* - g)]$$

其中 Δm 为新增投保人数，等式右边等于增加人数与实施风险治理以后单位投保人的边际利润带来的期望效用增加值。如果有人退保，显然对保险机构的治理动机是不利的。

2. 健康风险治理外部性的补偿路径与激励措施

中国 2015 年 8 月推出的税收优惠类型长期健康保险政策，对激励健康保险公司积极推进健康风险的治理是比较有利的。通过健康风险治理，不仅保险公司获得了大于成本投入的收益，而且还使保险产品具有竞争力。在以万能险的形式运营并设定个人账户的情况下，保险机构也面临降低保费的压力。而将风险治理收益转入个人账户，为未来购买长期护理险或者相应的健康保险提供资金准备，进而将风险治理的收益全部以内部消化的方式，实现公司与被保险人的双重激励。由于社会医疗保险是采取的强制保险模式，因此类似于长期健康保险的形式，也可以将风险治理的收益内部化。在医疗费用增长过快的压力下，只有通过健康风险治理才能够真正控制基金支付压力。并不断改善被保险人的消费者剩余，即保险期望效用。这在行为选择上也有利于社会医疗保险的稳定。

在推进商业健康保险加快发展的进程中，要避免短期的承保模式。并且相对于定额给付型的大病保险，基于医疗服务费用补偿型的健康保险，对健康保险公司的风险治理动机更具激励性。因此，在大力推进商业健康保险参与全民健康保险的过程中，最好的风险治理激励措施，就是将医疗费用补偿型的健康保险，与长期健康保险的形式结合起来。这对实现全民的健康风险治理是非常有利的，也才能够真正实现保障和促进健康水平的目标定位。中国在"新国十条"中，已经允许保险公司参股和直接举办医疗服务机构，打破了商业保险公司承保医疗费用补偿类型健康保险的制约瓶颈。只要税收等优惠、土地优先供应政策到位，必然能够实现商业健康保险的加快发展。

因此，无论是社会医疗保险，还是商业健康保险，只要风险治理激励制度设计科学合理，通常并不需要进行直接财政补贴，也不需要对拟退出健康保险的人实施直接惩罚措施，就能够使被保险人具有稳定的投保选择行为。并从中得到额外的消费者剩余，切实保障和提高健康水平，促进社会福利的最大化改进。

6.4.4 服务于国家社会治理路径与保险合约激励机制

现代保险业服务于国家社会治理体系和治理能力现代化的健康风险治理，实际上就是国家和社会充分利用健康风险治理外部性达到社会福利的最大化。即在保险公司获得自身的收益部分以外，被保险人和社会获得的剩余部分，则是控制健康风险损失、改善国民健康水平的必由之路。政府负责对保险业风险治理的外部性进行补偿，但政府的补偿很少采取直接补贴的方式进行激励。很明显，直接的财政激励可能会导致套取财政补贴的违法行为。这在中国前期实施的政策性农业保险中，已经发现了很多的问题。政府更愿意以税收优惠、优先用地、鼓励基金保值增值的投资，以及通过公共服务采购的方式，进行间接地补贴。这也是"新国十条"和加快商业健康保险发展的指导思想、基本原则和发展目标的主要内容。

在本部分，将根据"新国十条"的总指导原则和促进健康商业健康保险发展专门指导意见，结合商业健康保险现状，在分析保险业服务于国家社会治理路径的基础上，对健康保险参与健康风险治理的合约激励机制进行论证分析。

1. 服务国家社会治理路径与风险治理策略

第一，保险业要充分利用国家加快现代保险业发展的政策和优惠，加快自身的提质增效。保险业的发展，除了自身的产业瓶颈问题，从前景理论的观点看，还受到确定效应、反射效应、损失规避等非理性的保险需求和孤立效应、锚定效应等非理性的保险供给等问题的影响。不仅存在市场失灵造成的"柠檬市场"问题，而且还因投保目的多元化而导致保险的实际功能偏离分散风险损失的基本功能。保险汇集社会风险、转嫁风险损失的基本手段被非理性地扭曲，进而可能成为他人套利的工具。

而对于健康保险来说，由于保险的保障功能不仅要保障既有的财富免于遭受风险损失的侵蚀，还要通过购买优质的医疗服务，切实保障未来的生命价值最大化的实现。因而不仅面临普通财产保险和养老保险等一些共性问题，还有自身亟待克服的短板问题。基于前景理论下的生命价值保障理论框架，建立在未来期望收益基础上的保险业，普遍面临损失厌恶和概率决策赋权等非理性现象。造成人们支出保费的意愿受到很大的干扰，导致选择效力普遍低下问题。在损失厌恶的心理框架下，消费者对收益的效用和损失的效用，被编辑为图6-11的形式。面对同样的收益和损失，投保人或被保险人效用增加和损失并非按照原点对称。编码为"损失"的部分，比"收益"具有更明显的边际敏感性。

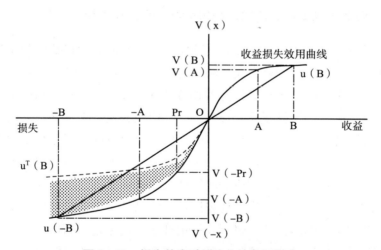

图6-11　损失效应对保险业的负面影响

如果将消费者收益效用部分反转后的函数表示为 $u^T(B)$，损失效应导致消费者的超额效用损失规模为 $u(-B) - u^T(B)$，超额总效用损失也就是图6-11中阴影部分的面积：

$$\int_0^{max} (u(-B) - u^T(B)) du$$

其中 max 为消费者的最大损失额度。为了额外弥补损失厌恶效用对健康保险行为的影响，就需要用更低的保费，或者更高的保障效用，来弥补因为损失厌恶造成的不利影响，这种额外激励往往会影响到公司的利润水平，如果没有较强的健康风险治理能力消化这部分额外的"费用"，保险业的发展就会受到较大的影响，保障水平越高的保险，参保行为受到的影响也就越大。在主观概率加权方面（如图 6 – 12 所示），消费者对风险概率的认识并不完全遵循客观风险规律，而是被编辑成一个反 S 形曲线，消费者愿意支付的保险费用 H_P 被编辑为两个区间，即：

$$H_P = \begin{cases} H^* + H_L, & 0 < P_1 < P_E \\ H^* - H_H, & P_E < P_2 < 1 \end{cases}$$

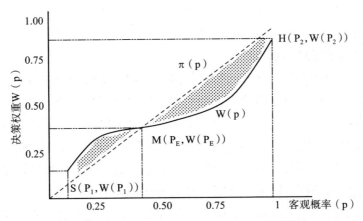

图 6 – 12　概率决策赋权对风险客观概率的影响

消费者往往在 $0 < P_1 < P_E$ 区间内会出现过度投保问题，而在 $P_E < P_2 < 1$ 的区间则会出现投保不足问题。消费者在 $0 < P_1 < P_E$ 区间获得的是虚假的消费者剩余，而在 $P_E < P_2 < 1$ 区间内损失的则是虚假的消费者剩余。如果两种虚假的消费者剩余得不到纠正，将会使人们走向两个极端，造成保险的双重效用损失。

然而，如果保险人利用了消费者的虚假剩余而诱导消费者在 $0 < P_1 < P_E$ 加大投保规模，不仅涉及消费欺诈，而且也扭曲了风险分散的资金投入，不利于保险业的可持续长期发展。相反，即使在 $P_E < P_2 < 1$ 区间通过强制性的参保措施导致消费者初始阶段是抵制的，但从长期角度则对保险是有利的，因为消费者通过贝叶斯信息收集而纠正自己的认知偏差。特别是附加政府财政资金补贴或税收优惠措施以后，将能够较好地修正消费者

剩余偏差问题。当然政府的这些纠偏机制首先应该选择税收优惠等间接激励，因为强制性保险实际上是已经改善了消费者的保险效用；其次，当消费者的支付能力不足时，必须采取直接的资金补贴，鼓励他们投保对更大风险损失保障的保险。特别是常见大病的医疗保险，不仅损失大，而且保费水平也比较高。纠正损失厌恶和概率决策赋权不利影响的最经济有效的途径就是保险教育，特别是对于遵循自愿原则的商业健康保险。

针对保险领域的这种非理性偏离问题，指导意见中的第二十七条提出要"提升全社会保险意识"，主要措施是"发挥新闻媒体的正面宣传和引导作用，鼓励广播电视、平面媒体及互联网等开办专门的保险频道或节目栏目，在全社会形成学保险、懂保险、用保险的氛围。加强中小学、职业院校学生保险意识教育"。保险机构在全面提升社会保险意识的同时，也要充分利用政府的低成本市场策略和政府的引导作用推进保险业的发展，特别是通过不断提高服务的质量和资源配置效率，以消费者的实际受益不断提高来激励保险的积极性。

第二，切实将保险服务回归到经济补偿和风险管理的核心功能，强化健康保险的生命价值保障能力，加大健康风险治理投入规模。加快保险业向现代保险服务业发展，并将保险服务业上升为国家社会治理现代化的手段，主要是基于保险业风险损失经济补偿所具有的"经济杠杆"功能和"多样化的责任保险产品化解民事责任纠纷"的作用。因而保险业首先要定位于补偿风险损失的基本功能，然后再通过灵活多样的保险产品为消费者提供投资性的收益，如万能险和分红险等。也就是说意外伤害险、失能收入保障险、财产损失险和健康保险等补偿型保险产品为首，投资收益型保险产品为次。中国当前试点的个人税收优惠型健康保险，其依附的形式也是万能险。并将长期收益纳入个人账户，用于远期健康保险消费和健康保障。而当前财产保险产品盈利能力较差、寿险产品理赔补偿较少的格局，不利于做大做强保险业，也无助于具有风险治理能力的现代保险服务业的快速发展。所以说，未来的商业健康保险必定是健康风险治理型的保险产品，风险转嫁和经济补偿功能的保障效果，取决于风险治理的水平和效果。

但是，相比较被动的风险损失补偿型保险产品，政府更看重能够降低社会总风险的风险管理功能。尽管从保险公司角度，提供风险管理功能将导致保险公司陷入两难的困境，即风险管理的外部性导致的"搭便车"的外部性问题，以及因有效风险治理后社会风险降低导致的参保人数减少、保费额度增加问题。但是政府依然希望整个社会风险，能够得到有效的管控，使风险损失显著下降。中国目前已经进入老龄化社会阶段，劳动力资源的相对稀缺问题也开始严峻。如果采取被动的经济补偿功能，那么损失减少的只是个人而不是整个社会健康风险的损失。并且在被动的医疗费用补偿控制中，劳动力的健康损失也难以得到有效修复，进而影响到社会劳动力的数量和质量。也正是由于风险治理所存在的两难困境，政府也积极实施了优惠政策、投入了大量的财政资金，并在养老保险和健康保险等涉及重大民生保障领域。在指导意见中给出了优惠使用土地、延迟养老金税收，以及鼓励保险公司延伸养老保险业务和健康保险服务产业链。保险机构要积极利用政府这些政策，充分发挥风险管理的优势，真正实现保险业自身的提质增效，发挥在经济发展和民生事业中的保障功能。从风险治理服务中做大做强自身的业务，积极有效地推动国家社会治理现代化的作用。

另外，也正是考虑到将现代保险服务业回归到风险管理核心功能时，风险治理外部性可能对保险业务带来的利润影响，政府也相应提出了充分发挥市场作用的基本原则。对能够完全实行商业化运作的保险业务，政府重在营造公平竞争的市场环境，确保市场能够在资源配置中起决定性作用；而对于具有社会公益性、关系国计民生的保险业务，政府的职责主要是创造低成本的政策环境，同时给予必要的扶持；而"对服务经济提质增效升级具有积极作用但目前基础薄弱的保险业务，更好发挥政府的引导作用"。从"新国十条"的内容来看，受益最大的就是商业健康保险，获得了包括税收优惠、参股和新建医疗机构、优先用地和公共服务采购等多维度的优惠支持政策。

第三，要充分发挥保险与审计在风险治理中的协同作用，改善风险治理的绩效水平和治理能力。作为服务于国家社会治理的保险服务业和审计，分别具有风险管理和风险预防的功能。如果能够充分发挥保险与审计对风险治理的协同作用，将有助于更好地推动国家社会治理能力的现代化。审计作为财务安全和资金使用绩效的一种评价管理手段，充分发挥保险与审计的协同功能，将有助于保险更好地服务于国家社会治理。保险业参与国家社会治理的优势在于风险损失的经济补偿作用，以及通过有效的风险管理措施，在提高保险业务利润水平的同时，有效控制和降低社会总风险损失。

关于保险与审计的风险治理功能协同性上，《国务院关于加快发展现代保险服务业的若干意见》的主题分类为"财政、金融、审计/保险"，可见保险业和审计存在众多的社会治理的交集。指导意见指出，"发挥保险对咨询、法律、会计、评估、审计等产业的辐射作用"，通过积极发展新兴保险业务促进第三产业发展。保险既是审计业务在功能上的辐射延伸，同时新兴保险业发展也需要审计的经济监督和鉴证提供的绩效评价结果。从风险导向型审计的发展趋势看，保险业发展也对审计鉴证责任起到较好的风险规避作用。当前审计业务发展前沿为风险导向型审计业务，审计在提供经济监督、经济评价和鉴证业务时也同样存在风险问题，而保险可以较好帮助审计规避经济风险。缺乏审计鉴证作为信用担保的新兴保险业务，也很难得到市场的认可。而有了权威审计结果作为保险业务能力的鉴证依据，有利于得到市场认可并推动较快发展。因而在建立保险监管协调机制方面，指导意见要求"建立保险数据库公安、司法、审计查询机制"。

英国国民医疗服务体系（NHS）中的绩效审计（VFM）是被世界普遍认可的绩效评价工具，已经涵盖可持续发展和支付能力等内容。健康保险在进行健康风险治理的过程中，由于大量治理费用投入而难以在短期内获得显著收益，并且外部性的存在和时间偏好不一致等问题的影响也比较严重。如何科学评价风险治理方案和治理效果，以及对治理措施进行合理改进，是将健康风险治理与绩效审计相结合的原因之一。另外，审计对保险业务的监督，有助于全面推进保险业信用体系建设，推进保险监管体系和监管能力现代化。审计同时还是加强保险公司治理和内控监管的重要手段之一，有助于改进市场行为监管和加快第二代偿付能力监管制度建设。作为服务于国家社会治理的保险与审计，具有内在的相互促进关系。审计为保险提供偿付能力的经济监管和经济评价证据，保险则为审计业务提供规避风险的有效手段。二者的有效结合能够提高保险业服务于国家治理体系和社会治理能力现代化的程度。

第四，充分把握和利用政府公共服务采购带来的发展机遇，加快发展对基本医疗保险具有补充作用的商业健康保险，切实提高服务的质量、效率和风险治理水平。政府对健康保险的采购计划，不仅使保险业务营销不再是令人"厌烦"的"陌生人拜访"，而且使其上升到服务国家社会治理能力现代化的"高大上"的民生保障手段。政府采取新一轮加快现代保险服务业的目的之一，就是为建立高效服务型政府提供所需要的保障民生和风险管理的保险服务。并且国务院办公厅能够单独发文推动商业健康保险业的快速发展，可以看到国家对商业健康保险服务于国家社会治理的迫切需求。政府在实现国家社会治理的过程中，既难以提供全方位的社会风险识别和管理能力，也难以预留充足的风险准备金进而影响财政资金的使用效率。因而政府希望通过市场服务采购的方式，一是通过保险机构协助提供社会风险的识别和管理作用；二是通过购买保险服务的方式平衡和提高财政资金使用效率。

目前，制约社会医疗保险发展的主要"瓶颈"问题，除了财政补贴的压力和医疗费用的过快上涨以外，其中最为重要的就是统筹层次偏低问题。而借助商业保险机构的纵向服务网络，能够实现被保险人在不同地区的无缝保障，并有效地弥补社会医疗保险统筹层次偏低的短板问题。在积极补充社会医疗保险的过程中，不仅商业健康保险业务得到发展，而且也能够降低在条件不成熟的情况下强制提高统筹层次的额外成本和效率损失。对于通过商业保险机构能够提高运营效率的公共服务，政府既可以委托保险机构经办，也可以直接购买保险产品和服务；对于具有较强公益性但市场化运作无法实现盈亏平衡的保险服务，可以由政府给予更多支持。这种打包式的政府公共服务采购模式，不仅能够降低保险企业的营销成本，而且也可以有效地弥补风险管理外部性的经济补偿，对提高保险业务质量和技术水平具有较好的促进作用。政府财政资金的介入，可以使保险机构致力于风险的管控，而不必担心风险治理"搭便车"和逆向选择的经济效益损失问题。

2. 服务于国家社会治理的健康保险风险治理激励机制

从微观角度，健康保险能够个体面临的疾病风险损失，转嫁给保险人或社会其他主体，但是从宏观层面，总的社会风险损失并没有降低，也就是社会总财富遭受的疾病风险损失没有减少。这显然违背了国家大力推进健康保险的宗旨，即减少和控制疾病风险损失，改善和促进人民的健康水平。为此，政府希望利用保险公司在风险识别、管控和治理方面的技术优势和人才优势，使健康风险能够处于更好地管控状态。并得以通过健康风险逐步的较少，将健康风险对财富的损失和身体健康的侵害降低到最小的水平。

而要激励健康保险机构更好地进行健康风险治理，政府就有必要对健康风险治理的外部性进行必要的合理补偿。并且对健康风险治理早期的治理资本投入，要采取积极的鼓励措施。从资金投入、技术支持和部门协同等方面给予资金和政策支持。指定以疾病预防控制中心为主导的健康风险治理协同机构，减少健康风险治理的不确定性和协调费用。最大限度地降低直接风险治理投入之外的间接成本，使保险机构的利润水平能够得到切实有效的保障，并使风险治理的边际成本更趋同于整个社会的治理成本。这是各方面共同受益的合作关系，与公共健康品的性质具有显著的差异。

总之，一个具备国家和社会治理现代化能力的高效政府，必须综合协调好政府、社会和个人在治理中的协同作用，通过特定的激励机制推动风险治理的各方面积极参与。高效的服务型政府并不是一个事必躬亲的政府，也不是一个高度依赖市场机制的政府。必须将政府调控和市场资源配置优势充分结合起来。作为一个能够协助政府实现经济社会风险治理的产业，政府要通过制定各项积极的税收优惠政策和支持政策，在使其实现现代化发展的过程中，提供优质高效的风险管理服务，成为国家治理体系的重要组成部分，不断推动社会风险治理的现代化水平。

　　而保险业也应该将功能回归到经济补偿和风险治理的基本功能，把发展现代保险服务业放在经济社会工作整体布局中统筹考虑，以满足社会日益增长的多元化保险服务需求为出发点。通过改革创新、扩大开放、健全市场、优化环境、完善政策，建设有市场竞争力、富有创造力和充满活力的现代保险服务业，切实"使现代保险服务业成为完善金融体系的支柱力量、改善民生保障的有力支撑、创新社会管理的有效机制、促进经济提质增效升级的高效引擎和转变政府职能的重要抓手"。而健康保险在服务国家社会治理体系中，要充分利用国家推动商业健康保险加快发展的各项优惠政策和激励措施，通过积极的健康风险治理措施，努力减少可控制疾病风险带来的财富损失和生命价值损失，成为全民健康保障体系的重要组成部分，以及保障国民健康的重要支柱力量。而不是因为风险治理的外部性局限就懈怠对健康风险治理的投入。健康风险治理的外部性产出所带来的社会福利促进，一定能够从国家和社会，以及被保险人那里得到积极的回报和补偿。社会责任的勇于担当，也是确保健康保险业能够得以快速发展和可持续发展的基本前提。

第7章 健康保险的生命价值保障与可持续发展机制

要想充分发挥健康保险的各项合理功能，不断满足人们健康保险的需求，必然需要健康保险自身保持可持续的平稳发展。但是自2008年金融危机以来，世界经济一直处于低迷疲软的状态，各国经济彻底摆脱危机的前景也不容乐观。在世界经济持续低迷的背景下，中国经济增速也出现放缓的趋势。但也正是由于经济增速放缓，为中国产业结构升级和实现创新驱动，提供了良好的发展机遇。而产业结构升级和创新驱动战略，也对劳动人口的身体素质、劳动技能和创新动力带来了更高的要求。如何充分发挥健康保险的健康保障功能，使劳动力能够通过健康的体力与智力使资本化价值最大化，也是当前健康保险事业发展中面临的一个挑战性命题。不仅如此，中国还面临"未富先老"的人口老龄化问题，长寿风险与健康风险交织，似乎是对中国社会经济发展带来了严重的压力。但事实果真如此严峻吗？如何在人口老龄化背景下，克服人口老龄化对社会经济发展的不利影响，实现健康保险的可持续发展？健康保险如何通过构建一种新的实现帕累托最优的合约激励机制，在产业结构升级和创新驱动战略中，更好地实现对劳动力的健康保障，为应对人口老龄化的退休延迟政策和单位劳动力经济产出提供有力的保障？针对这些问题，分别从健康保险生命价值保障效力和路径入手，对健康保险的风险应对措施与可持续发展问题展开系统分析，探讨在新的情境下提高健康保险生命价值保障效力的对策措施，以及推动健康保险可持续发展的战略安排。

7.1 健康保险的生命价值保障与可持续发展内在关系

党的十八届三中全会做出的《中共中央关于全面深化改革若干重大问

题的决定》，明确了建立更加公平的可持续社会保障制度的改革目标。作为社会保障体系中重要组成部分的社会医疗保险制度，如何实现可持续公平发展，对实现社会制度改革目标具有很大的影响。在 2014 年 8 月颁布的《国务院关于加快发展现代保险服务业的若干意见》，将现代保险服务业作为"构筑保险民生保障网，完善多层次社会保障体系"的重要手段。而通过商业健康保险与基本医疗保险的衔接互补所形成的合力，更是夯实多层次健康保障体系，以及提升健康保障服务质量效率和健康风险治理能力现代化水平必由之路。由于生命价值体现了个体未来资本化价值的实现能力，既是对潜在财富实现的重要保障，也是社会财富增加的根本来源。因而从健康保险与生命价值保障之间所具有的内生互动关系，既是实现健康保险可持续发展的必然要求，也是推动社会经济可持续发展的基本要求。

7.1.1　生命价值保障与健康保险可持续发展的互动机制

1. 提高生命价值保障效力对健康保险可持续发展的重要性

无论是从人力资本角度还是以生产要素角度，人力资源都是国民经济和企业发展的重要资源。因而保障和提高人力资源的健康水平，对社会经济的可持续发展具有重要的意义。尤其是在人口老龄化背景下，重新审视健康保险的生命价值保障问题，对保护与促进劳动力健康水平、实现家庭与社会经济的可持续发展，无疑具有非常重要的现实意义。

健康风险导致的经济损失风险是多重性的，既有支付医疗费用的因病致贫风险，也有健康损害导致的收入损失风险。后者的负面影响往往比前者更加严重，甚至是家庭"贫困陷阱"的根源。Huebner（1927）生命价值学说，将个体贡献给家庭和社会的资本化价值等同于他的生命价值，并用"生存死亡"等概念强调了医疗保险保障生命价值的重要性。当前的人口老龄化问题不仅加大了劳动力资源的稀缺性，也放大了健康损害导致的收入损失风险的传导效应，使健康风险的"跳跃扩散效应"更为突出。任何一个家庭成员的健康风险损失，都可能会影响到家庭的收入能力、消费状况和致贫问题。特别是当一个家庭支柱劳动力因病致残或陷入"生存死亡"以后，一个家庭可能会掉入贫困陷阱。

贫困的本质是能力贫困（Sen，1983），而健康损害则是能力贫困的核心问题。健康保险对生命价值实现有效的保障，有助于提高国民健康水平和规避家庭贫困陷阱。在人口老龄化的背景下，家庭和社会对劳动力资本化价值的依赖更为敏感，健康损害的能力贫困问题更加突出。从生命价值保障效力角度研究健康保险问题，将为健康保险资金配置、医疗费用补偿和健康风险治理等政策法规的完善提供理论支持，使健康保险能够协同医疗储蓄、医疗救助和公共卫生等保障手段，更加有效地保障和提高国民健康水平，有效防范家庭因病致贫和贫困陷阱风险。

从宏观经济发展与各项改革相互促进的角度，从生命价值保障效力角度思考健康保险的可持续发展问题，对健康保险本身和社会经济的可持续发展也具有深远的影响。健康保险生命价值保障效力的提高，有助于更好地保障和增加健康劳动力的供给，使缓解人口老龄化压力的退休延迟政策更加可行。这对健康保险和社会经济的可持续发展，都是一种积极的正能量。因此，提高健康保险的生命价值保障效力，不仅能够有效地应对人口老龄化、经济增速放缓和医疗费用过快增长等所谓"风险"因素的冲击，更是在新的经济发展背景下，实现健康保险和社会经济可持续发展的积极推动策略。

2. 改善生命价值保障效力的需求压力

Huebner（1927）从资本化价值角度，认为人的财富分为已经实现的累积财富和尚未实现的潜在财富。而未来潜在财富是个体以劳动作为经济力量所换取的货币价值，是个体收入扣除掉本人消费以后的结余部分，即资本化价值。Huebner认为，个体的收入由基本收入、奖励收入和花边收入等构成，与个人职业、愿望、年龄、性别、种族、居住、教育、迁移、婚姻状况和亲属数目等因素有关，并且还会从动态上因为这些因素的变化而变化。因而Huebner（1927）强调人们应该通过购买人寿保险（包含健康保险）以保障生命价值，防止其家庭成员因为本人的生命价值损失而陷入生活困境。直到今天，Huebner提出的生命价值理论，仍然是人身保险最为经典和最重要的基础理论之一。

Huebner（1927）利用资本化价值的概念，对个体的未来潜在财富所代表的生命价值进行数量化评估，并指出个体资本化价值对家庭和社会的重要经济意义。在保险的重要性上，生命价值理论与马克思（1875）从社会大生产角度强调（社会）保险的重要性相类似。Huebner（1927）虽然主要是从个体家庭的微观角度，强调了人寿保险（健康保险）的重要性，但也从家庭支柱劳动力的社会影响层面，强调了个体存在对其所从事的行业和企业的重要性。马克思的"六项扣除理论"强调的保险是对社会生产和再生产的重要性，视角远高于Huebner的家庭财富和防范家庭贫困的层次，是社会主义国家社会保障制度的重要基础理论。Huebner（1927）从生命价值风险角度强调了健康保险的重要性，是由于每个个体的生命价值都会面临四种严重的损失风险，即相对于期望寿命的"提前死亡"、医疗费用与短期残疾经济支出、全部永久性残疾导致的"生存死亡"，以及在缺乏养老保险等状态下法定退休的"经济死亡"。由此可以看出，Huebner（1927）的生命价值学说所强调的人寿保险的重要性，与马克思六项扣除理论在保障社会再生产和经济稳定性上，具有很多相似之处。作为社会生产并从社会生产中换取（获取）收入的劳动力，一旦因为自然风险或意外伤害等风险退出社会生产序列，不仅社会再生产或扩大社会再生产受到极大的影响，而且作为"国家基石"和基本经济单位的家庭，也将会陷入不可持续发展的经济困境。

由此可见，在市场经济体制下，保护和改善家庭劳动者的资本化价值，是与家庭和社会的可持续发展问题紧密相关的。这必然要对资本化价值的需求状况进行深入的讨论，既要使资本化价值得到最有效的配置，同时又能够不断地改善和提高劳动者的资本化价值水平，以推动社会经济的可持续发展。由于 Huebner（1927）提出的资本化价值是为了满足个体家庭的生存需求，因而，首先要对家庭成员的资本化价值需求进行讨论。劳动者家庭成员对资本化价值的需求，主要是没有收入能力的被抚赡养成员，包括老人、儿童和家庭妇女。随着人口老龄化问题加剧，劳动力人口数量和质量需求都在发生重大改变，因而从资本化价值能力角度解决未富先老的老龄化问题，对实现社会经济可持续发展的重要性不言而喻。

首先，在中国社会保障与家庭保障互为补充的模式下，因人口政策原因造成的 421 家庭结构，导致中国的老龄化问题展现为"波浪型"演化趋势与老龄人口渐增的"厚尾型"特点（见图 7-1）。从演化趋势上来看，中国当前正好处于劳动力人口的高峰阶段，而根据 2010 年第六次人口普查的数据与第五次的人口普查数据的相对变化情况看，第一波老龄人口已经开始进入到 60 岁退休年龄阶段。之后在未来的十年间，将会面临更为厚重一波老龄化人口高峰，并在经历短暂的相对人口老龄化阶段后，又会面临更高峰值的人口老龄化，并最终迎来因为低出生率造成的人口老龄化支撑压力。所以在中国现行的人口政策下，在未来 40年间，中国的人口老龄化将是"波浪型"的推进过程，并随着人口期望寿命的增加，导致 60 岁以上的老龄人口形成积聚性的厚尾，这将增加老龄人口的赡养压力。

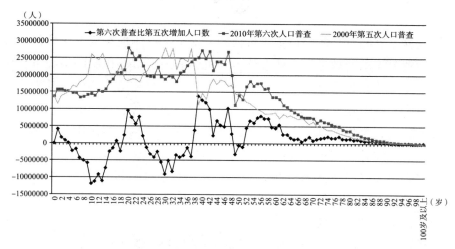

图 7 – 1　基于人口普查数据的中国人口年龄结构与变动趋势

要解决中国"波浪型"发展与"厚尾型"老龄化问题，必然需要劳动者为家庭与社会奉献更大的资本化价值，同时为自己进入老龄化实现纵向的累积。而资本化价值的提高，则需要劳动者在满足基本生存消费的基础上，在相关的领域加大投入。Huebner（1927）认为，影响个体资本化价值水平的因素包括人格品行、健康状况、教育水平、培训及阅历、个性、勤奋程度、创造力和实现理想的驱动力。如果针对这些影响要素，有针对性地加以改善，必然有助于改善个体收入水平的改善能力，以及对家庭经济的支撑能力。

其次，社会对劳动者资本化价值的需求。根据马克思六项扣除理论，假定所有的劳动者创造的收入，在弥补了生产资料成本和实现社会再（扩大）生产的扣除，并缴纳了政府的税收和各项规费以后，需要通过商业保险对社会劳动力的生命价值进行保障，那么就需要保险公司按照大数法则制定保险费率，通过更多劳动者的分担机制分散社会风险。因而要提高个体的资本化价值水平，就需要对个体的收入进行重新的配置，在解决其基本生存消费需求的基础上，在教育、劳动技能和健康等领域，优先进行必要的和充分的收入配置。也就是说，从创造资本化价值的个体角度，作为改善个体资本化价值水平的投入要素，个体除了在人格品行等个体特征方面进行一定的改进之外，更直接和重要的是在健康、教育和培训等方面加大投入，以不断提高自我的资本化价值水平。这既是个体成就自我的基本需要，同时也是为了改善职业技能达到提高收入的目的。因而，在一定意义上，个体对自我成就的投入，往往隐含着对更高资本化价值需求的潜在需求。

　　同样，家庭对个体的资本化价值的需求，不仅体现在资本化价值对基本生活资料需求的满足。在就业能力和机会取决于市场机制的情况下，作为家庭主要劳动力的个体，也意识到对子女的教育和培养，也是其未来就业竞争力和资本化价值产出水平的重要因素，因而对子女的教育投入，也往往会影响到个体的基本消费需求，甚至起到一定的抑制作用。代际之间的投入既是弥补未成年子女的财富收入不足，也是未来从子女那里获得更多的"养老支持"的最终回报。一个家庭只有通过不断的代际财富转移和资本化价值能力的改善，才能够实现家庭财富累积的持续增长，也是实现全民共同富裕的基本要求。

　　然而，从边际效用和马斯洛（Maslow，1943）需求层次角度，个体在特定时期可支配的收入是有限的，因而不可能使所有的需求得到短期满足。因而基于收入支配效用的最大化目的，尽管个体从一开始就具有潜在的各种层次的需求，但能够展示出来成为有效需求的则是在其有效支付能力范围内的需求。在有限的财力约束下，个体按照边际效用最大化对其需求进行合理安排，以使得对收入支配使用的总效用最大。按照 Samuelsen（1937）效用的边际递减原理，个体在每个需求层次的消费总是边际递减的，因而能在每个需求层次的边际效用相等的位置，实现消费总效用的最大化。尽管在每个需求层次上消费需求都是边际递减的，但由于消费行为是诸多影响因素综合作用下的选择，并受到立即享乐等非理性动机的干扰，因而仍然需要对每个层次的需求合理性，或者总边际效用的理性，进行系统的论证分析。

　　根据行为经济学的基本理论，个体对消费的需求并不一定是理性的，消费行为选择往往是在有限理性、有限意志力和有限自利的框架下做出的决策，经常偏离期望效用理论等经典经济学效用最大化理论规范。非理性问题可能存在于每个需求层次，并且可能存在高层次需求抑制低层次需求的非理性问题，存在短视自我和远视自我的冲突（Wilkinson and Klaes，2012）。因而在必要时，需要通过强制健康保险计划，实现对健康资源的强制跨期储蓄，以应对未来可能发生的各类不确定风险。因而这时，就需要尊重个体的边际效用最大化的追求，以确定适度的先行扣除，包括养老保险、医疗保险和工伤保险等。也就是说，在资本化价值需求压力下，基于边际效用和总效用最大化目标，政府的先行扣除项目，也必须是在个体因非理性而扭曲边际效用最大化的情况下，采取强制性的扣除，而不是简单的先行扣除问题。

Huebner（1927）的生命价值学说，是将资本化价值建立在个体收入扣除掉本人消费后的结余部分。而且这种结余的支配是在弥补生产资料成本，并在考虑了资本利得、国家税收等非可支配部分的价值创造以后，归于个人家庭中其他成员可支配的收入。资本化价值是通过健康保险、寿险等方式加以保障的，因而从生命价值保障的个体与家庭需求角度，对健康保险的需求并非基于国家的强制性。这与 Huebner（1927）提出健康保险重要性的国家背景有关，当时美国的保险理念是强调个人通过市场满足保险需求。而且其资本化价值的保障，是为了对家庭和社会其他成员负责的考虑，是公共健康保险计划以外的范畴。目的在于保障依赖于个体资本化价值的其他家庭成员，并不会因为该个体的健康风险和死亡风险而发生显著的生活变化。因而，虽然健康保险或寿险保障的直接对象的提供资本化价值的个体，而保险的最终作用是为了维持家庭其他成员的正常生活需求。这与马克思强调的社会保障功能存在明显差异，即马克思强调的是对劳动者个体风险的保障，而对家庭成员的需求是作为基本生活资料在保险费用扣除前进行集体保障的。

"波浪型"的老龄化过程和"厚尾型"的老龄化结构，意味着较低的资本化价值水平，难以承担未来社会的家庭与社会抚赡养责任。加快资本化价值的改善水平，是应对中国特色老龄化社会问题的重要途径。具体包括单位就业时间内的资本化价值产出水平、就业机会、健康状态下的生产时间等，这必然需要对教育、职业技能和健康等资本化价值相关的要素加大投入。在老龄化高峰到来之前，必须实现资本化价值蕴含财富的有效积累，并在人口老龄化尚未造成严重的社会负担时，通过资本化价值能力的改善而适度递延老龄化的压力。如果在劳动力的资本化价值尚未得到显著改善的阶段，就通过先行大量扣除纳入社会保险基金，这显然不利于社会经济的可持续发展。

同时，针对有限的资本化价值产出水平，要提高社会保险的运行效率，尽可能降低社会保险运行与管理的效率损失。Huebner（1927）认为寿险的重要性在于保障生命价值的损失风险，合理转嫁可能的各种潜在风险损失，或者使健康损害得到及时的恢复。而马克思在提出"六项扣除理论"时也认为，社会主义初级阶段的按劳分配存在一定的历史局限性和弊端。因为在充分考虑劳动者的家庭人口数量、劳动强度和劳动能力存在差异的情况下，按劳分配"这种平等的权利，对不同等的劳动者来说是不平等的权利"①。由此可以看出，马克思对按劳分配造成的权利损失是认同的，并认为用单一的劳动作为分配的尺度，会造成新的不平等。因而当社会发展到共产主义最高阶段，人民将摆脱生产力的束缚，对充分富裕的社会总产品采取按需分配的方式，每个社会成员各尽所能、按需分配②。但作为稀缺性经济资源的社会产品总是有限的，因而即使按照按需分配的原则，也是满足社会福利的最大化，而不是无原则的按需分配。

根据马克思的按劳分配观点，在尚未进入到共产主义的高级阶段，即在社会主义初级阶段，每个劳动者收入形式和财富积累，依然是个体以向社会提供的劳动数量和质量，换取可支配收入来实现的。而且以劳动换取的可支配收入不仅用来满足个体的消费，同时还必须承担对家庭非劳动力成员的抚赡养责任。在社会主义市场经济体制和公有制为主体多种经济形式并存的经济形态下，个体创造的经济价值，或者说是马克思认为的剩余价值，显然不能全部成为个体可支配的收入。包括"他以一种形式给予社会的劳动量"，也不能"又以另外一种形式全部领回"。在转变为个体的可支配收入之前，其创造的价值首先需要先期完成对生产资料成本的补偿、以利润形式表现的资本利得，这部分扣除是保证社会生产和经济运行的基本前提。然后是满足社会管理和国家机器正常运转的公共财政支出需要，这部分扣除是国家上层建筑正常运转和国民根本利益保障的基本要求。最后是按照国家法律承担必要的社会风险分担责任，也就是由国家法律所规定的强制性扣除和公共积累。

每个劳动者的劳动价值受限于生产能力和个体劳动技能，其产出价值和可支配收入也是有限的。"人口红利"是以利润形式转移给资本所有者的资本利得，而且这种资本利得往往会因为资本利用的需要而进行超额转让。按照收入边际效用最大化的原理，每个个体总是期望能够将个人的收入进行优化配置，借以实现生命价值最大化。即资本化价值最大，是配置个人可支配收入的一种主要结果的表现形式。"人口红利"将个体的创造价值，超额分配给了资本利得，必然会影响个体的实际收入水平。基于个体可支配收入效用最大化，在政府与资本强制扣除后的个人可支配收入，劳动者并不一定完全按照政府的意愿，将其收入的一部分先行作为（社会）保险费用应对未来的自然风险和意外事故可能带来的损失。他们可能会基于现实的某种比社会保险更重要的需求，优先安排其可支配的收入，

① 马克思. 哥达纲领批判［M］. 北京：人民出版社，1965：13.
② 马克思. 哥达纲领批判［M］. 北京：人民出版社，1965：14.

以改善个人的资本化价值水平，为家庭创造更大的资本化价值。

马斯洛（Maslow，1943）需求层次理论，认为人的需求是具有层次性的，是按照生理、安全、社会交往、受到尊重和自我成就高低顺序，逐级寻求满足的。也就是只有较低层级的需求得到满足以后，后续层级的需求才能够得到释放出来。而马克思的六项扣除理论，是在社会总产品成为个人最终消费品之前的扣除顺序，不同扣除之间具有严格的先后次序。因而，在扣除顺序上，并不是按照劳动者对总产品的需求进行扣除的，并且是一种强制性的扣除。在中国社会主义市场经济体制下，个体创造的价值，是以按劳分配为主，多种分配方式并存的分配方式。其表现为工资、奖励性收入和花边收入等劳动收入，直接扣除的部分是基本工资部分，对其他类型的收入是以偶然所得和年度累积所得等方式，通过税收进行扣除的。由于资本化价值是一种可耗尽的价值，表现为劳动者死亡、强制退休和永久性完全伤残等。资本化价值水平不足，往往会导致强制性扣除部分不足，因而如何改善和提高资本化价值水平，成为当前社会保险制度改革的重要内容，其中最为直接的提高方式，就是退休延迟政策，它可以直接增加个体的价值总量，但这必须建立在足够高的健康水平上，需要通过健康保险来改善其对健康保障的需求。

3. 生命价值保障与健康保险可持续发展的内在机制理论

在健康保险的投保动机分析中，保障生命价值是其中非常重要的一个动机。根据 Huebner（1927）的生命价值学说，健康保险是与人类生命经济价值和组织与管理相联系的，这个价值可以界定为：源于人们经济劳动力的收入能力的资本化价值，也就是个体性格和健康状况、教育程度、培训以及阅历、个性、勤奋、创造力以及实现理想的驱动力。因而，蕴含在个体内部的未来的潜在财富是以上诸多影响因素综合作用的函数：

$$Fcv = f(h，e，t，\cdots，d，p)$$

而健康作为基本的功能，它又是其他行为的基本条件，没有健康，就很难有与社会适应的良好的人格特征，就难以顺利接受教育和最好的培训，就难以充分发挥人的创造力。除了身体的条件，保障健康的支出还会从经济上抑制其他消费的需求，因为对健康的生理需求，按照马斯洛需求层次观点，是最底层的需求。通过健康保险，可以用较小的资金实现在患病时获得较高的医疗服务保障。这尽管在生命周期上未必是这样的，因为从生命的纵向周期上，每个人平均缴纳的保费，与实际的医疗服务需求的费用支出是大体均衡的，但这并不影响健康保险在优化资金配置中的功能。由于健康风险的不确定性，导致医疗服务需求也不确定，在缺乏健康保险保障的情况下，个体就必须在每个时刻都储备足够应对医疗费用支出的资金。而这种资金占用将无法使其实现对既有财富的最优配置，将会导致在一定财富水平上教育、培训和技能支出受到抑制，导致未来更大的潜在的资本化价值难以实现。

因此，在资本化价值的影响因素中，大部分的影响因素都可以表示为健康保险的函数：

$$D(h, e, t, \cdots, d, p) = g(HI)$$

而这个函数的本质在于健康保险的保费对风险损失不确定性的平衡作用，以及医疗服务利用的杠杆作用，即：

$$E(L) = \theta(Pr, p)$$

上式中，$E(L)$ 为被保险人或投保人的期望价值损失，它取决于保险费用和风险的概率，通过健康保险保费 Pr 的支出，使风险概率 p 对个体的经济影响变为一种稳定的家庭财务优化配置关系：

$$w - Pr = w - Pr + A - L$$

当全额保险存在时，以上关系是成立的。但是由于健康保险理赔一般只是损失的一部分，在部分健康保险保障下，当健康风险发生时，家庭的财富关系为：

$$w - Pr - (A - L) = w - Pr + A - L$$

也就是说，在部分健康保险下，被保险人依然需要承担部分保险损失，使家庭财务依然存在一定的不确定性，但是此时的健康保险，在保费和承担的损失差额，与损失差额的比值足够大的情况下，健康保险能够平抑家庭财务的不稳定性。事实上健康保险的保费比例要远远低于医疗费用支出，保障范围内的费用报销比例也可以达到80%。因而，对于一个健康风险损失厌恶者来讲，健康保险对财务配置的影响是非常显著的。

现在加入生命价值保障财富，分析生命价值保障与健康保险可持续发展的内在关系。假定个体某时刻的资本化价值为 Fcv_t，并且家庭的财富 w 足够多，在没有健康保险时，其总财富和家庭财务配置为：

$$FF_t = w_t - s_t - e_t - \sigma_t + Fcv_t$$

$$s_t = bm_{t+1} + \Delta bm_{t+1}$$

即家庭的财富被安排为正常的各种消费，加上医疗风险储备 s_t 和教育，医疗风险储备包括常规医疗费用支出和为了使资本化价值能力最佳的额外资金，这很明显是一项非常大的储备资金。通过足额的风险储备资金，使家庭在遭受健康风险损害后，除了 s_t 被消耗外，整个家庭不至于陷入其他的经济灾难。在有健康保险时，其家庭财务分配为：

$$FF_t = w_t - (1 + \Delta\varepsilon)Pr_t - e_t - \sigma_t + Fcv_t$$

在有风险储备金的情况下，无论是有还是没有健康保险，家庭对健康保障的效果是一样的，即健康风险造成的伤残是最小的。但现在的问题是，有多少家庭能够具备足够的风险准备金，并且能够额外储备获得高质量医疗服务的资金。一旦家庭的财富水平低于 s_t，那就意味着这个家庭只能得到一般的医疗服务，并造成 $D_t \times Fcv_t$ 的家庭损失，而且这种损失有可能是伴随终生的。这部分内容在生命价值保障部分已经进行了详细的论证，在此不再阐述。而通过健康保险，这个家庭只需要其年度财富中，支出 $(1 + \Delta\varepsilon)Pr_t$ 的保费，就可以使其资本化价值能力得到最好的保障，这对家庭的财富占用显然已经小得多。

现在依然假定不考虑生命价值保障时的健康保险是帕累托最优的，那么需要考虑的问题就是增加的保费 ΔPr 投入是否是值得的。根据保险的期望效用函数模型，可以得到：

$$E(U(Fcv)) = (1 - f(p))u(w_h - \Delta Pr) + f(p)u(w_h + \Delta A - \Delta L + Fcv)$$

$f(p)$ 是在健康风险为 p 时的生命价值损害概率，它可以从病残率指标中得到数据。w_h 是个体在有基本医疗保险时的财富水平。根据 Arrow（1963）的健康保险最优购买理论范式，可以推导出最优保单和最优保费，进而确定生命价值的适度保障模式。

为了较为简明地分析生命价值保障对健康保险可持续发展的作用，可以引入经典的 C - D 生产函数分析劳动力的贡献率：

$$Y = f(K, L) = AK^{\alpha}L^{\beta}$$

在有生命价值保障的作用下，甚至我们可以使用健康促进的功能，因为这也是国家实施医疗保险制度的最终目的，劳动力的价值投入相当于增加了 ΔL 的要素投入，如果 ΔPr 不是来自企业，显然这将增加企业的产出规模，而工人工资是产出规模的一个函数，随着产出规模和效率的提高，个体的工资收入也将得到改善。最重要的是，对于任何个体，如果健康损害发生，因生产贡献减小 $f(\Delta L)$ 而使工资总额也相应减少。因而，被保险人在投保健康保险和不投保健康保险，其收入能力面临的是增加、不变和减少的不确定问题。

如果是企业负担增加的保险费用，那么将增加 ΔPr 的要素成本，如果单位增加成本 ΔPr 小于单位劳动力产出，那么保费增加在生产效率上是有效的。所以在有生命价值保障的情况下，C - D 生产函数转变为：

$$Y = f(K, L) = A(K - \Delta Pr)^{\alpha}(L + \Delta L)^{\beta}$$

我们只需将上式进行不等变换，只要单位资本的边际贡献率小于劳动力增加，就可以说明保费的投入在经济上是有效的。这个模型我们已经在健康保险的保障效果评价部分进行了分析，从宏观上健康保险的投入在经济上是有效的，提高了国民经济的产出水平。健康保险对个体工资收入的保障和生产效率的改善，有助于工资总体水平的提高，而作为以工资比例筹集保费的基本医疗保险，显然在总量上是能够增加保险基金的筹集规模的，而在企业负担角度，由于单位劳动生产效率的提高，企业能够支出的保费的能力也得到改善，不仅总额增加，而且在可持续性上也得到改善。

在短期内，企业的劳动生产效率的提高，主要是减少了企业的因病离岗时间，以及计件类产品生产效率的提高，这本身就蕴含着健康水平的提高，也就是劳动力应对劳动强度的能力提高了。另外，健康保险生命价值保障的重要功能，是从年龄角度，使更多的原本是"退休"年龄的人口依然能够继续工作。尽管在城市有退休年龄限制，但中国正是实施的逐步延迟退休政策，将依赖于个体健康素质水平的提高。而在农村，由于没有所谓的退休年龄，健康保障能够使他们参加农业生产的时间更长、效率更高，当然前提是建立在非被迫的生存压力基础上的生产活动。而退休年龄的延长，对社会经济发展的影响是多方面的，因而对健康保险的可持续发展，在保险费用和医疗费用支付等方面，都有利于健康保险的可持续发展。也就是说，健康保险通过保障劳动力健康水平提高劳动产出总量，改善健康保险基金的支付规模并降低医疗费用支出数量，有助于提高健康保险基金的风险应对能力。

7.1.2 生命价值保障与人口老龄化风险的应对机制

如果将长寿看作一种风险，那么健康保险的生命价值保障就是制造该风险的根源。随着经济条件的改善，人们的健康保险购买能力得到改善，而健康保险的医疗服务杠杆效应又推动了医疗服务支付能力，进而不断提高健康水平和延长期望寿命。而经济发展也是医学科技进步的一个重要因素，医疗技术发展也是延长期望寿命的重要因素。因此，作为医疗费用的主要集体筹资机制，健康保险期望寿命的一个函数。从生价值保障角度，长寿导致经济风险主要的原因在于退休制度，正如 Huebner（1927）指出的那样，强制退休制度是人为的终止了生命价值向财富价值的累积，而不是真正的生命价值"消失"。解决人口老龄化矛盾的关键问题，在于当人们有足够高的健康水平时，如何将增加的健康人口资源转变为现实劳动力，并且不会对新生代劳动力就业产生影响。强制退休的残忍之处，在于通过法律或规定强制终止了健康劳动力的生命价值（资本化价值），迫使他们消耗历史累积的财富。虽然有时这种财富来自社会养老金，但社会养老金在本质上属于个体历史创造财富的延迟消费。

1. 人口老龄化与长寿风险的关系辨析

应对人口老龄化问题不在于长寿风险，因为只有承担老年人口赡养责任或扶持责任的主体，才愿意将长寿作为一种风险。追求有质量的健康长寿是每个个体的最良好愿望，也是医学科学技术发展的主要目标。至今还没有哪一项真正的先进医学技术，是以降低优良健康下的期望寿命为目标的，安乐死技术只是因为在生存质量极端恶化时的一项有争议的"医学技术"。因而，将人口老龄化作为长寿风险，这个词语本身就是矛盾的，也是与医学和健康保险的目标是背离的。然而，从社会保障基金对养老金的支付能力和老年人医疗服务需求角度，也确实可以将长寿看作是一种"风险"。但这只是相对于基金的所谓支付能力风险，并不是寿命延长对人类生存的真实"风险"。而是随着人口期望寿命的增加，使原来的社会保障基金的精算基础发生了根本性的改变。要在人口老龄化背景下实现新的基金收支平衡，就要或者延迟人口退休年龄或者增加养老基金缴费基数的方式，减少支付压力或增加基金收入。

因此，当前的所谓人口老龄化，只是退出劳动年龄的人口占总人口比重的一个衡量指标，或者只是反映劳动力赡养比指标下的劳动力赡养压力。而从资本化价值的角度，劳动力抚（扶）赡养压力应包括未进入劳动年龄人口，以及虽然是劳动年龄人口但由于各种原因而没有收入的人员。所以，相对于人口老龄化指标，劳动力的总抚赡养指标更能说明社会劳动力的经济收入压力。在人口老龄化压力下，一些原本处于被"扶养"状态的劳动力，将逐渐因选择就业而成为真实的劳动力人口。

中国与西方经济发达国家在人口老龄化问题上的最大差别，就是"未富先老"。而所谓的"富"被常规理解为国家社会、家庭和退休人员已经创造的社会财富，很少被理解为资本化价值能力所隐含的潜在财富。而最重要的是，中国当前就业人员的人均工资收入水平，还远远低于西方经济发达国家，单位劳动力所能够支撑的未就业家庭人口数量明显偏低。而反映在养老金和健康保险缴费上，西方国家一般能够以家庭中单一就业劳动力获得家庭保障，而中国的养老保险和医疗保险缴费普遍建立在个人自我缴费与保障基础上的。由此反映出来单位劳动力对家庭和社会贡献的资本化价值，远远满足不了全社会的全部需求。这可能也是我们所强调的先老而"未富"的关键问题。被称为"长寿风险"的期望寿命，也同时是衡量国民健康质量的重要指标。中国 2015 年的国民平均期望寿命为 74.8 岁，其中女性为 77.4 岁，男性为 72.4 岁。而北欧高福利国家的平均期望寿命为 80 岁左右，自然地理临近的日本则超过 82 岁，香港地区也接近 82 岁。但是他们无论是在医疗保障还是养老保障，都没有中国人口老龄化对社会经济发展冲击的严重程度。所以说，人口老龄化或者长寿本身并不是所谓的"风险"，风险在于满足退休人口的养老需求和医疗需求的经济支撑能力不足。

所以说，要解决中国的人口老龄化问题带来的冲击，尽管也有很多的路径可以选择。一是像印度等国家一样，即使人口密度很高也依然不限制人口生育，或者向西方经济发达国家那样鼓励人口生育。但这两种办法在中国当前依然难以实施，主要原因是中国人口总量过大，单位耕地面积的人口承载压力过高。这也是中国在 20 世纪 70 年代提出计划生育政策的主要背景。但独生子女政策显然需要改革，毕竟中国已经开始从农业国开始向工业国家转变，2013 年的城镇化率已经超过 53%，独生子女的政策依据已经在减弱。应该在放开单独两孩和全面两孩政策的基础上，逐渐取消过于严格的计划生育政策，实现与国民经济发展同步的生育政策。二是提高经济发展水平，通过增加国民生产总量应对老龄人口数量的增加。这在全球经济低迷、中国经济增速放缓的情况下，近期短时间内通过提高经济速度增加经济总量的办法，显然也是不现实的。三是延长退休年龄，这是一个在逐步实施的政策。问题是退休政策的实施相对缓慢，主要是受制于经济增速的放缓和全球经济低迷的背景。经济增长缓慢必然导致就业岗位竞争压力较大，延迟退休的力度较大可能会影响新生劳动力人口的就业机会。四是控制老年人口的消费需求总量，减少老年人口在一些费用上的支出。这似乎是一个不人道的路径，但实际上未必是不可行的。因为在劳动力资本化价值能力相对充分的情况下，老年人口的消费支出主要是养老和医疗，在不降低养老待遇的情况下，通过健康风险治理降低老年人口的医疗支出，对于改善老年人口福利和健康水平都是积极有效的。相对于健康保险的生命价值保障效应，老年人的财富保障效应的健康保险吉芬商品属性问题依然突出，再加上医疗保障系统效率偏低，健康保险基金的过度消费导致的支付压力偏大。

但问题是，这些路径如何才能科学合理的实施。从健康保险的角度，通过健康风险治理和医疗服务管制的福利促进机制，显然能够有效减少老年人口医疗费用的支出压力。但接下来的问题如何将健康风险治理和医疗服务管制的福利，用于充分挖掘老年人口潜在的资本化价值，以科学规范和充分利用退休延迟政策。从闲暇和劳动能力角度，退休制度的设计是对闲暇权利的保障和生命健康权的保护，以及基于生产效率的人力资本要素替代能力。其假定前提是相对于"老年人口"，青壮年人口具有更好的生产效率。而随着健康水平的提高和期望寿命的延长，老年人口就业的健康条件和闲暇如果得到充分保障的话，那么适度的退休年龄必然是可行的。为此，可以构建基于闲暇和生产效率的评价模型进行判断，该模型为：

$$T = f(h, l, e, j)$$

即退休年龄是健康状况 h、闲暇 l、生产效率 e 和就业机会 j 的函数，只要老年人口在退休之前的效率大于新增加劳动力，那么就允许老年人口继续留在劳动人口内。假定此时的劳动人口数量为 P，潜在的工作岗位需求为 J，延迟退休应满足 J > P。当然劳动人口的增加也可能会使劳动力市场成为买方市场，结果是总工资收入下降，劳动效率 e 降低。但是如果缺乏劳动力市场的卖方竞争，可能无助于劳动力素质的改善。所以，可以适度地形成买方市场，最优的均衡点是劳动力市场价格出清。根据 C-D 生产函数，市场上优先选择效率较高的劳动力，只要老年人口的劳动力效率指标 α。大于其他新进入劳动力市场人口 α_n，就优先选择老年人口，并且随着工作岗位的增加而逐步纳入更低效率的人口。这样，最终因为老年劳动力和新劳动力资源的有限，而实现总劳动人口 P 等于工作岗位需求 J。

因此，长寿风险实际上就是社会总劳动力配置的优化过程中造成的人为风险。在没有强制性退休政策的农村，尚未大量出现健康劳动力主动终止务农劳动的行为，即主动放弃生命价值向财富价值的转变过程。而是毕生都在尽最大的能力从事农业生产，不断将隐含在生命价值中的潜在财富，转变为可见的经济收入。尽管其他的一些研究文献归因于遗产动机，但忽视了中国农村家庭传统的文化习俗的影响。数据资料显示，中国当前有 54.6% 的已经处于退休年龄，甚至是 70 岁以上的老年人口，在从事农业生产[①]。尽管农村非退休制度下的老年人从事农业生产的行为，与城镇人员退休后的就业动机存在一定的差异，但从长寿风险的本质上是一致的，只不过农村更加依赖土地的持续产出，而城镇更加依赖就业时缴纳的养老保险基金和医疗保险基金等。因而，长寿风险更多的是基于社会保障基金的透支风险角度考虑，而从潜在资本化价值能力角度，那些依然具有职业胜任能力者的强制退休所造成的"经济死亡"（Huebner，1927），则

---

① 中国农村养老现状：54.6% 老人仍从事职业性劳动［N］. http：//money. 163. com/15/0610/07/ARNU8MUG002 53B0 H. html.

是一种社会生产效率的潜在损失。

2. 健康保险与人口老龄化的内在联系

中国人口抚赡养比、赡养比都已经达到历史的最高位，人口老龄化对中国社会经济发展出现的冲击已经开始显现。而健康保险应对人口老龄化问题的作用，主要是通过保障健康和提高资本化价值水平，进而提高单个劳动力的抚赡养人口数量。通过资本化价值能力的提高，使个体创造的资本化价值等于原来更多人口的资本化价值，进而平抑人口老龄化所带来的抚赡养压力。从健康保险角度，如果将人口长寿看作是一种风险，那么长寿风险也可以说是健康保险造成的，因为健康保险的一个重要目标就是延长人口的期望寿命。另外一个是提高人口的健康水平，这都是通过提高医疗服务的可及性作为杠杆的。只有将健康、劳动与医疗保障三者进行合理的协调安排，才能够有效合理地应对难以逆转的人口老龄化问题。

通过以上分析得出的结论是，在人口老龄化背景下更需要资本化价值能力的改善。一个劳动力需要更多的资本化价值才能养活更多的老人与儿童，这个公式是很简单的。生命价值学说已经从理论上解答了影响资本化价值的因素，即教育和技能等，甚至包括人口流动。中国已经在 20 世纪80 年代初就放开了人口自由流动限制，而在 21 世纪初实现了大学教育的大众化，并将全部未进入高中阶段的初中毕业生纳入中等专业教育覆盖。应该说，高等教育的大众化至少在很大程度上解决了改善个体资本化价值能力的诸多要素。那么在健康保障方面，尽管已经基本实现了全民医疗保险覆盖。但是当前的医疗保障不仅水平相对偏低的，而且分类分层保障的体系尚不完善，造成公共健康保险的效率损失。因而还不能够充分保障个体的潜在生命价值的最优实现，在改善资本化价值能力上尚且存在很多不足之处。尤其是在基本医疗保险筹资机制和医疗费用补偿方面，没有将资本化价值能力作为一个基本的评价指标。基本医疗服务目录制度更多的目的是为了控制医疗保险基金的支出。比较欣慰的是，2015 年将器官移植等一些治疗重大疾病的先进医疗技术纳入基本医疗保险的报销范畴，这对个体的资本化价值能力保障又迈出了重要的一步，但在筹资机制上尚未对此进行论证。

在人口老龄化背景下，中国的健康保险制度设计还存在两个方面的问题：一是保障水平偏低，商业健康保险参与度较低；二是医疗服务保障与资本化价值能力的关联度偏低，甚至是缺乏有机的内在关联关系。在人口老龄化各种相关问题中，核心问题就是劳动力在总人口中的比例问题，或者说是劳动力的抚赡养比的问题。假定人口劳动年龄和退休年龄不变，随着老龄人口的增加，即使在人口出生率不变，劳动力所占比例也在降低。那么问题是，为什么步入一定年龄（如当前的退休年龄设置有女性55岁、男性60岁，以及相对应的65岁和67岁等，世界上还没有国家在67岁以上的退休年龄）的人口必须选择退休呢？显然，与人口的期望寿命、闲暇和从事劳动能力的健康水平，以及为了充分就业等问题。所以，人口期望寿命的延长或者说是人口长寿风险的根本问题不在于年龄，而是年龄所代表的健康状况。因此，要在出生人口相对不变的情况下解决人口老龄化问题，首先是重新规定老龄人口的界限，进而可以通过退休年龄延迟，使更多的人口重新纳入劳动年龄人口。这必然需要提高老龄人口的健康水平，也是解决人口老龄化问题的最基本措施之一。尤其是当劳动力人口进入相对短缺的时期，延迟退休年龄是最直接的低成本措施。

从生存质量上解决人口老龄化问题，就要提高劳动人口的价值创造能力或者是可支配收入水平，使一个劳动力人口能够有更多的资本化价值用于家庭人口消费，并进一步提高社会总扶养人口的能力。一般来说，在当前的财政税收政策下，个体创造财富能力的提高，首先是以税收的方式进入公共财政以完成社会人口的总扶养任务，之后才是扣除个体消费以后贡献给家庭的部分，用来承担家庭的扶养责任。因此，国家在人口老龄化的背景下，在制定财政税收政策时应该对个人、家庭和社会的资本需求进行平衡。如果个体创造的或者新增的经济财富，首先被社会和家庭消费，那么就会影响个体用于改善资本化价值能力的投入，使其缺乏高资本化价值的能力。例如，教育经费的需求和技能培训等费用的需求得不到满足，也就会削弱其资本化价值能力。Huebner（1927）的生命价值学说，已经提出影响资本化价值能力的因素，其中教育和技能是最重要和最基本的。

这样，就给我们提出了一个面对社会新增财富的新命题，即到底是优先满足社会需求，还是优先满足个人需求的问题。马克思的"六项扣除理论"从社会主义计划经济体制和社会产品分配角度，要求通过六项扣除优先满足社会需求，这可能对解决人口老龄化问题具有一定的影响。如果要在人口老龄化的背景下，优先促进社会经济的良性增长，那么就可以在严重的人口老龄化到来之前，首先通过退休年龄延迟政策为改善个体资本化价值留下较为充分的空间，以使得相关配套措施改革得以贯彻实施。比较庆幸的是，在人口老龄化严重问题出现之前，中国已经通过中等教育和高等教育普及化，为近20个年龄段的青年人口提供了接受学历和技能培训的机会。尽管在普及中高等教育时面临教育质量下降等问题的争议，但有一点是无可争议的，就是这些接受了中等和高等教育的人口，比较没有接受的人口具有资本化价值能力的群体优势。在影响资本化价值两个关键因素中的教育问题已经初步得到解决情况下，当前如何有效解决健康保障的问题就显得更加迫切。健康既是实现和改善资本化价值能力的基本条件，也是保障已经实现的资本化价值和承担家庭与社会扶养责任的重要保障。而维护和改善健康集体筹资手段的健康保险，必然也被放置于非常重要的地位。因而，做好健康保险制度的安排，从资本化价值能力或者生命价值改善角度保障好劳动力的健康，成为应对人口老龄化最为迫切的任务。

在人口老龄化背景下的健康保险制度改革完善，事关社会新增财富与改善资本化价值能力的最优配置问题。首先，要优化医疗卫生资源的安排，确保每个国民在既有财富约束下获得必要的高质量医疗服务，减少健康风险对资本化价值能力的损害程度，这是最基本的健康保障目标。以此为基础，要优化安排好养老金账户的设置问题，统筹考虑是否或如何适时适量地做实养老金账户。基于当前劳动力资本化价值水平和人口老龄化程度，应该暂时不要做实。因为做实养老金大约需要4万亿元的资金，并且这些资金主要来源提高的养老金缴费，并由在职职工和用人单位承担。这样不仅会减少职工的个人可支配资金，也会占用企业的资金，并且造成生产成本的增加，损害企业的国际竞争能力。也就是说，做实养老金看似是政府对养老金负责任，但其外部性的负面影响也会带来很多可持续发展问题。中国近几年虽然在社会保险领域取得了较大的成就，但也同时因为社会保险缴费费率偏高造成外资甚至是内资企业的外逃问题。中国当前在人口老龄化问题上，最为迫切的问题是解决单位劳动力价值创造水平偏低而造成的抚赡养能力不足问题。如果能够从改善资本化价值能力的角度，使个体能够通过获得更多的可支配收入，用一个人的工资养活更多的老人，这显然要比当前做实养老金缺口的外部性影响更有现实意义。

3. 人口老龄化与人口红利关系辨析

当前有舆论认为①，中国的生产成本已经直逼美国，很多跨国企业开始将资金转向印度等东南亚国家。这显然不利于经济的稳定快速增长，最终使很多劳动力失去了就业机会和资本化价值潜能的实现。但是中国人口老龄化下的人口红利真得消失了吗？如果从人口老龄化指标中年轻与年老人口数量的二者比例和增长动态角度，它实际上隐含了两层含义：一是指年老人口绝对数量相对增多，老年人在总人口中所占比例不断增加；二是指社会人口结构中老年人口相对数量已经达到特定的比例。国际上对老龄

---

① http://tech.163.com/15/0810/08/B0L3Q0VL00094OE0.html。

化社会的标准划分，一般标准是一国家或地区 60 岁以上老年人口占人口总数的 10%，或 65 岁以上老年人口占人口总数的 7%。根据 1956 年联合国《人口老龄化及其社会经济后果》确定的划分标准，当一个国家或地区 65 岁及以上老年人口数量占总人口比例超过 7% 时，则意味着这个国家或地区进入老龄化。1982 年维也纳老龄问题世界大会，确定 60 岁及以上老年人口占总人口比例超过 10%，意味着这个国家或地区进入老龄化。显然，这个标准是 50 年前的标准，而 50 年间老年人口的期望寿命和生存质量已经实现了多次跳跃。

按照人口老龄化的标准，造成人口老龄化的主要原因，既有人口生育率下降造成的出生人口下降，这是相对老龄人口之外群体的减少而造成的相对老龄化。除计划生育政策的影响以外，老龄人口期望寿命的增长主要得益于医学技术和公共卫生不断改善带来的期望寿命增加，即大于老龄人口年龄标准的人口数在增加。但我们要质疑的是这些增加了期望寿命的老龄人口，生存质量或者健康水平有没有在年龄增加的同时也得到了明显提高？如果是，那么他们还能够从事当前普通强度的劳动吗？他们与高新智能技术相匹配的工作是胜任的吗？如果这两个问题回答的是正面的，那么就不应该用"长寿风险"，或者老年人口负担来看待老年人长寿的问题，而应该从就业政策和退休制度设计上考虑问题。或许这个问题也挑战了从事养老保险研究者将寿命延长称为长寿风险的理念。这个风险概念的提出从健康促进角度是让人比较费解的，因为健康促进的一个重要目标就是增加人口的期望寿命，而且也是检验一个国家或地区卫生健康状况的核心指标。更为重要的是，健康促进不是为了生产更为健康的"闲人"。如果退休理念和退休制度得到根本性的改变，社会提供充分的就业岗位，那么健康生产就是生产人口红利。只不过这种潜在的人口红利，由于不合理的退休政策和严峻的社会就业压力下而被不经济地浪费了。

生命价值保障改善人口红利的有力证据，正如前面所提到的，在人口老龄化和农村青壮年劳动力大量流入城镇的大背景下，中国依然有 54.6% 的农村人口从事农业生产。他们到底是基于生存压力，还是劳动本身所带来的效用？我们是否需要对人口老龄化的界定进行新的思考？等等。农村劳动人口的生存压力，以及人口外流导致的所谓"农村剩余劳动力"在农村的短缺，老年人口确实也需要从事力所能及，甚至是超过一定能力的农业生产。相对于进城务工者的较高收入水平，以及进城务工者将收入寄回农村的资金流向看，老年人口从事农业生产未必全部是基于生存的压力。正如《2014 中国农村养老现状国情报告》显示，超过六成的农村老人不喜欢进城养老，出现生活习惯差异而"被迫留守"的状况。对于这些非经济因素留守农村的老年人，他们需要更多的是"精神赡养"，而不是单纯的经济赡养。

而且没有与人口的健康素质同步的城镇职工退休政策，也会导致未来养老金过度占用当前财富和生产资金的问题。尽管未来的社会保障非常重要，但是如果退休制度的安排会对当期的社会生产和发展造成抑制，也会导致以损害经济基础为代价的保障问题，造成社会经济发展的不良循环。当前中国人口延迟退休制度，正在努力均衡就业机会和养老金支付压力之间的冲突问题，可以说正在逐步走向与健康生产同步的转型。所谓的"人口老龄化"标准的界定，当前主要是考虑性别与年龄因素，是建立在年龄与性别决定工作能力的前提假设基础上的。但这个标准是以 20 世纪 50 年代或 80 年代的人口健康素质为基础的，与当前人口健康素质已经得到明显改善的事实存在较大差异。因此，人口老龄化的划分依据值得进一步商榷，因为人口到底是年轻还是年老，年龄只是其中的一个表象特征，内在特征则是身体的健康素质。因而这个标准已经因为健康水平的提高和期望寿命的延长，而被很多经济发达国家在延迟退休年龄政策上放弃，并可能成为今后的一个基本趋势。

针对人口老龄化带来的冲击，从资本化价值能力改善角度，当前的社会保险无论是在养老保险，还是社会医疗保险方面，都没有必要将保障水平提高的过快，而是基于经济增长情况，适度的、可持续调整。即使中国当前有充足的财政资金（一般指中央财政资金，因为部分地方政府财政已经开始负债运行），也不要急于为老年退休安排而过于储备，而是加大改善劳动力资本化价值能力的方面投入，例如，改善医疗服务质量、加大技能培训和创造更高收入水平的就业机会等。单纯从养老保障的角度，在扣除健康风险的影响后，如果一个个体的资本化价值水平充分大，那么家庭养老的能力也将得到改善。而当前的问题是家庭劳动力在未来创造的资本化价值，是否能够充分的承担家庭养老责任。

西方国家对家庭成员中尚未就业的保障，主要是以家庭中在职人员的养老保险金，实行共同保障的。例如，社会福利水平较高的英国，夫妻之间的养老金的领取是建立在其中一方的就业养老金基础上的。中国因为城镇职工人口比例严重偏低，早期和当前的养老保险是将职工和家庭分开保障的，形成了职工养老保险和居民养老保险两种并行体制。随着城镇化水平的提高，在资本化价值能力充分到足够大的情况时，采取以就业职工为中心的家庭社会保险模式，也可能是未来社会保障改革的一个选项。因为从家庭未就业人员养老金的来源上，它本来就是家庭支柱成员就业收入的一部分。

而人口政策和基于生活压力造成的出生人口的减少，从本质上是一致的。中国计划生育政策推出时的一个重要原因，就是国家或个人所支配的经济资源无法承担新生人口的抚养能力。而当前全面放开二胎政策，则与劳动力相对短缺问题有关。相对于国外的情况，中国的人口老龄化尽管有期望寿命延长所谓的长寿风险，但更大的原因在于人口政策和较低的抚养能力。用 Huebner（1927）资本化价值的概念，就是个人的资本化价值偏低，显然这与经济因素、个体的教育技能水平和健康状况等因素密切相关。也正是基于资源的承载能力，国家在人口政策上，不仅全面放开二胎的政策相对滞后，更没有进入到全面放开的阶段，鼓励生育的政策更是没有进入到提议阶段。这与西方发达国家鼓励生育的政策差距较大，而西方经济发达国家敢于鼓励生育，除了劳动力短缺等问题以外，较大的经济资源支撑能力也是重要的因素之一。

中国人与西方国家对于老年及劳动有着不同的理解，西方经济发达国家，或工业化国家，将闲暇看作是一种重要的财富，而中国人将劳动看作是一种生存的意义和价值。那些达到退休年龄的人口，如果过于关注自我的闲暇需求，通常难以得到社会风俗习惯的认可。西方国家延长退休年龄，往往会引起极大的民意反弹，原因是在养老保险制度设计下，政府不仅剥夺了其闲暇财富，还直接剥夺了养老金的数量。因为在期望寿命不变的情况下，延迟退休意味着养老金领取的期望额度的减少。但在中国似乎没有如此严重，不仅存在大量的退休返聘人员，也存在退休后重新就业的情况，而在农村大量的农村退休劳动年龄的"老年人"依然在从事农业生产。农村老龄化劳动力的生产意愿，虽然与"不愿成为子女负担"的观念有关，但很多自愿留守农村并从事农业生产的老人，生存压力已经不是最关键问题。

相对于人口老龄化的人口数量问题，中国老龄化中更为严重的是劳动力较低的资本化价值能力，也就是被普遍关注的"未富先老"问题。所以，要应对中国人口老龄化带来的问题，中国急需解决的问题是如何改善个体的资本化价值能力、如何减少患病老年人口对家庭劳动力的占用、如何更好地实施退休延迟政策等，这些措施都与健康促进问题有关。健康保险能够提高低收入人口的医疗服务支付能力，并有助于优化个人可支配资金。Huebner（1927）认为，影响资本化价值的因素中，除了健康还包括教育和技能等因素。健康保险能够直接促进健康水平，而健康保险支出对家庭财务稳定促进和资金占用的减少，使家庭财富可以更好地应用于本人、未成年子女的教育，甚至是老年人口的技能培训。一个拥有健康体魄和就业技能的所谓老年人，显然比那些相反的比照人口，具有更长的就业周期和收入水平。这是一种良性的互动机制，相反则是恶性的，将会加剧人口老龄化带来的负面效应。

7.1.3 生命价值保障与因病致贫风险的应对机制

1. 资本化价值与财富累积的全生命周期变化

Huebner（1927）的生命价值学说，主要关注其作为家庭支柱成员的资本化价值，对家庭和社会的奉献。但人们更愿意从整个生命周期角度分析人的生命价值，并对消费和风险应对资金进行合理配置。由于每个个体在未成年时，都会消费来自父辈或祖父辈的收入，并在他们年老以后承担起赡养责任。因而，可以在家庭支柱成员生命价值的基础上，将其扩展为全生命周期下的普通个体的生命价值，以评估全生命周期内的财富变化和健康风险。

在全生命周期视角下，未成年个体的消费可以看作对父辈的"借贷"，并在父辈需要赡养时"偿还借贷"，父辈给子女的借贷作为抚养责任的体现，子辈对父辈的还贷为赡养责任，并因"货币"时间价值和"投资"收益，以确保代际之间的家庭收入累积增长，实现家庭财富的良性累积，这也是现实中大部分家庭基本的生存方式和愿望。因而，生命价值的风险可以拓展为对子辈的"投资"风险、家庭代际间的贫困风险和 Huebner 归纳的家庭支柱成员生命价值风险等。

尽管对于大部分个体都希望通过自我劳动创造尽可能多的财富，并通过财富的有效累积，使自己的整个生命周期内的创造的财富大于消费支出。但从资本化价值水平角度，由于年龄和健康等原因，人的资本化价值水平从整体上表现为一个抛物线的形态，累积财富也随着资本化价值的变动而变动。如果将资本化价值在年龄上连续化，那么个体资本化价值 lcv_t 曲线就可以表示为相对期望寿命 e 的密度函数，其终生累积财富 $F(u)$ 分布函数就是全生命周期内各时刻收入 S_t 扣除消费 C_t 后的财富价值累积函数，即：

$$F(u) = \int_0^e lcv_t dlcv_t = \int_0^e (S_t - C_t) du$$

它是一条与资本化价值水平密切相关的一条抛物线（或终端微"S"型曲线），而在财富转变过程中，生命价值隐含的财富价值随年龄增加而递减，如图 7 - 2 所示。

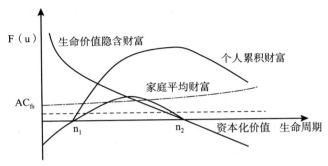

图 7 - 2　资本化价值与财富累积关系及其在生命周期内的变化

　　通过图 7 - 2 可以看出，个体在生命早期由于没有获取收入的能力，作为一个纯粹的消费者的资本化价值为负值，消费支出主要来自父辈创造的资本化价值。随着年龄的增长和劳动能力的提高，个体获得的收入逐渐大于消费支出，资本化价值在 n_1 点开始大于 0，财富累积也相应开始。之后在资本化价值水平最高点处，财富累积增速最大，而当资本化价值重新下降到 0 点时，财富累积规模达到人生的最大值，之后用于弥补因为资本化价值小于 0 后的消费支出。

　　尽管诸如事业单位职工收入结构中的基本工资，一般随着就业时间增加而增加，但从 Huebner 奖励性收入和花边收入等总收入来看，在生命周期上波动基本符合周期性变化规律。而父辈转移给子辈的抚养费用和教育投入等资本化价值，将以被赡养费用的形式从子辈那里取回，并且通过代际之间的收入分配，平滑整个生命周期的收入并使家庭平均财富水平，保持在平均抚赡养消费支出水平 AC_{fs} 之上，这是在没有风险保障时家庭修匀生命周期收入和代际收入的主要方式，当有了健康保险和人寿保险等风险保障手段以后，这种修匀方式将得到巩固，以避免灾难性风险损失可能造成的家庭困难。因而，不同家庭的财富修匀能力和水平，与教育和健康投入、技能培训、创造力等生命价值影响因素有关，同时也与保险的投保水平密切相关。

2. 全生命周期贫困标准与扶贫路径

　　从全生命周期周期角度，贫困是由于个体未来总收入现值加上当期累积财富，或者累积财富终值加上未来总收入终止，在经过当期贴现以后，不足以维持当期家庭基本消费需求并达到贫困线以下时才能被确认为真正的贫困。如果当前累积的财富与未来的潜在财富，能够通过储蓄或投资等财富保值增值、预支未来财富的消费贷款等，使个体在全生命周期上创造足够财富，能够恰好达到非贫困者的消费水平，那么个体就不应该是贫困的。仅仅对当前累积财富和消费情况确定贫困标准，既可能遗漏资本化价值能力不足的潜在致贫者，也可能将暂时贫困但财富潜力充裕的非贫困者错误包括在内。

根据图 7 - 2 中所确定的基于"代际借贷"的家庭平均财富曲线，可以将全生命周期贫困标准模型化。首先在全生命周期上，引入两个代际借贷变量 C_j 和 C_h，分别表示父辈对子辈的各种投入或抚养支出、子辈对父辈的赡养支出。然后基于社会保险基本全面覆盖的现实，引入转移性收入 S_z 以完善 Huebner（1927）的收入结构。在家庭抚赡养系数为 fs 时，只要家庭全生命周期内平均财富水平大于非贫困者平均消费 AC，个体的家庭就不应该是贫困的。根据资本化价值、非贫困消费支出和抚赡养系数的关系为：

$$Np = \frac{\int_0^e (S_1 - C_1) \, du}{AC} \geq fs$$

式中 Np 为家庭非贫困的基本水平，S_1 和 C_1 为全生命周期收入与消费支出，根据非贫困收支思想，可以推导出在有代际"借贷"和社会转移收入时的贫困评价标准 Ps 为：

$$P_S = \frac{C_j + C_h + S_1 + S_z}{AC(1 + fs)}$$

考虑到收入和消费的时间价值，以及再某个时点的财富累积，将某个时点上个体家庭层面的贫困标准 P_{st} 评价模型表示为：

$$P_{St} = \frac{FV_t(C_j) + F_t + PV_t(C_h + \int_t^e S_{1-t} ds_{1-t} + S_z)}{AC_t(1 + fs)}$$

其中 $FV_t(C_j)$ 为过去从父辈"借贷"的现值，$PV_t(C_h + \int_t^e S_{1-t} ds_{1-t} + S_z)$ 为将来偿还父辈"借贷"、生命价值和社会转移财富的现值，F_t 为当期实现的财富累积，AC_t 为当期非贫困者的平均消费水平。当 $P_{st} \geq 1$ 时，意味着个体全生命周期内获得的收入，足以保障自己及被抚赡养人员的消费支出大于非贫困人口的水平；反之，当 $P_{st} < 1$ 时，则意味着个体家庭收入达到贫困线以下。

在社会平均消费 AC_t 变动时，可以根据个体财富状况和家庭抚赡养数量的多少，对贫困标准进行及时的动态调整，避免贫困标准过于僵化与滞后。因而，从生命周期资本化价值角度界定贫困标准，既可以避免仅使用累积财富 F_t 暂时不足误判贫困，也可以避免虽然 F_t 暂时充裕但远期收入潜力不足导致的长期贫困，为最大化实现潜在财富提供扶贫开发支持。将贫困标准建立在家庭代际之间平均财富基础上，不仅符合家庭紧密的共同消费关系现实和更好地承担抚赡养责任，也能够有效弥补个体贫困判断标准的偏倚缺陷。

从全生命周期贫困标准评价模型构成看，它是由教育投入效益因子、财富因子、资本化价值能力因子、社会保障因子、家庭抚赡养因子和通货膨胀（或需求竞争）因子构成，也反映了家庭贫困的主要原因。而个体为了避免陷入贫困，也会加大子女教育和健康投入，通过改善子女的资本化价值能力获得未来更大的家庭回报；或者抑制消费增加财富的累积程度，如进城务工人员过度的消费抑制行为；或者加大自己职业技能培训，通过终生学习改善自我未来就业收入，并通过缴纳社会保险保障退休后的收入来源；当自己的累积财富能力和资本化价值被限制，并且社会转移收入前景偏低时，则通过抑制生育率减轻家庭负担，甚至会为了自己小家而"丢掉"大家，发生不赡养父母等违背社会道德与法律的问题。低生育率和严重的人口老龄化问题，已经成为制约中国经济社会可持续发展的重要问题。而全生命周期贫困的风险与表现，则是如 Huebner（1927）所指出的那样，表现为基于期望寿命的"提前死亡""生存死亡"和"经济死亡"等风险造成的家庭财富灾难性损失，以及过重的医疗费用负担导致的家庭贫困等。政府的扶贫路径，首先要针对生命价值风险因素完善保险应对机制，并在健康、教育和社会救助等基本公共服务方面提供均等化保障，并在必要时对医疗、住房和食品等基本消费消费品价格进行管制。

3. 健康保险扶贫开发机制的理论模型

健康风险是造成贫困的重要因素，而健康保险则是应对健康风险损失的特殊保险。那么健康保险除了补偿个体医疗费用支出而防止因财富减少可能的致贫以外，还在提高医疗服务质量、健康风险治理、改善投资与消费结构，以及直接的收入保障等方面，发挥着重要的贫困风险防范和改善家庭收入生产能力等扶贫功能。

（1）健康保险转嫁风险与补偿损失的扶贫机制。

根据因病返贫的形成机制，在个体遭受健康风险侵害以后，往往因为医疗费用支付对当期累积财富 F_t 过度消耗，而是全生命周期评价模型 P_{st} 分母部分的消费 $Ac_t(1+fs)$ 得不到满足，即 $\dfrac{F_t}{[AC_t(1+fs)]} < 1$，虽然个体

也可以通过向亲友或银行借贷 D_t 来预支部分未来生命价值，从而使 $\dfrac{F_t}{AC_t(1+fs)}<1$ 产生逆转，即 $\dfrac{(F_t+D_t)}{AC_t(1+fs)}\geq 1$，但此时从实际可支配收入上，已经因为医疗费用对累积财富的消耗，导致自己或家庭陷入经济困境。

为了避免因为医疗费用支付而陷入经济困境，就需要通过保险来转嫁疾病风险损失，并在损失发生以后获得来自保险基金的损失补偿，行使替代借贷 D_t 的功能，而且一般情况下损失补偿也会大于 D_t，具有更好应对因病返贫的作用。健康保险对医疗费用支出的损失补偿，一是根据实际发生的医疗费用，在扣除免赔额以后对封顶线以下部分按比例补偿费用损失，个人承担剩余部分的医疗费用；二是定额给付型的疾病保险，当承保疾病风险发生以后，无论医疗费用是否发生，保险机构都按照合同事先约定的保险金额进行给付。无论是补偿型的医疗费用共同分担机制，还是给付型的定额补偿机制，健康保险都能够对已经或将要发生的医疗费用提供适度保障，避免被保险人因为大额医疗费用支出而陷入经济困境。

从理论上看，健康保险是基于大数法则和期望效用的针对不确定风险损失的保障机制，只要符合健康保险标准体的要求均可以投保，被保险人可能因遭受健康风险损失后，针对承保疾病是否发生或实际医疗费用，获得定额给付或不大于医疗费用的补偿。也可能在承保期内不发生医疗费用而得不到任何补偿，保费往往会心理编辑为一种沉没成本。在风险概率为 p、保额为 A 和损失为 L 时，被保险人的财富期望效用函数为：

$$E(U)=(1-p)\times U(w-pA)+P\times U(w-pA+A-L)$$

尽管被保险人从健康保险获得损失补偿具有概率性，保险是为了使期望效用 $E(U)$ 最大。但对于贫困者或低收入群体，则更加关注公式右边第二项，即损失发生以后的情况，如果没有保险补偿 A，疾病损失 L 将会导致其财富 w 遭受灾难性损失，这也是健康保险扶贫的基本功能。如果有保险提供的损失补偿 A 对损失 L 的补偿，在支付确定的保费 pA 以后，就能够确保财富安全而免于陷入更加严重的贫困，此时随机风险概率 p 的影响已被对损失 L 的担忧取代，即当贫困家庭风险承受能力非常脆弱时，健康保险显得更加重要。从大数法则角度，健康保险应对因病返贫的作用，既可以从保费筹集上获得来自非贫困者的分担，也能够充分利用健康保险的风险治理机制提升健康水平，并减轻家庭财富支付压力。

当贫困者家庭累积财富或收入难以承担足额保费时，政府或扶贫职能部门分担部分保费，从扶贫开发效益角度，在社会医疗保险基本全民覆盖背景下，由全民力量通过健康保险分担总人数较少的贫困人口的医疗费用，能够有效节省医疗扶贫资金。如果采取直接支付医疗费用的救助方式，不仅事后救助缺乏普惠性，也影响患者就诊率，并且也无法充分发挥非贫困者的费用分担机制。因此，通过健康保险的损失补偿机制不仅符合保险公平原则，也有助于政府减轻医疗救助费用负担，提高扶贫开发资金的使用效率和贫困者覆盖范围。这也是政府大力推进医疗保险全民覆盖有效缓解因病致贫、因病返贫问题的动因之一。对于低收入个体，只要支付保险费用后的 $w - pA$，不至于使家庭陷入经济困境，或者影响必要的教育等支出，就应该参加能够确保"获得必要的高质量医疗服务并不会因为医疗费用支付而陷入经济困难"的健康保险。如果因为保费支付而出现经济困难，政府应该为其合理分担参保费用，这是发挥健康保险扶贫功能的基本要求。

（2）健康保险作为必要的高质量医疗服务杠杆的扶贫机制。

高质量医疗服务对患病贫困者的保障机制，在于最大限度地修复健康以保障其未来的资本化价值能力和充裕水平，有效防范"生存死亡风险"。健康保险的损失补偿功能侧重于保障累积财富，而必要的高质量医疗服务杠杆作用则是对未来潜在财富，即未来生命价值的保障。一般情况下，个体患病以后的医疗费用支付能力，来自既有累积财富 F_t，也就是在没有健康保险时患者只能够购买不大于 F_t 的医疗服务。根据马斯洛的需求层次理论，患者在购买医疗服务之前还必须扣除掉用来维持基本生存所需要的食品等消费 AC_F，因而会导致有病不就诊的问题。虽然不就诊能够暂时维持 $P_{st} \geqslant 1$，但会导致未来因为疾病对健康的持续伤害，其后果就是导致患者因病残而面临"生存死亡"风险，引发整个家庭陷入长期贫困。健康保险的更高质量医疗服务的杠杆作用，主要体现为保险保费与保额所对应的医疗服务购买能力的差距。如果疾病治疗所必要的高质量医疗为 M_n，而个体既有财富最大购买量为 $F_t - AC_F$，造成的医疗服务需求缺口：

$$\Delta M = M_n - (F_t - AC_F)$$

$$\Delta F_D = F_t - (M_P + \lambda \int_t^T lcv_t dlcv_t + aH)$$

假定服务需求缺口导致未来资本化价值能力的损害程度为 λ，作为一种长期性健康损害，意味着在患病之后的生命周期内，生命价值遭受的损失 Δlv 为：

$$F(\Delta lv_t) = \lambda \int_t^e (lcv_t - M_t) d\Delta lv_t$$

其中 M_t 为疾病不能完全治愈后的药物维持或作为慢性病的医疗支出，在全生命周期内，患病年龄越小、期望寿命越短，生命价值损失也越大。如果早于期望寿命或退休年龄，还将面临退休后社会保障转移收入损失，以及享受来自代际间补偿的价值。此时的总财富损失为：

$$\Delta lzv = \lambda \int_t^e (lcv_t - M_t) d\Delta lv_t - \gamma FV_t (C_h + S_z)$$

公式中右边 γ 为"提前死亡"程度的系数，它是期望寿命和退休年龄的一个函数。而通过健康保险保费对保额的杠杆作用，个体只要在其累积财富 F_t 中支付较少的保费 P，在全额保险下，就可以购买最大为 $F_t - P + A - AC_F$ 的医疗服务，这不仅能够保证其获得基本医疗服务，还能够改善必要的更高质量医疗服务的可及性，使损失补偿 A 在扣除保费 P 支出后结余的部分，弥补医疗服务缺口，使 $\Delta M = 0$，就能够避免因为就医不及时造成的"小病拖成大病"，以及未来生命价值 lcv_t 损失而引发持久性贫困问题。

在社会医疗保险层面，国家在实现基本医疗保险全民覆盖基础上，建立了针对城乡居民的大病医疗保险制度，目的就在于确保城乡居民获得基本医疗服务保障的同时，针对一些重特大疾病患者能够得到必要的高质量医疗服务，以免因病陷入致残或过早死亡。为了进一步提高健康保险的保障水平，2015 年 8 月推出的个人税收优惠型商业健康保险，能够在更高层次上保障人们必要的高质量医疗服务支付能力。该保险不仅不设免赔额，而且要求简易赔付率不得低于 80%，个人承担部分不大于 10%。在 20 万元保额的水平上，基本能够保障治疗大部分疾病所必要的高质量医疗服务需求。该保险尽管面向对象不是低收入阶层，但同样具有防止因为大病致贫和提高医疗服务购买力的保障作用。

（3）健康保险参与疾病风险治理的贫困应对机制。

健康风险对家庭财富的消耗和对身体造成的不可逆的健康损害，都是一种社会福利的净损失，不仅消耗的医疗费用需要社会超额生产进行弥补，而且对生命价值造成的"提前死亡"和"经济死亡"，不仅是家庭陷入严重经济贫困的主要风险，也会影响高素质劳动力充分供给而造成社会生产效率损失。因而作为医疗服务费用筹集手段的健康保险，不仅要对健康风险既定损失进行补偿，更应该积极参与疾病风险治理，采取疾病预防和早期临床干预等措施，降低疾病造成的经济损失和外部性不利影响。医学典籍《黄帝内经》中"上医治未病，中医治欲病，下医治已病"的治未病的思想和 Thewlis 和 Peters（1939）提出的"一盎司预防胜过一英镑治疗"疾病预防经济性观点，都强调了疾病风险防治的重要性和经济价值。《关于加快发展现代保险服务业的若干意见》，将现代服务业作为风险管理基本手段和社会治理能力重要标志，要求保险业应该立足于服务国家治理体系和治理能力现代化，凸显了保险对风险治理的重要性。

从健康风险对贫困的作用机制角度，有效的健康风险治理，既能够以较小的预防投入 G_t 避免小病转化为大病后大额治疗费用 M_L 致贫问题，也能够避免不可逆身体损害造成的资本化价值 lcv_t 损失，以及免除大病医疗照看对家庭或社会劳动力的占用 aH 等。因而，疾病风险治理在减少累积财富支出，或保障未来潜在收入上，具有显著的应对因病返贫的功能。健康保险通过分解保费 P 的一部分，即 $P = \alpha P$，$\alpha \in (0, 1)$，用于健康风险治理，在理赔减少比例为 β 时，保险机构的期望利润优化为：

$$E(V_g) = (1 - \alpha)P - \pi(1 - \beta)A$$

假定 Grant 的观点正确，即 $\alpha P = \dfrac{A}{100}$，那么可以推导出保险机构利润增加值为：

$$\Delta E(V) = E(V_g) - E(V) = (P - \pi A) - [(1 - \alpha)P - \pi(A - 100\alpha P)]$$
$$= \alpha P(1 + 100\pi)$$

在健康风险治理的有效边界内，每个被保险人贡献的利润增加值，明显大于风险治理投入，疾病风险越大，利润回报率越高。因而，针对那些高风险的疾病，只要在 $G_t < \alpha P(1 + \beta\pi)$ 的有效边界内，保险机构都应该积极参与健康风险的治理。同样，在家庭劳动力占用改善为 $\hat{a}$ 时，被保险人参与健康风险治理的期望效用优化为：

$$V(P, A, G_t) = (1 - \pi) \times V(F_t - P - G_t)$$
$$+ \pi \times V(F_t - P - G_t - \hat{a}H + A - (M_L - 100G_t))$$

同样假定 Thewlis 和 Peters（1939）的观点正确，即 $G_t = \dfrac{M_L}{100}$，那么可以推导出被保险人效用增加值为：

$$\Delta V = \pi \times V\left[(a - \hat{a})H + \left(100 - \dfrac{1}{\pi}\right)G_t\right]$$

在健康风险治理边界内，只要家庭劳动力占用节省的人力成本，能够大于健康风险治理投入，健康风险治理就是有效的。上式中右边第一部分一般大于 0，第二部分取决于治理产出与风险概率，在一般情况下，只要风险治理产出率大于风险降低率，风险治理也是有效的，即风险治理效率系数 $\beta > \dfrac{1}{\pi}$。在健康保险多方筹集机制下，风险治理费用一般是由政府、用人单位、承包机构和被保险人共同承担的，因而可以有效减轻单方承担治理费用压力和外部性。如果通过健康风险治理，使被保险人的保费负担与治理费用之和，以及对财富消耗的减少，低于家庭消费总支出，家庭就可以在该时间段内有效避免因病致贫风险，即：

$$P_{st} = \frac{F_t - P + (a - \hat{a})H + \frac{1}{\pi}G_t}{AC_t(1 + fs)} \geq 1$$

从上式中可以看出健康风险有效治理是一种净社会福利改进，并没有额外增加被保险人经济负担。如果没有健康风险治理的财富增加效应，家庭可能因为医疗费用支出和劳动力占用而陷入暂时或长期的经济困境。当健康风险治理存在外部性时，风险治理行为应该以保险机构为主导，通过有差别的保险费率激励被保险人及其利益相关者，共同参与健康风险治理并获得更经济的回报，特别是政府的公共卫生资金要合理分担并提供科学的技术支持。因此，从资本化价值能力保障和避免大额医疗费用支出等方面，健康风险治理都是扶贫开发和实现家庭财富累积增长的有效路径。

（4）健康保险促进资本化价值能力改善的扶贫机制。

在全生命周期贫困模型 P_{st} 中，如果个体因为贫困或者财富错配而导致早期教育和就业技能培训投入不足，将会导致潜在资本化价值能力偏低而存在贫困风险。健康保险对资本化价值能力的改善，在于能够以较少的保费支出，避免大额医疗储备资金对教育和技能培训费用的占用，并将更多的资金释放成为可投资收益的资本，使个体家庭获得未来更多的财富收入。正如《中共中央关于全面深化改革若干重大问题的决定》所指出的，"让一切劳动、知识、技术、管理、资本的活力竞相迸发，让一切创造社会财富的源泉充分涌流"。这既是社会财富来源的基本要求，也是改善资本化价值能力和获得持续增长财富的基本前提。而从社会总福利角度，改善资本化价值能力也是另一种社会净福利的改进，能够使个体、家庭和社会获得更充分的社会财富，这对正处于成长期的青年人更具深远意义。

健康保险的资本化价值能力改善机制，从期权角度就相当于用较少的保费作为期权费，从健康保险机构那里得到一份生命价值风险损失保障期权，当遭受健康损害以后，将"贬值"的生命价值转嫁给保险公司，以避免生命价值遭受风险损失。与一般期权不同的是，健康保险最终目的在于利用理赔资金购买医疗服务修复健康保险。因而，从期权角度，健康保险对资本化价值能力改善的期权策略为：

在投保时刻 t，被保险人用既有财富 F_t 购买一份保费为 P，最大医疗费用补偿为 L 的健康保险合约，相当于获得了一个以 P 为期权费、承保周期为行权期、医疗费用补偿不低于 aL 的期权；在时间 t，被保险人可以将购买健康保险以后的持有资金 $F_t - P$ 投入到教育或技能培训，或者资本市场，或者促进健康的消费，不但能够使资本化价值能力增加 lcv_τ，也能够通过投资增加财产性收入 R_A；在承保期期满时刻 T，以不发生风险损失的概率 $(1 - \pi)$ 保持期望财富水平为 $F_t + lcv_\tau - P + R_A$，以风险概率为 π 使财富保持为 $F_t + lcv_\tau - P + R_A - (1 - a)L$，相对于承担的较小费用 $P + (1 - a)L$，显然要优于承担全部损失 L 和医疗储蓄对财富的占用。

当前中国居民的家庭储蓄资金规模偏大，主要原因在于对未来疾病风险的担忧和养老保险的需求。从宏观经济发展的角度，中国当前社会经济发展主要依赖金融机构的负债型资金，尚未形成全民家庭收入有效资本化，不仅影响家庭财富的保值增值能力，也难以推进实业经济由负债型向资本型发展模式转变。这必然需要通过健康保险消除健康风险担忧，充分释放家庭医疗储备资金，提高家庭财富资本化水平。目前中国资本市场的全民参与程度明显偏低，股民的数量仅为 0.78 亿~0.9 亿元，不到全国总人口数量的 7%，这相比西方经济发达国家的家庭财富资本化比例高达30% 左右，中国亟待推进家庭储蓄资本化水平，而改善资本化价值的基本前提就是国民获得充分可持续的健康和养老保障。为此，如果健康保险能够提高的一定的有效保障程度，那么全民财富资本化的经济资源优化配置状态才能真正的实现，并为避免陷入因病致贫风险提供强有力的经济支持。

（5）健康保险失能收入保障的扶贫机制。

健康保险失能收入保障，主要是相对永久性残疾"生存死亡"风险的"短期残疾"风险损失。当个体因为疾病伤害而治疗和康复期间，将会因为暂时离岗而导致收入临时减少，加上对医疗费用分担机制而由个人自负一部分医疗费用，将会导致期间的个体财富显著减少，其减少部分 ΔF_D 等于：

$$\Delta F_D = F_t - \left(M_P + \lambda \int_t^T lcv_t dlcv_t + aH \right)$$

公式中 F_t 为患病时刻累积的财富值，M_P 为个人自负医疗费用，aH 为占用 a 个劳动力的费用或者家庭其他成员的务工损失，t 为生病时间，T 为康复时间，lcv_t 为当期不患病的正常资本化价值，λ 为患病期间损失比例或病残程度。当 ΔF_D 的数值大到使当期财富不足以维持非贫困消费标准时，家庭将陷入贫困。如果失能收入保障在此期间使 $\lambda = 0$，则不会导致当期资本化价值损失，进而缓解累积财富消耗过大造成的贫困问题。相对于失业保险或年金的定额给付不同，失能收入保障保险的功能主要定位于填补正常收入与患病康复期间的收入差额，因而在额度给付上也具有不确定性。也正是通过收入减少的不确定性与收入补贴不确定性的相互交错，确保期间资本化价值水平没有显著降低。

病残程度越高和治疗的时间越长，失能收入保障的扶贫功能越显著，特别是那些非机关事业单位职工患病期间绩效奖励和福利收入损失较大，就医带来的间接收入损失更为明显。如果没有适度的失能收入保障，在承担大额医疗费用花费的同时，还要承受间接收入损失，可能造成家庭暂时的经济困难。而从就医与康复期间家庭劳动力占用的角度，也会使家庭其他主要劳动力面临暂时离岗而减少收入的问题。因而作为提供护理服务的护理保险，在一定程度上也属于避免家庭整体劳动收入减少的一种保障方式。但中国当前的护理保险主要集中于针对老年人的长期护理保险，缺乏应对短期医疗照看的护理保险，需要在此方面制定相应的保险政策或开发相应的商业护理保险产品。

4. 扶贫开发战略下健康保险政策优化模型

健康保险具有促进健康应对因病致贫风险和医疗费用补偿应对因病返贫风险的功能，并对未来财富生产的资本化价值能力具有改善作用。因而在扶贫开发战略中，既要充分利用健康保险的健康保障功能，在激励人们购买适度健康保险的同时，加强健康保险与基本公共服务、普惠金融和医疗服务管制的协同机制。也要通过不断完善的健康保险激励政策，充分发挥健康保险优化家庭消费结构、改善资本化水平和提高医疗服务杠杆等功能。

（1）完善健康保险与基本公共服务协同机制。

尽管健康保险蕴含着丰富的扶贫功能，但它本质上依然是医疗费用筹集手段和健康风险转嫁与损失补偿的分担机制，因而必须根据医疗费用和按照大数法则，在被保险人之间公平地筹集和补偿与健康风险相关的实际损失。而从全生命周期贫困标准评价模型和致贫原因看，健康损害导致的生命价值损失既有累积财富 F_t 的直接损失，也包括教育机会剥夺和投入 $FV_t(C_j)$ 不足导致的未来代际回报 C_h 贴现值偏低、因病致残对劳动技能的损害造成就业机会和收入 S_{1-t} 减少、"提前死亡"造成的社会转移收入 S_z 损失、后期医疗消费导致家庭支出增加等。如果在累积财富不足以提供教育支持和技能培训支出、因病致残缺乏就业机会和面临被边缘化风险时，政府应该通过基本公共服务，提供更为公平的教育经费支持和残疾人特殊教育、岗位技能培训与再就业扶持、必要的疾病筛检和社会医疗救助，对永久性残疾人员提供适度的社会救助等。

基本公共服务协同机制的理论基础是马克思的"六项扣除理论"，该理论明确了基本公共服务需求的扣除顺位和功能，即社会产品在补偿生产资料成本和满足再生产需求之后，必须以超额生产的方式扣除意外事故和自然风险造成的损失；剩余部分在满足应该显著减少的与生产没有（直接）关系的一般管理费用后，应满足教育和健康等公共需求，最后还要扣除用于保障失去劳动能力者的保障费用，剩余部分才能作为个人消费。因而，在通过个人消费购买健康保险应对灾难性风险损失的同时，政府将应该显著增加的公共需求部分的扣除，用于包括教育、健康、就业和社会救助等社会保障事业。根据马克思的"六项扣除理论"，在将集体劳动总量看作为社会总产品时，社会总产品 S_{TP} 构成公式为：

$$S_{TP} = (S_C + S_R + S_I) + (S_A + S_D + S_S) + P_C$$

公式中右边第一个括号为生产领域的扣除，包括用于补偿生产成本 S_C、用于社会再生产 S_R 资金、应对生产风险损失的保险 S_I，既包括生产资料的财产保险，也包括劳动力的人身保险；第二个括号为用于政府主导的公共服务支出，分别为一般管理费用 S_A、公共需求支出 S_D 和社会救助 S_S；P_C 为完成社会扣除后个人可支配的消费品。由于社会产品是根据集体劳动总量计算的，因而个体最终得到的可支配消费品 P_C 是个体某时间劳动数量 L_t 的函数：

$$P_C = f(L_t) = f[\,g(e_t, h_t)\,]$$

劳动数量获得的实际产品量或可支配收入，与劳动者的教育程度和健康状况相关。根据马克思的观点，按劳分配对于那些智能和抚养子女数量不同的家庭，存在权利上的不公平而导致贫富差距的存在，并提出在"一切财富源泉充分涌流"以后，按照"各尽所能，按需分配"的方式最终解决贫困问题。它隐含在社会主义生产资料公有制的前提下，因为只有生产资料公有制，才能够打破财富归私人所有的分配障碍。针对按劳分配导致的权利不公平问题，就需要在六项扣除中充分承担起改善劳动能力所需要的基本服务，不仅要保持社会再生产投入 S_R 规模适度，以避免"生产过剩"而无法转变为可支配的收入，也要保持保险扣除的适度性以免因风险成本偏大影响生产效率；为保障基本服务需求 S_D 部分显著增加，应该使政府服务变得更加高效，以显著减少 S_A 的支出，进而可以使更多的社会产品用于健康和教育设施，为社会生产提供高素质健康的劳动力。而对各种原因丧失劳动能力的人，提供充分的社会救助。因而，马克思的六项扣除理论是基于社会福利最大化，而对社会产品进行的优化配置，以充分激发社会生产活力和劳动者素质，以实现让"一切财富源泉充分涌流"的共同富裕目标。因而，六项扣除理论也是基本公共服务协同扶贫开发的指导理论。

（2）修正健康保险资源错配的激励政策优化机制。

作为保障累积财富和生命价值的手段，健康保险需求水平应该与累积财富和生命价值相匹配。在生命价值转化为累积财富的过程中，首先要对资本化价值能力相关的健康促进、教育与技能培训进行充分投入，以保证生命价值最大化。然后确保生命价值转化的可持续性，避免因健康损害等灾难性风险损失导致转换过程中断或终止，并通过保险转嫁风险损失以实现累积财富的不断增长。由于生命价值与累积财富之间是此消彼长的关系，生命价值在全生命周期上随着年龄的增长而递减，而累积财富恰好相反。因而人们在购买健康保险时，一般会根据累积财富水平购买与风险相匹配，即健康保险体现的是财富保障效应而不是生命价值保障，"舍本逐末"式保障行为的潜在风险，就是难以保证生命价值财富转化的连续性。特别是当累积财富不足导致充分保障生命价值的医疗服务需求存在缺口：

$$\Delta M = M_n - (F_t - AC_F)$$

不仅基本生活消费将被抑制为：

$$\Delta F_D = F_t - (M_P + \lambda \int_t^T lcv_t dlcv_t + aH)$$

更高层次的教育与技能培训等支出也就失去了经济来源。如果贫困患者更看重子女教育等投入，在需求竞争压力下，将被迫放弃治疗或把医疗支出减少为 M_{st}，进而加剧生命价值的损失程度，使 Δlv 增加为：

$$\Delta lv = F(\Delta l\hat{v}_t) = \hat{\lambda} \int_t^e (lcv_t - M_{St}) d\Delta l\hat{v}_t$$

医疗服务需求被抑制后，虽然 $M_{St} < M_t$，但会使原病残程度 λ 增大，即 $\hat{\lambda} > \lambda$，而病残程度增加导致的生命价值损失，在扣除减少的医疗费用后，生命价值损失增加净值为：

$$\Delta lv_D = F(\Delta lv_{Dt}) = (\hat{\lambda} - \lambda) \int_t^e (lcv_t - (M_t - M_{St})) d\Delta lv_{Dt}$$

根据马斯洛需求层次理论和实际选择的经验证据（Banerjee and Duflo，2011），贫困家庭倾向于患病后的医疗花费而不是健康保险，子女教育投入偏好较低，导致健康与教育贫困问题非常突出，因而难以摆脱贫困陷阱。而对中国家庭则以子女为中心，老年人医疗服务需求被抑制情况较为常见，但受限于累积财富水平制约，贫困家庭对教育投入依然不足，健康保险持有水平偏低，因而需要政府通过医疗救助或激励机制，改善贫困家庭的健康保险费用与医疗费用的支付能力。

而那些对生命价值过度担忧的人，在保险选择知识和能力不足的情况下，出于免除遗憾和非理性的社会认知，存在保险购买量过度和重复保险问题，导致家庭财富负担过重，抑制营养改善和教育与技能培训支出（Kunreuther et al.，2013）。根据 Mossin（1968）保险最优购买理论，过度投保导致的经济负担来自保费、保额或免赔额的非理性选择。过度投保的财富损失为：

$$\Delta F_t = F_t - \Delta P_A - \Delta P_S - P_D$$

ΔP_A、ΔP_S 和 P_D 分别为保额过大、免赔额偏低和重复参保所增加的低效或无效保费。过度投保除了抑制基本生活消费，还可能因为子女教育和劳动技能培训投入 $\hat{C}_j$ 不足而导致子辈"回报" $\hat{C}_h$ 与资本化价值 $\hat{S}_{1-t}$ 损失，使全生命周期贫困情况发生逆转，即：

$$\hat{P}_{St} = \frac{FV_t(\hat{C}_j) + \Delta F_t + PV_t(\hat{C}_h + \int_t^e \hat{S}_{1-t} d\hat{s}_{1-t} + S_z)}{AC_t(1 + fs)} < 1$$

另外，时间偏好不一致（Laibson，1997）、道德风险和逆向选择（Akerlof，1970；Benartzi and Thaler，1999）等原因，也将会加剧健康保险资源错配问题，导致全生命周期保费投入不均衡，甚至在老龄时无力从市场购买健康保险。因而有必要建立优化健康保险资源配置的激励机制，以修正被保险人的非理性购买行为，并对保险市场的"撇脂"行为（王国军，2014）和所谓"二八定律"的统计歧视（Dahlby，1983）进行约束，使那些在80%以内"被歧视"的低收入群体，能够从市场上得到与生命价值周期和累积财富水平相适应的健康保险。在此，依然以2015年8月颁布的以万能险的形式运营的个人税收优惠健康保险为例，论证个人税收优惠优化健康保险资源配置的激励机制，以及健康保险与资本收益一体化的改善功能。税收优惠是商业模式国家健康保险的主要激励方式，也是中国未来健全多层次全民健康保险体系的基本趋势。

累积前景理论（Tversky and Kahneman，1992）认为，"老练者"倾向于根据前景变化不断调整决策行为，"天真者"才会假设未来情景不变而坚持既定决策，表现为短视自我与远见自我的"双自我"特征。Laibson（1997）从"时间偏好不一致"视角，构建了准双曲线贴现模型：

$$U_{t,s} = u_t + \beta \sum_{s=t+1}^{\infty} \delta^{s-t} u_s$$

其中，u_t 为当前效用，δ 为时间偏好一致个体的未来效用贴现因子，β 为时间偏好不一致贴现因子。以万能险的形式运营的个人税收优惠健康保险，由于内嵌有保证最低收益的期权，并将简单赔付率低于80%以下差额部分纳入个人万能账户，用于优惠购买退休以后的健康保险，因而能够从税收优惠、个人收益和满足老年健康保险需求等方面，有效地修正时间偏好不一致对健康保险资源错配的影响，即：

$$U_{t,s,R_A} = (u_t + u_c) + \beta(1 + \theta) \times \sum_{s=t+1}^{\infty} \delta^{s-t} (u_{RA} + u_{Ru} + \hat{P} + u_s)$$

式中，u_t 为购买健康保险的期望效用，u_c 为税收优惠获得的当期财富效用，θ 为获得退休后收益的 β 稳定因子，u_{RA} 为未来各期释放资本收益，u_{Ru} 为万能险的个人账户补偿差额结余效用，$\hat{P}$ 为购买税收优惠健康保险对退休后保费的优惠额度，u_s 为未来各期续保期望效用。因而，个人税收健康保险能够以平衡保费的方式修匀全生命价值周期的投入，并以连续的未来各期收益，对时间偏好不一致影响进行修正，减缓保险中断问题，使被保险人长期持有健康保险保单。

从健康保险供给侧，商业保险是以被保险人投保时的疾病风险损失测算保险费率，因而与生命价值递减规律恰好相反。也就是说，从生命价值保障角度，个体越年轻大病保险金额和保费也应该越大；而从医疗服务利用水平角度，则是年龄越大保费和保额也越大。因此，基于累积财富约束和改善资本化价值能力视角，年轻人应该购买设置缴费年限并多方分担保费的社会医疗保险或政策激励健康保险，并以费率较低但保额较大的大病医疗保险为补充，当发生中间地带较大费用时，可以借助普惠金融等方式的支持、预支部分生命价值贴现值来弥补差额；而老年人应该侧重于医疗服务费用补偿保险，或购买能够在老年时提供保费优惠的健康保险，即个人税收优惠健康保险，充分利用它修正时间偏好不一致的激励作用。从健康扶贫开发角度，个体应该在最优免赔额和最优购买量上降低保费规模，改进健康保险的帕累托最优。当市场垄断程度较高，统计价格歧视越明显时，税收优惠健康保险越有助于修正保险资源错配问题，在市场机制下加强健康保险的供给侧改革，更多优化机制应该通过经济激励措施，而不是强制的命令或者所谓的"道德"约束机制。

（3）健康保险的医疗服务补偿管制与普惠金融介入机制。

人的生命不能总是依据生命价值的大小决定医疗服务选择，因为生命价值体现的是个体存在的经济价值，既无法衡量生命延续蕴含的家庭情感，也与医学伦理和医生誓言相背离。面对生与死的选择，正如 Fuchs（2011）和 Dranove（2003）所质疑的那样，谁将生存（Who Shall Live）？你的生命价值几何（What's Your Life Worth）？但健康保险作为一种集体筹资转嫁健康风险的补偿机制，以及优质医疗资源的稀缺性，必然需要对医疗服务补偿范围、补偿比例和最高限额做出合理的限制，并规范医疗服务机构提供的服务数量、质量和价格。健康保险的补偿限制与医疗服务管制，尽管有助于健康保险的相对公平，但也会增加患者治疗不充分的风险，导致因病致残而掉入贫困陷阱（Banerjee and Duflo，2011），正如在健康保险必要的高质量医疗服务杠杆机制中分析的那样，当存在医疗服务缺口为 $\Delta M = M_n - (F_t - AC_F)$ 时，生命价值遭受的损失和总财富损失分别为：

$$\Delta lv = F(\Delta lv_t) = \lambda \int_t^e (lcv_t - M_t) d\Delta lv_t$$

$$\Delta lzv = F(\Delta lzv_t) = \lambda \int_t^e (lcv_t - M_t) d\Delta lv_t - \gamma FV_t(C_h + S_z)$$

尽管健康保险能够将医疗服务购买量修正为 $\hat{M} = F_t - P + A - AC_F$，但如果修正后的购买量依然小于必要的高质量医疗服务要求，依然存在一个缺口：

$$\Delta \hat{M} = M_n - \hat{M}$$

那么生命价值损失依然不可避免遭受 $\Delta \hat{lv}$ 的损失：

$$\Delta \hat{lv} = F(\Delta \hat{lv}_t) = \hat{\lambda} \int_t^e (lcv_t - \hat{M}_t) d\Delta \hat{lv}_t$$

为了利用健康保险医疗服务杠杆效应，购买到 M_n 的服务量，以消除治疗不充分的担忧，被保险人将选择被 Arrow（1963）证实不是帕累托的全额保险，造成累积财富 F_t 因为 P 过度支出而增加家庭财务负担（Kunreuther et al.，2013），也会影响当期的家庭基本消费、子女教育投入和改善资本化价值能力的支出等，可能会造成代际间的贫困或暂时的经济困难，往往需要政府的医疗救助或社会救助使其摆脱暂时困境。而普惠金融的介入，既可以有效改善医疗服务的支付能力，也可以避免投保全额保险而降低健康保险的保障效力。

通过普惠金融提供优惠"医疗贷款"方式，使患者获得必要的高质量医疗服务，从个体层面可以看作未来生命价值的"贴现"，只要个体未来资本化价值的贴现超过借款或贷款额度，其通过借款或者贷款的方式支付医疗费用就是可行的。事实上民间医疗借款已是较为常见的现象，但民间借款也存在筹资不足、利息负担较重和还债困难等问题。而普惠金融的"普惠"性质，既能够在最大范围内满足患者的就医需求，也能够有效减轻家庭还债负担，而且当客观能力无法还款时，政府还可以以医疗救助的方式免除部分或全部借贷。普惠金融经济性的首要价值是患者在资本化价值能力得到充分保障和不断改善的情况下，通过生命价值的未来跨期调节的优化配置方式以保证生命价值的最大化。即利用未来 m 时间的生命价值贴现值，弥补 $\hat{M} = F_t - P + A - AC_F$ 医疗需求缺口，并不会因为累积财富 F_t 消耗过大而致贫，即：

$$\Delta\hat{M} = M_n - \hat{M} - MPV_t\left(\int_t^{t+m} lcv_t dlcv_t\right) = 0$$

显然普惠金融对生命价值的改善，既是一种风险较低的高额社会投资回报，也是从个体、家庭和社会层面的净福利增加。普惠金融的第二个经济价值，是在医疗技术风险下没有使患者的生命价值具有偿付医疗借款能力时，政府可以通过医疗救助方式免除部分借款，以使家庭资本化价值保持在非贫困标准以上，即 $P_{st} > 1$。这相对于医疗服务缺口 $\Delta M = M_n - \hat{M}$ 造成的生命价值损失，不仅依然是经济的，而且可以避免医疗救助人群覆盖偏低和就诊被抑制的负面影响。只要普惠金融期望效用大于医疗救助效用，普惠金融就应该优先选择，即：

$$E(IF) = (1 - h) \times V\left((1 - \lambda)\int_t^e lcv_t dlcv_t - IF\right)$$

$$+ h \times V\left(-\lambda\int_t^e lcv_t dlcv_t - IF\right)$$

不采取普惠金融而进行医疗救助的期望效用：

$$E(MA) = (1 - a) \times V\left((1 - \gamma)\int_t^e lcv_t dlcv_t - MA\right)$$

$$+ a \times V\left(-\gamma\int_t^e lcv_t dlcv_t - MA\right)$$

在以上两个期望效用函数中，IF 为普惠金融额度，λ 为普惠金融对生命价值改善贡献系数，h 为生命价值改善失败的概率，MA 为医疗救助额度，γ 为医疗救助改善贡献系数，a 为医疗救助失败概率。尽管相对于医疗救助，普惠金融具有还贷风险，但它更有助于激励积极的医疗治疗而避免不可逆的健康损害，减轻社会负担和促进社会稳定，体现国家在全力保障居民健康上的责任担当。另外，还应该充分发挥普惠金融的激励作用，积极参与能够促进净社会福利增加的健康风险治理，合理分担健康风险治理的外部性成本。

7.2 生命价值保障效力与健康保险
资源优化配置路径

马克思的六项扣除理论通过严格的社会总产品扣除顺序，强调了健康保健、保险和社会保障存在的重要作用，对中国构建多层次社会保障体系依然具有重要的现实指导意义。但由于各种特殊的历史原因，中国社会保障制度正面临养老保险基金空账运转、人口老龄化冲击、社会保险费率偏高和部分群体社会保险中断等问题。在经济增速放缓、经济结构升级和创新驱动等经济新常态下，如何从理论上解决社会保障制度建设面临的问题，需要结合中国面临的实际情况和马克思六项扣除理论提出的时代背景，进行更为理性的思考。在包括健康保险在被的社会保险费用扣除和推动社会经济发展之间寻求一个最佳的平衡点，以实现健康保险与经济增长之间的良性互动。

7.2.1 马克思关于社会经济资源的配置顺序理论

1. 马克思社会产品"六项扣除理论"

尽管马克思在《哥达纲领批判》中提出的"六项扣除"理论①，在中国学术研究上仍然存在到底是社会保险还是商业保险基础理论的分歧。但该理论蕴含的丰富的保险思想和哲学思考。不仅由劳动创造以社会总产品形式体现的社会财富，总是会面临各种自然灾害和意外事故可能造成的损失风险。而且创造和拥有社会财富的各类主体，也同样面临各种不确定风险事件可能带来的经济损失。并且这种经济损失不仅需要其已经累积的财富进行弥补，还可能因为劳动能力遭受损害或丧失，失去继续创造并获得社会财富的机会。因而马克思不仅强调保险对社会总产品的保障，还提出通过官办济贫事业为丧失劳动能力的个体设立国家保障基金，这种保障是建立在全民免费医疗和国家保障基础上的国家济贫行为。

也正是由于保险的重要性和必要性，马克思在《哥达纲领批判》提出的六项扣除理论中，有三项与保险（保障）费用的扣除有直接关系。马克思认为，在社会总产品成为个体的消费品之前，必须按照顺序完成六项基本的扣除，即用来补偿消费掉的生产资料的部分；用来扩大生产的追加部

---

① 马克思. 哥达纲领批判［M］. 北京：人民出版社，1965：11 – 14.

分；用来应付不幸事故、自然灾害等的后备基金或保险基金；与生产没有关系的一般管理费用；用来满足共同需要的部分；为丧失劳动能力的人设立的国家保障基金等。这六项扣除具有严格的扣除顺序，在依次完成前三项扣除后，才能够再依次完成后三项扣除。其中第三项作为保险费用扣除，是没有争议的，第六项扣除是作为官办济贫事业基金也是没有争议的，而第五项扣除是否属于社会保险基金，尽管到底是关于社会保险还是商业保险还存在一定的争议，但事实上也是社会保险基金的一部分，只不过这部分保险是政府通过直接提供服务的方式实现的。例如，中国在计划经济时期采取的免费教育和公费医疗等制度，而这些制度在计划经济体制下，调整为九年义务教育和社会医疗保险制度，政府既不再提供全部的公共服务费用，也不再直接提供全部公共服务。事实上也证明马克思"满足公共需要的部分"，"将随着新社会的发展而日益增加"的预测。把公共服务由政府直接提供，转变为通过分担费用的方式由社会保险制度来满足日益增加的需求，是更好地兼顾公平与效率的需要。

2. 马克思关于风险储备金与保健资金来源的论述

马克思在其一系列论著中，对保险的必要性、保险基金的独特功能和保险费用来源、扣除规模进行了系统的论述，折射出马克思深邃的保险哲学思想。在保险的必要性上，马克思不仅在《哥达纲领》批判中将保险费用作为先期扣除的部分，而且在《资本论》第二卷中也强调必须通过保险"来消除偶然事件和自然力所造成的异乎寻常的破坏"导致的损失。在《资本论》第三卷中指出，保险的必要性"甚至在资本主义生产方式消灭后，也（是）必须继续存在的唯一部分"[1]。由此可见，保险的重要性和必要性是超越社会制度形态的，它与通过政府举办以社会保险的形式存在，还是通过保险公司举办以商业保险的形式存在，并没有改变保险的必要性与风险防范的基本功能。通过市场机制提供保险服务，在一定程度上能够更好地优化保险资金（基金）的配置效率，进而能够更好地兼顾公平与效率，对马克思六项扣除中关于"根据公平原则无论如何是不能计算的"论述，探寻新的解决办法。

尽管保险基金是一种必要的重要后备基金，但这后备基金主要是用于社会再生产或扩大再生产追加部分的保障，马克思强调保险"基金是收入中既不作为收入来消费也不一定用作积累基金的唯一部分"。由此可见，马克思的保险思想主要是保障用于生产的生产资料，是生产者必须支出的

---

① 马克思恩格斯全集（第19卷）. 北京：人民出版社，1963.

"自己的部分劳动或者说一部分劳动产品"，并未包含用于老年阶段的养老保险，这与马克思以退休金的方式提供养老保障的观点是一致的，而且人身损失的分摊与补偿，也是不可能通过资本家自愿提供的。因而马克思的保险基金既不同于交换性质的一般消费资金，也不同于当前用于应对年老风险的储蓄基金。马克思在保险费用的来源上，认为"从整个社会的观点看，必须不断地有超额生产"，"以便掌握一批生产资料，来消除偶然事件和自然力所造成的异乎寻常的破坏"。在社会产品恰好满足社会总需求的情况下，应对风险损失的保险基金必须是额外生产出来的，只不过这种损失由于保险公司等独立保险机构的存在，使得风险损失能够在被保险人之间进行分摊或转嫁给保险人，进而能够使得风险损失与保费通过概率论大数法则得以在被保险人之间趋于相对平均。通过专业化的社会运营，使保险的获得"更可靠、更便宜"，体现风险损失均摊的保险思想。所以，在将保费进行均摊时仍需要遵循风险大小与保险费用对等的基本原则，即"风险较大的部门要支付较高的保险费"。而在保险费用的扣除规模上，"应当根据现有的资料和力量来确定，部分地应当根据概率论来确定"，并且在"从剩余价值中提取""算在利润之外"的保险费用，都可以从商品的价格中得到合理的补偿，即通过"使商品变贵而不追加商品使用价值"将非生产性质的保险费用转嫁出去。

综上可见，马克思在《哥达纲领批判》中以六项扣除的方式系统提出，并蕴含在其系列著作中的保险思想和哲学思考，深刻地阐述了保险的必要性和重要性，以及保险基金的本质和基本功能，对现代包括社会保险和商业保险的发展完善，仍具有现实的指导意义。他对于保证社会再生产和扩大社会再生产的稳定性与可持续性，从社会总产品扣除上提供了有力的理论依据。

3. 马克思社会产品"六项扣除理论"的时代限制

马克思六项扣除理论的提出，受到大卫·李嘉图（David Ricardo, 1817）的劳动价值论的影响比较大，也是马克思剩余价值学说的理论来源之一[①]。马克思从社会总产品扣除的角度，提出了社会总产品的分配顺序，是建立在社会产品分配高度集权的社会主义计划经济和国家保障前提下的，通过统一产品分配社会产品实现的[②]。加上在资本主义制度下，生产资料的所有者又难以自愿地为劳动者提供人身保险，当时世界各国也确

---

① 高扬. 微观经济学（第二版）[M]. 北京：机械工业出版社，2013：18.
② 马克思. 剩余价值理论（第3册下）[M]. 北京：人民出版社，1975：390 – 398.

实都没有建立起现代社会保险制度，直到马克思去世以后的 1883 年，德国俾斯麦政府才正式颁布了《工人疾病保险法案》，建立了世界上第一个社会保险制度。而起源于 13 世纪的以财产保障为目标的商业保险，以及以济贫为目标、以英国 1601 年《济贫法》和 1824 年《新济贫法》为代表的济贫法案，在西方国家已经得到一定程度的发展，这使得马克思在六项扣除理论中，并没有较多地讨论人身保险问题，因而国内学者倾向于将马克思的六项扣除作为生产资料和财富保障的财产保险、以救助丧失劳动能力的工伤保险的理论依据。而且马克思的《哥达纲领批判》是针对拉萨尔派的社会总产品"不折不扣"分配方式的批判，在保障制度上，马克思认为在社会主义制度下，作为劳动者的无产阶级的养老、医疗、就业和生育等保障需求，是由国家提供保障的，费用来源是"用来满足共同需要的部分"的扣除，这在苏联和中国计划经济时期，已经得到实践证实。所以，马克思的六项扣除理论不仅与其所在的"现代社会"时代背景有着密切关系，也与马克思设计的社会主义制度保障方式具有深层次关系，具有深深的时代烙印。

而这种时代烙印对六项扣除的影响，就是马克思强调社会总产品优先满足于社会生产和公共管理与保障，在其六项扣除理论中，也是以消费者需求的抑制为基本逻辑起点的，在集体共同拥有社会总产品的计划经济模式下，个人的消费水平不仅受制于生产和再生产的需要，同时也以应该优先满足应对各类社会风险的支出和满足公共财政的需要，这是社会产品得以在社会成员之间进行消费分配的基本前提。因而马克思设计的社会主义制度，个人的消费需求总是处于从属的地位，这种被抑制的消费需求之所以处于从属地位，是因为能够由产品分配高度集权的计划经济和国家保障来完成。也就是个体的消费需求最终会通过国家保障的形式得到满足，尽管满足程度取决于社会总产品的产出规模与社会财富的累积水平。

从德国俾斯麦政府 1883 年颁布实施社会医疗保险法案以来，社会保险制度经过一个多世纪的建立、发展和完善，社会保险制度已经被证实，无论是社会主义制度还是资本主义制度，既不能采取单纯的市场保险模式，也不能完全由政府统包统揽。而是采取市场与官办相结合的模式，由多方主体分担保险费用，构建多层次的社会保险体系。当前世界主要国家普遍采取了以政府负责基本保险需求、用人单位负责职业保险、个人通过市场购买商业保险的模式，由此构建了政府、用人单位和个体共同分担保险费用的多层次社会保险体系。从各国的改革方向上看，一方面，确保政府负责的基本保险能够实现全民覆盖，以使得不同境况的社会成员都能从社会保险体系中得到基本的物质保障和基本公共服务；另一方面，通过社会保险费用在不同成员之间的适度调整，以调节不同责任主体的经济承受能力，以确保社会保险在适度水平上能够得到可持续发展，构建多层次的社会保险体系和多元化的保险方式。尤其是 2008 年爆发的世界经济危机以来，以已经遭受"欧债危机"和金融危机双重压力欧盟等高福利国家为主。以商业保险模式为代表的美国，则是加强了对穷人的保障计划。通过新一轮世界范围内的社会保险改革，以政府主导为基础、以市场运营为补充的混合式社会保险模式已经基本形成，这对于调整社会保险适度水平和实现可持续发展，具有较好的促进作用。

4. 马克思社会经济资源配置与生命价值保障的辩证关系

马克思是基于社会主义制度下集体主义，或者是总社会产品计划支配的角度，提出社会总产品扣除的，是集体支配社会成果的主要方式。也就是每个劳动者均应该承担其中的一部分，而且其承担的扣除部分，从来源上形式上是社会总产品的扣除，并没有具体到个人层面；而资本化价值是在完成个人的消费以后，其实现的资本化价值首先完成家庭的抚赡养责任，然后才是给社会奉献的部分，因而资本化价值更加强调个体和家庭微观需求的满足，这与中国社会主义市场经济体制和按劳分配为主、多种分配方式为补充的制度安排更加适应。

从马克思社会总产品六项扣除的角度，资本化价值从本质上是经过马克思六项扣除以后，供个人可支配的消费部分。但这部分可支配消费，又因为个体家庭抚赡养责任和个人在再生产中的就业竞争能力，而难以完全成为个体的生活消费品，相当大的一部分比例成为家庭支出和个人提高资本化价值能力的发展性支出。为了将资本化价值与马克思六项扣除能够进行口径上的直接比较，现将资本化价值的口径进行调整，即个体创造的价值，扣除社会生产成本以后的剩余部分。这个口径与马克思的剩余价值理论基本一致。但从资本化价值的理念上，资本化价值是先强调个体需求的满足，而马克思的六项扣除是先行满足社会总产品的分配。一个是微观到宏观的过程，体现的是个体的奉献精神，而后者是先行完成社会义务，是宏观到微观的过程。

在微观层面，资本化价值是满足个体生存与发展基础上，劳动者能够为家庭与社会奉献的价值，它是以个体的存在为基本前提的，当个体不能再为社会创造资本化价值时，其个体存在的家庭与社会经济价值也将消失，Huebner（1927）将其称为"生存死亡"或"经济死亡"。事实上，个体生存死亡的状态往往不是个体消费恰好等于其创造的收入的。一旦个体出现生存死亡状态，此时往往需要家庭成员和社会给予其必要的经济帮助，也就是所谓的济贫问题。中国古代就有"授人以鱼，不如授之以渔"的济贫思想。如果在个体获得自我资本化价值能力改善需要的资源之前，被扣除作为未来应对风险的基金，则可能抑制个体的资本化价值改善能力，进而导致其未来的单位时间产出能力不足。

中国改革开放以来，在相当长的时间内，尤其是自社会保障制度向社会保险制度的转变过程中，非编制就业人员，特别是进城务工人员和广大的城乡居民，是以社会保险缺失或保障水平偏低为代价，换取外部资本的进入。以廉价劳动力或低端劳动力所提供的所谓人口红利，支撑中国改革开放以来经济的高速增长。在此过程中，中国逐渐形成了进城务工人员的准市民化，或不完全市民化的问题。大量非劳动就业年龄的留守儿童、留守老人，甚至是缺乏城市就业技能的留守妇女，带来了一系列的社会问题。随着产业结构升级和创新驱动战略的实施，特别是在提高社会保险缴费水平的过程中，导致大量资本开始撤离，转向了劳动力更为低廉的东南亚地区。而大量进城务工的人员，仍然缺乏充分的城市就业竞争能力。

马克思六项扣除的简练语言，是建立在其相关著作的丰富理论基础上的，即对其（社会）保险思想的高度凝练。马克思的保险思想主要存在于《资本论》和《剩余价值理论》等著作中。马克思对六项扣除的论证主要是基于剩余价值和风险转嫁的观点。在社会主义制度下，代表国家权力的政府，通过先行扣除保险费用，实现风险的社会均摊或转嫁，然后再在扣除社会教育与保健等社会保障费用的基础上提供直接的社会保障，以及对失去劳动能力的群体提供医疗与社会救助等。由此可见，马克思的六项扣除是将贫困作为政府最后保障的防线，而 Huebner（1927）的资本化价值的理念，主要是先行防范"生存死亡"的出现，通过健康保险等风险保障措施，避免本人及其家庭陷入严重的经济灾难。这不仅是个人及其家庭的问题，也是社会生产和经济发展的重要现实问题。

7.2.2 健康保险资源优化配置的市场作用机制

经过几代中国共产党人艰苦卓绝的探索和不断总结经验教训，中国在实现马克思主义中国化道路建设上，取得了举世瞩目的成就，在具有中国特色的社会主义发展道路改革前进，开创性地建立起相对完善的社会主义市场经济体制。并随着社会主义市场经济体制的建立，通过一系列的社会保障制度改革，初步建成政府主导的、由国家、用人单位和个人等多方责任主体共同分担保险费用的社会保险体系。通过将机关事业单位养老保险与企业保险并轨，构建包含养老、医疗、工伤、失业和生育等内容在内的相对健全的全民社会保险体系。不仅如此，党的十八届三中全会作出的全面深化改革的战略决策，还确定了市场在资源配置中起决定性作用，并且期望通过政府向市场购买公共服务的方式，构建服务型高效政府。同时在2014年8月颁布的《国务院关于加快现代保险服务业若干意见》中，还将现代保险服务业上升到国家治理体系重要组成部分，这相对于马克思提出六项扣除时的经济社会背景和对保险的认识，都已经发生了显著的变化。

习近平同志深刻把握国内外的经济社会发展环境，并基于全面深化改革的战略部署，高瞻远瞩地提出中国今后发展的经济新常态，即经济从高速增长转为中高速增长、经济结构不断优化升级、从要素驱动和投资驱动转向创新驱动。不仅如此，在经济新常态下，中国的社会发展还存在人口老龄化、家庭人口结构相对脆弱和商业人身保险相对滞后等一系列社会问题。这必然需要根据中国的国情，对马克思的六项扣除顺序与规模进行新的思考，否则将会导致六项扣除理论的机械照搬弊端。

1. 党的十八大以来健康保险相关的发展成就与改革举措

综合比较中国经济新常态下中国改革发展战略，与马克思提出六项扣除理论的时代背景相比较，中国多层次社会保险制度建设发生了以下几个方面的显著变化：

第一，中国已经初步建成相对完善的社会主义市场经济体制，并作出市场在资源配置中起决定性作用的战略部署，这与马克思基于社会主义计划经济体制下论证社会总产品的扣除顺序的时代背景存在显著的不同，因为马克思认为在社会主义公有制下，一切生产是有计划地进行的。因而马克思强调在基本扣除的基础上，由政府直接提供包括教育、保健等满足共同需求部分的服务，这是社会保障或保险体系中的核心部分。中国在坚持有中国特色的社会主义发展道路上，不仅建立起相对完善的社会主义市场经济体制，而且还要使市场在资源配置中起决定性作用。因而中国在构建全民社会保险体系时，也要充分利用市场的资源配置机制，"把商业保险建成社会保障体系的重要支柱""充分发挥商业保险对基本养老、医疗保险的补充作用"。中国在加快社会保险体系建设的前期过程中，由于过度强调政府的主导作用和统一扣除保险费用，导致社会保险费率偏高，这不仅使政府、用人单位和个人的保险费用承受压力偏大，而且也造成保障效率的损失，甚至引起了一波所谓的"弃保潮"。而在医疗保险方面，"看病难"和"看病贵"的问题依然在一定程度上存在，基本医疗保险基金实际承担的医疗费用只占到总费用的50%左右。

经过社会保险制度改革发展的多年实践检验和经验教训总结，中国在加大政府社会保险财政投入力度的同时，根据党的十八届三中全会做出的构建服务型高效政府和市场在资源配置中起决定作用等战略部署，以政府向市场购买公共服务的方式，提高政府的服务效率，在社会保险体系建设方面，要求保险市场提供满足政府公共服务购买需求的高质量保险产品。通过向市场购买公共服务，起到提高政府服务效率的作用。在社会保障体系建设过程中，要切实提高政府的保障效率，就应该适度降低政府直接举办的保障规模，通过采取税收饶让或市场采购的模式，减少政府的管理环节以有效降低马克思六项扣除中的非生产性质的一般管理费用，这当然符合马克思关于一般性管理费用"将会立即显著性的缩减，并随新社会的发展而日益减少"的观点。

第二，马克思提出保险扣除时，社会保险还处于萌芽阶段，缺乏社会实践的实际检验。事实上，经过一百多年的发展实践，社会保险既不存在完全由政府提供的国家保障模式，也不存在完全的市场保障模式，而是发展成为政府与市场相结合的混合保障模式，各类相关利益主体分担社会保险费用。尽管国家保障模式还在部分传统社会主义国家中存在，但这些国家面临体制僵化等问题，国家经济发展水平相对滞后。因而，马克思接受了商业保险的重要性，并且认为与资本主义的社会制度和生产方式无内在的必然关系。马克思同时也认同由专门的机构组织的保险业务，在一定程度上能够提高运营效率，虽然商业保险机构在保险业务经营中需要获取额外的剩余价值，马克思认为，这部分剩余价值必须通过"超额"生产，满足保险费用的缴纳。在一定意义上，相对于保险公司赚取的利润，通过健康风险治理改善健康保险效率是值得的。当然马克思认同的保险业务，是建立在风险损失转嫁或分担基础上的，而且损失的弥补依赖超额生产，尚未达到健康风险治理的认知高度。

中国的社会保险制度的改革实践证明，采取单一的国家保障模式或者市场保障模式，都会造成公平与效率的损失。其中最深刻的教训就是医疗保险制度。由于在相当长的时间内，政府采取以市场为主导的医改模式，导致城乡居民缺乏充分的医疗保障，造成大量的城乡居民因病致贫和返贫问题。而2003年以新型农村合作医疗的试点和推广为起点，通过构建政府主导的城乡居民医疗保险制度，才开始逐步解决了严重的因病致贫问题。

第三，马克思的（社会）保险思想，受到德国当时的综合保险理论的影响，保险的主要目的在于转嫁或分担社会风险，尚未达到保险作为国家社会治理的高度。以习近平为总书记的中国新一代领导集体，对保险的本质和功能进行了更为深入的把握，将其作为社会文明水平、经济发达程度、社会治理能力的重要标志。国务院2014年8月颁布的《加快现代保险服务业发展的指导意见》，要求现代保险服务业要服务于国家社会治理体系现代化，通过"完善保险经济补偿机制、强化风险管理核心功能和提高保险资金配置效率为方向"，以满足社会日益增长的多元化保险需求。而在社会保障方面，马克思强调的是事后的补救型社会保障手段，即官办济贫事业。面对社会各种风险导致的损失，只有将风险治理前置，充分发挥保险的风险管理核心功能，才能够对社会风险进行有效的治理，并在减少风险损失中促进保险的社会福利改进。在这方面，马克思的观点也是认同的，即保险公司运行保险业务的规模效应，只是尚未达到保险的服务国家治理体系和治理能力现代化的高度。

第四，马克思是在批判"哥达纲领"中提出社会六项扣除的，显然是在无资产阶级无资本利用的情况下，对社会主义总产品的分配，因而也没有考虑到资本利得的调控问题。中国共产党人通过对新中国成立后社会主义建设经验教训的总结，创造性建立了社会主义市场经济体制，在社会主义根本制度下，建立和发展了一批包含国外资本和私人资本的外资独资企业、合资企业和股份公司，国外资产阶级资本和私人资本被作为发展中国经济的重要资本构成部分，这部分资本显然是以追求资本利得为目的的，不能完全按照马克思的六项扣除进行，因为他们在企业性质上，与公有制企业具有资本性质上的差异。面对经济发展的全球化，资本能够在全球开放市场的范围内寻求期望资本利得，而企业对社会保险费用的分担，当影响其资本利得的追求水平时，将会逃离到其他地区。人口红利，在马克思看来是资本剥削的表现形式，即被资本榨取的超额剩余价值。然而，在全球化资本流动背景下，资本总是流向人口红利较高的地区。为了吸引资本的进入，中国在相当长的时间内是以人口红利换取各种性质企业发展的。而且当面临经济发展周期的新拐点，特别是外部性经济危机的输入，也将社会保险作为调整企业资本利得的手段。面对2008年以来较长时期的经济增速趋缓，中央政府分别在2008年和2014年，两次采用免除或缓缴职工社会保险费用的政策，激励企业的发展，前者是以少解聘职工为前提的，而后者则是未来企业转型升级的需要。

2. 市场在资源配置中起决定性作用下的生命价值保障需求

马克思认为，在社会主义制度性下，劳动者奉献给社会的劳动量，

"会通过另外一种形式全部领回"，因而在社会主义制度下的公有制经济体内不存在剥削问题。但马克思还认为，在资本主义制度下资本的任何利得都来自于劳动者创造的剩余价值，包括保险公司的利润。因而马克思在对资本利得是持否定态度的，也不承认在社会主义制度下存在资本主义资金运营。中国改革开放以来的实践证明，资本主义国家的资金同样也可以为社会主义国家使用，自然也需要适度满足资本利得。中国在招商引资的过程的，给予了国外资本较大的优惠政策，包括以较低工资收入的人口红利，甚至是社会保险（保障）的牺牲。但是，究竟给资本利得多大的利润空间，也是税收和优惠政策决策者应该考虑的问题。

另外，扩大社会生产，或者在社会再生产的过程，对劳动力的需求也不是之前生产分配周期的简单重复，随着技术创新和革新，以及资本利得竞争追求的需要，对劳动者的劳动技能和素质的提高也是在不断增加的。习近平总书记提出的经济新常态，其中就包括产业升级驱动和创新驱动的经济增长，这必然也会对劳动力的劳动技能和素质提出更高的要求。

马克思六项扣除理论，科学解答了从社会总产品到成为个人消费部分的整个分配过程。在这个分配过程中，马克思通过严格的扣除顺序，强调了在社会总产品成为个人消费品之前，必须先行完成社会生产资料消耗补偿与扩大再生产追加、应对各类风险的保险基金储备、公共管理支出与共同需求保障、丧失劳动能力的国家保障基金等部分的扣除，剩余部分才能够成为个人的最终消费。马克思的"六项扣除理论"，蕴含了丰富的社会保障和保险的思想，依然具有非常重要的现实指导意义。

与马克思六项扣除理论所强调的先行满足公共（保障）支出不同，Huebner（1927）的生命价值学说，则是从个体总收入中扣除本人消费支出以后结余部分所形成的资本化价值角度，解答了寿险和健康保险的必要性，及其对个体家庭与社会发展的重要意义。保险费用的投入规模，与个体以资本化价值所体现的生命价值水平密切相关。而资本化价值能力取决于个体的人格品行、健康状况、教育水平、培训及阅历、个性、勤奋程度、创造力和实现理想的驱动力，并在必要的时候个体还会通过迁移等方式，提高其资本化价值水平。Huebner 的生命价值学说，尽管只是回答了寿险和健康保险的必要性问题，没有达到马克思六项扣除理论关于应对意外事件和自然灾害风险的系统高度。但马克思的六项扣除理论与 Huebner 的生命价值学说，在保障劳动者丧失劳动能力风险方面具有很多相同之处。不仅如此，Huebner 认为个人资本化价值水平，在必要的情况下通过迁移寻求最大化，但却没有给出如何实现资本化价值能力改善的具体办法。马克思六项扣除理论，则从扩大再生产和满足共同需求的角度，强调了劳动者素质、教育和健康保障的重要意义和资金来源，对改善个体的劳动能力和提高健康水平指定了具体路径。

中国人不仅具有强烈的"家国情怀"，而且中国还正面临经济社会转型的新常态和严峻的人口老龄化问题，社会保险费率偏高所产生的一系列问题，需要我们更为现实地思考马克思六项扣除的顺序和规模，通过改善个体资本化价值能力，满足经济结构升级和创新驱动对更高素质劳动者的需求，并提高个体可支配收入水平以改善其家庭抚赡养能力，推动经济社会的可持续发展。在市场经济体制下，个人的消费并非全部用于生存消费，还包括发展消费，包括个人、家庭和社会的可持续发展性的消费，并且在一定程度上更具有深远的意义。

马克思从弥补生产成本和（扩大）再生产角度提出的六项扣除，包括对生产资料与成果的保障、丧失劳动能力的生产者生存保障的角度提出的，并且以国家计划经济体制和国家保障为前提的。因而，需要对某些方面和顺序进行调整与优化。在科学是第一生产力的背景下，社会再生产的本质是人的再生产，也就是高素质社会劳动力的生产，高素质劳动力的再生产，不仅能够满足经济生产对人才的需求，还能够有更多的资本化价值去改善个人与家庭、社会的可持续发展。否则社会生产也只是简单的社会再生产，这显然与当今社会的时代特征不适应。通过调整与优化，既保障个体及其家庭基本消费的满足，又能够在促进个体与家庭的可持续发展中，推动社会经济的可持续发展，提高社会保险（保障）的保障效率。

7.2.3 健康资源跨期错配致贫与政府审计的修正机制

1. 健康资源跨期配置方式与错配问题

健康风险发生的不确定性和大额医疗费用的致贫返贫风险，要求人们对当期可支配收入进行必要的储蓄，以用于未来购买疾病治疗所需要的医疗服务。在当期累积财富不足时，还需要通过预支未来收入的借债满足医疗服务购买需求。通过对当期收入储蓄或未来收入贴现，实现对健康资源的合理跨期配置，使健康资源与健康风险造成的损失实现等量匹配，以购买所需要的医疗服务，或者避免健康风险损失导致经济贫困。随着健康保险的全民基本覆盖，健康资源的跨期配置也由原来资金与医疗服务的等量匹配，转变为通过小额保费支付以实现保额与医疗费用的等量匹配。然而受制于多方面因素的影响，人们事实上既难以进行充分的医疗储蓄或较为理性的医疗借债，也难以通过购买保额适度的健康保险等对健康资源进行正确的跨期配置，从而造成健康保障效率的严重损失，尤其是健康保险保额不足导致的因病致贫问题最为普遍。为了修正健康经济资源的跨期错配问题，新加坡政府采取强制的医疗储蓄措施，英国与北欧等高福利国家实行强制税收下的国家免费医疗，更为普遍的措施则是采取由国家、雇主和雇员共担保费的公共健康计划，并充分重视商业健康保险在跨期配置中的补充作用。即便如此，在政府主导的公共健康计划和市场主导的商业健康保险中，健康经济资源的跨期错配问题依然严峻，因病致贫返贫与医疗费用增长过快等世界性难题依然没有能够从根本上得到有效解决。如果将健康资源的跨期配置，不再完全局限于财富保障效应，而是作为购买所需医疗服务的必要储备和杠杆，那么很多行为异象将得到更科学的解释；如果将跨期配置的动机进一步多元化，将能够对资源跨期错配原因做出更全面的科学解释。也就是说，当前健康经济资源跨期"错配"行为未必都背离理性标准，一些所谓的错配行为是由于用来解释行为的理论或模型缺陷造成的。

从应对不确定灾难性健康风险损失角度，科学合理的健康资源跨期配置，一方面，要实现个体在全生命周期上的风险损失与健康资源的数量相一致。也就是在健康风险损失发生的任意时点，都能有充足的经济资源购买到所需要的医疗服务，或者通过购买适度的健康保险将风险损失合理转嫁出去，确保个体及家庭的基本生活不会因为风险损失而陷入经济困境。另一方面，要根据健康风险造成的财富损失和健康损害程度所具有的"跳跃扩散"特点，实现经济资源在健康风险周期上的合理配置，优先配置到风险损失和健康损害都比较小的早期阶段。不仅要以较小的经济代价终止或防控健康风险损失的进一步发展，更要在健康风险发展成灾难性财富损失或不可逆健康损害之前，采取有效治疗措施避免因病致贫或因病致残等问题。然而，受到可用于跨期配置的财富水平限制，加上对健康风险认知、投保健康保险动机、不确定性决策偏好和"损失厌恶"框架效应等因素的影响，人们对健康资源的跨期配置，总是存在风险周期和生命周期上的错配问题。表现为医疗储蓄水平或保险金额不足，或者过度医疗储蓄和超额保险而影响家庭的正常消费支出。或者将经济资源非理性地配置到疾病治疗阶段，造成医疗财富消耗或医疗负债过大，忽视了健康生活方式培养、疾病预防、健康风险治理和亚临床疾病的筛检与早期临床干预等健康风险的干预性投入。

在健康资源跨期配置主体日趋多元化的背景下，政府财政资金和用人单位等主体，也共同参与个体的资源跨期配置行为。而这些政府投入的财政资金和多方筹集的财政化保险基金，不仅存在与个体家庭相似的跨期错配问题，还面临被违规套取和贪污挪用等安全性问题，损害了经济资源对健康风险的防范能力和对医疗费用的补偿能力等。国家审计署 2012 年开展的社会保障资金专项审计结果显示，政府在医疗保险基金、医疗救助资金和社会救助资金等方面投入的财政资金，除了被贪污挪用和违法套取以外，资助参保不到位、重复补贴、违规资助和医疗机构违规加价收费与滥开药物等问题依然严重。参保人员医保卡套现、冒名顶替、违规挂床，甚至伪造虚假票据骗保等保险欺诈问题也比较突出。医疗保险基金和医疗救助资金中存在的违规违法行为，既加剧了健康资源跨期的错配问题，也影响了医疗保险基金和相关财政投入的健康扶贫效果。

2. 个体及家庭健康资源跨期错配的致贫机制

健康风险所导致的经济贫困，不仅包括健康风险造成的既有财富的较大损失，还包括因为健康损害导致的收入能力下降或者严重的疾病残疾。但无论是既有财富的损失，还是收入能力的健康损害，导致的最终贫困形式是个体在全生命周期上的财富无法满足必要的生活消费支出。由于经济贫困分为相对于贫困线的绝对经济贫困（Sen，1983）和经济收入位次低于社会平均水平的相对贫困（Fuchs，1967；Townsend，1979），因而健康资源跨期错配造成的贫困，也可以分为相对贫困和绝对贫困两种情况。Kunreuther 等（2013）发现，那些对健康风险和重大疾病过于担忧的个体，往往会购买超额保险并过度储蓄购买医疗服务的资金，不仅造成家庭财务负担过重，而且也影响了个体及家庭对现有财富的合理配置，进而引发相对贫困和起点能力贫困等潜在的贫困问题。Banberjee 和 Duflo（2011）从经济贫困的角度，发现贫困者对健康资源的配置，倾向于配置在疾病发生以后的治疗阶段，而不愿意在健康时对疾病预防和健康生活方式进行较大的经济投入，也没有购买足额健康保险转嫁风险损失，更没有将资金充分用于家庭子女教育和自己的劳动技能培训。

从健康资源在健康风险周期配置的角度，如果早期的预防性资源投入不足，或者缺乏对疾病的早期干顶投入，尽管能够满足决策当期的即期消费和"立即享乐"（Wilkinson and Klaes，2012），但将会为未来疾病的治疗付出更多的财富，不仅加剧因病致贫风险，还可能造成不可逆的健康损害而引发严重的贫困陷阱问题。从健康风险造成的健康损害角度，在超越人体自身免疫能力自愈的情况下，将随着病情加重而产生"跳跃扩散"致贫效应。如图 7-3 所示，在健康风险的初始阶段 OA，不仅医疗费用花费较小，也没有造成显著的健康损害；但如果短时间内经过 AB 阶段的突变，将会发展到显著财富损失的 BC 阶段。如果在 BC 阶段依然没有得到有效治疗，则可能发展到不可逆健康损害的 C 之后阶段，不仅会造成严重的财富损失，还将会因为持续的医疗费用和家庭劳动力占用，导致家庭陷入"贫困陷阱"，进而造成家庭与社会的沉重经济负担。

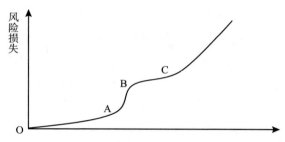

图 7 - 3　健康风险损失的跳跃扩散致贫效应形成机制

从健康风险周期的财富损失演化角度，早期的疾病治疗通常只需要较小的费用，就能够实现疾病的治愈。除可自愈性的疾病以外，疾病干预的时间越晚，治疗疾病所需要的花费也就越大。疾病治疗的财富消耗也由原来的几乎没有显著影响，逐渐扩大到影响家庭正常的消费支出，以至于最后因为大额医疗费用而陷入经济贫困。从健康风险的生命价值损害角度，随着健康损害程度的加大，健康风险损失由单纯的财富消耗，扩展到因病致残而丧失未来收入能力，不仅最终造成因为生活不能自理而需要占用家庭劳动力进行专门的医疗看护，而且也因为持续的医疗费用支出而使家庭陷入贫困陷阱。由此可见，健康风险的"跳跃扩散"致贫效应，是由于健康风险在财富损失、健康损害和家庭劳动力占用上的跳跃扩散突变而造成的，健康风险损失不是平缓的呈线性逐渐增加形式。因此需要在每个跳跃阶段出现之前，对健康风险进行及时的有效干预治疗和疾病筛检，以避免健康风险造成更大的财富损失和健康损害。而从家庭健康风险损失的扩散效应看，不仅在财富上会因为风险损失而影响其他成员的正常消费和教育投入，并消耗家庭其他成员创造的财富，而且也会因为健康损害不能再为家庭提供充分的资本化价值。因病致残后因为医疗照看而对家庭劳动力的占用，使承担照看责任的劳动力难以再全职提供足额的资本化价值，最终将整个家庭拖入因病致贫陷阱。尤其是作为与贫困具有重要内在关系的教育，如果子女教育无法获得来自家庭的充分的资金支持，将会导致跨越代际的长期家庭贫困。

从全生命周期健康风险致贫角度，根据 Huebner（1927）的生命价值学说，个体创造的终生财富根源于个体的生命价值，而在全生命周期上个体的生命价值随着累积财富的实现而递减，如图 7-2 所示。生命价值递减与累积财富先增后降的生命周期分布特征，必然会产生健康保障资源需求与财富累积能力的相悖之处。为了保障全生命周期财富，就需要在任意时点上保持筹集的健康资源与健康风险损失相匹配。但是在生命的早期，大量的财富蕴含于生命价值，既不能进行充分的医疗储蓄购买医疗服务，也难以购买与生命价值相匹配的等额健康保险，并且也没有大量的累积财富需要通过健康保险进行保障。因而此时如果没有来自父辈或外部的资金支持，个体无法通过财富的向后配置满足应对未来风险损失的需求。同样，当蕴含有较大的潜在财富，但个体与家庭的累积财富不足以购买健康保险，或者在健康损害后缺乏治疗资金时，还需要通过金融机构的融资贴现未来生命价值。但由于缺乏可用于借款抵押的财产性财富，难以从商业金融机构获得及时的足额医疗借款，因而需要政府给予利息补贴与政策支持。

根据第六次全国人口普查数据（见图 7-4），在 40 岁以下人口中，0~4 岁、5~9 岁和 10~14 岁年龄段的人口死亡率分别为 1.32‰、0.30‰和 0.31‰。与之后年龄段的死亡风险具有一个明显的拐点。在拐点之前的死亡风险，明显高于 10~40 岁之间的死亡率。尽管从全生命周期财富角度，在青少年阶段所蕴含的生命价值是最大的，但他们显然普遍无法获得自己创造的财富，因而也不能自我购买与生命价值等量的健康保险保额。此年龄段内一旦遭受严重的健康风险致死或致残，将会导致巨大的生命价值损失。因而在该阶段不仅需要来自父辈或社会的资金支持提供保障，而且也没有显性财富需要健康保险进行保障，因而也不存在传统意义上的财

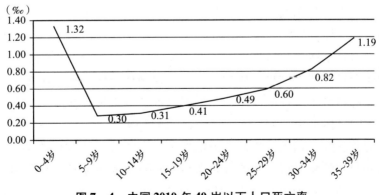

图 7-4　中国 2010 年 40 岁以下人口死亡率

富保障效应，而是为了获得必要的高质量医疗服务。此时的健康保障投入，从全生命周期的家庭支柱成员的抚赡养责任角度，未成年个体获得的由父辈提供的资金支持，属于未来需要在父辈年老后需要偿还的"负债"。如果没有代际之间的所谓"负债"与"偿债"关系，既会导致未成年子女得不到健康保障资源，也在老年人收入终止以后缺乏充足的子代资金扶持。因而可以将"负债"与"偿债"行为，看作是个体在全生命周期的健康资源跨期配置。

然而，在全生命周期资源配置上，处于健康状态的个体受到即期消费的影响，通常不愿意通过医疗储蓄或者购买健康保险等方式，对既有财富进行必要的合理储备，以应对未来不确定的健康风险损失。导致患病以后既缺乏购买必要的高质量医疗服务的资金，也无法通过足额保险将风险损失充分转嫁出去。而当健康风险实际发生以后，对健康损害的"损失厌恶"和恢复健康的强烈渴望，又难以通过理性的医疗借债"贴现"未来财富。要么疾病得不到充分治疗而因病致残，要么过度借债治疗而使家庭背负沉重经济负担。因而，从全生命周期贫困角度，因病致贫主要是由两个根本性原因造成的，一是现有财富的健康风险损失致贫，即财富累积规模已经超过贫困线的个体，因遭受重大疾病风险损失而使累积财富低于贫困线；二是健康风险造成收入获得能力不足致贫，表现起点能力贫困和健康损害能力贫困。起点能力贫困是因为健康风险造成的财富损失，使个体无法获得劳动技能培训所需要的资金，表现为失去就业机会或就业薪酬收入较低；健康损害能力贫困是个体身体或健康遭受意外伤害或疾病损害后，因为身体或智力残疾而失去部分或全部收入能力而致贫。

相对于可重新创造或得到补偿的财富风险损失，收入获得能力不足或遭受健康损害，通常是导致家庭贫困的根本原因。而健康风险导致的严重能力损害，不仅是家庭贫困陷阱的根源，也对社会经济可持续发展带来很多问题。当健康损害产生诸如"癌症村""艾滋村""自杀村"等区域性效应时，对该地区社会经济发展的破坏性将是非常严重的。也正是由于健康风险既会造成严重的财富损失而致贫，也会造成劳动能力不足而导致收入获得性能力贫困，如果没有充足的财富准备或损失转嫁方式，很容易引发代际之间贫困的家庭贫困陷阱。Huebner（1927）基于生命价值与累积财富之间关联性，归纳了生命价值的四种基本风险，即医疗费用支出或暂时性残疾导致的财富损失致贫、永久性残疾引发的"生存死亡"致贫、基于期望寿命的"提前死亡"和强制退休造成的"经济死亡"。尽管最严重的健康损害是基于期望寿命的"提前死亡"，但相对于"生存死亡"可能造成的严重经济贫困，提前死亡反而在经济负担上相对较小。严重的慢性病对家庭财富消耗和劳动力占用，已经成为家庭因病导致绝对贫困的主要原因。

3. 财政资金参与健康资源跨期配置的路径与错配效率损失

个体及家庭微观层面的资源跨期配置，由于收入不足、风险认知和决策偏好等原因，总是存在健康资源在风险周期和生命周期的跨期错配问题。为了防范个体微观资源错配致贫风险，政府的宏观经济资源应该针对微观错配中的不足进行合理有效的弥补，承担起国民健康保障的最终责任。因而政府财政资金和财政化的保险基金，参与健康资源跨期配置的路径，主要体现在修正或改善风险周期上的缺陷、弥补生命周期上的不足和兜底最后的风险损失三个方面。一是针对健康风险周期配置不合理部分的修正与优化调整，承担起个体容易缺失的疾病预防和健康风险早期治理费用，以及遭受健康风险损失后的大额疾病治疗费用、疾病治疗结束后的医疗救助和社会救助等扶贫资金；二是补缺个体全生命周期资源配置的能力不足部分，包括做好最低收入或最低工资保障，以改善财富收入以提高医疗储蓄能力，资助并提供适度的健康保险服务，以及医疗服务利用过程中必要的高质量医疗服务保障，并在医疗费用不足时提供更为经济便利的医疗借债支持和医疗救助等；三是兜底国民健康保障的最终责任，包括兜底政府主导或激励的各类保险基金的最终风险，以切实履行全民健康覆盖提出的"确保所有国民获得必要的高质量医疗服务，并且不会因为医疗费用支付而陷入经济困境"。从参与健康资源跨期配置的具体形式来看，不同参与路径对应着不同的资源配置原则和基本方式。

参与健康资源跨期配置的财政资金，理论上应该尽量向健康风险前端配置，在每次健康风险跳跃扩散之前尽可能得到最有效的控制。健康风险发现的越早，损失控制与风险治理的措施越及时，财政资金的保障效率也就越高。然而事实上，在公共卫生和健康风险早期阶段，由于健康风险尚未造成严重的经济损失和健康损害，由此产生的社会问题也不是很突出，通常不会对政府决策者带来较大的社会舆论压力。因而在健康风险周期上的资金配置，也通常倾向于疾病治疗或因病致贫致残后的医疗救助，或者社会救助等。资源配置的滞后性，造成疾病预防和风险治理投入普遍不足，大量财政资金被动用于缓解或消除因病致贫带来的经济与社会问题。中国之前以环境破坏为代价换取经济发展的行为，已经造成超过330万公顷（约0.5亿亩）土地因中重度污染而无法耕种，城乡依然有大量的人口没有解决好饮用水安全问题和空气质量污染等问题。同样，公共卫生和健康生活方式教育等投入依然不足，尽管投入一级预防的效益是投入二级、三级预防的 400 倍。如果财政资金能够在风险周期上，由疾病治疗向一级预防，甚至是零级预防（限制健康危险因素赖以产生、发展的自然和社会因素）转移，无论是从资金使用效率还是不良后果预防，都将是积极的健康促进方式（曾光，2008）。

公共财政资金的跨期配置，很难根据效率最大化的标准进行统筹安排。大量的财政资金被投入到患病后的临床治疗阶段，健康促进、风险治理和亚临床治疗阶段的投入严重不足。作为医疗费用主要集体筹集形式的医疗保险，也容易因误解而局限于医疗费用的补偿，不仅慢性病和地方性疾病的风险筛检费用、健康教育和预防性治疗等费用没有纳入医疗保险补偿范围，健康体检的人群覆盖范围和资金支持力度都相对偏低。即使是在临床治疗阶段，政府也缺乏诸如医疗借债支持计划等改善医疗费用支付能力的措施，往往只是依赖覆盖能力有限的医疗救助资金，对医疗服务提供额度有限的资金支持，诸如普惠金融等借债扶持政策并没有在医疗领域得到广泛实施。事后被动补偿行为，使患者蕴含有较大潜在财富的生命价值缺乏充分保障，大量财政资金被动用于事后因病致贫或病残的补救。

在全民健康保险覆盖背景下，大量的财政资金被投入到健康保险领域，以提高国民的医疗费用支付能力，避免因病致贫或返贫问题。但是，健康保险吉芬商品属性问题却没有引起足够的重视，导致健康保障的效率损失问题较为严重。根据 Mossin（1968）的吉芬商品属性推论，健康保险在财富保障效应上不应该逼近免费医疗水平，而是应该随着个人累积财富的增加，相应减少购买保障财富的健康保险。而事实上，公共健康保险和商业保险都没能做到这一点，而是努力使保险理赔不断逼近医疗费用的支出全额。全额保险的低效率和助推医疗费用过快上涨等问题，也没有引起足够的重视，从而造成保费负担压力过大、医疗费用增长过快等诸多负面问题。在有限的优质医疗资源约束下，健康保险对全民性的医疗服务支付能力的改善作用，最终被过快增长的医疗费用所抵消，削弱了因病致贫风险的防范能力。

相对于医疗储蓄和医疗借债等单纯个体家庭配置行为，以预付费方式集体筹集起来的基本医疗保险基金，以及有政府财政或税收补贴的政策性健康保险基金，因为是保障缴费主体的共同利益而属于财政化资金。集体筹资和财政资金的基金化以后，通常以补偿医疗费用的第三方支付主体形式存在。而医疗费用的第三方支付方式，因为缺乏直接的微观利益主体指向，很容易出现医生与患者双方违规利用问题。除此之外，公共卫生资金、医疗救助资金和社会救助资金等政府的直接财政投入，也因为权力寻租和监管不到位等原因，造成被贪污、挪用或延迟拨付等违规违法配置等问题。相对于风险认知与吉芬商品属性等原因造成的非最优配置问题，违规违法配置通常会造成用于健康风险防范资源的直接损失，健康资源被强制性剥离应对健康风险损失功能而成为违法者谋利的资源，使风险周期和生命周期上的资源数量与防范风险的资金需求不匹配。一些原本能够得到及时控制、治理和风险，最终演化为严重的风险损失或不可逆的健康损害，进而引发资源错配导致的因病致贫与返贫问题。从健康资源的利用层面，健康保险基金和医疗救助资金，通常会被不符合补偿或补贴资格的群体，以冒领、基金套现和套现、骗保等形式违规使用。而一些定点医疗与医药机构，为了自己的私利，还存在大处方、大检查和重复检查、违规"挂床"等方式，独立或合同谋取与滥用医疗保险基金，造成财政资金或财政化保险基金的直接重大损失，或者补偿医疗资源被过度利用的间接损失。通过财政资金和保费筹集起来的健康保险基金，正因为缺乏直接而具体的利益主体，而逐渐成为多方利益的博弈对象，造成严重的经济损失而无法有效履行应对因病致贫风险的作用。因而，必然需要一个能够对资源管理主体和使用者的行为进行监管的强有力主体，监督、评价、修正和优化健康资源的跨期配置与使用行为。

4. 资源跨期错配的政府审计修正与优化机制

（1）政府审计在应对健康资源跨期错配致贫中的功能定位。

政府审计既有基于审计主体分类的并列于内部审计和民间审计的经济评价、经济监督和签证功能，同时又有高于内部审计和民间审计的建议和指导功能（裴育、郑石桥，2016），是服务于国家治理体系的重要手段。在新常态下，随着中国经济、社会与政治等领域的全面深刻变革，政府审计也应该从批判型审计转向建设服务型审计，通过服务型审计达到纠正问题、健全制度和规范管理等功能（晏维龙等，2016），以促进社会经济的可持续健康发展。政府审计不仅要做好事后的监督与评价功能，更应该将审计的各项职能前置，允分发挥审计的免疫功能和服务于国家治理体系和治理功能现代化（刘家义，2012，2015）。而从政府审计的权力性质上，它属于全国人民代表大会赋予的公权力，因而也必然应该为国民的利益负责。既要维护个体的基本合法利益，也要推动集体利益的最大化，纠正因为个人利益最大化而影响甚至损害集体利益的行为，并为实现集体利益最大化提供必要的建议和指导。

经济资源是政府审计的基本客体和具体指向对象，凡是属于国家所有和支配使用的经济资源，从理论上都应该属于政府审计全覆盖的监督和调整对象。经济资源的错配问题，一方面，是被相关利益者以违规或违法的方式挪用贪污，或者被违规分配给没有申领资格的主体；另一方面，是资源没有配置到能够最大限度地发挥潜在作用的地方，造成配置效率的损失，或者资金的闲置。政府审计既要监督和纠正违规违法行为造成的国有经济资源流失，也要对资源的使用效率进行绩效性评价，提出改善资源配置效率的建议和指导意见。健康资源的跨期配置，既是为了使全体国民实现健康资源与健康风险损失在任意时点的等量配置，以避免风险损失或健康损害造成的经济贫困等不良后果，同时也是为了以最小的经济和健康损害代价实现对国民健康的有效保障，达到健康资源的最大化健康产出。在健康资源配置总量适度的情况下，如果资源配置存在错误和效率上的损失，必然会导致特定时点的特定人群，无法获得充足的健康资源应对风险损失或健康损害。而健康劳动力是社会经济活动最主要的生产要素，如果国民的健康得不到根本的保障，那么依赖劳动收入的家庭将因此陷入经济困境，社会经济发展也将无法持续。因而，政府审计的基本功能，不仅是要保证健康资源的安全，更要保证资源跨期配置的有效性，以最大化的产出效率实现对国民健康的有力保障。

具体来看，政府审计对健康资源跨期配置的监管、修正和优化对象，主要是基于政府国民健康保障责任为前提投入的公共财政资金，以及以保险基金形式预付的财政化的集体筹资。如果政府没有履行国民健康保障的责任和相应的财政资金投入，那么也就不需要政府审计的参与。因而政府审计全覆盖的指导原则，就是"财政资金到哪里，政府审计就跟踪到那里"，即《关于实行审计全覆盖的实施意见》中提出的政府审计对公共财政资金的全覆盖。审计参与资源跨期配置监管的功能定位，一是保障财政资金的财务安全，确保所有参与跨期配置公共财政资金的使用都符合政策法规的要求；二是提高财政资金跨期配置匹配程度和保障效率，通过不断改善公共财政资金的匹配水平，切实起到主导国民健康资源合理配置和弥补与风险损失匹配不足作用，更好地防范健康风险损失致贫问题。在全民健康覆盖要求下，政府必须"确保所有国民获得必要的高质量医疗服务，并且不会因为医疗费用支付而陷入经济困难"。当个体及其家庭在健康资源的跨期配置存在因错配而致贫风险时，政府必须通过财政资金投入，确保患者及时获得必要的高质量医疗服务，并在因病陷入经济困难时提供财政救助资金。因此，政府审计既要跟踪监督财政资金使用的合规性，又要评价和促进财政资金的正确配置程度，及早发现和修正错配问题，确保国民健康得到最有力的保障。

在健康资源跨期配置的匹配效率经济性评价方面，政府审计的核心任务是为了确保财政资金保障效率的最大化，充分发挥政府审计的国家治理功能，监督和评价以健康保险为主体的资源配置是否实现了对健康风险的有效治理。重点评价资源的跨期配置对健康风险的"跳跃扩散效应"，是否得到了及时有效的控制；财政资金的跨期配置是否以更为科学合理的分类分层保险，对保险财富保障效应的吉芬商品属性与获得医疗服务的杠杆效应进行了合理平衡。通过对医疗费用与保险基金筹集变动指标的监测分析，判断健康资源配置是否刺激了医疗费用的过快上涨。审计健康资源是否通过充分前置实现了疾病预防和风险有效治理，评估健康风险早期筛检和控制的投入与产出情况。运用生产效率评价技术测度各阶段风险控制后的剩余风险，判断剩余风险与投入之间的经济性；跟踪审核财政资金的及时足额到位情况，以及因延迟配置造成的财富损失和不可逆健康损害情况；通过评估风险周期各阶段资金需求与实际资源的匹配程度，判断微观与宏观层面健康资源配置的合理性，提出修正和优化措施的审计建议。

（2）政府审计对健康资源跨期错配的修正机制。

政府审计的跨期错配修正机制，主要针对健康资源配置相关利益主体的违规违法行为。除了医疗储蓄和医疗借债纯粹属于个人行为以外，有政府财政资金参与的社会医疗保险基金、医疗救助资金和有政府补贴的普惠医疗金融和"个人税优"类型健康保险减免税收，都属于政府审计的监管范围。当前社会医疗保险的保险基金、财政分担资金和医疗服务利用等资源错配和违规使用问题比较严重。一是个体被强制参加基本医疗保险以后，保险基金存在被违规和过度利用问题。参保人员通常会以道德风险、保险欺诈和套利等行为损害健康保险基金安全，协同参与实施的主体，还包括定点药店与定点医疗服务机构等第三方的服务主体；二是存在政府财政资金被违规挪用、贪污和重复补贴等浪费现象，以及财政资金补贴不到位等问题。这是当前政府审计对财政资金安全重点监管的主要内容，以确保保险基金规范性地用于国民健康保障。对医疗储备不足问题，财政资金的主要弥补方式，是资助参保、医疗救助和社会救助，或者承担全部的保险费用。政府审计主要是评估申请主体的救助资格，审核是否存在违规救助问题。对财政资金补贴申领主体资格的审计，重点审查资助资金对贫困人员的覆盖是否公平合理，是否对参保人员的保费进行了准确的分担，贫困患者在疾病治疗是否获得了足额的医疗救助资金，对病残致贫人员是否按标准得到适度社会救助，大病医疗保险资金是否补贴到位，以及商业健康保险的个人税收减免是否符合制度规范等。对不符合申请条件的，要督促主管部门及时足额追回违规补贴资金，而对补贴不到位的则要及时足额发放，切实保障已经陷入经济困境人员的基本生活。

对财政资金使用主体行为的审计，重点关注参保人员医保卡购药和医疗费用的补偿，即是否符合基本医疗保险的相关规定。对医保卡购药合规性审计，除了利用信息系统筛选异常购药的人员，并核实药品使用与性别、年龄和用药常规是否符合，确定重点监测群体进行必要的约谈，详细了解健康状况和用药情况，及时追缴医保卡套现资金。同时，利用医疗保险基金系统，关注医保卡基金购药异常的药店，盘点医保目录内药品的实际销售是否与药店出库药品相符合，药品的正常采购数量与实际库存数量相匹配。进一步查明基本药品单次销售数量和品种，是否违反相关的制度法规。而对定点医疗服务机构的审计，除了关注定点药品销售的合规性以外，重点关注大处方和大检查与重复检查，以及是否存在年龄或性别与诊断不符问题，以查明是否存在冒名顶替问题。当病床周转率和利用率出现异象时，要利用临床管理路径核算单日病床费用结构，查明是否存在违规"挂床"问题。重点根据医疗保险承办机构的拒付规模，审计拒付额度和频次较大的医疗机构，抽查拒付规模较大期间的门诊与住院病人的病例医嘱是否符合健康保险的制度法规。

（3）有效防范健康风险跳跃扩散效应导致的贫困问题。

健康风险导致的财富损失和健康损害程度，具有随时间延迟而被放大的"跳跃扩散效应"，造成的贫困风险也由最初的单一财富损失致贫，跳跃性扩展为对子女教育投入抑制而导致的起点能力贫困、个体健康损害导致的获得性收入能力贫困、"生存死亡"家庭贫困陷阱，甚至影响社会经济的可持续。如果通过在健康风险周期上的有效资源配置，则可以使健康风险在各阶段得到最大限度的控制、客观上无法控制的剩余风险最小，进而使健康风险总损失最小。如图 7－5 所示，假设缺乏有效资源配置时的总风险为 d，如果 OA 阶段的剩余风险最小化为 a，AB 阶段的风险被控制为 b，BC 阶段的风险被控制为 c，则健康风险造成的总损失 a＋b＋c 将远远小于 d。d－（a＋b＋c）为健康风险有效控制后的剩余风险。而这必然要求健康资源在各个阶段的投入，恰好满足健康风险治理的需求，投入过多将会导致控制风险效果的经济性，投入偏少则会导致剩余风险过大而难以实现有效的风险治理。

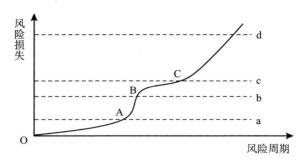

图 7 - 5　资源配置的健康风险跳跃扩散效应治理机制

实现健康资源在风险周期配置上的最优配置,不仅是一个技术性很强的复杂决策过程,也是容易受到风险认知与决策偏好的影响。因而,无论是个体资金,还是政府公共财政资金,通常都难以对 OA 阶段进行适度地配置,导致疾病预防和风险治理投入严重不足。在健康风险损失不确定与损失厌恶框架效应下,更多的健康资源通常以医疗保险和医疗费用的形式,被大量投入到财富损失保障和疾病治疗的 AB 或 BC 阶段。而医疗借债和大额治疗费用,则集中于 C 点之后的严重损害阶段,而此时已经难以获得理想的治疗效果。

政府审计对健康资源跨期配置的优化机制,就在于推动个人和政府财政资金向 OA 阶段合理配置,使健康风险得到充分地管控、治理和早期干预,避免造成严重的财富损失和健康损害而引发家庭或群体性贫困。因而政府审计对健康风险跳跃扩散效应的控制,应该重点评价健康风险的不同阶段财政资金投入结构是否合理,风险治理资金是否进行了充分合理地前置,以及健康教育、公共卫生资金和健康风险治理的资金投入是否显著降低了健康风险损失。在遭受严重健康损害的阶段,要审核评估治疗方案是否在保障病人选择权的前提下,进行了充分的经济性论证,并对患者的过度举债治疗决策也进行充分的必要性评价。同时,从积极治疗的资金支持角度,要审核评估政府财政资金是否通过医疗救助或普惠金融,使遭受健康损害但尚未发展到不可逆阶段时的患者,得到了充分治疗而有效地避免了因病致残风险。

(4) 合理控制与缓解健康保险吉芬商品属性的负面效应。

根据世界卫生组织(2013)提出的全民健康覆盖要求,政府的财政资金应该优先满足"必要的高质量医疗服务",而不是过度放大医疗保险的财富保障效应。从理论上,在必要的医疗服务需求一定的情况下,随着国民财富水平的增长,政府保障"不会因为医疗费用支付而陷入经济困境"

的责任也随之减少，如图 7-6 所示，责任保障线 OPENR 将逐渐向左上平移到点 C 位置，之后的工作重点在于确保国民公平地获得必要的高质量医疗服务。

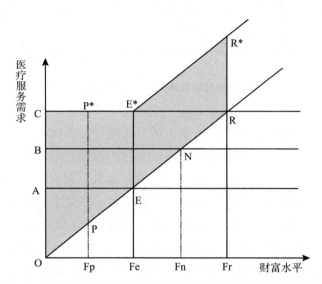

图 7-6　医疗保险吉芬商品属性对医疗服务过度利用的激励效应

　　但是，基于医疗保险可操作性和基本公平考虑，社会医疗保险不能完全消除吉芬商品属性的影响。在强制性参保政策下，社会医疗保险必将对医疗服务价格上涨产生助推作用，导致必要的医疗服务支出 CR 将向上过快移动，进而导致财富水平增长或者医疗保险水平提高的支付能力改善作用，被过快增长的医疗服务价格冲减。近年来过快增长的医疗费用，已经严重侵蚀了国民的财富水平和削弱了医疗保险的保障效力。除了医疗保险对费用的助推作用以外，财富水平的提高对有限优质医疗服务的需求竞争也是一个重要原因。高收入者的医疗保险财富保障效应越明显，医疗费用增长也就越快，最终将导致医疗保险的财政投入不堪重负、保费筹集增长压力过大等问题。财富的支付能力越强、财富保障效应越大，造成的医疗服务需求竞争和价格拉动效应也就越大，低收入群体获得必要的高质量医疗服务的可及性也就越差。这也是在全民医疗保险基本覆盖和保险水平不断提高的背景下，低收入群体和经济欠发达地区依然存在"看病难、看病贵"问题的主要原因。

　　因而基于医疗保险吉芬商品属性负面效应最小化和必要的高质量医疗服务保障等角度，政府审计应该重点关注基本医疗保险水平是否适度，财政资金的过度投入是否刺激了医疗费用的过快速上涨，跟踪评价多层次健康保险与缓解吉芬商品属性负面问题的关系，提出优化多层次健康保险的审计意见。量化分析医疗保险水平、财政资金和医疗费用增长之间的关系，明确政府的财政资金投入是否优先改善基层医疗机构的硬件、软件和配套设备的建设，是否对高级别医院的投入过大而导致基层医疗机构投入偏少。重点审计财政资金对分级诊疗实施的推动效果，评估各级诊疗中基本医疗服务、药品和检查的合理满足程度。审核医疗信息的互联互通建设情况，包括信息化建设是否存在重复投入和低效运转问题，是否显著性减少了重复检查问题，是否有效促进了双向转诊等分级诊疗的实施，并对统筹地区之间的"医疗孤岛"的严重性进行评价，提出实现互联互通和分级诊疗的审计意见。

（5）推动健康资源多元化跨期配置方式的密切合同。

健康资源跨期配置的核心目的，在于通过多元化的资源跨期配置，实现对未来不确定健康风险损失的有效防范。既不会因为健康资源错配而陷入经济贫困，也尽可能避免过度投入对正常生活和合理消费的影响，使资源配置以最小的成本代价获得最佳的保障效果。在全民健康保险基本覆盖背景下，尽管医疗储蓄和医疗借债等配置方式逐渐处于次要的位置，但由于健康保险吉芬商品属性和道德风险逆向选择问题，以及医疗费用上限的不确定性，健康保险不可能完全实现对医疗费用的全覆盖。因而，在不断提高全民健康保险水平的情况下，依然需要适度的医疗储蓄和医疗借债等资源配置方式作为必要的补充，政府应该相应地提供医疗救助和医疗借债的金融支持政策等。同时，为了推动全民健康生活方式的培养和公共健康保障的需要，政府还要加强公共卫生和健康教育投入，以及生活环境、饮水安全和职业安全保护等各方面的有效治理。因而需要各部门之间的协同合作，才能够实现健康资源在健康风险周期上的合理配置。政府审计通过对健康资源的全覆盖监督和评价，既可以对各部门的承担职责和经济资源投入的安全、效率进行全方位的监督评价，也有助于推动各部门的协同监管。

从应对健康风险致贫角度，政府审计应重点监管公共财政资金是否有效解决了医疗储蓄不足时的因病致贫问题，资助参保资金和医疗救助资金的申请主体资格是否符合相关的规章制度；政府是否在个体及家庭缺乏医疗服务购买能力时，提供了包括普惠金融等政策性融资支持，政策性金融机构是否按照要求执行相关的政策法规，申请主体是否符合资格要求。患者在遭受健康风险以后，患者的过度医疗行为是否得到有效的修正，所得到的医疗服务是否是必要的高质量医疗服务，并且没有导致其家庭陷入严重的经济负担。

重点审计预防性的资金投入是否进行了有效的前置和足额拨付。审计内容包括：政府投入的公共卫生资金和健康教育资金是否及时拨付到位，资金的使用主体是否按照要求进行了正确的执行，执行的效果是否达到预期目标。疾病控制机构是否正确的使用了疾病风险防控资金，是否存在违规性问题。各用人单位的职业环境是否满足各项规范要求，是否为职工提供了必要的劳动防护。职业疾病筛查资金投入是否适度，是否起到疾病隐患的合理控制与消除，对重点单位的职业病监测指标进行趋势性和比较性审核分析。抽样审核自来水公司和小区直饮水是否达标，投入的公共饮水安全保障资金使用是否合规。在健康生活的环境治理上，政府投入的环境治理资金是否适度，财政资金使用的财务安全性是否得到合理保障，资金使用是否有效降低了健康风险，等等。

7.3 实现健康保险可持续公平发展的战略安排

7.3.1 健康保险与国民经济实现战略互动的激励机制

1. 生命价值财富结构及财富的不确定性

在分析生命价值对健康保险行为影响研究的部分，已经根据 Huebner（1927）的生命价值学说中资本化价值的构成，构建了一个资本化价值结构模型。将个体的资本化价值，用工薪收入、绩效奖励和花边收入的总和扣除属于个人消费的部分，在整个生命周期上将劳动时间进行积分累积，即：

$$Lv \equiv Fcv = \int_t^T x_1 f(x_1) dx_1 + \int_t^T x_2 f(x_2) dx_2$$

$$+ \int_0^e x_3 f(x_3) dx_3 - \int_0^e cf(c) dc$$

其中 x_1、x_2 和 x_3 分别为个体的工资收入、绩效奖励和花边收入或偶然所得，c 为个体的全部消费，f(·) 为该变量的密度函数。根据资本化价值结构模型，只要知道前两项的数据并利用家庭的其他各项收入，与劳动力人口数进行初等计算，可以估计出在退休时间为 T 和期望寿命为 e 时的个人资本化价值。

同时为了分析人们之间的情感、间接收入和医学伦理学等问题对生命价值的影响，考虑到情感和家务劳动难以量化情况下，需要引入了变量 x_4 表示经济价值难以有效衡量的其他价值，并基于生命价值的第四项将生命价值估值模型扩展为：

$$Fcv = \int_t^T x_1 f(x_1) dx_1 + \int_t^T x_2 f(x_2) dx_2 + \int_0^e x_3 f(x_3) dx_3$$

$$+ \int_0^e x_4 f(x_4) dx_4 - \int_0^e cf(c) dc$$

它蕴含了个体从生命的出生，到最后生命死亡的整个生命周期内，个体的资本化价值总水平。个体的以上财富来源于资本化价值，但是资本化价值的实现，或者说是资本化价值能力提高的最终结果，必须是社会经济的平稳发展和理想的增长速度。如果没有稳定的社会经济环境，就是再高的资本化价值能力，也难以转化为有形的资产财富。反之，即使有再好的就业机会和实现资本化价值能力的经济环境，如果身体的健康遭受疾病损害，也无法实现财富的转化。资本化价值影响最大的是奖励性绩效收入和花边收入，特别是在机关事业单位，个体的健康即使受到一定的损害，基本工资一般也能得到一定程度的保障，尤其是在劳动就业法律环境比较好的情况下。从另外一个角度，即健康保险的既有财富的保障和家庭资金优化配置方面，如果遭受健康风险损失，或者因为担忧疾病治疗的医疗服务费用支出，社会可得到的资本总量也会下降，总资本投入规模也变得相对不确定。因此，健康保险与生命价值保障和财富保障的效果，对社会经济发展具有深远的影响。同时，健康风险损失的不确定性，也导致国民经济发展存在一定的不确定性，或者说机会成本问题影响的不确定性。

2. 健康保险生命价值保障的经济发展推动作用

健康保险对国民经济的推动作用的核心的功能，是以健康保险对劳动力的健康促进为核心，积极的作用是社会获得更加健康的劳动力，实现社会经济发展的平稳快速发展。而经济社会的发展，反过来使健康保险基金得到充裕的资金支持，再次回报健康保险的保障结果，以便于更好地发挥健康保险对健康的促进作用，实现健康保险与社会经济的联动发展。不仅如此，健康保险对健康的促进作用，在改善了劳动力健康水平、延长国民期望寿命的同时，也使得延迟退休政策的实施成为可能。进而能够在所谓的"退休年龄人口"中，挖掘出来更多的胜任特定岗位需求的劳动力。健康劳动力数量的增加，不仅能够为经济发展提供更多的劳动力资源，也能够改善养老保险和健康保险基金中所谓的"长寿风险"对基金支付能力的风险问题。健康保险的功能不仅能够推动社会经济发展，也对完善社会保险体系具有积极的推动作用，有助于实现社会保险体系的可持续发展。

人口老龄化的最大问题，就是被赡养的人口比重越来越大，导致劳动力人口的相对短缺，家庭抚赡养系数越来越大。但人口老龄化真的如普遍的观点那样可怕吗？事实上在很多经济不发达的国家，尽管人口的抚赡养比例偏低，但依然没有使整个家庭脱离贫困。这种情况在中国尚未实施计划生育政策和改革开放之前，问题也是比较突出的。而在经济发达的情况下，虽然人口抚赡养比例偏高，但也没有导致较为严重的家庭贫困问题，这在英国、德国和日本等经济发达国家最为典型。使人口老龄化与人口贫困问题脱离的核心要素，就是劳动力的资本化价值的产出水平。根据Huebner（1927）的观点，家庭支柱成员对家庭的经济贡献，主要取决于其资本化价值水平。在家庭人口数量和平均消费支出一定的情况下，个体资本化价值越高，其承担抚赡养的压力也就越低，一个人能够抚（扶）赡养的人口数量也就相对更多。因此，在人口老龄化背景下，要缓解人口老龄化压力，就必须充分考虑资本化价值与抚赡养人口数量之间的关系。尽管发达国家很早就进入老龄化阶段，但由于较高的资本化价值水平，使得人口老龄化压力得到较好的缓解。但是，西方国家在经济增速普遍偏低的情况下，即使有较为优厚的鼓励生育的福利政策，但是生育意愿依然偏低，从资本化价值角度，就是如果被抚赡养者的支出增加，或者费用增加，将会抑制新生人口的数量。这必须通过国家其他的保障途径进行解决，例如免费或低收费的教育和更小的居住成本与更低的医疗费用等。

与此相反，对于那些农业结构较重的发展中国家，例如中国，务农人口的比重依然较大，单位劳动力的收入能力偏低，缺乏对家庭和社会成员的经济支持能力。这必然会导致劳动年龄以外的未成年人过早成为劳动人口、老龄人口继续从事劳动等。而在中国农村务农的老人，根据相关抽样数据来看，仍然有超过50%的退出劳动年龄的人口在从事农业生产。中国大部分地区的农村，老年人口对农业生产的参与度仍然是比较高的。撇开劳动强度的问题，事实上很多超过退休标准的"老龄人口"一生都在从事农业生产，即使是在经济上没有任何压力，除非其健康状况不允许。并且当经济与健康状况都不允许时，又会伴随一些老龄人口自杀问题。即使在城市，很多退休人员也没有完全脱离劳动，多以从事家庭劳务、较低劳动强度的生活服务产业，实现自我的生命价值。但这种生命价值往往不是直接的经济收入，而是家庭减少的成本支出，如雇佣保姆的费用和劳动者闲暇的增加等。

由此可见，在人类的生产活动中，健康水平决定了社会成员实际退出劳动的时间。随着西方国家期望寿命的延长和健康水平的改善，退休延迟政策已经得到广泛的实施。虽然美国存在非严格的退休年龄，但是在养老金领取上，也是在鼓励劳动者延迟退休。所以说，在整个社会保险体系中最为重要的养老保险和健康保险两类保险的老龄化问题是相对的，而核心问题在于劳动者的健康水平，因而健康是社会保险系统均衡的核心。为了鼓励或约束人口的退休年龄问题，各国都有针对老年人口退休金领取的激励政策，或者法律规范，在法定退休年龄时退休只能得到普通的养老金，而在被鼓励的年龄后退休，则可以得到一定的调整系数。而英国则是强制要求退休延迟，在 2024 年预计将退休年龄延迟到 67 岁，这也得益于其认为非常骄傲的国民医疗服务体系。

而企业或用人单位是健康保险费用的真正承担者，因为无论是个体缴纳的保险费，还是分担的保费，或者政府通过强制性收缴的税收财政，最终的财富都来源于企业的生产（农业等免税产业除外）。因而各国政府也针对企业的保险基金支付能力，采取了动态调整机制。为了改善全球化一体化背景下的企业竞争力，政府需要管控国家之间的企业成本对竞争力的影响问题，通过国家和企业之间保费互动激励机制，实现对健康保险支付能力的均衡。德国在 2008 年经济危机和欧债危机期间，建立了一个中央财政支持的基金，使中小企业业主能够以更低的价格为雇员提供健康保险。所以，在这方面，需要建立一个基于支付能力和国际竞争需要的调节基金，既可以应对基金风险，也可以调节企业的经营问题，否则可能会影响到保险基金筹集的稳定性。我国多次采用了社会保险费用延迟或减免的特殊政策。社会保险制度改革早期，是以空账运转的方式，2008 年金融危机时是延迟或免缴的方式，而 2014 年则是降低工伤保险和生育保险的费用。但是这些政策，在健康保险方面缺乏一个公共调节基金。虽然在养老保险方面设置了全国社会保险基金，但目前尚未在健康保险方面发挥调节作用，主要是通过地方政府的财政投入或者医院分担的方式转嫁基金赤字，经济水平越不发达的地区问题越突出。对于商业健康保险来说，主要是由政府财政与保险公司其他基金共同分担，因而需要制定更加具体的税收优惠或补贴政策。当前的税收优惠还主要是针对被保险人，对如何使企业也能获得税收优惠激励，尚未制定明确的政策法规。

7.3.2　推动可持续公平发展的政策环境与战略安排

党的十八大以来，特别是十八届三中全会做出的《中共中央关于全面深化改革若干重大问题的决定》，对医疗保障改革发展进行了全面的战略部署。根据决定做出的部署，国务院对医疗体制改革和加快现代保险业发展，提出了具体的改革措施和指导意见。

1. 加快推进现代保险业发展的战略安排与指导意见

被称为保险业"新国十条"的《国务院关于加快发展现代保险服务业的若干意见》，对现代保险业的发展，分别从税收优惠和政策等角度，对加快现代保险服务业对社会保障体系的支撑方面，制定了一系列的战略安排规划。在加强基础建设，优化保险业发展环境方面，一是全面推进健康保险在内的现代保险服务业的信用体系建设，在加强保险业信用信息基础设施建设的基础上，进一步扩大信用记录的覆盖面，并构建信用信息的共享机制，这对减少健康保险道德风险和逆向选择的负面问题，具有重要的战略性的基础支持作用。并且在经济激励方式上，通过引导保险机构对不同信用等级的个体，采取差别化保险费率等手段，在加大守信者经济激励的同时，也对失信者进行有效的约束。激励与惩罚性措施的兼并使用，对于改善健康保险的信息环境具有重要的促进作用。为了减少营销道德风险和欺诈问题，指导意见还从完善保险从业人员的信用档案制度、健全保险机构信用评价体系和失信惩戒机制等角度，提高从业人员的职业规范和职业素质。这对减少诸如前景理论下的框架效应、默认选项负面问题和减少反逆向选择，都具有战略性的指导价值。

数据信息是减少健康保险交易成本、提高信息可及性的基础保证。指导意见提出要加强保险业基础数据信息支持设施建设。具体内容包括加快建立保险业各类风险数据库，修订行业经验生命表、疾病发生率表等。并且要打破因为行业竞争而各自独立的数据平台，组建保险行业的资产托管中心、保险资产交易平台、再保险交易所、防灾防损中心等基础平台，并建立联系各保险机构的信息管理机构，即中国保险信息技术管理有限责任公司，为提升保险业的风险管理水平、促进保险行业自身的转型升级提供支持。针对投保动机非理性问题，指导意见提出提升全社会保险意识的具体渠道和方法，包括发挥新闻媒体的正面宣传和引导作用，鼓励广播电视、平面媒体及互联网等开办专门的保险频道或节目栏目，在全社会形成"学、懂、用"保险的氛围，尤其是加强中小学和职业院校学生的保险意识教育。

在具体的支持政策方面，分别从监管协调、政府购买公共服务、完善税收政策和用地保障方面，制定了相对完整的优惠政策框架。在建立保险监管协调机制方面，要求加强保险监管跨部门沟通协调和配合，促进商业保险与社会保障有效衔接、保险服务与社会治理相互融合、商业机制与政府管理密切结合。通过建立保险信息的共享机制,逐步实现数据共享,提升有关部门的风险甄别水平和风险管理能力。针对存在的保险欺诈、道德失范和保险基金违规问题,指导意见还要求建立保险数据库公安、司法、审计查询机制。

指导意见的政策亮点还包括明确了鼓励政府通过多种方式购买保险服务,这既是政府转型的需要,也为保险业的发展带来的发展机遇,甚至改变了人们对保险业"陌生人拜访"的负面形象,现代保险业走向"高大上"时期。指导意见通过鼓励各地结合实际情况,积极探索运用保险的风险管理功能及保险机构的网络、专业技术等优势,通过有效运用市场资源调节与优化机制,降低地方政府的公共服务运行成本。相对于政府直接承保业务,商业保险机构的运营效率更高,那么这些公共服务政府可以委托给商业保险机构经办,并且也可以直接向这些机构购买保险产品和服务;对于具有较强公益性的保险服务,由于市场化运作无法实现盈亏平衡,政府可以对经营业务给予一定的财政或税收支持,其中税收优惠政策和用地优惠政策的扶持力度最大。指导意见不仅提出逐步完善健康保险的有关税收政策,还对基本医疗保险补充保险的支持方面,提出落实和完善企业为职工支付的补充养老保险费和补充医疗保险费有关企业所得税政策。在加强养老和健康服务业用地保障方面,要求各级人民政府在土地利用的总体规划中,优先统筹安排健康服务业的发展需要,扩大健康服务业的用地供给,优先保障供应。当然也对健康服务设施的用地进行严格的监管,不能改变优先提供土地的用途。这样鼓励符合条件的保险机构投资兴办健康服务业,就有了土地供应上的保障。

2. 优化商业健康保险的功能定位与实施办法

医生的处方和治疗方案,对于提高医疗服务利用效率、减少患者的非理性就医选择,落实医疗服务管制和健康风险治理,具有非常重要的地位。但是也容易引发医患之间的矛盾,甚至对医生的人身安全带来很大的风险。为了最大限度地消除医生的担忧,更好地保障医患双方的权益,《国务院关于加快发展现代保险服务业的若干意见》,提出要提高医疗执业保险的覆盖面,通过加快发展"医疗责任保险、医疗意外保险,探索发展多种形式的医疗执业保险",达到转嫁医生的执业风险。尽管医疗责任保险能够缓解医生与医疗单位的经济风险,但对有效化解各种医疗纠纷、切实保障医患双方的合法权益和构建更加平等和谐的医患关系,医疗责任保险只是一种事后的经济补偿机制。而鼓励通过商业保险等方式,提供医疗职业伤害风险保障，也主要是解决医患纠纷中的损害赔偿问题。医生执业保险全覆盖面的逐步推进，尽管能够使医生能够在减少来自社会各方面的干扰，提高所开处方和治疗方案的质量和效益。但是要确保患者得到所必要的高质量医疗服务，控制非理性的过度消费，还需要加强医疗服务管制，切实改善保险基金的保障效率，减少患者非理性的过度医疗问题。

根据"新国十条"的要求，《国务院办公厅关于加快发展商业健康保险的若干意见》，对完善发展商业健康保险的支持政策进行了详细的部署。内容包括加强组织领导和部门协同、引导健康服务产业投资、完善税收政策支持和社会氛围营造等方面。指导意见指出，通过科学的统筹规划，把加快发展商业健康保险业务，纳入到深化医药卫生体制改革的总体部署中。通过有效地统筹协调加强部门之间的沟通和配合，完善加快商业健康保险的政策，协调解决影响商业健康保险加快发展的重大问题。通过及时制定配套措施，实现商业健康保险服务业的可持续平稳发展，积极利用商业健康保险资金的长期投资优势，鼓励各类保险机构按照"依法、稳健、安全"原则，通过出资新建和合资参股等方式，创建新办医疗和健康体检等延伸性的健康服务机构，承接社会医疗保险的有关服务或业务。指导意见再次强调，要根据健康保险服务产业的发展需要，加强对具有社会公益性的健康保险服务业务的用地保障，细化了土地优先供应的具体政策。

税收政策的激励作用有助于加快商业健康保险业的发展。该指导意见指出，要借鉴国外经验并结合中国的具体国情，逐步完善健康保险的有关税收政策。研究完善当前正在实施的城乡居民大病保险的基金政策，落实和完善企业为职工支付的补充医疗保险费有关企业所得税政策。不仅能够激励企业为职工提供补充医疗保险的动机，也能够切实有效地降低企业的保费负担。充分发挥市场在资源配置中起决定性作用的战略导向，鼓励投资健康服务的资本和外资保险公司等社会资本，积极投资建立健康保险公司，鼓励各种类型的专业健康保险机构的发展。在推动形成全社会的健康保险意识方面，要求以商业健康保险满足人民群众非基本医疗卫生服务需求为重点，通过加大宣传和借鉴成功经验，进一步完善健康保险的信息公开渠道和公开机制，建立由社会多方利益主体参与的监督制度。对于保险人也要自觉接受来自社会的监督，加强保险行业内部自律，实现公平竞争与合作，营造保险行业发展的良好氛围。只有行业自身发展得到根本性的改善，健康保险的社会氛围才能得到根本性改观。

为了深化医疗卫生体制改革，充分发挥商业健康保险的作用。在2014

年 8 月 27 日召开的国务院常务会议上，李克强总理指出，通过加快发展商业健康保险业务，调动各种社会力量将商业健康保险与基本医保形成合力，协同保障国民的健康并不断提高医疗保障水平，满足多层次健康保障需求。在全面推进商业保险机构受托承办城乡居民大病保险方面，从城乡居民保险基金中，划出一定比例或额度大病保险资金，建立城乡居民大病保险制度，提高大病患者的医疗费用补偿比例。在政府的公共服务购买方面，借助市场竞争机制，大力支持商业保险机构参与基本医疗保险的业务经办。同时也鼓励医疗机构成为商业保险定点医疗机构，降低不合理医疗费用支出。保险机构要进一步丰富面向老年人和残疾人等的商业健康保险产品。加大政策支持，完善企业为职工支付补充医疗保险费的企业所得税政策，鼓励社会资本设立健康保险公司和新办医疗、社区养老和健康体检等机构，并通过有效监管确保有序竞争。国务院这次常务会议，实际上就是对"新国十条"内容的具体部署和安排，为推动健康保险的可持续发展提供了政策保障。

3. 跨区医疗与医疗服务内部公平竞争市场的建立

跨区就医改革的目的，是为了方便参加健康保险居民的就近看病，同时也有助于打破统筹地区内部医疗资源垄断的问题，进而在更大的地区范围内建立医疗服务市场的内部竞争机制。卡梅伦政府的 2012 年改革法案，对患者的就医选择提出了关于增强病人选择性的六项措施，要求医疗服务体系基金所提供服务中的绝大多数病人，对治疗和服务机构的选择能够在 2014 年时就变为现实。而且希望医疗服务委托委员会能够承担负责提高和扩大选择与控制的角色，并负责发展并与健康国务大臣一起负责帮助病人做出合理的选择，目的就是为了通过医疗服务内部市场竞争机制的建立，给病人提供最合适的医疗服务机构。政府将要求医疗服务委托委员会与病人和专业机构一起，提高病人的就医选择权。医疗服务专业人员要与病人进行签约，并改革支付系统以使得资金能够跟随病人流转，推动选择权利得以实现，完善选择所需要的信息支持系统，支持具有不同语言需要的病人以确保他们能够选择。并且保证地方委员会是全力支持的，而不是对其进行限制。

建立跨区医疗服务的办法，虽然能够方便参保人员的就诊和建立内部竞争市场，但是需要更为完善的逐级转诊制度，或者应该说是转诊制度。因为逐级转诊虽然可能更有助于控制医疗服务费用，以及更为理性的选择医疗服务机构。但是这是建立在对基层全科医生不信任的假设基础上的，而且也会影响到医疗救治的及时性。这在现实中也不乏因为转诊不及时而延误病情的问题。事实上，只要转诊制度设计合理，例如在全科医生制度基础上，通过借鉴诸如英国的医疗服务委托委员会（原来拟建立全科医生协会），审核和帮助病人做出合理正确的选择。中国在构建逐级转诊制度上，采取的基本办法是由社区医生作为"看门人"，向上级医疗机构转诊，例如社区医院、乡镇医院，然后这些医院再向县级医疗机构转诊，最后是市级和省级医疗机构。这有点像军队的医疗后送制度，但是军队医疗后送制度是在后送中进行救治，而且伤员最终也是要流转到后方医院的。因而，我国在基本医疗保险中的逐级转诊制度是没有必要的，应该将"逐级"去掉。使用转诊的办法，由首诊医生确定转诊去向，然后由一个类似于医疗保健委员会的机构负责转诊资格审核。特别是在当前互联网技术发达的条件下，审核委员会可以在很短的时间内做出及时的诊断。因此，在"互联网＋"的条件下，采取逐级转诊的办法显然会损害转诊效率和及时救治效果。

从健康保险生命价值保障角度来看，逐级转诊制度实际上也是为了更好地保障生命价值，而在不同层级的医疗服务机构之间寻求最佳诊疗方案的过程。通过逐级转诊制度，在我国当前医疗服务资源配置失衡特点下，实际上就是逐步获取最好的预后效果的目的。对于一个诸如简单的阑尾炎手术，在村卫生室只能采取药物止痛的方法，但明显将会导致其无法正常工作，甚至有生命危险；而在乡镇医院可以手术，但手术的创伤较大，对于部分女性可能影响职业选择，但已经缺乏医学上优选价值，因为阑尾炎手术后不影响患者的正常劳动。而在市级医院的可以选择微创伤手术的话，那么对患者的手术体验和预后将会带来更大的体验效用，但需要较大的医疗费用。从单纯的生命价值保障角度，基本医疗保险只需要转诊到乡镇级医疗机构，如果个体愿意自负费用或者有针对覆盖范围的健康保险，那么就可以到市级医疗机构。生命价值保障就是在医疗方案之间预后效果的选择过程，一般与手术的治疗过程无关。这也是进行医疗服务选择的一个已经存在的保障方式，但是如果存在生命价值不同保障效果、治疗费用也有非常大的选择的话，人们还会像一个阑尾炎的治疗选择那样想当然吗？显然不会。在基本医疗保险基金第三方支付的情况下，保险基金总是希望通过最小的支付获得折中的一种治疗效果，否则将会导致保险基金陷入收不抵支的困境。

因此，构建跨地区就医与内部市场竞争机制的建立，以及逐级转诊制度的实施，是对健康保险的医疗服务损失补偿和生命价值保障的促进措施。这对减少医疗服务费用、提高服务效率，具有较好的控制作用。在建立医疗服务内部市场竞争机制和转诊制度的改革方面，必然是一个有助于健康福利促进的前景，通过对改革前景的判断，模拟分析不同的改革措施对健康保险保障效果的影响，以便于在医疗费用第三方支付合约中进一步完善合约激励机制。

4. 扶贫开发战略下健康保险政策的优化策略

因病致贫和因病返贫的根源，在于疾病对健康损害造成的既有财富损失和未来潜在财富的损失，尤其是疾病造成不可逆健康损害对未来潜在财富的持续性损失。因而，要避免因病致贫和因病返贫问题，就需要通过优化健康保险政策，使被保险人既能够充分转嫁医疗费用损失，又能够获得必要的高质量医疗服务以最大限度的修复健康，保障未来潜在财富最大程度地得以实现。这必然需要进一步完善健康保险的政策，以充分发挥健康保险优化家庭消费结构、改善资本化水平和提高医疗服务杠杆等功能，更加充分地保障国民健康水平。

（1）全面优化健康保险的相关激励政策，修正健康保险资源的错配问题。

健康保险的资源错配主要是国家或家庭与个人对健康保险的投入，与潜在的健康风险不匹配。具体表现为保险金额偏小或偏大、保险产品功能重复或层次之间重叠较大、健康保险定点医疗机构级别过高造成的"过度治疗"，以及过于担忧健康风险而进行超额风险资金储备等。健康保险资源错配既有对健康保险的正确认知原因，也与健康保险选择的专业知识和能力不足有关。健康保险资源错配的后果不仅导致健康风险无法合理转嫁和难以获得必要的高质量医疗服务，也会因为家庭财富占用过大而影响家庭发展性消费或财富资本化水平。因而有必要通过有针对性的纠错激励机制，从优化国家财政、家庭收入和健康保险基金配置等角度，提高健康保险投入和风险匹配的程度，合理解决健康保险资源的错配问题。

首先从国家财政资源配置角度优化资源配置。马克思在六项扣除理论中指出，除了保障社会再生产的进行之外，首要的社会产品扣除就是应对各种风险损失部分。马克思也同时指出，应对各种风险损失部分的社会产品需要通过超额生产加以弥补。也就是说，应对风险损失部分的社会产品属于社会总福利的纯粹损失。在健康保险的保费构成中，绝大部分属于疾病造成的纯粹损失。因而国家有必要从用于二次分配的社会产品中，拿出一部分用于应对健康风险的损失。这不仅体现在政府举办的社会医疗保险中，还包括对社会医疗保险具有补充作用的高层次健康保险部分。对这部分政府主要通过税收激励和费用补贴来实现。全面优化健康保险激励政策，是政府做好社会保险事业为前提的重要政策和资金配置方向，从保险的需求和供给两个方面，激励社会经济资源在健康保险上的优化配置。

之所以需要国家在政策激励层面，全面优化健康保险的相关政策，主要是因为在个体及其家庭方面，存在对健康保险的误解性问题。健康保险的易被误解性，导致人们往往难以对健康保险做出合理而理性的选择，特别是需要社会医疗保险和商业健康保险通过有效组合形成多层次保险体系，才能够提供充分保障的情况下，对大部分缺乏健康保险选择知识和决策能力的普通民众来讲，很难组合形成与真实需求相匹配的保险体系。即使专业的保险人员，因为受到风险偏好、风险与损失参数的主观编辑、投保目的的多元化等因素的影响，也很难做出完全合理的选择。

因而，需要国家进一步完善健康保险的相关政策，除了完善强制性的社会医疗保险政策外，在商业健康保险领域需要全面优化税收优惠政策，以进一步引导被保险人选择更为合理的健康保险组合。在社会基本医疗保险实行税前扣除的基础上，加大商业健康保险的税收优惠力度。目前中国已经制定和实施了"个人税优"类型的健康保险，但从保障力度和激励范围上依然偏低，缺乏对更广泛人群的激励作用。

而在健康保险的供给方面，市场资金的驱动力在于实现投资收益的最大化，这必然会造成所谓的"二八定律"等市场"撇脂现象"（王国军，2014）。"二八定律"意味着市场更加关注20%的高收入群体，而对80%的低收入群体具有"歧视"行为，造成大部分的社会群体难以从市场上获得较为"经济"的健康保险产品。政府除了加强健康保险市场的监管，同时还需要对市场行为给予一定的激励政策，正如"新国十条"中制定的一系列激励政策一样，要确保政策的执行和落地，必然需要经济刺激计划，否则将使健康保险市场缺乏对低收入群体的保障供给。加强健康保险的供给侧改革，在市场机制下，更多的行为激励在于经济手段的有效贯彻实施，而不是强制的命令或者所谓的"道德"机制。

（2）医疗服务临床路径管制与普惠金融介入机制。

医疗服务临床路径管制，与健康保险高质量医疗服务杠杆作用存在一定的矛盾之处。一方面被保险人期望通过健康保险满足对高质量医疗服务的需求，另一方面健康保险必须根据保险基金的筹集规模，对医疗费用进行有限制的补偿，并对道德风险问题进行有效的控制，这样必然会造成医疗费用实际支出与保险基金补偿额度之间的差值。医疗费用与基金补偿差额，可能会导致家庭累积财富不充分的患者放弃治疗或者只能接受不充分的治疗，其结果就是患者难以从健康风险损害中完全康复，进而影响未来潜在资本化价值的实现水平，根据 Huebner（1927）的生命价值学说，如果资本化价值能力无法得到充分的健康保障，将会使其陷入持久性的家庭贫困或掉入贫困陷阱。全民健康覆盖的基本要求是"政府要确保每个国民获得必要的高质量医疗服务，并不会因为医疗费用支付而陷入经济困境"。如果健康保险的医疗费用共付机制使被保险人放弃治疗或者只接受不充分的治疗，显然背离了全民健康覆盖的基本要求。在健康保险医疗费用补偿能力一定的情况下，就需要寻求另外途径来改善被保险人的医疗费用支付能力。在传统的模式下，主要是通过事后医疗救助或社会救助的方式提供保障，然而这种事后救助方式往往是在已经发生不可逆健康损害情况下的，不仅需要大量的社会保障资金占用，而且也难以使被保险人有效摆脱持久性贫困的境况。

根据 Huebner（1927）的财富结构观点，被保险人在生命周期某个时间点上不仅有已经累积的财富，还包括未来通过潜在生命价值财富化的部分。而医疗费用的支付能力主要是受到已经累积财富规模的影响，即既有财富达不到自负医疗费用的支付额度。但如果他能够获得必要的高质量医疗服务，那么他的未来潜在财富就能够得到充分的保障，进而可以用未来的财富达到对当前医疗费用的支付。生命价值提前预支或贴现方式的借款或者贷款，对累积财富能力不足但潜在生命价值很大的个体具有更加重要的现实价值。只要个体的未来资本化价值的贴现超过借款或贷款额度，其通过借款或者贷款的方式支付医疗费用就是可行的。而事实上，被保险人通过向亲朋好友借款支付医疗费用，已经是我国当前比较常见的现象。尽管医疗借款现象大量存在，但是在一定程度上依然难以筹措到充分的大额治疗费用，即使筹措到足额医疗费用也往往使部分家庭因此陷入严重的债务负担。只有那些极少幸运的人在社会慈善事业不发达的情况下，获得来自社会的无偿慈善捐助。

既然医疗救助或社会救助与民间借贷都存在一定的弊端，那么就需要寻求一种克服这些弊端的新的医疗扶助机制。也就是需要普惠金融介入的"医疗贷款"政策，作为健康保险共付机制的补充措施。要求按照不高于普惠金融政策下的贷款利息，为必要的高质量医疗服务购买提供资金支持。在普惠金融介入机制下，如果普惠金融能够通过免息或低息提供医疗费用援助，帮助其获得必要的高质量医疗服务，那么就可以用恢复健康后创造的未来收入偿还借贷。这相比较因为缺乏充分治疗而陷入贫困，必须依赖国家救助生活，显然对个体和国家都是更为经济的。这既是一种风险较低的高额社会投资回报，也是从个体、家庭和社会层面的净福利增加。

退一步讲，即使医疗服务借贷没有能够使其恢复到理想的健康状态，或者资本化价值达不到完全偿付贷款的水平，该普惠金融医疗借贷至多也就是转变为医疗救助，也在一定的程度上比事后被动的社会医疗救助或社会贫困救助，具有更积极的扶贫开发作用。它毕竟是一种发生在治疗过程中的资本化价值保障积极措施，体现了国家在全力保障居民健康上的责任担当。

（3）改善健康保险保障效力的普惠金融介入机制。

投保健康保险的最终目的，是使被保险人能够通过保险基金支持获得充分的医疗保障。健康保险的保障效力，在于以最小的保费代价使被保险人获得必要的高质量医疗服务。因而健康保障效力的改善，不仅要通过健康风险治理有效地降低保费，还要通过医疗服务管制提高医疗服务质量，使保费投入与医疗保障之间是最经济有效的。否则，过高的保险费用不仅会增加投保人的家庭财务负担（Kunreuther et al.，2013），还可能会因为治疗不充分造成的不可逆健康损害而陷入贫困陷阱（Banerjee and Duflo，2011），削弱健康保险防范"因病致贫""因病返贫"的扶贫功能。然而健康保险又是一种外部性很强的特殊保险，虽然保险的直接受益人为被保险人，但被保险人的家庭和用人单位，乃至社会和政府都能够从健康保险的保障功能中受益，甚至与承保机构具有竞争关系和在保险上具有补充关系的其他保险机构。仅仅通过一家保险机构承担或协调外部性分担，显然既是不公平的，也是不现实的。它需要政府制定相应的外部性补偿和分担措施，其中普惠金融就是一种有效的经济激励手段。

基于疾病预防和早期筛检思想的健康风险治理，对被保险人一定是经济有效的，能够以较小的经济代价避免较大的医疗费用和不可逆健康损害。从当前风险治理费用的来源看，可以由被保险人自己或用人单位承担，也可以由政府的公共卫生支出负担，或者保险机构承保以后由保费支出负担。前三个主体可以充分享受风险治理带来的收益，但是对于健康保险承保机构却是不一定的，一方面，是因为风险治理的收益被限制在承保机构的保险期内。如果被保险人在承保期结束后更换保险机构，风险治理的未来收益随之发生转移。另一方面，不同保险机构对同一被保险人的健康保险具有层次性和补充性，任何一个层次的风险治理都会使其他层次受益。由于保费与保险水平之间具有正向相关性，越是低层次的保险机构，所承担的外部性投入收益比就越小。

为了激励保额较高的机构承担健康风险治理成本，需要通过普惠金融的支持和激励政策来分担部分风险治理费用，使被保险人和对被保险人具有健康保障责任的政府或其承办的基本医疗保险。在获得风险治理外部性收益的同时，承担部分治理费用。普惠金融的本质是政府对利息部分成本饶让给承担风险治理的机构，以补偿其外部性溢出。获得普惠金融支持的风险治理支出，当预期结果满足考核要求，则对治理效果普惠金融进行适度的补偿，以激励被保险人和保险机构，更好地进行健康风险治理。

针对健康保险典型的第三方支付可能造成的道德风险问题，要想在控制医疗费用过快增长的情况下为被保险人提供更为优质的服务，就必须改善第三方支付存在的制度缺陷，其中重要的一项就是将医疗服务供给内部化。在"新国十条"中，提出鼓励有条件的健康保险机构，通过参股或新建医疗服务机构的方式，为被保险人提供更为优质的医疗服务。在"新国十条"中主要强调了土地政策的优先保障和税收优惠政策，还需要在资金政策上，提供更为有力的支持，进而有效化解医疗费用过快增长对优质医疗服务供给压力，确保被保险人能够在较低的医疗费用自负压力下，获得必要的高质量医疗服务。

（4）健康保险与家庭财富投资收益一体化扶贫开发策略。

当缺乏健康保障时用于防备疾病治疗费用的家庭储备财富，通过购买相应的健康保险得以部分释放以后，被释放的财富除了用于教育和培训等发展性消费以外，必然会作为家庭资金从资本市场寻求较大的投资收益。在多元化投资渠道可选的情况下，除了少数具有企业家精神的人员将资金用作创业资本从事个体经营以外，大部分普通工薪收入家庭倾向于购买国债和银行理财产品等无风险或低风险金融产品。这些低风险投资渠道带来的收益显然是相对偏低的，也是导致中国家庭财富真正资本化水平偏低的主要原因。而随着资本市场发展起来的投资连接性保险、万能险和分红险等新型保险产品，已经延伸到健康保险领域。除了提供健康保险的基本保障功能以外，还同时为投保人的富余资金提供了投资平台，保险的保障水平也相应得以改善，能够在更高保障水平上防范大病医疗费用的致贫返贫风险。

"新国十条"提出在不发生系统性区域性金融风险的监管底线前提下，不仅放宽了保险基金的投资渠道，还明确了一系列支持保险业发展的优惠政策，以充分发挥保险资金长期投资的独特优势。而在投资方向上，除了支持重大基础设施、棚户区改造、城镇化建设等民生工程和国家重大工程外，还鼓励保险公司通过投资企业股权、债权、基金、资产支持计划等多种形式，在合理管控住健康风险的前提下，为科技型企业、小微企业、战略性新兴产业等发展提供资金支持，以及建立投资创业投资基金等。显然未来包括健康保险资金在内的保险资金，具有较大的投资增长潜力，如果将不断增长的投资收益能够与投保人分享，显然在健康保障和家庭财富资本化率都是很大的促进作用。在各种投资型的新型保险产品中，2015 年 8 月实施的个人税收优惠类型健康保险的办法中选择了万能险形式。以万能险为主体的新型健康保险产品，将健康保障与资本投资一体化，事实上已经被证实是当前最有活力的保险产品之一。它既能够对保本型金融理财产品形成一定的替代性，提高健康保险公司吸纳居民储蓄的竞争力。也能够有效提高居民储蓄的资本化水平，在当前资本市场存在异常波动风险和银行低利率时期，为居民家庭财富的保值增值提供了更为安全可靠的途径。

7.3.3　健康保险基金监管与医疗保险统筹发展机制

1. 健康保险基金监管的方向与路径探讨

保险基金安全的监管，涉及对所有基金相关利益者的行为监管，不仅是保险人建立的保险基金的监管，还要对投保人或被保险人的道德风险和套利等影响基金安全的行为进行监管。政府部门往往只是监管保险机构的基金安全和承保行为的规范性，而将对投保人和被保险人的风险管理行为的监管责任留给保险公司。尽管安监部门承担日常安全生产的责任，但部门之间在信息传递上往往不是共享的。事实上当前很多灾难性事件，都是保险公司难以单独承担监管责任的巨灾损失。而对于这些造成重大意外死亡的特大事件损失，虽然被保险人通过保险将损失责任转嫁出去，但依然没有摆脱对行政或是刑事惩罚的责任。这种事后惩处性的、在经济上于事无补的行为，再次证明保险只是转嫁部分经济损失而不是责任。并且从社会损失角度，虽然被保险人从保险公司得到了损失补偿，但社会损失并没有减少。这也正如 Borch（1962）所说的，保险不能转嫁社会风险损失，显然不是政府所期望的结果。政府更期望能够借助保险公司风险管理的技术优势，减少或避免风险损失的发生。由于疾病风险往往对人的健康损失是不可逆的，人们更期望疾病少发生甚至不发生，这部分内容已经在健康风险治理章节进行了系统研究，并证实风险治理的社会福利帕累托改进作用。

但是，在健康风险损失的转嫁理念下，保险行为确实很容易使人误解为风险责任与风险经济损失的双重转嫁，诱发了道德风险、保险欺诈，甚至是保险套利的行为。而事实上，在保险的权力代位和法律的责任追究体制下，保险更多的是维护被保险人的经济利益，这并不会影响到责任方的法律责任和最终经济索偿行为。在健康保险领域，一些人为责任造成的公共健康问题，在保险承担必要的医疗费用补偿责任的同时，政府也同时会追究相关责任主体的失职或不作为等问题。因此，如果缺乏监管机构之间的密切配合，那么保险基金自身的安全风险也就难以从根本上得到解决，提高保障效率和加大风险治理等工作也将受到影响。对保险基金安全的监管，必须通过有效的风险治理手段，将风险监管从对保险公司的财务监管，上溯到对投保动机、投保后风险管理行为和补偿阶段的全过程监管。而当前中国对保险基金安全的监管，主要集中在风险准备金等偿付能力监管相关的内容，对发生事故以后，也主要是惩罚投保人或被保险机构的负责人。而没有对负责风险监管的保险部门进行惩罚，很大部分的原因与保险机构的监管成本有关。承保机构的监管职责不到位的问题，或者太依赖于安监部门和卫生管理等部门，而没有考虑到保险在承保风险以后的责任定位问题。

因此，从保险的经济功能角度，保险只是转嫁了个体经济层面的风险损失，并不是风险责任主体应该负责诸如法律等其他责任。在健康保险领域，投保人转嫁的只是被保险人遭受疾病风险以后的医疗费用损失，投保人对被保险人的抚赡养责任并没有转嫁出去。也就是说，在居民医疗保险或者商业健康保险中的投保主体，依然要承担治疗以后的医疗照看等其他责任。在这种法理依据下，必然需要除了保险机构以外的协同监管机构，例如医疗卫生行政部门，或者预防保健机构，甚至是公安部门，都应该参与到对整个健康保险行为的监管。因而要理清楚为什么在基本医疗服务目录以外，还存在保障范围以外的费用或者医保目录内的费用偏高项目，是否与医生的诱导需求有关？是否是因为个体的保险套利动机有关？等等。政府为了健康保险基金的安全，对健康保险采取行政监管措施，对非合约范围内的费用采取不补偿的方式，受损的是被保险人，而不是承担有处方责任的医生，更不是健康保险承保机构。在健康保险中一个普遍被大家接受的医疗服务过度利用问题，在于医生的诱导需求和服务利用。那么他们的行为是否该得到严格的管制，并对不合理的医疗费用承担责任？

然而，所谓的医生诱导医疗服务利用问题，依然存在很多被误解的问题（Frank，2007）。过度医疗服务利用，一方面与患者的自我保护动机有关，另一方面也与医生的自我防护动机有关。在医患关系相对紧张的情况下，如果由医生对就医行为监管，可能会进一步加剧紧张的医患关系。但医生确实是在按照自己的习惯制订医疗方案，尽管部分治疗内容存在需求诱导问题，使医疗方案偏离了经济效益的标准。而事实上，医生不愿意因为减少医疗费用而尝试新的方案，因为那样将面临较多的责任风险，而责任又没法真正全部转嫁出去，最终可能造成那些相对更经济有效的医疗方案难以得到有效执行①。

因此，转变健康保险基金监管首先要解决的问题，就是扭转保险的风险转嫁学说，利用损失分担的理念或许更好，尤其是起源于互助性质的医疗互助（救助）健康保险。因为在风险转嫁学说理念下，投保人相当然认为已经将风险损失转嫁给保险人，而保险人与投保人之间具有利益上的交换性质。即投保人向保险人缴纳保险费用，保险人在被保险人发生投保风险损失后，给予合同约定的经济补偿。因而，容易造成投保人与保险人之间是利益对立的误解，或者是服务与被服务的关系。在风险损失转嫁理念下，在投保人通过缴纳保费将风险损失部分或全部转嫁给保险人以后，那么被保险人就没有必要像原来一样缜密考虑医疗支出，进而导致实际医疗费用支出的增加，这可以解释为道德风险问题。但更大的问题在于保险损失补偿功能导致的消费激励问题，即所谓的"吉芬商品"属性问题（Mossin，1968）。特别是连续性的健康保险续保，往往需要直接的经济支出和间接的劳动时间占用，这些支出要素既有经济价值，也有闲暇的效用价值。即使被保险人依然按照原来好的行为习惯继续保持，在认为健康投入是不合算的时候，可能会有选择地终止部分资金和闲暇占用较大的行为。并不会对行为改变而增加的损失承担责任，哪怕是道德责任。而风险损失分担的学说理念，至少可以使个体在道德观念上产生改变行为的心理紧张，进而在体验效用上减少道德风险行为的发生。这是由于在互助与分担理念下个体的保险行为，更容易受到社会道德规范的约束，利他性是损失分担说的一个原因解释（Wilkinson and Klaes，2012）。

同样，在风险转嫁和损失分担的理念下，被保险人在对自我监管约束和健康促进的经济与心理成本的补偿机制也不一样。如果按照风险转嫁的理念，这些经济投入与心理成本需要得到来自保险人的经济激励。而损失分担理念下，往往非物质的激励就可以使他们的这些成本得到补偿，即集体责任与集体利益。而从风险转嫁角度，承担风险共担资金的健康保险基金就是一个风险池（risk pool），它对于个体分散的风险具有倍数放大效应。因而，健康保险基金的可持续性与一般的投资资金的可持续不同。不论选择什么样的补偿方式，获得的保险基金必须足以保证既定的医疗服务费用的供给和保险体系的正常运行，也就是这个体系在融资上必须是可持

① Frank R. G. Behavioral Economics and Health Economics [A]. Peter Diamond, Hannu Vartiainen. Behavioral Economics and Its Application [M]. Princeton University Press, 2007: 195–215.

续的。健康保险基金作为应对社会疾病或健康风险的蓄水池，保险基金一旦出现问题，将会放大疾病风险的社会不稳定因素。健康保险基金作为应对全社会疾病风险的储备资金，一旦出现基金风险或破产，将意味着数量众多的被保险人的经济损失得不到及时足额补偿。即使健康保险基金不发生系统性的风险，如果难以实现有效地保值增值，也会造成被保险人隐性福利的损失。

2. 期权期货视角的健康保险机构医疗费用控制机制

尽管社会保险法、"新国十条"和商业健康保险的指导意见等相关的政策法规，都明确了保险监管的内容和要求，但是对于商业健康保险来说，由于很多业务涉及医疗费用补偿，因而监管需要延伸到医疗服务机构的行为，这显然是保险机构难以有效单独完成的。为了实现对被保险人医疗服务利用有效性监管，需要综合各方面的力量。即便如此，在医疗保险方面，无论是社会医疗保险，还是商业医疗保险，道德风险、诱导需求和保险欺诈等问题依然非常严峻。在此情况下，如果将监管权力能够交给医生或被保险人，那么将会具有更好地激励作用，因而可以基于期权期货理论对医疗费用进行监管控制。

提高医疗服务费用支付能力的健康保险，是医疗服务保障类健康保险的主要内容。由于健康保险机构既作为保费的筹集者，又是保险基金使用的支配者。因而相当于向被保险人售出一个看涨期权，同时向医疗服务机构买入一个看涨期权，两个看涨期权的收支差额，就是保险公司主要的利润（或结余部分）来源。在医疗服务费用增长压力较大的情况下，保险公司如何对医疗服务费用实行有效的管制，涉及保险利润与基金安全的核心问题。在社会医疗保险领域，主要是通过基本医疗服务目录和共付方式控制医疗费用支出。而作为商业健康保险，不具备对医疗服务机构监管的行政权力，也难以完全按照基本目录提供补偿。因为那样将与基本医疗保险的保障范围产生冲突，不利于保险业务的发展壮大。因而必须确保保险机构从医疗服务机构购买的医疗服务，既能满足被保险人医疗服务需求，又不至于陷入基金支付困境。该问题已经基于期权期货视角进行了探讨，在此重点关注监管的内部激励机制问题。

在金融市场上，期权期货的主要作用是平抑价格不稳定带来的风险。因而，如果能够充分利用期权期货风险控制技术，则可以使医疗服务价格更加稳定，进而平抑保险基金支付的过快上涨；将医疗服务效率改进动力或压力转嫁给医疗服务机构，迫使医院加强自我管理，自然也是高效率的社会福利帕累托改进，而这对社会医疗保险也同样适用。不仅可以在医疗费用支付上通过期权期货交易，控制医疗服务利用的合理性和费用增长过快问题，同时也可以将门诊部分纳入合约约束，以提高个人账户或家庭账户部分资金的优化配置。通过与医疗服务机构建立类似期权期货的合约，管控医疗服务费用增长过快和医生诱导需求问题的基本思想，是保险机构按照约定价格采购的期权合约，在进行费用支付时一并要求门诊住院服务包一致，也就是门诊服务包是属于临床服务包中的一部分，而对特殊医疗费用采取单独签订合约方式。

　　由于健康保险一般只对医疗服务范围而不是服务数量进行限制，并对服务补偿上限进行限制。因而在缺乏医疗服务利用合约约束的情况下，人们在购买医疗服务费用补偿型的健康保险以后，并不会在医疗服务数量上进行自我控制，造成医疗服务的过度利用问题。同时医疗服务的利用又在补偿金额上设定起付线、补偿比例和封顶线。因而也可能在一定程度上，对经济收入水平较低的人员产生一定的抑制作用。但显然对富人的约束比较小，他们往往会比穷人更多的利用医疗服务。即使有健康保险费用补偿保障的很多贫困者，因为缺乏起付线和自负部分的费用支付能力，会被更多地挡在较大费用的治疗服务以外。

　　首先，从投保人买入大病保险作为未来支付医疗费用的看涨期权看，投保人在未来健康风险损失发生以后，从保险人那里获得一个看涨的期权，到期通过卖出期权获得额定的医疗费用补助。而且这个期权收益，既可以高于医疗费用，也可以低于医疗费用，这与投保人对保费、理赔、风险大小估计和回报率额度等有关。这种模式除了受到存款利率和市场获利影响外，一般不存在因为医疗费用上涨而出现的偿付能力问题，保险人与受益人之间只是一种经济给付合约关系。与寿险的精算模式相类似，大病保险费用支付与合同额度有关，与疾病风险本身的损失无关。但是，由于此类健康保险承保风险基本是治愈效果不好的大病，生命价值损失补偿的性质比较明显。

　　其次，从投保人买入健康保险作为未来报销医疗费用的看涨期权看，这种健康保险除了设置免赔额、费用补偿比例和最高限额外，不设定疾病范围，因而相对于给付型的健康保险，该类健康保险的价格偏低。由于个体特征变化较大，控制难度也比较大。在该模式下，投保人买入健康保险作为期权用来购买医疗服务的，保险人也必须向医疗服务的提供者，买入一个看涨的期货。无论医疗服务费用如何变化，保险人都可以以未来约定的价格机制为投保人采购医疗服务。从而，保险人可以将因为医疗服务价格变动和诱导消费需求等医疗费用上涨风险，通过预先向医疗服务机构购买服务包的方式,转嫁给医疗服务提供者。医疗服务提供者通过自我控制消化内部成本以保证合理的收益空间,但如果只约定价格而没有明确的范围,将会导致医疗服务范围上的诱导需求问题。

在社会医疗保险领域,政府作为健康保险的承保主体,与医疗服务机构的所有者,虽然可以通过价格管制和服务目录控制医疗服务供给,但却难以控制医疗服务的诱导性需求问题。因而在社会医疗保险补偿机制下,应该尽快全面建立和完善临床路径管理等相关的约束法规。既有助于保险公司承保商业健康保险,也对社会医疗保险基金具有重要的安全保障。在期权期货模式下,无论是保险费用还是理赔额度或医疗服务供给,都应该有明确的保障范围,严格按照期权期货的运行机制,控制医疗服务的采购。事实上,通过期权期货模式运营健康保险,保险人和政府由原来风险的被转嫁者转变为医疗服务采购主体,以自己的保险集团优势从医疗服务者手里获得特定价值的服务包,进而将风险最终转嫁给医疗服务的提供者,构建健康保障的完整网络。

3. 提高统筹层次与医疗保险公平性改善问题

在县域或地级水平上的地区统筹和城乡不同承办主体分别实施的基本医疗保险推进办法,造成中国医疗保险严重的城乡三元多维保险模式的"碎片化"问题(仇雨林,2012),并衍生了重复参保、断续参保和制度间的不公平等一系列问题。通过医疗保险统筹层次的提高,不仅能够在更大的范围内改善医疗保险的公平性问题,也是实现可持续发展和推进城乡一体化的必然要求。但是在整合城乡医疗保险制度和提高跨行政区域统筹层次的过程中,由于城乡之间和地区之间存在较大的收入水平差距,以及医疗服务利用可及性和优质医疗资源配置的城乡与区域失衡。如果只是简单地提高基本医疗保险的区域间统筹层次,将会因为医疗保险基金筹集与医疗服务利用之间的不对等,出现农村补贴城市、穷人补贴富人和弱势群体补贴强势群体的新的不公平问题。这与通过提高统筹层次改善公平性的初衷发生背离,必然会引发新的不公平性问题。

首先,提高统筹有助于解决医疗保险制度碎片化问题。中国医疗保险制度的改革进程,是按照城镇职工、农村居民、城镇居民、进城务工人员和各类大学生等不同人群逐步推进方式,医疗保险碎片化问题也随着制度的推进而日益严重,学者们习惯于将这种"碎片化"称为二元三维模式,事实上碎片化已经呈现三元多维的趋势。碎片化问题不仅表现在城乡之间,还包括城镇同一家庭中不同身份属性的人员,分属于不同的保险制度覆盖范围,筹资水平、资金来源和补偿标准等很多方面存在明显的差异性。提高医疗保险统筹层次，将能够依次实现城乡统筹、地区统筹和省级统筹，最后实现全国统筹，将不同身份特征的人员，最终纳入相对统一的全民医疗保险制度框架下，建立全民健康保险制度。医疗保险的碎片化，对医疗保险基金的安全、补偿能力和制度间的公平，带来了很大的负面效应，很多人群因此被医疗保险锁定在特定的行业或地区，既不利于城乡统筹发展，也不利于社会资源在地区间的优化配置。统筹城乡医疗保险和实现跨区域统筹，不仅能够改善参保机会不公平问题，还能够增强医疗保险基金抵御风险的能力，更好地满足大数法则基本要求，群体之间的疾病风险差异也能够得到更好的内部转嫁消化。因而提高医疗保险统筹层次，直到实现全国统筹，是未来医疗保险制度可持续发展不可逆转的根本趋势。

其次，提高统筹层次有助于推动城乡经济和社会一体化发展。新中国成立以后实行的城乡二元社会管理模式，造成社会资源和劳动力城乡之间的合理流动需求被严重抑制，并产生了较严重的制度排斥。正是由于相关的政策和社会保障措施没有能够及时跟进，大量进城务工人员的保险关系得不到有效的转移接续，他们的医疗保险被边缘化，存在保险缺失、中断，甚至重复参保问题。二元社会结构下较低的统筹水平，导致流动人口的医疗保险利益难以得到合理地保障。党的十八届三中全会做出的《中共中央关于全面深化改革若干重大问题的决定》，指出"城乡二元结构是制约城乡发展一体化的主要障碍"，必须发展城乡一体化的新型城乡关系，逐步提高保险的统筹水平，实现进城农民保险关系的有效接续。国务院在2014年3月颁布的《国家新型城镇化规划（2014~2020年）》，指出城乡一体化发展是为了加快消除城乡二元结构的体制机制障碍，推进城乡要素平等交换和公共资源均衡配置，使城乡居民共同分享现代化成果。医疗保险也只有通过提高统筹层次，才能得到更加公平和可持续的发展，切实维护参保流动人员的保险利益。

最后，提高统筹是保障跨地区流动人口医疗保险权利的需要。在城镇化进程中，跨地区流动人口达到1.69亿人，他们不仅在珠三角和长三角等乡镇经济较发达地区的村镇之间、县域范围内部城乡之间流动，更多的是贫困地区向经济发达地区的省域范围和跨省份异地就业。在属地化管理和城乡二元保险制度下，流动人员流出统筹地区后，医疗保险的待遇难以得到有效保障。而那些为流动人员提供了医疗保险的流入地区，却又出现了重复参保问题，既造成个人医疗保险重复缴费，也导致国家财政重复补贴（国家审计署，2012）。再加上流入地区和流出地区重复参保的保险基金，对流动人员费用补偿是平级互斥的，而非逐层补偿的，进而造成保险基金和保费投入的较大效率损失。地区间医疗保险政策的不统一，也导致流动人员医疗保险政策难以得到有效的执行。是按照流出地区的新型农村合作医疗办法将其纳入居民基本医疗保险，还是按照强制性原则将其纳入就业地区的职工基本医疗保险，二者难以得到清晰的结论。因而也就造成流出地区和流入地区互相推诿，或者互相争夺的问题。通过提高统筹层次，如果超越省级统筹，则就能够解决 1.69 亿跨地区流动人员的异地医疗保险问题，使其能够自愿选择是居民医疗保险，还是参加职工基本医疗保险，并可以在统筹地区的任意定点机构按照制度规则，选择就医机构并实现直接结算。

7.4 健康保险生命价值保障与可持续发展动态分析

西方工业化国家习惯于将老龄人口看作为社会保障负担，但中国在尊老爱幼的传统社会文化背景下，更倾向于用"家有一老，如有一宝"的观念重视老年人的价值。"老龄"人口不仅在传统农业和城镇服务业、子女照看和家庭劳务中直接或间接贡献自己的资本化价值，随着退休延迟政策的实施，他们将为社会经济发展奉献更多的"余热"，这与西方国家老年人退休观念明显不同。但这些美好的"愿景"必须建立在生命价值和健康得到充分保障的基础上，才能够真正实现健康保险的健康促进功能与经济社会良性互动发展。为此，我们就需要制定更加完善的系列改革措施，切实能够将老年人口的余热发挥出来，进而能够使老年人不再是社会的负担，而是成为家庭与社会都珍惜的"宝"。而且在老年人口真正退出劳动以后，社会也能够有效地承担起对他们的赡养责任，实现健康促进与养老保障、社会经济发展的良性互动。

在对生命价值保障与长寿风险的关系进行思辨分析基础上，在本部分将从动态前景理论和随机占优的角度，构建一个包含资本化价值基本要素、生命价值损失风险因素、医疗服务管制和健康保险在内的动态关联系统。借助 Microsoft Excel 和 SPSS20 与 EViews8.0 等软件，系统分析社会经济发展、医疗费用变动和人口老龄化与系统的关联关系和动态变化趋势。研究在健康保险政策和其他相关政策调整下，生命价值保障效力的变化及其对社会经济发展的影响。探讨实现健康保险生命价值保障与社会经济发展的联动促进机制，为应对人口老龄化和改善健康保险的相关政策提供参考。

7.4.1　动态前景理论与随机占优检测

　　事物的发展总是需要来自内部的内生力量和来自外部的推动力量，健康保险也是如此。由于健康风险经济损失（或健康损害）的客观存在，在转嫁健康风险损失、提高医疗服务支付能力等各种投保动机产生的需求驱动下，通过市场作用机制，总是会有一部分投保人希望从市场中获得所需要的健康保险，而为了满足人们的健康保险需求，保险公司也会向市场开发满足人们需求的各种健康保险产品。基于财富约束和风险损失的大小，保险人与投保人之间最终能够按照一个双方都能接受的价格（保费）完成交易，投保人实现了通过健康保险实现转嫁风险损失等目的，保险人获得期望的利润收益。但是，也总是会有另外一部分人，由于财富水平、风险偏好和健康特征难以满足产品交易的条件，无法从市场上获得合适的健康保险，这就需要来自外部的力量进行推动，于是就有了由政府强制实施的社会医疗保险，或者政府财政税收支持的政策性健康保险。有时，需要外部力量介入干预的现象称为市场失灵，表现为或者是逆向选择，或者是所谓的健康保险行为异象。前者的发展力量来自健康保险市场的内部，是市场对资源优化配置的结果，也就是以价格形成机制作为供需均衡调节手段的市场机制。

　　然而，其不利的后果就是那些有健康保险需要的个体，无法得到所需要的健康保险，而在缺乏健康保险的保障下很容易出现因病致贫的问题。这样就需要政府更加积极有效地介入，通过保费分担和税收优惠等方式，为低收入者提供健康保障，以切实维护所有社会成员的健康，并在大数法则的基础上，将保费与待遇分离，实现对收入的再次分配，改善健康保险的社会公平性。政府介入市场并使市场供需行为发生改变的措施，一般被称为市场干预机制或市场管制，而大型的、系统性的政策法规调整或市场干预机制的转变，则被称为改革。党的十八届三中全会作出全面深化改革的决定，意味着中国已经进入新一轮改革新常态。

　　而改革的目的就是为了更好地改善社会福利水平，从前景理论角度，一项积极有效的改革措施一定是相对于当前的现状，能够使改革受益者获得一个随机占优的前景。从不确定性角度，随机占优前景就是相对于当前现状，通过改革能够使受益者在未来具有更大的机会获得相同的利益，例如增加健康保险的覆盖范围；或者在相同机会下获得更大的利益，例如提高健康保险的保障水平；或者同时在更大机会下获得更高水平的利益，例如构建全民健康保险体系。这种随机占优的前景是以"改革红利"的方式，使参与改革的多方主体都在福利上得到显著的改善。未来在基本实现全民健康覆盖的基础上，通过加快健康保险服务业发展的各项优惠政策的激励和政府公共服务采购措施，不断提高健康保险对人们健康保障的能力，保险公司和国家也从这些措施中获得相应的回报。因而，改革红利对所有的健康保险主体来讲，都是社会福利的帕累托改进过程，使更多的主体分享改革带来的红利。

但是，改革总是会遇到来自多方面的各种各样的阻力，这并不一定是因为改革触动了他们的利益，有时仅仅是因为他们习惯于现状，不愿意接受未来的新的不确定性，我们可以借助动态前景的理论做出相对科学的解释。基于厌恶不确定性原理（uncertainty aversion principle），即使改革能够带来红利，但是对那些风险厌恶的个体来讲，他们已经习惯了当前熟悉的、稳定的环境状态或决策习惯，面对一个不确定的前景，他们会增加针对不确定性的心理紧张或情绪的不稳定。降低不确定性，对于福利的增加和心理痛苦感知的减小同样至关重要（Gilovich，1991），人们因此也更愿意对未来尽力做出预测和解释未知环境，以降低不确定性带来的心理紧张。所以，改革总是会受到既得利益者的阻挠，虽然他们可能从未来改革中能够获得更大的利益，就是因为面对一个确定的收益和未来可能存在的不确定损失，他们宁愿选择当前的确定利益。与此相反，在损失厌恶的原理下，那些没有从当前现状中获得利益的个体或者遭受福利损失的个体，例如因病致贫的人和缺乏医疗服务利用可及性与公平性的个体，他们更愿意接受一个可能改变现状、增加福利的改革措施，尽管未必一定能够从改革中真正改善福利水平，此时他是风险偏好的。

在动态前景理论下，一项有效的或者福利促进的改革，就是在事物当前的自然发展过程中增加一个又一个的福利改善选项，或者远期能够弥补短期改革损失的选项，从而使人们在现有的发展系列中增加一个新的计划，并使他们在现有的计划中加入一些新的选项并评估是否可行（Frederick，Loewenstein and O'Donoghue，2002）。假设任意一个个体的福利收益的原有序列为（w_t，w_{t+1}，…，w_T），如果想让该个体自愿接受未来新增加了改革内容的新的前景选择序列（w'_t，w'_{t+1}，…，w'_T），就必须从效用角度满足：

$$U_t(w'_t, w'_{t+1}, \cdots, w'_T) > U_t(w_t, w_{t+1}, \cdots, w_T)$$

所以说，相对于当前的既定现状，一个能够带来随机占优前景的改革，一定能够使上式的条件得到满足，并被人们所接受。这样改革所遇到的阻力也是相对较小的，即使通过强制措施，也能够切实改善他们的福利，至少在未来的发展中的损失能够得到合理补偿，即满足 Kaldor – Hicks 改进准则。从前景理论，就是在加入不确定性的状态下，以上收益序列为一个期望效用值，当前的期望效用值为：

$$E[U(w_{T-t})] = p_t w_t + p_{t+1} w_{t+1} + \cdots + P_T w_T$$

改革后的期望效用值为：

$$E[U(w'_{T-t})] = p'_t w'_t + p'_{t+1} w'_{t+1} + \cdots + P'_T w'_T$$

显然，改革能够被接受的前提是：

$$E[U(w'_{T-t})] > E[U(w_{T-t})]$$

从改革的收益促进角度，它来自更大概率的利益可及性、更大的收益或者更大概率的更大收益；从损失减少角度，它来自更小概率的损失、更小的损失或者更小概率的更小损失。对于健康保险来说，意味着更低的疾病风险概率和医疗费用，以及更大的医疗服务利用机会和更多的补偿额度。

基于动态前景理论的观点，改革容易受到人们主观随机占优检测和主观效用的心理编辑影响。我们认为改革措施的推进，应遵循以下几个基本理念：一是改革的基本要求，应该满足随机占优的基本条件。对于健康保险来讲，一定是在概率和收益上都是随机占优的。因为通过改革红利一定能够降低疾病概率、减少医疗费用支出、提高生命价值保障，并促进社会经济可持续发展，等等。但是在改革的举措上，首先要以增加人们从中获益的概率或机会为主，使更多的人先行从改革中获益，实现基本医疗保险的全民覆盖。然后以提高收益水平为主，使具有更高利益诉求的人从改革中获益，构建多层次健康保险体系。最后是在获利机会和获益水平都得到提高，实现全民健康覆盖并对健康风险进行有效的治理。事实上，中国的健康保险改革也是按照这个基本的路径逐渐推进的。二是改革很容易受到期待效用的影响，并会干扰随机占优的判断。因而，对于改革红利的期待，政府的目标是循序渐进的过程，不能将目标定的过高。中国在20世纪后期提出的"人人享有初级卫生保健"的战略目标，在最后也是打了折扣的。三是通过改革将健康保障服务交给市场，这在市场在资源配置中起决定性作用的战略下，是非常必要的。但是可能会存在当改革不如意时，会引起民众对政府的批评，并将责任归咎于政府没有尽责。而如果政府来承担健康保险服务，即使不一定完全达到既定的目标，人们也会具有更高的容忍度。所以关于国民健康保障体制改革，政府应该审慎利用市场的作用。中国早期医疗体制和健康保险改革采取的就是市场主导路线，而当医疗费用增长过快问题没有得到有效控制，并且出现"看病难看病贵"问题的时候，社会上将更多的批评送给了政府。当前中央政府要求采取公共服务采购计划，以及将居民大病医疗保险交由保险公司运作的办法，政府既承担了应有的责任，同时也能够充分发挥市场主体的优势，是更为积极有效的改革举措。

四是由于人们的认知和决策能力有限，为了克服事后"先见之明"和遗憾，政府可以干预个人的自由选择，即采取政府控制的强制措施。如果完全按照市场机制通过自愿原则投保健康保险，不仅存在逆向选择和供需失衡问题，而且在缺乏理性决策能力和不完全意志力等问题的影响下，往往会出现后悔的问题，所以说强制性基本医疗保险是非常必要的。在具体的改革措施选项上，可以更多地采用默认选项，这比可以主动选择而出现的问题，默认选项对改革更加有效，面临的阻力也越小。同时匹配税收优惠激励和费用分担机制，以避免因为默认选项可能引起的反弹问题。在政府参与健康保障服务时，还要注意默认选项和经济激励可能带来对政府依赖的道德风险问题，当前出现的社会医疗保险基本全部覆盖，与商业健康保险密度和深度普遍偏低问题，一定程度上就是人们对政府提供的公共健康计划的依赖导致的，而这种依赖的不利影响就是政府必须不断地增加财政投入，以提高健康保险的保障水平，显然会导致政府严重的财政负担。

7.4.2 改革前景设计与健康保险生命价值保障关联机制

人口老龄化程度越高，劳动力资源就越加珍贵，保障和挖掘"老龄"劳动力资本化价值，将对社会经济发展产生深远的影响。而对于就业的劳动人口来讲，在人口老龄化背景下，如果其可支配收入水平明显增加，那么就可以用一个人的收入承担起更多老年人口的赡养能力，如果所有的劳动人口都能够提高赡养能力，并且那些"年轻"的老年人口，能够在健康得到保障和改善的情况下，继续留在劳动人口序列，显然能够有效地应对人口老龄化的冲击，克服经济增速放缓带来的赡养压力。因此，无论是对"老年"人口的劳动力资源"开发"，还是对现有劳动力资本化价值能力的改善，都是应对人口老龄化和推动社会经济可持续发展的核心问题。反过来，提高资本化价值能力对经济社会发展的推动作用，又能够通过加大健康保险投入和提高保险水平而提高国民资本化价值能力和生命价值水平。为此，我们设计一个以资本化价值为核心的改善健康保障效力的目标前景，然后针对如何实现这个目标前景，根据十八届三中全会做出的全面深化改革的决定和"新国十条"、加快商业健康保险等相关的政策法规文件，设计如何更好地进行生命价值保障的改革前景。从健康保险的角度，健康保险的风险损失转嫁、医疗费用补偿和提高必要的高质量医疗服务的支付能力等功能的发挥，最终也是作用于被保险人的资本化价值及资本化价值能力的改善。只有资本化价值能力得到有效的保障，才不会使投保人和被保险人陷入经济上的贫困陷阱，才能够更好地从事经济生产劳动，使家庭成员免于遭受拖累而充分实现家庭成员的各自资本化价值潜力。

1. 模型构建与关联关系

基于防范因病致贫和改善经济收入两个方面的考虑，我们构建一个以提高资本化价值能力为保障目标，以健康保险为保障手段的改革前景系统仿真，仿真分析如何通过相关保障体制的改革，达到提高个体资本化价值能力，并有效应对人口老龄化和推动国民经济可持续发展的激励机制。

首先，还是利用根据 Huebner（1927）的生命价值学说中资本化价值的构成，构建资本化价值结构模型。将个体的资本化价值用工薪收入、绩效奖励和花边收入的总和，扣除属于个人消费的部分，即：

$$Lv \equiv Fcv = \int_t^T x_1 f(x_1) dx_1 + \int_t^T x_2 f(x_2) dx_2$$
$$+ \int_0^e x_3 f(x_3) dx_3 - \int_0^e cf(c) dc$$

其中 x_1、x_2 和 x_3 分别为个体的工资收入、绩效奖励和花边收入或偶然所得；c 为个体的全部消费，这里设定为医疗消费、教育支出和其他消费；f（·）为该变量的密度函数。由于情感因素的评价机制比较复杂，而且对国民经济发展和健康保险的经济影响，也没有直接的显性相关关系，因此我们不考虑资本化价值结构中的第四项。在根据各因素的未来变动趋势进行分析的基础上，按照期望寿命汇总得出资本化价值数据，然后利用效用贴现因子 $(1+d)^t$ 将个体的资本化价值进行贴现，即资本化价值贴现值为：

$$Plcv = \sum_{t=1}^{t=T_e} \frac{(B_t - C_t)}{(1+d)^t}$$

式中 Plcv 是基于各期收入与消费测算的生命价值评的贴现值，B_t 和 C_t 是时期 t 时的收入和消费，d 为贴现率，综合 Chapman 等（1995，1996，1999）和 Van der Pol 及 Cairns（2001）对健康的贴现率与贴现因子数据，取 d = 13%，如果有必要可以在区间［6%，20%］内进行模拟分析，这个数据是目前被认可的一个贴现值，在时间偏好不一致的影响下，时间越远贴现值越大，T_e 为达到期望寿命年龄的年数。

然后用时间序列和因果关系模型等方法，分析各因素的变动趋势和因果关系；评估退休延迟政策、老龄人口劳动力收入结构、家庭医疗照看人力边际成本、期望寿命和健康保险政策，对资本化价值的影响趋势，判断政策调整对改善资本化价值的改善效果。由此构建了包含经济增长速度、医疗费用变动和收入水平的时间序列，以收入扣除消费并进行贴现的资本化价值测算方程，财富结构、健康保险影响因素和各类健康保险政策的前景结构，见图 7-7。

图 7-7 中，$\mathrm{ARMA}_{E_t}(p, q)$、$\mathrm{ARMA}_{M_t}(p, q)$、$\mathrm{ARMA}_{Y_t}(p, q)$ 分别为国民经济水平、医疗费用和老龄化的时间平滑序列，以此来判断未来我国经济增长的变动趋势和医疗费用的增长压力，以及未来我国老龄化的发展趋势。在计算资本化价值的贴现值 Plcv_t 时，我们采取的各期贴现值公式为：

$$\mathrm{Plcv}_t = \frac{B_t - C_t}{(1+d)^t}$$

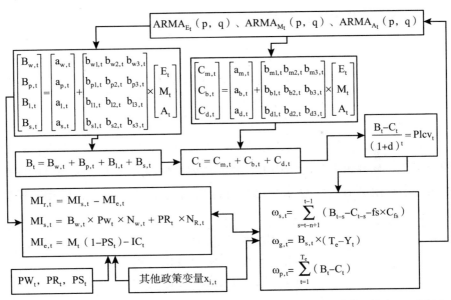

图 7-7　动态前景下生命价值保障与相关改革发展机制

其中个体获得的各项收入 B_t 由工资收入 $B_{w,t}$、经营性收入 $B_{p,t}$、财产性收入 $B_{l,t}$ 和社会保障转移收入 $B_{s,t}$ 四个部分构成，即：

$$B_t = B_{w,t} + B_{p,t} + B_{l,t} + B_{s,t}$$

它是国民经济 E_t、医疗费用支出 M_t 和老龄化 A_t 的一个多元线性方程关系，即：

$$
\begin{bmatrix} B_{w,t} \\ B_{p,t} \\ B_{l,t} \\ B_{s,t} \end{bmatrix} = \begin{bmatrix} a_{w,t} \\ a_{p,t} \\ a_{l,t} \\ a_{s,t} \end{bmatrix} + \begin{bmatrix} b_{w1,t} & b_{w2,t} & b_{w3,t} \\ b_{p1,t} & b_{p2,t} & b_{p3,t} \\ b_{l1,t} & b_{l2,t} & b_{l3,t} \\ b_{s1,t} & b_{s2,t} & b_{s3,t} \end{bmatrix} \times \begin{bmatrix} E_t \\ M_t \\ Y_t \end{bmatrix}
$$

而总消费支出 C_t 则由医疗 $C_{m,t}$、家庭教育技能培训支出 $C_{b,t}$ 和其他消费 $C_{d,t}$ 构成，即：

$$
C_t = C_{m,t} + C_{b,t} + C_{d,t}
$$

与收入一样，也受到国民经济、医疗费用支出和老龄化水平的影响，即：

$$
\begin{bmatrix} C_{m,t} \\ C_{b,t} \\ C_{d,t} \end{bmatrix} = \begin{bmatrix} a_{m,t} \\ a_{b,t} \\ a_{d,t} \end{bmatrix} + \begin{bmatrix} b_{m1,t} & b_{m2,t} & b_{m3,t} \\ b_{b1,t} & b_{b2,t} & b_{b3,t} \\ b_{d1,t} & b_{d2,t} & b_{d3,t} \end{bmatrix} \times \begin{bmatrix} E_t \\ M_t \\ Y_t \end{bmatrix}
$$

根据资本化价值的贴现值，可以分别计算出累积财富 $\omega_{s,t}$、社会转移收入 $\omega_{g,t}$ 和资本化价值潜在财富 $\omega_{p,t}$ 的关系：

$$
\omega_{s,t} = \sum_{s=t-n+1}^{t-1} (B_{t-s} - C_{t-s} - fs \times C_{fs})
$$

$$
\omega_{g,t} = B_{s,t} \times (T_t - Y_t)
$$

$$
\omega_{p,t} = \sum_{t=1}^{T_e} (B_t - C_t)
$$

其中，fs 为抚赡养系数，相应的收入和消费为历史收入与支出，T_t 为期望寿命。在健康保险的结构上，我们用健康保险总需求，减去总的医疗费用支出补偿部分，测算未来健康保险的可持续发展能力，构建的模型如下：

$$
HI_{r,t} = HI_{s,t} - HI_{e,t}
$$

$$
HI_{s,t} = B_{w,t} \times PW_t \times N_{w,t} + PR_t \times N_{R,t}
$$

$$
HI_{e,t} = H_t (1 - PS_t) - IC_t
$$

其中，$HI_{r,t}$ 为健康保险的基金结余，等于保费收入 $HI_{s,t}$，扣除基金的支出或补偿部分 $HI_{e,t}$。如果保险基金能够有一定水平的结余，意味着保险公司可以获得利润，或者社会医疗保险机构有基金结余应对不确定风险。其中保费收入 $HI_{s,t}$ 等于个人的工资收入 $B_{w,t}$ 与缴费比 PW_t 的乘积，再乘以就业人口数 $N_{w,t}$，加上居民健康保险保费收入 PR_t 乘以需要缴费居民数 $N_{R,t}$。健康保险基金支出 $HI_{e,t}$ 为医疗费用补偿比例 PS_t 扣除掉免赔额 IC_t。

然后分析健康保险基金的可持续支付能力，并将其反馈给资本化价值，并再次模拟风险因素的变动情况。在政策变量入口，主要是分析能够提高生命价值保障、推动健康保险与社会经济的可持续发展相关的改革，这些改革方案包括医疗服务管制和健康风险治理措施，以及相关的完善医疗服务内部市场竞争机制、跨区域医疗服务、健康保险服务政府采购和商业健康保险向医疗服务延伸、税收激励与财政支持等办法，健康保险绩效审计的监管模式和社区医疗照看、双向转诊制度和医药卫生四位一体联动机制等。

2. 模型变量与模型的数据拟合

根据国家统计年鉴和保险年鉴的相关数据，我们利用表 7-1 的数据先行判断各指标或变量的基本趋势，并建立指标与自身自回归或移动平均的关系，然后对变化趋势进行分析。

表 7-1　　　健康保险生命价值保障与可持续发展改革策略仿真指标

变量或指标	拟合方程	改革或干预机制
国民收入（GDP）	ARMA(p, q) + @trend	促进经济发展
医疗费用（MedExp）	ARMA(p, q) + @trend	管制医疗费用
老龄化（Aging）	ARMA(p, q) + @trend	优化人口结构
家庭收入（B_i）	ARMA(p, q) + @trend + GDP	提高家庭收入
家庭消费（C_j）	ARMA(p, q) + @trend + GDP	优化消费结构
抚赡养系数（Fsc）	ARMA(p, q) + @trend	退休政策与人口政策
期望寿命（ExpLife）	ARMA(p, q) + @trend	客观风险因素
保险基金结余（FunBal）	ARMA(p, q) + @trend + GDP	结余基金优化
保费收入（FunInc）	ARMA(p, q) + @trend + GDP	调整缴费政策
保费支出（FunExp）	ARMA(p, q) + @trend + GDP	控制保障范围
个人平均工资（SelfAve）	ARMA(p, q) + @trend + GDP	工资税的相关政策
工资保费比例（SelfPre）	ARMA(p, q) + @trend	就业人员医保政策
就业人口（Popu_Job）	ARMA(p, q) + @trend	延迟退休政策
居民保费（PreRes）	ARMA(p, q) + @trend + GDP	居民医疗保险政策
居民缴费额度（SelPre）	ARMA(p, q) + @trend + GDP	个体缴费政策
补偿比例（ProRei）	ARMA(p, q) + @trend	居民医疗费用管制
自负额度（SelfMed）	ARMA(p, q) + @trend	居民分担项目与范围

考虑到我国健康保险是按照城乡居民的就业状况进行的分类保险，而

且商业健康保险也是相对独立的，因而在以上的指标或变量的选取方面，我们分城乡和就业分别测算分析城镇职工、城镇居民和农村居民的健康保险情况，然后汇总分析我国健康保险未来应对社会卫生费用的能力，评估我国政府举办的公共健康保险和商业健康保险对医疗费用的分担水平，以及未来城乡居民家庭应对健康保险保费和医疗费用的能力。通过判断城乡家庭资本化价值能力的保障变动情况，对健康保险的保障效果做出综合评价。

首先，根据图7-7的仿真分析框架，对国民经济、医疗费用和人口老龄化的趋势进行测度分析，分析结果分别见表7-2（国民生产总值）、表7-3（国民生产总值的对数值）、表7-4（医疗卫生总费用）、表7-5（医疗卫生总费用对数值）、表7-6（赡养比）和表7-7（赡养比对数值）。图7-8和图7-9分别是对国民生产总值和人口老龄化趋势的相关分析图。

表7-2　　　　　　　　　　　国民生产总值序列分析

Variable	Coefficient	Std. Error	t – Statistic	Prob.
C	10438. 15	12510. 31	0. 834363	0. 4218
@ TREND(2000)	3627. 990	1406. 942	2. 578634	0. 0257
MA(1)	0. 893219	0. 121647	7. 342737	0. 0000
R – squared	0. 748663	Mean dependent var		38835. 28
Adjusted R – squared	0. 702965	S. D. dependent var		20423. 42
S. E. of regression	11130. 95	Akaike info criterion		21. 66026
Sum squared resid	1. 36E + 09	Schwarz criterion		21. 79720
Log likelihood	– 148. 6218	Hannan – Quinn criter.		21. 64758
F – statistic	16. 38297	Durbin – Watson stat		2. 357211
Prob （F – statistic)	0. 000503			
Inverted MA Roots	– 0. 89			

表7-3　　　　　　　　　　　国民生产总值对数值序列分析

Variable	Coefficient	Std. Error	t – Statistic	Prob.
C	0. 192979	0. 015616	12. 35792	0. 0000
@ TREND(2000)	– 0. 005856	0. 001767	– 3. 314846	0. 0069
MA(2)	– 0. 964205	0. 044349	– 21. 74122	0. 0000
R – squared	0. 638747	Mean dependent var		0. 132835
Adjusted R – squared	0. 573064	S. D. dependent var		0. 040495
S. E. of regression	0. 026459	Akaike info criterion		– 4. 239002

Variable	Coefficient	Std. Error	t – Statistic	Prob.
Sum squared resid	0. 007701	Schwarz criterion		– 4. 102062
Log likelihood	32. 67302	Hannan – Quinn criter.		– 4. 251679
F – statistic	9. 724775	Durbin – Watson stat		1. 907387
Prob（F – statistic）	0. 003698			
Inverted MA Roots	0. 98	– 0. 98		

表 7 – 4　　　　　　　　　　医疗总费用序列分析

Variable	Coefficient	Std. Error	t – Statistic	Prob.
C	– 198. 3902	225. 2030	– 0. 880939	0. 3972
@ TREND（2000）	317. 3196	26. 18667	12. 11760	0. 0000
MA（2）	– 0. 843500	0. 087375	– 9. 653781	0. 0000
R – squared	0. 894384	Mean dependent var		2194. 698
Adjusted R – squared	0. 875181	S. D. dependent var		1343. 128
S. E. of regression	474. 5238	Akaike info criterion		15. 34991
Sum squared resid	2476902.	Schwarz criterion		15. 48685
Log likelihood	– 104. 4494	Hannan – Quinn criter.		15. 33723
F – statistic	46. 57533	Durbin – Watson stat		2. 300665
Prob（F – statistic）	0. 000004			
Inverted MA Roots	0. 92	– 0. 92		

表 7 – 5　　　　　　　　　　医疗总费用对数值序列分析

Variable	Coefficient	Std. Error	t – Statistic	Prob.
C	0. 145938	0. 010182	14. 33259	0. 0000
MA（2）	– 0. 016523	0. 309725	– 0. 053347	0. 9583
R – squared	0. 000126	Mean dependent var		0. 145792
Adjusted R – squared	– 0. 083197	S. D. dependent var		0. 036774
S. E. of regression	0. 038273	Akaike info criterion		– 3. 556584
Sum squared resid	0. 017578	Schwarz criterion		– 3. 465290
Log likelihood	26. 89609	Hannan – Quinn criter.		– 3. 565035
F – statistic	0. 001512	Durbin – Watson stat		1. 217003
Prob（F – statistic）	0. 969618			
Inverted MA Roots	0. 13	– 0. 13		

表7-6　　　　　人口老龄化（赡养系数）趋势预测序列分析

Variable	Coefficient	Std. Error	t - Statistic	Prob.
C	0. 295707	0. 071860	4. 115055	0. 0014
MA(1)	0. 870678	0. 070553	12. 34084	0. 0000
R - squared	0. 295358	Mean dependent var		0. 271429
Adjusted R - squared	0. 236638	S. D. dependent var		0. 163747
S. E. of regression	0. 143067	Akaike info criterion		- 0. 919443
Sum squared resid	0. 245618	Schwarz criterion		- 0. 828149
Log likelihood	8. 436104	Hannan - Quinn criter.		- 0. 927894
F - statistic	5. 029922	Durbin - Watson stat		1. 851950
Prob（F - statistic）	0. 044576			
Inverted MA Roots	- 0. 87			

表7-7　　　　　人口老龄化（赡养系数）对数值趋势序列分析

Variable	Coefficient	Std. Error	t - Statistic	Prob.
C	- 0. 001504	0. 004326	- 0. 347617	0. 7347
@ TREND(2000)	0. 002763	0. 000484	5. 709076	0. 0001
MA(2)	- 0. 942208	0. 041914	- 22. 47960	0. 0000
R - squared	0. 705819	Mean dependent var		0. 023204
Adjusted R - squared	0. 652332	S. D. dependent var		0. 012757
S. E. of regression	0. 007522	Akaike info criterion		- 6. 754578
Sum squared resid	0. 000622	Schwarz criterion		- 6. 617637
Log likelihood	50. 28204	Hannan - Quinn criter.		- 6. 767254
F - statistic	13. 19600	Durbin - Watson stat		2. 895670
Prob（F - statistic）	0. 001195			
Inverted MA Roots	0. 97	- 0. 97		

Autocorrelation	Partial Correlation		AC	PAC	Q-Stat	Prob
		1	0.813	0.813	12.035	0.001
		2	0.615	-0.136	19.446	0.000
		3	0.415	-0.127	23.104	0.000
		4	0.215	-0.140	24.179	0.000
		5	0.045	-0.075	24.230	0.000
		6	-0.098	-0.082	24.505	0.000
		7	-0.232	-0.141	26.216	0.000
		8	-0.328	-0.073	30.140	0.000
		9	-0.382	-0.043	36.335	0.000
		10	-0.411	-0.080	44.931	0.000
		11	-0.401	-0.033	55.193	0.000
		12	-0.346	0.023	65.368	0.000

图7-8　国民生产总值自相关与偏相关

Autocorrelation	Partial Correlation		AC	PAC	Q-Stat	Prob
		1	0.748	0.748	10.183	0.001
		2	0.532	−0.061	15.735	0.000
		3	0.346	−0.070	18.274	0.000
		4	0.193	−0.055	19.140	0.001
		5	0.057	−0.086	19.223	0.002
		6	−0.073	−0.112	19.373	0.004
		7	−0.163	−0.051	20.221	0.005
		8	−0.242	−0.097	22.352	0.004
		9	−0.316	−0.121	26.594	0.002
		10	−0.342	−0.032	32.573	0.000
		11	−0.361	−0.095	40.894	0.000
		12	−0.367	−0.092	52.365	0.000

图 7 - 9　人口老量化 (赡养比) 自相关

通过表 7 - 2 可以看出，国民生产总值在一阶移动平滑上与误差项具有显著性相关关系，并且具有自身的时间发展趋势，以 2000 年为基数具有显著性相关关系，除了常数项以外，一阶平滑和时间趋势显著 (Prob < 0.05)。而从图 7 - 4 的国民生产总值对数值的变动趋势看，不仅具有时间趋势，而且与二阶移动平滑相关，相关系数分别为 - 0.005856 和 - 0.964205。该数据也同时说明，国民经济的增速开始处于下降趋势，而结合表 7 - 2 的系数看，国民经济依然处于增长的趋势，与时间趋势和一阶平滑误差项的系数分别是 3627.99 和 0.893219。应对未来国民生产总值的趋缓问题，对未来健康保险的保费筹集将带来双重的压力，一方面要通过降低保费激励企业发展，另一方面城乡居民的收入增速也将影响保费的承受能力。

而从医疗卫生费用的变化趋势看 (见表 7 - 4)，未来医疗费用具有明显的增长趋势，时间趋势的系数为 317.3196。但同时在二阶平滑系数上，具有增长放缓的趋势，系数为 - 0.8435。这一点可以通过表 7 - 5 得到验证，即未来医疗卫生费用的增长速度将显著放缓，时间趋势已经不再明显，而是与二阶平滑误差项具有负向相关关系，系数为 - 0.016523。

从人口老龄化的趋势看，中国已经进入一个相对平稳的老龄化状态，人口老龄化趋势在现行政策下，将保持人口老龄化加剧的趋势 (见图 7 - 9)。结合表 7 - 6 人口老龄化的增长情况，与序列自身的一阶平滑系数显著相关，且为较大系数的正值，即 0.870768。说明中国未来应对人口老龄化的压力较为严峻。

但在人口老龄化在加重的同时，中国及时调整的单独二孩和全面二孩政策，将对未来的人口老龄化增速起到较好的放缓作用，其中在二阶平滑系数上为负值且数值较大，即等于 – 0.942208。说明未来中国通过更加有效的人口政策，将有助于缓解人口老龄化的进程。

国民生产总值、医疗费用和老龄化等问题，对城乡居民的收入和消费水平具有显著的影响作用。为此，我们首先分别构建城镇居民经营性收入（见表7－8）、财产性收入（见表7－9）、转移性收入（见表7－10）和工资性收入（见表7－11），构建各种收入与以上三项指标的关联性，并分别从原值和对数值角度进行试算，确定有效的显著性变量和回归模型关系。

表7－8　　　　城镇居民家庭人均经营性纯收入的回归分析

Variable	Coefficient	Std. Error	t – Statistic	Prob.
C	1180. 201	3597. 976	0. 328018	0. 7491
LNGDP	644. 6760	141. 0391	4. 570903	0. 0008
MEDEXP	0. 084778	0. 014524	5. 836953	0. 0001
LNFSC_OLD	– 3809. 434	1837. 958	– 2. 072645	0. 0625
R – squared	0. 992826	Mean dependent var		1263. 232
Adjusted R – squared	0. 990870	S. D. dependent var		911. 9372
S. E. of regression	87. 13887	Akaike info criterion		11. 99606
Sum squared resid	83525. 02	Schwarz criterion		12. 18488
Log likelihood	– 85. 97046	Hannan – Quinn criter.		11. 99405
F – statistic	507. 4415	Durbin – Watson stat		2. 479359
Prob（F – statistic）	0. 000000			

表7－9　　　　城镇居民家庭人均财产性纯收入的回归分析

Variable	Coefficient	Std. Error	t – Statistic	Prob.
C	1418. 952	1004. 030	1. 413257	0. 1852
LNGDP	183. 7322	39. 35754	4. 668285	0. 0007
LNFSC_OLD	– 1542. 956	512. 8898	– 3. 008357	0. 0119
MEDEXP	0. 027158	0. 004053	6. 700708	0. 0000
R – squared	0. 992405	Mean dependent var		377. 4505
Adjusted R – squared	0. 990333	S. D. dependent var		247. 3218
S. E. of regression	24. 31646	Akaike info criterion		9. 443363
Sum squared resid	6504. 194	Schwarz criterion		9. 632176
Log likelihood	– 66. 82522	Hannan – Quinn criter.		9. 441351
F – statistic	479. 0926	Durbin – Watson stat		2. 039629
Prob（F – statistic）	0. 000000			

Variable	Coefficient	Std. Error	t – Statistic	Prob.
C	– 10684. 99	5970. 587	– 1. 789605	0. 1011
LNGDP	1388. 067	234. 0444	5. 930784	0. 0001
MEDEXP	0. 116888	0. 024102	4. 849711	0. 0005
LNFSC_OLD	– 1886. 118	3049. 961	– 0. 618407	0. 5489
R – squared	0. 995406	Mean dependent var		3832. 655
Adjusted R – squared	0. 994154	S. D. dependent var		1891. 154
S. E. of regression	144. 6008	Akaike info criterion		13. 00901
Sum squared resid	230003. 3	Schwarz criterion		13. 19782
Log likelihood	– 93. 56757	Hannan – Quinn criter.		13. 00700
F – statistic	794. 5470	Durbin – Watson stat		1. 481899
Prob（F – statistic）	0. 000000			

表 7 – 11   城镇居民家庭人均工资性纯收入的回归分析

Variable	Coefficient	Std. Error	t – Statistic	Prob.
C	– 47689. 63	11687. 32	– 4. 080460	0. 0018
LNGDP	4080. 011	458. 1376	8. 905644	0. 0000
MEDEXP	0. 205141	0. 047179	4. 348102	0. 0012
LNFSC_OLD	1833. 742	5970. 244	0. 307147	0. 7645
R – squared	0. 997323	Mean dependent var		10780. 22
Adjusted R – squared	0. 996593	S. D. dependent var		4849. 332
S. E. of regression	283. 0535	Akaike info criterion		14. 35233
Sum squared resid	881311. 9	Schwarz criterion		14. 54114
Log likelihood	– 103. 6425	Hannan – Quinn criter.		14. 35032
F – statistic	1366. 059	Durbin – Watson stat		2. 350056
Prob（F – statistic）	0. 000000			

从表 7 – 8 ~ 表 7 – 11 看，除了表 7 – 8 中赡养比的对数值与城镇居民经营性收入显著性水平接近于 0. 05，以及表 7 – 10 中与转移性纯收入、表 7 – 11 中的工资性纯收入没有显著性因果关系外，其他各项回归系数具有显著性关系。不同的是有的指标与原值的回归系数显著，有的是与对数值回归系数显著，但这并不影响对未来数值的预测分析。

从农村家庭的四项收入与国民生产总值、医疗卫生总费用和老龄化的关联性来看，与城镇居民的情况基本相似，多数与三项指标的对数关系的回归系数具有显著性。表 7 – 12 ~ 表 7 – 15 分别是农村居民家庭的经营性纯收入、财产性纯收入、转移性纯收入和工资性纯收入与三个指标的回归关系。

表 7 - 12   农村居民家庭人均经营性纯收入的回归分析

Variable	Coefficient	Std. Error	t – Statistic	Prob.
C	1176. 109	2880. 967	0. 408234	0. 6909
LNGDP	604. 8418	112. 9326	5. 355775	0. 0002
LNFSC_OLD	– 3071. 473	1471. 687	– 2. 087042	0. 0610
MEDEXP	0. 072196	0. 011630	6. 207784	0. 0001
R – squared	0. 994414	Mean dependent var		2362. 307
Adjusted R – squared	0. 992891	S. D. dependent var		827. 5224
S. E. of regression	69. 77373	Akaike info criterion		11. 55157
Sum squared resid	53552. 11	Schwarz criterion		11. 74038
Log likelihood	– 82. 63678	Hannan – Quinn criter.		11. 54956
F – statistic	652. 7542	Durbin – Watson stat		2. 005307
Prob （F – statistic）	0. 000000			

表 7 - 13   农村居民家庭人均财产性纯收入的回归分析

Variable	Coefficient	Std. Error	t – Statistic	Prob.
C	– 9. 165152	96. 22548	– 0. 095247	0. 9258
GDP	0. 000733	8. 97E – 05	8. 170346	0. 0000
FSC_OLD	0. 422678	9. 888523	0. 042744	0. 9667
MEDEXP	– 0. 005246	0. 001884	– 2. 784242	0. 0178
R – squared	0. 996552	Mean dependent var		142. 5250
Adjusted R – squared	0. 995611	S. D. dependent var		83. 67603
S. E. of regression	5. 543237	Akaike info criterion		6. 486213
Sum squared resid	338. 0023	Schwarz criterion		6. 675026
Log likelihood	– 44. 64660	Hannan – Quinn criter.		6. 484202
F – statistic	1059. 697	Durbin – Watson stat		1. 595833
Prob （F – statistic）	0. 000000			

表 7 - 14   农村居民家庭人均转移性纯收入的回归分析

Variable	Coefficient	Std. Error	t – Statistic	Prob.
C	1718. 278	1176. 105	1. 460990	0. 1720
LNGDP	110. 3780	46. 10279	2. 394172	0. 0356
LNFSC_OLD	– 1323. 500	600. 7908	– 2. 202930	0. 0498
MEDEXP	0. 028876	0. 004748	6. 082007	0. 0001

Variable	Coefficient	Std. Error	t – Statistic	Prob.
R – squared	0.988961	Mean dependent var		322.3418
Adjusted R – squared	0.985950	S. D. dependent var		240.3074
S. E. of regression	28.48391	Akaike info criterion		9.759735
Sum squared resid	8924.667	Schwarz criterion		9.948548
Log likelihood	– 69.19801	Hannan – Quinn criter.		9.757723
F – statistic	328.4892	Durbin – Watson stat		1.928590
Prob (F – statistic)	0.000000			

表 7 – 15   农村居民家庭人均工资性纯收入回归分析

Variable	Coefficient	Std. Error	t – Statistic	Prob.
C	– 2679.930	2424.454	– 1.105374	0.2926
LNGDP	513.5116	170.0548	3.019683	0.0117
FSC_OLD	– 300.8651	222.0322	– 1.355052	0.2026
MEDEXP	0.102821	0.023196	4.432801	0.0010
R – squared	0.989889	Mean dependent var		1870.952
Adjusted R – squared	0.987131	S. D. dependent var		1044.630
S. E. of regression	118.5050	Akaike info criterion		12.61097
Sum squared resid	154477.7	Schwarz criterion		12.79978
Log likelihood	– 90.58224	Hannan – Quinn criter.		12.60895
F – statistic	358.9590	Durbin – Watson stat		1.877025
Prob (F – statistic)	0.000000			

　　从表 7 – 12 看，农村居民的人均经营收入主要与国民生产总值的对数具有显著性因果关系，回归系数为 604.8418 (Prob. = 0.0002)，同时也与医疗费用有正向因果关系，即医疗费用支出能够改善家庭经营性收入，应该是医疗救治对劳动力的保护作用，间接推动了家庭经营性劳动的正常进行，而不是来自医疗费用自身的贡献作用，而且二者之间具有较弱的作用关系，回归系数为 0.072196 (Prob. = 0.0001)。相比较二者的计量单位差距，医疗费用的单位是亿元，而家庭经营性纯收入单位为元，从另一个层面也说明，合理的治疗费用支出能够起到保障和改善家庭经营的作用。人口老龄化对家庭经营收入的增长具有负面效应，尽管从 0.05 的检验水平上，赡养系数的对数并不显著，但是一方面接近于显著水平，另一方面也说明影响趋势比较明显。

　　同样，家庭财产性纯收入也与赡养系数不具有显著性因果关系，即家庭的财产收入与家庭的劳动力结构关联度不显著。但与国民生产总值和医疗费用支出具有显著性关系，其中国民生产总值是正向关系，而医疗费用支出是负向关系。说明医疗费用的支出如果得不到直接的健康保险补偿，一般不会直接作用于与劳动力关联较为松散的财产性收入。因为财产性收入主要依赖于财产自身的增值能力，而与体力和智力的内生因果关系不是很强。

表 7 - 14 的分析结果提示我们，农村家庭的人均转移性纯收入，与国民生产总值和赡养系数的对数值，以及医疗费用的支出具有显著的因果关系。其中国民生产总值的对数与转移性收入的回归系数为 110.378（Prob. = 0.356），转移性纯收入对国民生产总值的依赖性比较明显。而医疗费用的支出后获得的社会保险或医疗救助、社会救助等转移收入关系密切，因而，医疗费用的支出对社会转移收入具有改善趋势，可能也是个体家庭对医疗费用的支出，又以社会转移性收入的方式进行了补偿，是收支两个指标口径所致。另外，从转移性收入与赡养系数的关系看，二者具有反向作用关系。赡养系数的对数值对转移性收入具有明显的影响，但有点费解的是为什么赡养系数对数越大，转移性收入越少。

而三项指标对农村居民的工资性收入影响，主要的增收要素是国民生产总值和医疗卫生总投入，而与赡养系数具有反向作用关系。这主要是工资性收入主要由退休年龄之前的中青年劳动力实现的，因而人口老龄化比例越大，导致的工资性纯收入也就越少，但是从回归方程的显著性来看，赡养系数与工资收入的因果关系没有显著性。

三项指标对消费支出的影响是双向的。一方面，国民经济的发展有助于增加收入而改善消费；另一方面，医疗卫生费用本身就是直接的消费支出，因而对消费结构具有较为明显的抑制作用。从表 7 - 16 ~ 表 7 - 21 来看，医疗费用的支出几乎对所有的城乡消费行为具有抑制作用。除了农村家庭医疗保健与文教娱乐之外的其他消费与人口老龄化反向作用以外，人口老龄化都普遍刺激了家庭各种消费支出。

表 7 - 16　　　　　城镇居民家庭文教娱乐消费支出回归分析

Variable	Coefficient	Std. Error	t – Statistic	Prob.
C	– 2505.474	1023.254	– 2.448536	0.0323
GDP	0.004639	0.000954	4.862938	0.0005
FSC_OLD	307.8731	105.1538	2.927838	0.0137
MEDEXP	– 0.070943	0.020035	– 3.540883	0.0046

Variable	Coefficient	Std. Error	t – Statistic	Prob.
R – squared	0.988478	Mean dependent var		1356.325
Adjusted R – squared	0.985336	S. D. dependent var		486.7781
S. E. of regression	58.94634	Akaike info criterion		11.21431
Sum squared resid	38221.37	Schwarz criterion		11.40312
Log likelihood	– 80.10733	Hannan – Quinn criter.		11.21230
F – statistic	314.5737	Durbin – Watson stat		2.169959
Prob（F – statistic）	0.000000			

　　具体来看，城镇居民家庭的文教娱乐和医疗保健消费支出，与国民生产总值、人口老龄化程度和医疗卫生总费用支出之间都具有相同的回归关系，不仅都具有较大的负值截距，即 – 2505.474 和 – 1434.434。而且也与人口老龄化具有系数较大的显著性回归关系，回归系数分别为 307.8731（Prob. = 0.0137）和 170.005（Prob. = 0.0334），人口老龄化对家庭的消费支出具有较大的刺激作用。尽管对以上两类消费之外的其他消费，从回归系数上看具有较强的刺激作用（见表 7 – 18），但回归系数并不显著，说明人口老龄化对家庭消费的影响主要是文教娱乐和医疗保健等方面的消费支出。

表 7 – 17　　　　　　城镇居民家庭医疗保健消费支出回归分析

Variable	Coefficient	Std. Error	t – Statistic	Prob.
C	– 1434.434	680.7428	– 2.107160	0.0589
GDP	0.003034	0.000635	4.779655	0.0006
FSC_OLD	170.0050	69.95590	2.430174	0.0334
MEDEXP	– 0.047194	0.013329	– 3.540716	0.0046
R – squared	0.984130	Mean dependent var		720.9796
Adjusted R – squared	0.979802	S. D. dependent var		275.9311
S. E. of regression	39.21538	Akaike info criterion		10.39919
Sum squared resid	16916.30	Schwarz criterion		10.58801
Log likelihood	– 73.99395	Hannan – Quinn criter.		10.39718
F – statistic	227.3777	Durbin – Watson stat		2.043065
Prob（F – statistic）	0.000000			

表7-18　城镇居民家庭医疗保健与文教娱乐之外其他消费回归分析

Variable	Coefficient	Std. Error	t - Statistic	Prob.
C	- 9168. 043	10600. 92	- 0. 864835	0. 4056
GDP	0. 031574	0. 004228	7. 468662	0. 0000
LNFSC_OLD	4898. 333	4650. 650	1. 053258	0. 3148
MEDEXP	- 0. 254225	0. 076099	- 3. 340712	0. 0066
R - squared	0. 996525	Mean dependent var		8627. 363
Adjusted R - squared	0. 995577	S. D. dependent var		3761. 789
S. E. of regression	250. 1852	Akaike info criterion		14. 10546
Sum squared resid	688518. 8	Schwarz criterion		14. 29427
Log likelihood	- 101. 7909	Hannan - Quinn criter.		14. 10345
F - statistic	1051. 382	Durbin - Watson stat		2. 183480
Prob（F - statistic）	0. 000000			

从农村居民家庭的消费情况看（见表7-19～表7-21），三项指标也普遍对农村家庭的消费具有明显的影响，除了人口老龄化对农村家庭医疗保健消费支出不显著外，其他各项指标均显著或接近显著的水平。但相对于对城镇消费的影响程度看，消费的刺激强度明显偏弱，即城镇居民具有更强的消费强度。

表7-19　　　　　　　　农村居民家庭医疗保健消费回归分析

Variable	Coefficient	Std. Error	t - Statistic	Prob.
C	- 222. 7783	486. 7566	- 0. 457679	0. 6561
LNGDP	62. 28868	34. 14182	1. 824410	0. 0953
FSC_OLD	- 48. 33426	44. 57731	- 1. 084279	0. 3014
MEDEXP	0. 016833	0. 004657	3. 614698	0. 0041
R - squared	0. 982408	Mean dependent var		261. 3238
Adjusted R - squared	0. 977610	S. D. dependent var		159. 0049
S. E. of regression	23. 79219	Akaike info criterion		9. 399770
Sum squared resid	6226. 752	Schwarz criterion		9. 588584
Log likelihood	- 66. 49828	Hannan - Quinn criter.		9. 397759
F - statistic	204. 7628	Durbin - Watson stat		1. 719276
Prob（F - statistic）	0. 000000			

从表7-19中人口老龄化与农村家庭医疗保健消费的回归系数不显著看（Prob. =0.3014），说明农村的老年人口的医疗保健消费支出可能是被抑制的，从回归系数上看，具有负向的影响趋势（-48.33426），证明具有抑制家庭医疗保健消费倾向。然而这种刺激对家庭娱乐消费也是一种尴尬的情况（见表7-20），即显著性水平等于0.0698，说明农村居民家庭

并未对人口老龄化形成敏感的感知。反而是农村进城务工人口数量的不断增长导致的留守儿童和留守老人问题，使农村的消费支出都相对敏感。结合表 7 - 21 的数据，人口老龄化的增速对其他消费具有负向激励，而且回归系数显著（回归系数为 - 5291. 384、Prob. = 0.0341），说明农村居民的消费抑制问题被严重的抑制。家庭主劳动力进城和留守儿童的抚养压力，使得农民居民的消费需求得不到合理的释放，国民生产总值的激励程度明显弱于城镇的水平。

表 7 - 20　　　　　　　农村居民家庭文教娱乐消费回归分析

Variable	Coefficient	Std. Error	t - Statistic	Prob.
C	- 452. 3492	301. 8010	- 1. 498833	0. 1621
GDP	0. 000908	0. 000281	3. 225855	0. 0081
FSC_OLD	62. 28149	31. 01430	2. 008154	0. 0698
MEDEXP	- 0. 014560	0. 005909	- 2. 463912	0. 0315
R - squared	0. 971582	Mean dependent var		316. 0883
Adjusted R - squared	0. 963832	S. D. dependent var		91. 41819
S. E. of regression	17. 38577	Akaike info criterion		8. 772360
Sum squared resid	3324. 917	Schwarz criterion		8. 961174
Log likelihood	- 61. 79270	Hannan - Quinn criter.		8. 770349
F - statistic	125. 3613	Durbin - Watson stat		1. 734520
Prob（F - statistic）	0. 000000			

表 7 - 21　　农村居民家庭医疗保健与文教娱乐之外其他消费回归分析

Variable	Coefficient	Std. Error	t - Statistic	Prob.
C	880. 5395	4283. 791	0. 205551	0. 8409
LNGDP	1050. 177	167. 9227	6. 253928	0. 0001
LNFSC_OLD	- 5291. 384	2188. 293	- 2. 418041	0. 0341
MEDEXP	0. 121012	0. 017293	6. 997840	0. 0000
R - squared	0. 995658	Mean dependent var		2974. 246
Adjusted R - squared	0. 994473	S. D. dependent var		1395. 548
S. E. of regression	103. 7485	Akaike info criterion		12. 34500
Sum squared resid	118401. 3	Schwarz criterion		12. 53381
Log likelihood	- 88. 58747	Hannan - Quinn criter.		12. 34298
F - statistic	840. 7024	Durbin - Watson stat		2. 238558
Prob（F - statistic）	0. 000000			

　　结合表 7 - 21 的分析结果，农村居民除了基本的医疗保健消费和子女必要的教育消费支出以外，家庭的消费水平与国民经济的增速具有较为明显的因果关系，并且医疗消费支出与卫生总费用之间具有正向的符号

（0.121012，Prob.＝0.0000），在内在的关系上反映出除了直接的医疗保健消费被抑制外，其他相关于不到医疗机构就诊的自我治疗消费支出，可能影响到居民家庭的消费支出。因为农村家庭医疗保健消费主要是面向医疗卫生机构的，而农民的不就诊或者自我治疗方式，通常不会纳入医疗保健消费的口径之中。因而，这是未来分析农村居民医疗保健消费主要关注的一个重点方向，医疗卫生体制改革如何合理释放农村居民的医疗消费，是未来改革的重点方向，正如我们在健康保险的吉芬商品属性中讨论的，如果农村居民的自负费用部分的支付能力得不到显著改善，必要的高水平的医疗服务只能为富有者所享有，很难无障碍的为平民百姓共享。

　　人口期望寿命与人口老龄化是密切相关的重要指标，我们结合国家统计年鉴提供的数据，以及世界卫生组织的有关数据，利用插值法估算缺失年份的数据，得出表7－22的期望寿命趋势。从表7－22和图7－10可以看出，期望寿命的对数值是有时间趋势的 ARMA（1，2）序列，也就是未来的期望寿命的变动具有序列自身的演化趋势，并受到与时间相关的因素影响，因为从趋势上看，时间变量的影响为负值（－0.000219），而且具有显著性（Prob.＝0.0108）。这可能是与损害健康相关的危险因子有关，诸如土地污染和大气污染等环境污染问题，以及变化了的以慢性病和严重不可逆健康损害为主的疾病谱，等等。

表7－22　　　　　　　期望寿命对数值趋势序列分析

Variable	Coefficient	Std. Error	t－Statistic	Prob.
C	0.010722	0.002323	4.615020	0.0017
@TREND(2000)	－0.000724	0.000219	－3.306338	0.0108
AR（2）	0.332465	0.078602	4.229726	0.0029
MA（1）	0.968373	0.019422	49.86028	0.0000
R－squared	0.919024	Mean dependent var		0.003287
Adjusted R－squared	0.888658	S. D. dependent var		0.002591
S. E. of regression	0.000865	Akaike info criterion		－11.00757
Sum squared resid	5.98E－06	Schwarz criterion		－10.84593
Log likelihood	70.04539	Hannan－Quinn criter.		－11.06741
F－statistic	30.26501	Durbin－Watson stat		1.691867
Prob（F－statistic）	0.000102			
Inverted AR Roots	0.58	－0.58		
Inverted MA Roots	－0.97			

Autocorrelation	Partial Correlation		AC	PAC	Q-Stat	Prob
		1	0.827	0.827	12.459	0.000
		2	0.648	−0.113	20.704	0.000
		3	0.470	−0.108	25.389	0.000
		4	0.254	−0.240	26.888	0.000
		5	0.049	−0.138	26.950	0.000
		6	−0.139	−0.143	27.501	0.000
		7	−0.293	−0.083	30.236	0.000
		8	−0.392	−0.031	35.842	0.000
		9	−0.432	−0.015	43.774	0.000
		10	−0.426	−0.005	53.013	0.000
		11	−0.384	−0.020	62.395	0.000
		12	−0.312	−0.018	70.660	0.000

图 7 − 10　期望寿命自相关关系图

　　而从家庭或社会的抚养与赡养压力来看，未成年人与老年人的总体变化趋势一方面与时间有关，年度趋势值的回归系数为 0.120984，具有统计学显著性（Prob. = 0.0264）。同时与序列误差项的二阶平滑系数具有显著性关系（Prob. = 0.0000），但回归系数为负值（−0.92111）。说明在抚赡养系数的内在变化上具有收敛的变化趋势（见表 7 − 23 和图 7 − 11）。

表 7 − 23　　　　　社会总抚赡养系数序列分析　　　　　单位：%

Variable	Coefficient	Std. Error	t − Statistic	Prob.
C	− 1.640833	0.421250	− 3.895157	0.0025
@ TREND(2000)	0.120984	0.047222	2.562034	0.0264
MA(2)	− 0.921110	0.053213	− 17.30972	0.0000
R − squared	0.512934	Mean dependent var		− 0.457143
Adjusted R − squared	0.424377	S. D. dependent var		0.992831
S. E. of regression	0.753260	Akaike info criterion		2.458596
Sum squared resid	6.241401	Schwarz criterion		2.595537
Log likelihood	− 14.21017	Hannan − Quinn criter.		2.445919
F − statistic	5.792107	Durbin − Watson stat		2.580527
Prob（F − statistic）	0.019131			
Inverted MA Roots	0.96	− 0.96		

Autocorrelation	Partial Correlation		AC	PAC	Q-Stat	Prob
		1	0.849	0.849	13.136	0.000
		2	0.662	−0.214	21.723	0.000
		3	0.440	−0.226	25.846	0.000
		4	0.204	−0.198	26.808	0.000
		5	−0.013	−0.103	26.812	0.000
		6	−0.157	−0.076	27.508	0.000
		7	−0.289	−0.179	30.161	0.000
		8	−0.390	−0.140	35.706	0.000
		9	−0.452	−0.086	44.391	0.000
		10	−0.483	−0.076	56.273	0.000
		11	−0.379	−0.411	65.437	0.000
		12	−0.263	−0.114	71.322	0.000

图 7−11　社会抚赡养系数自相关

社会就业人员数量和平均工资水平，决定了健康保险的保费支出水平与能力，并对未来的保费收入可持续性具有显著的影响。为此，我们首先分析社会就业人口数、平均工资水平和工资缴费比，这些数据可以从国家统计年鉴的上获得。具体的分析情况见图 7−12 和表 7−24 ~ 表 7−26。根据这些数据的演变趋势，可以对未来的政府承办的公共健康保险潜在的缴费规模进行测度分析。

Autocorrelation	Partial Correlation		AC	PAC	Q-Stat	Prob
		1	0.773	0.773	10.872	0.001
		2	0.572	−0.062	17.286	0.000
		3	0.383	−0.095	20.403	0.000
		4	0.208	−0.098	21.410	0.000
		5	0.063	−0.067	21.513	0.001
		6	−0.063	−0.088	21.625	0.001
		7	−0.173	−0.098	22.580	0.002
		8	−0.264	−0.096	25.122	0.001
		9	−0.336	−0.097	29.922	0.000
		10	−0.385	−0.091	37.500	0.000
		11	−0.405	−0.069	47.965	0.000
		12	−0.378	−0.006	60.099	0.000

图 7−12　全社会就业人员总数自相关

全社会就业人员数是一个 ARMA(1, 1) 的时间序列，与序列的 AR(1) 和 MA(1) 具有显著性的内在关系，一阶自回归和一阶误差项之间都具有显著性的关联关系。说明当前的人口老龄化问题并没有对全社会的就业人员数量产生较为明显的影响，可能是与不断增长的农村居民进城务工人数有关，农村居民劳动力的从土地上流出来缓解了城镇劳动力的短缺问题。

但从长期的趋势看，人口的增速将会下降而且具有不稳定的变化趋势，即MA单位根为1。但时间序列的一阶自回归较为平稳。

表7－24 全社会就业人员总数序列分析 单位：万人

Variable	Coefficient	Std. Error	t – Statistic	Prob.
C	267. 1831	27. 94449	9. 561207	0. 0000
AR（1）	0. 729943	0. 099283	7. 352174	0. 0000
MA（1）	– 0. 999974	0. 251216	– 3. 980529	0. 0026
R – squared	0. 813027	Mean dependent var		342. 7692
Adjusted R – squared	0. 775633	S. D. dependent var		92. 46094
S. E. of regression	43. 79636	Akaike info criterion		10. 59615
Sum squared resid	19181. 21	Schwarz criterion		10. 72653
Log likelihood	– 65. 87499	Hannan – Quinn criter.		10. 56936
F – statistic	21. 74188	Durbin – Watson stat		1. 651282
Prob（F – statistic）	0. 000229			
Inverted AR Roots	0. 73			
Inverted MA Roots	1. 00			

从表7－25的就业人员平均工资水平看，2000～2014年就业人员的平均工资水平是一个不稳定的ARMA（1，2）序列，一方面城镇就业人员的工资水平具有显著增长的趋势，但增长的不稳定性较为明显，二阶误差项之间具有显著性的自回归关系。另一方面，常数项的不显著，也说明用自回归和移动平滑模型，可以对数据的未来趋势进行较好地预测分析。

表7－25 城镇就业人员的平均工资水平序列分析 单位：元

Variable	Coefficient	Std. Error	t – Statistic	Prob.
C	331201. 3	4643180	0. 071331	0. 9444
AR（1）	0. 996531	0. 050182	19. 85838	0. 0000
MA（2）	2. 298102	0. 329457	6. 975425	0. 0000
R – squared	0. 990420	Mean dependent var		41624. 79
Adjusted R – squared	0. 988679	S. D. dependent var		29697. 06
S. E. of regression	3159. 809	Akaike info criterion		19. 14182
Sum squared resid	1. 10E + 08	Schwarz criterion		19. 27876
Log likelihood	– 130. 9927	Hannan – Quinn criter.		19. 12914
F – statistic	568. 6414	Durbin – Watson stat		0. 649838
Prob（F – statistic）	0. 000000			
Inverted AR Roots	1. 00			

受到国家统计年鉴提供数据的影响，相对于其他指标数据为 2000～2014 年的资料，城镇在职职工的工资缴费比计算只是使用了 2007～2014 年的 7 年数据，可能会影响数据的预测区间的扩展问题。但由于工资缴费比例是一个与政策相关的变量，我们将在仿真分析部分作为政策变量进行主观干预，因而并不会对预测和仿真分析产生负面影响。从 2007～2014 年的数据显示的信息看，工资缴费比例是一个 MA(2) 的序列，误差项之间是二阶自相关的关系（见表 7-26）。

表 7-26　　　　　　城镇在职职工的医保工资缴费比序列分析　　　　　单位：%

Variable	Coefficient	Std. Error	t – Statistic	Prob.
C	– 0. 059116	0. 316092	– 0. 187021	0. 8590
MA(2)	0. 850702	0. 127018	6. 697496	0. 0011
R – squared	0. 349271	Mean dependent var		0. 043520
Adjusted R – squared	0. 219125	S. D. dependent var		0. 519542
S. E. of regression	0. 459104	Akaike info criterion		1. 515878
Sum squared resid	1. 053884	Schwarz criterion		1. 500424
Log likelihood	– 3. 305574	Hannan – Quinn criter.		1. 324867
F – statistic	2. 683688	Durbin – Watson stat		2. 671425
Prob（F – statistic）	0. 162307			

在社会卫生总费用的分担主体来看，以社会医疗保险和健康保险为主体的社会卫生费用支出，以及个人现金卫生医疗费用支出，以及政府的公共财政支出，是医疗费用的主要分担主体。经过全民基本医疗保险的全民覆盖和商业健康保险的快速发展，个人缴费比例已经由 2000 年的 69% 左右，降低到 2014 年的 45% 左右。从表 7-27 的社会卫生费用指标变化情况看，它是一个 ARMA(2，2) 的时间序列。从稳定性来看，尽管一阶单位根不稳定，但社会卫生费用的支出具有显著的二阶自回归关系，而且误差项的二阶平滑关系的系数为负值，也就是一方面社会卫生费用将显著增加，另一方面这种增加的波动将趋于平缓。

表 7-27　　　　　　社会医疗卫生费用支出序列分析　　　　　单位：亿元

Variable	Coefficient	Std. Error	t – Statistic	Prob.
C	159447. 2	8515288	0. 018725	0. 9855
AR(2)	0. 998269	0. 093008	10. 73313	0. 0000
MA(2)	– 0. 845527	0. 101164	– 8. 357993	0. 0000

Variable	Coefficient	Std. Error	t – Statistic	Prob.
R – squared	0.921068	Mean dependent var		991.5308
Adjusted R – squared	0.903528	S. D. dependent var		540.7477
S. E. of regression	167.9559	Akaike info criterion		13.29760
Sum squared resid	253882.7	Schwarz criterion		13.41882
Log likelihood	– 76.78559	Hannan – Quinn criter.		13.25272
F – statistic	52.51137	Durbin – Watson stat		2.060759
Prob（F – statistic）	0.000011			
Inverted AR Roots	1.00	– 1.00		
Inverted MA Roots	0.92	– 0.92		

　　相对于社会医疗卫生费用的二阶变化关系，表 7 – 28 显示的数据表明，个人现金卫生医疗费用的支出是一个 ARMA(1，1) 序列，即时间序列和误差项之间都是一阶滞后的自回归关系，回归系数都具有显著性。表 7 – 27 和表 7 – 28 的分析结果提示，医疗费用的支出具有内在的自我增长趋势，社会卫生医疗费用支出尽管滞后二期具有自回归关系，而个人现金卫生医疗费用则是一阶自回归的关系，个人治疗费用支出受到上一年度行为的影响，并可能作为一种医疗习惯或医疗惯势对未来医疗消费支出具有明显的影响（见图 7 – 13）。因而合理引导甚至通过分级诊疗管制医疗服务利用，对未来控制个人自负费用和减轻社会医疗保险的支付或补偿压力都是非常重要的。

表 7 – 28　　　　　　　　个人现金卫生医疗费用金额序列分析　　　　单位：亿元

Variable	Coefficient	Std. Error	t – Statistic	Prob.
C	1109.792	514.2449	2.158101	0.0563
AR(1)	0.870320	0.126024	6.906000	0.0000
MA(1)	– 0.912819	0.066897	– 13.64524	0.0000
R – squared	0.452660	Mean dependent var		637.0400
Adjusted R – squared	0.343192	S. D. dependent var		374.1822
S. E. of regression	303.2511	Akaike info criterion		14.46617
Sum squared resid	919612.0	Schwarz criterion		14.59655
Log likelihood	– 91.03013	Hannan – Quinn criter.		14.43938
F – statistic	4.135092	Durbin – Watson stat		1.637128
Prob（F – statistic）	0.049123			
Inverted AR Roots	0.87			
Inverted MA Roots	0.91			

Autocorrelation	Partial Correlation		AC	PAC	Q-Stat	Prob
		1	0.795	0.795	11.513	0.001
		2	0.572	−0.165	17.921	0.000
		3	0.362	−0.102	20.704	0.000
		4	0.179	−0.082	21.444	0.000
		5	0.043	−0.027	21.491	0.001
		6	−0.083	−0.121	21.684	0.001
		7	−0.188	−0.089	22.809	0.002
		8	−0.269	−0.081	25.449	0.001
		9	−0.333	−0.097	30.175	0.000
		10	−0.376	−0.092	37.399	0.000
		11	−0.396	−0.080	47.412	0.000
		12	−0.363	0.017	58.640	0.000

图 7 - 13 个人现金卫生医疗费用支出自相关

结合城乡居民实际自负医疗费用的情况看（见表 7 - 29），居民的自负医疗费用比例也是一个滞后两阶的误差项自回归关系。随着社会财富水平的分化，未来对医疗费用的支付也具有分散化的趋势（见图 7 - 14），MA(2) 的回归系数为 0.924273（Prob. = 0.0000），那些相对富有阶层将利用健康保险保费补偿作为踏板，形成与低收入者对有限优质医疗资源的竞争。

表 7 - 29　　　　　　　城乡居民自负医疗费用比例序列分析　　　　　单位：%

Variable	Coefficient	Std. Error	t − Statistic	Prob.
C	− 2.140216	0.536140	− 3.991895	0.0018
MA(2)	0.924273	0.037595	24.58511	0.0000
R − squared	0.561638	Mean dependent var		− 1.721697
Adjusted R − squared	0.525107	S. D. dependent var		1.523962
S. E. of regression	1.050200	Akaike info criterion		3.067402
Sum squared resid	13.23504	Schwarz criterion		3.158695
Log likelihood	− 19.47181	Hannan − Quinn criter.		3.058951
F − statistic	15.37461	Durbin − Watson stat		1.638929
Prob (F − statistic)	0.002031			

Autocorrelation	Partial Correlation		AC	PAC	Q-Stat	Prob
		1	0.837	0.837	12.753	0.000
		2	0.651	-0.163	21.070	0.000
		3	0.460	-0.129	25.557	0.000
		4	0.266	-0.136	27.197	0.000
		5	0.059	-0.201	27.285	0.000
		6	-0.136	-0.147	27.807	0.000
		7	-0.293	-0.089	30.547	0.000
		8	-0.394	-0.022	36.202	0.000
		9	-0.438	-0.003	44.357	0.000
		10	-0.423	-0.044	53.464	0.000
		11	-0.384	-0.054	62.849	0.000
		12	-0.325	-0.053	71.849	0.000

图 7 - 14　自负医疗费用比例自相关

　　相对于社会医疗保险或公共健康保险的缴费规模，商业健康保险的保费收入和补偿能力都相对较弱，这部分的内容我们在前面几个章节进行过详细地论述（见表 7 - 30、表 7 - 31）。而从商业保费收入和理赔支出看，二者并不是相同稳定性和变化趋势的时间序列。其中保费收入为 ARMA（1，2），而保险理赔支出为 ARMA（3，1），导致序列趋势不同的原因，主要受到实际保费理赔支出的影响较大，具体分析见前面有关章节。

表 7 - 30　　　　　　　　　商业健康保险保费收入序列分析　　　　　　　单位：亿元

Variable	Coefficient	Std. Error	t - Statistic	Prob.
C	228. 8169	23. 89823	9. 574637	0. 0000
AR（1）	0. 616812	0. 067027	9. 202405	0. 0000
MA（2）	5. 304325	1. 731550	3. 063340	0. 0120
R - squared	0. 974179	Mean dependent var		117. 3560
Adjusted R - squared	0. 969014	S. D. dependent var		132. 3004
S. E. of regression	23. 28848	Akaike info criterion		9. 332968
Sum squared resid	5423. 531	Schwarz criterion		9. 463341
Log likelihood	- 57. 66430	Hannan - Quinn criter.		9. 306171
F - statistic	188. 6383	Durbin - Watson stat		1. 989706
Prob（F - statistic）	0. 000000			
Inverted AR Roots	0. 62			

表 7 – 31

表 7 – 31　　　　　　商业健康保险理赔支出序列分析　　　　　单位：亿元

Variable	Coefficient	Std. Error	t – Statistic	Prob.
C	1410. 302	55118. 84	0. 025587	0. 9802
AR(3)	0. 989607	0. 415723	2. 380449	0. 0445
MA(1)	– 0. 884135	0. 247256	– 3. 575781	0. 0072
R – squared	0. 576922	Mean dependent var		45. 56848
Adjusted R – squared	0. 471152	S. D. dependent var		60. 74971
S. E. of regression	44. 17837	Akaike info criterion		10. 64135
Sum squared resid	15613. 82	Schwarz criterion		10. 74987
Log likelihood	– 55. 52742	Hannan – Quinn criter.		10. 57294
F – statistic	5. 454512	Durbin – Watson stat		1. 725459
Prob（F – statistic）	0. 032039			
Inverted AR Roots	1. 00	– 0. 50 + 0. 86i	– 0. 50 – 0. 86i	
Inverted MA Roots	0. 88			

　　同样受到统计年鉴数据的影响，城乡居民医疗保险和职工基本医疗保险的数据相对偏少，可用于分析的数据为 2007 ~ 2014 年的数据。为此，我们在此只对城镇职工基本医疗保险的保费收入进行简单的趋势分析，见表 7 – 32 和图 7 – 15。数据显示，城镇职工基本医疗保险的保费收入序列并没有显著的自回归或自相关关系，而是与时间趋势具有显著相关关系，系数为 419. 6614（Prob. = 0. 001），也就是自 2007 年以来，城镇职工的保费收入以每年 419 亿元的额度在增长变化，但这个关系是以常数项为 – 2663. 506 为基础的。

表 7 – 32　　　　　城镇职工基本医疗保险保费收入序列分析　　　　单位：万元

Variable	Coefficient	Std. Error	t – Statistic	Prob.
C	– 2663. 506	368. 5862	– 7. 226277	0. 0008
@ TREND(2000)	419. 6614	32. 96736	12. 72961	0. 0001
R – squared	0. 970068	Mean dependent var		1952. 769
Adjusted R – squared	0. 964081	S. D. dependent var		920. 4527
S. E. of regression	174. 4468	Akaike info criterion		13. 39607
Sum squared resid	152158. 5	Schwarz criterion		13. 38062
Log likelihood	– 44. 88626	Hannan – Quinn criter.		13. 20506
F – statistic	162. 0429	Durbin – Watson stat		1. 915438
Prob（F – statistic）	0. 000053			

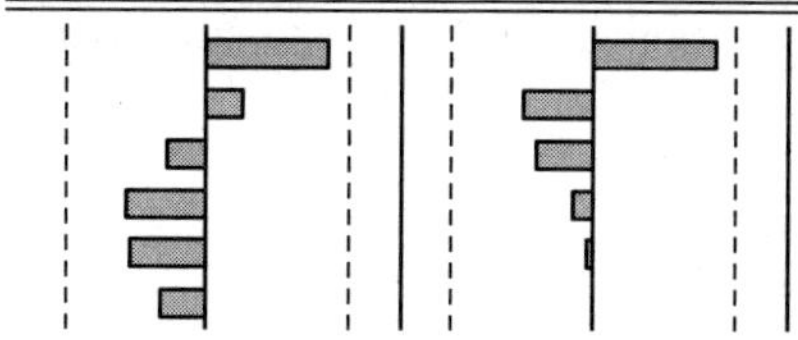

Autocorrelation	Partial Correlation		AC	PAC	Q-Stat	Prob
		1	0.643	0.643	4.3401	0.037
		2	0.195	-0.372	4.8193	0.090
		3	-0.226	-0.314	5.6229	0.131
		4	-0.440	-0.103	9.6887	0.046
		5	-0.426	-0.033	15.393	0.009
		6	-0.246	-0.007	19.220	0.004

图 7-15   城镇职工基本医疗保险 2007~2014 年自相关情况

综合用来仿真分析健康保险与生命价值保障和可持续发展的几个重要指标或变量来看，未来医疗费用的筹集和支付压力将比较明显，尤其是在社会经济增速明显放缓的情况下，如何有效改善居民的收入水平以提高保费支付能力，以及合理控制医疗费用支出以减轻保险基金和个人自负费用压力，是未来进行以公共健康保险政策为主体的改革重点关注的内容。在中国经济放缓、人口老龄化加重等客观问题的影响下，未来要解决因病致贫和保障与提高国民健康水平的改革重点，必然是对医疗服务利用更加合理的管制，以及医疗服务覆盖范围的有效调整，是所有的国民获得必要的高质量医疗服务，并且不会因为医疗费用支付而陷入经济困境，更不会对创造未来财富的生命价值造成不可逆的健康损害，实现全生命周期的非贫困和未来全面建成小康社会。

7.4.3   生命价值保障与可持续发展仿真分析

在对各指标数据进行拟合分析以后，我们利用建立的模型变量（见表 7-33），对 2030 年之前的数据进行预测，并根据预测值对生命价值保障效力进行分析，并从可持续发展角度仿真模拟不同改革措施下的变动趋势。根据相关的政策法规设计，以及数据变动的基本规律，将以上的基本要素和因果关系，整理成为一个动态关联模型，利用 Microsoft Excel2013、SPSS20 与 EViews8.0 等软件，研究经济增速放缓、医疗费用过快增长和人口老龄化等风险对健康保险系统的综合影响，仿真分析有效应对风险冲击的对策建议。表 7-33 最右侧的趋势预测方程与模型，是以上分析过程中利用 EViews8.0 计算的方程或模型参数。

表 7 – 33　　　　　　　　　主要指标或变量的趋势预测方程与模型

指标或变量	指标或变量含义	趋势预测方程与模型
GDP	国民生产总值	$D(GDP) = 10438.15 + 3627.99@\,trend(2000)$ $+ 0.89MA(1)$
LNGDP	国民生产总值对数	$D(LNGDP) = 0.193 - 0.006@\,trend(2000)$ $- 0.964MA(2)$
MEDEXP	卫生总费用	$D(MEDEXP) = -198.3902 + 317.32@\,trend(2000)$ $- 0.8435MA(2)$
LNMEDGDP	卫生总费用对数	$D(LNMEDEXP) = 0.1445 + 0.7806MA(2)$
FSC_OLD	赡养比	$D(FSC\_OLD) = 0.2957 + 0.870678MA(1)$
LNFSC_OLD	赡养比对数	$D(LNFSC\_OLD) = -0.0015 + 0.00276@\,trend(2000)$ $+ -0.94MA(2)$
Bi_CITY	城镇居民家庭收入	$Bjy = 1180.201 + 644.676LNGDP + 0.0848MEDEXP$ $- 3809.43LNFSC\_OLD$ $Bcc = 1418.952 + 183.73LNGDP$ $- 1542.956LNFSC\_OLD + 0.0272MEDEXP$ $Bzy = -10684.99 + 1388.067LNGDP$ $+ 0.117MEDEXP - 1886.118LNFSC\_OLD$ $Bgz = -47689.625 + 4080LNGDP$ $+ 0.2051MEDEXP + 1833.7419LNFSC\_OLD$
Ci_CITY	城镇居民家庭消费	$Cwj = -2505.474 + 0.0046GDP$ $+ 307.873FSC\_OLD - 0.071MEDEXP$ $Cyj = -1434.434 + 0.003GDP + 170.01FSC\_OLD$ $- 0.0472MEDEXP$ $Cqt = -9168.043 + 0.0316GDP$ $+ 4898.33LNFSC\_OLD - 0.254MEDEXP$
BRi_RURAL	农村居民家庭收入	$BRjy = 1176.12 + 604.842LNGDP$ $- 3071.47LNFSC\_OLD + 0.0722MEDEXP$ $BRcc = -9.165 + 0.0007GDP + 0.4227FSC\_OLD$ $- 0.0052MEDEXP$ $BRzy = 1718.278 + 110.38LNGDP$ $- 1323.5LNFSC\_OLD + 0.029MEDEXP$ $BRgz = -2679.93 + 513.5LNGDP$ $- 300.87FSC\_OLD + 0.103MEDEXP$
CRi_RURAL	农村居民家庭消费	$CRyj = -222.778 + 62.289LNGDP$ $- 48.33FSC\_OLD + 0.0168MEDEXP$ $CRwj = -452.35 + 0.00091GDP + 62.28FSC\_OLD$ $- 0.01456MEDEXP$ $CRqt = 880.5395 + 1050.177LNGDP$ $- 5291.38LNFSC\_OLD + 0.121MEDEXP$

指标或变量	指标或变量含义	趋势预测方程与模型
LNEXPLIFE	期望寿命对数值	$D(LNEXPLIFE) = 0.0107 - 0.00072@trend(2000)$ $+ 0.3325AR(2) + 0.968MA(1)$
FSC_TOTAL	抚赡养系数对数值	$D(FSC\_TOTAL) = -1.6408 + 0.121@trend(2000)$ $- 0.921MA(2)$
POPU_JOB	社会就业人口	$D(POPU\_JOB) = 267.183 + 0.7299AR(1)$ $- 0.9999MA(1)$
AVEJB_CITY	城镇就业人员平均工资	$D(AVEJB\_CITY) = 5739.916 + 0.8492AR(1)$ $- 0.9717MA(2)$
SELFPRE_CITY	城镇职工保费占工资比	$D(SELFPRE\_CITY) = -0.059116 + 0.8507MA(2)$
SOCIMED	社会卫生费用支出	$D(SOCIMED) = 159447.2 + 0.998269AR(2)$ $- 0.845527MA(2)$
SELFHEALTHEXP	个人现金卫生医疗费用	$D(SELFHEALTHEXP) = 1109.792 + 0.87032AR(1)$ $- 0.912819MA(1)$
SELFMEDCO	医疗费用自负比例	$D(SELFMEDCO) = -2.140216 + 0.924273MA(2)$
FUNINC_C	商业健康保险保费收入	$D(FUNINC\_C) = 228.8169 + 0.616812AR(1)$ $+ 5.304325MA(2)$
FUNEXP_C	商业健康保险理赔支出	$D(FUNEXP\_C) = 1410.302 + 0.989607AR(3)$ $- 0.884135MA(1)$
FUNINCR_CITY	城镇居民医保费收入	城镇居民缴费人口数 × (个人缴费额度 + 政府补贴额度)
FUNINCJ_CITY	城镇职工医保费收入	POPUJOB × AVEJB_CITY × SELFPRE_CITY
FUNNCM_INC	新农合筹资总额	农村居民缴费人口数 × (个人缴费额度 + 政府补贴额度)
POPU_ALL	全国总人口数	$D(POPU\_ALL) = 759.7298 - 6.8496@TREND(2000)$ $+ 0.9491MA(2)$
POPU_JH	经济活动人口	$D(POPU\_JH) = 430.949 - 0.6866AR(1)$ $- 0.9994MA(2)$
POPU_NJH	经济非活动人口	POPU_ALL − POPU_JH
POPU_TIRE	退休参保人员	作为就业人员测算免交保费人数
ZZFUND_TOTAL	全民多层次缴费规模	职工基本保险 + 商业保险 + 个体经营户的保险 + 城乡居民保险
FUNBALANCE	未来保险基金结余能力	总保费收入 − 社会卫生总费用支出

1. 三项主要指标的未来变化趋势分析

由于国民生产总值、医疗费用和人口老龄化水平，对未来就业人员收入与保费缴纳能力、城乡居民家庭的收入与消费等都具有重要的影响。因而我们根据表 7 – 33 中的模型，利用 2000 ~ 2014 年的统计数据，预测未来国民生产总值、医疗卫生总费用和人口老龄化三项主要指标的未来变化趋势，考虑到城乡居民收入与消费指标主要是与三项指标的对数值具有显著性的回归关系，同时对三项指标的对数值进行预测。相关数据和发展趋势分别见图 7 – 16（a）和图 7 – 16（b）（国民生产者总值）、图 7 – 17（a）和图 7 – 17（b）（医疗卫生总费用）、图 7 – 18（a）和图 7 – 18（b）（赡养比代替的人口老龄化程度）。

从图 7 – 16 看，中国未来的国民生产总值依然会表现为较快增长的趋势（见图 7 – 16（a）），特别是在"一带一路"战略的推动下，中国的经济发展势头依然良好。但是也正如中央政府和学者预测的那样，经济的增速开始放缓，这个趋势在 2020 年之后的情况将更加明显。而与国民经济密切相关的城乡居民收入必将受到一定的影响，但也同时要关注另外一个问题，就是国民生产总值与实际可支配收入的关系，在产业结构升级和科技创新的推动下，单位国民生产总值的居民收入贡献率也在增加，这对改善城乡居民的收入水平和缴费能力是有利的。

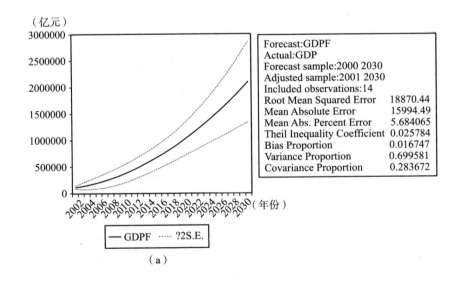

（a）

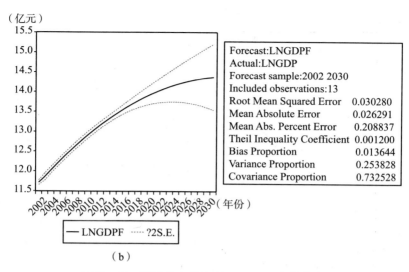

Forecast:LNGDPF
Actual:LNGDP
Forecast sample:2002 2030
Included observations:13
Root Mean Squared Error   0.030280
Mean Absolute Error   0.026291
Mean Abs. Percent Error   0.208837
Theil Inequality Coefficient 0.001200
Bias Proportion   0.013644
Variance Proportion   0.253828
Covariance Proportion   0.732528

（b）

图 7 – 16   国民生产总值 2002～2030 年趋势值

相对于国民生产总值的增速放缓，图 7 – 17 显示未来医疗卫生总费用将呈现快速上涨的趋势，医疗费用总量和增速都处于较快发展的时期，控制医疗费用的难度依然很大，这对提高和改善健康保险的基金结余能力与可持续发展，都将是一个非常严峻的挑战。

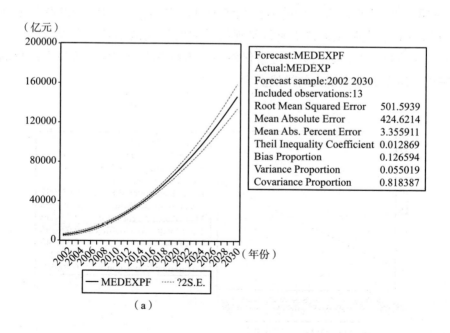

Forecast:MEDEXPF
Actual:MEDEXP
Forecast sample:2002 2030
Included observations:13
Root Mean Squared Error   501.5939
Mean Absolute Error   424.6214
Mean Abs. Percent Error   3.355911
Theil Inequality Coefficient 0.012869
Bias Proportion   0.126594
Variance Proportion   0.055019
Covariance Proportion   0.818387

（a）

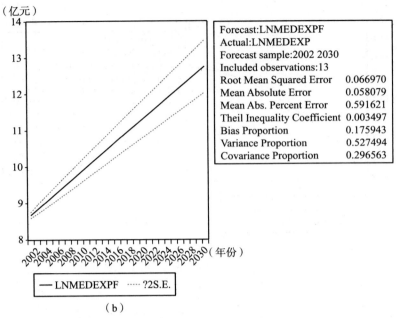

（b）

图 7 - 17 医疗卫生总费用 2002 ~ 2030 年趋势值

不仅医疗费用的增速过快，而且中国在现行或者历史人口政策积累下来的惯势来看，未来十年也是中国人口老龄化问题日趋严重的时期。从图 7 - 18 中 65 岁以上人口的赡养比趋势图可以看出，在 2018 ~ 2030 年期间的 12 年内，老龄化人口增速将呈现指数曲线形式的增长，在现行健康保险的保费政策下，必然会对健康保险基金的补偿能力和应对人口老龄化的医疗费用支出带来很大的挑战。

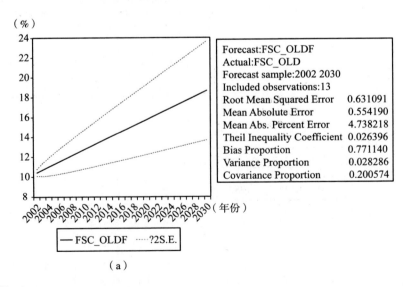

（a）

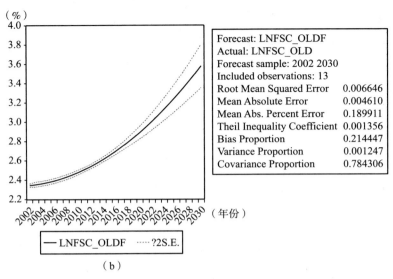

图 7 – 18　人口老龄化（赡养比）2002～2030 年趋势值

因而，要实现国民经济与人口的可持续发展，我们必然需要在经济促增长的基础上，大力控制医疗卫生费用的非理性过快增长，并及时有效地优化中国的人口政策，使经济、医疗保健支出和人口结构之间实现可持续协调发展。

2. 城乡居民家庭收入与消费变化及生命价值保障效力

根据以上三项指标的预测值，我们分别测算和预测城乡居民收入和消费支出的情况，具体数值见图 7 – 19 和图 7 – 20（城镇居民家庭收入与消费）、图 7 – 21 和图 7 – 22（农村居民家庭收入与消费）。在国民经济的推动下，未来城乡居民家庭的各项收入指标依然呈现较快的发展趋势，其中如图 7 – 19 所示，城镇居民的工资性收入（BGZ 曲线）、经营性收入（BJY 曲线）、财产性收入（BCC 曲线）和转移性收入（BZY 曲线），都呈现稳定增长的趋势。其中工资性收入的增长速度和比重都明显偏高，而财产性收入相对较低。

从图 7 – 20 中的城镇居民文教娱乐消费（CWJ 曲线）和医疗保健消费（CYJ 曲线）的消费情况看，文教娱乐和医疗保健的消费在未来具有先增长后缓慢下降的趋势。一方面，说明中国全民医疗保险体系的覆盖和健康保险缴费水平的增长，以及医疗费用自负比例的减少相对减轻了城镇居民家庭的医疗负担。另一方面，对文教娱乐的消费支出，呈现先增加后减少的趋势，尚未能够给出更为专业的解释。可能这种需求与国家教育经费的增加，以及其他消费需求的相互抑制有关，因为医疗费用支付压力的缓解能够激励其他消费支出，而对城镇居民的其他消费的预测分析也证实了以上观点，即呈现更快速度的增长趋势。

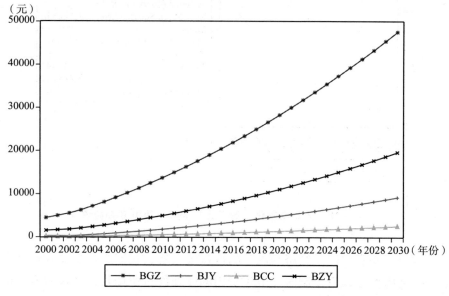

图7-19　城镇居民家庭收入2000~2030年预测趋势

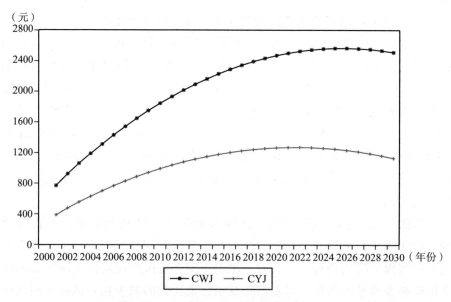

图7-20　城镇居民家庭文教娱乐与医疗保健消费2002~2030年趋势

相对于城镇居民较快的家庭各项收入的显著快速增长，农村居民的收入在快速增长的同时，在总体额度上仅为城镇居民的1/3左右，如图7-21所示。2030年城镇居民的工资性收入将提高到人均5万元左右，而农村居民家庭仅为1.5万元左右，也就是说城乡居民在工资性收入上的差距依然很大。同时，其他各项收入的规模也整体低于城镇居民水平，为实现城乡居民的均等化发展带来一定的挑战或压力。

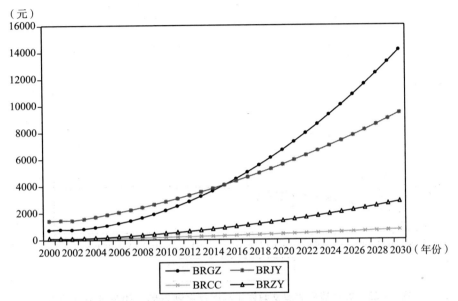

图7-21　农村居民家庭收入2000～2030年的变化趋势

　　除了文教娱乐消费支出的趋势与城镇居民类似以外，农村居民的医疗保健支出将会显著增加，农民的医疗负担缓解的压力很大。农村居民的潜在医疗服务利用需求，在2018～2030年期间可能会增长2倍左右。如何合理释放并控制农村居民家庭的医疗费用支出，对未来实现全民健康保障和缓解医疗费用的过快增长，都将是一个不小的挑战（见图7-22）。

　　利用城乡居民家庭收入和消费支出的数据，我们测算了2002～2030年期间的城乡居民的抚赡养支付能力，即资本化价值水平。计算公式为城乡居民人均收入乘以抚赡养调整系数，减去人均消费支出水平，得到城乡居民家庭劳动力的资本化价值能力水平，如图7-23所示。与城乡居民的收入和消费差距趋势相似，城乡居民的资本化价值能力差距依然非常明显。2030年城镇居民劳动力的资本化价值水平为4万元左右，而农村居民劳动力的水平仅为1.2万元左右，前者是后者的3倍以上。因而，从资本化价值能力的角度，改善未来城乡居民的收入和合理控制非理性的消费支出，都是应该重点关注的内容，但核心在于实现农村经济的可持续快速发展，不断改善农村居民的实际收入水平，特别是防范农村居民因为健康损害导致的农村家庭劳动力损失，以及可能存在的因病致贫家庭陷阱。当前中国农村居民依然有大约42%的人口和8%的人口与健康风险和其他意外伤害等风险损失有关。

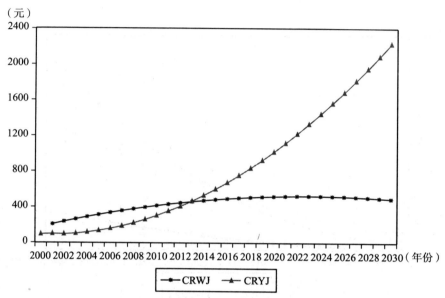

图 7 - 22 农村居民家庭文教娱乐与医疗保健2002～2030年变化趋势

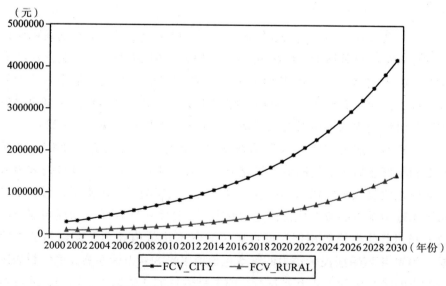

图 7 - 23 城乡家庭劳动力资本化价值能力2002～2030年变化趋势

综合城乡居民的抚赡养能力看，如图7-24所示，城乡居民家庭的现有收入水平和消费状况，都能够使家庭的收入规模承担起抚赡养责任，即均大于社会抚赡养系数（图7-24中的FSC_TOTALL曲线）。城乡居民的平均抚赡养水平，将由2004年的50%提高到2030年的90%左右，那时单个劳动力将能够养活一个人的消费支出。但同时我们也应该关注到，该抚赡养能力是建立在当前或之前国民经济的快速发展趋势上的，如果经济发展达不到预期，或者消费水平过大，尤其是诸如医疗费用等被动的消费支出过大，必将会对家庭的抚赡养能力产生不利的影响。

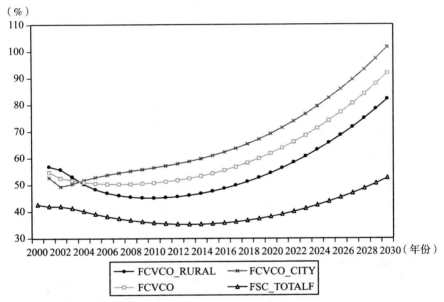

（%）

图7-24 城乡家庭劳动力抚赡养能力2000~2030年变化趋势

根据城乡居民的资本化价值水平，我们将其贴现为2016年的现值。首先我们使用传统上13%的贴现率（Chapman et al.，1995，1996，1999），贴现值分析结果见图7-25。该结果显示，如果按照较高的贴现率进行贴现，城乡居民家庭的资本化价值水平均呈现下降趋势，相对于城市居民较大的下降率，农村居民的资本化价值贴现值变动比较平缓，说明农村居民的资本化价值能力增速要好于城镇。

如果按照金融机构的五年期以上存款利率再加上通货膨胀率，按照6%的贴现率进行贴现，则城乡居民的资本化价值现值均呈现上涨的趋势，说明未来城乡居民的资本化价值增值能力可以有效抵御通货膨胀等问题的负面影响，见图7-26。

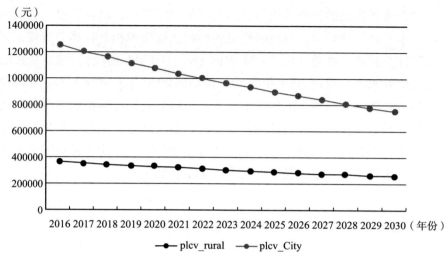

（元）

图 7-25　贴现率为 13% 时的城乡资本化价值现值

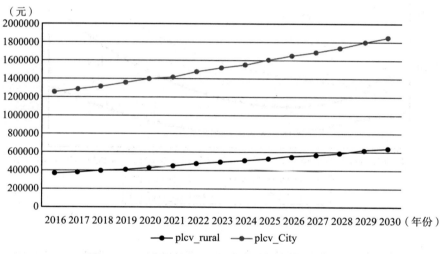

（元）

图 7-26　贴现率为 6% 时的城乡资本化价值现值

如果要使城乡居民的资本化价值增值能力保持适度不变，则农村居民消费的通货膨胀率不能大于 10.2%，城镇地区不能大于 9%，见图 7-27。这个预期在当前经济增速放缓的背景下，还是基本能够实现的。因而，未来只要合理控制健康风险可能导致的因病致贫问题，以及其他灾难性风险损失，实现城乡居民较大幅度的收入水平改善的目标也是能够实现的。

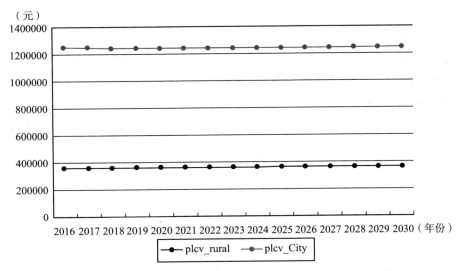

（元）

图 7-27 资本化价值时间价值相等时贴现率（农村 =10.2%；城镇 =9%）

3. 中国健康保险可持续发展能力趋势分析

作为实现全民健康覆盖的核心，健康保险的可持续发展能力在于筹集的保险费用，能够大于社会承担的医疗卫生费用。为了预测未来潜在的基本医疗保险缴费能力，并受限于当前职工基本医疗保险的数据，我们按照现行就业人员数量、就业人员平均工资和缴费比例，测算职工医疗保险保费规模，并与社会医疗费用支出规模之间的演变趋势进行比较。预测分析结果见图 7-28。

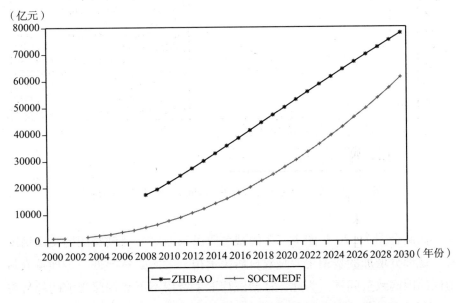

（亿元）

图 7-28 就业人员医保缴费规模与社会医疗费用的变化趋势

如果按照当前的社会承担的医疗费用费用自身的发展趋势（图7-28中的 SOCIME_DF 曲线），社会医疗卫生费用将呈现一个较快增长的趋势，但相对于按照就业人员、平均工资和缴费比例测算的医疗保险费用（图7-28中的 ZHIBAO 曲线），则要远远大于社会医疗卫生费用的规模，并且在未来始终保持在社会卫生医疗费用曲线的上端。如果保费收入和社会医疗卫生费用保持这种趋势发展，那么中国未来公共健康保险则可以采取诸如德国、英国等西方国家的保障方式，以在职人员的医疗保险保障家庭非就业人员的基本医疗服务需求。

但是，与社会医疗卫生费用的很多相关指标并不能按照当前情景继续延续，大部分指标将进行重大的调整。一旦部分指标显著偏离当前的现状及内含的发展趋势时，医疗保险缴费与社会医疗卫生费用的数量关系将会发生明显的变化。首先，从个人的医疗费用现金支出或自负部分的增长趋势看，见图7-29，未来个人自负医疗费用如果增长过大，必将会导致更多的因病致贫问题。2016年城乡居民的医疗费用超过1万亿元，而按照历史趋势发展，到2030年将增长到近3万亿元，按照城乡居民近8亿人的经济活动人口看，每个经济活动劳动力的人均担负压力近4000元，显然使农村家庭难以承担，城镇家庭负担也会较重。

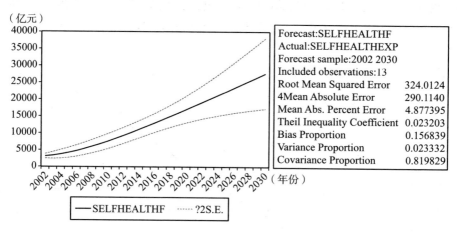

图7-29　个人现金支付医疗费用2002~2030年预测趋势

而结合图7-20和图7-22的城乡居民家庭医疗保健费用的支出情况看，这部分增加的费用主要是农村居民承担，因而必然会进一步加重农村地区的因病致贫问题。为此，社会医疗卫生费用不可能按照当前的趋势发展，而是会显著地增长。另外，从图7-30中2002~2030年的医疗费用自负比例看，未来的自负医疗费用比例应该是下降的，但同时也是需要进行控制的。因为，如果按照图7-30的自负比例趋势测度未来的社会医疗费用变化趋势，如图7-31中SOCIMED_N曲线所示，将会在2021年以后超过基于就业人员平均工资缴费比例测算的医疗保险筹资规模，并且这个缺口会迅速增大。

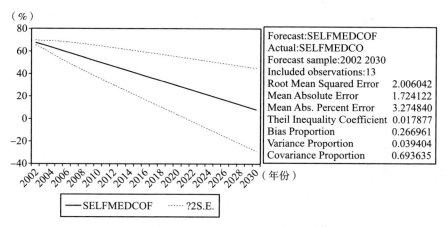

图 7-30　自负医疗费用比例趋势预测

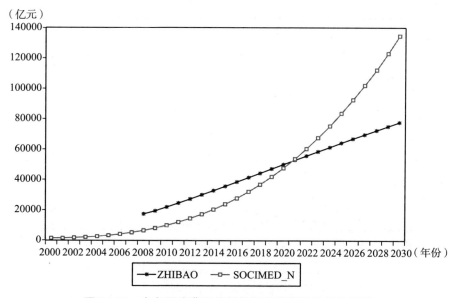

图 7-31　自负医疗费用趋势与医疗费用缺口趋势预测

在全民健康保险体系建设中，我们已经全面论证了社会医疗保险的吉芬商品属性及其带来的负面效应，如果不断提高诸如职工基本医疗保险等政府公共健康保险的补偿水平，将会加剧未来医疗费用的过快上涨。因而，必须有控制的对自负医疗费用的比例进行控制，并严格控制医疗费用的过快上涨。

4. 商业健康保险的辅助或补充能力

作为社会医疗保险的重要补充，商业健康保险能够有效缓解城乡居民的自负医疗费用压力，同时也能够减轻基本医疗保险的吉芬商品属性影响。我们整理了 2000～2014 年中国商业健康保险保费收入与理赔支出的情况，其预测值趋势见图 7－32。首先，商业健康保险在 2000～2030 年期间的保费收入呈现快速增长的趋势，即未来商业健康保险将进入一个较快发展的时期（曲线 FUNINC_CF）。而与快速增长不同步的是理赔补偿增速较小（曲线 FUNEXP_CF），与保费收入的差额呈现宽口快速增加趋势。也就是说，未来是商业健康保险的利润空间会显著增加，但相应导致的医疗费用补偿能力变弱。因而，如果商业健康保险的保费收入与理赔具有真实的变化趋势时，政府有必要对商业健康保险公司的利润追求动机进行有效的管制，不仅能够缓解社会医疗保险的保费筹集与医疗费用补偿压力，同时也有助于商业健康保险更加理性地可持续发展。

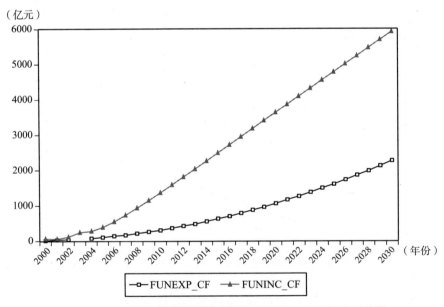

图 7－32　商业健康保险保费收支变化 2000～2030 年预测趋势

从商业健康保险对社会医疗保险的补充能力来看，测算的职工基本医疗保险再加上商业健康保险预测保费收入（图 7－33 中的 SHANGZHI 曲线）以后，依然没有能够弥补医疗费用缺口。因而，在医疗费用过快上涨和补偿比例不断提高的背景下，需要更多的主体参与健康保险的保费筹集，以改善健康保险对医疗费用支付能力的改善。

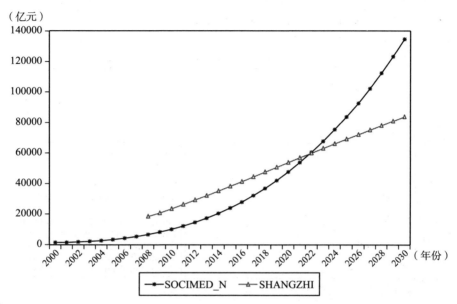

图7-33　职工医保加商业保险的保费与社会医疗费用缺口预测值

我们首先寻求那些没有进入到企业或用人单位求职的经济活动人口，并按照城乡居民的家庭经营活动收入，测算非就业型经济活动人口的医疗保险缴费规模。根据中国总人口增长变动趋势（见图7-34），测算到

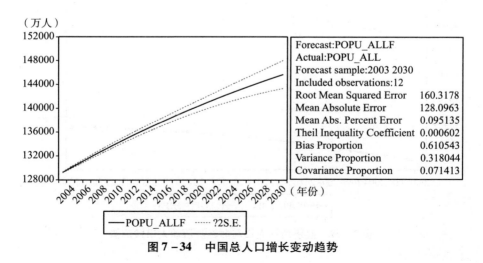

图7-34　中国总人口增长变动趋势

2003 年的总人口变动趋势。测算结果显示，未来中国人口总量依然呈现稳定增长的态势，到 2030 年中国总人口规模将近 14.6 亿人。

　　而按照 2000～2014 年中国经济活动人口的数据，到 2030 年该人口总数将近 8.7 亿人（如图 7-35 所示），并且具有相对稳定的增长趋势。而以总人口减掉经济活动人口后测算的非经济活动人口数也呈现平稳增长的趋势，同时与总人口的变动趋势的口径一致，即利用总人口数减掉经济活动人口的差，必然也呈现未来的增速相对平缓的态势（见图 7-36）。

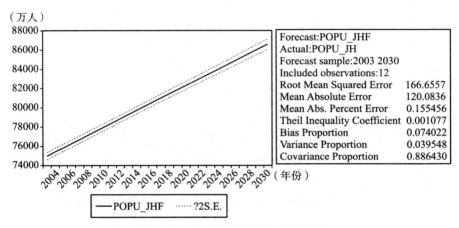

图 7-35　中国经济活动人口预测值

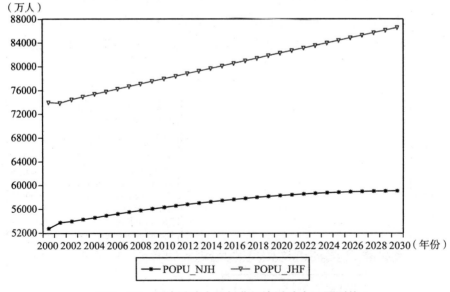

图 7-36　经济活动人口与非经济活动人口预测值

在非经济活动人口中，在当前政策下并不是所有的人口都要缴纳保费，那些参加了城镇职工基本医疗保险的退休人员或者公费医疗人员，在当前阶段尚未缴纳医疗保险费用，因而应该将该部分人员排除在缴费主体以外。另外，根据城乡居民医疗保险的缴费办法，在缴费年限满 25 年或者年龄达到 70 岁以后，也不需要缴纳医疗保险费用。考虑到政府的医疗保险政策尚未对这些群体进行明确，而且缴费人口基数较小，我们先按照大口径计算缴费规模，即从总人口中扣除经济活动人口，再扣除已经参加了城镇职工基本医疗保险的人口数量，作为缴费人口基数，按照家庭的经营性收入测算非就业经营性收入，与根据在职人员测算的缴费比例测算缴费规模，然后再加上按照当前个人缴费 60 元，财政补贴 360 元的规模，测算未来各类健康保险缴费主体的保费收入水平。其中非就业活动人口的保费缴纳情况的预测值见图 7 - 37。预测数据显示，未来非就业经济活动人口的缴费能力是先增长后下降的趋势，而且最大缴费规模不超过 600 亿元。

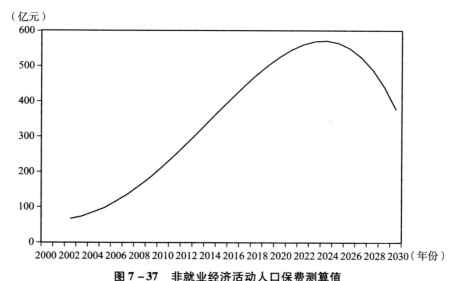

图 7 - 37 非就业经济活动人口保费测算值

而按照现行城乡居民缴费水平测算（见图 7 - 38），城乡居民的缴费额度加财政补贴，也将呈现逐渐下降的态势，到 2030 年缴费能力近 1925 亿元。如果未来不断调整城乡居民的医疗保险缴费水平，以弥补医疗费用缺口，显然相对 14 万亿元的医疗费用需求，难以对医疗服务费用的缺口进行有效的补偿。图 7 - 39 是各类缴费渠道筹集的健康保费之和与社会支付医疗费用的需求缺口，图 7 - 40 是与社会总医疗卫生费用的缺口。

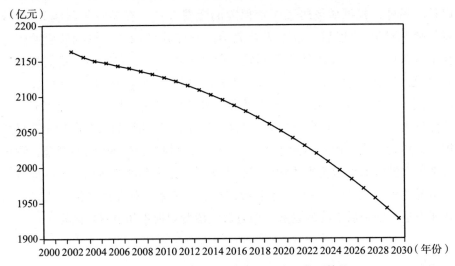

图7-38　城乡居民为缴费基数的保费测算值

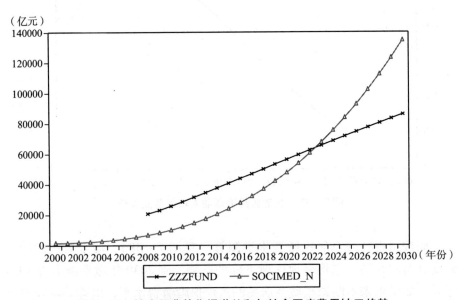

图7-39　健康保费筹集渠道总和与社会医疗费用缺口趋势

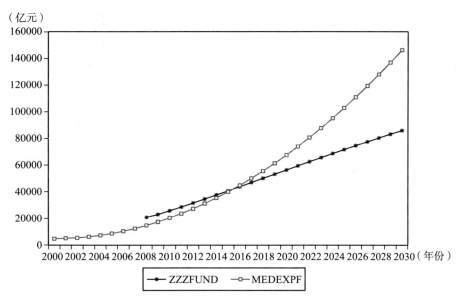

（亿元）

图 7 - 40　医疗卫生总费用与各项医疗保险缴费之间的趋势值

　　显然，未来医疗卫生费用的过快上涨，是各种医疗保险或健康保险的保费筹集难以企及的。这必然需要对具有吉芬商品属性的商业健康保险进行合理地控制，进一步优化公共健康保险政策，同时实施最严格的医疗服务利用管制措施，强化并实施逐级转诊制度或双向转诊制度，有效降低非必要的非治疗性医疗费用支出，以合理改善医疗费用的支出结构。相关的具体措施，我们已经在医疗服务管制部分进行了较为全面的论证。考虑到单纯财富保障类型健康保险的吉芬商品属性，建议由政府承保的公共健康保险对医疗费用的补偿比例不要超过 75%，以保持公共健康保险与个人现金支付形成较好的互补方式，并对个人的费用控制意识具有内在的激励机制。通过积极的商业健康保险激励机制，合理补充大额医疗保险需求以满足必要的高质量医疗服务需求。但要严格管制医疗服务机构的优质医疗资源配置，减少针对特殊高收入水平群体的特殊病房，将优质医疗资源向基层和普通民众开放，避免造成高收入者对优质医疗服务资源的竞争和推高医疗服务价格，减少供需双方非理性竞争造成的价格过高等问题。

　　针对人口老龄化在未来较长一段时间内尚未造成明显的经济负面效应，要积极发展城乡公共卫生事业，尤其是教育与劳动技能培训以改善劳动力的资本化价值能力，并实现家庭财富的有效累积以提高应对不确定性风险损失的能力。在健康保障的相关措施上，还要积极配合非补偿型的各项医疗费用支付方式，例如普惠金融支持的医疗借债行为，以及积极的健康风险治理等措施，同时对非理性的健康保险行为进行合理或必要的修正，缓解非理性健康保险与医疗服务利用造成的医疗费用增长过快问题。

第8章 主要研究结论、对策建议与未来展望

通过对健康保险的功能定位、保险行为理论等基础问题的分析，运用理论和构建模型的方法，对不同属性的健康保险投保人的动机和需求满足程度进行了初步的评价。在此基础上，引入前景理论和生命价值学说，对健康保险行为异象的概念、表现和形成机制，进行了系统的分析。基本明确了行为异象的形成机制，并针对行为异象的形成机制，从构建全面健康保险体系、医疗服务管制和全面健康覆盖等角度，探讨健康保险的新型合约激励机制。然后基于社会福利改进视角，讨论在时间偏好不一致和外部性条件下，实现健康风险治理的路径和保险合约激励机制。从健康保险生命价值保障效力与可持续发展联动机制角度，论证了如何通过有效的保险合约激励机制和相关政策法规，确保可持续发展的体制机制建设问题。

8.1 主要研究结论

8.1.1 基于健康保险相关理论分析的一般性结论

包含经济补偿、医疗服务获得性和生命价值保障等健康保险投保动机的多样性，使健康保险的价值函数结构发生了变化，因此基于期望效用理论下的单纯分析经济效用，难以对人们的健康保险行为异象做出科学的解释，这些行为异象实际上并不背离期望效用最大化的原则。因而，健康保险在分析经济效用的基础上，应该加入其他性质的效用及其形成的原因，才能够对健康保险的行为动机和选择进行准确的分析。但是，投保动机多元化产生的其他性质的效用，并不能使健康保险机构有理由从价格制定和保险营销等方面，背离期望效用最大化的原则，依然需要健康保险在经济性质的期望效用上是最优的。

基于经济视角的效用决策，根本的原因在于投保人的决策信息和决策能力不足，因而就需要一个辅助的决策机构，为投保人或被保险人提供决策咨询，甚至可以通过政府的公共健康保险服务采购计划，以较强的谈判能力，为被保险人提供健康保险服务。美国等西方国家，在雇主提供健康保险方面，主要是以团体健康保险的形式运作的。而政府的公共服务采购计划，将在更大的团体险的形式上，为被保险人争取更优惠的价格，而保险机构也由此节省了很多的营销费用，并且使保险精算基础更为稳定。保险公司可以根据政府的需要，开发相应的团体健康保险服务产品。这是健康保险的帕累托改进的最有效的方式。并且政府以税收优惠或者饶让的方式，按照市场机制提供补充医疗保险，或者为民众提供必要的健康保险，自身的保障效率也同时能够得到显著的提高，有助于实现高效的服务型政府转变。

在医疗服务费用控制难度较大的情况下，政府应该以绩效评价为质量监管手段，按照期权期货的理论，为基本医疗保险服务提供保障。尽管这种机制也适用于商业健康保险，但是商业健康保险在可以以参股、举办医疗机构的政策下，也可以将医疗服务与保险理赔综合化，从而可以以期权的方式，为投保人提供相对稳定的医疗服务，进而可以消除健康保险长期以来第三方支付的弊端。因此，通过期权期货的理论，为被保险人提供健康保险，应该成为未来健康保险的一种新常态，只有将健康保险建立在期权的思维框架内，才能够真正高效地实现对医疗服务的管制，而不是当前对医疗服务过多的行政性的医疗服务干预。英国卡梅伦政府的新医改经验，就是在确保病人选择权的前提下，采取专业医疗服务机构的委托服务方式，这在提高医疗服务效率、质量和价格管控等方面都是比较有效的。

我们不能将医疗服务费用的增长，看作是一种极为负面的东西。在市场决定资源配置的改革导向下，医疗服务费用与经营成本和合理的利润空间，应该建立合理的动态关联机制，也是合理补偿运营成本和完善医务人员的收入分配机制的有效方式。但是，政府和健康保险机构，要科学分析医疗服务费用的合理性，在基本医疗服务目录的参照下，通过有效的手段控制不合理医疗服务和大处方问题。但这种监管，随着医疗服务内部市场机制的完善，更多地需要通过内部市场竞争机制实现，而不能进行过度的行政干预。

生命价值保障，是健康保险制度建立和完善的重要目标，在全民健康覆盖理念下，要通过保险筹资机制、医疗服务管制、医疗费用补偿机制和多层次健康保险体系，从风险治理、预防保健、医疗服务、失能收入保障和寿险型大病保额给付等方式，构建全民健康保险体系。从生命价值保障效力视角，在医疗服务和保险基金补偿能力等约束下，为被保险人寻求保障生命价值效力最优的治疗方案，并且这些方案要避免不同群体因为所谓的"生命价值"大小而"歧视性"采用问题。所谓基于生命价值保障的保险优选，只是在理论上的治疗方案选择，包括对未来的医药、治疗方案和诊断手段等进行优选，要在基本医疗保险上关注公平与效率问题。商业健康保险可以对那些具有更高医疗服务需求的群体，例如单纯的治疗体现效用相关的进口药、微创伤和特殊医械等需求，进行特殊保险，这些一般不涉及治疗的效果，主要是与容貌创伤或者治疗方案选择意愿有关。生命价值的保障要与基本医疗服务保障进行区分，通过大病医疗保险和重大疾病保险等不同的保险属性和保险层次，满足各类医疗服务需求的满足。基本医疗保险要将资本化价值能力和社会适应状态作为基本的评价标尺。

保障生命价值，健康保险只能局限在经济范畴，而不是医学伦理范畴，因而，利用生存质量与绩效相结合的医疗救治方案是可行的。而生命自身存在的伦理价值和情感价值，只能通过代际筹资和社会慈善捐助，或者医疗救助与公共卫生等途径进行保障。健康保险只是一种转嫁风险，或者补偿经济损失的手段，它本身与医学技术之间主要是在经济约束下，寻求和提高最有效的医疗服务的支付能力。我们用 QALY – VFM 技术，对临床路径管理和治疗方案选择，只是局限在医疗服务管制方面，即什么样的医疗技术是应该纳入基本医疗保险范畴的，或者在未来的健康保险中，什么样的治疗手段有助于更好地保障生命价值。健康保险依然还是保险，它不能超越保险的基本功能，甚至超越医学伦理学问题。

8.1.2 基于理论扩展或推论分析的发展性结论

1. 健康保险最优扶贫政策选择的统计歧视困境

全民健康覆盖要求各国政府"确保全体国民获得必要的高质量医疗服务，并且不会因为医疗费用支付而陷入经济困境"，并提出健康保险是实现全民健康覆盖的有效路径。在健康风险损失致贫问题客观存在情况下，不能因为国民风险偏好、财富水平和健康状况等原因而遭受统计歧视或排斥于健康保险之外。然而事实上，健康保险不仅面临理论统计歧视而缺乏全民健康保险最优理论基础，也因市场统计歧视而使国民难以获得理想的保险产品。因而明确健康保险遭受理论与市场双重统计歧视的原因，是政府合理优化保险政策以应对因病致贫风险的基础，也是实现全民健康覆盖和构建多层次全民健康保险体系的基本要求。

Arrow（1963）在期望效用理论的风险厌恶、财富损失可恢复和财富效用最大化等假设基础上，加入道德风险、逆向选择和交易成本等条件，证明帕累托最优健康保险为有交易成本时的部分保险和没有交易成本时的全额保险。基于最优理论的部分保险通常会设定共保条款，以控制道德风险和逆向选择等问题。但大量实证研究则显示，健康保险不仅存在逆向选择问题，也存在顺向选择或正向选择现象。购买了保险的风险厌恶者依然会小心翼翼规避风险，甚至会使保险成本更低，并同时持有一定额度的相关保险产品。过度谨慎的风险厌恶者是将健康保险作为规避风险的补充方式，或者作为谨慎行为能力之外的不确定转嫁手段，保险购买行为不会增加风险概率。此类群体因背离 Arrow 最优购买假设，难以获得与风险匹配的健康保险，需要政府制定相应的保险供给激励政策。

健康保险动机日趋多元化也使财富保障效应缺乏保险行为的解释能力。Kunreuther 等（2013）将保险动机分为投资、焦虑或免于遗憾、遵从政府要求或法律规范、满足社会认知和（或）社会规范。从生命价值保障角度，健康保险是获得必要的高质量医疗服务的杠杆，被保险人借以摆脱既有财富束缚而使医疗服务需求得到满足，避免永久性病残或病死。但生命价值估值的巨幅波动，也造成保额需求差距过大。保费分担主体的多元化使保险动机更加复杂，政府将其作为保障国民健康的筹资方式、稳定经济社会的手段和防止社会割裂的扶贫措施等；用人单位是为了锁定工作、激励工作效率和遵守政府或法律规定等；商业承保机构更多的是为了商业利润。

作为健康保险行为规范的基础理论，期望效用理论假设理性的人不会对风险概率进行决策赋权，并对收益效用和损失效用具有相同的敏感度而不受框架效应影响。前景理论实证结果发现，人们普遍存在的概率决策赋权和损失厌恶，使不确定决策严重背离期望效用最大化标准。不仅框架效应和情绪因素都会影响人们的行为选择，直觉判断甚至会扭曲风险概率与损失分布特征，并影响医疗费用规模。掌握更多风险信息的个体，会因为感知到被统计歧视而退出保险市场，留下的低收入者又因自负医疗费用支付能力而面临逆向照顾富人问题。市场"撇脂"行为或者"二八定律"歧视，容易使那些中低收入者和非标准体被排斥在健康保险市场之外，进而无法从市场上获得保险补充社会医疗保险的不足。那些累积财富缺乏保费支付能力，或者不足以形成转嫁财富风险损失需求的个体，并不会自愿购买健康保险而显示为风险追逐假象。大量健康保险行为研究文献，统计分析对象是被筛选过的参保者，未包括因收入限制而无力购买保险群体，难以对未保险人员提供最优决策支持。

2. 健康保险吉芬商品属性刺激医疗费用过快增长的扶贫压力

Mossin（1968）利用期望效用函数模型，在风险损失相互独立、损失理赔额定、风险厌恶和财富效用最大化等假设下，证明既有财富保障作用的保险是吉芬商品。Mossin 假定个体初始财富包括风险资产和非风险资产，根据财富期望效用函数和确定财富公式，推导出个体累积财富越多、可接受的保费应该越少；保额应该随着财富的增加而相应减少。当设有最低起付线或免赔额时，最优免赔额也应随着财富的增加而增加。Mossin 通过最优保费、最优保额和最优免赔额的严谨数理推理，证明保险对既有财富的保障效应具有吉芬商品属性。作为纯粹保障财富风险损失的财务索偿权类健康保险，财富保障效应基本符合 Mossin 的假设条件，即风险独立、风险厌恶和医疗费用转嫁等，由此推断基于财务索偿权的健康保险具有吉芬商品属性。

全额财富保障的健康保险与财产保险在财富可完全恢复方面非常相似，保险基金对财富损失的补偿可以使财富恢复到风险发生之前的水平。只是健康保险损失补偿权的实现，需要投保人具有自负医疗费用的支付能力，而这也是导致穷人逆向照顾富人的主要原因。受到健康保险吉芬商品属性影响，那些具有自负医疗费用支付能力的投保人，将会利用保险基金对覆盖范围内医疗费用的补偿作为跳板，获得更多可能并不是必要的高价值自费医疗服务，例如选择昂贵的进口高值耗材或涌入大型医院等，造成医疗费用过快增长，并加剧了"看病难"和"看病贵"等一系列的问题。而为了应对医疗费用过快增长造成的低收入者因病致贫问题，又被迫不断提高健康保险的缴费水平。由此可以解释，当新型农村合作医疗筹集标准由 2003 年试点时的人均 30 元，提高到 2015 年人均 360 元以后，农村居民因病致贫问题依然突出的主要原因。

如果不能合理优化应对因病致贫风险的健康保险政策，并对财富保障动机进行合理有效地管制，吉芬商品属性将会使健康保险掉入医疗费用过快增长的陷阱，最终因保费支付能力不足而不可持续。因而，健康保险财富保障效应的吉芬商品属性和医疗资源的稀缺性，要求政府的公共健康保险在财富保障的目的上不应该逼近免费医疗，而是在保障基本医疗服务需求基础上，随着个人累积财富的增加而减少需求。但公共健康保险和私人保险都没有做到该要求，而是在使保额不断逼近医疗总费用以转嫁全额损失。

3. 健康保险应对全生命周期贫困风险的政策选择困境

Arrow（1963）健康保险财富保障效应理论范式，将财富局限于显性累积财富范畴。Huebner（1927）的生命价值学说将财富分为累积财富和生命价值蕴含的潜在财富，生命价值是累积财富的永久性来源。累积财富作为生命价值转化为显性财富的结果，等于从获得首笔收入到当前时点各期收入扣除本人消费后的资本化价值总和。在生命价值的财富转变过程中，生命价值随着年龄的增加而递减，资本化价值在全生命周期的两个零点中间部分，是生命价值转化为累积财富阶段。生命价值风险损失造成的贫困问题，包括医疗费用与暂时残疾、严重经济依赖的"生存死亡"或基于期望寿命的"提前死亡"等全生命周期贫困，而不是简单的医疗费用损失。因而，购买健康保险不再只是为了补偿医疗费用造成的财富损失，而是最终获得疾病治疗需要的优质医疗服务，即健康保险具有生命价值保障的杠杆效应，这也得到了 Folland 等（2010）学者的普遍认同。由于蕴含潜在财富的生命价值，等于相对于期望寿命的终生财富减去已累积财富，因而生命价值与累积财富的变动方向相反。根据 Mossin 的数理推导假设和方程可以推导得出，健康保险应该随着生命价值增加而提高最优保费、最优保额和降低最优免赔额，即保障生命价值的健康保险具有与吉芬商品属性相反的优质品属性，通常是保费低廉但保额较大的大病保险，而不是普通财富损失补偿型医疗保险。

保障生命价值的健康保险具有非吉芬商品属性推论，还可以从代际财富转移的家庭贫困风险得到证明。生命价值与家庭代际财富转移有关，早期从父辈获得的教育或提高技能的资本越大，财富转化能力和回报父辈的赡养能力也就越强。财富的代际转移和全生命周期的家庭平滑能力，决定了家庭平均财富是否大于地区贫困消费线而保持在非贫困标准之上。当个体受到累积财富限制而使购买的医疗服务存在需求缺口时，在生命价值风险的影响机制下，将会造成的潜在财富损失、医疗照看劳动力占用和家庭亲人间情感损失等，甚至会增加政府医疗救助与济贫压力等。健康保险作为调整全生命周期财富的手段，可以避免灾难性风险造成的家庭经济困难。在家庭财富代际转移和贫困传导机制上，健康保险既不单纯是为了累积财富保障效应最大化，财富风险损失也不再相对独立，因而从推翻 Mossin（1968）吉芬商品属性推论条件上，再次证明保障生命价值的健康保险不是吉芬商品。相对于财富保障效应的健康保险带有最优免赔额，保障生命价值的健康保险应该是与医疗服务匹配的足额保险，并且是不带任何理论与供给统计歧视的政府责任。但在应对因病致贫风险的公共健康保险政策上依然面临诸多选择困境，例如健康保险的保费支出来自累积财富，而累积财富缺乏保费支付能力，或者尚未形成有效健康保险需求时，政府将面临参保激励与改善保费支付能力的政策选择问题；生命价值的估值具有较强主观性和较大波动性特点，需要制定与生命价值适度匹配的健康保险管制政策。

8.1.3 基于仿真分析的趋势性结论

仿真模拟分析的内容主要是健康保险与生命价值保障之间的关系，医疗保险和医疗费用支出而个体及家庭的收入是一把双刃剑，在减少既有累积财富的同时，对未来的资本化价值能力或未来财富的创造能力，具有很好的保障作用。因而，我们利用国民经济总收入、医疗费用支出和人口老龄化指标，建立城乡居民家庭各项收入与消费支出的回归方程，并在对三大主要指标进行趋势分析的基础上，测算未来城乡居民的资本化价值能力和家庭收入消费水平。并对健康保险和健康保险基金的医疗费用补偿机制加以探讨，以通过资本化价值能力或生命价值的保障，实现与健康保险之间的良性互动。

从拟合仿真结果来看，中国当前的医疗费用的增长过快问题已经非常突出，如果单纯利用健康保险的形式，弥补全社会医疗卫生费用支出是远远不够的，而对缺口部分如果完全依赖政府财政进行填补，显然地方政府的财政能力是远远达不到的，因为当前诸如东北等中西部地区的财政已经出现严重的赤字，中央财政的资金也很难实现对需求缺口的弥补，从大量的相关文献和官方数据看，部分地区的养老保险基金开始出现缺口，未来的第二个社会保险基金可能将是医疗保险。作为发展相对滞后的商业健康保险，目前对补缺社会医疗卫生总费用显得是杯水车薪。因而，非常迫切的一项重要的任务，就是加强健康风险的治理与医疗服务利用的管制，这与健康保险对医疗费用激励机制的结论和对策建议是较为一致的。对此，我们根据总结的三个主要结论，提出相应的对策建议。

1. 保持适度的城乡居民医疗费用自负比例

根据仿真分析的结果，如果健康保险能够按照当前的补偿比例发展，那么社会支付的医疗费用远低于所有就业人员都缴纳职工基本医疗保险的保费，而且职工缴纳的保费水平是按照现行的降低保费趋势测算的。根据Arrow 的最优健康保险理论，以及 Mossin 的吉芬商品属性推论，健康保险与医疗费用的补偿之间从效率最大化的角度，是不应该逼近免费医疗的。如果个人的医疗费用补偿比例降低到10%以下，将会导致医疗费用的过快上涨，并且是难以通过单一的健康保险进行补偿的，因为二者之间不仅缺口巨大，而且这个缺口还随着时间的发展而快速增大的，如果用健康保险去追逐不断上涨的医疗费用，显然从拟合或预测的结果上是不支持的。保持适度的自负比例，在城乡居民资本化价值水平都显著增长的情况下，将会显著改善农村居民等中低收入者的支付能力。在人口老龄化的背景下，当前最急迫的并不是不断填补医疗费用的缺口，而是努力改善资本化价值能力以实现未来更多的财富规模。针对目前存在的农村人口因病致贫问题，尽管致贫的比例偏大，但是实际的人口数量所占比例比较小，可以利用非健康保险的方式，诸如社会医疗救助或社会救助，甚至是普惠金融支持的医疗借款的方式进行补充。

尽管降低城乡居民的自负比例在短期上有助于提高政府的政绩，但是也埋下了未来医疗费用过快增长以及医疗保费筹集赤字等潜在的风险。因而，适度的城乡居民医疗费用补偿比例，以及多元化医疗费用筹集机制，将有助于更好地解决因病致贫问题。如果单一的采取包括商业健康保险在内的保险方式，显然既无法有效发挥健康保险的医疗服务利用的杠杆效应，也会造成非理性的医疗费用过快增长等问题，甚至是医疗卫生资源的过度浪费，例如当前很多中高收入者，甚至是收入较低的群体，过度涌入大城市的医疗机构，本身就是健康保险基金的很大浪费，如果有适度的自负比例将会提高患者就诊的理性决策水平，使医疗机构选择和医疗服务购买行为更加理性。

2. 加强以健康保险为核心的全民健康覆盖实现措施

作为一项已经成为联合国决议的目标，全民健康覆盖必然是今后特定时期政府履行国民健康保障的基本责任。全民健康覆盖要求以健康保险为核心，确保所有国民获得必要的高质量医疗服务，并且不会因为医疗服务费用支付而陷入经济困境。因而，在全民健康覆盖的目标下，健康保险筹集的最低医疗费用规模，加上个体所能够用于购买医疗服务的财富，恰好等于所需要的必要的高质量医疗服务。在全民健康覆盖的实现过程中，必须保持健康保险适度地覆盖全部国民，因而首先要对健康保险的投保动机进行合理地纠正，避免不理性的投保动机，甚至是投机动机破坏健康保险的理性购买。针对因为非理性投保动机所形成的健康保险行为异象问题，也需要进行有选择的纠正（Kunreuther et al.，2013）。对那些看似过程不理性，但是最终保障效果理性的行为，政府不应该进行过度的管制或纠正。而对商业健康保险的供给，也是有选择地进行修正，那些看似不理性但最终确实有助于必要的高质量医疗服务获得的保险行为，政府应该交给市场，由保险机构或市场主体通过科学的合约激励实现。

在全民健康覆盖的政府责任中，政府的健康保险既要有强制性的基本医疗保险，同时对供给能力和供给效率较低的健康保险，采取对商业保险机构和投保人进行合理激励的方式，通过市场或政府购买公共健康服务的方式，由市场提供适度的保险产品，以满足多元化的和多层次的健康保险需求。如果过度依赖社会基本医疗保险，实现对少数的低收入群体的医疗服务支付能力改善，未来的问题就是不断提高高收入阶层对优质医疗资源的滥用。甚至在损失厌恶效应下，投保人为了取回非自愿缴纳的保费，导致医疗保险欺诈或者保险套利行为等，最终导致损害健康保险的保险基金安全等问题。

通过合理有效的健康保险体系，实现以健康保险为核心而不是包揽全部职能的全民健康覆盖目标。在中国当前商业健康保险供给依然存在"撇脂"行为，甚至是"二八定律"的情况下，政府重点保障的人群是那些缺乏自负费用支付能力的群体。因为，在相同的保费支付以后，在自负医疗费用的约束下，保险基金的补偿机会甚至是滥用问题通常会严重损害保险基金的公平与安全。因而在购买了相同水平和类型的健康保险以后，政府针对低收入者的保障，在于支持其自负医疗费用的支付能力，而不是对所有医疗费用的缺口进行补偿。在解决全民健康覆盖中健康保险基金或医疗服务公平利用的基础上，既要保障保费缴纳的相对公平，还要保障健康保险基金补偿机会的公平。只有解决补偿机会公平的自负费用制约瓶颈问题，才能够在事实上使健康保险基金的医疗服务杠杆作用得到充分的发挥，否则健康保险真得就成了富人俱乐部。

3. 全方位改善医疗费用的支付能力

根据具体的仿真分析结果，我们在将所有健康保险购买能力进行充分挖掘以后，依然发现在现有的和未来的筹资能力上，无法覆盖过快增长的医疗费用。因而，健康保险在保障国民的健康或者避免因病致贫的基本目标上，不能承担全部的责任。因而针对健康保险与必要的医疗服务需求之间的缺口问题，显然还需要其他方式作为有益的补充。除了合理修正健康保险的非理性投保动机以及医疗服务过度利用问题以外，全方位改善国民对医疗费用的支付能力，并且能够实现既有财富与未来生命价值的保障，还需要更多的协同途径作为有效的积极补充。

一是积极调整医疗服务覆盖范围和基本诊疗目录。当前我国的医疗服务目录的更新速度相对滞后，尤其是对新药或专利药的抵触情绪依然存在，缺乏对替代基本目录内新药的动力，而且主要是周期相对较短的效果评价或者经济学评价。在生存质量的评估方面远远不够，很多对生命价值蕴含的潜在财富具有更好保障效果的诊疗药物、医疗器械、手术和诊断手段的使用不够充分，导致原本能够更加经济保障的一些手段得不到合理有效利用。那些看似节约了健康保险基金的非理性的医疗服务管制，是以未来的个人或家庭贫困，以及政府大量的社会医疗救助资金为代价的，而且这种代价还具有跳跃扩散的特点。如果低收入者对医疗服务利用的需求得不到满足，对家庭和社会经济的发展还会带来更多的间接损失。

因而，全方位改善医疗费用的支付能力，是与被保险人相关的利益主体的共同责任，不仅从合同关系或国家责任上应该提高被保险人的医疗费用支付能力，而且也是被保险人获得必要的高质量医疗服务之后的受益者。政府应该在这方面，从法律或制度责任、经济受益程度制定相关的管制与激励机制，使被保险人在面临必要的医疗服务购买费用短缺时，能够及时有效地获得应该得到的保障。这些措施，既包括包含于合同中的用人单位责任，也有提供基本医疗服务的政府或保险定点医疗机构，避免因为医疗费用筹集不足或不及时而延误病情控制和疾病治疗。

二是政府要积极地激励商业健康保险优先提供满足全民健康覆盖需要的保险服务，对那些为了保险机构利益最大化的"撇脂"行为，既要有管制措施，也要有激励或奖励机制，做好健康保险的供给侧改革与监管，而不仅仅是局限于对保险基金安全的监管。作为营利性的商业医疗机构，政府应该采取以经济手段为主、法律和监管强制手段为辅的供给侧监管措施。从我们的拟合结果来看，当前的商业健康保险的保费收入在显著增长，而且未来的增长趋势也比较平稳。而与之对应的则是保险理赔额度也在相对减少，使保险公司的利润水平在大幅增加，之所以会出现这种利润高企的情况，在很大程度上也与健康保险的保障能力不对称问题有关，那些自以为购买了最优健康保险产品的投保人，可能因为决策能力或决策信息不对称，并没有达到帕累托最优的健康保险购买水平。

三是合理有效的便利医疗服务。除了医疗救治的直接支出费用外，在就诊不便利的情况下的间接费用也非常高。既包括远距离的交通费用和相应的等待期食宿费用，以及获得宝贵的挂号资源的成本。政府通过合理有效的医疗服务设施建设，包括硬件与软件的协同建设，必将会对非理性的医疗服务需求起到较好的修正作用，而得到合理修正的医疗救治将减轻医疗费用支付压力，在健康保险的需求上也会更加理性。因而，便利的优质医疗服务资源的可及性，既有助于对医疗服务利用的合理管制，也能够使健康保险需求得到合理地保障，从深层次意义上，也是对保险投保动机和行为异象的一种最有效的修正机制。

8.2 对策建议

8.2.1 关于修正健康保险动机与行为异象的合约激励建议

建立专业的医疗服务咨询机构，并将咨询机构与服务质量机构合署办公，这样可以对被保险人和医疗服务质量评价紧密关联。这个机构也将承担政府公共服务采购计划的咨询工作，该机构建议设置在医疗行政部门。或者有必要质控办为框架，对功能进行扩展和调整。

建立专门的健康保险咨询机构，为投保人或被保险人提供健康保险选择服务，并为政府的公共健康保险采购与监管提供帮助，该机构可以与社会医疗保险管理部门合署办公，因为医疗保险管理部门，最了解健康保险的知识、保险价格和理赔服务等内容，可以有效降低保险需求与需要不对称的问题，为降低行为异象提供咨询帮助。并承担社会医疗保险与商业健康保险的沟通与合作的桥梁作用，代表政府与商业保险公司进行谈判与委托性保险基金的监管。将更多的保险业务交给商业健康保险机构运作，当然这里只是运作，而不是直接由保险公司承保。我们关注的是德国社会医疗保险模式和筹资机制，但却没有借鉴其医疗保险运作的模式。德国的医疗保险是由政府（国家）立法，雇员和雇主均摊保险费，然后由投保人选择投保什么性质、哪家保险公司，即法定（政府定点）保险公司和私营保险公司，但都是按照市场机制进行运作。中国的医疗保险，是政府事业单位承保，采取医疗机构定点的方式。尽管政府承担了大量的管理费用，但是医疗费用的实际补偿比例尚不到50%，即使名义补偿比例达到80%，实际补偿估计也就在60%左右。而德国的商业运作的保险公司，在有管理费用的情况下，补偿比例依然高于中国的水平。

从2012年审计署的数据看，威胁医疗保险基金安全的风险，大部分来自保险欺诈、贪污挪用和医疗服务价格虚高等问题。其主要的原因，就是医疗保险基金从本质上是投保人的，但实际上投保人之间的利益博弈，投保人自己也不会控制医疗服务支出，存在大量的道德风险和保险欺诈问题。而承保机构也不是利益主体，因为他们的收入来自财政，缺乏来自保险基金使用效率上的激励。医疗机构当然是从保险基金中获得的利润越大越好，所以就出现了医疗保险病人看病的价格和费用可能高出自费病人的服务项目问题，即所谓的"价格歧视"问题。为什么患者愿意在价格歧视下，依然会选择大医院，而且大医院"价格歧视"最为严重，就是因为他们很难将微观利益与投保人的集体利益兼顾起来，即所谓的"集体自律失败"。尽管政府希望进行有效监管，但是在如何对所有的支出进行全覆盖、全过程监管方面，审计机构和行政机构监管不仅能力不足，而且也缺乏直接的经济利益激励。

所以，在基本医疗保险领域缺乏直接的利益主体，而直接利益主体缺乏的不利后果就是所有的相关主体，都不追求集体福利最大化。由商业保险公司运作，显然解决了保险基金直接利益主体缺失的问题。保险公司的利润来自于保险基金，而且有法律性质的保险合同，各方的权利和义务都非常清晰，保险公司还有股东的集体利益，这样，很多的行为得到监督和审核。更为重要的是，在健康保险的整个需求层次上，基本医疗保险只是最基本的部分，管理费用的提取只是作为其边际成本的一部分，保险机构的规模效益，可以有效地弥补管理费用提取对保险补偿的影响。加上保险公司的垂直管理模式，在医疗服务定点上具有更大的谈判优势，更有助于医疗服务内部市场的建立。并且在基本医疗保险层面上，由于参保人员比较稳定、外部性较低，他们治理健康风险的动机也会得到更有效的激励。所以，在未来全民健康保险体系的完善过程中，应该将更多的保险业务以政府采购的方式交由保险公司，政府机构的功能应该回归到服务监管和政策制度的完善方面。

8.2.2 关于进一步优化公共健康保险政策的对策建议

1. 应对因病致贫风险的健康保险政策对象定位

健康保险吉芬商品与非吉芬商品双面特性的政策含义在于，政府的公共财政资金不应该过多投入到单纯用于转嫁财富风险损失的健康保险，而是侧重或优先用于防范灾难性疾病风险的致贫问题。如图 8-1 所示，如果将必要的医疗服务定位在 ABC 的水平，假定 OB 与横轴夹角为 45 度，那么 OB 就是个体既有财富能够购买医疗服务的分界线。在扣除贫困线 OD 或 BC 以后，CD 为非贫困前提下个体能够购买医疗服务的分界线，OACD 为支付不起的部分。在缺乏健康保险、医疗救助或医疗借债等外部支持的情况下，财富水平在 F 点以下个体必然无力购买所需医疗服务 OAB 而遭受持续的健康损害。而财富水平在 E 点以下个体，如果用既有财富支付 OBCD 部分的医疗服务费用，既无法得到充分治疗，也会陷入因病致贫的经济困境。

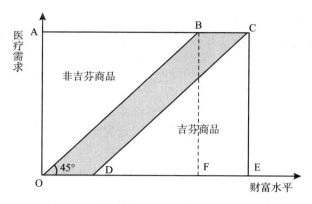

图 8 - 1　公共健康保险扶贫政策的对象定位

因而，从应对因病致贫风险的政策需求角度，政府公共健康保险应该首先满足 OACD 部分的医疗需求，确保所有国民获得必要的高质量医疗服务，并且不会因为医疗费用支付而陷入经济困难。由生命价值保障的非吉芬商品属性推论，保障 OACD 需求的健康保险具有生命价值保障效应，应该与生命价值水平相向匹配，努力避免因为健康风险跳跃扩散特征造成的严重器质性健康损害、全生命周期贫困或家庭贫困陷阱，以及最终社会福利等损失等。另外，政府应该关注财富水平处于稍高于 D 点的边缘群体，因为政府会通过医疗救助帮助 D 点以下困难群体，而边缘群体通常缺乏健康保险显性需求，并且累积财富应对健康风险损失的能力比较脆弱，也是政府公共健康保险激励政策的重点关注人群。

2. 缓解吉芬商品负面效应的健康保险分层政策

健康保险在财富保障效应上具有吉芬商品属性，并不等同于健康保险就是劣质品，只是相对财富的增加，单纯保障财富风险的公共健康保险应该相应减少。作为实现全民健康覆盖的核心和健康保障的重要手段，健康保险是保障国民健康的一项基本权利，所有国民都有权利从公共健康保险政策中获得必要的保险保障，并通过健康保险满足必要的高质量医疗服务需求。从公共健康保险应对因病致贫风险的角度，健康保险政策要合理防范吉芬商品属性所带来的负面效应。如图 8 - 1 中针对累积财富可以实现的 CDE 部分的健康保险需求，由于具有吉芬商品属性而应该随着累积财富的增加而相对减少，重点将公共健康保险资源投向 OAB 区域以应对全生命周期因病致贫风险，并关注 OBCD 部分累积财富损失致贫和医疗服务需求缺口的双重问题。面对健康保险吉芬商品属性造成医疗费用过快增长的政策困境，只有当财政资金与优质医疗资源充裕到能够满足财富保障需求时，政府才可以将保障重心转向财富保障需求。因为有了充足的优质医疗资源作为基本保证，健康保险才能够免于被富有者作为争夺优质医疗资源的踏板。

分层设计公共健康保险体系，并辅助商业健康保险作为重要的补充，是有效防范吉芬商品属性负面问题的重要途径。首先，政府要通过强制或有财政资金引导的城乡居民与职工基本医疗保险，保证中低收入者获得基本医疗服务以减轻医疗费用支付压力；然后针对极易造成因病致贫风险的重特大疾病，由政府财政资金和用人单位等多方主体通过保费共担机制提供大病专项保险，建立起以基本医疗保险为基础、以大病保险为"必要的高质量医疗服务"保障机制的公共健康保险体系。在此基础上，将当前尚不属于政府基本责任的基本医疗保险与大病保险中间部分，以及更高的转嫁财富风险损失的健康保险需求，通过税收优惠等激励机制交给商业保险机构承保，搭建起满足生命价值保障和财富保障需求的多层次健康保险体系。针对社会医疗保险封顶线设计对高质量必要医疗服务的限制问题，需要在满足基本医疗服务基础上，将增加的保险费用投入到大病保险并显著提高封顶上限，进一步优化政府财政资金使用效率和健康保险保障效力。

3. 激励全员参与健康风险治理的福利改进政策

马克思在"六项扣除理论"中指出，风险损失需要通过超额生产进行补偿，是社会产品非消费性的净损失。而健康风险损失的跳跃扩散特点，不仅消耗大量社会累积财富，还会损害创造未来财富的资本化价值能力，使个体陷入全生命周期贫困或家庭贫困陷阱。《黄帝内经》"上医治未病，中医治欲病，下医治已病"的治未病思想和 Thewlis 与 Peters（1939）的"一盎司预防胜过一英镑治疗"的疾病预防经济性观点，都强调了疾病风险防治的重要性和经济价值。《关于加快发展现代保险服务业的若干意见》，将现代保险作为风险管理的基本手段、国家治理体系重要组成部分和社会治理能力现代化水平的重要标志，并制定了保险参与风险治理的激励政策。

从防范健康风险致贫角度，健康风险有效治理具有累积财富和生命价值双重保障作用。基于全生命周期贫困与家庭贫困陷阱风险和 Thewlis 与 Peters（1939）的疾病预防经济性观点，通过良好的健康生活方式培养、合理的预防与健康促进支出，能够显著降低不确定医疗费用造成的因病致贫风险。在健康风险治理的有效边界内，不仅医疗费用的减少部分可用于子女教育等改善代际财富转移能力，也能够缩小保险期望补偿与医疗服务需求缺口，通过抑制风险损失跳跃扩散影响而避免资本化价值能力损害。

在避免小病拖延成大病造成巨额医疗费用的同时，有效免除大病医疗照看的家庭或社会劳动力的占用，使家庭所有成员生命价值隐含的财富得到充分实现，因而能够通过家庭净福利改进，并达到有效防范全生命周期因病致贫风险作用。

健康保险承保机构通过分解部分保费而不是额外资金投入，在健康风险治理有效边界内减少保险基金的医疗费用补偿额度，改善保险基金结余能力或者保险公司偿付与盈余能力等。对于风险治理外部性导致的退保风险或降低保费压力，降低保费首先对政府公共健康保险是有益的，公共健康保险的多方筹资机制，能够使政府、用人单位、承保机构和被保险人共同分担治理费用，并获得公共卫生部门的资金与技术支持，实现分担主体之间的治理成果共享。商业保险机构除了在承保期内通过风险治理提高盈余能力外，还可以通过承保诸如"个人税优"健康保险等长期险的方式缓解外部性问题，政府对此也提供了税收、投资和土地优先供给等经济激励政策。因而，健康风险治理对保险机构也是社会净福利的帕累托改进。为了更有效地推进健康风险治理，政府应该建立以保险机构为主导、公共卫生等部门合理分担治理费用和提供技术支持的治理体制，并通过差别化保险费率激励被保险人及相关利益者共同积极参与，构建防范全生命周期因病致贫风险的全员参与治理体系。

4. 协同应对因病致贫风险的普惠金融政策

健康保险的医疗费用集体筹资机制和高端医疗服务的管制，使医疗费用保险补偿与医疗服务需求总是存在缺口问题。为最大限度消除服务需求缺口，用足健康保险的医疗服务杠杆作用，被保险人可能会多样化大量购买健康保险，使保额不断逼近被 Arrow（1963）证实不是帕累托的全额保险。不仅保费过度过多会加重家庭财务负担，还会因缺乏层次性而使保险范围重叠或断层，甚至存在相同保障范围的重复购买问题。在财富分为累积财富和潜在财富情况下，个体用来支付必要的高质量医疗服务的财富，不应被局限于当前累积财富。特别是累积财富不足而潜在财富很大的个体，可以通过预支或贴现潜在财富购买必要的医疗服务，实现生命价值的自我保障，并避免累积财富不足造成严重的生命价值损失。诸如青少年等累积财富不足但资本化价值能力较强的个体，既没有累积财富的保障需求，也难以通过足额健康保险充分保障生命价值。尽管经合组织部分成员用于填补小额需求缺口的多重（Duplicate）健康保险已经覆盖近半数人口，但大部分经济与健康保险欠发达国家的居民，主要是用储蓄或医疗借款填补服务需求缺口。当储蓄不足或缺乏医疗借款途径时，患者家庭通常会变现非现金资产，或者放弃治疗而面临家庭贫困陷阱风险。

针对民间筹资不足或金融借贷成本较大问题，政府要采取普惠金融支持国民合理解决资金缺口。普惠金融在改善医疗服务支付能力的同时，也可以有效避免全额保险的效力损失，并对时间偏好不一致导致的医疗储蓄不足等问题起到修正作用。用普惠金融支持的医疗借款当期贴现未来生命价值，有助于资本化价值保障和促进积极治疗。患者贴现生命价值获得的财富，不仅能够弥补医疗服务需求缺口而得到充分治疗，也能够防范累积财富消耗过大的暂时贫困。当患者资本化价值得到充分保障后，生命价值通过隐含财富的跨期调节实现自我保障与财富转化能力的最大化。当普惠金融购买的医疗服务技术相对稳定成熟时，相对于治疗不充分时的巨额生命价值损失，普惠金融既是低风险的高额社会投资回报，也是个体家庭与社会的净福利改进，避免医疗救助覆盖面偏低和大额救助的财政压力等问题，使政府的医疗扶持行为由事后被动贫困救助转变为事前积极治疗支持。即使普惠金融购买的医疗服务存在一定技术风险，只要普惠金融的期望回报大于医疗救助的期望或确定回报，普惠金融就应该成为政府健康保障政策的优先选择。

在普惠金融借款的偿债风险控制上，由于政府掌握着借款人诸如养老金等社会转移收入，可以将普惠金融看作是政府担保并贴息的金融贷款。政府在不影响借款人正常生活基础上，可以对有偿还能力的失信者分期合理抵扣社会转移收入。如果因医疗技术风险而使生命价值转化的财富缺乏偿付能力时，政府可以部分免除借款或者全部转为医疗救助金，使家庭财富保持在非贫困标准以上。由于相对于医疗救助，普惠金融有助于激励积极治疗以防范不可逆健康损害的贫困传导效应，并减轻社会负担和促进社会稳定，体现国家在全力保障和提高国民健康上的责任担当，因而应该成为政府保障国民健康政策的一个积极选项。

5. 修正健康保险资源错配的管制政策

全生命周期财富来源就是个体生命价值不断转化为累积财富的过程，如果转化过程因为灾难性健康损害而过早中断或终止，将会造成因病致贫或返贫问题。因而防范转化过程中断所导致的全生命周期贫困，是健康保险最基本的功能。但保障累积财富的吉芬商品属性和普遍存在的统计歧视问题，通常会造成家庭健康保险资源的错配致贫问题。当不存在灾难性风险损失时，生命价值在全生命周期上是递减的，而累积财富则是先增加后减少。因而人们很容易随着累积财富变动而调整健康保险购买数量，造成生命早期因累积财富较少而低水平持有健康保险。当过早遭受重大疾病风险以后，因无力购买必要的医疗服务而使生命价值遭受严重损失，从而使潜在财富无法得到充分实现，造成因病返贫和因病致贫的双重贫困问题。要修正健康保险资源错配致贫问题，必须使全生命周期疾病风险与健康保险保持适度匹配，确保生命价值而不只是累积财富的保障效应最大。个体在生命价值最大的青少年阶段，应该较少购买单纯转嫁财富损失的健康保险，而是获得必要的高质量医疗服务的重特大疾病保险，不足部分可以通过普惠金融支持的医疗借债进行填补。当前市场或政府提供的大病保险，因风险概率很低而具有良好的保额与保费性价比，保费通常比较低廉。只有当累积财富增加到特定规模以后，再充分利用税收优惠等激励政策购买转嫁财富损失的健康保险，使财富保障效应满足 Arrow（1963）提出的帕累托最优条件。

健康保险资源错配致贫还与个体非理性的需求竞争有关。根据 Banerjee 和 Duflo（2011）经验证据，贫困家庭具有不合理的消费结构，倾向于患病后支付医疗费用而不是预先购买健康保险，并且对子女教育投入也普遍偏低。而中国人较强的家国情怀，使家庭资源总是优先满足子女需求，中老年人健康保险与医疗服务需求被抑制问题比较突出。抑制或放弃医疗服务需求虽然能减少医疗费用而暂时避免家庭陷入经济贫困，但疾病对健康的持续损害或病残程度的增加，必然会加剧生命价值损失，使原本能够累积的财富无法实现，最终使家庭陷入经济贫困。因而政府通过资助参保或强制保险方式，将所有低收入群体纳入公共健康保险保障范围，纠正非理性偏好造成的保险缺失或保额不足等错配问题，使低收入家庭摆脱因病致贫陷阱。过度担忧健康风险或过高估计生命价值的群体，则会重复或超额购买健康保险而加重家庭财务负担，体现在保费、保额或免赔额的非理性选择。政府要加大健康保险知识宣传力度，提高民众的科学选择能力。

因保险易被误解性引起的非理性保险动机和行为异象，Kunreuther 等（2013）从需求和供给角度给出了 12 条修正措施。主要体现在 3 个方面：在更长时间框架下整合小概率风险损失的精确信息和案例，减少概率决策赋权的负面效应；采取强制性公共健康计划和禁止有折扣保单，对必要的而不是所有的行为异象进行修正；政府通过有限的风险评估和保费同步策略，加强保险基金安全监管，并积极参与灾难性风险损失保险。通过有效的健康保险供给侧和需求侧管理，使健康保险与风险、财富水平和生命价值实现最优匹配。

8.3 未来展望

8.3.1 健康保险投保动机与行为异象的深入研究方向

健康保险是一种极为复杂的特殊人身保险。寿险经济学先驱 Huebner
（1927）很早就认为，健康保险与寿险是融为一体的保障体系，健康保险
是寿险的一部分，而寿险反过来也是健康保险的一部分，只有寿险与健康
保险协同一起，才能有效保障好家庭的既有财富与未来财富，避免家庭陷
入经济死亡风险等各种经济困境。不仅如此，健康保险还具有与财产保险
类似的财富保障功能，即损失财富可恢复的财务索偿权，因而又不可避免
受到 Mossin（1968）提出的吉芬商品属性的负面效应影响。商业健康保险
与寿险的协同性，以及与意外伤害保险和生育保险等都涉及对医疗服务的
购买，通常大病保险也会作为寿险或意外伤害等保险的附加险的形式存
在。除了作为单纯的健康保障的保险产品形式存在，基于期权视角的健康
保险购买行为，又会作为保险公司经营的分红险或投资连接性新型保险糅
合在一起，使健康保险的投保动机更加复杂。加上政府强制性或引导性的
社会医疗保险体系，以及多元化的保费分担主体及相关的利益诉求，使健
康保险成为多元主体下多元化健康保险动机的复杂系统。

不同的保险动机通常会面对不同的投保效用，行为经济学针对不同的
动机给出了不同性质的效用，既包括传统意义上的财富效用，也包括行为
自身的体验效用、诊断效用、担忧消除或"免于遗憾"与后悔等情感效用
等，如果简单地使用财富效用评价健康保险的决策行为，显然有些偏颇不
全，甚至会将决策者看来是理性的行为归纳到行为异象里面。这也是传统
期望效用理论下财富保障效应最大化假设的一个经典缺陷，限制了 Arrow
（1963）为代表的经典健康保险最优购买范式的行为解释能力。我们根据
期望效用理论与前景理论等行为经济学理论的比较，扩展了健康保险投保
动机的效用范围，并根据社会医疗保险保费多方共担机制下的各方利益诉
求，努力创建一个能够反映各方投保动机与效用的评价模型，并且以生命
价值的保障为重点，系统分析了如何实现健康保险对全生命周期财富的最
优保障，并以此为中心展开了全民健康保险体系、健康风险治理与费用补
偿管制，以及如何实现健康保险可持续发展等相关问题的研究，构建了一
个较为系统的合约激励机制。但这些动机显然还缺乏更加系统的全面分

析，还有诸如吉芬商品属性、健康资源跨期配置和健康中国战略等更高层次的研究，尚未进行更加深入的分析，值得进一步展开研究。

从理论上，我们通过对健康保险的功能、理论、投保动机、行为异象形成机制、保险合约激励机制、健康风险治理、生命价值保障和可持续发展等一系列问题的研究，完成了基本理论框架和保险合约激励机制的研究，为将来将研究成果向养老保险、工伤保险等领域的研究，做好了理论上的准备，未来可以将研究成果逐步推广的社会保险领域，以及商业财产保险和责任保险等范围，从基本的理论上全面阐述"保险动机、行为异象和合约激励机制"问题的研究，相信这对于推动社会保险和商业保险的发展，能够在基本理论上发挥一定的作用，对进一步完善保险的基础理论体系具有重要的意义。所以，未来我们将以当前的健康保险研究为切入点，逐步推广和深入研究保险领域中存在的行为异象，为构建新型的保险合约激励机制，加快现代保险服务业和完善社会保险事业，提供更加全面和完善的理论与技术支持。

与传统的期望效用理论下的健康保险最优购买理论范式不同，建立在前景理论基础上的行为经济学理论体系，主要是实证经济学或者实验经济学的模型框架，大部分的行为经济学理论检验需要进行实验设计或实验观察。作为健康保险的投保动机，具有复杂的经济与情感诉求，因而对健康保险的投保动机与行为异象的研究，必然会受到很多干扰性因素的影响。也诸如我们在相关数据的调研中发现的问题一样，针对那些非理性的或者是违反健康保险相关法规与合同规范的行为，我们很难从被研究对象那里获得真实准确的数据。尤其是对健康保险的经济套利动机，诸如医保卡套现、药品违规使用和住院中的一些大处方大检查等问题，很难得到来自患者、患者家属和医疗机构的密切配合，甚至导致一些数据的偏差。尽管我们在进行问卷调查时采取了严格的个人信息匿名与保密承诺，并且通过相互关联的问卷信息进行验证，并在数据资料的处理与应用时对回收问卷进行了质量评估，但依然不可避免地存在一些偏差。因而，对健康保险投保动机和行为异象形成机制的个案调查部分，依然需要更加深入和持续的展开深入实证研究。另外，在健康风险损失补偿管制或者医疗服务利用管制部分，很多研究问题的分析对象为那些遭受严重不可逆健康损害的患者，作为一个较为沉重的研究话题，以及需要长期跟踪调查才能真实评估管制的合理性，这也需要较长时间的深入调查研究，因而也希望更多医学领域的相关研究能够从队列分析角度，对生命价值框架效应与医疗方案选择动机，展开相关的深入研究。

8.3.2 行为经济学前沿理论引入健康保险合约激励的前瞻性展望

在整个理论框架体系上，我们以健康保险行为分析为基本框架，构建了针对健康保险大量行为异象问题的理论分析框架，并引入更多的行为经济学前沿理论方法，进一步阐明健康保险行为异象的形成机制，提出更加可行的修正与优化措施。但还有更多的行为经济学的理论与分析方法尚待引入健康保险行为的研究。包括：诸如引入奖惩机制（Fehr and Gächter, 2000）是否能够更好地修正健康保险的行为异象？消极互惠和报复是否影响人们对待道德风险和保险欺诈的态度？社会规范产生的基于社会声誉的惩罚手段是否真得如 Kunreuther 等人（2013）认为的那样会影响健康保险购买行为？修正时间偏好不一致的准双曲线模型（Laibson, 1997）和 Fudenberg 及 Levine（2005）的双自我模型（dual-self models），从长期财富效用最大化和短期成本控制角度看，是否是实现短期成本控制的最优策略？当人们面对受威胁的自尊和厌恶不均等时，是否会选择诸如孔雀尾综合征的自我伤害行为？Fehr 和 Schmidt（1999）提出的厌恶不均等 F‒S 模型在将自己得到的待遇与他人利益进行比较判断时，中性参考点是否会影响对公平性的判断？人们是否按照拉宾互惠模型（Rabin, 1993）以善意心态对待善意，以恶意心态对待道德风险，以致引发现实中大量存在的城乡基本医疗保险的医保卡套现问题？等等。研究行为异象的大量新理论前沿，亟待引入健康保险投保动机与行为异象等问题的研究。以期更好地破解行为异象的形成之谜，通过有针对性的合约激励或管制手段，实现健康保险的可持续发展，切实保障和提高国民的健康保险水平。

健康保险和医疗服务利用的问题，不仅仅是经济学和行为经济学所能解决的问题。健康保险作为一种集体筹资机制，保险基金对医疗费用的补偿只能按照约定的补偿方案，但对于那些真正遭受灾难性健康风险损失的被保险人，通常会面临经济补偿、方案选择与医学伦理学和健康权或生命权的保障问题。对于纯粹的商业健康保险来讲，约定的基金补偿额度或者保险额度，使商业保险的承保机构面临较小的社会舆论压力。但是作为政府履行国民健康保障责任的公共健康保险，通常会因为面对健康保障权和医学伦理学，甚至是病人选择权等问题的困扰，不得不提高医疗费用的补偿比例，使患者的医疗服务需求尽可能得到满足，并且在因病致贫以后政府还要承担最后的兜底责任。因而，公共健康保险经常会面临降低医疗费用补偿起付线、提高补偿比例和封顶线的压力，也就是说健康保险在面临逼近免费医疗的压力。而从理论上和医疗费用过快增长的压力上，都已经证明健康保险不应该逼近全额保险而接近免费医疗。但是由于健康保险面临的理论统计歧视问题，如何在解决必要的高质量医疗服务上，依然缺乏较为系统与成熟的理论体系，尚待更多的相关研究展开深入分析，以不断完善健康保险补偿的理论基础。

也正是由于健康保险是一个复杂的系统，因而我们进行的探索也确实是一个初步的基本研究，一些内容研究的还不够完整和系统，甚至有些观点还是初步的想法。但也正是这些基于理论和数理推理的观点与想法，对未来完善保险经济学理论发挥一些基础性功能，并期望起到一定的完善作用。期待有更多的学者和专家能够利用行为经济学的前沿理论，从更深层次上对健康保险的投保动机、行为异象与合约激励展开理论与实证研究，共同推进中国健康保险理论与事业的可持续发展。

8.3.3 健康保险在健康中国建设中的作用

习近平总书记在 2016 年全国卫生与健康大会上强调，"没有全民健康，就没有全面小康"，提出"强化早诊断、早治疗、早康复"和"向弱势群体倾斜"等健康服务调整优化要求，确保全体国民显著公平获得全方位、全周期健康保障并大幅提高健康水平。《"健康中国 2030"规划纲要》作出优化覆盖全生命周期健康要素配置和服务供给、形成健康风险社会共治格局等健康中国建设的战略部署规划。商业健康保险要基于服务健康中国建设的战略定位，在协同解决因病致贫问题的基础上，为实现全民健康和全面小康发挥积极作用。

1. 商业健康保险在健康中国建设中的战略地位

（1）全方位健康保障的重要组成部分。

《"健康中国 2030"规划纲要》中，明确要求加强健康风险的早期干预，通过培养健康生活方式、加大环境治理力度和强化早诊断、早治疗、早康复等，形成健康风险社会共治格局。社会基本医疗保险，主要强调治疗阶段的医疗费用集体补偿功能，本质上属于医疗费用的集体预付费制度。尽管商业健康保险也具有集体预付费的性质，但商业基于更加精准的大数法则，对不同类型群体的健康风险具有更高的识别能力，因而具有健康风险治理的相对技术优势。2014 年颁布的《关于加快发展现代保险服务业的若干意见（国发〔2014〕29 号）》和《国务院办公厅关于加快发展商业健康保险的若干意见（国办发〔2014〕50 号）》，都将健康风险作为风险管理的基本手段，是社会治理能力的重要标志，要求现代保险服务业立足于服务国家治理体系和治理能力现代化。因而，健康保险手段要定位于国家社会治理的基本功能，充分发挥风险管理的核心功能，加强健康风险评估和干预，提供疾病预防、健康体检、健康咨询、健康维护和慢性病管理等服务，通过有效降低健康风险，以显著减少疾病风险损失规模。商业健康保险不仅要协同社会医疗保险，对疾病发生以后提供合理的医疗费用补偿，更应该将健康保险资金在健康风险周期上进行充分前置，加大健康风险治理的力度。由于未经有效干预和早期治疗的严重疾病，往往会最终发展成为不可逆的严重健康损害，累及未来财富损失和家庭劳动力占用等间接损失。健康保险的风险管理核心功能，主要是在不可逆的健康损害发生之前，充分发挥健康风险治理的前置效应，有效抑制健康风险在风险周期上的跳跃扩散效应。

在此基础上，健康保险还要注重对治疗结束以后的康复阶段的全方位保障，实现早康复的健康中国建设要求，提供从风险治理、疾病治疗到康复治疗全过程的健康服务保障。另外，相对于基本医疗保险的现收现付补偿设计，商业健康保险还要通过扩展健康保险时间范围，提供保障周期较长的长期健康保险。中国保监会关于印发《个人税收优惠型健康保险业务管理暂行办法》的通知，提出发展设置万能险账户的个人税收优惠健康保险，将年度结余部分作为个人健康账户储备资金，为年老以后以更加优惠的保费获得商业健康保险，做好资金与各种优惠条件准备，以减轻逆向选择导致的对老年人健康保险的歧视性问题。

（2）全周期获得健康保障的必要补充。

健康中国建设的第二个核心目标，是优化覆盖全生命周期的健康要素配置和健康服务供给发展战略，提供全生命周期健康保障。尽管城乡居民医疗保险，为全体国民提供了基本医疗保险保障，但由于是普遍性的基本医疗保险，保障的基本内容是疾病治疗阶段的有限保障。尤其是在采取无差异居民保费标准的方式下，健康风险通常只能在较低的保险水平上进行全民分散，缺乏针对不同年龄阶段健康风险的细分保险服务，并在一定程度上限制了对必要的高质量医疗服务的可及性。从全生命周期的财富结构角度，个体财富分为已经实现的累积财富和未来将要实现的潜在财富。社会基本医疗保险通常只关注两个内容，即针对基本医疗服务和大病保险的有限保障范围，以及包含起付线、补偿比例和补偿限额的有限费用补偿。在这两项免责条款下，部分高质量医疗服务无法通过社会医疗保险进行保障。而从治疗需求角度，如果必要的高质量医疗服务可及性得不到充分保障，即使较小需求缺口得不到弥补，也会因为治疗不充分或者没有完全康复，而无法充分实现未来的潜在财富，通常会引发长期疾病性贫困。

因而，商业健康保险在全生命周期上的保障，应该综合不同年龄段健康风险、治疗预期和财富结构，有区分地提供匹配的健康保险服务。在财富水平较低的青年阶段累积，由于未来潜在财富的规模较大，而且即使实现一定的财富累积，用于改善资本化价值能力，以改善收入水平的教育与技能培训投资需求更加重要，因而商业健康保险应该重点保障避免不可逆健康损害的大病保险；在中年阶段，尽管实现累积财富的初步规模，但家庭的抚赡养压力又较大，商业健康保险要兼顾财富保障效应和应对健康损害的保障；而在老年阶段，则应该重点关注累积财富的保障，因为一旦这些财富失去，老年人很难通过潜在财富弥补疾病损失而陷入经济贫困。并且老年阶段的不可逆健康损害类疾病，完全治愈的可能性较小，需要同时提供慢性病健康保险服务。在基本医疗保险对常规疾病风险进行了全民覆盖，商业健康保险不能在相同水平上，与社会医疗保险进行冲突，否则容易导致低水平重复保险，或者背离商业健康保险的补充性功能定位。也不能与社会医疗保险在保障水平上进行竞争，因为社会基本医疗保险是带有强制性的保险，否则会导致保险欺诈的嫌疑。

（3）显著公平并大幅提高健康水平的重要保障。

提供全方位、全周期健康保障的基本要求是要显著改善健康服务公平，而最终目标是大幅提高国民健康水平、维护和不断改善国民健康。相比较世界卫生组织提出的全民健康覆盖理念，中国的健康中国建设目标是确保显著公平地促进国民健康的保障，并且为全面建成小康社会提供保障。当前全民健康保险体系关于免赔额和自负比例等免责条款的设置，使那些有保费支付能力但缺乏自负费用支付能力的低收入者，被挡在服务利用和健康保险基金的实际补偿之外。从商业健康保险最低补充功能上，只要能够对起付线部分进行补偿，也可以帮助低收入群体跳过自负费用的支付门槛，进而真正能够获得基本的健康服务保障。如果能够再对补偿比例之外的部分进行保障，则可以使低收入者获得基本医疗保险的全部补偿权利，进而改善医疗费用的支付能力。最理想的方式是能够补偿最高限额以上部分的必要的高质量医疗服务费用，此时被保险人才真正获得了必要的高质量医疗服务。商业健康保险对社会医疗保险的三个层级的合理补充，显然既能够改善医疗保险的公平性，也能够确保获得必要的高质量医疗服务，进而实现大幅提高国民健康水平的目标。

当存在道德风险和信息不对称等交易成本时，根据 Arrow（1963）的最优健康保险购买范式，任何单项健康保险都不可能提供全额保险。而部分保险必然会涉及自负费用的支付能力问题。因而，对基本医疗保险进行有效补充的商业健康保险，必然能够有效突破不同支付能力的自负费用制约，显著改善健康保险的公平性问题。并且确保那些能够支付得起此类商业健康保险保费的个体，最终满足获得必要的高质量医疗服务，而且不会因为医疗费用支付而陷入经济困难。所以说，只要社会医疗保险没有实现对全部必要的高质量医疗服务费用的全覆盖，并且部分低收入者等弱势群体缺乏自负费用的支付能力，补充性商业健康保险就是非常必要的，并且也有助于改善公平和提高健康水平。但也应该避免健康保险保额超过必要的高质量医疗服务的实际费用，那样将会导致低效的超额保险，不仅会增加被保险人负担，而且也会影响商业健康保险的信用，引发退保现象并导致续保率偏低等问题。

2. 商业健康保险在健康中国建设中的具体作用

（1）通过商业健康保险解决起付线的制约性问题。

因病致贫依然是当前中国扶贫开发需要重点解决的问题。因病致贫问题的产生，在医疗保险基本实现全民覆盖的背景下，是低收入者的既有财富难以越过自负费用的支付门槛，导致无法获得社会医疗保险的充分保障。尽管社会医疗保险的水平较低，而且起付线部分的自负费用部分额度也不大，但对低收入者来讲，他们既缺乏支付自负费用的能力，也难以购买高水平商业健康保险跨越支付门槛。因而，商业健康保险在健康扶贫中的首要任务，就是开发针对社会医疗保险免责部分的补充保险，这部分保险在保额上相对较低，非特困家庭基本具备保费支付能力，而且政府也可以通过购买健康保险服务的方式，资助困难家庭购买此类健康保险服务。尽管多层次健康保险普遍被大家认可，但是由于市场统计歧视问题，商业健康保险公司通常不愿意为低收入者提供针对性的保险服务，而集中于大病保险和高水平健康保险，导致与社会基本医疗保险交叉重叠而重复投保，因而也缺乏对参保社会医疗保险的群体的激励作用。

商业健康保险对社会医疗保险起付线至限额部分的补充，也有助于缓解医疗保险的逆向照顾问题。逆向照顾主要是由于低收入者缺乏医疗费用支付能力造成的，导致限额与支付能力之间的应得部分，被转嫁给高收入群体，这显然是保险不公平问题。要显著改善健康保险的公平问题，首先就要解决因为支付能力限制而导致的逆向照顾问题。在政府的政策范围内，一般是通过医疗救助实现的，但医疗救助的覆盖能力毕竟有限，而且要求的额度也比较大。而商业健康保险，可以通过较小的保费支付而满足支付需求。另外，个人税优型健康保险的万能账户设置，也可以提供小额的医疗借债，这也有助于改善逆向照顾问题。所以，商业健康保险最有效的作用，就是提供补充社会医疗保险自负费用部分，次优选择是提供跳过支付门槛的必要的医疗借款支持。

（2）解决全生命周期的健康保险均衡性问题。

社会医疗保险强调的是保费支付基本公平，通常只提供多层次健康保险中的基本部分和限额大病保险，因而无法合理均衡个体全生命周期健康风险与健康保险需求。为了解决全生命周期健康保险需求失衡问题，商业健康保险可以充分利用个人税收优惠激励政策，开发附设万能险账户的健康保险。此类保险的三个基本优势在于：一是在青年阶段以较低的保费支付，获得保障潜在财富的大病保险；二是如果发生大病风险，此类保险能够提供必要的借债支持，弥补累积财富支付能力不足问题；三是对未来购买高水平的健康保险，提供必要的资金准备，能够以相对优惠的保费购买健康保险。社会医疗保险，已经在基本的财富保障上进行了充分的保障，而青年阶段累积财富本来就很少，缺乏财富保障效应的健康保险投保动机。所以，通过附设累积功能的大病保险，能够实现从青年开始的全生命周期健康保险均衡性问题。当步入中老年阶段以后，还可以获得具有家庭理财规划和健康保险的服务。

在全生命周期上的商业健康保险投保人也是不断变化的。基于不同的投保动机，被保险人所能够获得的健康保险类别和保障水平也在发生变化。基于全生命周期健康保险资源的合理配置和均衡，商业健康保险应该保障个体在全生命周期上的任意时点，发生健康风险损失以后，都能够获得所需要的高质量医疗服务，并且对财富损失进行合理的补偿。因而，商业健康保险对全生命周期健康保障的均衡性的调节作用，就显得非常重要。一方面，要根据风险损失在全生命周期上的分布特点，客观评估健康保险的保额需求；另一方面，要根据社会医疗保险的保障水平，动态调整商业健康保险的补充水平。此外，要针对医疗技术的发展，开发针对性的健康保险产品，以保障被保险人在患病以后，能够最有效地满足医疗服务购买需求，进而达到最优疾病治疗效果。

（3）充分利用风险管理核心技术，实现健康风险早期有效干预。

基于生命价值风险视角，健康风险导致的损失不仅局限于财富损失层面，还包括资本化价值能力的损失，以及家庭劳动力占用和提前死亡风险等。也就是说，从健康风险周期分布特点，缺乏有效早期干预的健康风险，在家庭层面的损失具有跳跃扩散效应，如果跳跃扩散效应过大并造成严重的生命价值损失，可能造成长期因病致贫或者家庭贫困陷阱。健康保险具有风险管理的技术优势，也能够协同社会基本医疗保险，对早诊断、早治疗和早康复的费用进行合理补偿。因而，商业健康保险在充分识别出风险周期上各阶段的健康风险以后，针对早期风险治理的费用需求，开发相应的健康保险产品，实现风险管理与治理费用补偿密切结合的健康保障服务。

在充分发挥风险管理核心技术时，要避免单纯针对财富损失转嫁的健康保险服务，否则将会陷入对保险利润恶意追逐而损害产业可持续发展的困境。在风险损失与保费缴纳对等的情况下，健康风险治理通常会在总量上减少健康保险保费规模，这并不利于那些只是追逐高利润的保险公司。然而，作为保障国民健康的重要组成部分，现代健康保险服务业应该以服务国家治理体系和治理能力现代化为基础，加强健康风险治理，有效解决因病致贫问题，从而能够使国民在更高的财富水平上，满足更高健康保险水平的保费支付能力，进而促进健康保险的良性发展，而不是缺乏有效风险治理下的不可持续发展。充分发挥商业健康保险公司的风险管理核心技术，既是健康中国建设的基本要求，也是实现现代健康保险服务业可持续发展的基本条件。

（4）有效应对健康保险消费中的两对不确定性矛盾问题。

健康保险是用来应对不确定健康风险损失的一种集体预付费方式，其消费行为表现为对健康保险购买消费，以及利用健康保险基金的补偿购买健康服务消费。然而，由于健康保险购买消费，是用确定的收入支出保障未来未必发生的损失。根据前景理论的损失厌恶效应，二者在效用的敏感度上是不对等的。同样，当严重的健康损害实际发生以后，被保险人又面临对健康损失的厌恶效应，尤其是面对不确定的治疗结果，患者通常会期望消除治疗结果的不确定性，必然会导致过度治疗问题。受到损失厌恶效应的影响，健康保险投保阶段和医疗服务消费阶段的两对不确定矛盾，容易导致保额不足和过度医疗两个问题，加剧健康保险不对等问题。

健康保险作为获得必要的高质量医疗服务的杠杆效应，对于解决低收入群体的健康服务需求，具有不可替代的效应。但是由于低收入群体对收入具有较高的边际效用，往往对健康保险保费支出具有较强的损失厌恶效应。而健康中国建设，特别强调健康服务应该向低收入者等弱势群体倾斜，因而，解决好健康保险消费中的两对不确定性引发的矛盾问题，对于显著公平地大幅提高健康水平具有重要现实意义。

参 考 文 献

[1] 迪翁, 哈林顿. 王国军等译. 保险经济学. 北京: 中国人民大学出版社, 2005.

[2] 普雷克尔, 兰登布伦纳. 郑联盛, 王小芽译. 明智的支出: 为穷人购买医疗服务. 中国财政经济出版社, 2006.

[3] 刘家义. 论国家治理与政府审计 [J]. 中国社会科学, 2012 (6): 60 – 72.

[4] 刘家义. 中国特色社会主义审计理论研究 [M]. 北京: 商务印书馆、中国时代经济出版社, 2015.

[5] 裴育, 郑石桥. 政府审计业务类型体系: 一个理论框架 [J]. 审计与经济研究, 2016 (4): 3 – 11.

[6] 晏维龙, 韩峰, 汤二子. 新常态下的国家审计变革与发展 [J]. 审计与经济研究, 2016 (2): 3 – 13.

[7] 曾光. 论零级预防 [J]. 中华预防医学杂志, 2008 (5): 296 – 297.

[8] 孙祁祥, 孙立明. 保险经济学研究评述 [J]. 经济研究, 2012 (5): 48 – 57, 94.

[9] 许荣, 张俊岩, 彭飞. 正向选择理论与实证研究进展 [J]. 经济学动态, 2015 (9): 107 – 118.

[10] 曹萍萍, 李铭洋, 李旭. 基于前景理论的门诊预约决策方法 [J]. 东北大学学报 (自然科学版), 2014 (12): 1801 – 1804.

[11] 程晓明, 罗五金, 刘国祥. 卫生经济学 [M]. 北京: 人民卫生出版社, 2012.

[12] 程启智, 吴泞江, 李文鸿. 生命价值评估的人力资本模型选择 – 基于健康和安全管制效益评价 [J]. 管理学刊, 2011 (2): 1 – 4.

[13] 高其法, 吴成, 袁国方. 患者集中大医院就医的行为经济学分析 [J]. 医学与哲学 (B), 2007 (7): 46 – 48.

［14］葛延风，王晓明．中国医疗服务体系改革反思［J］．中国卫生产业，2005（9）：19－21．

［15］贾洪波．中国基本医疗保险适度缴费率研究［M］．吉林：吉林大学出版社，2009（5）．

［16］卢祖洵，汪凯，郑建中．社会医疗保险学［M］．北京：人民卫生出版社，2012（5）．

［17］马克思．哥达纲领批判［M］．北京：人民出版社，1965．

［18］穆怀中．社会保障国际比较［M］．北京：中国劳动社会保障出版社，2014．

［19］秦雪征，刘国恩．医疗保险对劳动力市场影响研究评述［J］．经济学动态，2011（12）：114－119．

［20］项俊波．努力开拓保险业发展新局面［J］．中国保险，2014（7）：1

［21］申俊龙，李瑞云．基于前景理论的慢性病患者就医行为分析［J］．价值工程，2011（8）：182－183．

［22］世界卫生组织．全民健康覆盖研究［R］．日内瓦：世界卫生年度工作报告，2013（8）．

［23］宋世斌．中国医疗保障体系的债务风险及可持续性评估［M］．北京：经济管理出版社，2009（9）．

［24］王国军．高级保险经济学教程［M］．北京：对外经济贸易大学出版社，2014（6）．

［25］王珺，高峰．中国健康险市场逆向选择和正向选择并存现象的研究［J］．金融研究，2008（11）．

［26］魏华林，朱铭来，田玲．保险经济学［M］．北京：高等教育出版社，2011（6）．

［27］郑功成．中国社会保障改革与发展战略（四卷）［M］．北京：人民出版社，2011（3）．

［28］Akerlof, G. (1970) "The market for lemons: Quality uncertainty and the market mechanism". Quarterly Journal of Economics 84 (3): 488 – 500.

［29］Allais, M. (1953) "Le comportement de l'homme rationnel devant le risque, Critique des postulats et axioms de l'école américanine". Ecnometrica 21 (1): 503 –549.

［30］Arrow, K. J. (1963) "Uncertainty and the welfare economics of medical care". American Economic Review 53 (1): 941 –973.

[31] Atkinson, S. E. and R. Halvorsen (1990) "The valuation of risks to life: Evidence from the market for automobiles". Review of Economics and Statistics 72 (1): 133 – 136.

[32] Attema, A. et al (2013) "Prospect theory in the health domain: A quantitative assessment". Journal of Health Economics 32 (6): 1057 – 1065.

[33] Banerjee, A. V. and E. Duflo (2011) Poor Economics: A Radical Rethinking of the Ways to Fight Global Poverty. Public Affairs Press.

[34] Bardey, D. and R. Lesur (2005) "Optimal health insurance contract: Is a deductible useful?". Economics Letters 87 (3): 313 – 317.

[35] Becker, G. S. et al (2007) "The value of life near its end and terminal care". NBER Working Paper No. 15649.

[36] Bell, D. J. (1985) "Disappointment in decision making under uncertainty". Operations Research 33 (1): 1 – 27.

[37] Bernouli, D. ([1738] 1954) "Exposition of a new theory on the measurement of risk". Econometrica 22 (1): 23 – 59.

[38] Bobinac, A. et al (2010) "Willingness to pay for a quality-adjusted life-year: The individual perspective". Value Health 13 (8): 1046 – 1055.

[39] Borch, K. (1962) "Equilibrium in reinsurance market". Econometrica 30 (3): 230 – 250.

[40] Borch, K. (1986) "Insurance and Giffen's paradox". Economics Letters 20 (4): 303 – 306.

[41] Bradley E. H. and L. A. Taylor (2013) The American Health Care Paradox: Why Spending More is Getting Us Less. New York: Public Affairs.

[42] Briys, E. , G. Dionne L. Eeckhoudt (1989) "More on insurance as a Giffen good". Journal of Risk and Uncertainty 2 (4): 415 – 420.

[43] Buchmueller, T. C. et al (2013) "Preference heterogeneity and selection in private health insurance: The case of Australia". Journal of Health Economics 32 (5): 757 – 767.

[44] Cawley, J. and T. Philipson (1999) "An empirical examination of information barriers to trade in insurance". American Economic Review 89 (4): 827 – 846.

[45] Chew, S. and K. MacCrimmon (1979) "Alpha-nu choice theory: A generalisation of expected utility theory". Working Paper 669, University of

British Columbia.

[46] Chew S. H. et al (1991) "Mixture symmetry and quadratic utility". Econometrica 59 (1): 139 – 202.

[47] Christiansen, M. C. (2012) "Multistate models in health insurance". Advances in Statistical Analysis 96 (1): 155 – 186.

[48] Cooper, R. and B. Hayes (1987) "Multi-period insurance contracts". International Journal of Industrial Organization 5 (1): 211 – 231.

[49] Crocker, K. J. and A. Snow (1986) "The efficiency effects of categorical discrimination in the insurance industry". Journal of Political Economy 94 (2): 321 – 344.

[50] Dahlby, B. G. (1983) "Adverse selection and statistical discrimination: An analysis of Canadian automobile insurance". Journal of Public Economics 20 (1): 121 – 130.

[51] Dionne, G. (1980) "Moral hazard and state-dependent utility function". Journal of Risk and Insurance 49 (3): 405 – 423.

[52] Dionne, G. (ed.) (2014) Handbook of Insurance. Springer.

[53] Dranove, D. (2003) What's Your Life Worth? Health Care Rationing... Who Lives? Who Dies? and Who Decides? Financial Times/Prentice Hall.

[54] Dranove, D. and W. D. White (1987) "Agency and the organization of health care delivery". Inquiry 24 (24): 405 – 415.

[55] Edwards, W. (1962) "Subjective probabilities inferred from decisions". Psychological Review 69 (2): 109 – 144.

[56] Ellis, R. P. and T. G. McGuire (1993) "Supple-side and demand-side cost sharing in health care". Journal of Economics Perspectives 7 (4): 135 – 151.

[57] Ellsberg, D. (1963) "Risk, ambiguity and the savage axioms". Quarterly Journal of Economics 75 (4): 643 – 669.

[58] Emons, W. (1994) "Credence goods and fraudulent experts". RAND Journal of Economics 28 (1): 107 – 119.

[59] Enthoven, A. C. (1988) The Theory and Practice of Managed Competition in Health Care Finance. North – Holland.

[60] Evans, R. G. (1974) "Supplier-induced demand: Some empirical evidence and implications". in: M. Perlman (ed.), The Economics of Health

and Medical Care, Macmillan.

[61] Fang, H. and D. Silverman (2008) "Sources of advantageous selection: evidence from the Medigap insurance market". Journal of Political Economy 116 (2): 303 – 350.

[62] Feldstein, M. S. (1981) "The welfare loss of excess health insurance". Journal of Political Economy 81 (2): 251 – 280.

[63] Fehr, E. and S. Gächter (2000) "Fairness and retaliation". Journal of Economic Perspectives 14 (3): 159 – 240.

[64] Finkelstein, A. and K. McGarry (2006) "Multiple dimensions of private information: Evidence from the long-term care insurance market". American Economic Review 96 (4): 938 – 996.

[65] Finkelstein, A. J. Poterba (2014) "Testing for asymmetric information using 'unused observable' in insurance markets: Evidence from the UK annuity market". Journal of Risk and Insurance 81 (4): 709 – 734.

[66] Fishburn, P. C. (1983) "Transitive measurable utility". Journal of Economic Theory 31 (2): 293 – 317.

[67] Folland, S. et al (2010) The Economics of Health and Health Care (6th Edition). Prentice Hall.

[68] Fudenberg, D. (2006) "Advancing beyond 'Advances in Behavioral Economics'". Journal of Economic Literature 44 (2): 694 – 711.

[69] Frank, R. G. (2007) "Behavioral economics and health economics". in: P. Diamond and H. Vartiainen (ed.), Behavioral Economics and Its Application, Princeton University Press.

[70] Friedman, M. (1957) A theory of Consumption Function. Princeton University Press.

[71] Fuchs V. R. (2011) Who shall Live? Health, Economics, and Social Choice, 2nd. World Scientific Publishing.

[72] Fudenberg, D. and D. K. Levine (2005) "A dual self-model of impulse control". UCLA Department of Economics Working Paper.

[73] Garber, A. M. (2000) "Advances in cost-effectiveness analysis of health interventions". in: A. J. Culyer and P. J. Newhouse (eds.), Handbook of Health Economics, Vol. 1, North Holland.

[74] Gruber, J. and B. C. Madrian (2002) "Health insurance, labor supply and job mobility: A critical review of the literature". NBER Working

Paper, No. 8817.

[75] Gul, F. (1991) "A theory of disappointment in decision making under uncertainty". Econometrica 59 (3): 667 –753.

[76] Gegax, D. et al (1991) "Perceived risk and the marginal value of safety". Review of Economics and Statistics 73 (4): 589 –596.

[77] Handa, J. (1977) "Risk, probability and a new theory of cardinal utility". Journal of Political Economy 85 (1): 97 –219.

[78] Hadley, J. et al (2009) "Governing the uninsured in 2008: Current costs, source of payment, and incremental costs". Health Affairs, Web Exclusive, 2008: w399 – w425, accessed Jan. 9.

[79] Hellerstein, J. K. (1998) "The important of the physician in the generic versus trade-name prescription decision". RAND Journal of Economics 29 (1): 108 – 136.

[80] Hong, C. S. (1983) "A generalization of the quasilinear mean with applications to the measurement of income inequality and decision theory resolving the Allais paradox". Econometrica, 51 (4): 1065 – 1092.

[81] Huebner, S. S. (1927) Life Insurance: A Text Book. Charleston: Nabu Press (Reprinted).

[82] Ippolito, P. M. and R. A. Ippolito (1984) "Measuring the value of life saving from consumer reactions to new information". Journal of Public Economics 25 (1): 53 –81.

[83] Jacobs, P. D. (2011) The Affordability of Private Health Insurance: Econometric Evidence from Household and Firm Surveys. ProQuest UMI Dissertation Publishing.

[84] Johnson, E. J. et al (1993) "Framing, probability distortions and insurance decisions". Journal of Risk and Uncertainty 7 (1): 35 –51.

[85] Kahneman, D. (2011) Thinking, Fast and Slow, Farar, Straus and Giroux Press.

[86] Kahneman, D. and A. Tversky (1979) "Prospect theory: An analysis of decision under risk". Econometrica 47 (2): 263 –354.

[87] Kahneman, D. I. Ritov (1994) "Determinants of stated willingness to pay for public goods: A study in the headline method". Journal of Risk and Uncertainty 9 (1): 5 –37.

[88] Kimball, M. et al (2013) "Leveraging health microinsurance to

promote universal health coverage". Microinsurance Paper No. 23, International Labour Organization.

[89] Kunreuther, H. C. et al (2013) Insurance and Behavioral Economics: Improving Decision in the Most Misunderstood Industry. Cambridge University Press.

[90] Kupferschmidt, K. (2011) "Germany moves to lower drug prices". Canadian Medical Association Journal 183 (2): E77 – E78.

[91] Laibson, D. L. (1997) "Golden eggs and hyperbolic discounting". Quarterly Journal of Economics 112 (2): 443 – 520.

[92] Leigh, J. P. (1987) "Gender, firm size, industry and estimates of the value-of-life". Journal of Health Economics 6 (3): 255 – 273.

[93] Loomes, G. and R. Sugden (1986) "Disappointment and dynamic consistency in choice under uncertainty". Review of Economic Studies 53 (2): 271 – 353.

[94] Loubergé, H. (2013) "Developments in risk and insurance economics: The past 40 years". in: G. Dionne (ed.), Handbook of Insurance, Springer.

[95] Ma, C. A. and T. G. McGuire (1997) "Optimal health insurance and provider payment". American Economic Review 87 (4): 685 – 704.

[96] Ma, C. A. and M. H. Riordan (2002) "Health insurance, moral hazard, and managed care". Journal of Economics&Management Strategy 11 (1): 81 – 107.

[97] Machina M. J. (1982) "Expected utility theory without the independence axiom". Economedtrica, 50 (2): 277 – 323.

[98] Madrian, B. C. (1994) "Employment-based health insurance and job mobility: Is there evidence of job – lock?". Quarterly Journal of Economics 109 (1): 27 – 54

[99] Martin, C. J. (1997) "Markets, Medicare, and making do: Business strategies after national health care reform". Journal of Health Politics, Policy and Law 22 (2): 557 – 593.

[100] Manning, W. G. et al (1987) "Health insurance and the demand for medical care: Evidence from a randomized experiment". American Economic Review 77 (3): 251 – 277.

[101] Meier, K. J. (1988) The Political Economy of Regulation: The

Case of Insurance, State University of New York Press.

[102] Meza, D. C. Webb (2010) "Competitive screening in insurance markets". Rand Journal of Economics 32 (2): 249 – 262.

[103] Mossin, J. (1968) "Aspects of rational insurance purchasing". Journal of Political Economy 79 (4): 553 – 568.

[104] Murphy, K. M. and R. H. Topel (2005) "The value of health and longevity". NBER Working Paper No. 11405.

[105] Myers, D. and W. Smith (1983) "Ownership structure across lines of property-casualty insurance". Journal of Law and Economics 63 (1): 19 – 40.

[106] Neilson, W. S. (1992) "A mixed fan hypothesis and its implications for behavior toward risk". Journal of Economic Behavior and Organisation 19 (2): 197 – 408.

[107] Newhouse, J. P. (1970) "Toward a theory of nonprofit institutes: An economic model of a hospital". America Economic Review 60 (1): 64 – 74.

[108] Newhouse, J. P. et al (1980) "The effect of deductibles on the demand for medical care service". Journal of the American Statistical Association 75 (s1): 525 – 533.

[109] Nyman, J. A. (2004) "Is moral hazard inefficient? The policy implication sofa new theory". Health Affairs 23 (5): 194 – 199.

[110] OECD. Health at a Glance 2013: OECD INDICATORS. Paris: OECD Publishing, 2013. PP138 – 139.

[111] Pavel, M. et al (2015) "Assessing willingness to pay for health care quality improvements". BMC Health Services Research 15 (43): 1 – 10.

[112] Pidgeon, N. et al (1992) "Risk perception". in: Risk Analysis, Perceptions and Management, Report of a Royal Society Study Group, London: The Royal Society.

[113] Pratt, J. W. (1964) "Risk aversion in the small and the large". Econometria 32 (1): 122 – 136.

[114] Preker, A. S. (2013) Scaling up Affordable Health Insurance: Staying the Course, World Bank Publications.

[115] Prelec, D. (1998) "The probability weighting function". Econometrica 66 (3): 497 – 528.

[116] Pauly, M. V. (1974) "Over insurance and public provision of insurance: The role of moral hazard and adverse selection". Quarterly Journal of Economics 88 (1): 44 – 62.

[117] Pauly, M. V. et al (2002) "Competitive behavior in the HMO marketplace". Health Affairs 21 (1): 194 – 202.

[118] Quiggin, J. (1982) "A theory of anticipated utility". Journal of Economic Behavior and Organisation 3 (4): 324 – 369.

[119] Rabin, M. (1993) "Incorporating fairness into game theory and economics". American Economic Review 83 (5): 1281 – 1302.

[120] Robinson, J. C. (2006) "The commercial health insurance industry in an era of eroding employer coverage". Health Affairs 25 (6): 1475 – 1486.

[121] Rosen, S. (1981) "Valuing health risk". American Economic Review 71 (2): 241 – 286.

[122] Rothschild, M. and J. E. Stiglitz (1976) "Equilibrium in competitive insurance markets: An essay on the economics of markets with imperfect information". Quarterly Journal of Economics 90 (4): 355 – 375.

[123] Rowell, D. and L. B. Connelly (2012) "A history of the term 'moral hazard'". Journal of Risk and Insurance 79 (4): 1051 – 1075.

[124] Schelling, T. C. (1968) "The life you save may be your own". in: S. B. Chase (ed.), Problems in Public Expenditure Analysis, Brookings Institution.

[125] Sen, A. K. (1980) "Equality of what?". in: S. McMurrin (ed.), The Tanner Lectures on Human Values, Cambridge University Press.

[126] Sen, A. K. (1992) Inequality Reexamined, Oxford and Harvard University Press.

[127] Smith, V. L. (1962) "An Experimental Study of Competitive Market Behavior". Journal of Political Economy, 70 (2): 111 – 137.

[128] Smith, V. L. (1976) "Experimental Economics: Induced Value Theory". American Economic Review. 66 (2): 274 – 279.

[129] Smith, V. L. (1980) Evaluation of Econometric Models, Provided by Research Papers in Economics.

[130] Smith, V. L. (1982) "Microeconomic Systems as an Experimental Science". American Economic Review, 1982, 72 (5): 923 – 955.

[131] Smith, V. L. (2000) Bargaining and Market Behavior: Essays in Experimental Economics (1990 – 1998), Cambridge.

[132] Smith, V. L. (2003) "Constructivist and Ecological Rationality in Economics". American Economic Review, 93 (3): 465 – 508.

[133] Spinnewijn, J. (2013) "Insurance and perceptions: How to screen optimists and pessimists". Economic Journal 123 (569): 606 – 633.

[134] Starmer, C. (2000) "Developments in non-expected utility theory: The hunt for a descriptive theory of choice under risk". Journal of Economic Literature 38 (2): 332 – 382.

[135] Storey, J. et al (2011) Governing the NHS, Issues and Tensions in Health Service Management, Routledge Press.

[136] Thaler, R. H. (1980) "Toward a positive theory of consumer choice". Journal of Economic Behavior and Organization 1 (1): 39 – 60.

[137] Turquet, P. (2012) "Health insurance system financing reforms in the Netherlands, Germany and France". International Social Security Review 3 (5): 29 – 51.

[138] Tversky, A. and D. Kahneman (1992) "Advances in prospect theory: Cumulative representation of uncertainty". Journal of Risk and Uncertainty 5 (4): 297 – 323.

[139] Viscusi, W. K. (1992) "Occupational Safety and Health in the 1990s". in: D. W. Bromley et al (ed.), The Social Response to Environmental Risk, Kluwer Academic Publishers Group.

[140] Viscusi, W. K. (1998) "The value of risks to life and health". Journal of Economic Literature 31 (4): 423 – 436.

[141] Von Neumann, J. and O. Morgenstein (1947) Theory of Games and Economic Behavior, Princeton University Press.

[142] Whynes, D. K. et al (2005) "Willingness-to-pay and demand curves: A comparison of results obtained using different elicitation formats". International Journal of Health Care Finance and Economics 5 (4): 369 – 386.

[143] Wilkins R. and Adams O. B. (1983) "Health expectancy in Canada, late 1970s: Demographic, regional, and social dimensions". American Journal of Public Health, 73 (9): 1073 – 1153.

[144] Wilkinson, N. , and M. Klaes (2012) An Introduction to Behavioral Economics 2nd ed. , Palgrave Macmillan.

[145] Wilson, C. (1977) "A model of insurance markets with incomplete information". Journal of Economic Theory 12 (2): 167 –207.

[146] Wofe, J. R., and H. Goddeeris (1991) "Adverse selection, moral hazard and wealth effects in the Medigap insurance market". Journal of Health Economics 10 (4): 433 –459.

图书在版编目（CIP）数据

健康保险行为异象与合约激励机制研究/吴传俭著.

—北京：经济科学出版社，2016.11

国家社科基金后期资助项目

ISBN 978 - 7 - 5141 - 7525 - 7

Ⅰ.①健…　Ⅱ.①吴…　Ⅲ.①健康保险 - 研究 -

中国　Ⅳ.①F842.62

中国版本图书馆 CIP 数据核字（2016）第 299707 号

责任编辑：刘　莎
责任校对：靳玉环
责任印制：邱　天

健康保险行为异象与合约激励机制研究

吴传俭　著

经济科学出版社出版、发行　新华书店经销

社址：北京市海淀区阜成路甲 28 号　邮编：100142

总编部电话：010 - 88191217　发行部电话：010 - 88191522

网址：www. esp. com. cn

电子邮件：esp@ esp. com. cn

天猫网店：经济科学出版社旗舰店

网址：http://jjkxcbs. tmall. com

固安华明印业有限公司印装

710 × 1000　16 开　38.75 印张　690000 字

2016 年 11 月第 1 版　2016 年 11 月第 1 次印刷

ISBN 978 - 7 - 5141 - 7525 - 7　定价：96.00 元